Der triftige Grund in der Besitzstandsschutzrechtsprechung des Ruhegeldsenats des Bundesarbeitsgerichts

Europäische Hochschulschriften

Publications Universitaires Européennes
European University Studies

Reihe II
Rechtswissenschaft

Série II Series II
Droit
Law

Bd./Vol. 4297

PETER LANG
Frankfurt am Main · Berlin · Bern · Bruxelles · New York · Oxford · Wien

Nicolas Rößler

Der triftige Grund in der Besitzstandsschutzrechtsprechung des Ruhegeldsenats des Bundesarbeitsgerichts

Zur Übertragbarkeit der wirtschaftlichen Lage iSd § 16 BetrAVG

PETER LANG
Europäischer Verlag der Wissenschaften

Bibliografische Information Der Deutschen Bibliothek
Die Deutsche Bibliothek verzeichnet diese Publikation in der Deutschen Nationalbibliografie; detaillierte bibliografische Daten sind im Internet über <http://dnb.ddb.de> abrufbar.

Zugl.: Mainz, Univ., Diss., 2005

D 77
ISSN 0531-7312
ISBN 3-631-54111-2

www.peterlang.de

Vorwort

Die vorliegende Arbeit wurde im Wintersemester 2004/2005 vom Fachbereich Rechts- und Wirtschaftswissenschaften der Johannes Gutenberg-Universität Mainz als Dissertation angenommen. Rechtsprechung und Literatur bis zum Jahre 2004 fanden vollständige Berücksichtigung. Spätere Veröffentlichungen konnten zum Teil berücksichtigt werden.

Ganz herzlich und zuerst danke ich Herrn Prof. Dr. Dr. Wolfgang Förster für die Anregung des Themas und die intensive fortlaufende Betreuung während der Bearbeitung. Dank gilt auch Herrn Rechtsanwalt Jochen Rühmann und Frau Dipl.-Math. Karin Meier von der Unternehmensberatung Dr. Dr. Heissmann, die mir als Gesprächspartner zur Verfügung standen.

Dank sei ebenfalls meinen Freunden und Kollegen Herrn Ref. iur. Ingmar Jung, Rechtsanwalt Dr. iur. Marcus Soiné und Ass. iur. Hans-Jörg Müllerleile, Referent für Tarif- und Sozialpolitik, für eine Vielzahl konstruktiver Gespräche und die kritische Durchsicht des Manuskripts.

Ein großer Dank gilt meiner lieben Anne, die mich insbesondere in der schwierigen Phase der Überarbeitung des Manuskripts vor Drucklegung aufopferungsvoll unterstützt hat und die mir Halt und Antrieb gibt.

Schließlich gilt ein besonderer Dank meinem Vater, Dipl.-Volkswirt Norbert Rößler. Durch ihn kam ich bereits frühzeitig mit dem betrieblichen Altersversorgungswesen in Deutschland in Kontakt. Er hatte stets ein offenes Ohr für meine Ideen während der Bearbeitung und stand insbesondere bei der Entwicklung des Berechnungsmodells mit Rat und Tat zur Seite.

Insgesamt danke ich den Menschen, die mich zu dem gemacht haben, was ich bin:

Meinen Eltern Norbert und Eva-Maria sowie meinem Bruder Marek Rößler

Mainz, im September 2005 Nicolas Rößler

Inhaltsübersicht

Schrifttum

Adler, Hans/Düring, Walther/ Schmaltz, Kurt — Rechnungslegung und Prüfung der Unternehmen, Teilband 6, 6.Auflage, Stuttgart 1998.

Ahrend, Peter — Die betriebliche Altersversorgung und ihr Stellenwert in einer sozialen Marktwirtschaft, BB 1994, 1225.

ders. — Die betriebliche Altersversorgung im Spannungsverhältnis von Arbeits- und Steuerrecht, ArbRGegw 24 (1987), 43.

Ahrend, Peter/Dernberger, Matthias/ Rößler, Norbert — Der Dotierungsrahmen im Beschluss des Großen Senats des BAG zur ablösenden Betriebsvereinbarung, BB 1988, 333.

Ahrend, Peter/Förster, Wolfgang — Anmerkung zu BAG vom 30.08.1979 – 3 AZR 381/78, BB 1979, 1825.

Ahrend, Peter/Förster, Wolfgang/ Rößler, Norbert — Steuerrecht der betrieblichen Altersversorgung, Loseblattsammlung, Köln, Stand: November 2001.

dies. — Effizienzgewinne bei gleichzeitiger Kostenreduktion in der betrieblichen Altersversorgung, BB 1995 Beilage Nr. 10.

dies. — Rechtsprechung zur Anpassung von Betriebsrenten auf dem „Prüfstand“, BB 1980 Beilage Nr. 6.

dies. — Anpassung von Betriebsrenten, DB 1976, 338.

dies. — Anmerkung zu BAG AP Nr. 7 und 8 zu § 16 BetrAVG.

Ahrend, Peter/Förster, Wolfgang/ Rühmann, Jochen — Gesetz zur Verbesserung der betrieblichen Altersversorgung, 9. Auflage, München 2003.

dies. — Abändernde und ablösende Betriebsvereinbarung, BB 1987 Beilage Nr. 7.

dies. — Die ablösende Betriebsvereinbarung – Instrument zur Anpassung betrieblicher Versorgungsregelungen, DB 1982, 224.

Altmeppen, Holger — Grundlegend Neues zum „qualifiziert faktischen“ Konzern und zum Gläubigerschutz der Einmann-GmbH, ZIP 2001, 1837.

Andresen, Boy-Jürgen — Betriebliche Altersversorgung im 21. Jahrhundert, in Betriebliche Altersversorgung im 21. Jahrhundert, Festschrift für Wolfgang Förster, hrsg. von Boy-Jürgen Andresen, Norbert Rößler, Jochen Rühmann, Köln 2001, S. 45.

Andresen, Boy-Jürgen/ Förster, Wolfgang/Rößler, Norbert/ Rühmann, Jochen — Arbeitsrecht der betrieblichen Altersversorgung, Loseblattsammlung, Köln, Stand: Mai 2002.

Arbeitsgemeinschaft für betriebliche Altersversorgung — Handbuch der betrieblichen Altersversorgung, Loseblattsammlung, Heidelberg, Stand September 1998, zitiert als *Bearbeiter* in H-BetrAV.

dies. — Modell „Zweite Säule", Vorschläge der aba zur Einführung international wettbewerbsfähiger Finanzierungsformen der betrieblichen Altersversorgung, Heidelberg 1998.

Baetge, Jörg/ Kirsch, Hans-Jürgen/ Thiele, Stefan — Bilanzen, 7. Auflage, Düsseldorf 2003.

Basler Ausschuss für Bankenaufsicht — Konsultationspapier „Die neue Basler Eigenkapitalvereinbarung", Januar 2001.

Bauch, Günter/Oestreicher, Andreas — Handels- und Steuerbilanzen, 5. Auflage, Heidelberg 1993.

Beck'scher Bilanz-Kommentar — Handels- und Steuerrecht - §§ 238 bis 339 HGB -, 5. Auflage, München 2003, zitiert als *Bearbeiter* in Beck Bil-Komm.

Bettermann, Karl August — Über Inhalt, Grund und Grenzen des Nominalismus, RdA 1975, 2.

Beye, Claus-Jürgen/Bode, Joachim/ Stein, Markus — Wirtschaftliche Auswirkungen der Änderungen bei der Unverfallbarkeit durch das Altersvermögensgesetz, DB 2001 Beilage Nr. 5, S. 9.

Bieg, Hartmut/Kußmaul, Heinz — Externes Rechnungswesen, 3. Auflage, München 2003.

Birk, Dieter — Steuerrecht, 3. Auflage, Münster 2000.

Bischoff, Peter — Das Problem der Rückwirkung bei einer Änderung der Rechtsprechung, Diss. Münster 1980.

Bitter, Georg — Der Anfang vom Ende des „qualifiziert faktischen GmbH-Konzerns", WM 2001, 2133.

Blomeyer, Wolfgang Neue arbeitsrechtliche Rahmenbedingungen für die Betriebsrente, BetrAV 2001, 430.

ders. Die nachholende Betriebsrentenanpassung – eine Entdeckung des BAG oder eine Erfindung ?, ZIP 1993, 652.

ders. Nachwirkung und Weitergeltung abgelaufener Betriebsvereinbarungen über „freiwillige" Sozialleistungen, DB 1990, 173.

ders. Zur rückwirkenden Geltung von Richterrecht für Betriebsvereinbarungen, in Sozialpartnerschaft in der Bewährung, Festschrift für Karl Molitor zum 60. Geburtstag, hrsg. von Franz Gamillscheg, Bernd Rüthers, Eugen Stahlhacke, München 1988, S. 41.

ders. Das kollektive Günstigkeitsprinzip – Bemerkungen zum Beschluss des Großen Senats des Bundesarbeitsgerichts vom 16.09.1986, DB 1987, 634.

ders. Rechtliche Kriterien für die Unternehmensbewertung im Rahmen der betrieblichen Altersversorgung, RdA 1986, 69.

ders. Die wirtschaftliche Lage des Arbeitgebers – ein zentraler Begriff des Ruhegeldrechts, NZA 1985, 1.

ders. Die „Billigkeitskontrolle" der abändernden Betriebsvereinbarung über betriebliche Ruhegelder, DB 1984, 926.

ders. Der Bestandsschutz der Ruhegeldanwartschaften bei einer Einschränkung der betrieblichen Altersversorgung, in Festschrift für Marie Luise Hilger und Hermann Stumpf, hrsg. von Thomas Dieterich, Franz Gamillscheg, Herbert Wiedemann, München 1983, S. 41.

ders. Zur Beurteilung der "wirtschaftlichen Lage" des Arbeitgebers bei der Rentenanpassung, RdA 1983, 152.

ders. Betriebliche Altersversorgung und Unterstützungskassen, BB 1980, 789.

Blomeyer, Wolfgang Der Betriebsrentner im Spannungsfeld zwischen Arbeitgeber, Unternehmen, Belegschaft und Insolvenzsicherung, RdA 1977, 1.

ders. Anmerkung zu BAG vom 17.08.1999 – 3 ABR 55/98, SAE 2000, 230.

ders. Anmerkung zu BAG vom 11.05.1999 – 3 AZR 21/98, RdA 2000, 370.

ders. Anmerkung zu LAG Niedersachsen vom 30.06.2000 – 3 Sa 1277/99 B., LAGE § 1 BetrAVG Ablösung Nr. 5.

ders. Anmerkung zu BAG vom 17.04.1996 – 3 AZR 56/95, EWiR 1997, 150.

ders. Anmerkung zu BAG vom 17.04.1985 – 3 AZR 72/83 und vom 23.04.1985 – 3 AZR 194/83, SAE 1986, 98.

ders. Anmerkung zu BAG AP Nr. 12 zu § 242 BGB Ruhegehalt – Unterstützungskasse.

ders. Anmerkung zu BAG AP Nr. 16 und 17 zu § 16 BetrAVG.

ders. Anmerkung zu BAG AP Nr. 43, 44 und 45 zu § 16 BetrAVG.

Blomeyer, Wolfgang/Otto, Klaus Gesetz zur Verbesserung der betrieblichen Altersversorgung, 3. Auflage, München 2004.

dies. Gesetz zur Verbesserung der betrieblichen Altersversorgung, 2. Auflage, München 1997 mit Ergänzungsheft zu den Änderungen durch Art. 91 InsO und Art. 8 RRG 1999, München 1998; zitiert als *Blomeyer/Otto*[2].

dies. Gesetz zur Verbesserung der betrieblichen Altersversorgung, 1. Auflage, München 1984; zitiert als *Blomeyer/Otto*[1].

Bode, Christoph/Grabner, Edwin/May, Gerhard Teuerungsanpassung der Betriebsrenten in 2002, DB 2002, 270.

Bogs, Harald Probleme neuer Insolvenzsicherungen für Arbeitnehmer, AuR 1975, 161.

Bornhagen, Viktoria — Die Zumutbarkeit als Rechtsgedanke im Arbeitsrecht, Diss. Göttingen 1999.

Bräuchle, Georg — Die Anpassungsentscheidung des Arbeitgebers nach § 16 BetrAVG, Diss. Reutlingen 1987.

ders. — Die Beurteilung der wirtschaftlichen Lage des Arbeitgebers bei der Betriebsrentenanpassung nach § 16 BetrAVG, BB 1988, 1882.

Brox, Hans/Walker, Wolf-Dietrich — Allgemeines Schuldrecht, 29. Auflage, München 2003.

Bruckner, Kris/Leithner, Stephan/ McLean, Robert/Taylor, Charlie/ Welch, Jack — What is the market telling you about your strategy?, The McKinsey Quarterly 1999 No. 3, 98.

Buchner, Herbert — Der Abbau arbeitsvertraglicher Ansprüche durch Betriebvereinbarungen im System der Mitbestimmung in sozialen Angelegenheiten (§ 87 BetrVG), DB 1983, 877.

Bundesministerium für Gesundheit und Soziale Sicherung — Bericht der Kommission für die Nachhaltigkeit in der Finanzierung der Sozialen Sicherungssysteme, 2003.

Busch, Friedrich Wilhelm — Grundsätze ordnungsgemäßer Bilanzierung für Pensionsrückstellungen, Diss. Münster 1976.

Buttler, Andreas — Einführung in die betriebliche Altersversorgung, 3. Auflage, Karlsruhe 2002.

Canaris, Claus-Wilhelm — Die Vertrauenshaftung im deutschen Privatrecht, Habil. München 1971.

ders. — Die Allgemeinen Arbeitsbedingungen im Schnittpunkt von Privat- und Kollektivautonomie, RdA 1974, 18.

Chmurzinski, Burkhard — Der Inflationsschutz in der Altersvorsorge, RdA 1981, 18.

Copeland, Tom/Koller, Tim/Murrin, Jack — Unternehmenswert, 2. Auflage, Frankfurt/New York 1998.

Creifelds, Carl — Rechtswörterbuch, 16. Auflage, München 2000.

Däubler, Wolfgang — Tarifvertragsrecht, 3. Auflage, Baden-Baden 1993.

Däubler, Wolfgang — Der gebremste Sozialabbau, AuR 1987, 349.

Dernberger, Matthias/Förster, Wolfgang — Zur Bilanzierung zukünftiger Anpassungen von laufenden Betriebsrenten aufgrund unterlassener Anpassung, BB 1993, 70.

Dieterich, Thomas — Die Grundrechtsbindung von Tarifverträgen, in Tarifautonomie für ein neues Jahrhundert, Festschrift für Günter Schaub zum 65. Geburtstag, hrsg. von Monika Schlachter, Reiner Ascheid, Hans-Wolf Friedrich, München 1998, S. 117.

ders. — Die jüngste Rechtsprechung des BAG zur Anpassung und Kürzung von Betriebsrenten, NZA 1986, 41.

ders. — Zur „Überversorgung“ durch Betriebsrenten, in Festschrift für Marie Luise Hilger und Hermann Stumpf, hrsg. von Thomas Dieterich, Franz Gamillscheg, Herbert Wiedemann, München 1983, S. 77.

Diller, Martin — Insolvenzvermeidung durch außergerichtliche Übernahme von Betriebsrenten durch den PSV, ZIP 1997, 765.

Ditges, Johannes/Arendt, Uwe — Bilanzen, 10. Auflage, Ludwigshafen 2002.

Dr. Dr. Heissmann GmbH — Informationen zur Versorgung und Vergütung, Nr. 2/2002.

Doyé, Thomas — Kürzung von Betriebsrenten bei Deflation, BB 1989, 155.

Duden — Band 10, Bedeutungswörterbuch, 2. Auflage, Mannheim, Wien, Zürich 1985.

Ehlers, Michael/Cule, David — Mergers and Acquisitions in Germany – the „misrepresentation“ of balance-sheet figures for pension liabilities, Benefits & Compensation International 1997, 13.

Eichenhofer, Eberhard — Betriebliche Altersversorgung im Wandel, BetrAV 2003, 1.

Engisch, Karl — Einführung in das juristische Denken, 8. Auflage, Stuttgart, Berlin, Köln, Mainz 1983.

Erfurter Kommentar — Erfurter Kommentar zum Arbeitsrecht, 4. Auflage, München 2004, zitiert als *Bearbeiter* in ErfK.

Fabricius, Fritz/Kraft, Alfons/ Wiese, Günther/Kreutz, Peter/ Oetker, Hartmut/ Raab, Thomas/ Weber, Christoph — Gemeinschaftskommentar zum Betriebsverfassungsgesetz, Band II §§ 74 – 132 mit Kommentierung des BetrVG 1952, 7. Auflage, Neuwied, Kriftel 2002, zitiert als *Bearbeiter* in GK-BetrVG.

Fastrich, Lorenz — Richterliche Inhaltskontrolle im Privatrecht, Habil. München 1992.

Feld, Klaus-Peter — Die Bilanzierung nach HGB und IAS, WPg 2003, 573, 638.

Fenge, Harald — Zur Auslegung der Anpassungsvorschrift des Betriebsrentengesetzes, DB 1975, 2371.

Fischer, Gert — Die Anpassungsentscheidung nach § 16 BetrAVG, Diss. Osnabrück 1985.

Fitting, Karl/Kaiser, Heinrich/ Heither, Friedrich/Engels, Gerd/ Schmidt, Ingrid — Betriebsverfassungsgesetz, 21. Auflage, München 2002.

Förschle, Gerhart/Hill, Ulrike — Die Bilanzierung von Anpassungsverpflichtungen nach § 16 BetrAVG aus unmittelbaren Versorgungszusagen, DStR 1993, 697.

Förster, Wolfgang — Besteuerung von Alterseinkommen – Stand der Diskussion, BetrAV 2003, 494.

ders. — Vorzüge der nachgelagerten gegenüber der vorgelagerten Besteuerung aller Durchführungswege der betrieblichen Altersversorgung, in Betriebliche Altersversorgung in Deutschland im Zeichen der Globalisierung, Festschrift für Norbert Rößler, hrsg. von Boy-Jürgen Andresen, Wolfgang Förster, Peter Doetsch, Köln 2000, S. 329.

ders. — Zur wirtschaftlichen Lage des Arbeitgebers bei der Anpassung der Betriebsrenten nach den BAG-Urteilen vom 23.04.1985, BB 1985, 2051.

Förster, Wolfgang/ Rößler, Norbert/Fürer, Burkhard — Anmerkung zu BAG AP Nr. 5 zu § 242 BGB Ruhegehalt – Geldentwertung.

Förster, Wolfgang/ Rühmann, Jochen/Recktenwald, Stefan — Auswirkungen des Altersvermögensgesetzes auf die betriebliche Altersversorgung, BB 2001, 1406.

Frank, Udo Einsatz von Investmentfonds in der betrieblichen Altersversorgung, in Betriebliche Altersversorgung in Deutschland im Zeichen der Globalisierung, Festschrift für Norbert Rößler, hrsg. von Boy-Jürgen Andresen, Wolfgang Förster, Peter Doetsch, Köln 2000, S. 57.

Fühser, Hans-Günther Essener Verband – Tradition und Aufbruch, DB 2001 Beilage Nr. 5.

Fürer, Burkhard/ Förster, Wolfgang/Rößler, Norbert Zur Anpassung von betrieblichen Ruhegehältern an die Geldentwertung, DB 1974, 776.

Furier, Manfred Kürzung von Betriebsrenten, AiB 2001, 645 ff.

Gabler Wirtschaftslexikon Band E - J, Band K – R, Band S – Z, 15. Auflage, Wiesbaden 2000.

Gamillscheg, Franz Die Grundrechte im Arbeitsrecht, AcP 164 (1964), 385.

ders. Die Grundrechte im Arbeitsrecht, Berlin 1989.

ders. Betriebliche Übung, in Festschrift für Marie Luise Hilger und Hermann Stumpf, hrsg. von Thomas Dieterich, Franz Gamillscheg, Herbert Wiedemann, München 1983, S. 227.

Gast, Wolfgang Arbeitsrecht und herrschaftsfreie Sozialordnung, BB 1990, 1637.

Gentz, Manfred Funktionen und Rahmenbedingungen der betrieblichen Altersversorgung in der Personalpolitik, BetrAV 1986, 83.

Gerke, Wolfgang/Steiner, Manfred Handwörterbuch des Bank- und Finanzwesens, 3. Auflage, Stuttgart 2001, , zitiert als *Verf.* in Handwörterbuch des Bank- und Finanzwesens.

Götz, Heinrich Die wirtschaftliche Lage des Arbeitgebers iSd § 16 BetrAVG und ihr Einfluss auf die Entscheidung über die Anpassung der Betriebsrenten, NZA 1986, 351.

Gohdes, Alfred/ Haferstock, Bernd/Schmidt, Rainer Pensionsfonds nach dem AVmG aus heutiger Sicht, DB 2001, 1558.

Grabner, Edwin Entgeltumwandlung in der betrieblichen Altersversorgung, BetrAV 2003, 17.

Griebeling, Gert Das Bundesarbeitsgericht und die Heilige Dreifaltigkeit, in Festschrift für Günther Wiese zum 70. Geburtstag, hrsg. von Peter Hanau, Egon Lorenz, Hans-Christoph Matthes, Neuwied und Kriftel 1998.

ders. Die Abänderung und Ablösung betrieblicher Versorgungsordnungen in der Rechtsprechung des BAG, ZIP 1993, 1055.

ders. Bestandsschutz und Billigkeitskontrolle in der betrieblichen Altersversorgung aus der Sicht des Bundesarbeitsgerichts, in Betriebliche Altersversorgung in der Diskussion zwischen Praxis und Wissenschaft, Festschrift für Peter Ahrend, hrsg. von Wolfgang Förster & Norbert Rößler, Köln 1992, S. 208.

ders. Arbeits- und insolvenzrechtliche Fragen zur Unterstützungskasse, DB 1991, 2336.

ders. Abänderung von Versorgungszusagen, NZA 1989 Beilage Nr. 3, S. 26.

ders. Anmerkung zu BGH vom 17.12.2001 – II ZR 222/99, EWiR 2002, 415.

ders. Anmerkung zu BAG vom 23.05.2000 – 3 AZR 146/99, EWiR 2001, 1031.

ders. Anmerkung zu BAG vom 09.11.1999 – 3 AZR 420/98, EWiR 2000, 995.

Griebeling, Gert/Bepler, Klaus Zur Anpassungspflicht von Rentnergesellschaften, in Altersgrenzen und Alterssicherung im Arbeitsrecht, Gedenkschrift für Wolfgang Blomeyer, hrsg. von Reinhard Richardi & Hermann Reichhold, München 2003, S. 99.

dies. Der Versorgungsbesitzstand in der Rechtsprechung des Dritten Senats des Bundesarbeitsgerichts, 25 (1987), 263.

Grunewald, Barbara Das Scheitern von Vertragsverhandlungen ohne triftigen Grund, JZ 1984, 708.

Grunsky, Wolfgang Der Entzug eines vertraglichen Ruhegeldanspruchs nach Beendigung des Arbeitsverhältnisses, JuS 1970, 16.

Haferstock, Bernd/Rößler, Norbert „Prudent Man Principle" – Anforderungen an das Vermögensmanagement von Pensionsfonds, in Betriebliche Altersversorgung in Deutschland im Zeichen der Globalisierung, Festschrift für Norbert Rößler, hrsg. von Boy-Jürgen Andresen, Wolfgang Förster, Peter Doetsch, Köln 2000, S. 379.

Hanau, Peter Probleme der Ausübung des Mitbestimmungsrechts des Betriebsrats, NZA 1985 Beilage Nr. 2.

Hanau, Peter/Arteaga, Marco Pensions-Sondervermögen und betriebliche Altersversorgung, BB 1997 Beilage Nr. 17.

Hanau, Peter/Preis, Ulrich Die Kündigung von Betriebsvereinbarungen, NZA 1991, 81.

dies. Der Übergang von der Gesamtversorgung zu einer von der Sozialversicherung abgekoppelten Betriebsrente, RdA 1988, 65.

Hartauer, Martin Zur Prüfung der wirtschaftlichen Lage nach § 16 BetrAVG, DB 1996, 2080.

Heidelberger Kommentar Heidelberger Kommentar zum Handelsgesetzbuch, 6. Auflage, Heidelberg 2002, zitiert als *Verf.* in HK-HGB.

Heissmann, Ernst Die betrieblichen Ruhegeldverpflichtungen, 5. Auflage, Köln 1963.

Heither, Friedrich Bestandsschutz und Billigkeitskontrolle in der betrieblichen Altersversorgung, RdA 1993, 72.

ders. Möglichkeiten und Grenzen der Änderung von Zusagen auf betriebliche Altersversorgung, BB 1992, 145 = BetrAV 1991, 225.

ders. Die Rechtsprechung des BAG zur Beteiligung des Betriebsrats bei der Ausgestaltung der betrieblichen Altersversorgung, DB 1991, 700.

ders. Die Änderung von Versorgungszusagen, ArbRGegw 31 (1994), 55.

Helbling, Carl Unternehmensbewertung und Steuern, 9. Auflage, Düsseldorf 1998.

Herberger, Ortwin Der Anspruch auf Erhöhung der Ruhegelder in der privaten Wirtschaft, NJW 1954, 1919.

ders. Erhöhung betrieblicher Ruhegelder durch das Gericht wegen Verteuerung der Lebenshaltung, BB 1954, 939.

Herschel, Wilhelm Anmerkung zu BAG AP Nr. 1 zu § 1 BetrAVG Ablösung.

ders. Anmerkung zu AP Nr. 1 zu § 1 BetrAVG Unterstützungskassen.

ders. Anmerkung zu BAG vom 19.07.1983 – 3 AZR 250/81, SAE 1984, 71.

Heubeck, Georg/Höhne, Gerhard/ Paulsdorff, Jürgen/ Rau, Hans-Gerd/Weinert, Wolfgang Kommentar zum Betriebsrentengesetz (2 Bände), Heidelberg 1976, zitiert als *Verf.* in Heubeck/Höhne/Paulsdorff/Rau/Weinert.

Heubeck, Klaus Pensionsfonds – Grenzen und Möglichkeiten, DB 2001 Beilage Nr. 5.

ders. Betriebliche Versorgungsverpflichtungen nach dem neuen Bilanzrecht, WPg 1986, 317, 356.

Heubeck, Klaus/Löcherbach, Gerhard/ Rößler, Norbert Berücksichtigung der wirtschaftlichen Lage des Arbeitgebers im Rahmen der Anpassungsprüfung nach § 16 BetrAVG, BB 1987 Beilage Nr. 3.

Heubeck, Klaus/Rößler, Norbert/ Sauerberg, Werner Die wirtschaftliche Lage des Arbeitgebers bei der Prüfung der Anpassung von Betriebsrenten nach § 16 BetrAVG, BB 1980 Beilage Nr. 13.

Hilger, Marie-Luise Richterrecht in der betrieblichen Altersversorgung, RdA 1981, 6.

dies. Anmerkung zu BAG vom 17.04.1985 – 3 AZR 72/83, AR-Blattei, Betriebliche Altersversorgung, Entscheidung 159.

Hilger, Marie-Luise/Stumpf, Hermann Kündigungsfreiheit und Vertrauensschutz im Recht der Betriebsvereinbarung, BB 1990, 929.

dies. Ablösung betrieblicher Gratifikations- und Versorgungsordnungen durch Betriebsvereinbarungen, in Arbeitsleben und Rechtspflege, Festschrift für Gerhard Müller, hrsg. von Theo Mayer-Maly u.a., Berlin 1981, S. 209.

Höfer, Reinhold Gesetz zur Verbesserung der betrieblichen Altersversorgung; Loseblattsammlung, München, Stand: August 2001.

ders. Neuregelung des Betriebsrentengesetzes durch das Alterseinkünftegesetz, DB 2004, 1426.

ders. Anmerkung zu BAG vom 21.3.2000 – 3 AZR 93/99, RdA 2001, 118 ff.

ders. Anmerkung zu BAG AP Nr. 35 zu § 16 BetrAVG.

Höfer, Reinhold/Abt, Oskar Gesetz zur Verbesserung der betrieblichen Altersversorgung, Kommentar, 2. Auflage, München 1982.

Höfer, Reinhold/Ahrend, Peter Zur Aufrechterhaltung betrieblicher Versorgungsanwartschaften, DB 1972, 1824.

Höfer, Reinhold/Küpper, Peter Die Änderung genereller betrieblicher Versorgungszusagen durch Betriebsvereinbarungen, BB 1982, 565.

Höfer, Reinhold/Lerner, Petra Anmerkung zu BAG AP Nr. 8 zu § 1 BetrAVG Betriebsvereinbarung.

Höhne, Gerhard Die Erhöhung betrieblicher Ruhegelder, BB 1970, 497.

ders. Zur praktischen Notwendigkeit ablösender Betriebsvereinbarungen, RdA 1983, 233.

ders. Erhöhung laufender betrieblicher Ruhegelder – Grundfragen, Maßstäbe und Techniken, BB 1964, 483.

von Hoyningen–Huene, Gerrick Die Inhaltskontrolle von Betriebsvereinbarungen der betrieblichen Altersversorgung, BB 1992, 1640.

ders. Die Billigkeit im Arbeitsrecht, Habil. München 1977.

von Hoyningen–Huene, Gerrick/ Linck, Rüdiger Kündigungsschutzgesetz, 13. Auflage, München 2002.

Hromadka, Wolfgang Änderung von Arbeitsbedingungen, RdA 1992, 234.

Hueck, Goetz — Zur kollektiven Gestaltung der Einzelarbeitsverhältnisse, in Festschrift für Ernst Molitor zum 75. Geburtstag, hrsg. von Hans Carl Nipperdey, München 1962, S. 203.

Husman, Jürgen — Anpassungsprüfung bei Betriebsrenten reformbedürftig, ArbGeb 1995, 306.

Institut der Wirtschaftsprüfer in Deutschland e.V. (IDW) — Wirtschaftsprüfer-Handbuch 2002, Band II, bearbeitet von Hans Friedrich Gelhausen, Burkhard Hense u.a., 12. Auflage, Düsseldorf 2002.

Joost, Detlev — Ablösende Betriebsvereinbarungen und Allgemeine Arbeitsbedingungen, RdA 1989, 7.

Junker, Abbo — Betriebsrentenanpassung im Konzern, in Arbeitsrecht in der Bewährung, Festschrift für Otto Rudolf Kissel, hrsg. von Meinhard Heinze & Alfred Söllner, München 1994, S. 451.

Käppler, Renate — Anmerkung zu BAG AP Nr. 6 zu § 1 BetrAVG Betriebsvereinbarung.

Karl-Bräuer Institut des Bundes der Steuerzahler — Zu den Rentenreformplänen der Bundesregierung, Sonderinformation 40, Wiesbaden, Januar 2001.

Kempen, Otto Ernst/Zachert, Ulrich — Tarifvertragsgesetz – Kommentar für die Praxis, 3. Auflage, Köln 1997.

Kemper, Kurt — Zusammentreffen unterschiedlicher Versorgungsregelungen anlässlich eines Betriebsübergangs, BB 1990, 788.

Kemper, Kurt/Kisters-Kölkes, Margret — Arbeitsrechtliche Grundzüge der betrieblichen Altersversorgung, 2. Auflage, Neuwied, Kriftel 2002.

Kemper, Kurt/Kisters-Kölkes, Margret/ Berenz, Claus/Bode, Christoph/ Pühler, Karl-Peter — Kommentar zum Gesetz zur Verbesserung der betrieblichen Altersversorgung, München 2003; zitiert als *Bearbeiter* in Kemper/Kisters-Kölkes/Berenz/Bode/Pühler.

Kerschner, Ferdinand — Widerruf von vertraglichen Betriebspensionszusagen in Österreich und in der Bundesrepublik Deutschland, AuR 1990, 171.

Kirchner, Meike — Rückwirkungsproblematik bei der betrieblichen Altersversorgung nach europäischem und deutschem Recht, Diss. Münster 2000.

Kirchhof, Paul Einkommensteuergesetz, 3. Auflage, Heidelberg 2003, zitiert als *Bearbeiter* in Kirchhof.

Koch, Peter Der Begriff der Pensionskasse, BetrAV 2003, 418.

Konzen, Horst Kollektivrechtliche Grundlagen und Grenzen der Entgeltumwandlung in der betrieblichen Altersversorgung, in Altersgrenzen und Alterssicherung im Arbeitsrecht, Gedenkschrift für Wolfgang Blomeyer, hrsg. von Reinhard Richardi & Hermann Reichhold, München 2003, S. 173.

ders. Arbeitsverhältnisse im Konzern, ZHR 151 (1987), 566.

ders. Die Rechtsprechung des Bundesarbeitgerichts im Jahr 1977, ZfA 1978, 451.

ders. Anmerkung zu BAG vom 15.09.1977 – 3 AZR 654/76, SAE 1978, 222.

Kort, Michael Die Kündigung von Betriebsvereinbarungen über Betriebsrenten, NZA 2004, 889.

Krag, Joachim/Kasperczek, Rainer Grundzüge der Unternehmensbewertung, München 2000.

Krause, Rüdiger Die Änderungskündigung zum Zweck der Entgeltreduzierung, DB 1995, 574.

Kraushaar, Bernhard Die Anpassungsüberprüfung von Betriebsrenten gem. § 16 BetrAVG, AuR 1985, 354.

Krawietz, Werner Zur Korrelation von Rechtsfrage und Tatfrage in der Rechtsprechung; in: Rechtsprechungslehre, Internationales Symposium, Münster 1984, hrsg. von Norbert Achterberg, Köln, Berlin, Bonn, München 1986, S. 517.

Kruschwitz, Lutz Investitionsrechnung, 9. Auflage, 2003.

Küpper, Peter Neue Gestaltungsmöglichkeiten bei der Betriebsrentenanpassung (§ 16 Abs. 2 bis 4 BetrAVG), in Neue Chancen für Betriebsrenten, hrsg. von Reinhold Höfer, Stuttgart 1998, S. 75.

Langohr-Plato, Uwe Rechtshandbuch Betriebliche Altersversorgung, 2. Auflage, Recklinghausen 2002.

Langohr-Plato, Uwe — Die rechtlichen Rahmenbedingungen bei der Anpassungsprüfung laufender Betriebsrenten nach § 16 BetrAVG, BB 2002, 406.

ders. — Kündigung von Betriebsvereinbarungen über betriebliche Altersversorgung, BB 2000, 1885 = BetrAV 2000, 544.

ders. — Rechtliche Rahmenbedingungen bei Eingriffen in betriebliche Rentensysteme, MDR 1994, 853.

Langohr-Plato, Uwe/Teslau, Johannes — Die Beitragszusage mit Mindestleistung – Die neue große Unbekannte in der betrieblichen Altersversorgung, DB 2003, 661.

Larenz, Karl — Geschäftsgrundlage und Vertragserfüllung, 3. Auflage, München und Berlin 1963.

Larenz, Karl/Canaris, Claus-Wilhelm — Methodenlehre der Rechtswissenschaft, 3. Auflage 1995.

Leinemann, Wolfgang — Änderung von Arbeitsbedingungen durch Betriebsvereinbarungen, BetrAV 1989, 209.

Leitherer, Stephan — Die Belange des Versorgungsempfängers in § 16 des Gesetzes zur Verbesserung der betrieblichen Altersversorgung, Diss. Erlangen 1983.

Lemitz, Hans-Günter — Betriebswirtschaftliche Auswirkungen der Unverfallbarkeit und Dynamisierung betrieblicher Pensionsverpflichtungen, DB 1970, 1497, 1549.

Lieb, Manfred — AGB-Recht und Arbeitsrecht nach der Schuldrechtsmodernisierung, in Festschrift für Peter Ulmer zum 70. Geburtstag am 2. Januar 2003, hrsg. von Mathias Habersack, Peter Hommelhoff, Uwe Hüffer, Karsten Schmidt, Berlin 2003, 123.

Lieb, Manfred — Arbeitsrecht, 8. Auflage, Heidelberg 2003.

Lieb, Manfred/Westhoff, Stefan — Voraussetzungen und Grenzen der Anpassung gem. § 16 BetrAVG, DB 1976, 1958.

Liebs, Detlef — Lateinische Rechtsregeln und Rechtssprichwörter, 1. Auflage, München 1982.

Lindemann, Achim/Simon, Oliver — Ablösung und Bestandsschutz von Altersversorgungsregelungen beim Betriebsübergang, BB 2003, 2510 ff.

Löwisch, Manfred — Die Verschlechterung von Individualansprüchen durch Betriebsvereinbarung, DB 1983, 1079.

ders. — Anmerkung zu BAG vom 16.09.1987– GS 1/82, SAE 1983, 185.

Lohre, Werner — Betriebliche Altersversorgung aus Arbeitnehmersicht, in Betriebliche Altersversorgung im 21. Jahrhundert, Festschrift für Wolfgang Förster, hrsg. von Boy-Jürgen Andresen, Norbert Rößler, Jochen Rühmann, Köln 2001, S. 37.

Loritz, Karl-Georg — Die Kündigung von Betriebsvereinbarungen und die Diskussion um eine Nachwirkung freiwilliger Betriebsvereinbarungen, RdA 1991, 65.

ders. — Die Änderung betrieblicher Versorgungszusagen und die verfassungsrechtlichen Fragen zum Schutz der sog. erdienten Dynamik, ZfA 1989, 1.

ders. — Anmerkung zu BAG AP Nr. 4 zu § 1 BetrAVG Unterstützungskassen.

Ludewig, Rainer/Kube, Marcus — Zur Berücksichtigung einer angemessenen Eigenkapitalverzinsung und der Ertragsteuern im Rahmen der Anpassungsentscheidung nach § 16 BetrAVG, DB 1998, 1725.

Lübbe, Christine — Grenzen der Rückwirkung bei Rechtsprechungsänderungen, Diss. Augsburg 1997.

Lutter, Marcus — Anmerkung zu BGH vom 07.12.2000 – VI ZR 260/98, WuB IV A. § 276 BGB 2.02.

Lutz, Joachim — Die Neuordnung betrieblicher Versorgungssysteme mit dem Ziel der Kostenersparnis, DB 1985, 1141.

Mandl, Gerwald/Rabel, Klaus — Unternehmensbewertung – eine praxisorientierte Einführung, Wien 1997.

Martens, Klaus-Peter — Das betriebsverfassungsrechtliche Ablösungsprinzip im System der §§ 87, 88, 77 BetrVG, RdA 1983, 217.

Maurer, Hartmut — Allgemeines Verwaltungsrecht, 13. Auflage, München 2000.

Matthießen, Volker/ Rößler, Norbert/Rühmann, Jochen Die nachholende Anpassung von Betriebsrenten, DB 1993 Beilage Nr. 5.

von Maydell, Bernd Anmerkung zu BAG vom 08.11.1981 – 3 AZR 395/80, SAE 1983, 33.

Medicus, Dieter Geld muss man haben, AcP 188 (1988), 489.

Meier, Karin Flexibilität und wirtschaftliche Chancen aus der Novellierung des BetrAVG, in Neue Chancen für Betriebsrenten, hrsg. von Reinhold Höfer, Stuttgart 1998, S. 93.

Metz, Michael Gesamtplanung mit Planbilanzen, DB 1977, 2.

Molkenbur, Josef/Roßmanith, Günther Mitbestimmung des Betriebsrats und Betriebsvereinbarungen in der betrieblichen Altersversorgung, AuR 1990, 333.

Moll, Wilhelm Der Ablösungsgedanke im Verhältnis zwischen Vertragsregelung und Betriebsvereinbarung, NZA 1988 Beilage Nr. 1, S. 17 ff.

Müller, Holger Möglichkeiten und Grenzen der Gehaltsabsenkung in insolvenzbedrohten Unternehmen zur Meidung von Massenentlassungen, NZA 1985, 307.

Münchener Handbuch Münchener Handbuch zum Arbeitsrecht, Band 1, 2. Auflage, München 2000, zitiert als *Bearbeiter* in MünchHdb ArbR.

Münchener Kommentar Münchener Kommentar zum Bürgerlichen Gesetzbuch, Band 2 (§§ 241 – 432) 4. Aufl. 2001, Band 7 (§§ 1297 – 1588) 3. Aufl. 1993, zitiert als *Bearbeiter* in MünchKomm BGB.

Neef, Klaus Die wirtschaftliche Lage des Arbeitgebers gemäß § 16 BetrAVG, NZA 2003, 993.

ders. Die Anpassung von Betriebsrenten nach der Rechtsprechung des BAG, NZA 1984, 13.

Nikisch, Arthur Rechtsgrundlagen des Ruhegeldanspruchs, NJW 1954, 529.

Nies, Ludwig Zur Frage der Anpassung von Ruhegeldern an die Kaufkraft durch Richterspruch, BB 1966, 455.

Nipperdey, Hans-Carl Mindestbestimmungen und günstigere Arbeitsbedingungen nach dem Arbeitsordnungsgesetz (Ordnungsprinzip und Leistungsprinzip), in Festschrift für Heinrich Lehmann zum 60. Geburtstag, hrsg. von der Rechtswissenschaftlichen Fakultät Köln, Berlin 1937, S. 257.

Nirk, Rudolf culpa in contrahendo – Eine geglückte richterliche Rechtsfortbildung – quo vadis?, in Festschrift für Philipp Möhring zum 75. Geburtstag, hrsg. von Wolfgang Hefermehl, Rudolf Nirk, Harry Westermann, München 1975, S. 71.

Orthmann, Sebastian Betriebliche Altersversorgung im Jahresabschluss nach HGB, US-GAAP und IAS, Diss. Mainz 2002.

Otto, Hansjörg Anmerkung zu LAG Hamm vom 18.11.1986 – 6 Sa 1680/85, EWiR 1987, 331.

ders. Anmerkung zu BAG vom 16.09.1986 – GS 1/82, EzA Nr. 17 zu § 77 BetrVG 1972.

Palandt Bürgerliches Gesetzbuch, 63. Auflage, München 2004, zitiert als *Bearbeiter* in Palandt.

Paulsdorff, Jürgen Kommentar zur Insolvenzsicherung der betrieblichen Altersversorgung, 2. Auflage, Heidelberg 1996.

Pauly, Stephan Anmerkung zu ArbG Siegburg vom 12.03.1996 – 5 Ca 1295/92, DB 1996, 1731.

Pfarr, Heide Mitbestimmung bei der Ablösung und Verschlechterung allgemeiner Arbeitsbedingungen, BB 1983, 2001.

Pophal, Roger Die Ablösung unmittelbarer betrieblicher Versorgungsverpflichtungen durch Direktversicherungen, DB 1987, 834.

Preis, Ulrich/Temming, Felipe Verfassungsrechtliche Probleme der neuen betrieblichen Altersversorgung im öffentlichen Dienst, ZTR 2003, 262.

Rebel, Wolfgang Der Widerruf des betrieblichen Ruhegeldes bei wirtschaftlicher Notlage des Arbeitgebers, Diss. Köln 1984.

Recht, Georg Die Novellierung des Betriebsrentengesetzes – Grundzüge und Hintergründe der Änderungen, in Neue Chancen für Betriebsrenten, hrsg. von Reinhold Höfer, Stuttgart 1998, S. 1.

Recktenwald, Stefan Tarifliche Versorgungswerke und betriebsindividuelle Entgeltgestaltung, in Dr. Dr. Heissmann GmbH, Neue Horizonte in der Altersversorgungs- und Gesamtvergütungspolitik (dib-Konferenz 2002), Wiesbaden 2002, S. 73.

Reichold, Hermann Metamorphose der gekündigten Betriebsvereinbarung, in Altersgrenzen und Alterssicherung im Arbeitsrecht, Gedenkschrift für Wolfgang Blomeyer, hrsg. von Reinhard Richardi & Hermann Reichhold, München 2003, S. 275.

ders. Anmerkung zu BAG vom 14.08.1990 – 3 AZR 301/89, EWiR 1991, 19.

Reinecke, Gerhard Neue Rechtsprechung des Bundesarbeitsgerichts zum Betriebsrentenrecht, DB 2002, 2717.

ders. Betriebliche Übung in der betrieblichen Altersversorgung, BB 2004, 1625.

Reiners, Stephan Beurteilung der wirtschaftlichen Lage der konzernabhängigen Gesellschaft in der betrieblichen Altersversorgung, DB 1994, 678 ff.

ders. Anmerkung zu BAG vom 04.10.1994 – 3 AZR 910/93, DB 1995, 531.

Reinicke, Dietrich/Tiedtke, Klaus Schadensersatzverpflichtung aus Verschulden bei Vertragsabschluß nach Abbruch von Vertragsverhandlungen ohne triftigen Grund, ZIP 1989, 1093.

Rengier, Bernhard Grenzen umstrukturierender Betriebsvereinbarungen im Bereich der betrieblichen Altersversorgung, BB 2004, 2185.

Reuter, Dieter Nominalwertprinzip und Geldentwertung, ZHR 137 (1974), 482.

ders. Anmerkung zu BAG vom 08.12.1981 – 3 ABR 53/80 und BAG vom 08.12.1981 – 3 AZR 518/80, SAE 1983, 201.

Richardi, Reinhard — Betriebsverfassungsgesetz mit Wahlordnung, 7. Auflage, München 1998.

ders. — Der Beschluss des Großen Senats des Bundesarbeitsgerichts zur ablösenden Betriebsvereinbarung, NZA 1987, 185.

ders. — Anpassungsprüfung und Anpassungsentscheidung bei Betriebsrenten nach § 16 BetrAVG, in Festschrift für Marie Luise Hilger und Hermann Stumpf, hrsg. von Thomas Dieterich, Franz Gamillscheg, Herbert Wiedemann, München 1983, S. 601.

ders. — Eingriff in eine Arbeitsvertragsregelung durch Betriebsvereinbarung, RdA 1983, 201, 278.

ders. — Anpassung der Leistungen einer betrieblichen Altersversorgung nach § 16 BetrAVG, DB 1976, 1718.

ders. — Anmerkung zu BAG AP Nr. 3 und 4 zu § 16 BetrAVG.

ders. — Anmerkung zu BAG AP Nr. 142 zu § 242 BGB Ruhegehalt.

Rößler, Norbert — Die Zukunft von Versorgung und Vergütung – Fakten, Möglichkeiten, Trends -, in Dr. Dr. Heissmann GmbH, Die Zukunft von Versorgung und Vergütung – Fakten, Möglichkeiten, Trends - (dib-Konferenz 2000), Wiesbaden 2000, S. 67.

ders. — Mit System gegen Versorgungsrisiken, in Dr. Dr. Heissmann GmbH, Betriebliche Altersversorgung im Umbruch (dib-Konferenz 1980), Wiesbaden 1980, S. 330.

Rößler, Norbert/Förster, Wolfgang — Neue Wege für die Versorgung der Führungskräfte, Blick durch die Wirtschaft vom 24.10.1994, S. 9.

Rößler, Norbert/Tischer, Ute — Cafeteria-Modelle in der bundesdeutschen Unternehmenspraxis, Blick durch die Wirtschaft vom 29.08.1991, S. 7.

Roßmanith, Günther — Die Kündigung von Betriebsvereinbarungen über betriebliche Altersversorgung, DB 1999, 634.

Rühmann, Jochen — Übertragung und Abfindung von Versorgungsanwartschaften durch Pensionskassen, BetrAV 2003, 302.

Rupprecht, Gerhard Für einen Umbau der Altersversorgung in Deutschland, in Deutschland im Zeichen der Globalisierung, Festschrift für Norbert Rößler, hrsg. von Boy-Jürgen Andresen, Wolfgang Förster, Peter Doetsch, Köln 2000, S. 201.

Schanz, Thomas Prospektive Anpassungsgarantie versus retrospektive Anpassung aus betriebswirtschaftlicher Sicht, in Betriebliche Altersversorgung in Deutschland im Zeichen der Globalisierung, Festschrift für Norbert Rößler, hrsg. von Boy-Jürgen Andresen, Wolfgang Förster, Peter Doetsch, Köln 2000, S. 209.

Schaub, Günther Arbeitsrechtshandbuch, 10. Auflage, München 2002.

ders. Änderungskündigung und Kündigungsschutz bei Betriebsvereinbarungen, BB 1990, 289.

ders. Die Anpassung von Betriebsrenten, NJW 1978, 2076.

Schellhammer, Kurt Zivilprozessrecht, 9. Auflage, Heidelberg 2001.

Schmidt-Bleibtreu, Bruno/Klein, Franz Kommentar zum Grundgesetz, 9. Auflage, Neuwied, Kriftel 1999.

Schoden, Michael Betriebliche Altersversorgung – Kommentar für die Praxis, 2. Auflage, Frankfurt/Main 2003.

ders. Was tun, wenn der Arbeitgeber die betriebliche Altersversorgung kürzen will?, BetrR 1981, 530.

ders. Anmerkung zu BAG AP Nr. 47 zu § 16 BetrAVG.

Schulin, Bertram Änderung von betrieblichen Ruhegeldzusagen, DB 1984 Beilage Nr. 10.

ders. Fragen der Anpassung von Betriebsrenten, insb. das Problem der betriebsbezogenen Dynamisierung, ZfA 1979, 139.

ders. Anmerkung zu BAG vom 22.03.1983 – 3 AZR 574/81, EzA Nr. 14 zu § 16 BetrAVG.

Schulte, Jens Aktuelle Tarifverträge zur Förderung der betrieblichen Altersvorsorge, BetrAV 2003, 591.

Schumann, Hans-Heinrich	Rückführung ausgeweiteter Versorgungslasten wegen Wegfalls der Geschäftsgrundlage bei unmittelbaren Versorgungszusagen, in Betriebliche Altersversorgung im 21. Jahrhundert, Festschrift für Wolfgang Förster, hrsg. von Boy-Jürgen Andresen, Norbert Rößler, Jochen Rühmann, Köln 2001, S. 165.
ders.	Unbegrenzter Schutz vor Eingriffen in die zeitanteilig erdiente Dynamik von Versorgungszusagen?, in Betriebliche Altersversorgung in der Diskussion zwischen Praxis und Wissenschaft, Festschrift für Peter Ahrend, hrsg. von Wolfgang Förster, Norbert Rößler, Köln 1992, S. 221.
ders.	Wie sicher ist die Betriebsrente?, DB 1990, 2118, 2165.
ders.	Zur Bindungswirkung des Beschlusses des Großen Senats vom 16.09.1986 zur ablösenden Betriebsvereinbarung, DB 1988, 2510.
ders.	Gestaltungsmöglichkeiten zur Rückführung ausufernder Lasten der betrieblichen Altersversorgung, ZIP 1987, 138.
ders.	Anmerkung zu BAG vom 11.12.2001 – 3 AZR 128/01, EWiR 2003, 305.
ders.	Anmerkung zu BAG vom 10.09.2002 – 3 AZR 635/01, DB 2003, 1527.
Schwark, Peter/Gunia, Susanne	Die Änderungen des BetrAVG sowie des VAG durch das sog. Hüttenknappschaftsgesetz vom 21. Juni 2002, BetrAV 2003, 98.
Schwark, Peter/Raulf, Markus	Beitragszusagen mit Mindestleistung bei Direktzusagen in der Betrieblichen Altersversorgung?, BetrAV 2003, 307.
Schwerdtner, Peter	Die Kürzung oder Einstellung betrieblicher Versorgungsleistungen wegen wirtschaftlicher Notlage des Arbeitgebers, in Insolvenzrecht in Wissenschaft und Praxis, Festschrift für Wilhelm Uhlenbruck, hrsg. von Hans Prütting, Heinz Vallender, Köln 2000, S. 799.
ders.	Quasi - Dynamisierung von Betriebsrenten, ZfA 1978, 553.

Schwerdtner, Peter — Die Änderung kollektivrechtlich begründeter Ruhegeldberechtigungen, ZfA 1975, 171.

ders. — Anmerkung zu BAG vom 24.03.1977 – 3 AZR 649/76, SAE 1978, 63.

Sieben, Günter/Becker, Reimund — Zur Beurteilung der wirtschaftlichen Lage nach § 16 BetrAVG, RdA 1986, 85.

Semler, Johannes/Stengel, Arndt — Umwandlungsgesetz, München 2003, zitiert als *Bearbeiter* in Semler/Stengel.

Siebert, Wolfgang — Kollektivnorm und Individualrecht im Arbeitsrecht, in Festschrift für Hans Carl Nipperdey zum 60. Geburtstag, hrsg. von Rolf Dietz, Alfred Hueck, Rudolf Reinhardt, München, Berlin 1955, S. 119.

Sieg, Karl — Anmerkung zu BAG vom 05.06.1984 – 3 AZR 33/84, SAE 1985, 7.

Söllner, Alfred — Grenzen des Tarifvertrags, NZA 1996, 897 ff.

Sonne, Rolf — Die Anpassung betrieblicher Ruhegelder, Diss. München 1978.

Steinmeyer, Heinz-Dietrich — Betriebliche Altersversorgung und Arbeitsverhältnis, Habil. Bonn 1988.

ders. — Grenzen des Eingriffs von Tarifvertragsparteien in Anwartschaften und Ansprüche auf betriebliche Altersversorgung, in Altersgrenzen und Alterssicherung im Arbeitsrecht, Gedenkschrift für Wolfgang Blomeyer, hrsg. von Reinhard Richardi & Hermann Reichhold, München 2003, S. 423.

ders. — Tarifvertrag und betriebliche Altersversorgung, in Tarifautonomie für ein neues Jahrhundert, Festschrift für Günter Schaub zum 65. Geburtstag, hrsg. von Monika Schlachter, Reiner Ascheid, Hans-Wolf Friedrich, München 1998, S. 727.

Stimpel, Walter — Anpassung von Versorgungsbezügen im Konzern, in Festschrift für Alfred Kellermann zum 70. Geburtstag, ZGR-Sonderheft 10, Berlin, New York 1991, S. 423.

Stötte, Viktor — Der Wegfall der Geschäftsgrundlage wegen Kaufkraftminderung bei Ruhegeldvereinbarungen, DB 1967, 1163.

Stubbe, Andrea Der Grundsatz der Verhältnismäßigkeit im Privatrecht, Diss. Würzburg 2001.

Stumpf, Hermann Die ablösende Betriebsvereinbarung, in: Gegenwart und Zukunft der betrieblichen Altersversorgung, hrsg. von Reinhold Höfer, Stuttgart 1982, S. 102.

Thoms–Meyer, Dirk Grundsätze ordnungsmäßiger Bilanzierung für Pensionsrückstellungen, Diss. Münster 1995.

Timm, Wolfram Anmerkung zu BAG vom 05.06.1984 – 3 AZR 33/84, EWiR 1985, 35.

ders. Anmerkung zu BAG vom 19.05.1981 – 3 AZR 308/80, AR-Blattei, Betriebliche Altersversorgung, Entscheidung E 86/92.

Uebelhack, Birgit Betriebliche Altersversorgung und Wegfall der Geschäftsgrundlage, Diss. Mannheim 1995.

Übelhör, Matthias/Warns, Christian Grundlagen der Finanzierung, 2. Auflage 2003.

Ulmer, Peter Wirtschaftslenkung und Vertragserfüllung – Zur Bedeutung staatlicher Lenkungsmaßnahmen für die vertragliche Geschäftsgrundlage, AcP 174 (1974), 176.

Urbatsch, Peter Grundzüge der betrieblichen Altersversorgung und des Versorgungsausgleichs, Diss. Giessen, 1991.

Vienken, Ulrich Rechtsfolgen einer zu Unrecht unterbliebenen Betriebsrentenanpassung gem. § 16 Abs. 4 BetrAVG, DB 2003, 994.

Wagner, Gerhard Alternative Streitbeilegung und Verjährung, NJW 2001, 182.

Weitnauer, Hermann Anmerkung zu BAG AP Nr. 3 zu § 7 BetrAVG.

Wiedemann, Gerd Die historische Entwicklung der betrieblichen Altersversorgung unter besonderer Berücksichtigung des Arbeitsrecht, Diss. Erlangen 1990.

Wiedemann, Herbert Zum Widerruf von betrieblichen Versorgungszusagen, in Festschrift für Walter Stimpel zum 68. Geburtstag, hrsg. von Marcus Lutter, Hans-Joachim Mertens und Peter Ulmer, Berlin, New York 1985, S. 955.

Wiedemann, Herbert Anmerkung zu BAG AP Nr. 25 zu § 16 BetrAVG.

Wiedemann, Herbert/Mangen, Kurt G. Anmerkung zu BAG AP Nr. 1 zu § 1 Besitzstand.

Willemsen, Heinz-Josef/ Hohenstatt, Klaus-Stefan/ Schweibert, Ulrike/ Seibt, Nikolaus Umstrukturierung und Übertragung von Unternehmen, 2. Auflage München 2003, zitiert als *Bearbeiter* in Willemsen/Hohenstatt/Schweibert/Seibt.

Wöhe, Günter Einführung in die allgemeine Betriebswirtschaftslehre, 21. Auflage, München 2002.

Wöhe, Günter/Bieg, Hartmut Grundzüge der betriebswirtschaftlichen Steuerlehre, 4. Auflage München 1995.

Wollgast, Kay Geltung, Wirkung und Nachwirkung von Betriebsvereinbarungen, Diss. Hamburg 1998.

Zimmermann, Gebhard Investitionsrechnung, 2. Auflage, München 2003.

Zöllner, Wolfgang Die Anpassung von Betriebsrenten im Konzern, AG 1994, 285.

Abkürzungen

a.A.	anderer Ansicht
aba	Arbeitsgemeinschaft für betriebliche Altersversorgung
ABl.	Amtsblatt der Europäischen Gemeinschaften
Abs.	Absatz/ Absätze
Abschn.	Abschnitt
AcP	Archiv für civilistische Praxis (Zeitschrift)
a.E.	am Ende
a.F.	alte Fassung
AG	Aktiengesellschaft
AGBG	Gesetz zur Regelung des Rechts der Allgemeinen Geschäftsbedingungen
AIB	Allgemeine Versicherungsbedingungen für die Insolvenzsicherung der betrieblichen Altersversorgung
AiB	Arbeitsrecht im Betrieb (Zeitschrift)
AktG	Aktiengesetz
Alt.	Alternative
AltEinkG	Gesetz zur Neuordnung der einkommensteuerrechtlichen Behandlung von Altersvorsorgeaufwendungen und Altersbezügen
AltZertG	Gesetz über die Zertifizierung von Altervorsorgeverträgen
Anh	Anhang (*Blomeyer/Otto)*
Anm.	Anmerkung
AP	Arbeitsrechtliche Praxis; Nachschlagewerk des Bundesarbeitsgerichts
AR – Blattei	Arbeitsrechts - Blattei, Arbeitsrechtliches Nachschlagewerk
ArbBeschFöG	Arbeitsrechtliches Beschäftigungsförderungsgesetz
ArbG	Arbeitsgericht

ArbGeb	Der Arbeitgeber (Zeitschrift)
ArbGG	Arbeitsgerichtsgesetz
ArbGr	Arbeitsrechtlicher Grundriss (*Höfer/Abt*)
ArbR Einf	Arbeitsrechtliche Einführung (*Schoden*)
ArbRGegw	Das Arbeitsrecht der Gegenwart – Jahrbuch für das gesamte Arbeitsrecht und für die Arbeitsgerichtsbarkeit
ARS	Arbeitsrechtssammlung (Entscheidungen des Reichsarbeitsgerichts, der Landesarbeitsgericht, früher Bensheimer Sammlung, Berlin)
ART	Allgemeiner rechtlicher Teil (*Höfer*)
Art.	Artikel
Aufl.	Auflage
AuR	Arbeit und Recht (Zeitschrift)
AVmG	Gesetz zur Reform der gesetzlichen Rentenversicherung und zur Förderung eines kapitalgedeckten Altersvorsorgevermögens
BAG	Bundesarbeitsgericht
BAGE	Entscheidungen des Bundesarbeitsgerichts
BAT	Bundesangestelltentarifvertrag vom 23.02.1961
BB	Betriebs-Berater (Zeitschrift)
B & C International	Benefits and Compensation International (Zeitschrift)
BdW	Blick durch die Wirtschaft (Zeitung)
BegrFraktE	Begründung des Fraktionsentwurfs
BegrGesE	Begründung des Gesetzesentwurfs
BegrRegE	Begründung des Regierungsentwurfs
BErzGG	Bundeserziehungsgeldgesetz
BetrAV	Betriebliche Altersversorgung (Zeitschrift)
BetrAVG	Gesetz zur Verbesserung der betrieblichen Altersversorgung

BetrR	Der Betriebsrat (Zeitschrift)
BetrVG	Betriebsverfassungsgesetz
BfA	Bundesversicherungsanstalt für Angestellte
BFH	Bundesfinanzhof
BGB	Bürgerliches Gesetzbuch
BGBl.	Bundesgesetzblatt
BGH	Bundesgerichtshof
BiRiLiG	Bilanz-Richtliniengesetz
Bl.	Blatt
BMF	Bundesministerium für Finanzen
BR-Drucks.	Bundesratsdrucksache
Bsp.	Beispiel
BStBl.	Bundessteuerblatt
BT-Drucks.	Bundestagsdrucksache
BVerfG	Bundesverfassungsgericht
BVerfGE	Amtliche Sammlung der Entscheidungen des Bundesverfassungsgerichts
bzgl.	bezüglich
bzw.	beziehungsweise
ca.	circa
DB	Der Betrieb (Zeitschrift)
ders.	derselbe
d.h.	das heißt
DIB	Deutsches Institut für Betriebswirtschaft
dies.	dieselbe/dieselben
diesbzgl.	diesbezüglich

Diss.	Dissertation
DM	Deutsche Mark
Dr.	Doktor
DStR	Deutsches Steuerrecht (Zeitschrift)
EG	Europäische Gemeinschaft
EGHGB	Einführungsgesetz zum Handelsgesetzbuch
EGInsO	Einführungsgesetz zur Insolvenzordnung
Einf.	Einführung (*Ahrend/Förster/Rühmann)*
Einf v	Einführung vor (*Palandt)*
Einl.	Einleitung (*Blomeyer/Otto)*
ErfK	Erfurter Kommentar zum Arbeitsrecht
Ergänzungsh.	Ergänzungsheft (*Blomeyer/Otto*^{2})
EStG	Einkommensteuergesetz
EStR	Einkommensteuerrichtlinien
EU	Europäische Union
EuGH	Europäischer Gerichtshof
Evtl.	Eventuell
EWiR	Entscheidungen zum Wirtschaftsrecht (Zeitschrift)
€	EURO
EWG	Europäische Wirtschaftsgemeinschaft
EzA	Entscheidungssammlung zum Arbeitsrecht
FAZ	Frankfurter Allgemeine Zeitung
f.	folgende/folgender
ff.	fortfolgende
FN	Fußnote

FraktE	Fraktionsentwurf
FS	Festschrift
GAAP	Generally Accepted Accounting Principles (Generell anerkannte Rechnungslegungsstandards)
GE	Geldeinheiten
gem.	gemäß
GG	Grundgesetz
ggf.	gegebenenfalls
GK-BetrVG	Gemeinschaftskommentar zum Betriebsverfassungsgesetz
GmbH	Gesellschaft mit beschränkter Haftung
GmbHG	Gesetz betreffend die Gesellschaften mit beschränkter Haftung
GS	Gedenkschrift
GuV	Gewinn – und Verlustrechnung
GVG	Gerichtsverfassungsgesetz
Habil.	Habilitation
H-BetrAV	Handbuch der betrieblichen Altersversorgung
HFA des IDW	Hauptfachausschuss des Instituts der Wirtschaftsprüfer und des Arbeitskreises „Finanzierungsrechnung" der Schmalenbach-Gesellschaft/Deutsche Gesellschaft für Betriebswirtschaft e.V.
HGB	Handelsgesetzbuch
h.M.	herrschende Meinung
hrsg.	herausgegeben
Hs.	Halbsatz
HZvNG	Gesetz zur Einführung einer kapitalgedeckten Hüttenknappschaftlichen Zusatzversicherung und zur Änderung anderer Gesetze
IAS	International Accounting Standards (Internationale Rechnungslegungsstandards – herausgegeben vom International Accounting Standard Board, einer privaten internationalen Berufsorganisation der Wirtschaftsprüfer)

idF	in der Fassung
idR	in der Regel
IdW	Institut der Wirtschaftsprüfer in Deutschland e.V.
i.E.	im Ergebnis
ieS	im engeren Sinne
IFRS	International Financial Reporting Standards
iHd	in Höhe des/der
iHv	in Höhe von
insb.	insbesondere
InsO	Insolvenzordnung
iRd	im Rahmen des/der
iSd	im Sinne des/der
iSe	im Sinne eines/einer
iSv	im Sinne von
iVm	in Verbindung mit
JW	Juristische Wochenschrift (Zeitschrift)
JZ	Juristenzeitung (Zeitschrift)
Kap.	Kapitel
KapAEG	Kapitalaufnahmeerleichterungsgesetz
KGaA	Kommanditgesellschaft auf Aktien
Kl.	Kläger
KO	Konkursordnung
KSchG	Kündigungsschutzgesetz
KTS	Konkurs-, Treuhand- und Schiedsgerichtswesen
LAG	Landesarbeitsgericht

LG	Landgericht
LS	Leitsatz
LStDV	Lohnsteuer-Durchführungsverordnung
MDR	Monatsschrift für deutsches Recht (Zeitschrift)
Mrd.	Milliarde(n)
MünchHdb ArbR	Münchener Handbuch zum Arbeitsrecht
MünchKomm BGB	Münchener Kommentar zum BGB
MuSchG	Mutterschutzgesetz
mwN.	mit weiteren Nachweisen
NAFTA	North American Free Trade Agreement (Nordamerikanisches Freihandelsabkommen)
n.F.	neue Fassung
NJW	Neue Juristische Wochenschrift (Zeitschrift)
No.	Number
Nr.	Nummer
Nrn.	Nummern
NYSE	New York Stock Exchange
NZA	Neue Zeitschrift für Arbeits- und Sozialrecht (Zeitschrift)
OLG	Oberlandesgericht
PFKapAV	Verordnung über die Anlage des gebundenen Vermögens von Pensionsfonds
PFKAustV	Verordnung über die Kapitalausstattung von Pensionsfonds
PrALR	Allgemeines Landrecht für die Preußischen Staaten von 1794
Prof.	Professor
PSV	Pensions-Sicherungs-Verein

R	Richtlinie
RABer	Bericht des Rechtsausschusses
RAG	Reichsarbeitsgericht
RdA	Recht der Arbeit (Zeitschrift)
RegE	Regierungsentwurf
RG	Reichsgericht
RGZ	Amtliche Sammlung der Entscheidungen des Reichsgerichts in Zivilsachen
RGBl.	Reichsgesetzblatt
Rn	Randnummer(n)
RRG 1992	Gesetz zur Reform der gesetzlichen Rentenversicherung 1992
RRG 1999	Gesetz zur Reform der gesetzlichen Rentenversicherung 1999
Rs	Rechtssache
S.	Seite(n)
SAE	Sammlung arbeitsrechtlicher Entscheidungen (Zeitschrift)
SEC	Securities and Exchange Commission (US Börsenaufsicht)
SchwbG	Schwerbehindertengesetz
SchwBeschG	Schwerbeschädigtengesetz
SGB	Sozialgesetzbuch
Sgb.	Die Sozialgerichtsbarkeit (Zeitschrift)
Slg.	Sammlung
SMG	Gesetz zur Modernisierung des Schuldrechts
sog.	sogenannt/e/er/es
Sp.	Spalte (*in Handwörterbuch des Bank- und Finanzwesens)*
SPD	Sozialdemokratische Partei Deutschlands

SprAuG	Gesetz über Sprecherausschüsse der leitenden Angestellten
St. Rspr.	Ständige Rechtsprechung
TVG	Tarifvertragsgesetz
u.a.	unter anderem/n
UmwG	Umwandlungsgesetz
u.U.	unter Umständen
VAG	Versicherungsaufsichtsgesetz
vgl.	vergleiche
v. H.	vom Hundert
Vorb	Vorbemerkung (*Blomeyer*)
Vorbem.	Vorbemerkung (*Erfurter Kommentar*)
VVaG	Versicherungsverein auf Gegenseitigkeit
WiGBl.	Gesetzblatt der Verwaltung des vereinigten Wirtschaftsgebiets
WM	Wertpapiermitteilungen – Zeitschrift für Wirtschafts- und Bankenrecht (Zeitschrift)
WPg	Die Wirtschaftsprüfung (Zeitschrift)
WP-Hdb.	Wirtschaftsprüfer-Handbuch
WuB	Entscheidungssammlung zum Wirtschafts- und Bankenrecht
z.B.	zum Beispiel
ZfA	Zeitschrift für Arbeitsrecht (Zeitschrift)
ZGR	Zeitschrift für Unternehmens- und Gesellschaftsrecht (Zeitschrift)
ZIP	Zeitschrift für Wirtschaftsrecht (Zeitschrift)
ZPO	Zivilprozessordnung
ZRQuotenV	Verordnung über die Mindestbeitragsrückerstattung in der Lebensversicherung
ZTR	Zeitschrift für Tarif-, Arbeits- und Sozialrecht des öffentlichen Dienstes (Zeitschrift)

zust. Anm.	zustimmende Anmerkung
ZVK	Zusatzversorgungskasse des Baugewerbes

1. Kapitel:
Problemstellung

Betriebliche Ruhegeldordnungen sind auf lange Zeit angelegt. Die begünstigten Arbeitnehmer müssen ihre Versorgungsansprüche über viele Arbeitsjahre hinweg erwerben; die dafür erforderlichen Mittel müssen in derselben Zeit allmählich angesammelt werden.

Außerdem sind betriebliche Ruhegeldordnungen von zahlreichen Faktoren abhängig, insbesondere von der Ertragslage des Unternehmens, von der steuerrechtlichen und sozialversicherungsrechtlichen Situation und von der jeweiligen Zusammensetzung der Belegschaft. Alle diese Faktoren können sich ändern und zu einer Anpassung der betrieblichen Ruhegeldordnung drängen; gemachte Erfahrungen können das Bedürfnis nach Reformen wecken.

Deshalb müssen Korrekturen der betrieblichen Ruhegeldordnungen und eine Anpassung an geänderte Umstände möglich sein; einmal festgelegte Regelungen dürfen nicht versteinern.

RWE – Entscheidung des BAG vom 30.01.1970 – 3 AZR 44/68, DB 1970, 1393 = AP Nr. 142 zu § 242 BGB Ruhegehalt unter B. I. der Gründe.

Bereits in dieser Entscheidung hat das BAG im Jahre 1970 anschaulich beschrieben, was das Grundproblem des Gegenstands dieser Dissertation ist. Ein Arbeitgeber, der eine betriebliche Altersversorgung zugesagt hat, ist grundsätzlich an den Inhalt der von ihm erteilten Zusage gebunden. Er hat sich individualvertraglich oder kollektivrechtlich verpflichtet, Versorgungsleistungen an die berechtigten Arbeitnehmer zu erbringen. Es gilt der Grundsatz der *pacta sunt servanda*[1], der eine einseitige Änderung vertraglicher Verpflichtungen ausschließt. Selbst mit Zustimmung des Arbeitnehmers ist eine Änderung der Zusage angesichts der zwingenden Vorschriften des Gesetzes zur Verbesserung der betrieblichen Altersversorgung (BetrAVG)[2] häufig ausgeschlossen[3].

Mit Erteilung einer Versorgungszusage übernimmt der Arbeitgeber eine langfristige und damit äußerst risikoreiche Verbindlichkeit. Die Laufzeit der Zusage erstreckt sich in der Regel über mehrere Jahrzehnte. Es liegt auf der Hand, dass solch langfristige Verbindlichkeiten Veränderungen aufgrund veränderter rechtlicher oder sozialer Rahmenbedingungen unterliegen müssen. Wie das BAG[4] zutreffend betont hat, werden betriebliche Versorgungszusagen durch eine Vielzahl von Faktoren beeinflusst. Neben den vom BAG genannten Gesichtpunkten kann sich insbesondere die allgemeine konjunkturelle Lage auf die Versorgungslast des Arbeitgebers auswir-

---

[1] „Verträge müssen erfüllt werden"; aus dem römischen Recht übernommener, heute noch gültiger Rechtsgrundsatz der Vertragstreue; *Creifelds*, Rechtswörterbuch, 16. Auflage 2000, S. 975; wie hier auch *Andresen/Förster/Norbert Rößler/Rühmann* Teil 12 Rn 665.

[2] Gesetz vom 19.12.1974, BGBl. I 1974 S. 3610. Der Entwurf des Gesetzes zur Neuordnung der einkommensteuerrechtlichen Behandlung von Altersvorsorgeaufwendungen und Altersbezügen (AltEinkG) sieht vor, dass die amtliche Bezeichnung des Gesetzes um den Zusatz „Betriebsrentengesetz" ergänzt werden soll. Durch die Einführung der in der Praxis bereits gebräuchlichen Kurzbezeichnung soll die Zitierung des Gesetzes erleichtert werden, BegrFraktE SPD; Bündnis 90/Die Grünen AltEinkG, BT-Drucks. 15/2150 S. 52.

[3] *Andresen/Förster/Norbert Rößler/Rühmann* Teil 12 Rn 1; vgl. unten S. 117 ff.

[4] BAG vom 30.01.1970 – 3 AZR 44/68, DB 1970, 1393 = AP Nr. 142 zu § 242 BGB Ruhegehalt unter B. I. der Gründe.

ken[5]. Solche Veränderungen sind für den Arbeitgeber schwer vorhersehbar und oft nicht zu kontrollieren[6].

Verändern sich Einflussfaktoren, kann eine Anpassung der Versorgungsregelung an die geänderten Umstände notwendig werden, um den Fortbestand des Arbeitgebers nicht zu gefährden[7]. Unternehmen, die ihren Arbeitnehmern eine betriebliche Altersversorgung gewähren, müssen die erteilte Zusage an die neuen Bedingungen anpassen können, wenn die betriebliche Altersversorgung eine für Arbeitgeber attraktive Sozialleistung sein soll. Wären Veränderungen schlechthin unmöglich, wären zwar die begünstigten Arbeitnehmer umfassend geschützt. Das Institut der betrieblichen Altersversorgung wäre aber nicht mehr praktikabel[8]. Gesetzgeber und Judikative sind deshalb gefordert, Arbeitgebern eine angemessene Reaktion auf veränderte Rahmenbedingungen zu ermöglichen.

A. Veränderungen von Versorgungszusagen

Ein Arbeitgeber kann eine einmal erteilte Versorgungszusage recht unproblematisch abändern, solange er nicht kürzend in die versprochenen Versorgungsleistungen eingreift. Oft wird er aber die Versorgungszusage nachträglich zu Lasten des Arbeitnehmers einschränken wollen. Betriebliche Versorgungsleistungen werden häufig in Zeiten wirtschaftlicher Blüte und einer starken Ertragskraft des Unternehmens zugesagt. Der zusagende Arbeitgeber erwartet eine weitere positive Entwicklung seines Unternehmens. Die Erfüllung der Versorgungsversprechen scheint auf Grundlage dieser Erwartung gesichert. Betriebliche Altersversorgungszusagen sind aufgrund des mit der Bildung von Pensionsrückstellungen verbundenen Steuerstundungseffekts steuerlich interessant[9]. In Zeiten hoher Wirtschaftskraft und einer prognostizierten positiven Entwicklung des zusagenden Unternehmens sind sie ein willkommenes Mittel, um Arbeitskräfte zu gewinnen und an das Unternehmen zu binden, oder um – in den Worten des BAG - Betriebstreue attraktiv zu machen[10].

Irrt der Arbeitgeber in seiner Einschätzung der weiteren Entwicklung der Ertragskraft seines Unternehmens oder ändern sich die wirtschaftlichen und rechtlichen Rahmenbedingungen betrieblicher Altersversorgung, können die Verpflichtungen aus den Versorgungszusagen schnell zur Belastung für das Unternehmen werden. Ein ordentlicher Unternehmer wird in einer schlechten wirtschaftlichen Lage Kosten senken wollen, um die Unternehmenssituation zu verbessern. In Zeiten hoher Arbeitslo-

[5] Zu den Versorgungsrisiken im Allgemeinen *Norbert Rößler*, Mit System gegen Versorgungsrisiken, in Betriebliche Altersversorgung im Umbruch (dib-Konferenz 1980), S. 330.

[6] Ein Beispiel nicht zu beeinflussender Aufwandserhöhung bildet die vom PSV zum Jahr 2002 durchgeführte Beitragserhöhung auf 4,5 Promille der Rückstellungshöhe für alle Mitgliedsunternehmen, PSV-Mitgliederrundschreiben 07/2003 im Internet für jedermann einsehbar unter: www.psvag.de/pdf/mitglieder_info.pdf (Stand: 12/2003).

[7] Zu den Gründen, die eine Änderung von Versorgungszusagen erforderlich machen, siehe unten S. 111 ff. sowie *Griebeling*, Abänderung von Versorgungszusagen, NZA 1989 Beilage Nr. 3, S. 26; *Hilger/Stumpf*, Ablösung betrieblicher Gratifikations- und Versorgungsordnungen durch Betriebsvereinbarungen, in FS für G. Müller, 1981, S. 209, 210 f.; *Höhne*, Zur praktischen Notwendigkeit ablösender Betriebsvereinbarungen, RdA 1983, 233; *Lutz*, Die Neuordnung betrieblicher Versorgungssysteme mit dem Ziel der Kostenersparnis, DB 1985, 1141; *Martens*, Das betriebsverfassungsrechtliche Ablösungsprinzip im System der §§ 87, 88, 77 BetrVG, RdA 1983, 217, 218, 224.

[8] *Heither*, Die Änderung von Versorgungszusagen, ArbRGegw 31 (1994), 55, 57.

[9] Siehe unten S. 21 f.

[10] So schon BAG vom 10.03.1972 – 3 AZR 278/71, DB 1972, 1486 = AP Nr.156 zu § 242 BGB Ruhegehalt.

senzahlen stellt sich für Arbeitgeber die Frage nach dem Sinn von Altersversorgungszusage. Die Notwendigkeit, Arbeitnehmer langfristig zu binden, die einer der Hauptbeweggründe für die Zusage von Sozialleistungen ist, schwindet. Aus diesem Grund bietet sich die betriebliche Altersversorgung als kostenintensivste Sozialleistung als Ansatzpunkt zur Kostenreduktion an.

Häufig erweisen sich Versorgungszusagen in solchen Situationen als Schuldverhältnisse von besonders hartnäckiger Substanz. Betriebliche Altersversorgung wird heute nahezu einhellig als Gegenleistung des Arbeitgebers aus dem Arbeitsverhältnis angesehen[11]. Da alle von Zusagekürzungen potentiell Betroffenen – aktive Arbeitnehmer, ausgeschiedene Arbeitnehmer und Betriebsrentner - zum Kürzungszeitpunkt zumindest für einige Zeit für den Arbeitgeber tätig waren, haben sie in diesem Umfang die von ihnen aus der Versorgungszusage geschuldete Leistung erbracht und sind insofern in Vorleistung getreten. Der Anspruch auf betriebliche Altersversorgung ist zwar regelmäßig aufschiebend bedingt und wird erst mit Eintritt des Versorgungsfalls fällig. Die Berechtigten dürfen jedoch schutzwürdig darauf vertrauen, dass ihnen nicht nachträglich wieder genommen wird, wofür sie – meist über einen langen Zeitraum - gearbeitet haben.

B. Gegenwärtige Rechtslage zum Besitzstandsschutz

Es stellt sich demnach die Frage nach den Grenzen von Eingriffen in erworbene Versorgungsanrechte. Im Vordergrund steht die Wahrung und Respektierung dieser Rechtspositionen, der sog. Versorgungsbesitzstände. Es geht um den Schutz eines bedingten Anspruchs des Arbeitnehmers aus einem Dauerschuldverhältnis, der bis zum Eintritt der Bedingung nur als Anwartschaft auf den Erwerb des Vollrechts anzusehen ist. Durch die Vielgestaltigkeit der möglichen Verpflichtungstatbestände, aus denen sich je nach Gestaltungsform für die Abänderung eine unterschiedliche rechtliche Konstruktion mit jeweiligen Besonderheiten ergibt, gewinnt diese Problematik zusätzlich an Komplexität.

Die Rechtspositionen, die die Begünstigten im Laufe ihrer Arbeitsverhältnisse erworben haben, können ganz unterschiedlich sein. Die Möglichkeit eines Eingriffs in Rechte eines Arbeitnehmers, der erst seit wenigen Jahren für den Arbeitgeber tätig ist, muss eher anzuerkennen sein, als diejenige eines Eingriffs in den Besitzstand eines Arbeitnehmers, der kurz vor dem Eintritt in den Ruhestand steht oder bereits pensioniert ist. Der eine hat erst wenig für seine betriebliche Versorgung getan, der andere alles bzw. fast alles, was ihm möglich war. Der eine wird weitere Möglichkeiten haben, eine Versorgung aufzubauen, der andere nicht. Gelebtes Leben kann man nicht Rückabwickeln.

Rechtspositionen, für die bereits die geschuldete Gegenleistung erbracht worden ist, sind deshalb besonders schutzwürdig. Aktive Arbeitnehmer haben über ihr Interesse am Fortbestand ihrer erdienten Rechtspositionen hinaus auch ein Interesse daran, die Leistungen, die ihnen für zukünftige Betriebstreue versprochen wurden, tatsächlich zu erhalten. Auch diesen Teil der Versorgungsleistungen haben sie in ihre Lebensplanung einfließen lassen.

Will der Arbeitgeber eine Versorgungszusage kürzen, kollidieren seine Interessen mit den Interessen der Berechtigten. Beide Interessenlagen müssen in Einklang gebracht werden. Das Bedürfnis des Arbeitgebers, die zugesagten Leistungen zu kürzen, muss mit dem Vertrauen der Arbeitnehmer darauf, die zugesagten Leistun-

---

[11] Der Rechtscharakter betrieblicher Altersversorgung wird ausführlich diskutiert unten S. 33 ff.

gen tatsächlich zu erhalten, abgewogen werden. Eine Versorgungszusage kann deshalb stets nur im Rahmen der Grenzen des Vertrauensschutzes und der Verhältnismäßigkeit gekürzt werden. Zentraler Gesichtspunkt einer solchen Interessenabwägung ist der Schutz der Besitzstände der begünstigten Arbeitnehmer.

Das BAG hat das Problem der kollidierenden Interessenlagen bei der Kürzung von Versorgungszusagen erkannt. Ausgehend von einer Billigkeitskontrolle von Verschlechterungen der Leistungsrichtlinien einer Unterstützungskasse[12] und einer parallel dazu entwickelten Billigkeitskontrolle abändernder Betriebsvereinbarungen über unmittelbare Versorgungszusagen[13], hat es Leitlinien zum Schutz von Versorgungsbesitzständen entwickelt.

Diese Leitlinien klassifizieren den Besitzstand des Arbeitnehmers vom ersten Tag der Betriebszugehörigkeit bis zum Eintritt in den Ruhestand und ordnen ihm entsprechend gewichtete Gründe zu, die Eingriffe in die jeweiligen Besitzstandsstufen rechtfertigen können. Im Mittelpunkt der BAG-Rechtsprechung steht das Verhältnismäßigkeitsprinzip, nach dem der Beweggrund des Arbeitgebers, der einen Eingriff in den Besitzstand des Arbeitnehmers rechtfertigen soll, umso gewichtiger sein muss, je stärker in den Besitzstand eingegriffen wird[14].

Das BAG unterteilt den Besitzstand der Arbeitnehmer in drei unterschiedlich stark schutzwürdige Stufen. Seit seiner Entscheidung vom 17.04.1985[15] differenziert es in st. Rspr. zwischen

- den Teilbeträgen, für die der Arbeitnehmer bereits seine Gegenleistung erbracht hat (sog. erdiente Teilbeträge ⇒ 1. Besitzstandsstufe),

- der sog. zeitanteilig erdienten dienstzeitunabhängigen Dynamik (der auf die bis zum Änderungszeitpunkt abgeleistete Dienstzeit entfallende Teil der zugesagten Dynamik ⇒ 2. Besitzstandsstufe) und

- zugesagten Steigerungsbeträgen, die erst durch zukünftige Betriebstreue erworben werden (⇒ 3. Besitzstandsstufe).

Diesen Besitzstandsstufen ordnet es unterschiedlich gewichtige Gründe zu, die einen Eingriff auf der jeweiligen Besitzstandsstufe rechtfertigen können. Das BAG unterscheidet

- zwingende Gründe (rechtfertigen einen Eingriff in die 1. Besitzstandsstufe),

- triftige Gründe (rechtfertigen einen Eingriff in die 2. Besitzstandsstufe) und

---

[12] BAG vom 08.12.1981 – 3 AZR 518/80, DB 1982, 50 = AP Nr. 1 zu § 1 BetrAVG Unterstützungskassen; BAG vom 05.06.1984 – 3 AZR 33/84, DB 1984, 2461 = AP Nr. 3 zu § 1 BetrAVG Unterstützungskassen.

[13] Unter einer abändernden Betriebsvereinbarung versteht man eine Betriebsvereinbarung über einen Regelungstatbestand, der bereits zuvor durch Betriebsvereinbarung geregelt war; *Ahrend/Förster/Rühmann*, Abändernde und ablösende Betriebsvereinbarung, BB 1987 Beilage Nr. 7, S. 2 und unten S. 128 ff. Zur hier angesprochenen Billigkeitskontrolle BAG vom 08.12.1981 – 3 ABR 53/80, DB 1982, 46 = AP Nr. 1 zu § 1 BetrAVG Ablösung; BAG vom 16.09.1986 – GS 1/82, DB 1987, 383 = AP Nr. 17 zu § 77 BetrVG 1972.

[14] St. Rspr. des BAG; siehe statt vieler nur BAG vom 18.04.1989 – 3 AZR 299/87, DB 1989, 1876 = AP Nr. 23 zu § 1 BetrAVG Unterstützungskassen.

[15] BAG vom 17.04.1985 – 3 AZR 72/83, DB 1986, 228 = AP Nr. 4 zu § 1 BetrAVG Unterstützungskassen; ausführlich hierzu unten S. 164 ff.

- sachlich - proportionale Gründe (rechtfertigen einen Eingriff in die 3. Besitzstandsstufe).

Diese Grundsätze sind bei jedem verschlechternden Eingriff in eine Versorgungszusage zu beachten[16]. Das BAG wendet sie auch rückwirkend an[17].

Die unbestimmten Rechtsbegriffe, die das BAG zur Abstufung der Eingriffsgründe gewählt hat, sind im Laufe der Jahre durch eine Vielzahl von Entscheidungen konkretisiert worden. So soll ein triftiger Grund wirtschaftlicher Art vorliegen, wenn das Unternehmen eine Anpassung an die Kaufkraftentwicklung nach § 16 BetrAVG verweigern kann, weil langfristig die Substanz des Unternehmens gefährdet erscheint und mildere Mittel nicht in Betracht kommen[18].

Diese Auffassung ist in der Literatur erheblich kritisiert worden[19]. Das BAG hat trotz aller Kritik im Grundsatz an seiner Rechtsprechung festgehalten. Es hat diese später lediglich dahingehend eingeschränkt, dass es nicht um eine schematische Übertragung der Rechtsprechung zur wirtschaftlichen Lage iSd § 16 Abs. 1 BetrAVG gehe, sondern lediglich die Wertungen des § 16 BetrAVG zur Bestimmung des triftigen Grundes herangezogen werden sollen[20]. Eine Kopplung der Begriffe des triftigen Grundes und der wirtschaftlichen Lage des Arbeitgebers besteht folglich nach der Rechtsprechung des BAG noch immer.

C. Untersuchungsgegenstand

Trotz des Hinweises des BAG, lediglich die Wertungen des § 16 BetrAVG seien für die Bestimmung des triftigen Grundes zu übernehmen und der damit verbundenen Lockerungen der Anknüpfung des triftigen Grundes an die wirtschaftliche Lage des Arbeitgebers, erscheint ein weiteres Festhalten an dieser Rechtsprechung fragwürdig. Nach anfänglich heftiger Kritik hat sich die Literatur mittlerweile offensichtlich mit dieser Interpretation des triftigen Grundes abgefunden. Es finden sich zwar noch vereinzelt Stimmen, die Bedenken gegen diese Rechtsprechung und insbesondere

---

[16] *Uebelhack*, Betriebliche Altersversorgung und Wegfall der Geschäftsgrundlage, Diss. Mannheim 1995, S. 109; BAG vom 17.04.1985 – 3 AZR 72/83, DB 1986, 228 = AP Nr. 4 zu § 1 BetrAVG Unterstützungskassen; BAG vom 17.03.1987 – 3 AZR 64/84, DB 1987, 1039 = AP Nr. 9 zu § 1 BetrAVG Ablösung. Zum Anwendungsbereich ausführlich unten S. 169 ff.

[17] BAG vom 11.09.1990 – 3 AZR 380/89, DB 1991, 503 = AP Nr. 8 zu § 1 BetrAVG Besitzstand; BAG vom 17.11.1992 – 3 AZR 76/92, DB 1993, 1241 = AP Nr. 13 zu § 1 BetrAVG Besitzstand. Zur zeitlichen Rückwirkung der Grundsätze des Drei-Stufen-Modells unten S. 170 ff.

[18] BAG vom 05.06.1984 – 3 AZR 33/84, DB 1984, 2461 = AP Nr. 3 zu § 1 BetrAVG Unterstützungskassen; BAG vom 17.04.1985 – 3 AZR 72/83, DB 1986, 228 = AP Nr. 4 zu § 1 BetrAVG Unterstützungskassen; BAG vom 30.04.1985 – 3 AZR 611/83, DB 1985, 2514 = AP Nr. 4 zu § 1 BetrAVG Ablösung; BAG vom 18.04.1989 – 3 AZR 299/87, DB 1989, 1876 = AP Nr. 23 zu § 1 BetrAVG Unterstützungskassen und BAG vom 17.11.1992 – 3 AZR 76/92, DB 1993, 1241 = AP Nr. 13 zu § 1 BetrAVG Besitzstand.

[19] *Blomeyer* Anm. zu BAG vom 17.04.1985 – 3 AZR 72/83 und vom 23.04.1985 – 3 AZR 194/83, SAE 1986, 98, 100; *ders.*, Rechtliche Kriterien für die Unternehmensbewertung im Rahmen der betrieblichen Altersversorgung, RdA 1986, 69, 81; *Loritz* Anm. zu BAG AP Nr. 4 zu § 1 BetrAVG Unterstützungskassen; *ders.*, Die Änderung betrieblicher Versorgungszusagen und die verfassungsrechtlichen Fragen zum Schutz der sog. erdienten Dynamik, ZfA 1989, 1, 29. Anschaulich die Aussage von *Buttler* Rn 69 „Eine genauere Definition des triftigen Grundes gibt das BAG leider bisher nicht.“

[20] BAG vom 18.04.1989 – 3 AZR 299/87, DB 1989, 1876 = AP Nr. 23 zu § 1 BetrAVG Unterstützungskassen unter B. 2. der Gründe.

die Kopplung des triftigen Grundes an die wirtschaftliche Lage des Arbeitgebers äußern[21]. Der laute Aufschrei der Wissenschaft ist indes verklungen. Das Problem ist bekannt, ein überzeugender Lösungsweg wurde bislang noch nicht gefunden.

Bedenken gegen eine Anknüpfung des triftigen Grundes an die wirtschaftliche Lage des Arbeitgebers iSd § 16 BetrAVG ergeben sich z.B. daraus, dass die Anpassungsprüfung nach § 16 BetrAVG eine von Gesetzes wegen regelmäßig durchzuführende Maßnahme ist, während die Änderung der Versorgungszusage eine unternehmerische Entscheidung darstellt, die vorrangig tatsächlichen Zwängen folgt. Die Anpassung nach § 16 BetrAVG betrifft laufende Leistungen aus der betrieblichen Altersversorgung, während die Kürzung einer Versorgungszusage die Ansprüche und Anwartschaften noch aktiver Arbeitnehmer betrifft. Eine unterlassene Anpassung wirkt sich lediglich auf die im abgelaufenen Anpassungszeitraum angefallenen Steigerungsbeträge aus[22]. Die Neuregelung einer Versorgungszusage kann dagegen zum vollständigen Wegfall der Versorgung, zumindest aber zum Wegfall weiterer Anstiege der Versorgungshöhe, führen.

Aus Gründen der Rechtsklarheit erscheint insbesondere die Kopplung der Beurteilung des unbestimmten Rechtsbegriffs triftiger Grund an die Grundsätze zur Beurteilung eines anderen unbestimmten Rechtsbegriffs – wirtschaftliche Lage des Arbeitgebers – bedenklich. Anstelle von Klarheit des Beurteilungsmaßstabs und damit größerer Rechtssicherheit, führt diese Verbindung zu erhöhter Unsicherheit für die Beurteilung des triftigen Grundes. Bereits der unbestimmte Rechtsbegriff der wirtschaftlichen Lage des Arbeitgebers iSd § 16 BetrAVG ist seinerseits weit davon entfernt, endgültig ausjudiziert zu sein[23]. Auch zwei größere Novellierungen des BetrAVG durch das Rentenreformgesetz 1999[24] und das Altersvermögensgesetz 2001[25] und auch die Regelungen des am 01.01.2005 in Kraft getretenen Alterseinkünftegesetzes (AltEinkG)[26] haben die schwierige Frage nach der Beurteilung der wirtschaftlichen Lage des Arbeitgebers unbeantwortet gelassen[27].

Zudem hat die Rechtsprechung zur wirtschaftlichen Lage seit den maßgeblichen Entscheidungen des BAG zum Drei-Stufen-Modell[28] und später zur Verbindung von triftigem Grund und wirtschaftlicher Lage[29] Veränderungen erfahren. Durch die Kopplung von wirtschaftlicher Lage und triftigem Grund können sich diese Veränderungen auch auf den Maßstab für den triftigen Grund auswirken. Auch eine Anwen-

---

[21] So z.B. *Förster/Rühmann* in MünchHdb ArbR § 106 Rn 13.

[22] Bis zur Einführung des § 16 Abs. 4 BetrAVG durch das Gesetz zur Reform der gesetzlichen Rentenversicherung vom 16.12.1997 (RRG 1999), BGBl. I S. 2998 war der Arbeitgeber nach der Rechtsprechung des BAG sogar verpflichtet eine unterlassene Anpassung am nächsten Anpassungsstichtag nachzuholen; siehe dazu BAG vom 28.04.1992 – 3 AZR 142/91, DB 1992, 2401 = AP Nr. 24 zu § 16 BetrAVG; BAG vom 28.04.1992 – 3 AZR 256/91, DB 1993, 282 = AP Nr. 26 zu § 16 BetrAVG; BAG vom 28.04.1992 – 3 AZR 244/91, DB 1992, 2403 = AP Nr. 25 zu § 16 BetrAVG sowie unten S. 50 ff. Diese Regelung galt mithin zu dem Zeitpunkt als das BAG das Drei-Stufen-Modell und die Verknüpfung von „triftigem Grund" und „wirtschaftlicher Lage des Arbeitgebers" entwickelte.

[23] So auch *Loritz* Anm. zu BAG AP Nr. 4 zu § 1 BetrAVG Unterstützungskassen.

[24] Gesetz zur Reform der gesetzlichen Rentenversicherung vom 16.12.1997 (RRG 1999), BGBl. I S. 2998.

[25] Gesetz zur Reform der gesetzlichen Rentenversicherung und zur Förderung eines kapitalgedeckten Altersvorsorgevermögens vom 26.06.2001, BGBl. I S.1310.

[26] Gesetz zur Neuordnung der einkommensteuerrechtlichen Behandlung von Altersvorsorgeaufwendungen und Altersbezügen vom 05.07.2004, BGBl. I S. 1427.

[27] *Blomeyer* Anm. zu BAG AP Nr. 43, 44 und 45 zu § 16 BetrAVG unter III. 1.

[28] BAG vom 17.04.1985 – 3 AZR 72/83, DB 1986, 228 = AP Nr. 4 zu § 1 BetrAVG Unterstützungskassen; genauer hierzu unten S. 164 ff.

[29] BAG vom 18.04.1989 – 3 AZR 299/87, DB 1989, 1876 = AP Nr. 23 zu § 1 BetrAVG Unterstützungskassen.

dung der Grundsätze für die Beurteilung der wirtschaftlichen Lage nach § 16 BetrAVG iSe Orientierungsmaßstabs[30] kann bei Änderung dieser Grundsätze Auswirkung auf den Maßstab für den triftigen Grund iSd Drei-Stufen-Modells haben.

D. Gang der Untersuchung

Um das Verständnis zu erleichtern, beginnt die vorliegende Arbeit zunächst mit einer Grundlegung der für den untersuchten Problemkreis relevanten Aspekte des Rechts der betrieblichen Altersversorgung. Anschließend setzt sich die Untersuchung umfassend mit der Anpassungsprüfungspflicht nach § 16 BetrAVG und dabei insbesondere mit dem Begriff der wirtschaftlichen Lage des Arbeitgebers iSd § 16 Abs. 1 BetrAVG auseinander. Neuere Entwicklungen werden ebenso dargestellt wie betriebswirtschaftliche Ansätze zur Berechnung der wirtschaftlichen Lage des Arbeitgebers nach § 16 BetrAVG.

Im Folgenden werden Möglichkeiten und Beweggründe zur Änderung von Versorgungszusagen aufgezeigt. Der triftige Grund wirtschaftlicher Art stellt im Gesamtsystem der Zusageänderungen nur einen winzigen Mosaikstein dar. Um die Bedeutung dieses Mosaiksteins zu verdeutlichen, werden alle Änderungsmöglichkeiten einer Versorgungszusage aufgezeigt und erläutert. Ausführlich Stellung genommen wird zur Frage der Inhaltskontrolle der einschränkenden Regelungen. Von der Darstellung ausgenommen sind Betriebsrentenansprüche und Anwartschaften, die über reine Entgeltumwandlung faktisch arbeitnehmerfinanziert sind, da die dargestellten Grundsätze der Kürzung hierauf nicht anwendbar sind.

Besondere Beachtung findet die Frage nach den Möglichkeiten eines Widerrufs einer Versorgungszusage aus wirtschaftlichen Gründen. Das Rechtsinstitut des Widerrufs spielte bei der Entwicklung des Drei-Stufen-Modells eine entscheidende Rolle[31]. Untersucht wird, ob durch den Wegfall des Sicherungsfalls der wirtschaftlichen Notlage[32] – dem traditionellen Musterbeispiel für einen zwingenden Grund wirtschaftlicher Natur iSd Drei–Stufen–Modells[33] - Veränderungen bei der Zulässigkeit eines Widerrufs von Versorgungszusagen eingetreten sind.

Anschließend wird das Drei-Stufen-Modell des BAG in seiner historischen Entstehung und seinem Inhalt beleuchtet und kritisch gewürdigt. Danach wird durch eine Gegenüberstellunge der Unterschiede zwischen triftigem Grund und wirtschaftlicher Lage die Zulässigkeit der Übertragbarkeit der Rechtsprechung zu dem einen auf den anderen unbestimmten Rechtsbegriff analysiert.

Abschließend wird der unbestimmte Rechtsbegriff des triftigen Grundes losgelöst von der wirtschaftlichen Lage iSd § 16 BetrAVG bestimmt und in ein abgestuftes System von Belastungsgrenzen, bei deren Erreichen der Arbeitgeber zur Reduzierung seiner Lasten aus der betrieblichen Altersversorgung berechtigt ist, eingeordnet. Hierfür werden zunächst die genaue Funktion des triftigen Grundes und die Auswirkungen eines Eingriffs in die erdiente Dynamik im System der Zusagekürzungen analysiert. Hierauf basierend werden Gedanken und Ansatzpunkte für die Bestimmung

---

[30] So das BAG vom 18.04.1989 – 3 AZR 299/87, DB 1989, 1876 = AP Nr. 23 zu § 1 BetrAVG Unterstützungskassen unter B. 2. der Gründe.

[31] Z.B. BAG vom 05.06.1984 – 3 AZR 33/84, DB 1984, 2461 = AP Nr. 3 zu § 1 BetrAVG Unterstützungskassen.

[32] § 7 Abs. 1 Satz 3 Nr. 5 BetrAVG a.F., aufgehoben durch EGInsO vom 05.10.1994, BGBl. I S. 2911.

[33] Statt vieler BAG vom 23.04.1985 – 3 AZR 194/83, DB 1985, 2615 = AP Nr. 6 zu § 1 BetrAVG Unterstützungskassen.

des triftigen Grundes in seiner ihm eigenen Funktion als eigenständiger unbestimmter Rechtsbegriff entwickelt, die als Grundlage für die Entwicklung eines Berechnungsmodells und damit für die Operationalisierung des unbestimmten Rechtsbegriffs dienen können.

Da die vorliegende Arbeit sich nicht im Schwerpunkt mit handelsbilanziellen Fragen auseinandersetzt, erfolgt die Darstellung handelsbilanzieller Aspekte anhand der Rechnungslegungsvorschriften des HGB. Auf Verweise auf andere Rechnungslegungsstandards wie US-GAAP[34] oder IFRS (vormals IAS)[35] wurde verzichtet[36].

---

[34] Generally Accepted Accounting Standards.

[35] International Financial Reporting Standards, vormals International Accounting Standards – herausgegeben vom International Accounting Standard Board (vormals International Accounting Standards Committee), einer privaten internationalen Berufsorganisation der Wirtschaftsprüfer.

[36] Vergleichende Darstellungen finden alle Interessierten bei *Feld*, Die Bilanzierung nach HGB und IAS, WPg 2003, 573, 638 sowie ausführlich bei *Orthmann*, Betriebliche Altersversorgung im Jahresabschluss nach HGB, US-GAAP und IAS, Diss. Mainz 2003.

2. Kapitel: Grundlegung

A. Allgemeines

I. Definition der betrieblichen Altersversorgung

Das Gesetz zur Verbesserung der betrieblichen Altersversorgung (BetrAVG)[1] definiert betriebliche Altersversorgung als

- Leistungen der Alters-, Invaliditäts- oder Hinterbliebenenversorgung, die einem Arbeitnehmer aus Anlass seines Arbeitsverhältnisses vom Arbeitgeber zugesagt werden[2].

Diese Legaldefinition grenzt die betriebliche Altersversorgung von anderen Sozialleistungen ab und bestimmt damit den Anwendungsbereich des BetrAVG. Das BetrAVG regelt also nicht die Begründung von Versorgungsverpflichtungen. Seine Anwendung setzt deren Existenz voraus.

Eine betriebliche Altersversorgung ist entgegen des anderslautenden Wortlauts keine Leistung eines Betriebs, sondern des Arbeitgebers. Betriebliche Altersversorgung kann also auch dann vorliegen, wenn kein Betrieb ieS besteht[3].

Die Zusage muss dem Arbeitnehmer aus Anlass seines Arbeitsverhältnisses erteilt werden[4]. Es ist dabei ohne Bedeutung, ob der Arbeitgeber der die Zusage erteilt, privatrechtlichen oder öffentlich-rechtlichen Charakter hat[5]. Entscheidend ist allein, dass die Leistung zum Zweck der Versorgung des Arbeitnehmers zugesagt wird. Wird der Versorgungsgedanke zugunsten anderer Zwecke verdrängt, handelt es sich bei der zugesagten Leistung nicht mehr um betriebliche Altersversorgung[6].

Die Leistungspflicht des Versorgungsschuldners muss durch ein biologisches Ereignis, wie das Erreichen der Altersgrenze (Altersversorgung), die Invalidität (Invaliditätsversorgung) oder den Tod des Arbeitnehmers (Hinterbliebenenversorgung) bedingt sein (sog. Eintritt des Versorgungsfalls)[7]. Eine betriebliche Altersversorgung setzt damit stets die Übernahme eines biologischen Risikos durch den Arbeitgeber voraus. Hierin liegt auch eine Ausfallchance für den Arbeitgeber. Eine vollständig vererbliche Zusage mit einem berechenbaren Gesamtvolumen, stellt deshalb keine betriebliche Altersversorgung dar[8]. Keine Rolle für das Vorliegen betrieblicher Alters-

---

[1] Gesetz vom 19.12.1974, BGBl. I 1974 S. 3610.

[2] § 1 Abs. 1 Satz 1 BetrAVG.

[3] *Höfer* ART Rn 14.

[4] Hieraus folgt lediglich, dass zwischen Zusage und Arbeitsverhältnis ein Kausalzusammenhang bestehen muss. Aus der weiten Formulierung „aus Anlass" ergibt sich indes, dass die Zusage nicht zwingend während des Arbeitsverhältnisses erfolgt sein muss. Sie kann auch vor Beginn oder nach Beendigung des Arbeitsverhältnisses gegeben werden; *Blomeyer/Otto* § 1 Rn 30.

[5] *Uebelhack* in H-BetrAV I 10 Rn 2.

[6] Nach einer neuen Entscheidung des BAG vom 18.02.2003 – 3 AZR 81/02, DB 2003, 2395 = AP Nr. 38 zu § 1 BetrAVG Ablösung erfüllt auch ein jährlich ausgezahltes Rentnerweihnachtsgeld die Voraussetzungen einer betrieblichen Altersversorgung.

[7] BAG vom 08.05.1990 – 3 AZR 121/89, DB 1990, 2375 = AP Nr. 58 zu § 7 BetrAVG. Vgl. hierzu auch BMF – Schreiben vom 17.11.2004 – IV C 4 S 2222 – 177/04/IV C 5 – S 2333 – 269/024 - Rn 156.

[8] Siehe dazu BAG vom 18.03.2003 – 3 AZR 313/02, BB 2004, 269 = AP Nr. 108 zu § 7 BetrAVG, wo das BAG in einem solchen Fall auf Abgrenzungsprobleme zur arbeitgeberfinanzierten Vermögensbil-

versorgung spielt das Motiv, das den Arbeitgeber antreibt, die Versorgungszusage zu erteilen[9]. Ebenso unbeachtlich sind die Art der Versorgungsleistung, ihre Bezeichnung und die Dauer der Versorgung[10].

Betriebliche Altersversorgung liegt bereits dann vor, wenn der Arbeitgeber eine der im Gesetz genannten Versorgungsformen verspricht. Entgegen des Wortlauts des Gesetzes ist es nicht erforderlich, alle Versorgungsformen nebeneinander zuzusagen[11]. Arbeitnehmerbeiträge, die neben den Arbeitgeberbeiträgen aus dem Arbeitsentgelt zur Finanzierung einer betrieblichen Altersversorgung an einen Pensionsfonds, eine Pensionskasse oder eine Direktversicherung geleistet werden, lassen den Charakter einer betrieblichen Altersversorgung unverändert, wenn die Leistungen aus diesen Beiträgen von der Zusage des Arbeitgebers umfasst sind[12].

II. Bedeutung der betrieblichen Altersversorgung und geschichtliche Entwicklung

Die betriebliche Altersversorgung stellt in Deutschland – im Gegensatz zu anderen Nationen[13] – eine freiwillige Sozialleistung des Arbeitgebers dar. Ihre Geschichte ist älter als die der gesetzlichen Rentenversicherung[14]. Schon Mitte des 19. Jahrhunderts waren betriebliche Einrichtungen bekannt, die ausschließlich der Versorgung der Arbeitnehmer im Alter dienten[15].

Die betriebliche Altersversorgung bildet neben der gesetzlichen Rentenversicherung (erste Säule) und der privaten Eigenvorsorge (dritte Säule) die zweite Säule des deutschen Altersversorgungssystems[16]. Unter den Sozialleistungen nimmt sie sowohl hinsichtlich ihrer Verbreitung als auch aufgrund ihres Kapitalumfangs eine

---

dung hinweist. Anders noch BAG vom 30.09.1986 – 3 AZR 22/85, DB 1987, 1304 = AP Nr. 16 zu § 1 BetrAVG.

[9] BAG vom 26.06.1990 – 3 AZR 641/88, DB 1990, 2475 = AP Nr. 11 zu § 1 BetrAVG Lebensversicherung.

[10] Vgl. dazu BAG vom 18.03.2003 – 3 AZR 315/02, DB 2004, 1624.

[11] So auch *Höfer* ART Rn 11.

[12] § 1 Abs. 2 Nr. 4 BetrAVG; vgl. BegrRegE des Gesetzes zur Einführung einer kapitalgedeckten Hüttenknappschaftlichen Zusatzversicherung und zur Änderung anderer Gesetze (HZvNG), BT-Drucks. 14/9007 S. 34; sog. Umfassungszusage. Kritisch zur Einführung der Umfassungszusage *Schwank/Gunia*, Die Änderungen des BetrAVG sowie des VAG durch das sog. Hüttenknappschaftsgesetz vom 21. Juni 2002, BetrAV 2003, 98, 98 f., die eine Aufweichung der Konturen zwischen Privatvorsorge und betrieblicher Altersvorsorge befürchten.

[13] In Australien, Dänemark und in der Schweiz ist betriebliche Altersversorgung obligatorisch. In den Niederlanden quasi-obligatorisch.

[14] Als Vorläufer der staatlichen Rentenversicherung gilt insbesondere die von Bismarck im Jahre 1889 eingeführte Arbeiterrenten- und Invalidenversicherung; siehe *Rupprecht,* Für einen Umbau der Altersversorgung in Deutschland, in FS für Norbert Rößler, 2000, S. 201, 202.

[15] So z.B. die der „Gutehoffnungshütte" aus dem Jahr 1850 oder die von „Friedrich Henschel" von 1858; siehe genauer *Ahrend/Förster/Rühmann* Einf. Rn 1; informativ zur geschichtlichen Entwicklung *Fühser*, Essener Verband – Tradition und Aufbruch, DB 2001, Beilage Nr. 5, S. 19 sowie insb. *Norbert Rößler*, Die Zukunft von Versorgung und Vergütung – Fakten, Möglichkeiten, Trends -, in Die Zukunft von Versorgung und Vergütung (dib-Konferenz 2000), S. 67 f.; auch *Schoden* ArbR Einf Rn 1 und *Uebelhack* in H-BetrAV I 10 Rn 8 ff.

[16] *Ahrend,* Die betriebliche Altersversorgung und ihr Stellenwert in einer sozialen Marktwirtschaft, BB 1994, 1225, spricht an Stelle der herrschenden „Drei-Säulen-Theorie" von einem „Drei-Ebenen-Konzept", um der unterschiedlichen Bedeutung der 3 Säulen auch sprachlich besser gerecht zu werden.

herausragende Stellung ein[17]. In vielen Bilanzen stellen die Verpflichtungen aus Altersversorgungen die größten Passivpositionen in der Bilanz dar, noch vor dem Eigenkapital[18].

Nach den ersten Ergebnissen einer Umfrage im Auftrag des Bundesministeriums für Gesundheit und Soziale Sicherung hat sich der Anteil der Arbeitnehmer in der Privatwirtschaft mit einer betrieblichen Altersversorgung von 35 v.H. am 31.12.2001 über 40 v.H. am 31.12.2002 auf 42 v.H. am 31.03.2003 erhöht. Dies deutet auf einen beschleunigten Anstieg in der jüngsten Vergangenheit hin. Bundessozialministerin *Schmidt* spricht gar von einer Renaissance der betrieblichen Altersversorgung[19].

Während nur jeder vierte Betrieb mit weniger als fünf Beschäftigten eine betriebliche Altersversorgung anbot, stieg der Anteil bei Betrieben mit 20 – 50 Beschäftigten bis März 2003 auf 73 v.H. und erreichte bei Betrieben mit 200 – 500 Beschäftigten 91 v.H. In Betrieben mit über 1000 Beschäftigten lag die Verbreitung bei nahezu 100 v.H[20].

Für die Ausgestaltung der Versorgung galt bis zur Verabschiedung des BetrAVG[21] der Grundsatz der Vertragsfreiheit. Versorgungsregelungen wurden meist einseitig vom Arbeitgeber festgelegt. Das BetrAVG schuf erstmals verbindliche gesetzliche Regelungen, die zum größten Teil auf die vorgesetzliche Rechtsprechung des BAG zurückgingen. Instrumente wie die Unverfallbarkeit der erworbenen Anwartschaften[22], die Anpassungsprüfungspflicht des Arbeitgebers[23] sowie die Einführung des Insolvenzschutzes über den Pensions-Sicherungs-Verein (PSV)[24], haben die Rechtsposition der Arbeitnehmer erheblich verbessert.

III. Traditionelle Funktion der betrieblichen Altersversorgung und neuere Entwicklungen

1. Betriebliche Altersversorgung als Mittel zur Schließung von Versorgungslücken

Die gesetzliche Rentenversicherung konnte selbst in den Zeiten ihrer Blüte keine Vollversorgung im Alter gewährleisten[25]. Leistungen der betrieblichen Altersversor-

---

[17] Im Jahr 2000 betrugen die angesammelten Deckungsmittel nach *Ahrend/Förster/Rühmann* Einf. Rn 18 insgesamt 331 Mrd. €. Der Hauptanteil hieran entfällt auf Pensionsrückstellung für den Durchführungsweg der unmittelbaren Versorgungszusage.

[18] Insgesamt stehen in den Bilanzen deutscher Unternehmen ca. 200 Milliarden Euro Pensionsrückstellungen; FAZ vom 07.03.2003, S. 14 „Die Unterdeckung der betrieblichen Altersversorgung ist gewollt". Siehe auch *Ahrend/Förster/Rühmann* Einf. Rn 18 und *Thoms–Meyer,* Grundsätze ordnungsmäßiger Bilanzierung für Pensionsrückstellungen, Diss. Münster 1995, S. 3.

[19] FAZ vom 08.01.2004, S. 11 „Strenge Regeln für Betriebsrenten".

[20] *Bundesministerium für Gesundheit und Soziale Sicherung,* Bericht der Kommission für die Nachhaltigkeit in der Finanzierung der Sozialen Sicherungssysteme, S.129 und Tabelle 3-12 auf S. 130. (Quelle: Infratest Sozialforschung, Situation und Entwicklung der betrieblichen Altersversorgung in der Privatwirtschaft – Zwischenbericht, München, Juni 2003, S. 9 ff.).

[21] Gesetz vom 19.12.1974, BGBl. I S. 3610.

[22] § 1b BetrAVG; dazu aus der vorgesetzlichen Rechtsprechung BAG vom 10.03.1972 – 3 AZR 278/71, DB 1972, 1486 = AP Nr.156 zu § 242 BGB Ruhegehalt.

[23] § 16 BetrAVG; dazu umfassend unten 3. Kap.

[24] Siehe §§ 7 ff. BetrAVG. Der durch Einlagen der Arbeitnehmer finanzierte Pensions-Sicherungs-Verein auf Gegenseitigkeit übernimmt die Rentenzahlung, wenn der Arbeitnehmer nicht mehr zahlungsfähig ist.

[25] Das Schrifttum sieht eine Vollversorgung, die die Aufrechterhaltung des während der Zeit der Erwerbstätigkeit erreichten Lebensstandards sichert, bei einem Versorgungsniveau von 70 v.H. - 90 v.H.

gung dienten deshalb traditionell dazu, die Lücke zwischen der Grundversorgung durch die gesetzliche Rentenversicherung und einer Vollversorgung zu schließen[26]. Obwohl sich hieraus eine Vielzahl von Abhängigkeiten zwischen betrieblicher Altersversorgung und gesetzlicher Rente ergeben, sind beide Versorgungsarten nicht zwingend rechtlich an einander gekoppelt[27].

Der hinlänglich bekannte demographische Wandel der deutschen Bevölkerung[28] und die schwache Konjunktur - damit einhergehend niedrigere Zahlen bei den Beitragszahlern zur Sozialversicherung infolge hoher Arbeitslosigkeit und Frühpensionierungen - sowie ein generell verändertes Erwerbsverhalten[29] haben die gesetzliche Rentenversicherung in Deutschland zunehmend unter Druck gesetzt. Immer weniger Erwerbstätige stehen immer mehr Rentnern gegenüber. Das Niveau der beitragsfinanzierten Rentenversicherung kann bei gleichbleibenden Beiträgen nicht gehalten werden.

2. *Veränderungen des rechtlichen Umfelds betrieblicher Altersversorgung zur Stärkung ihrer Rolle im Drei-Säulen-System der Altersversorgung*

Um ein weiteres Anwachsen der Beitragssätze zur gesetzlichen Rentenversicherung im Interesse der Wettbewerbsfähigkeit der deutschen Wirtschaft zu vermeiden, entschied sich die Bundesregierung für die Umschichtung der traditionellen Lastenverteilung im Drei-Säulen-System[30]. Im Gegenzug zum Abbau der gesetzlichen Rente[31] wurde ein eigenverantwortlicher Aufbau einer kapitalgedeckten Altersvorsorge forciert[32]. Die zweite und dritte Säule der Altersversorgung wurden gestärkt. Die Bundesregierung spricht gar von der Schaffung eines „echten Drei-Säulen-Systems“[33]. Ob man angesichts der vorgenommenen Reformen tatsächlich diesen Begriff verwenden sollte, kann hier unkommentiert bleiben. Das deutsche System wird im Vergleich zu Altersversorgungssystemen anderer Staaten auch nach der Reform von der

---

des letzten Nettoeinkommens als erreicht an; *Förster/Rühmann* in MünchHdb ArbR § 104 Rn 10 mwN; *Buttler* Rn 16.

[26] Der Gesetzgeber ging bei Verabschiedung des BetrAVG davon aus, „dass betriebliche Altersversorgung einem großen Teil der Arbeitnehmer eine wertvolle und notwendige Ergänzung der durch die Sozialversicherung gewährten Alterssicherung bietet“, BegrRegE BetrAVG, BT-Drucks. 7/1281 S. 19.

[27] Zu Gesamtversorgungssystemen bei denen die Höhe der Betriebsrente von der Höhe der gesetzlichen Rente abhängt siehe unten S. 30.

[28] Anschaulich zur demographischen Entwicklung die Grafiken bei *Rupprecht*, Für einen Umbau der Altersversorgung in Deutschland, in FS für Norbert Rößler, 2000, S. 201, 204 f.; ausführlich dazu der zweite Zwischenbericht der Enquete-Kommission „Demographischer Wandel – Herausforderungen unserer älter werdenden Gesellschaft an den einzelnen und die Politik“, BT-Drucks. 13/11460.

[29] *Andresen*, Betriebliche Altersversorgung im 21. Jahrhundert, in FS für Förster, 2001, S. 45 spricht von „Patchwork-Erwerbsbiografien“.

[30] Vgl. Koalitionsvereinbarung zwischen SPD und Bündnis 90/Die Grünen vom 20.10. 1998, VI. 2.

[31] Das Niveau der gesetzlichen Rente wird beim Standardrentner mit 45 Versicherungsjahren von zur Zeit noch etwa 70 v.H. des letzten Nettoeinkommens auf ca. 67 v.H. im Jahr 2020 sinken; siehe *Lohre*, Betriebliche Altersversorgung aus Arbeitnehmersicht, in FS für Förster, 2001, S. 37, 38. *Buttler* Rn 17 spricht von einer Senkung von 49 v.H. des letzten Bruttogehalts auf einen Betrag von zukünftig nur noch 45 v.H.

[32] Die wichtigste Änderung im Bereich der privaten Eigenvorsorge war die Einführung einer staatlich geförderten kapitalgedeckten Zusatzversorgung nach § 10a EStG (sog. „Riester-Rente“); dazu unten S. 38 f.

[33] So *Wolfgang Clement* in „Berliner Runde“, Zweites Deutsches Fernsehen am 28.08.2002, 20:15.

gesetzlichen Rente beherrscht. Den anderen Säulen kommt noch immer vorrangig Ergänzungsfunktion zu[34].

3. Betriebliche Altersversorgung als Teil einer Gesamtvergütung (Total Compensation)

In der Vergütungspolitik deutscher Unternehmen ist in der jüngeren Vergangenheit ein Trend weg von der reinen Lohnzahlung und hin zu flexibleren Vergütungssystemen zu erkennen[35]. Ein Instrument zur Flexibilisierung der Vergütungsstruktur ist das Prinzip der Gesamtvergütung oder *Total Compensation.* Die Vergütung setzt sich hier aus mehreren Bausteinen, u.a. aus betrieblicher Altersversorgung, zusammen[36]. Als weitere Bausteine kommen z.B. Firmenwagen, *Stock Options* oder Krankenversicherungen in Betracht.

Den Arbeitnehmern werden im Rahmen einer *Total Compensation* in der Regel im Bereich der freiwilligen Sozialleistungen gewisse Wahlmöglichkeiten eingeräumt, die ihnen die Zusammenstellung eines Leistungspakets entsprechend ihrer Vorstellungen und Bedürfnisse ermöglichen. Der Arbeitgeber kann auf diese Weise einen Mehrwert für seine Arbeitnehmer schaffen, ohne dass sich dadurch für ihn zwingend der Vergütungsrahmen erhöht. Möglich wird dies durch die stärkere Gewichtung von Nebenleistungen im Vergütungspaket. Ein Dienstwagen gegen Gehaltsverzicht kostet das Unternehmen keinen Cent; der Mitarbeiter spart aber Steuern.

Gesamtvergütungssysteme zielen ferner darauf ab, die Wertschätzung der Arbeitnehmer für die über den reinen Arbeitslohn hinausgehenden Leistungen des Arbeitgebers zu steigern und auf diese Weise die Identifikation mit dem Unternehmen zu steigern. So steigert z.B. ein Dienstwagen als Statussymbol die Attraktivität des Unternehmens bei den Mitarbeitern.

B. Begründung betrieblicher Versorgungszusagen

I. Begriff der Zusage

Das BetrAVG definiert den Begriff der Zusage nicht. Man versteht hierunter regelmäßig jede Versorgungsvereinbarung zwischen Arbeitgeber und Arbeitnehmer unabhängig von der Art ihrer rechtlichen Begründung und der gewählten Durchführungsform[37]. Mit jeder Zusageart kann grundsätzlich jeder Durchführungsweg begründet werden. Die Art der Zusagebegründung ist von besonderer Bedeutung für die Möglichkeiten einer späteren Einschränkung der Zusage[38].

---

[34] Die betriebliche Altersversorgung macht lediglich 5 v.H. des Gesamtumfangs der Alterseinkommen aus, auf die private Vorsorge entfallen 15 v.H. und auf die gesetzliche Rente noch immer 80 v.H. des gesamten Alterseinkommens; FAZ vom 07.03.2003, S. 14 „Fast jeder dritte Arbeitnehmer hat einen Betriebsrentenanspruch" und Grafik: „Der große Sparstrumpf". Siehe auch den ergänzenden Bericht der Bundesregierung zum Alterssicherungsbericht 2001, BT-Drucks. 14/7640, hier insb. S. 84.

[35] Vgl. zu diesem Themenkomplex *Norbert Rößler/Tischer*, Cafeteria-Modelle in der bundesdeutschen Unternehmenspraxis, BdW vom 29.08.1991, S. 7 und *Norbert Rößler/Förster*, Neue Wege für die Versorgung der Führungskräfte, BdW vom 24.10.1994, S. 9.

[36] *Reichold*, Metamorphose der gekündigten Betriebsvereinbarung, in GS für Blomeyer, 2003, S. 275, 283 weist ferner darauf hin, dass sich ein Bedeutungswandel von einer das Gehalt ergänzenden hin zu einer das Gehalt ersetzenden Funktion der betrieblichen Altersversorgung abzeichne.

[37] *Förster/Rühmann* in MünchHdb ArbR § 104 Rn 2; *Rühmann* in MünchKomm BGB § 1587 Rn 300; *Blomeyer/Otto* § 1 Rn 31 ff.; kritisch *Höhne* in Heubeck/Höhne/Paulsdorff/Rau/Weinert § 1 Rn 1.

[38] *Doetsch/Rühmann* in Willemsen/Hohenstatt/Schweibert/Seibt J Rn 159; die Möglichkeiten einer späteren Einschränkung der Zusagewerden umfassend im 4. Kap. behandelt.

II. Freiwilligkeit der Zusage

Die betriebliche Altersversorgung ist eine freiwillige Sozialleistung. Mit Ausnahme weniger Branchen, in denen die betriebliche Altersversorgung tarifvertraglich geregelt ist[39], können Arbeitgeber grundsätzlich frei entscheiden, ob und unter welchen Umständen sie eine betriebliche Altersversorgung einführen wollen[40]. Lediglich in der inhaltlichen Gestaltung der Versorgung sind sie durch die Vorschriften des BetrAVG beschränkt.

Durch die Einführung eines Anspruchs auf Entgeltumwandlung wurde die Zusagefreiheit des Arbeitgebers erstmals eingeschränkt[41]. Fortgeführt wurde diese Einschränkung der Zusagefreiheit durch den seit dem 01.01.2005 gem. § 4 Abs. 3 BetrAVG bestehenden Anspruch der Arbeitnehmer auf Mitnahme von Anwartschaften beim Arbeitgeberwechsel (sog. Anspruch auf Portabilität). Die Entscheidung, eine arbeitgeberfinanzierte betriebliche Altersversorgung einzurichten, ist jedoch eine freie unternehmerische Entscheidung des Arbeitgebers geblieben. Macht der Arbeitnehmer seinen Anspruch auf betriebliche Altersversorgung durch Entgeltumwandlung geltend, so entscheidet er sich für eine von ihm finanzierte betriebliche Altersversorgung. Der Arbeitgeber sucht lediglich geeignete Anlageformen aus und kümmert sich um die Abführung der Beiträge.

III. Individualrechtliche Zusageformen

1. Unmittelbare individuelle vertragliche Regelung

Eine individualvertragliche Zusage betrieblicher Altersversorgung kann sowohl im Dienst- oder Arbeitsvertrag fixiert sein als auch durch einen gesonderten Vertrag begründet werden. Für den Vertragsschluss gelten die allgemeinen zivilrechtlichen Regelungen[42]. Die Versorgungszusage ist nicht formbedürftig[43]. Ihre Auslegung erfolgt nach den allgemeinen Vorschriften[44]. Ist der Inhalt der Versorgungszusage undeutlich, muss sich der Arbeitgeber an einer für ihn ungünstigen Auslegung festhalten lassen[45].

2. Vertragliche Einheitsregelung

Bei einer vertraglichen Einheitsregelung schließt der Arbeitgeber mit allen bzw. einer Vielzahl von Mitarbeitern inhaltlich gleichlautende Versorgungsvereinbarungen. Der Inhalt solcher Ruhegehaltsregelungen wird nur durch die Gesamtheit der Zusagen verständlich. Die Leistungen an die einzelnen Arbeitnehmer bilden untereinander ein

[39] Siehe hierzu *Förster/Rühmann* in MünchHdb ArbR § 105 Rn 20 ff. und unten S. 16 f.

[40] BAG vom 10.03.1972 – 3 AZR 278/71, DB 1972, 1486 = AP Nr.156 zu § 242 BGB Ruhegehalt.

[41] § 1a Abs. 1 iVm § 17 Abs. 1 Satz 3 BetrAVG; dazu näher unten S. 27 f.

[42] §§ 145 ff. BGB.

[43] Nach § 6a Abs. 1 Nr. 3 EStG muss eine Pensionszusage schriftlich erteilt werden und den in der Vorschrift angegebenen Mindestinhalt vorsehen, um steuerbilanzielle Pensionsrückstellung bilden zu können. Aufgrund dieser Reglung sind nahezu alle Versorgungszusagen schriftlich fixiert; vgl. *Ellrott/Rhiel* in Beck Bil-Komm. § 249 Rn 158 und *Gosch* in Kirchhof § 6a Rn 22.

[44] §§ 133, 157, 242 BGB.

[45] Sog. Unklarheitenregel; *Schaub* § 81 Rn 34.

Bezugssystem. Vertraglichen Einheitsregelungen wird deshalb trotz ihrer individualrechtlichen Begründung ein gewisser Kollektivbezug beigemessen[46].

3. Jeweiligkeitsklausel

Die Zusage kann in einer sog. Jeweiligkeitsklausel auf die jeweils geltende Fassung eines Tarifvertrags, einer Betriebsvereinbarung oder einer sonstigen Regelung über betriebliche Altersversorgung Bezug nehmen[47]. Bezieht sich die Pensionszusage ausdrücklich oder stillschweigend auf Regelwerke wie Richtlinien einer Unterstützungskasse oder Betriebsvereinbarungen, liegt hierin üblicherweise eine dynamische Verweisung auf diese Regelungen in ihrer jeweils geltenden Fassung[48]. Damit gelten für und gegen einen Betriebsrentner stets auch die Ruhegeldregelungen, die erst nach seinem Eintritt in den Ruhestand erlassen worden sind.

4. Gesamtzusage

Eine Gesamtzusage erteilt der Arbeitgeber der Gesamtheit seiner Arbeitnehmer oder einer bestimmten Arbeitnehmergruppe durch Aushang am „Schwarzen Brett", durch ein Rundschreiben oder durch mündliche Bekanntgabe in einer Betriebsversammlung. Nach allgemeiner Ansicht gibt der Arbeitgeber hierdurch an jeden einzelnen Arbeitnehmer ein Angebot ab, einen Vertrag über betriebliche Altersversorgung zu schließen[49]. Eine ausdrückliche Annahme durch den einzelnen Arbeitnehmer wird nicht erwartet und ist gem. § 151 Satz 1 BGB entbehrlich[50].

Auch die Gesamtzusage ist im Kern eine individualrechtliche Begründungform. Da sie aber auf einem einheitlichen Plan beruht und regelmäßig für die gesamte Belegschaft oder zumindest für in sich geschlossene Teile der Belegschaft abgegeben wird, besteht auch hier – wie bei der vertraglichen Einheitsregelung - ein gewisser Kollektivbezug[51].

5. Betriebliche Übung

Eine Versorgungsverpflichtung des Arbeitgebers kann auch aus einer betrieblichen Übung erwachsen[52]. Der Arbeitgeber muss hierfür ausgeschiedenen Arbeitnehmern ohne ausdrückliche Zusage regelmäßig ein Ruhegeld gewährt haben. Durch diese Versorgungszahlungen muss bei den Arbeitnehmern der Eindruck einer Gesetzmä-

---

[46] BAG vom 16.09.1986 – GS 1/82, DB 1987, 383 = AP Nr. 17 zu § 77 BetrVG 1972. Näher hierzu insb. S. 131 ff.

[47] Siehe z.B. LAG Düsseldorf vom 07.04.1964 – 8 Sa. 80/64, DB 1964, 1123 f. Die Regelungen eines Tarifvertrags wirken in diesem Fall auch für tarifungebundene Arbeitnehmer.

[48] BAG vom 23.11.1997 – 3 AZR 529/96, DB 1998, 318 = AP Nr. 23 zu § 1 BetrAVG Ablösung; bestätigt durch BAG vom 11.12.2001 – 3 AZR 512/00, DB 2003, 293 = AP Nr. 36 zu § 1 BetrAVG Ablösung unter I. 1. der Gründe.

[49] Statt vieler BAG vom 12.06.1957 – 4 AZR 5/55, AP Nr. 24 zu § 242 BGB Ruhegehalt und *Schaub* § 81 Rn 35; a.A. *Förster/Rühmann* in MünchHdb ArbR § 105 Rn 9.

[50] BAG vom 12.03.1963 – 3 AZR 266/62, DB 1963, 1191 = AP Nr. 90 zu § 242 BGB Ruhegehalt und zuletzt BAG vom 18.03.2003 – 3 AZR 101/02, AP Nr. 41 zu § 1 BetrAVG Ablösung.

[51] So BAG vom 16.09.1986 – GS 1/82, DB 1987, 383 = AP Nr. 17 zu § 77 BetrVG 1972. Näher hierzu insb. S. 131 ff.

[52] § 1b Abs. 1 Satz 3 BetrAVG; näher zur betrieblichen Übung *Schaub* § 111 und insb. *Gamillscheg*, Betriebliche Übung, in FS für Hilger/Stumpf, 1983, S. 227 sowie *Reinecke*, Betriebliche Übung in der betrieblichen Altersversorgung, BB 2004, 1625.

ßigkeit entstanden sein[53]. Das gleichförmige Verhalten des Arbeitgebers muss bei den Arbeitnehmern ein schutzwürdiges Vertrauen auf Zahlung einer Betriebsrente erweckt haben[54]. Die bindende Wirkung der betrieblichen Übung wird dogmatisch entweder aus der Vertragstheorie oder aus der auf dem Gedanken der Vertrauenshaftung basierenden Erwirkungslehre abgeleitet[55].

6. Gleichbehandlungsgrundsatz

Grundsätzlich kann der Arbeitgeber frei entscheiden, welchen Arbeitnehmern er eine betriebliche Altersversorgung zukommen lassen will. Erteilt er aber Versorgungszusagen, dann hat jeder Arbeitnehmer Anspruch darauf, wie ein vergleichbarer Arbeitnehmer behandelt zu werden[56]. Der arbeitsrechtliche Gleichbehandlungsgrundsatz[57] verbietet eine willkürliche Ungleichbehandlung von Arbeitnehmern. Mitglieder desselben begünstigten Personenkreises können nur dann ungleich behandelt werden, wenn hierfür sachliche Gründe vorliegen[58]. Erhält von mehreren gleich qualifizierten Arbeitnehmern nur einer keine ausdrückliche Zusage, so wird für ihn eine Zusage über den Gleichbehandlungsgrundsatz begründet.

Kein Anspruch auf Gleichbehandlung besteht indes, wenn der Arbeitgeber mit der Versorgungszusage lediglich individuelle Zuwendungszwecke verfolgt[59].

IV. Kollektivrechtliche Zusageformen

1. Tarifvertrag

Ruhegeldverpflichtungen können durch Tarifvertrag begründet werden. Tarifvertragszusagen finden sich bislang vorrangig im Baugewerbe und im öffentlichen Dienst[60]. Die Tariföffnungsklausel des BetrAVG[61], die Abweichungen von einigen Vorschriften des BetrAVG zulässt, lässt aber den Willen des Gesetzgebers erkennen, eine Ausweitung tariflicher betrieblicher Altersversorgung auch im Bereich der privaten Wirtschaft zu fördern. Die große Zahl von Tarifverträgen, die bereits zur Entgeltumwand-

---

[53] Statt vieler BAG vom 07.09.1982 – 3 AZR 5/80, BB 1983, 1032 = AP Nr. 1 zu § 3 TVG Arbeiter Bundespost.

[54] BAG vom 29.10.1985 – 3 AZR 462/83, DB 1986, 2189 = AP Nr. 2 zu § 1 BetrAVG Betriebliche Übung.

[55] Näher zur dogmatischen Begründung der Bindungswirkung betrieblicher Übung siehe *Schaub* § 111 Rn 3 ff. zur Vertragstheorie sowie § 111 Rn 14 ff. zur betrieblichen Übung als einseitigem Verpflichtungstatbestand. Übersichtlich *Lieb* S. 21 ff.

[56] Zur Ungleichbehandlung von Mann und Frau wird insbesondere auf die Barber-Entscheidung des EuGH vom 17.05.1990 - RS 262/88 (Barber ./. Guardianroyal Exchange), DB 1990, 1824 = AP Nr. 20 zu Art. 119 EWG-Vertrag verwiesen; die dort aufgestellten Grundsätze hat der Gesetzgeber mittlerweile in § 30a BetrAVG normiert.

[57] Art. 3 GG, Art. 119 EWG-Vertrag.

[58] BAG vom 03.04.1957 – 4 AZR 644/54, DB 1957, 582 = AP Nr. 4 zu § 242 BGB Gleichbehandlung. Z.B. ist eine verringerte Arbeitszeit allein noch kein Grund, einen Arbeitnehmer von der betrieblichen Altersversorgung auszuschließen; so BAG vom 16.01.1996 – 3 AZR 767/94, DB 1996, 939 = AP Nr. 222 zu Art. 3 GG.

[59] Vgl. auch zum Gleichbehandlungsgrundsatz und seinen Auswirkungen auf die betriebliche Altersversorgung *Reinecke*, Neue Rechtsprechung des Bundesarbeitsgerichts zum Betriebsrentenrecht, DB 2002, 2717, 2718 ff.

[60] *Steinmeyer*, Grenzen des Eingriffs von Tarifvertragsparteien in Anwartschaften und Ansprüche auf betriebliche Altersversorgung, in GS für Blomeyer, 2003, S. 423, 423; sowie ausführlich *ders.*, Tarifvertrag und betriebliche Altersversorgung, in FS für Schaub, 1998, 727.

[61] § 17 Abs. 3 BetrAVG.

lung geschlossen worden sind, zeigt, dass die Tarifparteien bereit sind, diese Möglichkeit zur Stärkung der zusätzlichen kapitalgedeckten Altersvorsorge zu nutzen[62].

2. Betriebsvereinbarung

Eine Betriebsvereinbarung ist ein privatrechtlicher Normenvertrag zwischen Arbeitgeber und Betriebsrat. Er wird nach den Regeln des BGB geschlossen[63]. Betriebsvereinbarungen gelten unmittelbar und zwingend[64]. Die Regelungen der Betriebsvereinbarung finden also auf die betroffenen Arbeitnehmer Anwendung, ohne dass es einer weiteren Umsetzung der Regelung bedarf. Zwingend bedeutet, dass die Regelungen der Betriebsvereinbarung Mindestnormen darstellen, von denen Arbeitsvertragsparteien nicht zuungunsten der Arbeitnehmer abweichen können[65].

Betriebsvereinbarungen sind häufig Grundlage von Versorgungszusagen[66]. Sie empfehlen sich hierfür wegen des regelmäßig kollektiven Charakters von Versorgungszusagen sowie wegen ihrer Flexibilität bei Zusageänderungen[67].

Wird die betriebliche Altersversorgung über eine Unterstützungs- oder Pensionskasse oder einen Pensionsfonds durchgeführt, folgt die Möglichkeit, hierüber eine freiwillige Betriebsvereinbarung abzuschließen, aus § 88 Nr. 2 BetrVG[68]. Entscheidet sich der Arbeitgeber für einen anderen Durchführungsweg, greift die umfassende funktionelle Zuständigkeit des Betriebsrats in sozialen Angelegenheiten[69].

Ein erzwingbares Mitbestimmungsrecht steht dem Betriebsrat nur für die Regelung der Verteilungsgrundsätze innerhalb eines bestehenden Versorgungswerks zu[70]. Den Abschluss einer Betriebsvereinbarung über die Einführung einer betriebli-

---

[62] Z.B. in den Tarifverträgen der Metall-/Elektroindustrie, der chemischen Industrie und der Bauindustrie; informativ dazu die exemplarische Darstellung bei *Recktenwald*, Tarifliche Versorgungswerke und betriebsindividuelle Entgeltgestaltung, in Neue Horizonte in der Altersversorgungs- und Gesamtvergütungspolitik (dib-Konferenz 2002), S. 73, 77 ff. sowie insb. die Ausführungen bei *Schulte*, Aktuelle Tarifverträge zur Förderung der betrieblichen Altersvorsorge, BetrAV 2003, 591 und *Steinmeyer*, Grenzen des Eingriffs von Tarifvertragsparteien in Anwartschaften und Ansprüche auf betriebliche Altersversorgung, in GS für Blomeyer, 2003, S. 423. *Kemper/Kisters-Kölkes* Rn 367 sprechen davon, dass bereits mehr als 170 Tarifverträge zum Anspruch auf Entgeltumwandlung abgeschlossen wurden.

[63] *Schaub* § 231 Rn 4, 6.

[64] § 77 Abs. 4 Satz 1 BetrVG.

[65] *Fitting/Kaiser/Heither/Engels/Schmitt* § 77 Rn 124 ff.; vgl. BAG vom 16.09.1986 – GS 1/82, DB 1987, 383 = AP Nr. 17 zu § 77 BetrVG unter C. II. 2. und 3. der Gründe.

[66] *Hilger/Stumpf*, Kündigungsfreiheit und Vertrauensschutz im Recht der Betriebsvereinbarung, BB 1990, 929.

[67] Umfassend dazu S. 127 ff.

[68] Siehe dazu *Fitting/Kaiser/Heither/Engels/Schmidt* § 88 Rn 20. Nach ständiger Rechtsprechung des BAG kann die Mitbestimmung bei einer betrieblichen Altersversorgung unter Einschaltung einer Unterstützungskasse zweistufig oder organschaftlich erfolgen. Bei der zweistufigen Mitbestimmung werden die mitbestimmungspflichtigen Fragen zunächst zwischen Arbeitgeber und Betriebsrat geregelt; der Arbeitgeber hat die Regelungen dann in der Sozialeinrichtung umzusetzen. Die Mitbestimmungsrechte des Betriebsrats können aber auch durch gleichberechtigte, paritätische Beteiligung von Vertretern des Betriebsrats und des Arbeitgebers in den entscheidungsbefugten Organen der Unterstützungskasse wahrgenommen werden; BAG vom 13.07.1978 – 3 ABR 108/77, DB 1978, 2129 = AP Nr. 5 zu § 87 BetrVG 1972 Altersversorgung.

[69] *Förster/Rühmann* in MünchHdb ArbR § 105 Rn 26; *Fitting/Kaiser/Heither/Engels/Schmidt* § 88 Rn 12.

[70] §§ 87 Abs. 1 Nr. 8 und Nr. 10 BetrVG. Können sich Arbeitgeber und Betriebsrat nicht über die Verteilungsgrundsätze einigen, ist gem. § 87 Abs. 2 Satz 1 BetrVG die Einigungsstelle zur Schlichtung der Meinungsverschiedenheiten zuständig. Gem. § 50 Abs. 1 Satz 1 BetrVG ist der Gesamtbetriebsrat zuständig für Angelegenheiten, die das Gesamtunternehmen oder mehrere Betriebe betreffen und die

chen Altersversorgung kann der Betriebsrat nicht erzwingen. Sein Mitbestimmungsrecht ist lediglich Folge der freien Entscheidung des Arbeitgebers darüber, ob, in welchem Umfang und für welchen Zweck er eine betriebliche Altersversorgung erbringen will. Der Arbeitgeber kann auch die Versorgungsrisiken und die Leistungsart (Kapital- oder Rentenleistung) mitbestimmungsfrei bestimmen. Er kann also frei über das Risiko entscheiden, das er eingehen will[71].

Scheidet der Arbeitnehmer aus dem Unternehmen aus, verwandelt sich sein Versorgungsanspruch aus der Betriebsvereinbarung in einen selbständigen schuldrechtlichen Anspruch gegen den Versorgungsträger, der unabhängig von evtl. später eintretenden Änderungen der Betriebsvereinbarung ist[72].

3. *Richtlinien nach dem Sprecherausschussgesetz*

Das Sprecherausschussgesetz (SprAuG)[73] räumt dem Arbeitgeber und dem Sprecherausschuss der leitenden Angestellten die Möglichkeit ein, freiwillig Richtlinien über den Inhalt, den Abschluss oder die Beendigung von Arbeitsverhältnissen der leitenden Angestellten zu vereinbaren[74]. Hierunter fallen auch Richtlinien über eine betriebliche Altersversorgung. Diese Zusageart wird in der weiteren Darstellung vernachlässigt.

C. Durchführungswege betrieblicher Altersversorgung

Die historische Entwicklung hat zum Entstehen verschiedener Durchführungsarten betrieblicher Altersversorgung geführt. Ein Arbeitgeber, der eine betriebliche Altersversorgung einrichten will, kann aus fünf Durchführungswegen wählen[75], die auch miteinander kombiniert werden können[76].

Innerhalb der vom Gesetzgeber angebotenen Durchführungswege muss zwischen unmittelbarer betrieblicher Altersversorgung und mittelbaren Durchführungswegen bei denen ein externer Versorgungsträger, zwischen Arbeitnehmer und Arbeitgeber geschaltet ist, unterschieden werden. Externe Versorgungsträger können Unterstützungskassen, Versicherungsunternehmen, Pensionskassen und Pensionsfonds sein.

Den geeigneten Durchführungsweg wählt der Arbeitgeber unter Berücksichtigung der Interessen der Beteiligten aus. Zu bedenken sind u.a. Auswirkungen auf das Unternehmensergebnis aufgrund der bilanziellen Folgen des gewählten Durchführungswegs, Haftungsrisiken, Kalkulierbarkeit des entstehenden Versorgungsaufwands, Fragen der Besteuerung, Anlagemöglichkeiten, anfallender Verwaltungsauf-

---

nicht durch die einzelnen Betriebsräte innerhalb ihrer Betriebe geregelt werden können. Das ist in Fragen der betrieblichen Altersversorgung grundsätzlich anzunehmen, weil diese wegen ihrer finanziellen und steuerlichen Auswirkungen einheitlich für das gesamte Unternehmen geordnet werden müssen. Dazu BAG vom 25.07.2000 – 3 AZR 292/99, BetrAV 2003, 466 unter I. 2. der Gründe. Umfassend zum Mitbestimmungsrecht in der betrieblichen Altersversorgung *Molkenbur/Roßmanith*, Mitbestimmung des Betriebsrats und Betriebsvereinbarungen in der betrieblichen Altersversorgung, AuR 1990, 333.

[71] Dazu BAG vom 29.07.2003 – 3 ABR 34/02, DB 2004, 883 = AP Nr. 18 zu § 87 BetrVG 1972 Sozialeinrichtungen.

[72] BAG vom 16.03.1956 – GS 1/55, DB 1956, 573 = AP Nr. 1 zu § 57 BetrVG 1952.

[73] Gesetz über Sprecherausschüsse der leitenden Angestellten (SprAuG) vom 20.12.1988, BGBl. I S. 2312.

[74] § 28 Abs. 1 SprAuG.

[75] § 1 Abs. 1 Satz 2; § 1b Abs. 2 – 4 BetrAVG.

[76] *Andresen/Förster/Norbert Rößler/Rühmann* Teil 5A Rn 1.

wand und die Transparenz der gewählten Versorgung für die Mitarbeiter. Die wesentlichen Unterschiede der Durchführungswege sind weniger rechtlicher, sondern vielmehr betriebswirtschaftlich-steuerlicher Natur.

I. Unmittelbare Versorgungszusage

1. Allgemeines

Die unmittelbare Versorgungszusage[77] (auch Direktzusage oder schlicht Pensionszusage genannt) ist der in Deutschland am weitesten verbreitete Durchführungsweg betrieblicher Altersversorgung[78]. Der Arbeitgeber verpflichtet sich, an einen oder mehrere Arbeitnehmer ab Eintritt des Versorgungsfalls, Versorgungsleistungen zu erbringen. Die Deckungsmittel für die Versorgungspflichten verbleiben beim Arbeitgeber. Da der Arbeitgeber selbst Versorgungsträger ist, bestehen hier nur Rechtsbeziehungen im Zweipersonenverhältnis zwischen Arbeitgeber und Arbeitnehmer[79]. Für die Erfüllung der Versorgungsleistung haftet der Arbeitgeber mit seinem Betriebsvermögen[80].

Die Finanzierung unmittelbarer Versorgungszusagen erfolgt regelmäßig durch die Bildung von Pensionsrückstellungen in der Handels- und in der Steuerbilanz[81]. Pensionsverpflichtungen, d.h. Verpflichtungen aus laufenden Pensionen oder Anwartschaften auf Pensionen, begründen vor Eintritt des Leistungsfalls eine aufschiebend bedingte Schuld. Sie sind Verbindlichkeiten iSd § 249 Abs. 1 Satz 1 HGB, für die eine Rückstellung zu bilden ist.

2. Pensionsrückstellungen

a. Begriffsbestimmung

Der Begriff der Rückstellung beschreibt Verbindlichkeiten, die in irgendeiner Art und Weise ungewiss sind. Es kann ungewiss sein, ob die Verbindlichkeit überhaupt eintritt oder auch wie hoch sie sein wird[82]. Durch die Bildung von Rückstellungen sollen Aufwendungen, die aus diesen Verbindlichkeiten resultieren, aber erst später zu einer Auszahlung führen, dem Zeitraum ihrer rechtlichen oder jedenfalls wirtschaftlichen Verursachung zugerechnet werden.

Dem Begriff der „Pensionsverpflichtung" unterfallen alle Verpflichtungen zu betrieblicher Altersversorgung[83]. Diese gehören zu den ungewissen Verbindlichkeiten iSd § 249 Abs. 1 Satz 1 HGB[84], weil die Lebenserwartung eines Menschen und damit

---

[77] So die Terminologie des Gesetzes in § 7 Abs. 1 Satz 1 BetrAVG. Diese Terminologie ist missverständlich, da eine Versorgungszusage stets unmittelbar erteilt wird; lediglich die hieraus resultierende Leistungspflicht des Unternehmens kann mittelbar oder unmittelbar sein; vgl. *Adler/Düring/Schmaltz* § 249 HGB Rn 86.

[78] *Orthmann*, Betriebliche Altersversorgung im Jahresabschluss nach HGB, US-GAAP und IAS, Diss. Mainz 2003, S. 31 f.

[79] Genauer siehe unten S. 31 ff.

[80] Ist der Arbeitgeber Einzelkaufmann oder Komplementär, haftet er auch mit seinem Privatvermögen.

[81] § 249 HGB für die Handels- und § 6a EStG für die Steuerbilanz; näher zu Rückstellungen auch S. 84 f. und S. 227 ff.

[82] Sog. dynamische Bilanzauffassung; nach der sog. statischen Bilanzauffassung sind Rückstellungen Schulden, die ihrer Höhe und/oder ihres Entstehens nach ungewiss sind.

[83] *Thoms–Meyer,* Grundsätze ordnungsmäßiger Bilanzierung für Pensionsrückstellungen, Diss. Münster 1995, S. 6.

[84] *Ellroth/Rhiel* in Beck Bil-Komm. § 249 Rn 151.

die Höhe der anfallenden Belastungen unbestimmt ist. Pensionsrückstellungen sind der in der Bilanz ausgewiesene Betrag zur Erfüllung der künftigen wahrscheinlichen Pensionszahlungen und ähnlichen Versorgungsleistungen[85].

b. Der Ansatz von Pensionsrückstellungen

Das allgemeine Passivierungsgebot des § 249 Abs. 1 Satz 1 HGB wird für Pensionsrückstellungen durch Art. 28 EGHGB ergänzt. Eine Passivierungspflicht besteht hiernach lediglich für unmittelbare Pensionsverpflichtungen, wenn der Pensionsberechtigte seinen Rechtsanspruch auf die Versorgung ab dem 1. Januar 1987 erworben hat[86]. Für ältere Zusagen und Zusagen aus denen dem Arbeitgeber nur mittelbare Pensionsverpflichtungen erwachsen, hat der Arbeitgeber einschließlich späterer Zuwächse ein Passivierungswahlrecht[87]. Mittelbar ist die Verpflichtung des Arbeitgebers dann, wenn sie sich ausschließlich darauf erstreckt, einem externen Versorgungsträger die zur Erfüllung der Leistungen erforderlichen Geldmittel zuzuwenden[88].

c. Die Bewertung von Pensionsrückstellungen

Die Bewertung von Pensionsrückstellungen richtet sich handelsrechtlich nach der allgemeinen Bewertungsvorschrift des § 253 Abs. 1 Satz 2 HGB. Verbindlichkeiten sind grundsätzlich in Höhe ihres Rückzahlungsbetrags zu passivieren[89]. Rentenverbindlichkeiten, für die eine Gegenleistung nicht mehr zu erwarten ist, sind hingegen nur mit ihrem Barwert, d.h. mit der geschuldeten Leistung unter Abzug von Zinsen und Zinseszinsen, anzusetzen[90]. Dies gilt für alle laufenden Pensionen nach Eintritt des Versorgungsfalls und für alle unverfallbaren Anwartschaften vorzeitig ausgeschiedener Mitarbeiter[91]. Ein konkreter Zinssatz für die Berechnung des Barwertes ist handelsrechtlich nicht vorgegeben. Dem Arbeitgeber steht damit ein Ermessensspielraum für die Bewertung der Pensionsrückstellungen zu. Als Rechnungszinsfuß kommt im Allgemeinen „unter den derzeitigen wirtschaftlichen Gegebenheiten" ein Zinssatz von 3 - 6 v.H. in Betracht[92].

---

[85] *Ellrott/Rhiel* in Beck Bil-Komm. § 249 Rn 151.

[86] Umkehrschluss aus Art. 28 Abs. 1 Satz 1 EGHGB, der von einer „Pension aufgrund einer unmittelbaren Zusage" spricht. Da jede Zusage unmittelbaren Charakter hat, weil sie stets aus dem arbeitsrechtlichen Grundverhältnis zwischen Arbeitgeber und Arbeitnehmer resultiert, ist diese Formulierung ungenau. Nur die aus der Zusage resultierende Leistungsverpflichtung kann mittelbar oder unmittelbar sein. Es ist deshalb zweckmäßiger mit *Thoms–Meyer,* Grundsätze ordnungsmäßiger Bilanzierung für Pensionsrückstellungen, Diss. Münster 1995, S. 30 f. zwischen mittelbaren und unmittelbaren Pensionsverpflichtungen zu unterscheiden.

[87] Art. 28 Abs. 1 Satz 1 bzw. Satz 2 EGHGB. Zur früheren Rechtslage vgl. BGH vom 27.02.1962 – II ZR 292/59, DB 1961, 498 = AP Nr. 69 zu § 242 BGB - Ruhegehalt, wo der BGH entscheid, dass für alle Pensionsrückstellungen ein Passivierungswahlrecht gelte. Beachte aber Art. 28 Abs. 2 EGHGB, wonach Kapitalgesellschaften, die keine Pensionsrückstellungen bilden, den Betrag der zulässigerweise nicht passivierten Rückstellungen für Verpflichtungen aus Altzusagen im Anhang als sog. Fehlbetragsangabe angeben müssen.

[88] *Ahrend/Förster/Norbert Rößler* 8. Teil Rn 18.

[89] § 253 Abs. 1 Satz 2 Alt. 1 HGB.

[90] § 253 Abs. 1 Satz 2 Alt. 2 HGB; vgl. dazu umfassend *Ahrend/Förster/Norbert Rößler* 8.Teil Rn 85 ff.

[91] *Ellroth/Rhiel* in Beck Bil-Komm. § 249 Rn 196. Näher zum Anwartschafts- bzw. Rentenbarwert siehe S. 227 ff.; zur Berechnung eines Barwerts siehe S. 249.

[92] Stellungnahme des HfA des IdW 2/1998, Pensionsverpflichtungen im Jahresabschluss, WPg 1988, S. 403, 404; kritisch *Feld*, Die Bilanzierung nach HGB und IAS, WPg 2003, 573, 576 f.

Alle Pensionsverpflichtungen für die noch eine Gegenleistung erwartet wird, sind mangels Spezialvorschrift nach der allgemeinen Vorschrift für Rückstellungen zu passivieren[93]. Die Bewertung erfolgt in Höhe des nach vernünftiger kaufmännischer Beurteilung notwendigen Betrags. Hierzu sind die anerkannten Regeln der Versicherungsmathematik anzuwenden. Die Bewertung hat auch hier auf Grundlage des Barwertkonzepts zu erfolgen[94]. Zu berücksichtigen ist bei der Bemessung des Barwerts für Pensionsverpflichtungen, für die noch eine Gegenleistung zu erwarten ist, dass Teile der zugesagten Pensionsleistungen durch die Mitarbeiter in der bis zum Eintritt des Versorgungsfalls verbleibenden Dienstzeit noch erdient werden[95].

Wegen des handelsbilanziellen Stichtagsprinzips[96] können grundsätzlich keine Rückstellungen für solche künftigen Steigerungen oder sonstigen Veränderungen der Versorgungshöhe gebildet werden, deren Höhe am Bilanzstichtag noch nicht feststeht, soweit diese nicht über eine Reduzierung des Rechnungszinsfusses näherungsweise erfasst werden. Es können damit insbesondere keine gesonderten Rückstellungen für Erhöhungen gebildet werden, die sich bei einer zugesagten endgehaltsbezogenen Dynamik aus späteren Gehaltssteigerungen ergeben[97]. Auch Steuerbilanziell können für Erhöhungen oder Verminderungen der Pensionsleistungen, die nach Abschluss des Bilanzierungszeitraums eintreten, nur Rückstellungen gebildet werden, wenn der Umfang der Veränderungen am Bilanzstichtag bereits feststeht[98].

Für die Steuerbilanz enthält die Spezialregelung des § 6a EStG explizite Bewertungsvorschriften für Pensionsrückstellungen. Diese sind für die Handelsbilanz freilich nur beschränkt zweckentsprechend. Das handelsrechtliche Passivierungswahlrecht für Altzusagen gilt auch in der Steuerbilanz. Das ist deshalb bemerkenswert, weil sich aus einem handelsrechtlichen Passivierungswahlrecht in der Regel ein steuerliches Passivierungsverbot ergibt[99].

d. Bilanzielle Auswirkungen von Pensionsrückstellungen

Die Zuführung zu Pensionsrückstellungen bedeutet einen Aufwand, der durch die Arbeitsleistung des Arbeitnehmers verursacht wurde. Das Unternehmen kann deshalb hierfür Betriebsausgaben steuerlich geltend machen, obwohl noch keine Zah-

---

93 § 253 Abs. 1 Satz 2 Alt. 3 HGB.

94 Sog. Anwartschaftsbarwert; *Feld*, Die Bilanzierung nach HGB und IAS, WPg 2003, 573, 576.

95 Vgl. *Heubeck*, Betriebliche Versorgungsverpflichtungen nach dem neuen Bilanzrecht, WPg 1986, 317, 325. Die abstrakte Forderung des § 253 Abs. 1 Satz 2 HGB nach einem Wertansatz, der vernünftiger kaufmännischer Beurteilung entspricht, wurde insbesondere durch die Stellungnahme des HfA des IdW 2/1998, Pensionsverpflichtungen im Jahresabschluss, WPg 1988, S. 403, 404 konkretisiert.

96 § 252 Abs. 1 Nr. 3 HGB. Nach dem sog. Stichtagsprinzip sind im Rahmen der Bilanzierung die Geschäftsvorfälle im Jahresabschluss zu berücksichtigen, die bis zum Bilanzstichtag stattgefunden haben. Maßgeblich für die Bewertung sind die Verhältnisse des Abschlussstichtags. Nach dem Bilanzstichtag bekannt werdende verlustbringende Ereignisse sind nur insoweit zu berücksichtigen, als sie vor dem Bilanzstichtag verursacht wurden.

97 *Thoms–Meyer*, Grundsätze ordnungsmäßiger Bilanzierung für Pensionsrückstellungen, Diss. Münster 1995, S. 87 ff. mit ausführlicher Begründung; *Orthmann*, Betriebliche Altersversorgung im Jahresabschluss nach HGB, US-GAAP und IAS, Diss. Mainz 2003, S. 97; a.A. Stellungnahme des HfA des IdW 2/1998, Pensionsverpflichtungen im Jahresabschluss, WPg 1988, S. 403, 404, die einen gesonderten Ansatz auch über die Reduktion des Rechnungszinsfusse hinaus anregen und *Andresen/Förster/Norbert Rößler/Rühmann* Teil 3 Rn 176 f. unter Verweis auf das handelsrechtliche Vorsichtsprinzip. Vgl. S. 193 ff.

98 § 6a Abs. 3 Satz 2 Nr. 1 Satz 4 EStG.

99 Siehe BFH vom 03.02.1969 – GrS 2/68, BStBl. II 1969, S. 291 ff. = DB 1969, 730 ff.

lungen an den Arbeitnehmer geleistet wurden. Hierdurch ergibt sich für den Arbeitgeber eine Minderung des steuerpflichtigen Gewinns und damit eine unmittelbare Minderung der Ertragssteuerlast[100].

Die gebildeten Rückstellungen einschließlich der darin enthaltenen ersparten Steuern stehen dem Unternehmen als Investitionskapital zur Verfügung (sog. Innenfinanzierungseffekt), falls der Arbeitgeber die Versorgungsleistungen ohne Rückdeckung aus den laufend vorhandenen liquiden Mitteln bestreitet (*cash flow*). In diesem Fall gewinnt das Unternehmen mit der Durchführung über die Direktzusage an Liquidität.

Der Arbeitgeber kann das von ihm übernommene Risiko ganz oder teilweise durch einen oder mehrere Aktivposten, die speziell der Zahlung der Versorgungsverpflichtungen gewidmet sind, rückdecken[101]. Diese Art der Durchführung ist, soweit eine vollständige Rückdeckung erfolgt, liquiditätsneutral.

Eine Pensionszusage begründet eine Kreditbeziehung zwischen Unternehmen und Arbeitnehmer, bei der aufgrund der Pensionszusage die Arbeitnehmer auf einen Teil ihres Lohns während der Beschäftigungsdauer verzichten und das Unternehmen den Kredit nach Eintritt des Versorgungsfalls einschließlich Zinsen in Form von Versorgungsleistungen an die Arbeitnehmerschaft zurückzahlen muss. Pensionsrückstellungen sind deshalb in der Bilanz als Fremdkapital auszuweisen[102].

II. Unterstützungskasse

1. Allgemeines

Eine Unterstützungskasse ist eine mit Sondervermögen ausgestattete, rechtlich selbständige Einrichtung, die von einem oder mehreren Arbeitgebern (Trägerunternehmen) getragen wird. Auch bei einer Unterstützungskassenversorgung sagt der Arbeitgeber den Arbeitnehmern zu, dass sie nach Eintritt des Versorgungsfalls Rentenleistungen erhalten sollen. Die Mittel für die Altersversorgung werden hier jedoch von der rechtlich selbständigen Unterstützungskasse verwaltet. Die Unterstützungskasse erbringt aus ihrem Vermögen Versorgungsleistungen an die Arbeitnehmer des Trägerunternehmens. Sie finanziert sich durch die Zuwendungen ihrer Trägerunternehmen und durch den Ertag der Anlage ihres Vermögens.

Nach der Legaldefinition gewähren Unterstützungskassen keinen Rechtsanspruch auf ihre Leistungen der betrieblichen Altersversorgung[103]. Dieser Vorbehalt ist nach anerkannter Rechtsprechung nicht wörtlich zu verstehen. Er hat vielmehr lediglich die Bedeutung eines an sachliche Gründe gebundenen Widerrufsrechts[104].

Unterstützungskassen werden meist in Form eines eingetragenen Vereins[105] oder einer Gesellschaft mit beschränkter Haftung (GmbH) gegründet[106]. Durch den

---

[100] Ertragssteuern sind alle gewinnabhängigen Steuern, insbesondere die Einkommen- und Körperschaftssteuer, die Vermögenssteuer und die Gewerbesteuer.

[101] Z.B. durch Abschluss von Rückdeckungsversicherungen, durch Rückdeckung mit Investmentfonds oder durch Rückdeckung mit Immobilien.

[102] Trotzdem sollten Pensionsrückstellungen im Rating anders als sonstige Verbindlichkeiten behandelt werden. Es sollte hier den von ihnen bewirkten Innenfinanzierungseffekten und ihrer Langfristigkeit Rechnung getragen werden.

[103] § 1b Abs. 4 Satz 1 BetrAVG; siehe aber unten S. 31 zur Bedeutung des Ausschlusses des Rechtsanspruchs.

[104] BAG vom 17.05.1973 – 3 AZR 381/72, BB 1973, 1308 = AP Nr. 6 zu § 242 BGB Ruhegehalt – Unterstützungskasse. Zum Widerruf von Unterstützungskassenzusagen siehe S. 153 f.

[105] § 21 BGB.

Ausschluss des Rechtsanspruchs auf Versorgung unterliegen sie – anders als Pensionskassen[107] oder Pensionsfonds[108] - nicht der Zuständigkeit der Bundesanstalt für Finanzdienstleistungsaufsicht - Bereich Versicherungen - (früher: Bundesaufsichtsamt für das Versicherungswesen)[109]. Hierdurch können sie dem Trägerunternehmen ihr Kassenvermögen darlehensweise zur Verfügung stellen. Im Gegenzug haftet das Trägerunternehmen falls die Unterstützungskasse ihren Verpflichtungen nicht nachkommen kann[110].

Seit Inkrafttreten des BetrAVG hat die Bedeutung der Unterstützungskassen stark nachgelassen. Viele Unternehmen bevorzugen mittlerweile die unmittelbare Versorgungszusage wegen ihrer einfacheren und günstigeren Finanzierungsmöglichkeiten durch die Rückstellungsbildung[111].

2. Mittelbare Verpflichtung

Aus steuerlichen Gründen verfügen Unterstützungskassen regelmäßig nicht über die finanziellen Mittel, die zur Deckung ihrer Verpflichtungen erforderlich sind[112]. Die Kasse soll nicht als Finanzierungsinstrument ihres Trägerunternehmens missbraucht werden. Unterstützungskassenleistungen werden deshalb erst voll finanziert, wenn tatsächlich Leistungen gezahlt werden. Zuvor wird lediglich ein Reservepolster gebildet, um der Kasse bei Ausbleiben der Zuwendungen des Trägerunternehmens die Erfüllung ihrer Verpflichtungen für einen gewissen Zeitraum zu ermöglichen[113].

Die hierdurch allgegenwärtige Subsidiärhaftung der Trägerunternehmen lässt den Charakter von über eine Unterstützungskasse zu erbringenden Versorgungsleistungen als mittelbare Pensionsverpflichtung unberührt[114]. Es gilt folglich das Passivierungswahlrecht aus Art. 28 Abs. 1 Satz 2 EGHGB. Ein Unternehmen, das Unterstützungskassenleistungen zugesagt hat, muss feststellen, ob eine Unterdeckung als Differenz zwischen dem Verpflichtungsumfang aus der Zusage und dem Wert des

[106] *Schaub* § 81 Rn 363; *Schoden* ArbR Einf Rn 31.
[107] Unten S. 25.
[108] Unten S. 25 f.
[109] Das Versicherungsaufsichtsgesetz von 1901 (RGBl. S. 139) hat für Kassen mit Rechtsanspruch die Versicherungsaufsicht eingeführt, hierzu *Blomeyer*, Betriebliche Altersversorgung und Unterstützungskassen, BB 1980, 789; zum Ausschluss des Anspruchs siehe das Schreiben des Bundesaufsichtsamts für das Versicherungswesens vom 08.01.1991 – II 1-P/ST-A, BetrAV 1991, 127; vgl. auch BegrRegE BetrAVG, BT-Drucks. 7/1281 S. 24. Aus der Rechtsprechung statt vieler nur BAG vom 14.08.1980 – 3 AZR 437/79, DB 1981, 750 = AP Nr. 12 zu § 242 BGB Ruhegehalt – Unterstützungskasse.
[110] Siehe z.B. BAG vom 05.07.1979 – 3 AZR 197/78, DB 1979, 1942 = AP Nr. 9 zu § 242 BGB Ruhegehalt – Unterstützungskassen; BAG vom 08.12.1981 – 3 AZR 518/80, DB 1982, 50 = AP Nr. 1 zu § 1 BetrAVG Unterstützungskassen unter I. der Gründe unter Verweis auf BAG vom 25.07.1969 – 3 AZR 73/69, DB 1970, 640 = AP Nr. 2 zu § 242 BGB Ruhegehalt - Unterstützungskasse unter 3. a) der Gründe.
[111] Dazu näher *Schoden* ArbR Einf Rn 35.
[112] Zum einen werden die Zuwendungen an die Unterstützungskasse steuerlich beim Trägerunternehmen nur bis zu den Höchstbeträgen nach § 4d EStG iVm R 27a EStR als Betriebsausgaben anerkannt. Zum anderen sind Unterstützungskassen nur dann von der Körperschafts-, Gewerbe- und Vermögenssteuer befreit, wenn das Kassenvermögen bestimmte Höchstbeträge nicht übersteigt.
[113] Vgl. zum Ganzen *Ahrend/Förster/Norbert Rößler* 3. Teil Rn 30 ff.
[114] Wie hier *Thoms–Meyer*, Grundsätze ordnungsmäßiger Bilanzierung für Pensionsrückstellungen, Diss. Münster 1995, S. 38 ff., *Ellrott/Rhiel* in Beck Bil-Komm § 249 Rn 164; vgl. die Stellungnahme des HFA des IdW 2/1998, Pensionsverpflichtungen im Jahresabschluss, WPg 1988, S. 403; a.A. *Ahrend/Förster/Norbert Rößler* 8. Teil Rn. 18.

Kassenvermögens besteht[115]. In diesem Umfang kann es Rückstellungen für die Verpflichtungen aus der Unterstützungskassenzusage bilden[116].

III. Direktversicherung

Eine Direktversicherung ist eine Lebens- oder Rentenversicherung, die der Arbeitgeber auf das Leben seines Arbeitnehmers abschließt[117]. Der Arbeitgeber verpflichtet sich, zugunsten seines Arbeitnehmers einen Vertrag zugunsten Dritter[118] mit einem Lebensversicherungsunternehmen abzuschließen. Versicherungsnehmer wird der Arbeitgeber selbst. Im Verhältnis zu dem Versicherungsunternehmen schuldet er die Beitragszahlung. Versorgungsträger ist die Lebensversicherungsgesellschaft.

Der Arbeitnehmer oder seine Hinterbliebenen werden ganz oder teilweise bezugsberechtigt hinsichtlich der Versorgungsleistungen[119]. Ab Eintritt der Unverfallbarkeit ist das Bezugsrecht unwiderruflich[120].

Der Arbeitnehmer kann sich an den Beiträgen zur Direktversicherung beteiligen. Da das BetrAVG ausdrücklich einen „vom Arbeitgeber zu finanzierenden Teilanspruch" erwähnt[121], muss es auch einen vom Arbeitnehmer finanzierten Anspruchsteil geben. Für die Qualifizierung einer Versicherung als Direktversicherung ist folglich unerheblich, wer wirtschaftlich für die Beitragsleistungen aufkommt[122].

Wählt der Arbeitgeber den Durchführungsweg der Direktversicherung, so erhält der Pensionsberechtigte einen direkten Anspruch gegen den Versorgungsträger. Der Arbeitgeber ist grundsätzlich nur zur Beitragszahlung verpflichtet. Er haftet jedoch gem. § 1 Abs. 1 S. 3 BetrAVG subsidiär für die Erfüllung der von ihm zugesagten Leistungen. Leistet das Versicherungsunternehmen die geschuldeten Versorgungszahlungen nicht oder nicht vollständig, entsteht damit eine Verbindlichkeit für den Arbeitgeber. Die aus der Zusage, d.h. aus dem Grundverhältnis zwischen Arbeitgeber und Arbeitnehmer resultierende Leistungspflicht des Arbeitgebers, lebt wieder auf[123]. Insoweit besteht für den Arbeitgeber eine unmittelbare Pensionsverpflichtung iSd Art. 28 Abs. 1 Satz 1 EGHGB[124].

---

[115] Stellungnahme des HFA des IdW 2/1998, Pensionsverpflichtungen im Jahresabschluss, WPg 1988, S. 403, 404.

[116] Auch hier gilt wieder, das Kapitalgesellschaften, die den Differenzbetrag nicht bilanzieren, ihn im Anhang als Fehlbetrag angeben müssen; Art. 28 Abs. 2 EGHGB.

[117] Auch alle anderen Versicherungen, die einen Versorgungszweck erfüllen, sind Direktversicherungen iSd BetrAVG; *Förster/Rühmann* in MünchHdb ArbR § 105 Rn 33. In den Anwendungsbereich des BetrAVG fallen also auch Versicherungen auf das Leben der Hinterbliebenen des Arbeitnehmers, Unfallzusatz- oder Invaliditätszusatzversicherungen oder selbständige Unfallversicherungen.

[118] § 328 BGB.

[119] § 1b Abs. 2 Satz 1 BetrAVG.

[120] § 1b Abs. 2 Satz 2 BetrAVG; genauer *Ahrend/Förster/Rühmann* §1b Rn 21.

[121] § 2 Abs. 2 Satz 1 BetrAVG.

[122] Dies wird auch durch den neuen § 1 Abs. 2 Nr. 4 BetrAVG bestätigt.

[123] *Ahrend/Förster/Norbert Rößler* 8. Teil Rn 19.

[124] *Feld*, Die Bilanzierung nach HGB und IAS, WPg 2003, 573, 575 Fn 6 unter Verweis auf *Ellrott/Rhiel* in Beck Bil-Komm. § 249 Rn 267.

IV. Pensionskasse[125]

Pensionskassen stellen bei den Neuabschlüssen gegenwärtig den beliebtesten Durchführungsweg dar. Gerade bei mittelständischen Arbeitgebern erfreuen sie sich besonderer Beliebtheit[126]. Eine Pensionskasse ist eine rechtsfähige Versorgungseinrichtung, die betriebliche Altersversorgung durchführt[127]. Die arbeitsrechtlichen Verhältnisse entsprechen weitgehend denjenigen bei einer Direktversicherung. Als reiner Versorgungsträger ist die Pensionskasse eine Sonderform einer Lebensversicherungsgesellschaft. Von einer Unterstützungskasse unterscheidet sie sich dadurch, dass sie dem Arbeitgeber oder seinen Hinterbliebenen Rechtsansprüche auf Versorgungsleistungen einräumt[128].

Pensionskassen können privatrechtlich oder öffentlich-rechtlich organisiert sein[129]. Privatrechtliche Pensionskassen sind regelmäßig als Versicherungsverein auf Gegenseitigkeit (VVaG)[130] in der Form kleinerer Vereine[131] organisiert. Als privatrechtliche Versicherungsunternehmen unterliegen sie der Überwachung durch die Bundesanstalt für Finanzdienstleistungsaufsicht - Bereich Versicherungen[132], um die dauerhafte Leistungsfähigkeit der Pensionskassen im geschuldeten Umfang sicherzustellen[133]. Ein Arbeitgeber, der eine betriebliche Altersversorgung über eine Pensionskasse anbietet, muss deshalb keine Beiträge an den PSV abführen. Bilanziell gilt für Pensionskassenversorgung das Gleiche wie für Zusagen von Direktversicherungen.

V. Pensionsfonds

Das Gesetz zur Reform der gesetzlichen Rentenversicherung und zur Förderung eines kapitalgedeckten Altersvorsorgevermögens vom 26.06.2001 (AVmG)[134] hat den Pensionsfonds als fünften Durchführungsweg betrieblicher Altersversorgung in das deutsche Alterssicherungssystem eingeführt[135]. Ein Pensionsfonds ist eine rechtsfähige Versorgungseinrichtung, die im Wege des Kapitaldeckungsverfahrens ausschließlich Altersversorgungsleistungen zugunsten von Arbeitnehmern erbringt. Pensionsfonds können für einen oder mehrere Arbeitgeber gleichzeitig eingerichtet werden[136].

---

125 Siehe näher zum Charakter und Wesen der Pensionskasse *Koch*, Der Begriff der Pensionskasse, BetrAV 2003, 418.

126 FAZ vom 07.03.2003, S. 14 „Der Riester-Boom ist ausgeblieben".

127 § 1b Abs. 3 Satz 1 BetrAVG.

128 § 1b Abs. 3 Satz 1 BetrAVG.

129 Öffentlich-rechtliche Pensionskassen, die der Versorgung von Arbeitnehmern im öffentlichen Dienst dienen, sind Körperschaften des öffentlichen Rechts. Sie unterliegen dem Gesetz zur Sicherstellung der Leistungen der Zusatzversorgungsanstalten des öffentlichen Dienstes (Gesetz vom 21.12.1971, BGBl. I S. 2077) als spezialgesetzlicher Regelung.

130 §§ 15 ff. VAG; entgegen der Ansicht von *Schoden* ArbR Einf Rn 36, der die Pensionskasse schon als VVaG definiert, ist auch die Form einer Versicherungs-Aktiengesellschaft zulässig; vgl. § 7 Abs. 1 VAG.

131 § 53 VAG.

132 § 1 Abs. 1 VAG.

133 *Andresen/Förster/Norbert Rößler/Rühmann* Teil 5A Rn 96.

134 BGBl. I S.1310.

135 Art. 7 und 7a AVmG vom 26.06.2001, BGBl. I S. 1310; zum Pensionsfonds eingehend *Gohdes/Haferstock/Schmidt*, Pensionsfonds nach dem AVmG aus heutiger Sicht, DB 2001, 1558 und *Heubeck*, Pensionsfonds – Grenzen und Möglichkeiten, DB 2001 Beilage Nr. 5, S. 2.

136 § 112 Abs. 1 Nr. 1 VAG.

Der Arbeitgeber verpflichtet sich, zugunsten seines Arbeitnehmers einen Vertrag zugunsten Dritter[137] mit dem Pensionsfonds abzuschließen. Versicherungsnehmer wird der Arbeitgeber selbst. Im Verhältnis zum Pensionsfonds schuldet er die Beitragszahlung. Die Arbeitnehmer haben einen eigenen Rechtsanspruch gegen den Pensionsfonds[138].

Altersversorgungsleistungen eines Pensionsfonds sind als lebenslange Rente zu erbringen[139]. Invaliditäts- und Hinterbliebenenleistungen können als Kapital oder als Rente ausgezahlt werden. Soll die steuerliche Förderung in Anspruch genommen werden, sind allerdings nur Leistungen in Form einer Rente möglich[140].

Pensionsfonds können in den Rechtsträgerformen der AG oder des VVaG betrieben werden[141]. Für sie gelten liberalere Anlagevorschriften als für Pensionskassen oder Direktversicherungen[142]. Die Kapitalanlage kann beim Pensionsfonds auch durch Dritte erfolgen. Die Solvabilität des Pensionsfonds wird über die Regelungen einer gesonderten Rechtsverordnung gesichert[143]. Wie Pensionskassen unterliegen sie der Versicherungsaufsicht[144]. Ihr Betrieb bedarf der Erlaubnis durch die Bundesanstalt für Finanzdienstleistungsaufsicht - Bereich Versicherungen[145]. Trotz dieser strengen versicherungsaufsichtsrechtlichen Maßgaben sind Beiträge zu Pensionsfonds insolvenzsicherungspflichtig zum PSV.

Unterlässt der Arbeitgeber die Zahlung eines vertraglich vereinbarten und fälligen Beitrags, so entsteht eine Verpflichtung zur Nachentrichtung, die eine passivierungspflichtige Verbindlichkeit darstellt. Kürzt der Pensionsfonds seine Versorgungsleistungen aufgrund ausstehender Beitragszahlungen, entfällt diese Verpflichtung des Arbeitgebers. Für den Arbeitgeber entsteht jedoch eine handelsrechtlich zu passivierende Leistungsverpflichtung, soweit die ursprüngliche Zusage nicht durch den externen Versorgungsträger abgedeckt wird. Gleiches gilt, wenn der Pensionsfonds seine Verpflichtungen aufgrund einer schlechten Performance nicht erbringen kann[146].

D. Inhalt der Versorgungszusage

I. Allgemeines

1. Unmittelbare Versorgungszusage

Bei der unmittelbaren Versorgungszusage besteht lediglich ein Zweipersonenverhältnis zwischen Arbeitgeber und Arbeitnehmer, das gleichzeitig Deckungsverhältnis und Versorgungsverhältnis ist. Der Arbeitgeber als Zusagender erfüllt auch die Versorgungsansprüche des Arbeitnehmers.

---

[137] § 328 BGB.
[138] § 112 Abs. 1 Nr. 3 VAG.
[139] § 112 Abs. 1 Nr. 4 VAG.
[140] § 1a Abs. 3 BetrAVG iVm § 82 Abs. 2 und 3 EStG; zur steuerlichen Förderung siehe S. 38 ff.
[141] § 113 Abs. 2 Nr. 3 1. Hs. VAG
[142] Siehe § 115 Abs. 1 Satz 2 und Abs. 2 VAG iVm der Verordnung über die Anlage des gebundenen Vermögens von Pensionsfonds (Pensionsfonds – Kapitalanlageverordnung - PFKapAV) vom 21.11.2001, BGBl. I S. 4185.
[143] § 114 Abs. 2 VAG iVm Verordnung über die Kapitalausstattung von Pensionsfonds (Pensionsfonds-Kapitalausstattungsverordnung – PFKAustV) vom 20.12.2001, BGBl. I S. 4180.
[144] § 1 Abs. 1 2. Hs. VAG.
[145] § 112 Abs. 2 VAG.
[146] Siehe *Andresen/Förster/Norbert Rößler/Rühmann* Teil 2 Rn 184 ff.

2. Sonstige Durchführungswege

Bei den mittelbaren Durchführungswegen Unterstützungskasse, Direktversicherung, Pensionskasse und Pensionsfonds treten zu der Rechtsbeziehung zwischen Arbeitgeber und Arbeitnehmer solche des Arbeitgebers und des Arbeitnehmers zum externen Versorgungsträger hinzu[147]. Eine arbeitsrechtliche Grundverpflichtung des Arbeitgebers zur Erbringung der zugesagten Leistungen besteht jedoch stets auch hier[148]. Für die Zwecke der vorliegenden Untersuchung ist regelmäßig nur das arbeitsrechtliche Grundverhältnis („Valutaverhältnis") von Bedeutung.

II. Einzelerläuterungen

1. Entgeltumwandlung

Arbeitgeber und Arbeitnehmer können vereinbaren, künftige Arbeitslohnansprüche, für die eine Rechtsgrundlage besteht, ohne dass die Gegenleistung des Arbeitnehmers bereits erbracht ist, in eine wertgleiche Anwartschaft auf Versorgungsleistungen umzuwandeln[149]. Auf den Abschluss einer solchen Vereinbarung haben alle Arbeitnehmer und arbeitnehmerähnlichen Selbständigen, die in der gesetzlichen Rentenversicherung pflichtversichert sind, einen individuellen Anspruch[150].

Eine Entgeltumwandlung kann nicht einseitig durch den Arbeitgeber zugesagt werden, da der Arbeitnehmer diese Form der Altersversorgung durch Lohnverzicht selbst finanziert. Die Initiative zum Abschluss der Umwandlungsvereinbarung kann freilich auch vom Arbeitgeber ausgehen, ohne dass der Arbeitnehmer seinen Anspruch aus § 1a Abs. 1 Satz 1 BetrAVG geltend macht. Die Entgeltumwandlung muss auf individualvertraglicher, betrieblicher oder tariflicher Grundlage vereinbart werden[151]. Es kann jeder Durchführungsweg vereinbart werden. Versorgungsanwartschaften aus Entgeltumwandlung werden sofort unverfallbar[152].

Der Höhe nach ist der Anspruch auf Entgeltumwandlung begrenzt auf den staatlich geförderten Betrag, also auf künftiges Entgelt iHv 4 v.H. der Beitragbemes-

---

[147] Anschaulich hierzu die Grafiken bei *Andresen/Förster/Norbert Rößler/Rühmann* Teil 5A Rn 35, 104, 157, 195.

[148] § 1 Abs. 1 Satz 3 BetrAVG. Siehe dazu *Förster/Rühmann/Recktenwald*, Auswirkungen des Altersvermögensgesetzes auf die betriebliche Altersversorgung, BB 2001, 1406. Für die Unterstützungskasse früher bereits ausdrücklich BAG vom 14.08.1980 – 3 AZR 437/79, DB 1981, 750 = AP Nr. 12 zu § 242 BGB Ruhegehalt – Unterstützungskasse unter I. 2. der Gründe.

[149] Sog. *defered compensation;* siehe näher zur Entgeltumwandlung *Grabner*, Entgeltumwandlung in der betrieblichen Altersversorgung, BetrAV 2003, 17. Diese Form der betrieblichen Altersversorgung ist seit längerem als freiwillige Leistung des Arbeitgebers bekannt; vgl. die richtungsweisenden Entscheidungen des BAG vom 26.06.1990 - 3 AZR 641/88, DB 1990, 2475 = AP Nr. 11 zu § 1 BetrAVG Lebensversicherung, BAG vom 08.06.1993 – 3 AZR 670/92, DB 1993, 2538 = AP Nr. 3 zu § 1 BetrAVG Unverfallbarkeit und BAG vom 16.02.1993 - 3 ABR 29/92, DB 1993, 1240 = AP Nr. 19 zu § 87 BetrVG 1972 Altersversorgung. Neu ist lediglich der Anspruch des Arbeitnehmers auf Einrichtung einer solchen betrieblichen Altersversorgung, der erst durch das AVmG vom 26.06.2001, BGBl. I S. 1310 eingeführt wurde.

[150] § 1a Abs. 1 Satz 1 iVm § 17 Abs. 1 Satz 3 BetrAVG. Zum genauen Inhalt des Anspruchs vgl. *Konzen,* Kollektivrechtliche Grundlagen und Grenzen der Entgeltumwandlung in der betrieblichen Altersversorgung, in GS für Blomeyer, 2003, S. 173, 180 ff.

[151] Zum kollektivrechtlichen Abschluss von Entgeltumwandlungsvereinbarungen siehe *Konzen,* Kollektivrechtliche Grundlagen und Grenzen der Entgeltumwandlung in der betrieblichen Altersversorgung, in GS für Blomeyer, 2003, S. 173.

[152] § 1b Abs. 5 BetrAVG. Das gilt gem. § 30 f Satz 2 BetrAVG jedoch nur für solche Anwartschaften aufgrund von Zusagen, die nach dem 01.01.2001 erteilt wurden.

sungsgrenze in der gesetzlichen Rentenversicherung[153]. Die Höhe des Umwandlungsanspruchs ist damit unabhängig vom individuellen Gehalt des einzelnen Arbeitnehmers. § 1a BetrAVG will den Arbeitnehmern lediglich die staatlich geförderte Entgeltumwandlung ermöglichen. Der Arbeitnehmer kann deshalb vom Arbeitgeber verlangen, dass die Entgeltumwandlungsvereinbarung die Voraussetzungen der staatlichen Förderung erfüllt[154]. Selbstverständlich kann auch die Umwandlung eines über die staatliche Förderung hinausgehenden Betrags vereinbart werden.

Der Anspruch auf Entgeltumwandlung ist dem Tarifvorrang untergeordnet, um flächendeckende Tarifabschlüsse zu ermöglichen. Gewerkschaftsmitglieder und Arbeitnehmer, für die ein allgemeinverbindlicher Tarifvertrag gilt, können deshalb ihren Anspruch auf Entgeltumwandlung für tarifliches Gehalt nur geltend machen, wenn der Tarifvertrag dies ausdrücklich vorsieht[155].

2. *Versorgungsmodelle*

In der Versorgungszusage verpflichtet sich der Arbeitgeber gegenüber dem Arbeitnehmer entweder zur Zahlung genau definierter Versorgungsleistungen[156] oder dazu, einen bestimmten Beitrag einmalig, mehrfach oder periodisch zugunsten des Arbeitnehmers zweckbestimmt für dessen Alters-, Invaliditäts- und/oder Hinterbliebenenversorgung an einen dritten Versorgungsträger abzuführen[157].

a. *Beitragszusage mit Mindestleistung*

Das BetrAVG kennt keine reine Beitragszusage bei der sich die Verpflichtung des Arbeitgebers auf die Zahlung eines bestimmten Finanzierungsbeitrags an einen externen Versorgungsträger beschränkt und bei der der Arbeitnehmer damit das Risiko der Leistungshöhe trägt[158]. Für die Durchführungswege Pensionsfonds, Pensionskasse und Direktversicherung wurde aber mit Wirkung zum 01.01.2002 die Leistungsform der Beitragszusage mit Mindestleistung eingeführt[159].

Der Arbeitgeber leistet hier einen festen Finanzierungsbetrag zum Aufbau einer betrieblichen Altersversorgung[160]. Die Höhe der Versorgungsleistungen ergibt sich

---

[153] § 1a Abs. 1 Satz 1 BetrAVG; im Jahr 2003 lag die Obergrenze des Anspruchs auf Umwandlung bei 2.448 €.

[154] § 1a Abs. 3 BetrAVG; näher zur staatlichen Förderung unten S. 38 ff.

[155] § 17 Abs. 5 BetrAVG; näher hierzu *Konzen,* Kollektivrechtliche Grundlagen und Grenzen der Entgeltumwandlung in der betrieblichen Altersversorgung, in GS für Blomeyer, 2003, S. 173, 183 ff.; zur Versorgungszusage durch einen Tarifvertrag allgemein siehe oben S. 16 f.

[156] Sog. Festbetrags- oder Nominalbetragszusagen (*defined benefit*).

[157] Sog. Beitragszusagen *(defined contribution);* vgl. auch *Hanau/Arteaga,* Pensions-Sondervermögen und betriebliche Altersversorgung, BB 1997 Beilage Nr. 17, S. 5.

[158] *Andresen/Förster/Norbert Rößler/Rühmann* Teil 6 Rn 171; zu beachten ist freilich, dass Beitragszusagen mit Mindestleistung sowie Direktversicherungs- und Pensionskassenzusagen, die eine Leistungsgarantie auf Grundlage des § 81c Abs. 3 VAG iVm der Verordnung über die Mindestbeitragsrückerstattung in der Lebensversicherung (ZRQuotenV) vom 23.07.1996, BGBl. I S. 1190 ff. gewähren, nach IFRS als reine Beitragszusagen eingestuft werden können.

[159] § 1 Abs. 2 Nr. 2 BetrAVG. In Einzelheiten wird die Beitragszusage mit Mindestleistung besprochen von *Langohr-Plato/Teslau* Die Beitragszusage mit Mindestleistung – Die neue große Unbekannte in der betrieblichen Altersversorgung, DB 2003, 661.

[160] Zur Diskussion, ob eine Beitragszusage mit Mindestleistung auch bei den sonstigen Durchführungswegen möglich ist, siehe *Schwark/Raulf,* Beitragszusagen mit Mindestleistung bei Direktzusagen in der betrieblichen Altersversorgung?, BetrAV 2003, 307 mwN, die zu dem Ergebnis kommen, eine Beitragszusage mit Mindestleistung bei Direktzusagen oder Unterstützungskassen sei *contra legem.* Würde sie erteilt, dann müsse sie in eine beitragsorientierte Leistungszusage umgedeutet werden.

aus der Summe der Finanzierungsbeiträge und den aus diesen erwirtschafteten Beträgen[161].

Anders als bei einer reinen Beitragszusage steht dem Arbeitnehmer bei Eintritt des Versorgungsfalls die Summe der Beiträge abzüglich der Kosten für die Tragung biometrischer Risken als garantierte Mindestleistung zur Verfügung[162]. Der Arbeitnehmer trägt also nur das Zusatzertragsrisiko. Diesem Risiko steht freilich auch die Chance einer überdurchschnittlichen Performance des Versorgungskapitals gegenüber.

Verbleibt zum Auszahlungszeitpunkt nicht einmal die geschuldete Mindestleistung, muss der Arbeitgeber Beiträge bis zu dieser Höhe nachschießen. Bei korrekter Beitragszahlung und Wahl einer Anlageform mit durchschnittlichem Risiko dürfte dies allerdings ein rein theoretischer Einstandsfall sein. Eine Anpassung nach § 16 BetrAVG ist für Beitragszusagen mit Mindestleistung wegen der Besonderheiten dieses Leistungsmodells nicht vorgesehen[163].

b. Beitragsorientierte Leistungszusage

Neben reinen Leistungszusagen, bei denen die Leistung unabhängig vom erforderlichen Finanzierungsaufwand für die einzelnen Versorgungsfälle konkret benannt wird, kennt das BetrAVG auch sog. beitragsorientierte Leistungszusagen[164]. Hier wird dem Arbeitnehmer ein fester Betrag (sog. Nominalbetrag) als regelmäßiger oder einmaliger Finanzierungsbeitrag zugesagt. Die Höhe der Leistung ergibt sich nach versicherungsmathematischen Grundsätzen oder auf finanzmathematischer Grundlage aus dem Finanzierungsbeitrag[165].

Beitragsorientierte Leistungszusagen können in allen Durchführungswegen gewährt werden. In der Regel sind sie aber Gegenstand unmittelbarer Versorgungszusagen. Obwohl die Beitragszahlung im Vordergrund steht, handelt es sich bei der beitragsorientierten Leistungszusage um eine Leistungs- und nicht um eine Beitragszusage.

Herkömmliche Leistungszusagen sind häufig mit dem Mangel behaftet, nicht ausreichend steuer- und kalkulierbar zu sein. Diese Schwäche überwindet die beitragsorientierte Leistungszusage, indem sie die Höhe der Leistung in direkten Zusammenhang zu dem vom Arbeitgeber vorgegebenen Finanzierungsbeitrag stellt.

c. Dynamische Versorgungsmodelle

Sog. dynamische Versorgungsmodelle sind für die vorliegende Untersuchung von besonderer Bedeutung. Gegenstand der Dynamisierung können Anwartschaften und/oder Versorgungsleistungen sein.

---

[161] *Förster/Rühmann/Recktenwald*, Auswirkungen des Altersvermögensgesetzes auf die betriebliche Altersversorgung, BB 2001, 1406.

[162] Unter dem biometrischen Risikoausgleich versteht man die Verminderung der Beiträge um Risikoprämien, die der Finanzierung vorzeitiger Versorgungsfälle dienen; *Schwark/Raulf*, Beitragszusagen mit Mindestleistung bei Direktzusagen in der Betrieblichen Altersversorgung?, BetrAV 2003, 307, 307.

[163] § 16 Abs. 3 Nr. 3 BetrAVG.

[164] § 1 Abs. 2 Nr. 1 BetrAVG; eingeführt durch Art. 8 Nr. 1 des Gesetz zur Reform der gesetzlichen Rentenversicherung 1999 vom 16.12.1997 (RRG 199), BGBl. I S. 2998.

[165] Zur Berechnung der Leistung vgl. *Ahrend/Förster/Norbert Rößler*, Effizienzgewinne bei gleichzeitiger Kostenreduktion in der betrieblichen Altersversorgung, BB 1995 Beilage Nr. 10.

Die Höhe der zugesagten Versorgungsleistung richtet sich hier nach einer variablen Bemessungsgrundlage[166]. Bemessungsgrundlage für die Versorgungshöhe ist idR das letzte Gehalt des Versorgungsberechtigten oder ein auf bestimmte Gehaltsbestandteile reduziertes sog. ruhegehaltsfähiges Einkommen[167]. Der Versorgungsanspruch erhöht sich dann mit jeder Gehaltserhöhung des Berechtigten.

Ein solches Versorgungsmodell kann dienstzeitunabhängig auf einen bestimmten Prozentsatz des ruhegehaltsfähigen Einkommens als Betriebsrente abstellen. In der Regel baut sich die betriebliche Versorgungsleistung in dynamischen endgehaltsbezogenen Versorgungsmodellen indes durch einheitliche, gehaltsprozentuale Steigerungsbeträge pro Dienstjahr bis zum Erreichen einer bestimmten Obergrenze auf. Die Versorgungshöhe wächst mithin nicht nur mit jeder Gehaltssteigerung, sondern auch mit jedem weiteren Dienstjahr des Berechtigten.

Andere Rentenformeln stellen auf das Durchschnittsgehalt während einer bestimmten Periode oder der gesamten Dienstzeit, wieder andere auf ein sog. Renten-Eckwertsystem ab, bei dem sich die Höhe der Versorgungsleistungen aus einem fest definierten Eckwert, der anrechnungsfähigen Dienstzeit und einer individuellen Verdienstrelation ergibt[168].

d. Gesamtversorgungssysteme

Bei einem Gesamtversorgungssystem ist die Höhe der betrieblichen Altersversorgung direkt an die gesetzliche Rentenversicherung gekoppelt. Die betriebliche Altersversorgung nimmt bei diesen Versorgungsmodellen ausschließlich ihre originäre Aufgabe der Lückenschließung wahr. Der Arbeitgeber verspricht, die gesetzliche Rente im Ergebnis auf einen bestimmten Prozentsatz des letzten Gehalts oder Lohnes aufzufüllen, unabhängig davon, wie hoch die gesetzliche Rente im Einzelfall ausfällt[169].

Gesamtversorgungszusagen finden sich zunehmend seltener[170]. Sie sind für den Arbeitgeber nur schwer steuerbar und bringen deshalb ein hohes finanzielles Risiko mit sich[171]. Die Versorgungslast des Unternehmens ist bei Gesamtversorgungssystemen vor allem vom Leistungsniveau der gesetzlichern Rentenversicherung abhängig. Da dieses seit den 70er Jahren rückläufig ist, haben mehr und mehr Unternehmen ihre Versorgungssysteme von der gesetzlichen Rentenversicherung abgekoppelt[172].

---

166 Siehe zu dynamischen Versorgungsmodellen auch zuletzt BAG vom 17.06.2003 – 3 AZR 396/02, AP Nr. 24 zu § 7 BetrAVG Widerruf, wo sich das BAG ausgiebig zur Auslegung eine Inbezugnahme des Berechnungsfaktors „gesetzliche Rente" äußert.

167 Für die Bestimmung der Höhe des ruhegehaltsfähigen Einkommens gilt der Grundsatz der Vertragsfreiheit. Häufig wird ein bestimmter Prozentsatz des letzten Bruttoeinkommens festgesetzt. Wichtig ist aus Rechtssicherheitsaspekten, dass das ruhegehaltsfähige Endgehalt exakt definiert wird; so auch *Blomeyer/Otto* Anh § 1 Rn 200.

168 Zu Endgehaltsplan, Durchschnittgehaltsplan und Renten-Eckwertsystem siehe *Langohr-Plato* Rn 184 ff.

169 *Uebelhack* in H-BetrAV I 10 Rn 245.

170 Auch die Altersversorgung im öffentlichen Dienst hat sich durch den „Altersvorsorgeplan 2001" vom 13.11.2001 von dem Prinzip der Gesamtversorgung abgewandt. Die Neuregelung sieht ein beitragsorientiertes sog. „Punktemodell" vor; näher hierzu *Dr. Dr. Heissmann GmbH*, Informationen zur Versorgung und Vergütung, Nr. 2/2002, S. 3 ff.

171 *Förster/Rühmann* in MünchHdb ArbR § 105 Rn 69.

172 Umfassend hierzu *Hanau/Preis*, Der Übergang von der Gesamtversorgung zu einer von der Sozialversicherung abgekoppelten Betriebsrente, RdA 1988, 65.

3. Rechte und Pflichten aus der Zusage

a. Versorgungsanspruch des Arbeitnehmers

Bei unmittelbaren Zusagen, sowie bei Pensionskassen-, Pensionsfonds- und Direktversicherungszusagen, erhält der Arbeitnehmer einen bedingten Anspruch[173] auf Versorgungsleistungen gegen den Arbeitgeber. Erfüllt der externe Versorgungsträger die Ansprüche des Arbeitnehmers nicht in vollem Umfang, haftet der Arbeitgeber für die Differenzbeträge[174].

Obwohl die gesetzliche Definition einen Anspruch des Arbeitnehmers auszuschließen scheint, gilt das Gleiche für Unterstützungskassenzusagen[175]. Kann eine Unterstützungskasse die im arbeitsrechtlichen Grundverhältnis in Aussicht gestellten Leistungen nicht erbringen, haftet der Arbeitgeber ebenfalls[176]. Dem Vorbehalt, die Leistungen einer Unterstützungskasse würden unter Ausschluss eines Rechtsanspruchs zugesagt, ist die Bedeutung eines an sachliche Gründe gebundenen Widerrufsrechts beizumessen[177].

Der Arbeitnehmer erwirbt also – unabhängig vom Durchführungsweg und vom Versorgungsmodell - bereits mit Erteilung der Versorgungszusage einen aufschiebend bedingten Rechtsanspruch auf die Versorgung. Diese Rechtsposition ist auf Dauer angelegt. Es handelt sich bei der Versorgungszusage also um ein Dauerschuldverhältnis[178]. Typisch für die Position des Arbeitnehmers aus der Versorgungszusage ist, dass sie mit der Dauer der Betriebszugehörigkeit immer stärker und wertvoller wird[179].

Vor der Fälligkeit der Leistungen spricht man von einer Ruhegeld- oder Pensionsanwartschaft. Während der Anwartschaftsdauer ist zwischen verfallbaren und unverfallbaren Anwartschaften zu differenzieren. Eine Anwartschaft wird nach fünf Jahren der Betriebszugehörigkeit des Arbeitnehmers unverfallbar, falls dieser zu diesem Zeitpunkt das 30. Lebensjahr vollendet hat[180]. Ab Eintritt der Unverfallbarkeit kann der Arbeitnehmer das Arbeitsverhältnis beenden und behält trotzdem seinen Anspruch auf die Betriebsrente.

Die Leistungen der betrieblichen Altersversorgung werden regelmäßig erst fällig, wenn weitere Voraussetzungen erfüllt sind. Häufig muss der Arbeitnehmer sog. Warte- oder Vorschaltzeiten erfüllen[181], das Arbeitsverhältnis muss beendet und der

---

[173] § 158 BGB.
[174] § 1 Abs. 1 Satz 3 BetrAVG.
[175] § 1b Abs. 4 Satz 1 BetrAVG.
[176] BAG vom 25.07.1969 - 3 AZR 73/69, DB 1970, 640 = AP Nr. 2 zu § 242 BGB Ruhegehalt – Unterstützungskassen; BAG vom 12.02.1971 – 3 AZR 83/70, DB 1971, 920 = AP Nr. 3 zu § 242 BGB Ruhegehalt – Unterstützungskassen; BAG vom 28.04.1977 – 3 AZR 300/76, AP Nr. 7 zu § 242 BGB Ruhegehalt – Unterstützungskassen; BAG vom 07.03.1995 – 3 AZR 282/94, DB 1995, 2020 = AP Nr. 26 zu § 1 BetrAVG Gleichbehandlung; BAG vom 14.10.1998 – 3 AZR 385/97, DB 1999, 1123 = AP Nr. 46 zu § 1 BetrAVG Zusatzversorgungskassen.
[177] BAG vom 17.05.1973 – 3 AZR 381/72, BB 1973, 1308 = AP Nr. 6 zu § 242 BGB Ruhegehalt – Unterstützungskasse.
[178] *Steinmeyer* S. 97.
[179] BAG vom 10.03.1972 – 3 AZR 278/71, DB 1972, 1486 = AP Nr. 156 zu § 242 BGB Ruhegehalt unter A. II. 2. b) (2) der Gründe.
[180] § 1b Abs. 1 BetrAVG. Diese Regelung gilt für alle ab dem 1. Januar 2001 erteilten Neuzusagen. Für Altzusagen, die vor diesem Stichtag erteilt wurden, kommt die für den Versorgungsberechtigten günstigste Bestimmung zur Anwendung.
[181] Eine Wartezeit liegt vor, wenn in der Zusage vereinbart ist, dass ein Versorgungsanspruch erst nach Ablauf einer bestimmten Dienstzeit oder nach Erreichen eines bestimmten Alters des Pensions-

Versorgungsfall eingetreten sein. Nach Beginn der Versorgungszahlungen bis zum Lebensende des Begünstigten (Auszahlungszeitraum) bezeichnet man das Rechtsverhältnis zwischen Arbeitgeber und Arbeitnehmer als laufende Pensionsverpflichtung[182].

Schon mit Zusageerteilung entsteht für den Arbeitgeber eine rückstellungsfähige ungewisse Verbindlichkeit iSd § 249 HGB. Da mit dem Eintritt der Bedingung hinreichend sicher zu rechnen ist, unterscheidet sich die aufschiebend bedingte Verpflichtung wirtschaftlich gesehen für den Arbeitgeber nicht von einer unbedingten rechtlichen Verpflichtung. Der verpflichtete Arbeitgeber ist durch die Zusage gebunden. Er kann sich dieser Verpflichtung nur noch in engen Grenzen entziehen[183].

b. Gegenleistung des Arbeitnehmers

Der Arbeitnehmer tritt in Vorleistung, indem er seine Gegenleistung für die Betriebsrente erbringt. Seine Rechtsposition gewinnt hierdurch nach und nach an Gewicht. Nach fünf Jahren der Betriebszugehörigkeit ist sie idR so stark geworden, dass sie nach der Wertung des BetrAVG unverfallbar ist[184]. Sie darf dem Berechtigten dann grundsätzlich nicht mehr entzogen werden. Entscheidend für das Gewicht der Rechtsposition des Arbeitnehmers ist damit die Dauer der Betriebszugehörigkeit, mithin seine Betriebstreue. Hierin liegt die Gegenleistung für die Betriebsrente, die „eine globale Vergütung für die gesamte Zeit der Tätigkeit des Bezugsberechtigten im Unternehmen“ darstellt[185].

Steinmeyer[186] ist der Auffassung, Gegenleistung für die betriebliche Altersversorgung sei die Gesamtheit der Arbeitsleistung des Arbeitnehmers. Dies mag zwar für den Bereich der arbeitnehmerfinanzierten betrieblichen Altersversorgung durch Entgeltumwandlung richtig sein[187]. Für den (noch) Regelfall einer überwiegend arbeitgeberfinanzierten betrieblichen Altersversorgung, sieht indes auch der Gesetzgeber die Gegenleistung des Arbeitnehmers in dessen Betriebstreue. Zwar verwendet das BetrAVG nicht ausdrücklich den Begriff der Betriebstreue. Es stellt jedoch an verschiedenen Stellen auf den sinngleichen Aspekt der „Dauer der Betriebszugehörigkeit“ ab[188]. Inhalt, Umfang oder Art der während der Dauer der Betriebszugehörigkeit erbrachten Arbeitsleistung ist weder für den Schutz noch für die Höhe der Betriebsrente von Bedeutung.

---

berechtigten entsteht. So sieht z.B. das Versorgungswerk von Daimler-Chrysler eine Wartezeit von 10 Jahren vor (FAZ vom 10.01.2004 S. 12 „Die Altersversorgung in Deutschlands Unternehmen“). Als Vorschaltzeit bezeichnet man die Vereinbarung in einer generellen betrieblichen Regelung, dass die Arbeitnehmer erst nach einer bestimmten Dienstzeit oder ab einem bestimmten Alter in das Versorgungswerk aufgenommen werden bzw. erst dann eine förmliche Versorgungszusage erhalten.

[182] *Thoms–Meyer,* Grundsätze ordnungsmäßiger Bilanzierung für Pensionsrückstellungen, Diss. Münster 1995, S. 8.

[183] Siehe dazu insbesondere Kapitel 4 und 5.

[184] § 1b Abs. 1 Satz 1.

[185] *Busch,* Grundsätze ordnungsgemäßer Bilanzierung für Pensionsrückstellungen, Diss. Münster 1976, S. 53.

[186] *Steinmeyer* S. 67 ff.

[187] Siehe dazu *Reichold,* Metamorphose der gekündigten Betriebsvereinbarung, in GS für Blomeyer, 2003, S. 275, 284, der ausführt, der von *Steinmeyer* vertretene Austauschcharakter der Betriebsrente als „direkte“ Vergütung der Arbeitsleistung leuchte erst mit Anerkennung der Entgeltumwandlung als maßgebliche Variante betrieblicher Altersversorgung ein.

[188] §§ 1b Abs. 1, 2 Abs. 1 BetrAVG; wie hier *Kirchner,* Rückwirkungsproblematik bei der betrieblichen Altersversorgung nach europäischem und deutschem Recht, Diss. Münster 2000, S. 12 f.

Die Vorschriften zur Unverfallbarkeit und die Insolvenzschutzvorschriften[189], die nur die für bereits erbrachte Betriebstreue versprochene Gegenleistung schützen, scheinen auf eine Begrenzung des Gegenleistungscharakters auf bereits erbrachte Betriebstreue hinzudeuten. Trotzdem lässt sich das Gegenleistungsprinzip nicht auf die bereits durch geleistete Betriebstreue erdienten Anwartschaften und Leistungen beschränken[190]. Im Zusagezeitpunkt erwartet der Arbeitgeber regelmäßig, dass der Arbeitnehmer bis zum Eintritt des Versorgungsfalls im Betrieb des Arbeitgebers beschäftigt ist[191]. Hiernach ist die Versorgungsordnung ausgerichtet. Ein Arbeitnehmer erreicht regelmäßig nur dann eine volle Versorgung[192], wenn er bei Eintritt des Versorgungsfalls noch nicht aus dem Arbeitsleben ausgeschieden ist[193]. Die Höhe der Anwartschaft berechnet sich also aus der Betriebstreue bis zum Eintritt des Versorgungsfalls[194]. Ein früheres Ausscheiden sanktioniert der Gesetzgeber mit der Kürzung der Anspruchshöhe nach dem m/n - tel Verfahren[195].

c. Der Rechtscharakter der betrieblichen Altersversorgung

Der bedingte Anspruch auf betriebliche Altersversorgung, den der Arbeitgeber dem Arbeitnehmer durch die Versorgungszusage einräumt, ist Teil des Gegenleistungsanspruchs des Arbeitnehmers aus dem Arbeitsverhältnis. Er stellt einen über den allgemeinen Lohnanspruch hinausgehenden Anspruch auf Entgelt dar[196]. Diesen Entgeltcharakter betrieblicher Altersversorgung erkennt die h.M.[197] - neben dem Versorgungscharakter der betrieblichen Altersversorgung[198] - richtigerweise an. Er wird

---

[189] §§ 7 ff. BetrAVG schützen nur Ansprüche von Versorgungsempfängern und unverfallbare Anwartschaften.

[190] So aber *Uebelhack* in H-BetrAV I 10 Rn 20. Wie hier *Andresen/Förster/Norbert Rößler/Rühmann* Teil 4A Rn 17; auch ausdrücklich BAG vom 10.03.1972 – 3 AZR 278/71, DB 1972, 1486 = AP Nr. 156 zu § 242 BGB Ruhegehalt unter A. II. 2. a) der Gründe. Auch in BAG vom 17.04.1985 – 3 AZR 72/83, DB 1986, 228 = AP Nr. 4 zu § 1 BetrAVG Unterstützungskassen spricht der Senat unter B. II. 3. c) (3) der Gründe davon, dass das „Ruhegeld zugleich Gegenleistung für die Betriebstreue" sei, „die der Arbeitnehmer bis zum Versorgungsfall erbringen" müsse.

[191] BAG vom 10.03.1972 – 3 AZR 278/71, DB 1972, 1486 = AP Nr. 156 zu § 242 BGB Ruhegehalt unter A. II. 1. der Gründe.

[192] Ausnahmsweise können Versorgungsordnungen sog. Höchstbegrenzungsklauseln enthalten.

[193] Siehe § 2 Abs. 1 BetrAVG, der die Kürzungen für vorzeitiges Ausscheiden festschreibt.

[194] BAG vom 10.03.1972 – 3 AZR 278/71, DB 1972, 1486 = AP Nr. 156 zu § 242 BGB Ruhegehalt unter A. II. 2. der Gründe.

[195] Siehe dazu *Ahrend/Förster/Rühmann* § 2 Rn 3 ff; zuletzt zur Berechnung von unverfallbaren Anwartschaften auf vorzeitige Altersleistungen BAG vom 21.3.2000 – 3 AZR 93/99, DB 2001, 206 = AP Nr. 25 zu § 6 BetrAVG = RdA 2001, 118 ff. mit Anm. *Höfer* und BAG vom 18.03.2003 – 3 AZR 221/02, DB 2003, 2794 unter B. I. der Gründe. Vgl. auch S. 173.

[196] So bereits BAG vom 30.01.1970 – 3 AZR 44/68, DB 1970, 1393 = AP Nr. 142 zu § 242 BGB Ruhegehalt unter B. IV. 2. a) der Gründe; *Hilger*, Richterrecht in der betrieblichen Altersversorgung, RdA 1981, 6, 8 spricht von „einer besonderen Form der Arbeitsvergütung"; *von Maydell* Anm. zu BAG vom 08.11.1981 – 3 AZR 395/80, SAE 1983, 33, 34 von „Entgelt im weiteren Sinne".

[197] *Andresen/Förster/Norbert Rößler/Rühmann* Teil 4A Rn 17; *Schaub* § 81 Rn 9; *Höfer* ART Rn 40 f.; *Grunsky*, Der Entzug eines vertraglichen Ruhegeldanspruchs nach Beendigung des Arbeitsverhältnisses, JuS 1970, 16, 18; umfassend zur Entgelttheorie *Steinmeyer* S. 58 ff.; auch *Sonne*, Die Anpassung betrieblicher Ruhegelder, Diss. München 1978, S. 174 ff.; BAG vom 17.01.1980 – 3 AZR 456/78, DB 1980, 1399 = AP Nr. 185 zu § 242 BGB Ruhegehalt; BAG vom 05.07.1979 – 3 AZR 197/78, DB 1979, 1942 = AP Nr. 9 zu § 242 BGB Ruhegehalt – Unterstützungskassen; BAG vom 21.08.1980 – 3 AZR 143/80, DB 1981, 430 = AP Nr. 7 zu § 1 BetrAVG Wartezeit. Stark differenzierend *Blomeyer/Otto* Einl. Rn 37 ff.

[198] Dieser ergibt sich schon aus der Legaldefinition betrieblicher Altersversorgung in § 1 Abs. 1 Satz 1 BetrAVG.

durch die geschichtliche Entwicklung der betrieblichen Altersversorgung bestätigt[199]. Auch die höchstrichterliche Rechtsprechung betont den Entgeltcharakter der betrieblichen Altersversorgung wiederholt[200].

Auch das BetrAVG hat den Entgeltcharakter der betrieblichen Altersversorgung im Grundsatz anerkannt[201]. Für die Einführung der Unverfallbarkeitsvorschriften war unter anderem maßgebend, dass die betriebliche Altersversorgung auch Gegenleistung aus dem Arbeitsvertrag ist[202]. Auch die gesetzliche Insolvenzsicherung[203], die dem Arbeitnehmer die Gegenleistung für bereits erbrachte Leistungen sichert, ist Ausdruck des Entgeltcharakters der betrieblichen Altersversorgung. Bestätigt wird der Entgeltcharakter betrieblicher Versorgungsleistungen weiterhin durch das Auszehrungs- und Anrechnungsverbot[204], das die Leistungen der betrieblichen Altersversorgung schützt. Das Gebot zur Anpassungsprüfung nach § 16 BetrAVG folgt ebenfalls aus dem Entgeltcharakter der betrieblichen Altersversorgung. Es dient den Versorgungsempfängern als Ersatz für den Verlust ihrer Arbeitskampffähigkeit durch den Eintritt in den Ruhestand [205].

Der Arbeitnehmer erbringt durch seine Betriebstreue also eine Leistung für Entgelt. Er erbringt diese im Vertrauen und in der Erwartung späterer Versorgungsleistungen. Durch seine Betriebstreue bildet er Kapital für seine eigene Altersversorgung. Für den Arbeitnehmer stellt die Altersversorgung ein Stück Lebensplanung dar. Einmal geleistete Betriebstreue kann er nicht wiederholen. Er ist deshalb auf den Bestand seiner Versorgungsleistung angewiesen, die er bei der Vorsorge für sein Alter miteingerechnet hat[206]. Schon hieraus wird deutlich, dass dem Arbeitnehmer diese Rechtspositionen nicht grundlos genommen werden können. Sie genießen Bestandsschutz.

---

[199] BVerfG vom 19.10.1983 – 2 BvR 298/81, BVerfGE 65, 196 = DB 1984, 190 = AP Nr. 2 zu § 1 BetrAVG Unterstützungskassen unter C. II. 1. b) bb) der Gründe; auch *Wiedemann*, Die historische Entwicklung der betrieblichen Altersversorgung unter besonderer Berücksichtigung des Arbeitsrechts, Diss. Erlangen 1990, S. 200.

[200] BAG vom 10.05.1955 – 2 AZR 7/54, AP Nr. 2 zu § 242 BGB Ruhegehalt; BAG vom 23.06.1955 – 2 AZR 225/54, MDR 1956, 736 = AP Nr. 3 zu § 242 BGB Ruhegehalt – Unterstützungskassen; BGH vom 28.05.1973 – II ZR 58/71, DB 1973, 1497 = AP Nr. 6 zu § 242 BGB Ruhegehalt – Geldentwertung. Auch BVerfG und EuGH subsumieren die betriebliche Altersversorgung unter dem Oberbegriff „Lohn" iSd Art. 141 (119 a.F.) EWG-Vertrag. Der EuGH geht dabei sogar von einem reinen Entgeltcharakter der betrieblichen Altersversorgung aus. Siehe BVerfG vom 19.10.1983 – 2 BvR 298/81, BVerfGE 65, 196 = DB 1984, 190 = AP Nr. 2 zu § 1 BetrAVG Unterstützungskassen; EuGH vom 17.05.1990 – RS C - 262/88 (Barber ./. Guardianroyal Exchange), DB 1990, 1824 = AP Nr. 20 zu Art. 119 EWG-Vertrag und EuGH vom 13.05.1986 – RS C - 170/84, DB 1986, 1525 = AP Nr. 10 zu Art. 119 EWG-Vertrag (Bilka).

[201] Vgl. auch *Hilger*, Richterrecht in der betrieblichen Altersversorgung, RdA 1981, 6, 8; *Steinmeyer* S. 58 ff., auf S. 66 will *Steinmeyer* als Rechtsgrundlage der betrieblichen Altersversorgung direkt auf § 611 Abs. 1 BGB abstellen. Er sieht nicht die Betriebstreue als Gegenleistung des Arbeitnehmers an; dazu oben S. 32 f. Stellt man wie hier auf die Betriebstreue als Gegenleistung des Arbeitnehmers ab, scheitert eine Herleitung aus § 611 Abs. 1 BGB daran, dass zwar zwischen Betriebstreue und dem Entgeltcharakter der betrieblichen Altersversorgung eine Wechselbeziehung besteht, die aber gerade kein Synallagma darstellt, wie das Verhältnis von Arbeitsleistung und Arbeitslohn aus § 611 Abs. 1 BGB.

[202] Wie hier BAG vom 10.03.1972 – 3 AZR 278/71, DB 1972, 1486 = AP Nr. 156 zu § 242 BGB Ruhegehalt. Die BegrRegE BetrAVG, BT-Drucks. 7/1281 S. 24 spricht davon, dass die garantierte Betriebsrente „in angemessenem Verhältnis zur erbrachten Leistung stehen muss":

[203] §§ 7 ff. BetrAVG.

[204] § 5 BetrAVG; *Uebelhack* in H-BetrAV I 10 Rn 20.

[205] *Ahrend/Förster/Rühmann* § 16 Rn 1. Dazu umfassend S. 53 ff.

[206] BAG vom 10.03.1972 – 3 AZR 278/71, DB 1972, 1486 = AP Nr. 156 zu § 242 BGB Ruhegehalt.

d. Besitzstände

Unabhängig davon, ob die Anwartschaft des Arbeitnehmers bereits unverfallbar geworden ist, erwirbt er durch seine fortdauernde Betriebstreue von Tag zu Tag eine stärkere Position, die ihm ohne ausreichenden Grund nicht wieder entzogen werden darf[207]. Das BAG spricht insoweit vom Erwerb eines Besitzstandes, einer rechtlich geschützten Position, die auf Dauer angelegt ist und folglich im weiteren Zeitablauf fortbestehen soll[208].

Um die Verhältnismäßigkeit von Eingriffen in diese Besitzstände überprüfen zu können, unterscheidet das BAG zwischen drei Besitzstandsstufen[209]. Es gilt der aus dem Rechtsstaatsprinzip abgeleitete Grundsatz, dass die Gründe für einen Eingriff umso gewichtiger sein müssen, je intensiver die Arbeitnehmer durch den Eingriff in ihren Besitzständen betroffen sind[210].

aa. Erste Besitzstandsstufe

Die erste Besitzstandsstufe bildet der unverfallbare und insolvenzgeschützte Teilbetrag für den der Arbeitnehmer seine Gegenleistung in Form der Betriebstreue erbracht hat. Dieser Teilbetrag bliebe ihm selbst dann erhalten, wenn das Arbeitsverhältnis beendet würde oder wenn der Arbeitgeber Insolvenz anmelden müsste. Der erdiente Teilbetrag errechnet sich nach m/n-tel Methode gem. § 2 BetrAVG. Spätere Veränderungen der Bemessungsgrundlage bleiben außer Betracht[211].

bb. Zweite Besitzstandsstufe

Eine zweite Besitzstandsstufe gibt es nur bei dynamischen Leistungsplänen[212], bei denen der Wertzuwachs der Anwartschaft an die Entwicklung eines Berechnungsfaktors geknüpft ist, der seinerseits variabel ist. Der Arbeitnehmer erdient hier nach Ansicht des BAG mit seiner Betriebstreue nicht nur den zeitanteilig errechneten Festbetrag, sondern auch den Teil der Dynamik, der in der Dauer der Betriebszugehörigkeit bezogen auf den zugesagten variablen Berechnungsfaktor (idR das ruhegehaltfähige Endgehalt) erworben wurde[213].

---

207 BAG vom 16.09.1986 – GS 1/82, DB 1987, 383 = AP Nr. 17 zu § 77 BetrVG unter C. II. 5. der Gründe; vgl. auch *Griebeling*, Bestandsschutz und Billigkeitskontrolle aus Sicht des BAG, in FS für Ahrend, 1992, S. 208, 210.

208 BAG vom 22.09.1987 – 3 AZR 662/85, DB 1988, 291 = AP Nr. 5 zu § 1 BetrAVG Besitzstand.

209 Umfassend zu den Besitzstandsstufen und den Erfordernissen für Eingriffe S. 172 ff.

210 BAG vom 10.03.1992 – 3 ABR 54/91, DB 1992, 1735 = AP Nr. 5 zu § 1 BetrAVG Betriebsvereinbarung.

211 § 2 Abs. 5 BetrAVG.

212 Vgl. oben S. 29 f.

213 BAG vom 17.04.1985 – 3 AZR 72/83, DB 1986, 228 = AP Nr. 4 zu § 1 BetrAVG Unterstützungskasse; bestätigt durch BAG vom 29.10.1985 – 3 AZR 485/83, DB 1986, 1779 = AP Nr. 4 zu § 1 BetrAVG Betriebsveräußerung unter B II 3. c) (2) der Gründe. **Beispiel**: Der Leistungsplan sieht eine jährliche Steigerung von 1 v.H. des ruhegehaltfähigen Einkommens vor, maximal 40 v.H. dieser Bemessungsgröße bei 40 Dienstjahren. Der Arbeitnehmer hat 20 Dienstjahre abgeleistet. Der zeitanteilig erdiente dynamische Besitzstandsteil der zweiten Stufe beträgt damit 20 v.H. des ruhegehaltsfähigen Einkommens bei Eintritt des Versorgungsfalls. Ein ausführliches Beispiel zur Darstellung der einzelnen Besitzstandsstufen findet sich auf S. 179 ff.

cc. Dritte Besitzstandsstufe

Für Steigerungen, die sich aus der Dauer der zukünftigen Betriebszugehörigkeit ergeben (sog. dienstzeitabhängige Steigerungsraten) hat der Arbeitnehmer die für die Zuwächse in der Zukunft erforderliche Betriebstreue noch nicht erbracht. Dieser Teilbetrag ist noch nicht erdient[214].

e. Interessenlage des Arbeitgebers

Durch die Versorgungszusage möchte der Arbeitgeber die Arbeitnehmer langfristig an seinen Betrieb binden[215]. Dem Sicherungsbedürfnis der Arbeitnehmer steht sein Interesse gegenüber, die Belastung aus der Versorgungszusage kalkulierbar zu machen und notwendige Korrekturen vornehmen zu können. Die lange Laufzeit der Versorgungszusage macht die aus ihr entstehenden Verpflichtungen für den Arbeitgeber besonders schwer kalkulierbar. Zwischen Zusagezeitpunkt und dem Ende der Auszahlungen liegen regelmäßig mehrere Jahrzehnte. Durch diese weit in die Zukunft reichenden Wirkungen unterscheidet sich die betriebliche Altersversorgung von den meisten anderen kurzfristig fällig werdenden Leistungspflichten im Arbeitsverhältnis. Sie birgt dadurch auch besondere Risiken.

Die Unternehmen müssen die zur Abwicklung der Altersversorgung erforderlichen Mittel erwirtschaften. Bei Unternehmen mit hohen Versorgungslasten besteht wegen dieser zu erwirtschaftenden Aufwendungen ein erhebliches Risiko, die Wettbewerbsfähigkeit zu verlieren. Die Belastungen aus betrieblichen Versorgungszusagen sind von zahlreichen externen Faktoren abhängig. Die sozialversicherungs- und steuerrechtlichen Rahmenbedingungen haben ebenso unmittelbare Auswirkungen wie das arbeitsrechtliche Umfeld in dem die Versorgungsleistung angeboten wird. Eine Reaktion auf solche Veränderung muss möglich sein, um die Lebensfähigkeit der Unternehmen zu gewährleisten. Einmal festgelegte Regelungen dürfen deshalb nicht versteinern, sondern müssen flexibel und einer Anpassung an die jeweilige Situation zugänglich sein[216].

E. Ausblick

I. Entwicklungstendenz der betrieblichen Altersversorgung

Die Verbreitung der betrieblichen Altersversorgung war trotz der erfreulichen jüngeren Entwicklung in den vergangenen Jahrzehnten rückläufig[217]. Die Gründe hierfür

---

[214] BAG vom 17.04.1985 – 3 AZR 72/83, DB 1986, 228 = AP Nr. 4 zu § 1 BetrAVG Unterstützungskasse unter B II 3. c) (2) der Gründe.

[215] BAG vom 10.03.1972 – 3 AZR 278/71, DB 1972, 1486 = AP Nr.156 zu § 242 BGB Ruhegehalt unter A. II. 1. der Gründe. Interessant zu den sonstigen Nutzen einer betrieblichen Altersversorgung *Buttler* Rn 22 ff.

[216] Zu den Gründen, die eine Anpassung von Versorgungszusagen erforderlich machen, siehe unten S. 111 ff. Aus der Lit. auch *Griebeling*, Abänderung von Versorgungszusagen, NZA 1989 Beilage Nr. 3, S. 26; *Hilger/Stumpf*, Ablösung betrieblicher Gratifikations- und Versorgungsordnungen durch Betriebsvereinbarungen, in FS für G. Müller, 1981, S. 209, 210 f.; *Höhne*, Zur praktischen Notwendigkeit ablösender Betriebsvereinbarungen, RdA 1983, 233; *Lutz*, Die Neuordnung betrieblicher Versorgungssysteme mit dem Ziel der Kostenersparnis, DB 1985, 1141; *Martens*, Das betriebsverfassungsrechtliche Ablösungsprinzip im System der §§ 87, 88, 77 BetrVG, RdA 1983, 217, 218, 224.

[217] Siehe *Andresen/Förster/Norbert Rößler/Rühmann* Teil 4B Rn 15 ff.; *Frank*, Einsatz von Investmentfonds in der betrieblichen Altersversorgung, in FS für Norbert Rößler, 2000, S. 57, 60 sowie *Lohre*, Betriebliche Altersversorgung aus Arbeitnehmersicht, in FS für Förster, 2001, S. 37, 39. Zur jüngeren

dürften vor allem in den arbeitsrechtlichen und steuerrechtlichen Rahmenbedingungen der betrieblichen Altersversorgung zu finden sein. Die Verpflichtungen und Risiken aus einer Versorgungszusage sind für die Arbeitgeber häufig schwer absehbar. Die schwache gesamtwirtschaftliche Situation stärkt bei vielen Arbeitgebern das Verlangen nach Einsparungen[218]. Jüngste Beispiele hierfür sind die Kündigung der Betriebsvereinbarung über betriebliche Altersversorgung bei der Commerzbank („Commerzbank – Pension“) sowie die Kürzung der Versorgungsansprüche beim Versicherungskonzern Gerling[219].

Infolge der demographischen Entwicklung in Deutschland und der daraus resultierende Schwäche der gesetzlichen Rente ist eine weitere Verbreitung der betrieblichen Altersversorgung dringend erforderlich[220]. Nur durch eine weitere Stärkung der zweiten Säule des Altersversorgungssystems kann der im Berufsleben erreichte Lebensstandard im Alter gewährleistet werden.

II. Maßnahmen des Gesetzgebers

1. Veränderungen des BetrAVG

Durch AVmG[221] und AltEinkG[222] wurde das BetrAVG zum Teil reformiert. Der Anspruch auf Entgeltumwandlung wurde geschaffen[223], durch Einführung des Pensionsfonds[224] wurde die Bandbreite der zur Verfügung stehenden Durchführungswege erweitert. Die Versorgungsstruktur wurde durch die Beitragszusage mit Mindestleistung erweitert[225]. Die gesetzlichen Unverfallbarkeitsfristen wurden um fünf Jahre verkürzt und die Altersgrenze wurde vom 35. auf das 30. Lebensjahr vorverlagert[226]. Die Unverfallbarkeit wurde der Höhe nach neu geregelt[227]. Schließlich wurden die Mög-

---

Entwicklung siehe *Bundesministerium für Gesundheit und Soziale Sicherung*, Bericht der Kommission für die Nachhaltigkeit in der Finanzierung der Sozialen Sicherungssysteme, S.129 und Tabelle 3-12 auf S. 130. (Quelle: Infratest Sozialforschung, Situation und Entwicklung der betrieblichen Altersversorgung in der Privatwirtschaft – Zwischenbericht, München, Juni 2003, S. 9 ff.) und oben S. 11.

[218] Allein in den ersten 6 Monaten des Jahres 2002 meldeten 18.500 Unternehmen Insolvenz an; FAZ vom 12.09.2002, S. 15 „Insolvenzrekord in Deutschland“.

[219] Siehe dazu FAZ vom 07.01.2004, S. 9 „Unruhe bei der Commerzbank – Belegschaft“ und FAZ vom 08.01.2004, S. 11 „Strenge Regeln für Betriebsrenten“.

[220] *Schoden* ArbR Einf Rn 11 fordert sogar die Einführung einer obligatorischen betrieblichen Altersversorgung unter Beteiligung der Arbeitnehmer an der Aufbringung der Mittel. Siehe auch zweiten Zwischenbericht der Enquete Kommission „Demographischer Wandel – Herausforderungen unserer älter werdenden Gesellschaft an den einzelnen und die Politik“, BT-Drucks. 13/11460. Hier wird auf Seite 210 ein konkreter Kriterienkatalog vorgestellt, der für eine Ausdehnung der betrieblichen Altersversorgung erfüllt werden müsse.

[221] Altersvermögensgesetz vom 26.06.2001, BGBl. I S. 1310.

[222] Gesetz zur Neuordnung der einkommensteuerrechtlichen Behandlung von Altersvorsorgeaufwendungen und Altersbezügen vom 05.07.2004, BGBl. I S. 1427.

[223] § 1a BetrAVG; die Entgeltumwandlung wird erläutert auf S. 27 f.

[224] Siehe oben S. 25 f.

[225] § 1 Abs. 2 Nr. 2 BetrAVG; näher oben S. 28 f.

[226] § 1b Abs. 1 Satz 1 BetrAVG. Siehe dazu informativ *Beye/Bode/Stein*, Wirtschaftliche Auswirkungen der Änderungen bei der Unverfallbarkeit durch das Altersvermögensgesetz, DB 2001, Beilage Nr. 5, S. 9. Im Gegenzug wurde steuerrechtlich das Mindestalter für die Bildung von Pensionsrückstellungen bei unmittelbaren Versorgungszusagen und für den Betriebsausgabenabzug bei der Finanzierung von Unterstützungskassen von bisher 30 auf 28 Jahre herabgesetzt; siehe § 4d Abs. 1 Satz 1 Nr. 1 b.) Satz 2 und Nr. 1 c.) Satz 3 EStG für die Finanzierung von Unterstützungskassen sowie § 6a Abs. 2 Nr. 1, 1. Alt. und § 6a Abs. 3 Satz 2 Nr. 1 und Satz 6 1. Hs. EStG für Pensionsrückstellungen aufgrund unmittelbarer Versorgungszusagen.

[227] § 2 BetrAVG.

lichkeiten der Mitnahme von Anwartschaften zu einem neuen Arbeitgeber verbessert[228]. All diese Maßnahmen erleichtern den Wechsel des Arbeitsplatzes und tragen so zur Verbesserung der Flexibilität des Arbeitsmarktes bei.

Ob die Flexibilisierung des Arbeitsmarktes, insbesondere die verbesserten Mitnahmemöglichkeiten, in ihren Auswirkungen die Entwicklung der betrieblichen Altersversorgung in Deutschland ausschließlich fördert, muss aufgrund der hohen Bedeutung der Betriebstreue als Gegenleistung für betriebliche Altersversorgung freilich bezweifelt werden. Der Anreiz für Arbeitgeber, betriebliche Versorgungswerke zu schaffen, dürfte durch verbesserte Mitnahmemöglichkeiten eher sinken, da Arbeitnehmer hierdurch nicht mehr aufgrund ihrer betrieblichen Altersversorgung an das Unternehmen des Arbeitgebers gebunden sind.

Eine begrüßenswerte Ergänzung der Versorgungslandschaft in Deutschland stellt die Einführung der Beitragszusage mit Mindestleistung dar. Das gilt insbesondere in Verbindung mit der Einführung des Durchführungswegs Pensionsfonds. Hierdurch wurde ein Versorgungsmodell geschaffen, das nicht der Anpassungsprüfungspflicht unterliegt und somit erhöhte Kalkulationssicherheit für die Arbeitgeber bietet. Auch die Einführung des § 16 Abs. 3 Nr. 1 BetrAVG, nach dem die Anpassungsprüfungspflicht entfällt, wenn sich der Arbeitgeber verpflichtet, die laufenden Leistungen geometrisch anzupassen, bedeutet in Zeiten hoher Steigerungsraten bei den Verbraucherpreisen eine erhebliche Verbesserung der Situation des Arbeitgebers[229].

2. *Staatliche Förderung der betrieblichen Altersversorgung*

Zum Jahr 2002 wurde eine staatliche Förderung der betrieblichen Altersversorgung durch eine kombinierte Zulagen- und Sonderausgabenregelung eingeführt[230]. Begünstigt werden hierdurch alle unbeschränkt Einkommenssteuerpflichtigen[231]. Unmittelbar begünstigt sind Pflichtversicherte in der gesetzlichen Rentenversicherung[232], Empfänger von Besoldung und diesen gleichgestellte Personen[233] sowie Personen, die Pflichtversicherten gleichstehen[234] und Pflichtversicherte in einer ausländischen Rentenversicherung[235].

---

[228] Siehe § 4 BetrAVG. Dieser Gedanke der „Portabilität" bildete den Mittelpunkt der Neuregelungen des BetrAVG durch das AltEinkG; siehe BT-Drucks. 15/2150 S. 1 (letzter *Bulletpoint* unter A.) und S. 27.

[229] Hierzu auch S. 49 f.

[230] §§ 79 ff. EStG und § 10a EStG; näher hierzu *Förster/Rühmann/Recktenwald*, Auswirkungen des Altersvermögensgesetzes auf die betriebliche Altersversorgung, BB 2001, 1406, 1408 f. Erste Trends ließen erkennen, dass die sog. „Riester-Rente", d.h. die Förderung über staatliche Zulagen, eine völlig untergeordnete Rolle spielte. Stattdessen wurden vermehrt die steuerlichen Vorteile im Rahmen der Entgeltumwandlung genutzt; siehe FAZ vom 07.03.2003 S. 14 „Der Riester-Boom ist ausgeblieben". Die steuerliche Förderung der privaten kapitalgedeckten Altersvorsorge wurde deshalb im Rahmen des AltEinkG unbürokratischer gestaltet, um ihre Akzeptanz zu erhöhen; siehe dazu BegrFraktE SPD; Bündnis 90/Die Grünen AltEinkG, BT-Drucks. 15/2150 S. 26.

[231] § 1 Abs. 1 bis 3 EStG.

[232] § 10a Abs. 1 Satz 1 1. Hs. EStG; in der gesetzlichen Rentenversicherung pflichtversichert ist, wer nach §§ 1 bis 4, 229, 229a und 230 SGB VI der Versicherungspflicht unterliegt.

[233] Vgl. zum begünstigten Personenkreis auch § 10a Abs. 1 Satz 1 Nr. 5 EStG, der klarstellt, dass Kindererziehende, die während eines den Kindererziehungszeiten in der gesetzlichen Rentenversicherung vergleichbaren Zeitraums einem der in § 10a Abs. 1 Satz 1 zweiter Halbsatz EStG genannten Alterssicherungssysteme angehören, in dieser Zeit weiterhin zum förderberechtigten Personenkreis gehören.

[234] Nach § 10a Abs. 1 Satz 3 EStG gehören hierzu Pflichtversicherte nach dem Gesetz über die Alterssicherung der Landwirte und Personen, die wegen Arbeitslosigkeit bei einem inländischen Ar-

Gefördert werden in Form von Entgeltumwandlung geleistete Altersvorsorgebeiträge aus dem individuell versteuerten und verbeitragten Arbeitslohn, die aufgrund eines zertifizierten Altersvorsorgevertrages an eine Pensionskasse, einen Pensionsfonds oder eine Direktversicherung gezahlt werden[236]. Auf Antrag des Berechtigten werden von der BfA auf den geförderten Vertrag steuerfreie Zulagen gutgeschrieben[237]. Die Höhe dieser Zulagen ist von Familienstand und Kinderzahl abhängig[238].

Alternativ zur Zulagenförderung ist ein Sonderausgabenabzug möglich, falls durch den Sonderausgabenabzug eine höhere staatliche Förderung erfolgt als durch die Zulage[239]. Die Prüfung, ob die Förderung durch Zulage oder durch Sonderausgabenabzug im Einzelfall günstiger ist, wird vom Finanzamt von Amts wegen vorgenommen[240].

3. Nachgelagerte Besteuerung

Die Forderung nach einer einheitlichen Besteuerung der Leistungen betrieblicher Altersversorgung erst in der Auszahlungsphase war in Deutschland seit langem bekannt[241]. Die nachgelagerte Besteuerung soll zu einem erhöhten Anreiz für Arbeitnehmer führen, Eigenvorsorge zu betreiben. Eine europaweite Vereinheitlichung des Besteuerungszeitpunkts, die Schaffung einer transparenteren Besteuerung und die Erleichterung der Mitnahme von Versorgungsanwartschaften beim Arbeitsplatzwechsel sprachen als weitere Argumente für die Einführung einer einheitlichen nachgelagerten Besteuerung.

Auch die *Kommission für die Nachhaltigkeit in der Finanzierung der Sozialen Sicherungssysteme („Rürup-Kommission")* sprach sich in ihrem Abschlussbericht ausdrücklich dafür aus, alle Durchführungswege betrieblicher Altersversorgung einheitlich nachgelagert zu besteuern[242]. Mittlerweile hat auch der Gesetzgeber reagiert.

---

beitsamt als Arbeitssuchende gemeldet sind und Arbeitslosengeld nach dem SGB III nur wegen des zu berücksichtigenden Einkommens oder Vermögens nicht beziehen.

[235] BMF – Schreiben vom 05.08.2002 – IV C 4 S 2222 – 295/02/IV C 5 – S 2333 – 154/02 -, DB 2002 Beilage Nr. 6, Rn 10.

[236] Siehe § 82 Abs. 2 EStG, der rückwirkend zum 1. Januar 2002 klarstellt, dass - wie bei § 3 Nr. 63 Satz 1 EStG - nur Beiträge zum Aufbau einer kapitalgedeckten betrieblichen Altersversorgung steuerlich begünstigt werden. Dies folgt aus dem Zusammenspiel von § 10a, §§ 79 ff. EStG und § 22 Nr. 5 EStG sowie der Zielsetzung des Altersvermögensgesetzes.

[237] § 90 Abs. 2 EStG.

[238] Gestaffelt bis zum Jahr 2008 ist für Verheiratete in der Endstufe eine Grundzulage iHv 154,- € jährlich (§ 84 EStG) und für jedes Kind, für das dem Zulageberechtigten Kindergeld ausgezahlt wird eine Kinderzulage iHv 185,- € vorgesehen (§ 85 EStG).

[239] § 10a Abs. 1 Satz 1 1. Hs. EStG. Die Höhe des Sonderausgabenabzugs beträgt 2100,- € pro Jahr in der Endstufe.

[240] *Förster/Rühmann/Recktenwald,* Auswirkungen des Altersvermögensgesetzes auf die betriebliche Altersversorgung, BB 2001, 1406, 1409 zählen beispielhaft auf, unter welchen Umständen der Sonderaugabenabzug im Jahr 2008 günstiger sein wird.

[241] *aba,* Modell „Zweite Säule", Heidelberg 1998; so auch *Andresen,* Betriebliche Altersversorgung im 21. Jahrhundert, in FS für Förster, 2001, S. 45, 59; *Frank,* Einsatz von Investmentfonds in der betrieblichen Altersversorgung, in FS für Norbert Rößler, 2000, S. 57, 61 und *Karl-Bräuer Institut des Bundes der Steuerzahler,* Zu den Rentenreformplänen der Bundesregierung, Sonderinformation 40, Januar 2001, S. 50 ff. sowie insbesondere *Förster,* Vorzüge der nachgelagerten gegenüber der vorgelagerten Besteuerung aller Durchführungswege der betrieblichen Altersversorgung, in FS für Norbert Rößler, 2000, S. 329.

[242] *Bundesministerium für Gesundheit und Soziale Sicherung,* Bericht der Kommission für die Nachhaltigkeit in der Finanzierung der Sozialen Sicherungssysteme, S. 134 f.

Durch das AltEinkG[243] wurde die nachgelagerten Besteuerung für die betriebliche Altersversorgung ausgeweitet[244].

Werden die Aufwendungen für den Aufbau einer Altersvorsorge zunächst steuerfrei gestellt, verringert sich das verfügbare Einkommen der Arbeitnehmer nicht so stark wie bei Vorsorge aus versteuertem Einkommen. Die beim Leistungsbezug erfolgende Besteuerung des zur Vorsorge eingesetzten Kapitals entspricht in ihrer Höhe nur dann einer sofortigen Belastung, wenn der individuelle Steuersatz im Alter derselbe ist, wie in der Erwerbsphase[245]. Sind dagegen die Gesamteinkünfte und damit auch der individuelle Steuersatz im Alter niedriger als in der Erwerbsphase, fällt auch die Besteuerung der freigestellten Einkommensteile geringer aus.

Bei unmittelbaren Zusagen und Unterstützungskassenversorgung fließt dem Arbeitnehmer sein in Form einer betrieblichen Altersversorgung gewährter Arbeitslohn steuerrechtlich erst im Auszahlungszeitpunkt zu. Die Versorgungsleistungen werden als Einkünfte aus nichtselbständiger Arbeit erst nachgelagert besteuert[246].

Bei den sonstigen Durchführungswegen fließt dem Arbeitnehmer der Arbeitslohn in Form betrieblicher Versorgungsleistungen steuerrechtlich grundsätzlich bereits zu dem Zeitpunkt zu, zu dem die Beiträge an den Versorgungsträger abgeführt werden[247]. Besteuert werden müsste damit in der Finanzierungs- oder Sparphase.

Für Pensionskassen, Pensionsfonds und Direktversicherungszusagen gewährleistet aber § 3 Nr. 63 EStG[248] für alle Arbeitnehmer eine nachgelagerte Besteuerung der Beiträge bis zur Höhe des staatlich geförderten Betrags[249]. Um einen Ausgleich für den Wegfall der Pauschalversteuerung nach § 40b EStG a.F. zu schaffen, hat der Gesetzgeber die Grenze für die steuerfreie Dotierung für Neuzusagen seit dem 01.01.2005 zusätzlich um einen jährlichen Festbetrag von € 1.800,00 angehoben. Dieser Beitrag ist allerdings sozialversicherungspflichtig.

Steuerfrei bleiben zunächst sowohl Beiträge des Arbeitgebers, die dieser zusätzlich zum ohnehin geschuldeten Arbeitslohn erbringt, als auch durch Entgeltum-

---

[243] Gesetz zur Neuordnung der einkommensteuerrechtlichen Behandlung von Altersvorsorgeaufwendungen und Altersbezügen vom 05.07.2004, BGBl. I S. 1427.

[244] Vgl. § 3 Nr. 63 EStG n.F.

[245] Das verfügbare Einkommen ist bei nachgelagerter Besteuerung zunächst um den Betrag höher, der der Steuer auf die Vorsorgeaufwendungen entspricht. Da die Vorsorgeaufwendungen bei Rückfluss der Mittel im Alter nachbesteuert werden, wird bei gleichem Steuersatz genau der Betrag nacherhoben, der zu Anfang aufgrund der Steuerfreistellung zusätzlich verfügbar blieb. Bei vorgelagerter Besteuerung erhöht sich das verfügbare Einkommen im Alter um genau diesen Betrag, weil der Teil der Rückflüsse, für den schon früher Steuern gezahlt worden sind, nun steuerfrei bleibt.

[246] § 19 EStG.

[247] *Förster,* Vorzüge der nachgelagerten gegenüber der vorgelagerten Besteuerung aller Durchführungswege der betrieblichen Altersversorgung, in FS für Norbert Rößler, 2000, S. 329, 331 f.

[248] Eingeführt durch das Gesetz zur Reform der gesetzlichen Rentenversicherung und zur Förderung eines kapitalgedeckten Altersvorsorgevermögens vom 26.06.2001, BGBl. I S.1310; geändert durch das Gesetz zur Neuordnung der einkommensteuerrechtlichen Behandlung von Altersvorsorgeaufwendungen und Altersbezügen vom 05.07.2004, BGBl. I S. 1427. Die Besteuerung erfolgt über § 22 Nr. 5 EStG als „sonstige Einkünfte" in der Auszahlungsphase.

[249] § 1 LStDV ; vgl. Änderungsanträge der Fraktionen des SPD und Bündnis 90/Die Grünen zum AVmG, Ausschuss für Arbeit und Sozialordnung – Drucks. 14/1151 S. 11. Der staatlich geförderte Betrag beläuft sich auf 4 v.H. der Beitragsbemessungsgrenze West. Diese Höchstgrenze entspricht betragsmäßig den Sonderausgabenhöchstbeträgen nach § 10a Abs.1 EStG, den Mindestbeiträgen für den Bezug von Zulagen in der sog. Endstufe ab dem Veranlagungszeitraum 2008 und der Höchstgrenze des Entgeltumwandlungsbetrags gem. § 1 a BetrAVG. Sie gilt auch bei einer Beschäftigung in den neuen Ländern; BMF – Schreiben vom 5.8.2002 – IV C 4 – S 2222 – 295/02/IV C 5 – S 2333 – 154/02 -, DB 2002 Beilage Nr. 6, Rn 162.

wandlung finanzierte Beiträge[250], falls die Zusage eine lebenslange Rentenzahlung oder alternativ einen Auszahlungsplanes mit Ratenzahlung und anschließender Teilkapitalverrentung ab dem 85. Lebensjahr vorsieht. Reine Kapitalzahlungspläne sind nicht förderfähig. Die späteren Versorgungszahlungen sind dann in entsprechendem Umfang nachgelagert zu versteuern[251].

Ein Kapitalwahlrecht, also eine Option, statt einer Rentenleistung einer Einmalkapitalauszahlung wählen zu können, ist dagegen unschädlich. Dies gilt freilich nur so lange, wie dieses Kapitalwahlrecht nicht ausgeübt wird.

Arbeitgeberbeiträge zu einer Direktversicherung, die vor dem 01.01.2005 zugesagt worden ist, und die die Voraussetzungen des § 3 Nr. 63 EStG nicht erfüllt, sowie Beiträge an Pensionskassen aufgrund solcher Altzusagen werden grundsätzlich mit Zahlung an den versorgungsträger, also in der Finanzierungsphase, d.h. vorgelagert besteuert. Sie sind Arbeitslohn des Arbeitnehmers. Gem. § 40b EStG a.F. kann der Arbeitgeber die Lohnsteuer von Beiträgen für eine Direktversicherung und von Zuwendungen an eine Pensionskasse pauschal mit 20 v.H. abgelten. Die entsprechenden Versorgungsleistungen fließen dem Arbeitnehmer dann steuerfrei zu.

Durch das AltEinkG ist für Beiträge, die aufgrund einer ab dem 01.10.2005 erteilten Zusage zum Aufbau einer kapitalgedeckten betrieblichen Altersversorgung für eine Direktversicherung oder an eine Pensionskasse geleistet werden, diese Möglichkeit der Pauschalbesteuerung nach § 40b Abs. 1 und 2 EStG aufgehoben werden. Die Pauschalbesteuerung als klassischer Fall der vorgelagerten Besteuerung passt nicht mehr in ein Besteuerungssystem, welches auf eine nachgelagerte Besteuerung der Versorgungsleistungen ausgerichtet ist. Für den Bereich der umlagefinanzierten betrieblichen Altersversorgung bleibt es hingegen bei der vorgelagerten Besteuerung und der Möglichkeit der Pauschalbesteuerung nach § 40b Abs. 1 und 2 EStG. Die Fördermöglichkeiten nach § 3 Nr. 63 EStG und §§ 10a, 79 ff. EStG sowie die Besteuerung der Versorgungsleistungen nach § 22 Nr. 5 EStG sind entsprechend der Zielsetzung des AVmG ausschließlich auf eine kapitalgedeckte Altersversorgung zugeschnitten.

4. Veränderungen in der Rechnungslegung

Um international konkurrenzfähig zu bleiben, bedürfen Unternehmen eines immer größeren Kapitaleinsatzes. Die Tendenz, durch Übernahmen und Verschmelzungen immer größere Einheiten zu schaffen, ist ungebrochen. Die wirtschaftliche Entwicklung hat der Unternehmenskonzentration starke Impulse gegeben. Die Schaffung größerer Märkte (EU, NAFTA), verschärfte internationale Konkurrenz (Japan, USA, Südkorea) sowie immer kostspieliger werdende Forschungs- und Entwicklungsvorhaben begünstigen die Tendenz zur Bildung größerer Wirtschaftseinheiten. Um auf globaler Ebene konkurrieren zu können, brauchen deshalb auch deutsche Unternehmen Zugang zu den weltweiten Kapitalmärkten.

Die in Deutschland zur Finanzierung unmittelbarer Versorgungszusagen üblichen Pensionsrückstellungen[252] sind im Ausland atypisch. Sie führen zu einer großen Belastung der Passivseite der Handelsbilanz und verschlechtern die Eigenkapitalquote deutscher Unternehmen. Insgesamt stehen in den Bilanzen deutscher Unter-

---

[250] BMF – Schreiben vom 5.8.2002 – IV C 4 – S 2222 – 295/02/IV C 5 – S 2333 – 154/02 -, DB 2002 Beilage Nr. 6, Rn 160.

[251] § 22 Nr. 5 EStG iVm § 9a Satz 1 Nr. 2 und § 24a EStG.

[252] Vgl. oben S. 19 ff. und S. 227 ff.

nehmen 200 Milliarden Euro Pensionsrückstellungen[253]. Diese hohen Lasten durch Pensionsrückstellungen und die durch die Einstufung von Pensionsrückstellungen als Fremdkapital bedingte verschlechterte Eigenkapitalquote führt zu Nachteilen beim Rating[254]. Schlechte Ratingergebnisse wirken sich wiederum nachteilig für Emissionen an ausländischen Börsen und allgemein auf die Kosten der Aufnahme weiteren Fremdkapitals aus. Hinzu kommen systembedingte Unklarheiten bei der Rückstellungsbildung[255], die den wahren Wert der Versorgungslasten nur schwer ermittelbar machen[256].

Die erforderliche Liberalisierung der Rechnungslegungsvorschriften hat der Gesetzgeber 1998 geschaffen[257]. Anstelle eines Abschlusses nach HGB-Vorschriften kann mittlerweile auch ein Abschluss nach international anerkannten Bilanzierungsgrundsätzen aufgestellt werden[258]. Hierdurch können die Belastungen durch Pensionsverpflichtungen nach internationalen Standards in die Bilanz eingeführt werden[259]. Die US-Börsenaufsicht (SEC) verlangt darüber hinaus eine Bilanzierung nach US-GAAP als Zulassungsvoraussetzung zur NYSE[260]. Die Refinanzierungsmöglichkeiten deutscher Unternehmen am internationalen Kapitalmarkt wurden dadurch erheblich gesteigert.

Mit der Verabschiedung des von der EU-Kommission unterbreiteten „Vorschlags für eine Verordnung des Europäischen Parlaments und des Rates über die Anwendung internationaler Rechnungslegungsgrundsätze“ (IAS-Verordnung) durch das Europäische Parlament am 12.03.2002 sowie der Zustimmung des Ministerrats am 06.06.2002 wurde ein weiterer wesentlicher Schritt für eine breitere Anwendung der

---

253 FAZ vom 07.03.2003, S. 14 „Die Unterdeckung der betrieblichen Altersversorgung ist gewollt“.

254 Standard & Poor's ist mittlerweile dazu übergegangen, dem Finanzierungsstatus von Pensionsverpflichtungen uneingeschränkt den Charakter langfristiger Finanzschulden zuzuweisen. Moody's und Fitch, die zusammen mit Standard & Poor's die drei großen internationalen Rating-Agenturen bilden, ordnen Pensionsrückstellungen in Deutschland sowohl dem Fremd- als auch dem Eigenkapital zu, um den Besonderheiten der internen Finanzierung Rechnung zu tragen.

255 Erst das Bilanzrichtlinien-Gesetz (BiRiLiG) vom 19.12.1985, BGBl I S. 2355, führte eine Passivierungspflicht für Pensionsverpflichtungen aus unmittelbaren Versorgungszusagen handelsrechtlich ein. Nur für Zusagen, die nach dem 01.01.1987 erteilt oder erhöht wurden, besteht eine entsprechende Pflicht. Art. 28 Abs. 1 EGHGB begründet für zuvor erteilte unmittelbare Zusagen ein Passivierungswahlrecht. Jedes Unternehmen, kann wählen, ob es für eine Pensionsverpflichtung bereits während der Anwartschaftszeit des Pensionsberechtigten eine Rückstellung bilden oder die späteren Pensionsleistungen aus dem laufenden Ertrag erbringen will. Ein solches Wahlrecht gilt nach Art. 28 Abs. 2 EGHGB auch für mittelbare Versorgungszusagen. Zur Rückstellungsbildung siehe oben S. 19 ff.

256 Umfassend hierzu *Ehlers/Cule*, Mergers and Acquisitions in Germany – the „misrepresentation“ of balance-sheet figures for pension liabilities, B & C International 1997, 13.

257 Kapitalaufnahmeerleichterungsgesetz (KapAEG) vom 20.04.1998, BGBl. I 1998 S. 707.

258 Z.B. US-GAAP und IAS 19; siehe § 292a HGB, dessen Geltungsdauer aber bis zum 31.12.2004 begrenzt ist.

259 Beide Verfahren verlangen – anders als das deutsche bilanzrechtlich geltende Stichtagsprinzip – nicht die Darstellung eines bestimmten stichtagsbezogen ermittelten Verpflichtungsaufwands. Im Mittelpunkt steht stattdessen der aktuelle Versorgungsaufwand, der auf der Basis einer grundsätzlich ausfinanzierten Versorgungslast die Erfolgsrechnung des laufenden Geschäftsjahres durch die Veränderung der Verpflichtung oder der angenommenen Bewertungsparameter beeinflusst. Die Pensionsverpflichtungen liegen so regelmäßig deutlich unter dem Teilwert nach § 6a EStG.

260 New York Stock Exchange (Börse New York); am 26.09.2002 hat die deutsche Börse ein neues Konzept für die Segmentierung des Aktienmarktes an der Frankfurter Wertpapierbörse vorgestellt. Hiernach soll ein neues Segment mit Namen "Prime Standard" eingeführt werden. Zulassungsvoraussetzung dafür ist ebenfalls eine Rechnungslegung nach internationalen Standards; www.deutsche-boerse.de.

Rechnungslegungsstandards des IASC in Europa vollzogen[261]. Seit 01.01.2005 müssen alle kapitalmarktorientierten Unternehmen ihren Konzernabschluss mit Vorjahreszahlen zwingend nach IFRS (vormals IAS) aufstellen. Den Mitgliedstaaten wird freigestellt, den Geltungsbereich der Verordnung für den Konzernabschluss der nichtkapitalmarktorientierten Unternehmen und für handelsrechtliche Einzelabschlüsse auszuweiten[262]. Unternehmen, deren Aktien an der amerikanischen oder einer anderen Drittlandsbörse gehandelt werden und die deshalb schon jetzt einen anderen international anerkannten Bilanzierungsstandard als IFRS (vormals IAS), z.B. US-GAAP, anwenden, müssen ihre Rechnungslegung erst zum Jahr 2007 umstellen.

III. Ziel der Untersuchung im zukunftsorientierten Kontext

Betriebliche Altersversorgung als Element unserer sozialen Sicherheit im Alter hat eine zentrale Bedeutung für den Wohlstand unserer Gesellschaft. Für die weitere Entwicklung der betrieblichen Altersversorgung in Deutschland wird in nächster Zukunft entscheidend sein, wie die Unternehmen die jüngeren Maßnahmen des Gesetzgebers annehmen. Der Gesetzgeber muss den Arbeitgebern ein Umfeld schaffen, in dem die Risiken einer betrieblichen Versorgungszusage kalkulierbar bleiben. Durch die bereits vorgenommenen steuerlichen Veränderungen hat er die Finanzierbarkeit der betrieblichen Altersversorgung bereits wesentlich verbessert.

Zu hoffen bleibt, dass die Gesetzgebung im Bereich des Steuer- und Sozialversicherungsrechts zu einer größeren Kontinuität findet. Das mittlerweile übliche Jahressteuergesetz und die sich häufenden Reformen des Sozialversicherungsrechts sorgen für Verunsicherung bei den Arbeitgebern. Das erwünschte Ziel, gesicherte Rahmenbedingungen für die betriebliche Altersversorgung zu schaffen, wird so gefährdet. Auch die höchstrichterliche Rechtsprechung ist gefordert, ihren Beitrag durch Kontinuität, Berechenbarkeit und Verlässlichkeit ihrer Entscheidungen beizusteuern[263].

Von mindestens ebenso großer Bedeutung wie reine Rechtsänderungen im Bereich der betrieblichen Altersversorgung werden alle sonstigen Maßnahmen sein, durch die der Wirtschaftsstandort Deutschlang positiv beeinflusst wird. Nur eine positive wirtschaftliche Entwicklung und steigende Gewinne, werden in Arbeitgebern die Bereitschaft wecken, verstärkt Sozialleistungen, wie betriebliche Altersversorgung zuzusagen.

Der Untersuchungsgegenstand dieser Arbeit, die Abänderung und Anpassung von Versorgungszusagen an geänderte wirtschaftliche Rahmenbedingungen, bildet einen Mosaikstein im Gesamtgefüge eines leistungsstarken Systems betrieblicher Altersversorgung. Die Arbeitgeber als traditionelle Finanzierer der betrieblichen Altersversorgung müssen die Belastungen aus den betrieblichen Versorgungswerken

---

[261] Verordnung (EG) Nr. 1606/2002 des Europäischen Parlaments und des Rates vom 19.07.2002 betreffend die Anwendung internationaler Rechnungslegungsstandards, ABl. Nr. L 243 vom 11.09.2002, S. 1 ff.

[262] Zur Umsetzung in Deutschland *Dr. Dr. Heissmann GmbH*, Informationen für Versorgung und Vergütung Nr. 2/2002, S.7 f.

[263] Einzugestehen ist, dass sich Rechtsprechung anhand von Einzelfällen vollzieht und ein Schematismus deshalb nicht wünschenswert ist, worauf der ehemalige Vorsitzende des 5. Senats am BAG, *Griebeling*, Bestandsschutz und Billigkeitskontrolle aus Sicht des BAG, in FS für Ahrend, 1992, S. 208, 213 hinweist. Trotzdem gebietet der Grundsatz der Einheitlichkeit der Rechtsprechung, dass nur in begründeten Einzelfällen von gefestigter Rechtsprechung abgewichen wird. Auch Rechtsprechung entfaltet eine Bindungswirkung *inter omnes*. Aus Sicht der Praxis ist es ohnehin wünschenswert, vorhersehen zu können, unter welchen Umständen bestimmte Kürzungsmaßnahmen zulässig sind.

mit ihrem wirtschaftlichen Leistungsvermögen in Einklang halten. Für Arbeitgeber sollte deshalb bereits bei Zusageerteilung verlässlich erkennbar sein, unter welchen Umständen sie auf veränderte Rahmenbedingungen reagieren und Zusagen abändern können[264]. Die Grenzen dieser Maßnahmen müssen transparent und anhand greifbarer Maßstäbe gezogen sein. Der Gesetzgeber hat bislang bewusst davon abgesehen, entsprechende Maßstäbe in das BetrAVG aufzunehmen[265].

Die vorliegende Arbeit will helfen, Transparenz für die Frage eines Eingriffs in zeitanteilig erdiente Dynamiken zu gewährleisten und so einen kleinen Schritt zur Verbesserung der Rahmenbedingungen betrieblicher Altersversorgung in Deutschland beitragen.

[264] Ebenfalls in diese Richtung *Uebelhack,* Betriebliche Altersversorgung und Wegfall der Geschäftsgrundlage, Diss. Mannheim 1995, S. 12 f.

[265] BegrRegE BetrAVG, BT-Drucks. 7/1281 S. 24.

3. Kapitel: Die Anpassungsentscheidung des Arbeitgebers nach § 16 BetrAVG

Die Anpassungsregelung ist eine der umstrittensten Vorschriften des BetrAVG. Ursprünglich bestand sie ausschließlich aus dem jetzigen § 16 Abs. 1 BetrAVG, der auch weiterhin die Grundaussage der Vorschrift darstellt[1]. Der Arbeitgeber ist verpflichtet, alle drei Jahre eine Anpassung der laufenden Leistungen der betrieblichen Altersversorgung zu prüfen und hierüber nach billigem Ermessen zu entscheiden[2]. Dies gilt grundsätzlich unabhängig vom gewählten Durchführungsweg und der inhaltlichen Ausgestaltung der Zusage.

Maßgebliche Abwägungskriterien für die Anpassungsentscheidung sind insbesondere die Belange des Versorgungsempfängers und die wirtschaftliche Lage des Arbeitgebers[3]. Die weiteren Absätze der Vorschrift dienen lediglich der Konkretisierung der Anpassungsprüfungspflicht und der Klarstellung einiger Zweifelsfragen.

A. Sinn und Zweck der Anpassungsprüfungspflicht

Leistungen der betrieblichen Altersversorgung, die als laufende Geldleistungen gewährt werden, unterliegen dem gesamtwirtschaftlich bedingten Wertverfall des Geldes. Der reale Wert der Rentenleistung verringert sich bei nominell gleichbleibenden Auszahlungsbeträgen. Das während des Arbeitslebens erarbeitete Ruhegeld verliert hierdurch im Zeitablauf an Wert, ohne dass der Betriebsrentner entgegenwirken kann. Ein Betriebsrentner befindet sich gegenüber seinem ehemaligen Arbeitgeber in einer schwächeren Position als ein aktiver Arbeitnehmer. Durch den Eintritt in den Ruhestand verliert er seine Arbeitskampffähigkeit. Er hat damit nichts mehr einzusetzen, um die Leistungen der Altersversorgung vor dem Kaufkraftverfall zu bewahren[4].

Um diese schwerwiegenden Folgen für die Betriebsrentner abzuschwächen, schränkt § 16 BetrAVG den währungsrechtlichen Grundsatz des Nominalismus ein[5]. Nach diesem Grundsatz bleiben Verbindlichkeiten, deren Höhe in nominellen Geldeinheiten festgelegt ist, von der Wertentwicklung der zugrundeliegenden Währung unberührt[6]. Das BetrAVG sieht jedoch keine automatische Anpassung von Ruhegeldleistungen vor. Stattdessen postuliert es eine Pflicht des Arbeitgebers, die Notwendigkeit einer Anpassung in regelmäßigen Abständen zu prüfen und im Anschluss an diese Prüfung über die Anpassung zu entscheiden[7].

Bei Erteilung der Versorgungszusage legt der Arbeitgeber seiner Zukunftsplanung einen bestimmten Umfang des erwarteten Versorgungsaufwands zugrunde. Da eine reine Beitragszusage in Deutschland außerhalb versicherungsförmiger Durchführungswege unbekannt ist[8], würde eine unbedingte Pflicht zur Vollanpassung die

---

[1] *Steinmeyer* in ErfK § 16 BetrAVG Rn 1.
[2] § 16 Abs. 1 1. Hs. BetrAVG.
[3] § 16 Abs. 1 2. Hs. BetrAVG.
[4] *Ahrend/Förster/Rühmann* § 16 Rn 1.
[5] BAG vom 15.09.1977 – 3 AZR 654/76, DB 1977, 1903 = AP Nr. 5 zu § 16 BetrAVG.
[6] „EURO = EURO"; siehe auch *Roth* in MünchKomm BGB § 242 Rn 695 ff. Dass § 16 Abs. 1 BetrAVG nicht gegen das Nominalwertprinzip verstößt, verdeutlicht *Höfer* § 16 Rn 3380 f.
[7] Vgl. *Langohr-Plato,* Die rechtlichen Rahmenbedingungen bei der Anpassungsprüfung laufender Betriebsrenten nach § 16 BetrAVG, BB 2002, 406; ausführlich zur Zweistufigkeit des Verfahrens unten S. 66 ff.
[8] Vgl. oben S. 28 ff.

Kostenlast für den Arbeitgeber in dem Maß erhöhen, in dem die Kaufkraft der Versorgungsleistungen sinkt. Bei einer unvorhergesehenen Entwicklung der Kaufkraft müsste der Arbeitgeber Mittel für die Finanzierung der Betriebsrenten in ebenso unvorhergesehenem Maße den Pensionsrückstellungen zuführen[9]. Hierdurch würde sein Unternehmen in entsprechendem Umfang wirtschaftlich geschwächt.

Der Gesetzgeber hat die Arbeitgeber deshalb von einer starren Pflicht zum vollen Inflationsausgleich befreit. Er hat sich für eine Kompromisslösung entschieden. Der Arbeitgeber kann die wirtschaftlichen Auswirkungen der Anpassungsentscheidung auf das Unternehmen bei seiner Entscheidung nach billigem Ermessen berücksichtigen[10]. Der volle Ausgleich des Wertverlustes der Betriebsrenten ist somit nur grundsätzliches[11], nicht aber ausschließliches Ziel der gesetzlichen Anpassungsregelungen[12].

B. Historische Entwicklung der Anpassungsprüfungspflicht

I. Die Entwicklung bis zum Entwurf des BetrAVG

1. Anpassung in der Weimarer Republik

Die Geschichte der Anpassung betrieblicher Ruhegeldleistungen in Deutschland geht zurück bis in die Zeit der Weimarer Republik. Bedingt durch die Niederlage Deutschlands im ersten Weltkrieg und den daraus resultierenden Versailler Friedensvertrag mit seinen Belastungen für die deutsche Wirtschaft sowie die innenpolitische Krise der Weimarer Republik verlor die seit 1871 als Währungseinheit bestehende Mark in enormem Tempo an Wert. Angesichts dieses Wertverlusts ordnete der Gesetzgeber in einer Reihe von Gesetzen die Anpassung der verschiedensten Geldleistungen an die durch die allgemeine Geldentwertung eingetretenen geänderten wirtschaftlichen Verhältnissen an[13].

RG[14] und RAG[15] beschäftigten sich mit hieraus resultierenden Fragestellungen. Diese Entscheidungen hatten mittelbare Auswirkung auf die Entwicklung des § 16 BetrAVG. Zwar legte das Währungsgesetz 1948[16] das Nominalwertprinzip wieder als Grundsatz fest. Die Entscheidungen beeinflussten die Entwicklung der Anpassungspflicht aber insofern, als sich das RG im Wesentlichen auf den Grundsatz von Treu

---

[9] Zur Passivierungspflicht siehe Art. 28 EGHGB; im einzelnen *Andresen/Förster/Norbert Rößler/Rühmann* Teil 2 Rn 15 f.; näher zu Zuführungen zu den Pensionsrückstellungen S. 229 f.

[10] *Schaub*, Die Anpassung von Betriebsrenten, NJW 1978, 2076, 2079 sieht hierin eine Abweichung vom Prinzip der unbeschränkten Vermögenshaftung, nach dem die finanzielle Leistungsfähigkeit eines Schuldners für dessen Verpflichtung ohne Belang ist. Er übersieht, dass § 16 BetrAVG aufgrund des Entscheidungsspielraums des Arbeitgebers eine Verpflichtung erst entstehen lässt. Der Arbeitgeber ist gerade nicht zur Anpassung, sondern nur zur Anpassungsprüfung verpflichtet.

[11] So hat das BAG festgestellt, dass es bei den Beratungen im Bundestag "außer Frage stand, dass die Betriebspensionäre vor dem Kaufkraftverlust zu schützen seien"; BAG vom 16.12.1976 – 3 AZR 795/75, DB 1977, 115 = AP Nr. 4 zu § 16 BetrAVG.

[12] *Blomeyer/Otto* § 16 Rn 6.

[13] Siehe z.B. die Übersicht über die gesetzlichen Bestimmungen in RG vom 28.11.1923 – V 31/23, RGZ 107, 78, 87 ff.

[14] Siehe statt vieler RG vom 24.03.1926 – III 199/25, JW 1926, 1800.

[15] RAG vom 09.10.1929 – RAG 183/29, ARS 7, 151 und RAG vom 28.11.1935 – RAG 168/34, ARS 23, 4.

[16] § 3 des ersten Gesetzes zur Neuordnung des Geldwesens vom 20.06.1948, WiGBl. 1948, Beilage Nr. 5, S. 1; ersetzt durch § 2 des Preisangaben- und Preis-Klauselgesetzes; Art. 9 § 1 iVm § 4 Nr. 2 des Euro-Einführungsgesetzes vom 09.06.1988, BGBl. I S. 1241.

und Glauben[17] stützte, den auch das BAG in seinen Entscheidungen zur Anpassung später wieder aufgriff. Diese vorgesetzliche Rechtsprechung wurde später zur Grundlage der heutigen Anpassungsregelung.

2. *Vorgesetzliche Rechtsprechung*

Bereits im Zuge der Einführung der lohnbezogenen dynamischen gesetzlichen Rente in der Bundesrepublik 1957[18] forderten vereinzelte Stimmen in der Literatur, angesichts steigender Löhne und Gehälter und des damit verbundenen Anstiegs der Lebenshaltungskosten, auch die Betriebsrenten der Geldentwertung bzw. der Lohnentwicklung anzupassen[19].

Einige Instanzgerichte schlossen sich dieser Forderung an. So sprach das ArbG Nürnberg einem Angestellten mit Rücksicht auf die gestiegenen Lebenshaltungskosten ein erhöhtes Ruhegehalt zu[20]. Seit dem Zusagezeitpunkt waren die gesamten Lebenshaltungskosten um mehr als 50 v.H. gestiegen. Eine solche Steigerung stelle eine wesentliche Veränderung der Verhältnisse dar, die für die Bemessung des Ruhegehalts maßgebend waren. Das Ruhegehalt solle seinem Empfänger ein bestimmtes Maß an Lebensunterhalt gewährleisten. Eine Anpassung sei deshalb gerechtfertigt.

Das LAG Nürnberg hob dieses Urteil auf. Anknüpfend an die Entscheidungen des RG[21] verglich es die Verteuerung in den 50er Jahren mit der Inflation in den 20er Jahren. Es kam zu dem Schluss, beide Situationen seien nicht vergleichbar. Wenn eine Herabsetzung der Ruhegehälter aufgrund des Grundsatzes der Vertragstreue nur in Betracht komme, wenn anderenfalls der Bestand des Unternehmens gefährdet erscheine, dann könne eine Erhöhung der Ruhegelder nur angebracht sein, wenn der Ruhegehaltsempfänger in seiner Existenz gefährdet sei, d.h., wenn er nicht mehr vom Ruhegehalt und einer etwaigen Sozialrente leben könne[22].

Auch das BAG stand einer Anpassung der Betriebsrenten an die Geldentwertung aus währungspolitischen Gründen zunächst ablehnend gegenüber[23]. Erst 1965 wollte es erstmals eine Angleichung vertraglicher Ruhegeldzusagen an die Geldentwertung nicht mehr schlechthin ausschließen, falls sich die Verhältnisse seit Zusageerteilung so grundlegend geändert hätten, dass die Abmachung in ihrer ursprünglichen Gestalt dem Sinn des Vertrags in keiner Weise mehr entsprechen würde[24].

Im Anschluss an diese Entscheidung vermehrten sich die Stimmen in der Literatur, die eine rechtliche Verpflichtung des Arbeitgebers zur Anpassung der Betriebs-

---

[17] § 242 BGB.

[18] Siehe dazu umfassend *Bogs*, Neue rechtliche Gestaltungen in den Rentenversicherungsgesetzen, Sgb. 1957, 65.

[19] *Herberger*, Der Anspruch auf Erhöhung der Ruhegelder in der privaten Wirtschaft, NJW 1954, 1919; *ders.*, Erhöhung betrieblicher Ruhegelder durch das Gericht wegen Verteuerung der Lebenshaltung, BB 1954, 939; *Höhne*, Erhöhung laufender betrieblicher Ruhegelder – Grundfragen, Maßstäbe und Techniken, BB 1964, 483.

[20] ArbG Nürnberg vom 21.06.1951 – I 797/51, BB 1952, 90.

[21] Siehe oben S. 46 f.

[22] LAG Nürnberg vom 18.12.1953 – Ber. Reg. Nr. N 31/51 V, BB 1954, 718.

[23] Siehe z.B. BAG vom 30.11.1955 – 1 AZR 230/54, DB 1956, 186 = AP Nr. 9 zu § 242 BGB Ruhegehalt; BAG vom 13.05.1959 – 1 AZR 258/57, DB 1959, 919 = AP Nr. 4 zu Internationales Privatrecht.

[24] Siehe BAG vom 12.03.1965 – 3 AZR 516/63, DB 1965, 822 = AP Nr. 1 zu § 242 BGB Ruhegehalt - Geldentwertung unter II. der Gründe; hierzu auch *Schaub*, Die Anpassung von Betriebsrenten, NJW 1978, 2076.

renten forderten[25]. Die Wende in der Rechtsprechung leitete eine Entscheidung des OLG Celle ein, in der ausdrücklich festgestellt wurde, dass dem Arbeitgeber bei fortschreitender Geldentwertung die Rechtspflicht erwachse, auch Ruhegelder der Geldentwertung anzupassen, wenn das Maß der Geldentwertung eine bestimmte Opfergrenze überschreite[26].

Am 30.03.1973 entschied das BAG, Ruhegelder seien zwar nicht automatische an die Geldentwertung anzupassen (sog. Dynamisierung). Der Arbeitgeber sei jedoch verpflichtet, mit dem Ruheständler über eine Anpassung der Versorgung zu verhandeln, falls die Lebenshaltungskosten seit der letzten Absprache über die Ruhegeldregelung um 40 v.H. gestiegen seien. Könnten die Parteien keine Einigung erzielen, sollte der Arbeitgeber nach billigem Ermessen bestimmen, ob und in welchem Maße er das Ruhegeld der Verteuerung anpasse[27]. Dogmatisch stützte das BAG sein Ergebnis auf den Grundsatz von Treu und Glauben[28]. Der BGH schloss sich kurz darauf dieser Rechtsprechung an[29].

II. Das Gesetzgebungsverfahren zu § 16 BetrAVG

Obwohl die angesprochenen Entscheidungen von BAG und BGH bereits ergangen waren, sah der ursprüngliche Regierungsentwurf zum BetrAVG[30] keine Regelung zur Betriebsrentenanpassung vor. Die Bundesregierung sah in einer solchen Regelung einen Hinderungsgrund für die angestrebte weitere Ausbreitung der betrieblichen Altersversorgung[31]. Sie befürchtete – zu Recht - eine erhebliche Mehrbelastung der Unternehmen und damit ein Hemmnis für die Verbreitung betrieblicher Altersversorgung.

Erst ein eindringlicher Hinweis auf die Notwendigkeit einer gesetzlichen Anpassungsregelung in einem öffentlichen Hearing durch den damaligen Vorsitzenden des 3. Senats und Vize-Präsidenten des BAG, *Prof. Dr. Herrmann Stumpf,* stimmte den federführenden Bundestagsausschuss für Arbeit und Sozialordnung um[32]. Dieser

---

[25] Z.B. *Nies,* Zur Frage der Anpassung von Ruhegeldern an die Kaufkraft durch Richterspruch, BB 1966, 455; *Stötter,* Der Wegfall der Geschäftsgrundlage wegen Kaufkraftminderung bei Ruhegeldvereinbarungen, DB 1967, 1163; *Höhne,* Die Erhöhung betrieblicher Ruhegelder, BB 1970, 497; *Lemitz,* Betriebswirtschaftliche Auswirkungen der Unverfallbarkeit und Dynamisierung betrieblicher Pensionsverpflichtungen, DB 1970, 1497, 1549.

[26] OLG Celle vom 07.04.1971 – 6 U 176/70, BB 1971, 914 = AP Nr. 3 zu § 242 BGB Ruhegehalt – Geldentwertung. Die Opfergrenze wurde bei einem Preisanstieg von 50 v.H. angesiedelt.

[27] BAG vom 30.03.1973 – 3 AZR 26/72, DB 1973, 673 = AP Nr. 4 zu § 242 BGB Ruhegehalt – Geldentwertung; BAG vom 30.03.1973 – 3 AZR 34/72, BB 1973, 705 = AP Nr. 5 zu § 242 BGB Ruhegehalt – Geldentwertung mit zust. Anm. *Förster/Norbert Rößler/Fürer. Fürer/Förster/Norbert Rößler,* Zur Anpassung von betrieblichen Ruhegehältern an die Geldentwertung, DB 1974, 776 entwickelten erste Modelle für die Praxis, um die vom BAG aufgestellten Grundsätze handhabbar zu machen.

[28] § 242 BGB; informativ zu den dogmatischen Grundlagen der vorgesetzlichen Rechtsprechung *von Hoyningen-Huene,* Die Billigkeit im Arbeitsrecht, 1978, S. 222 ff.

[29] BGH vom 28.05.1973 – II ZR 58/71, DB 1973, 1497 = AP Nr. 6 zu § 242 BGB Ruhegehalt – Geldentwertung für das durch Inflation gestörte Gleichgewicht der Leistungen für Vorstands- und Geschäftführerpensionen.

[30] RegE BetrAVG vom 26.11.1973, BT-Drucks. 7/1281.

[31] Gegenäußerung der Bundesregierung zu der Stellungnahme des Bundesrates zum RegE BetrAVG, BT-Drucks. 7/1281 S. 55. Der Bundesrat hatte in seiner Stellungnahme vertreten, „dass im weiteren Verlauf des Gesetzgebungsverfahrens die Frage der Anpassung der betrieblichen Versorgungsleistung geprüft und festgelegt werden sollte, welche Gremien die Interessen der Versorgungsempfänger zu vertreten hätten.“, BT-Drucks. 7/1281 S. 52.

[32] *Bräuchle,* Die Anpassungsentscheidung des Arbeitgebers nach § 16 BetrAVG, Diss. Reutlingen 1987, S. 2.

empfahl letztlich in seinem Bericht die Einführung einer periodischen Pflicht des Arbeitgebers zur Verhandlung über die Anpassung der Betriebsrenten mit dem Betriebsrat bzw. bei mangelnder Kompetenz oder Nichtbestehen eines Betriebsrats mit dem Versorgungsempfänger selbst. Könnten die Parteien keine Einigung finden, sollte der Arbeitgeber nach billigem Ermessen über die Anpassung entscheiden. Die Entscheidung des Arbeitgebers sollte einer Billigkeitskontrolle durch die Gerichte unterliegen[33].

Über den Vorschlag des Ausschusses wurde bis zur Verabschiedung des Gesetzes so lange und heftig gestritten, bis die Urfassung des § 16 BetrAVG gefasst wurde, die dem heutigen § 16 Abs. 1 BetrAVG entspricht[34]. Die ursprünglich vorgesehene Verhandlungspflicht wurde fallengelassen. Sie wurde vermutlich als zu hinderlich für die weitere Verbreitung der betrieblichen Altersversorgung angesehen[35].

§ 16 Abs. 1 BetrAVG ist also eine Kompromisslösung[36]. Der Gesetzgeber wählte bewusst die Form der Generalklausel[37]. Die Klärung von Einzelfragen wurde – wie bereits zu vorgesetzlichen Zeiten - weitgehend in die Hände der Praxis und der Rechtsprechung gelegt[38]. Beide haben sich dieser Aufgabe angenommen. Seit Verabschiedung des BetrAVG hat eine Vielzahl höchstrichterlicher Entscheidungen zur Konkretisierung der Generalklausel beigetragen.

Auch der Gesetzgeber ist erneut tätig geworden. Er hat § 16 BetrAVG um fünf Absätze erweitert und so die Pflicht des Arbeitgebers zur Anpassungsprüfung konkretisiert. Hierdurch versuchte er auch auf die umfassende Kritik an der, durch die Anpassung ausgelösten, mangelnden Kalkulierbarkeit des künftigen Versorgungsaufwands zu reagieren und diese Schwachstellen der gesetzlichen Anpassungsprüfungspflicht zu schließen[39].

III. Ergänzungen des § 16 BetrAVG durch den Gesetzgeber

1. Alternativverfahren zur Anpassungsprüfung

Der Arbeitgeber kann an Stelle der Anpassungsprüfung eine geometrische Mindestanpassung von 1 v.H. jährlich vornehmen[40]. Hierdurch werden die Lasten aus der

---

[33] BT-Drucks. 7/2843 S. 12, 34.

[34] Siehe Art. 8 Nr. 18 b.) RegE RRG 1999, BT-Drucks. 13/8011 S. 36, der anordnet, dass der bisherige Text des § 16 zu Absatz 1 wird.

[35] *Höhne* in Heubeck/Höhne/Paulsdorff/Rau/Weinert § 16 Rn 12, der seine Vermutung auf die bei *Fenge*, Zur Auslegung der Anpassungsvorschrift des Betriebsrentengesetzes, DB 1975, 2371, in Auszügen wiedergegebenen Stellungnahmen der Sprecher der Fraktionen während der Verhandlungen stützt; wie hier *Andresen/Förster/Norbert Rößler/Rühmann* Teil 11B Rn 170.

[36] Siehe bereits oben S. 46.

[37] Viele Autoren sprechen von einer „Flucht in die Generalklausel"; siehe *Höfer* § 16 Rn 3377; *Schwerdtner*, Quasi-Dynamisierung von Betriebsrenten, ZfA 1978, 553, 554; *Richardi*, Anpassung der Leistungen einer betrieblichen Altersversorgung nach § 16 BetrAVG, DB 1976, 1718; *Hilger*, Richterrecht in der betrieblichen Altersversorgung, RdA 1981, 6, 11.

[38] *Schaub*, Die Anpassung von Betriebsrenten, NJW 1978, 2076; *Hilger* spricht in, Die Fortentwicklung des Rechts der betrieblichen Altersversorgung durch die Rechtsprechung des Bundesarbeitsgerichts, BetrAV 1973, 140, 142 gar vom „Schwarzen Peter", der den Gerichten zugeschoben wurde. *Steinmeyer* in ErfK § 16 BetrAVG Rn 1 spricht von einer „in Gesetzesform gegossenen Aufforderung an die Rspr., dem Risiko der Geldentwertung der Betriebsrenten sachgerecht Rechnung zu tragen."

[39] Vgl. *Blomeyer/Otto* § 16 Rn 1.

[40] § 16 Abs. 3 Nr. 1 BetrAVG; eingeführt durch Art. 8 Nr. 17 RRG 1999 vom 16.12.1997, BGBl. I S. 2998. Diese Regelung gilt gem. § 30 c Abs. 1 BetrAVG nur für Neuzusagen ab dem 01.01.1999; *Recht*, Die Novellierung des Betriebsrentengesetzes, in Neue Chancen für Betriebsrenten, 1998, S. 1, 9 erläutert, dass vor allem fiskalische Gründe für die Beschränkung der Regelung auf Neuzusagen

betrieblichen Altersversorgung begrenzt[41] und die Kalkulationssicherheit für die Unternehmen verbessert[42]. Für künftigen erhöhten Versorgungsaufwand können im Voraus steuerliche Rückstellungen gebildet werden[43]. Der Umfang der künftigen Verpflichtungen ist hinreichend bestimmt[44]. Für die Arbeitnehmer ist dieses Verfahren vorteilhaft, weil der Arbeitgeber unabhängig von seiner Ertragslage anpassen muss.

Bei den versicherungsförmigen Durchführungswegen Direktversicherung und Pensionskasse kann sich der Arbeitgeber von der Pflicht zur Anpassungsprüfung befreien, indem er ab Rentenbeginn sämtliche aus den Rentenmitteln erwirtschafteten Überschüsse zur Erhöhung der laufenden Leistungen verwendet[45].

2. Nachholende und nachträgliche Anpassung

a. Nachholende Anpassung

Unberücksichtigt gebliebener Anpassungsbedarf[46] muss bei der nächsten Anpassungsprüfung nicht berücksichtigt werden, wenn die volle Anpassung bei der früheren Anpassungsprüfung zu Recht unterblieben ist[47]. Mit dieser Regelung hat der Gesetzgeber der Kritik an der früheren Rechtsprechung zur sog. nachholenden Anpassung Rechnung getragen. Nach früherer Rechtslage war der Anpassungsbedarf nach der gesamten seit Rentenbeginn eingetretenen und bislang unberücksichtigt gebliebenen Steigerung der Lebenshaltungskosten zu bestimmen[48]. Der Gesetzge-

---

sprachen. Die mit einer Anpassungsverpflichtung einhergehenden steuerlichen Rückstellungsmöglichkeiten hätten zu Steuerausfällen geführt, die angesichts der damaligen Haushaltssituation nicht verkraftbar erschienen. Hieran hat sich bis heute nichts geändert.

[41] *Höfer* § 16 Rn 3665.19 zu § 16 Abs. 3 Nr. 1 BetrAVG.

[42] BegrRegE RRG 1999, BT-Drucks. 13/8011 S. 73; vgl. auch *Höfer* Anm. zu BAG AP Nr. 35 zu § 16 BetrAVG; zur Kritik an der Fassung des Gesetzes siehe *Andresen/Förster/Norbert Rößler/Rühmann* Teil 11B Rn 1780.

[43] Näher dazu *Meier*, Flexibilität und wirtschaftliche Chancen aus der Novellierung des BetrAVG, in Neue Chancen für Betriebsrenten, 1998, S. 93, 107 ff.

[44] Vgl. S. 20 f.

[45] § 16 Abs. 3 Nr. 2 BetrAVG.

[46] Zum Anpassungsbedarf siehe unten S. 66 ff.

[47] § 16 Abs. 4 BetrAVG; eingeführt durch Art. 8 Nr. 17 RRG 1999 vom 16.12.1997, BGBl. I S. 2998. Siehe dazu *Vienken*, Rechtsfolgen einer zu Unrecht unterbliebenen Betriebsrentenanpassung gem. § 16 Abs. 4 BetrAVG, DB 2003, 994. Auf S. 995 definiert er die zu Recht unterblieben Anpassung wie folgt: „Eine zu Recht unterbliebene Anpassung liegt [.....] vor, wenn der nach der wirtschaftlichen Lage des Arbeitgebers zur Anpassung der Versorgungsleistungen zur Verfügung stehende Betrag nicht ausreicht, um den Versorgungsbedarf der Betriebsrentner vollständig auszugleichen." Beachte aber, dass § 16 Abs. 4 Satz 2 BetrAVG unter bestimmten Voraussetzungen die Rechtmäßigkeit der unterbliebenen Anpassung fingiert. Die aus Arbeitgebersicht erfreuliche Einschränkung der Pflicht zur nachholenden Anpassung gilt gem. § 30c Abs. 2 BetrAVG aus verfassungsrechtlichen Gründen nur für Anpassungen, die nach dem 01.01.1999 zu Recht unterblieben sind. Der bis zum Jahresende 1998 aus früheren Anpassungsentscheidungen aufgelaufene, unbefriedigte Anpassungsbedarf muss damit bei zukünftigen Anpassungsentscheidungen auch nach dem 01.01.1999 berücksichtigt werden. *Griebeling/Bepler*, Zur Anpassungspflicht von Rentnergesellschaften, in GS für Blomeyer, 2003, S. 99, 100 sprechen insofern von einer „unglücklichen Übergangsregelung".

[48] BAG vom 28.04.1992 – 3 AZR 142/91, DB 1992, 2401 = AP Nr. 24 zu § 16 BetrAVG; BAG vom 28.04.1992 – 3 AZR 256/91, DB 1993, 282 = AP Nr. 26 zu § 16 BetrAVG; BAG vom 28.04.1992 – 3 AZR 244/91, DB 1992, 2403 = AP Nr. 25 zu § 16 BetrAVG; bestätigt durch BAG vom 17.04.1996 – 3 AZR 56/95, DB 1996, 2496 = AP Nr. 35 zu § 16 BetrAVG. Zur Kritik an diesen Entscheidungen siehe u.a. *Matthießen/Norbert Rößler/Rühmann*, Die nachholende Anpassung von Betriebsrenten, DB 1993 Beilage Nr. 5; *Blomeyer*, Die nachholende Betriebsrentenanpassung – eine Entdeckung des BAG oder

ber hat in dieser Rechtsprechung zu Recht ein Hemmnis für eine weitere Ausbreitung der betrieblichen Altersversorgung gesehen[49]. Durch die Aufhebung der Pflicht zur nachholenden Anpassung hat er die teleologischen Grundlagen der Anpassungsentscheidung um Aspekte der Rechtssicherheit und Rechtsklarheit als neue Zwecke einer rechtmäßigen Anpassungsentscheidung erweitert[50].

Der Wegfall der Pflicht zur nachholenden Anpassung ist unabhängig von einer inhaltlichen Überprüfung der Rechtmäßigkeit der Anpassungsentscheidung[51]. Der Arbeitgeber muss lediglich bestimmte Mitteilungs- und Belehrungspflichten erfüllen. Ungeklärt sind die Anforderungen, die an die schriftliche Begründung der Nichtanpassung zu stellen sind[52]. Widerspricht der Versorgungsempfänger der unterbliebenen Anpassung nicht innerhalb einer Ausschlussfrist von drei Kalendermonaten schriftlich[53], dann fingiert das Gesetz die Rechtmäßigkeit der unterbliebenen Anpassung.

War die Nichtanpassung rechtmäßig, führt auch eine fehlerhafte Information der Betriebsrentner nicht zur Nachholungspflicht.

b. Nachträgliche Anpassung

Unter einer nachträglichen Anpassung versteht man die Prüfung der Anpassung bezogen auf einen früheren Anpassungsstichtag unter Berücksichtigung der damaligen wirtschaftlichen Lage des Unternehmens[54].

Ist die Anpassung zum damaligen Zeitpunkt zu Unrecht unterblieben, kann der Versorgungsempfänger die Nachzahlung von Erhöhungsbeträgen verlangen[55]. Sein Anspruch ist lediglich durch das Rechtsinstitut der Verwirkung begrenzt[56]. Er muss der Erklärung des Arbeitgebers, keine Anpassung vorzunehmen[57] bis zum über-

---

eine Erfindung?, ZIP 1993, 652; *Höfer* § 16 Rn 3665.5 übt Kritik an der Neufassung des § 16 BetrAVG. Er scheint hierin eine zu starke Bindung der Rechtsprechung zu sehen.

[49] BegrRegE RRG 1999, BT-Drucks. 13/8011 S. 73 f.; umfassende Kritik an § 16 Abs. 4 Satz 1 BetrAVG n.F. übt *Schoden* Anm. zu BAG AP Nr. 47 zu § 16 BetrAVG.

[50] So auch *Vienken,* Rechtsfolgen einer zu Unrecht unterbliebenen Betriebsrentenanpassung gem. § 16 Abs. 4 BetrAVG, DB 2003, 994, 995; ebenso *Andresen/Förster/Norbert Rößler/Rühmann* Teil 11B Rn 900.

[51] Siehe § 16 Abs. 4 Satz 2 BetrAVG. Vgl. dazu *Küpper,* Neue Gestaltungsmöglichkeiten bei der Betriebsrentenanpassung, in Neue Chancen für Betriebsrenten, 1998, S. 75, 90; a.A. wohl *Ahrend/Förster/Rühmann* § 16 Rn 15.

[52] So *Langohr-Plato*, Die rechtlichen Rahmenbedingungen bei der Anpassungsprüfung laufender Betriebsrenten nach § 16 BetrAVG, BB 2002, 406, 408; *Vienken*, Rechtsfolgen einer zu Unrecht unterbliebenen Betriebsrentenanpassung gem. § 16 Abs. 4 BetrAVG, DB 2003, 994, 996 verdeutlicht, dass durch die schriftliche Darlegung der wirtschaftlichen Lage der Versorgungsberechtigte selbst oder unter Hinzuziehung von Dritten in die Lage versetzt werden muss, die Ausführungen zur wirtschaftlichen Lage zu verstehen. Er räumt jedoch ein, der Umfang der Darstellung könne nicht allgemein bestimmt werden; ähnlich *Steinmeyer* in ErfK § 16 BetrAVG Rn 59.

[53] Zur gesetzlichen Schriftform siehe § 126 BGB.

[54] BAG vom 18.02.2003 – 3 AZR 172/02, DB 2003, 2606 = AP Nr. 53 zu § 16 BetrAVG unter A. I. 1. der Gründe; zu den möglicherweise bei nachträglicher Anpassung zu berücksichtigenden veränderten tatsächlichen Umständen siehe unten S. 74.

[55] So auch *Vienken*, Rechtsfolgen einer zu Unrecht unterbliebenen Betriebsrentenanpassung gem. § 16 Abs. 4 BetrAVG, DB 2003, 994, 998 und *Andresen/Förster/Norbert Rößler/Rühmann* Teil 11B Rn 920.

[56] BAG vom 17.04.1996 – 3 AZR 56/95, DB 1996, 2496 = AP Nr. 35 zu § 16 BetrAVG. Die Verwirkung ist ein Unterfall des Grundsatze von Treu und Glauben gem. § 242 BGB; näher zur Verwirkung siehe *Heinrichs* in Palandt § 242 Rn 87 ff.

[57] Diese Erklärung kann der Arbeitgeber auch konkludent durch Schweigen über das Ergebnis der Anpassungsprüfung und Unterlassen der Erhöhung der Betriebsrente abgeben.

nächsten Anpassungsstichtag – mithin innerhalb von sechs Jahren, gerechnet ab dem Prüfungsstichtag an dem sich der Arbeitgeber nicht zur Anpassung erklärt – widersprechen. Tut er dies nicht, so verwirkt er seinen Anspruch auf Anpassungsprüfung und damit seinen Anspruch auf Nachzahlung von Erhöhungsbeträgen[58].

Der Wegfall der Pflicht zur nachholenden Anpassung hat an dieser Situation nichts geändert. Hieraus kann nicht geschlossen werden, dass der Gesetzgeber auch die Rechtslage für eine nachträgliche Anpassung ändern wollte. Das gesetzgeberische Gesamtkonzept deutet vielmehr darauf hin, dass eine nachträgliche Anpassung weiterhin erst nach sechsjähriger Untätigkeit des Versorgungsempfängers wegen Verwirkung entfallen sollte[59].

Unabhängig hiervon kann bei einer zu Unrecht ausgebliebenen Anpassung der nicht ausgeglichene Anstieg der Lebenshaltungskosten mit der nachholenden Anpassung geltend gemacht werden, falls nicht die Fiktion des § 16 Abs. 4 Satz 2 BetrAVG greift[60].

3. *Änderungen durch das Altersvermögensgesetz*

Die Anpassungsvorschrift wurde durch das AVmG[61] auf die neue Systematik des BetrAVG abgestimmt. Für die neu eingeführte Beitragszusage mit Mindestleistung entfällt eine Anpassungsprüfung[62].

Wird betriebliche Altersversorgung, die nach dem 31.12.2000 zugesagt wurde[63], durch Entgeltumwandlung finanziert, muss der Arbeitgeber die Leistungen jährlich um mindestens 1 v.H. erhöhen[64]. Wird die Entgeltumwandlung versicherungsförmig durchgeführt, kann der Arbeitgeber statt der Erhöhung um mindestens 1 v.H. die aus dem Deckungskapital erwirtschafteten Überschüsse zur Leistungserhöhung verwenden[65].

Diese Regelungen gelten nicht für beitragsorientierte Leistungszusagen oder echte Leistungszusagen aus Pensionskassen, die durch Arbeitnehmer- und Arbeitgeberbeiträge gemeinsam finanziert werden[66].

IV. Auswirkungen der Ergänzungen des § 16 BetrAVG auf den Untersuchungsgegenstand

Das entscheidende Merkmal aus dem Bereich der Anpassungsprüfungspflicht für die vorliegende Untersuchung ist die wirtschaftliche Lage des Arbeitgebers iSd § 16 Abs. 1 2. Hs. BetrAVG. Dieser unbestimmte Rechtsbegriff besteht auch nach den zahlreichen Änderungen und Ergänzungen des § 16 BetrAVG unverändert fort. Die ursprüngliche Fassung des § 16 BetrAVG ist zu § 16 Abs. 1 BetrAVG geworden. Inhaltlich hat sich nichts geändert. Die Abwägung insbesondere der Belange der Versor-

---

[58] BAG vom 17.04.1996 – 3 AZR 56/95, DB 1996, 2496 = AP Nr. 35 zu § 16 BetrAVG; bestätigt durch BAG vom 18.02.2003 – 3 AZR 172/02, DB 2003, 2606 = AP Nr. 53 zu § 16 BetrAVG.

[59] So auch *Andresen/Förster/Norbert Rößler/Rühmann* Teil 11B Rn 920 unter ausdrücklichem Hinweis auf die BegrRegE RRG 1999.

[60] Siehe oben S. 51.

[61] Gesetz zur Reform der gesetzlichen Rentenversicherung und zur Förderung eines kapitalgedeckten Altersvorsorgevermögens vom 26.06.2001; BGBl. I S.1310.

[62] § 16 Abs. 3 Nr. 3 BetrAVG; siehe auch S. 28 f. und unten S. 55 f., 60.

[63] Siehe § 30c Abs. 3 BetrAVG.

[64] § 16 Abs. 5, 1. Alt. BetrAVG.

[65] § 16 Abs. 5, 2. Alt. BetrAVG.

[66] § 30e Abs. 2 BetrAVG.

gungsempfänger und der wirtschaftlichen Lage des Arbeitgebers ist auch nach den Änderungen der Vorschrift durch das RRG 1999 und des AVmG 2001 der gesetzliche Regelfall und der zentrale Gegenstand der Anpassung betrieblicher Altersversorgung nach § 16 BetrAVG geblieben.

C. Dogmatische Grundlagen der Anpassungsprüfungspflicht

Die rasch erarbeitete Anpassungsregelung kam ohne tiefgreifende wissenschaftliche Diskussion zustande. Die gefundene Kompromisslösung zwischen dem Schutz der Versorgungsempfänger vor Inflation und den Interessen des Arbeitgebers mag zwar aus Sicht der Praxis wünschenswert sein, lässt sich aber dogmatisch nur schwer begründen.

Während *Fischer* für die dogmatische Begründung des § 16 BetrAVG auf eine Kumulation verschiedener verfassungsrechtlicher und arbeitsrechtlicher Grundprinzipien abstellt[67], haben sich das BAG und andere Autoren diesbezüglich auf isolierte Aspekte festgelegt.

I. Herleitung anhand der vorgesetzlichen Rechtsprechung

Die Entscheidungen des BAG aufgrund derer die Urfassung des § 16 BetrAVG entwickelt wurde, stützten sich auf den Grundsatz von Treu und Glauben[68]. Betriebsrenten sollten angepasst werden, wenn sich das Verhältnis zwischen Kaufkraft der Versorgungsleistung bei Zusageerteilung und zum Zeitpunkt der Anpassungsprüfung soweit verschoben hatte, dass eine „Opfergrenze" überschritten war. Das BAG sah unter diesen Voraussetzungen die Äquivalenz zwischen Leistung und Gegenleistung aus der Versorgungszusage gestört. Es stellte also zur Begründung der Notwendigkeit der Anpassung von Versorgungsleistungen auf die Äquivalenzstörung als Unterfall der Lehre vom Wegfall der Geschäftsgrundlage ab[69].

Diesen Ansatz vertraten noch nach Inkrafttreten des § 16 BetrAVG *Lieb/Westhoff*[70] und *Schwerdtner*[71]. Sie sahen in der gesetzlichen Regelung lediglich eine deklaratorische Anerkennung der vorgesetzlichen Rechtsprechung. In die gleiche Richtung tendierte auch *Konzen*, der den Inhalt des § 16 BetrAVG maßgeblich anhand der Entstehungsgeschichte der Vorschrift konkretisieren wollte[72]. Auch das BAG hat § 16 BetrAVG bis in die jüngere Vergangenheit als Konkretisierung des § 242 BGB bezeichnet[73], obwohl es bereits frühzeitig und zutreffend ausdrücklich von seiner „Opfergrenzen-Rechtsprechung" Abstand genommen hat[74]

---

[67] *Fischer*, Die Anpassungsentscheidung nach § 16 BetrAVG, Diss. Osnabrück 1985, S. 49 ff.

[68] § 242 BGB; BAG vom 30.03.1973 – 3 AZR 26/72, DB 1973, 773 = AP Nr. 4 zu § 242 BGB Ruhegehalt – Geldentwertung; BAG vom 30.03.1973 – 3 AZR 34/72, BB 1973, 705 = AP Nr. 5 zu § 242 BGB Ruhegehalt – Geldentwertung; siehe oben S. 47 f.

[69] Vgl. BAG vom 23.04.1998 – 3 AZR 778/96, DB 1998, 1621 = AP Nr. 39 zu § 16 BetrAVG, wo das BAG § 16 BetrAVG zuletzt als Konkretisierung des § 242 BGB bezeichnet hat; siehe zum nunmehr kodifizierten Institut der Störung der Geschäftsgrundlage § 313 BGB n.F.; zur Äquivalenzstörung als Unterfall der Störung der Geschäftsgrundlage vgl. *Heinrichs* in Palandt § 313 Rn 32.

[70] *Lieb/Westhoff*, Voraussetzungen und Grenzen der Anpassung gem. § 16 BetrAVG, DB 1976, 1958, 1959.

[71] *Schwerdtner*, Quasi-Dynamisierung von Betriebsrenten, ZfA 1978, 553, 569 f.

[72] *Konzen* Anm. zu BAG vom 15.09.1977 – 3 AZR 654/76, SAE 1978, 222, 223.

[73] BAG vom 23.04.1998 – 3 AZR 778/96, DB 1998, 1621 = AP Nr. 39 zu § 16 BetrAVG.

[74] BAG vom 01.07.1976 – 3 AZR 37/76, BB 1976, 1129 = AP Nr. 2 zu § 16 BetrAVG unter C. I. 2. a) der Gründe; bestätigt durch BAG vom 16.12.1976 – 3 AZR 795/75, DB 1977, 115 = AP Nr. 4 zu § 16

Der Wortlaut des § 16 BetrAVG sieht keine solche Opfergrenze vor. Der Arbeitgeber muss unabhängig vom Umfang der eingetretenen Teuerung alle drei Jahre prüfen, ob eine Anpassung der laufenden Leistungen geboten ist. Eine Störung der Äquivalenz zwischen der Leistung des Arbeitnehmers (Betriebstreue) und der Leistung des Arbeitgebers (Betriebsrente) setzt die gesetzliche Regelung demnach für eine Anpassung der Versorgungsleistung nicht voraus.

Das Rechtsinstitut der Störung der Geschäftsgrundlage[75] kann also nicht dogmatische Grundlage der Anpassungsprüfungspflicht sein[76]. Das gilt umso mehr, als der Gesetzgeber in § 313 BGB n.F. ausdrücklich das Merkmal der Zumutbarkeit des Festhaltens am Vertrag aufgenommen hat. Hierdurch wurde gerade das Element der gestörten Äquivalenz zwischen Leistung und Gegenleistung für die Störung der Geschäftsgrundlage besonders hervorgehoben.

Auf eine Äquivalenzstörung kann zur Begründung der Anpassungspflicht auch deshalb nicht zurückgegriffen werden, weil die Wertberechnung zwischen der Leistung des Arbeitnehmers (Betriebstreue) und der des Arbeitgebers (Versorgung) nicht auf den Zeitpunkt der Leistung, d.h. der Erbringung der Betriebstreue, sondern auf den der Versorgungszahlung und damit der verzögerten Gegenleistung abstellt[77]. Bei Ruhegeldleistungen besteht also kein unmittelbares Äquivalenzverhältnis zwischen Leistung und Gegenleistung, da die betriebliche Altersversorgung erst nach Eintritt des Versorgungsfalls ausgezahlt wird[78].

Darüber hinaus ist die Gesamthöhe der Versorgungsleistung bei Eintritt der Fälligkeit (Eintritt des Versorgungsfalls) unbestimmt, da sie bis zum Tode des Arbeitnehmers und damit bis zu einem unbestimmten Zeitpunkt geschuldet ist.

II. § 16 BetrAVG als Unterfall des § 315 BGB

Bräuchle sieht in § 16 BetrAVG offensichtlich einen Unterfall der allgemeinen Billigkeitsregelung des § 315 BGB[79]. Zwar sieht § 16 BetrAVG eine einseitige Entscheidung des Arbeitgebers nach billigem Ermessen vor. *Bräuchle* stellt jedoch selbst zutreffend fest, dass sich das Gesetz nicht mit der bloßen Entscheidung nach billigem Ermessen begnügt, sondern in einem zweistufigen Verfahren zwischen Anpassungsprüfung und Anpassungsentscheidung trennt[80].

BetrAVG; zustimmend *Richardi*, Anpassungsprüfung und Anpassungsentscheidung bei Betriebsrenten nach § 16 BetrAVG, in FS für Hilger/Stumpf, 1983, S. 601, 606.

[75] Siehe § 313 BGB n.F.

[76] Siehe *Heinrichs* in Palandt § 313 Rn 33 ff., der betont, dass die Geldentwertung grundsätzlich in den Risikobereich des Gläubigers fällt. Eine Anpassung komme nur ausnahmsweise bei starker Störung des Gleichgewichts von Leistung und Gegenleistung in Betracht. Bei Ruhegeldvereinbarungen seien die Voraussetzungen für eine Anpassung wegen Äquivalenzstörung zwar weniger streng. *Heinrichs* stellt auf eine Entwertung um 30 v.H. ab. Diese sieht § 16 Abs. 1 BetrAVG für Arbeitnehmer aber ausdrücklich nicht vor. Zutreffend dürfte der Gedanke jedoch für Unternehmer sein.

[77] *Blomeyer*, Zur Beurteilung der "wirtschaftlichen Lage" des Arbeitgebers bei der Rentenanpassung, RdA 1983, 152, 154.

[78] Ausführlich dazu *Wiedemann*, Die historische Entwicklung der betrieblichen Altersversorgung unter besonderer Berücksichtigung des Arbeitsrechts, Diss. Erlangen 1990, S. 197 ff.; deshalb kann der Entgeltcharakter der betrieblichen Altersversorgung und somit auch § 16 BetrAVG nicht direkt auf § 611 Abs. 1 BGB gestützt werden; a.A. *Steinmeyer* S. 66, 72 ff.

[79] *Bräuchle,* Die Anpassungsentscheidung des Arbeitgebers nach § 16 BetrAVG, Diss. Reutlingen 1987, S. 49; *ders.*, Die Beurteilung der wirtschaftlichen Lage des Arbeitgebers bei der Betriebsrentenanpassung nach § 16 BetrAVG, BB 1988, 1882.

[80] *Bräuchle,* Die Anpassungsentscheidung des Arbeitgebers nach § 16 BetrAVG, Diss. Reutlingen 1987, S. 4 f.; *ders.*, Die Beurteilung der wirtschaftlichen Lage des Arbeitgebers bei der Betriebsrentenanpassung nach § 16 BetrAVG, BB 1988, 1882; zur Zweigliedrigkeit der Anpassung unten S. 66 ff.

Gerade hierdurch unterscheidet sich die Anpassungsprüfungspflicht iSd § 16 BetrAVG von einer schlichten Billigkeitsentscheidung über eine Leistungspflicht iSd § 315 BGB[81]. Deshalb kann, trotz unzweifelhaft bestehender Parallelen der Institute, § 16 BetrAVG nicht als bloßer Unterfall des § 315 BGB gesehen werden[82].

III. § 16 BetrAVG als Ausdruck des Versicherungscharakters betrieblicher Altersversorgung

Nach *Blomeyer/Otto* ist für die dogmatische Begründung des § 16 BetrAVG entscheidend, dass die Anpassungsprüfungspflicht nur laufende Leistungen der betrieblichen Altersversorgung und keine einmaligen Kapitalleistungen erfasst[83]. Diese laufenden Leistungen der betrieblichen Altersversorgung unterlägen definitionsgemäß einer Auszahlungsverzögerung. Das Kapital, das der Arbeitgeber zur Zahlung der Renten rückgestellt habe, gleiche dem von einem Versicherer angesammelten Deckungskapital. Bei Eintritt des Versorgungsfalls werde es, soweit die Betriebsrente als laufende Leistung geleistet werde, nicht sogleich ausgezahlt, sondern verrentet[84]. Durch günstige Anlage des hierdurch beim Arbeitgeber verbleibenden Deckungskapitals könne dieser weitere Überschüsse und damit Inflationsschutz erzielen. Den nach Eintritt des Versorgungsfalls überschießenden Zinsgewinn brauche der Arbeitgeber aber nicht herauszugeben, obwohl dieser mit Quasi-Fremdkapital erzielt werde. Die Zinsgewinne und positiven Steuereffekte gingen im Regelfall über den gesetzlich vorgesehenen Rechnungszinsfuß[85] hinaus. An diesem Überschuss müsse der Versorgungsempfänger beteiligt werden[86].

Richtig ist, dass der Arbeitgeber den Überzins in seiner Kalkulation nur bis zum Eintritt des Versorgungsfalls berücksichtigen kann. Anwartschaften sind von der Anpassungspflicht ausgenommen, um dem Arbeitgeber gerade diese Möglichkeit einzuräumen[87].

Für die Auffassung von *Blomeyer/Otto* scheinen auch die Regelungen in § 16 Abs. 3 Nrn. 2 und 3 BetrAVG zu sprechen. Einer Anpassungsprüfung bedarf es nicht, wenn der Arbeitgeber bei versicherungsförmigen Durchführungswegen alle auf den Rentenbestand entfallenden Überschussanteile zur Erhöhung der laufenden Leistungen verwendet[88]. Nach dem Ansatz von *Blomeyer/Otto* ist dies konsequent, da die Anpassung ohnehin der Beteiligung der Versorgungsempfänger am erwirtschafteten Überschuss dient[89].

Nach § 16 Abs. 3 Nr. 3 BetrAVG entfällt die Pflicht zur Anpassungsprüfung, wenn der Arbeitgeber eine Beitragszusage mit Mindestleistung erteilt hat. Hier werden bei Eintritt des Versorgungsfalls die aus den Finanzierungsbeiträgen erwirtschafteten Überschüsse als Versorgungsleistung an den Versorgungsempfänger ausbe-

---

[81] Vgl. die Äußerung des FDP-Abgeordneten Graf Lambsdorff; Sitzungsberichte des deutschen Bundestags – 7. Wahlperiode – 134. Sitzung, S. 9066 (D).
[82] Wie hier *Andresen/Förster/Norbert Rößler/Rühmann* Teil 11B Rn 200.
[83] *Blomeyer/Otto* § 16 Rn 12; zur Frage, was zu den "laufenden Leistungen" iSd § 16 BetrAVG zu zählen ist, siehe unten S. 62 f.
[84] *Blomeyer*, Zur Beurteilung der "wirtschaftlichen Lage" des Arbeitgebers bei der Rentenanpassung, RdA 1983, 152, 154; *ders.* Anm. zu BAG AP Nr. 16 und 17 zu § 16 BetrAVG.
[85] Der Rechnungszinsfuß beträgt gem. § 6a Abs. 3 Satz 3 EStG 6 v.H.
[86] *Blomeyer/Otto* § 16 Rn 13.
[87] Siehe unten S. 64.
[88] § 16 Abs. 3 Nr. 2 BetrAVG.
[89] Insoweit sind *Blomeyer/Otto* § 16 Rn 12 a.E. und BegrRegE RRG 1999, BT-Drucks. 13/8011 S. 73 nahezu identisch.

zahlt[90]. Einer Anpassung bedarf es deshalb nach dem Verrentungsansatz von *Blomeyer/Otto* nicht. Die der Anpassung hiernach zu Grunde liegenden Positionen - die mit den Mitteln der Arbeitnehmer erwirtschafteten Überschüsse - stehen den Arbeitnehmern bei der Beitragszusage mit Mindestleistung ohnehin zur Verfügung.

Der Verrentungsansatz von *Blomeyer/Otto* kann aber nicht erklären, wieso die bei der Anpassungsentscheidung zu berücksichtigenden Mittel des Arbeitgebers nicht auf das „Deckungskapital" beschränkt sind[91], sondern die wirtschaftliche Lage des Arbeitgebers als Ganzes zu betrachten ist. Folgte man *Blomeyer/Otto*, dann wäre es konsequent, die Anpassungspflicht bereits entfallen zu lassen, wenn der Arbeitgeber die Anpassung nicht aus dem „Deckungskapital" und den daraus erwirtschafteten Überschüssen finanzieren kann. Tatsächlich entfällt die Anpassungspflicht aber erst dann, wenn es mit einiger Wahrscheinlichkeit unmöglich ist, den Teuerungsausgleich aus dem Wertzuwachs des Unternehmens und dessen gesamten Erträgen in der Zeit nach dem Anpassungsstichtag zu erbringen[92]. Eine Anpassungspflicht nach der der Arbeitgeber allein die aus dem Deckungskapital erwirtschafteten überschießenden Erträge aufwenden müsste, wäre angesichts des hohen Rechnungszinsfusses von 6 v.H[93]. für den Arbeitgeber wesentlich günstiger als die gesetzliche Anpassungsregelung des § 16 BetrAVG.

IV. Parallelität zwischen Betriebsrente und Darlehen

Bettermann sieht Parallelen zwischen der Betriebsrente und einem Darlehensvertrag[94]. Die betriebliche Altersversorgung entspreche einem Darlehen, dass der Arbeitnehmer seinem Arbeitgeber bis zum Eintritt des Versorgungsfalls zur Verfügung stellt. Wie ein Darlehen sei auch die Betriebsrente nicht in gleicher Art und Menge, sondern nach Eintritt des Versorgungsfalls - wie in § 607 BGB a.F. gefordert - in gleicher Güte zurückzugewähren. Im Gegensatz zu Darlehensverträgen enthielten Versorgungszusagen regelmäßig keine Verteilung des Inflationsrisikos. Diese Aufgabe komme § 16 BetrAVG zu.

Abgesehen davon, dass betriebliche Alterversorgung nach der hier vertretenen Ansicht keinen vorenthaltenen und dem Arbeitgeber darlehensweise zur Verfügung gestellten Arbeitslohn, sondern einen Teil der Gesamtvergütung im Austausch für die Betriebstreue des Arbeitnehmers darstellt[95], ist der Ansicht *Bettermanns* durch die Neuregelung des Darlehensvertrages über Geld in den §§ 488 ff. BGB n.F. die Grundlage entzogen. Die Rückerstattung in gleicher Art, Güte und Menge ist nach der Neufassung des § 607 BGB nur noch für darlehensweise überlassene Sachen geschuldet.

Nur schwer nachvollziehbar ist auch *Bettermanns* Behauptung, Versorgungszusagen enthielten in der Regel keine Verteilung des Inflationsrisikos. Die weit verbreiteten endgehaltsbezogen-dynamischen Zusagen gewährleisten durch ihre Anknüpfung an der Gehaltsentwicklung des Begünstigten gerade ein Anwachsen der Ver-

---

[90] Siehe oben S. 28 f.

[91] So auch BAG vom 23.04.1985 – 3 AZR 156/83, DB 1985, 1642 = AP Nr. 17 zu § 16 BetrAVG unter II. 3. b) (2) der Gründe.

[92] Dazu ausführlich S. 71 ff., wie hier ausdrücklich BAG vom 23.04.1985 – 3 AZR 156/83, DB 1985, 1642 = AP Nr. 17 zu § 16 BetrAVG unter II. 3. c) (1) der Gründe; in der genannten Entscheidung erteilt das BAG unter II. 3. b) (2) der Gründe dem Ansatz *Blomeyers* mit der gleichen Argumentation eine Absage.

[93] § 6a Abs. 3 Satz 3 EStG.

[94] *Bettermann*, Über Inhalt, Grund und Grenzen des Nominalismus, RdA 1975, 2, 6 ff.

[95] Vgl. oben S. 33 ff.

sorgungshöhe in dem Maße, in dem sein Gehalt anwächst. Soweit das Gehalt des Arbeitnehmers aus Gründen des Inflationsausgleichs angehoben wird, wirkt sich dies damit auch inflationsvermeidend auf die Höhe seiner betrieblichen Altersversorgung aus.

V. Ansätze aufgrund der Schutzfunktion des § 16 BetrAVG

Den richtigen Ausgangspunkt für die Einordnung der Anpassungsprüfungspflicht im System der geltenden Rechtssätze, bildet die Schutzfunktion des § 16 BetrAVG für die Versorgungsempfänger. Die Anpassungsprüfungspflicht schützt die Versorgungsempfänger vor den Nachteilen durch den Verlust ihrer Arbeitskampffähigkeit und dem damit verbundenen Verlust der Fähigkeit, selbst dem Wertverfall ihrer Versorgung entgegenzuwirken[96].

1. Der Ansatz von Steinmeyer[97]

Steinmeyer sieht die dogmatische Grundlage des § 16 BetrAVG in dieser Schutzwirkung für die Betriebsrentner. Er stellt fest, dass Äquivalenzverschiebungen in Schuldverhältnissen grundsätzlich eine Vertragsanpassung nach der Lehre vom Wegfall der Geschäftsgrundlage nach sich führen. Bei Dauerschuldverhältnissen könnten die Vertragspartner grundsätzlich Vereinbarungen über die Folgen von Äquivalenzstörungen treffen. Gelänge dies nicht, stehe die Möglichkeit einer Änderungskündigung als Kompensation zur Verfügung. Dies gelte insbesondere auch im Arbeitsverhältnis.

Im Bereich der betrieblichen Altersversorgung fehle den Betriebsrentnern diese Kompensationsmöglichkeit. Zwar hätten neben den Betriebsrentnern auch ausgeschiedene Arbeitnehmer keine Möglichkeit zur Änderungskündigung. Diese könnten sich aber bis zum Eintritt des Versorgungsfalls um eine anderweitige betriebliche Alterssicherung bemühen. Versorgungsempfänger hingegen stehe weder die Änderungskündigung als Druckmittel auf den Arbeitgeber offen, noch hätten sie die Möglichkeit, anderweitige Altersversorgung zu erlangen. Hierfür gewähre § 16 BetrAVG einen angemessenen Ausgleich[98].

Steinmeyer stützt seinen Ansatz auf den Äquivalenzgedanken[99]. Dies ist konsequent, wenn man - wie er - als Gegenleistung für die betriebliche Altersversorgung, die Arbeitsleistung des Arbeitnehmers[100] und nicht – wie hier vertreten - die Betriebstreue des Arbeitnehmers ansieht[101]. Austausch- und Gegenseitigkeitsverhältnis und damit die Äquivalenz zwischen Leistung des Arbeitnehmers und Gegenleistung des Arbeitgebers wären dann enger und besser greifbar[102]. Die Verschiebung der Äquivalenz zwischen Leistung und Gegenleistung durch Entwertung der Leistung des Arbeitgebers würde dann eine Korrekturmöglichkeit erforderlich machen.

---

[96] *Ahrend/Förster/Rühmann* § 16 Rn 1; BAG vom 15.09.1977 – 3 AZR 654/76, DB 1977, 1903 = AP Nr. 5 zu § 16 BetrAVG. Siehe bereits oben S. 45 f.

[97] *Steinmeyer* S. 140 f.; *ders.* in ErfK § 16 BetrAVG Rn 3.

[98] *Steinmeyer* S. 140 ff.

[99] *Steinmeyer* S. 141; *ders.* in ErfK § 16 BetrAVG Rn 3; so auch *Sonne*, Die Anpassung betrieblicher Ruhegelder, Diss. München 1978, S. 141 ff., 174 ff.

[100] A.A. aber BAG vom 10.03.1972 – 3 AZR 278/71, DB 1972, 1486 = AP Nr. 156 zu § 242 BGB Ruhegehalt unter II. 2. a) der Gründe.

[101] Siehe oben S. 33 ff.

[102] Dazu umfassend *Steinmeyer* S. 72 ff.

Einer Äquivalenzverschiebung, durch die die Geschäftsgrundlage für die Versorgungszusage entfällt, bedarf es aber – wie festgestellt[103] – für eine Anpassungsprüfung nach § 16 BetrAVG gerade nicht. Die Herleitung der Schutz- und Ausgleichsfunktion des § 16 BetrAVG aus der Lehre vom Wegfall der Geschäftsgrundlage[104] geht deshalb fehl.

Unglücklich erscheint auch, dass *Steinmeyer* die Möglichkeit zur Änderungskündigung als Äquivalent zur Vertragsanpassung in den Vordergrund stellt. Diese Möglichkeit der Änderungskündigung der aktiven Arbeitnehmer zur Erzielung einer Anpassung ihrer Gehälter ist – wie er selbst einräumt[105] - rein theoretischer Natur. Eine Änderungskündigung kann für den Arbeitnehmer nur dann als taugliches Druckmittel eingesetzt werden, wenn seine Arbeitsleistung für den Arbeitgeber von besonderer Bedeutung ist. Darüber hinaus ist die Änderungskündigung in ihrer Wirkung keineswegs auf die Wiederherstellung der Äquivalenz zwischen Leistung und Gegenleistung beschränkt. Sie wird in aller Regel weitergehende Folgen nach sich ziehen[106].

2. *§ 16 BetrAVG als Ausdruck des Entgeltcharakters betrieblicher Altersversorgung*

Wie *Reuter* bereits vorgesetzlich festgestellt hatte[107] und *Andresen/Förster/Rößler/Rühmann* richtigerweise vertreten, folgt die Pflicht zur Anpassungsprüfung dogmatisch aus dem Rechtscharakter der betrieblichen Altersversorgung als Entgelt des Arbeitnehmers aus dem Arbeitsvertrag[108]. Die betriebliche Altersversorgung ist Teil der Gesamtvergütung des Arbeitnehmers. Diesem muss der wirtschaftliche Wert seiner Vergütung auch nach Eintritt des Versorgungsfalls erhalten bleiben.

Der Entgeltcharakter macht es erforderlich, den Betriebsrentnern ein Verfahren an die Hand zu geben mit dem sie ihr Unvermögen, eine kollektiv- oder einzelvertragliche Anpassung ihres Entgelts an die Geldwertentwicklung zu erstreiten, ausgleichen können[109]. Die Situation, die § 16 Abs. 1 BetrAVG für Betriebsrentner herstellt, entspricht der Situation des aktiven Arbeitnehmers, der um eine Lohnerhöhung streitet. Auch ein aktiver Arbeitnehmer wird bei einer schlechten wirtschaftlichen Lage seines Arbeitgebers keine Lohnerhöhung in vollem Umfang der Steigerung der Lebenshaltungskosten erstreiten können. Auf eine Äquivalenzstörung zwischen Arbeitsleistung und Entgelt kommt es für die Erfolgsaussicht der Verhandlungen aktiver Arbeitnehmer nur begrenzt an. Nach Eintritt des Versorgungsfalls kann nichts anderes gelten, wenn die betriebliche Altersversorgung einen Teil der Vergütung des Arbeitnehmers darstellt.

---

[103] Oben S. 53 ff.

[104] Hierauf stützt auch *Blomeyer* Anm. zu BAG AP Nr. 16 und 17 zu § 16 BetrAVG die dogmatische Herleitung des § 16 BetrAVG.

[105] *Steinmeyer* S. 142.

[106] So auch *Blomeyer/Otto* § 16 Rn 10; zur Änderungskündigung näher unten S. 120 ff.

[107] *Reuter,* Nominalwertprinzip und Geldentwertung, ZHR 137 (1974), 482, 498 ff.

[108] *Andresen/Förster/Norbert Rößler/Rühmann* Teil 11B Rn 240; zur Herleitung des Entgeltcharakters der betrieblichen Altersversorgung S. 33 ff.; a.A. noch *Konzen* Anm. zu BAG vom 15.09.1977 – 3 AZR 654/76, SAE 1978, 222, 223.

[109] A.A. *Blomeyer/Otto* § 16 Rn 11, die anführen, dass die während des bestehenden Arbeitsverhältnisses vorhandene Kollektivmacht zum Ausgleich des Inflationsrisikos genutzt werden könnte, um eine Dynamisierung der Betriebsrenten vertraglich zu fixieren, wodurch § 16 BetrAVG überflüssig wäre.

In die gleiche Richtung scheint *Richardi* zu tendieren, der ausdrücklich feststellt, dass § 16 BetrAVG Inflationsschutz gewährleistet[110]. Inflation ist definiert als anhaltender Prozess der Geldentwertung, der seinen Ausdruck in einem Anstieg des allgemeinen Preisniveaus findet[111]. Zweck des § 16 BetrAVG ist nach *Richardi*, dass der Versorgungsempfänger im Dreijahresrhythmus einen Ausgleich für diese Geldentwertung erhält[112]. § 16 BetrAVG soll also die Betriebsrentner davor schützen, dass ihnen der Wert des Entgelts für die erbrachte Betriebstreue nachträglich durch Inflation entzogen wird.

Die nachträglich in § 16 Abs. 3 BetrAVG eingeführten Alternativen zur grundsätzlichen Anpassungsprüfungspflicht[113] ändern nichts an den dogmatischen Grundlagen der Vorschrift. Der Arbeitgeber kann nach diesen Ausnahmetatbeständen nur deshalb von der Anpassungsprüfung absehen, weil die Versorgungsempfänger auf andere Weise ausreichend vor dem Verlust der Kaufkraft ihrer Betriebsrente geschützt sind. Die geometrische Anpassung gem. § 16 Abs. 3 Nr. 1 BetrAVG ist insgesamt sogar günstiger für den Versorgungsempfänger als die Pflicht des Arbeitgebers zur Anpassungsprüfung nach § 16 Abs. 1 BetrAVG[114].

Die neue Regelung des § 16 Abs. 3 Nr. 2 BetrAVG, der eine Überschussbeteiligung bei versicherungsförmigen Durchführungswegen als Alternative für die Anpassungsprüfungspflicht anbietet, scheint zunächst für den Ansatz von *Blomeyer/Otto* zu sprechen[115]. Nicht von der Hand zu weisen ist aber, dass auch die Verwendung der Überschussanteile zur Rentenerhöhung dem Schutz der Versorgungsempfänger vor Geldentwertung dient. Dieses Schutzbedürfnis wird hier lediglich anderweitig befriedigt.

§ 16 Abs. 3 Nr. 2 BetrAVG erfasst überdies nur die versicherungsförmigen Durchführungswege. Auf diese entfällt lediglich ein Anteil von ca. 30 v.H. der Deckungsmittel für die betriebliche Altersversorgung in Deutschland[116]. Diese Quote entspricht der Gesamtheit der versicherungsförmigen Durchführungswege, unabhängig von ihrer näheren Ausgestaltung. Da § 16 Abs. 3 Nr. 2 BetrAVG aber Direktversicherungszusagen, die als Versicherungsleistung eine Kapitalzahlung[117] vorsehen, nicht erfasst, ist der tatsächliche Anteil der Deckungsmittel für Zusagen, die in den Anwendungsbereich des § 16 Abs. 3 Nr. 2 BetrAVG fallen, also geringer als 30 v.H.

All diese Tatsachen waren dem Gesetzgeber bekannt, als er § 16 Abs. 3 Nr. 2 BetrAVG durch das RRG 1999[118] einführte. § 16 Abs. 3 Nr. 2 BetrAVG ist also in doppelter Hinsicht – er gilt nur für einen Teil der versicherungsförmigen Zusagen - ein Ausnahmetatbestand. Für die dogmatische Einordnung der Anpassungsprüfungspflicht ist er von entsprechend geringer Bedeutung.

Gleiches gilt für § 16 Abs. 3 Nr. 3 BetrAVG. Auch dieser ist eine reine Ausnahmevorschrift. Ein Versorgungsempfänger, der einer Beitragszusage mit Mindestleis-

---

110 *Richardi,* Anpassungsprüfung und Anpassungsentscheidung bei Betriebsrenten nach § 16 BetrAVG, in FS für Hilger/Stumpf, 1983, S. 601, 607; *ders.*, Anpassung der Leistungen eine betrieblichen Altersversorgung nach § 16 BetrAVG, DB 1976, 1718, 1719.

111 Brockhaus – Die Enzyklopädie, 19. Auflage 1996, Band 10, Seite 519.

112 *Richardi* Anm. zu BAG AP Nr. 3 und 4 zu § 16 BetrAVG unter I.

113 Eingeführt durch Art. 8 Nr. 17 RRG 1999 vom 16.12.1997, BGBl. I S. 2998; siehe dazu oben S. 49 ff.

114 Vgl. die Vergleichsrechnung bei *Schanz*, Prospektive Anpassungsgarantie versus retrospektive Anpassung aus betriebswirtschaftlicher Sicht, in FS für Norbert Rößler, 2000, S. 209, 215 ff.

115 Siehe auch oben S. 55 f.

116 Hierzu findet sich eine Grafik bei *Andresen/Förster/Norbert Rößler/Rühmann* Teil 4B Rn 25.

117 Dazu unten S. 63.

118 Artikel 8 Nr. 17 RRG 1999 vom 16.12.1997, BGBl. I S. 2998.

tung zustimmt, verzichtet zugunsten höherer Gewinnmöglichkeiten wissentlich auf den Schutz durch § 16 Abs. 1 BetrAVG. Als Ausgleich hierfür erhält er – vor Verlusten durch die zugesagte Mindestleistung gesichert – die Chance bei günstigem Anlageverlauf die Höhe seiner Versorgung zu steigern.

D. Anwendungsbereich des § 16 Abs. 1 BetrAVG

I. Der zur Anpassung verpflichtete Arbeitgeber

1. Allgemeines

Die Anpassung der laufenden Leistungen der betrieblichen Altersversorgung ist nach dem Wortlaut des § 16 BetrAVG vom Arbeitgeber zu prüfen. Ein Versorgungsempfänger hat jedoch keinen Arbeitgeber iSe Arbeitsvertragspartners mehr. Sein Arbeitsverhältnis ist beendet. § 16 BetrAVG meint deshalb den ehemaligen Arbeitgeber des Versorgungsempfängers, der die Versorgungszusage erteilt hat, aufgrund derer nunmehr die Versorgung gezahlt wird[119]. Bei Gesamtrechtsnachfolge[120] geht die Anpassungsprüfungspflicht auf den Rechtsnachfolger des ehemaligen Arbeitgebers über[121].

Auch bei mittelbaren Versorgungszusagen muss der Arbeitgeber die Anpassung prüfen und darüber entscheiden. Er ist an seine Grundverpflichtung aus dem Arbeitsverhältnis gebunden[122]. Auf eine Unterstützungskasse kann die Anpassungsprüfungspflicht aber vertraglich übertragen werden[123].

Sog. Rentnergesellschaften, deren einzige Aufgabe darin besteht, Zusagen betrieblicher Altersversorgung abzuwickeln, sind zur Anpassung der Betriebsrenten verpflichtet[124]. Über § 17 Abs. 1 Satz 2 BetrAVG findet § 16 Abs. 1 BetrAVG auch Anwendung auf Unternehmen, die eine Versorgungszusage für Personen erteilt haben, die nicht als Arbeitnehmer für das Unternehmen tätig waren[125]. Besonderheiten können sich ausnahmsweise ergeben, wenn der Arbeitgeber in einen Konzernverbund eingebunden[126] oder eine privatisierende Gesellschaft[127] ist.

---

[119] *Ahrend/Förster/Rühmann* § 16 Rn 2; *Andresen/Förster/Norbert Rößler/Rühmann* Teil 11B Rn 470 f.; *Blomeyer/Otto* § 16 Rn 55.

[120] Z.B. Übernahme nach § 1b Abs. 1 Satz 3 BetrAVG oder § 4 BetrAVG, Übertragung der Leistungspflicht nach § 8 BetrAVG; Erbschaft nach § 1922 BGB (dazu BAG vom 09.11.1999 – 3 AZR 420/98, DB 2000, 1867 = AP Nr. 40 zu § 16 BetrAVG) oder Umwandlungsvorgänge nach UmwG. Bei Spaltungsvorgängen nach §§ 123 ff. UmwG ist es Sache des Spaltungsvertrags bzw. –plans, festzulegen bei welcher der Gesellschaften die Betriebsrentner und Versorgungsanwärter bleiben; vgl. *Schröer/Simon* in Semler/Stengel § 132 Rn 44 zur Frage, ob die Versorgungsansprüche der bereits ausgeschiedenen Arbeitnehmer und Pensionäre im Spaltungsvertrag bzw. –plan überhaupt einem bestimmten übernehmenden Rechtsträger zugewiesen werden können.

[121] BAG vom 09.11.1999 – 3 AZR 420/98, DB 2000, 1867 = AP Nr. 40 zu § 16 BetrAVG; *Ahrend/Förster/Rühmann* § 16 Rn 3; *Förster/Rühmann* in MünchHdb ArbR § 112 Rn 11.

[122] *Steinmeyer* in ErfK § 16 Rn 50; *Höfer* § 16 Rn 3663.

[123] *Ahrend/Förster/Rühmann* § 16 Rn 4.

[124] Näher dazu unten S. 108 f. Im Einzelnen BAG vom 23.10.1996 – 3 AZR 514/95, DB 1997, 1287 = AP Nr. 36 zu § 16 BetrAVG; bestätigt durch BAG vom 09.11.1999 – 3 AZR 420/98, DB 2000, 1867 = AP Nr. 40 zu § 16 BetrAVG; dazu Anm. von *Griebeling* EWiR 2000, 995 f.

[125] *Andresen/Förster/Norbert Rößler/Rühmann* Teil 11B Rn 490; anders *Blomeyer/Otto* § 16 Rn 53, die den Inhaber des Unternehmens, das die Zusage erteilt hat, zur Anpassung verpflichten wollen. Bei Kapitalgesellschaften wären das die Anteilseigner. Die Gesellschaft besteht jedoch nach dem gesellschaftsrechtlichen Trennungsprinzip gerade unabhängig von diesen als eigener Rechtsträger.

[126] Dazu unten S. 104 ff.

[127] Siehe hierzu S. 107 f.

Im Falle eines Betriebsübergangs iSd § 613a BGB trifft den Erwerber die Anpassungsprüfungspflicht, nur soweit die Arbeitsverhältnisse auf ihn übergehen ist. Für solche Personen, die bei Betriebsübergang nicht mehr im übergehenden Betrieb beschäftigt sind, entfällt also die Anpassungsprüfungspflicht des Erwerbers[128].

2. Anpassungspflicht des PSV

Nach dem BAG hat der PSV von ihm zu erbringende Leistungen der betrieblichen Altersversorgung nur dann anzupassen, wenn die ursprüngliche Versorgungszusage eine Dynamisierungs- (Anpassungs-)klausel enthält oder eine Pflicht zur Anpassung aus einer betrieblichen Übung resultiert[129]. Eine allgemeine Anpassungspflicht des PSV würde dazu führen, dass Arbeitnehmer, deren Arbeitgeber insolvent geworden ist, besser gestellt werden als solche, deren Arbeitgeber sich lediglich in einer schlechten wirtschaftlichen Lage befindet und deshalb eine Anpassung unterlassen kann. Ein solcher Wertungswiderspruch müsse vermieden werden[130]. Eine Anpassung durch den PSV komme – ohne vertragliche Anpassungspflicht - nur bei einer Hyperinflation in Betracht[131].

Paulsdorff führt zur Unterstützung der Auffassung des BAG ein systematisches Argument an. Da der PSV im Vierten Abschnitt des BetrAVG zum Träger der Insolvenzsicherung bestimmt werde, während § 16 BetrAVG im Fünften Abschnitt des Gesetzes stehe, könne der PSV nicht Arbeitgeber iSd § 16 Abs. 1 BetrAVG sein[132].

Die Rechtsprechung des BAG ist in der Literatur zum Teil heftig kritisiert worden. Vorgebracht wird u.a., die Differenzierung der Anpassungspflicht des PSV nach ursprünglich vertraglicher und gesetzlicher Anpassungsprüfungspflicht verstoße gegen Art. 3 Abs. 1 GG. Auch der vom BAG angeführte Wertungswiderspruch bestehe nicht, da der Verzicht auf eine an sich erforderliche Anpassung nur bei einem Unternehmen Sinn mache, das zwar in wirtschaftlichen Problemen stecke, aber noch sanierungsfähig sei[133].

Andere wollen vollständig auf eine Anpassung durch den PSV verzichten, da eine solche mit den gem. § 17 Abs. 3 BetrAVG zwingenden Vorschriften der §§ 7 und 16 BetrAVG nicht zu vereinbaren sei[134].

---

[128] *Förster/Rühmann* in MünchHdb ArbR § 106 Rn 49; a.A. *Schwerdtner*, Anm. zu BAG vom 24.03.1977 – 3 AZR 649/76, SAE 1978, 63. Umstritten ist diese Frage, wenn der ursprüngliche Arbeitgeber sein Unternehmen veräußert und sich privatisiert; siehe unten S. 107 f.

[129] BAG vom 30.08.1979 – 3 AZR 381/78, DB 1979, 2330 = AP Nr. 3 zu § 7 BetrAVG mit zust. Anm. *Weitnauer* = BB 1979, 1825 mit zust. Anm. *Ahrend/Förster;* ebenso BAG vom 05.10.1993 – 3 AZR 698/92, DB 1994, 687 = AP Nr. 28 zu § 16 BetrAVG; *Paulsdorff* § 7 Rn 80. Die Anpassungspflicht des PSV gilt insbesondere für Zusagen, die eine jährliche Dynamisierung iSd § 16 Abs. 3 Nr. 1 BetrAVG zusagen, vgl. BegrRegE RRG 1999, BT-Drucks. 13/8011 S. 73.

[130] BAG vom 22.03.1983 – 3 AZR 574/81, DB 1983, 1982 = AP Nr. 14 zu § 16 BetrAVG; bestätigt durch BAG vom 03.02.1987 – 3 AZR 330/85, DB 1987, 1673 = AP Nr. 20 zu § 16 BetrAVG.

[131] BAG vom 22.03.1983 – 3 AZR 574/81, DB 1983, 1982 = AP Nr. 14 zu § 16 BetrAVG.

[132] *Paulsdorff* § 7 Rn 82.

[133] *Schulin* Anm. zu BAG vom 22.03.1983 – 3 AZR 574/81, EzA Nr. 14 zu § 16 BetrAVG; *Bogs*, Probleme neuer Insolvenzsicherungen für Arbeitnehmer, AuR 1975, 161, 164.

[134] *Andresen/Förster/Norbert Rößler/Rühmann* Teil 11B Rn 660.

II. Laufende Leistungen der betrieblichen Altersversorgung

1. Leistungen der betrieblichen Altersversorgung

a. Begriffsbestimmung

Leistungen der betrieblichen Altersversorgung sind alle Leistungen, die einem Arbeitnehmer aus Anlass seines Arbeitsverhältnisses für dessen Alters-, Invaliditäts- oder Hinterbliebenenversorgung zugesagt worden sind[135]. Leistungen der betrieblichen Altersversorgung liegen also nur vor, wenn die Versorgung des Arbeitnehmers Zweck der Leistung ist[136].

b. Sach- und Nutzungsleistungen

Sach- und Nutzungsleistungen unterliegen nicht dem Geldwertverfall[137]. Sie sind deshalb solange nicht Gegenstand der Anpassungsprüfungspflicht[138], wie sie nicht in Geldleistungen umgewandelt werden[139]. Anpassungsmaßstab ist dann, wie bei von vornherein als Geldleistung versprochener Versorgung, das Maß der Geldentwertung[140].

c. Selbstfinanzierte Leistungen

Keine Leistungen der betrieblichen Altersversorgung iSd § 16 Abs. 1 BetrAVG sind Leistungen, die allein vom Arbeitnehmer aus seinem versteuerten Einkommen finanziert werden[141]. Auf diese hat der Arbeitgeber keinen Einfluss. Es besteht deshalb kein Anlass, ihn für den Inflationsverlust haften zu lassen[142].

Arbeitnehmerbeiträge, die lediglich neben den Arbeitgeberbeiträgen aus dem Arbeitsentgelt zur Finanzierung einer betrieblichen Altersversorgung an einen Pensionsfonds, eine Pensionskasse oder eine Direktversicherung geleistet werden, lassen den Charakter einer betrieblichen Altersversorgung jedoch unverändert, wenn die Leistungen aus diesen Beiträgen von der Zusage des Arbeitgebers umfasst sind[143].

2. Laufende Leistungen

Leistungen der betrieblichen Altersversorgung sind „laufend" iSd § 16 Abs.1 BetrAVG, wenn sie regelmäßig wiederkehren. Weder Zahlungsperiode noch Dauer

---

135 § 1 Abs. 1 BetrAVG.

136 *Blomeyer/Otto* § 16 Rn 34 f.; zu Beispielen siehe *Andresen/Förster/Norbert Rößler/Rühmann* Teil 11B Rn 332 ff.

137 *Leitherer*, Die Belange des Versorgungsempfänger in § 16 des Gesetzes zur Verbesserung der betrieblichen Altersversorgung, Diss. Erlangen 1983, S. 19.

138 *Ahrend/Förster/Rühmann* § 16 Rn 5; *Andresen/Förster/Norbert Rößler/Rühmann* Teil 11B Rn 340; *Blomeyer/Otto* § 16 Rn 37; *Höfer* § 16 Rn 3411.

139 BAG vom 11.08.1981 – 3 AZR 395/80, DB 1981, 2331 = AP Nr. 11 zu § 16 BetrAVG; *Blomeyer/Otto* § 16 Rn 38; *Höhne* in Heubeck/Höhne/Paulsdorff/Rau/Weinert § 16 Rn 81.

140 BAG vom 11.08.1981 – 3 AZR 395/80, DB 1981, 2331 = AP Nr. 11 zu § 16 BetrAVG.

141 Zur Anpassung betrieblicher Altersversorgung, die im Wege der Entgeltumwandlung finanziert wird, siehe S. 52.

142 *Blomeyer/Otto* § 16 Rn 32.

143 § 1 Abs. 2 Nr. 4 BetrAVG; BegRegE des Gesetzes zur Einführung einer kapitalgedeckten Hüttenknappschaftlichen Zusatzversicherung und zur Änderung anderer Gesetze (HZvNG), BT-Drucks. 14/9007 S. 34; sog. Umfassungszusage.

der Leistungen sind für die Einordnung als laufende Leistung von Bedeutung[144]. Auch Leistungen, die von vornherein nur für eine bestimmte Anzahl von Jahren regelmäßig wiederkehren sollen, erfüllen grundsätzlich den Tatbestand der laufenden Leistung[145]. Die auszugleichenden inflationsbedingten Risiken können sich auch schon bei einer kürzeren Laufzeit verwirklichen[146].

a. *Kapitalleistungen und Abfindungszahlungen*

Wird ein Kapitalbetrag zu Versorgungszwecken in Raten ausgezahlt, handelt es sich nur dann um laufende Leistungen iSd § 16 Abs. 1 BetrAVG, wenn sich die Zahlung nicht im Rahmen eines Auszahlungsplans bewegt. Durch die Einführung des § 16 Abs. 6 BetrAVG hat der Gesetzgeber klargestellt, dass lediglich Leibrentenzahlungen der Anpassungsprüfungspflicht unterfallen[147].

Nicht anzupassen sind einmalige Kapitalleistungen[148]. Diese erfreuen sich deshalb seit Einführung des BetrAVG als Auszahlungsform betrieblicher Altersversorgung einer erhöhten Beliebtheit[149]. Hält der Versorgungsempfänger das gesamte, für seine Versorgung zu erwartende Kapital in seinen Händen, bedarf es keines Ausgleichs mehr für seine fehlenden Arbeitskampfmöglichkeiten. Er kann sich durch Anlage des Kapitals selbst gegen das Inflationsrisiko schützen und bedarf keines weiteren Schutzes durch § 16 Abs. 1 BetrAVG[150].

Einmalige Abfindungszahlungen[151] sind ebenfalls keine laufenden Leistungen und damit nicht anzupassen[152]. Bei der Errechnung der Abfindungshöhe bleiben zukünftig anfallende Anpassungsbeträge außer Betracht[153]. Auch hier bedarf der Versorgungsempfänger nicht mehr des Schutzes durch § 16 Abs. 1 BetrAVG.

---

[144] *Steinmeyer* in ErfK § 16 BetrAVG Rn 6.

[145] *Andresen/Förster/Norbert Rößler/Rühmann* Teil 11B Rn 380. Die Laufzeit muss hier jedoch wohl auf mehr als drei Jahre festgesetzt sein, da ansonsten der Regelungszweck des § 16 BetrAVG umgangen wird.

[146] *Andresen/Förster/Norbert Rößler/Rühmann* Teil 11B Rn 380; *Höhne* in Heubeck/Höhne/Paulsdorff/Rau/Weinert § 16 Rn 80.

[147] BegrFraktE SPD; Bündnis 90/Die Grünen AVmG, BT-Druck. 14/4595 S. 70

[148] *Andresen/Förster/Norbert Rößler/Rühmann* Teil 11B Rn 390; *Blomeyer/Otto* § 16 Rn 43; *Höhne* in Heubeck/Höhne/Paulsdorff/Rau/Weinert § 16 Rn 84; *Steinmeyer* S. 142; *Leitherer*, Die Belange des Versorgungsempfänger in § 16 des Gesetzes zur Verbesserung der betrieblichen Altersversorgung, Diss. Erlangen 1983, S. 19.

[149] *Ellrott/Rhiel* in Beck Bil-Komm. § 249 Rn 155.

[150] Vgl. BAG vom 30.03.1973 – 3 AZR 26/72, DB 1973, 773 = AP Nr. 4 zu § 242 BGB Ruhegehalt – Geldentwertung.

[151] Beachte die engen Möglichkeiten zur Abfindung gem. § 3 BetrAVG. Durch die Neufassung des § 3 BetrAVG gem. Art. 6 Nr. 4 des FraktE SPD; Bündnis 90/Die Grünen eines Gesetzes zur Neuordnung der einkommensteuerrechtlichen Behandlung von Altersvorsorgeaufwendungen und Altersbezügen (AltEinkG) sollen die Möglichkeiten zur Abfindung gegenüber dem bisherigen Recht zusätzlich eingeschränkt werden, BT-Drucks 15/2150 S. 53 f.

[152] *Andresen/Förster/Norbert Rößler/Rühmann* Teil 11B Rn 400; *Blomeyer/Otto* § 16 Rn 44; *Höfer* § 16 Rn 3403.

[153] *Andresen/Förster/Norbert Rößler/Rühmann* Teil 11B Rn 400; *Blomeyer/Otto* § 16 Rn 44; a.A. *Höfer* § 16 Rn 3399 ff., der unter Verweis auf die Entscheidung des BGH vom 08.01.1981 – V ZR 128/79, DB 1981, 786 zumindest eine Berücksichtigung zukünftiger Anpassungsbeträge für möglich hält. Er übersieht hier jedoch, dass sich diese Entscheidung mit einer Schadensersatzrente aus § 843 Abs. 3 BGB und nicht mit einer betrieblichen Altersversorgung beschäftigt. Sie kann deshalb seine Auffassung nicht stützen.

b. Versorgungsanwartschaften

Aus Sinn und Zweck der Anpassungsregelung folgt, dass Versorgungsanwartschaften nicht nach § 16 Abs. 1 BetrAVG anzupassen sind[154]. Das gilt auch für bereits unverfallbare Anwartschaften ausgeschiedener Arbeitnehmer[155]. Vor Eintritt des Versorgungsfalls kann der Arbeitnehmer selbst einen Ausgleich für den Geldwertverlust bewirken. Im Gegensatz zum ausgeschiedenen Versorgungsempfänger hat der Anwartschaftsberechtigte noch etwas – nämlich seine Arbeitskraft – einzusetzen und ist zum Arbeitskampf fähig, um Druck auf den Arbeitgeber auszuüben[156].

Gegen eine Anpassungspflicht von Anwartschaften spricht im Übrigen schon der Wortlaut der Norm, der von laufenden Leistungen der betrieblichen Altersversorgung spricht und somit nur Leistungen erfasst, deren Zahlung bereits eingesetzt hat[157].

Schließlich spricht das Gesetz von Versorgungsempfängern. Dieser Begriff impliziert, dass die Versorgungsleistungen bereits „empfangen" werden müssen[158].

III. Anpassungsberechtigte

Der Anspruch auf Überprüfung und Entscheidung über eine Anpassung steht jedem Versorgungsempfänger zu, der während seiner Dienstzeit Arbeitnehmer oder arbeitnehmerähnliche Person[159] war. Da es sich beim Anspruch auf Anpassungsprüfung um ein höchstpersönliches Recht handelt, geht die Anpassungsverpflichtung bei Abtretung der Versorgungsansprüche an einen Dritten nicht mit über[160].

Ist eine Hinterbliebenenversorgung vereinbart, dann haben auch die Hinterbliebenen der ehemaligen Arbeitnehmer oder arbeitnehmerähnlichen Personen einen Anspruch auf Anpassungsprüfung und ermessensfehlerfreie Entscheidung.

Sonstige Versorgungsempfänger können einen Anspruch auf Anpassung lediglich nach den Grundsätzen der vorgesetzlichen Rechtsprechung haben[161].

War der Versorgungsempfänger im Laufe seiner Tätigkeit nur zum Teil Arbeitnehmer, unterliegt nur der Teil seiner Versorgung der Anpassungsprüfungspflicht nach § 16 BetrAVG, der seiner Tätigkeit als Arbeitnehmer zuzurechnen ist[162]. Ein Anspruch aus § 16 BetrAVG kann vollkommen ausgeschlossen oder in vollem Umfang bejaht werden, wenn bei einer Gesamtbetrachtung entweder die Arbeitnehmer- oder die Unternehmereigenschaft vollkommen überwiegt[163].

---

[154] BAG vom 15.09.1977 – 3 AZR 654/76, DB 1977, 1903 = AP Nr. 5 zu § 16 BetrAVG; *Andresen/Förster/Norbert Rößler/Rühmann* Teil 11B Rn 410; *Höfer* § 16 Rn 3392; *Blomeyer/Otto* § 16 Rn 47 ff., allerdings mit anderer Begründung.

[155] *Schaub*, Die Anpassung von Betriebsrenten, NJW 1978, 2076.

[156] *Förster/Rühmann* in MünchHdb ArbR § 112 Rn 4.

[157] *Höhne* in Heubeck/Höhne/Paulsdorff/Rau/Weinert § 16 Rn 82 f.

[158] *Leitherer*, Die Belange des Versorgungsempfänger in § 16 des Gesetzes zur Verbesserung der betrieblichen Altersversorgung, Diss. Erlangen 1983, S. 23.

[159] Siehe § 17 Abs. 1 Satz 1 oder Satz 2 BetrAVG.

[160] *Steinmeyer* in ErfK § 16 BetrAVG Rn 9.

[161] Also beim Überschreiten einer „Opfergrenze"; BGH vom 06.04.1981 – II ZR 252/79, DB 1981, 1154 = AP Nr. 12 zu § 16 BetrAVG. Siehe dazu oben S. 47 f.

[162] BGH vom 06.04.1981 – II ZR 252/79, DB 1981, 1154 = AP Nr. 12 zu § 16 BetrAVG unter II. 4. der Gründe; *Andresen/Förster/Norbert Rößler/Rühmann* Teil 11B Rn 440; *Blomeyer/Otto* § 16 Rn 71.

[163] BGH vom 06.04.1981 – II ZR 252/79, DB 1981, 1154 = AP Nr. 12 zu § 16 BetrAVG unter II. 4. der Gründe; wie hier *Andresen/Förster/Norbert Rößler/Rühmann* Teil 11B Rn 441. *Höfer* § 16 Rn 3662 schlägt eine Geringfügigkeitsgrenze von 10 v.H. vor. Diese kritisieren *Blomeyer/Otto* in § 16 Rn 72 als willkürlich. Sie lehnen die Rspr. des BGH aus Gründen der Rechtssicherheit und unter Hinweis auf die

IV. Konkurrenzverhältnis zu vertraglichen Regelungen

Die gesetzliche Anpassungspflicht ist grundsätzlich subsidiär zu einer individual- oder kollektivvertraglich vereinbarten Anpassungsverpflichtung. Sie kann durch eine vertraglich fixierte Dynamisierung der Betriebsrenten aber nur dann ersetzt werden, wenn die vertragliche Regelung eine Dynamik vorsieht, deren Steigerungsraten über den Anstieg des Verbraucherpreisindexes für Deutschland hinausgehen[164].

E. Prüfungszeitpunkt und -raum

Der Arbeitgeber hat die Anpassung der laufenden Leistungen alle drei Jahre zu prüfen[165]. Die Frist für die erste Anpassungsprüfung läuft grundsätzlich ab dem Tag, an dem erstmals alle Voraussetzungen für die Inanspruchnahme der Versorgungsleistung vorliegen[166]. Ein Abstellen auf den Beginn der effektiven Zahlung würde den Lauf der Frist von Zufällen bzw. vom Verhalten des Arbeitgebers abhängig machen[167].

Das Fristende berechnet sich nach den allgemeinen zivilrechtlichen Vorschriften über die Berechnung von Fristen[168]. Die Frist, die sich an einen Anpassungsstichtag anschließt, endet genau drei Jahre nach dem vorherigen rechtmäßigen Prüfungstermin[169]. Ein Wechsel der Leistungsart oder des Versorgungsschuldners lässt den Fristablauf unberührt[170]. Der Anpassungsentscheidung sind in der Regel die Verhältnisse zugrunde zu legen, die zu dem Zeitpunkt bestehen, zu dem der Anspruch des Versorgungsempfängers aus § 16 Abs. 1 BetrAVG fällig wird[171].

Die Frist läuft grundsätzlich gesondert für jeden Versorgungsempfänger[172]. Zur Senkung des Verwaltungsaufwands kann der Arbeitgeber aber die in einem Jahr anfallenden Anpassungsprüfungen auf einen einheitlichen Stichtag innerhalb oder am Ende des Jahres bündeln[173]. Es bietet sich ein Stichtag an, der nahe am Bilanzstichtag liegt, um den Aufwand für die Bewertung der wirtschaftlichen Lage des Arbeitgebers zu minimieren[174].

---

bindende Wirkung des § 16 BetrAVG nach § 17 Abs. 3 Satz 3 BetrAVG und die Rspr. des BGH zu § 7 BetrAVG ab.

[164] *Steinmeyer* in ErfK § 16 BetrAVG Rn 68.

[165] Der Gesetzgeber hat sich somit ausdrücklich von der vorgesetzlichen „Opfergrenzenrechtsprechung" verabschiedet und sich für einen festen Anpassungszeitraum entschieden, *Blomeyer/Otto* § 16 Rn 73; dazu auch *Höhne* in Heubeck/Höhne/Paulsdorff/Rau/Weinert § 16 Rn 70. Vgl. zur vorgesetzlichen Rechtsprechung oben S. 47 f.

[166] *Höfer* § 16 Rn 3439.

[167] *Steinmeyer* in ErfK § 16 BetrAVG Rn 13.

[168] §§ 186 ff. BGB, hier insb. § 187 Abs. 2 BGB, § 188 Abs. 2 BGB.

[169] *Blomeyer/Otto* § 16 Rn 81.

[170] *Andresen/Förster/Norbert Rößler/Rühmann* Teil 11B Rn 750; *Blomeyer/Otto* § 16 Rn 80; *Höfer* § 16 Rn 3435 ff.

[171] Siehe aber zur ausnahmsweisen Berücksichtigung von später eintretenden Umständen bei der Prognoseerstellung unten S. 74, 89 ff.

[172] *Andresen/Förster/Norbert Rößler/Rühmann* Teil 11B Rn 710, 760; *Höfer* § 16 Rn 3416; *Chmurzinski*, Der Inflationsschutz in der Altersvorsorge, RdA 1981, 18, 22.

[173] Ganz h.M. Statt vieler BAG vom 28.04.1992 – 3 AZR 142/91, DB 1992, 2401 = AP Nr. 24 zu § 16 BetrAVG unter I. 1. der Gründe; *Blomeyer/Otto* § 16 Rn 83; *Höfer* § 16 Rn 3427 ff.; *Höhne* in Heubeck/Höhne/Paulsdorff/Rau/Weinert § 16 Rn 74 und *Ahrend/Förster/Norbert Rößler*, Rechtsprechung zur Anpassung von Betriebsrenten auf dem „Prüfstand", BB 1980 Beilage Nr. 6, S. 2.

[174] *Andresen/Förster/Norbert Rößler/Rühmann* Teil 11B Rn 762; zur wirtschaftlichen Lage umfassend S. 71 ff.

Für Renten, die bereits vor 1972 ausgezahlt wurden, hat das BAG als ersten Anpassungsstichtag den 01.01.1975 festgesetzt[175]. Es gilt deshalb für alle sog. Altrenten ein einheitlicher Anpassungsrhythmus, der unabhängig vom individuellen Leistungsbeginn ist[176].

F. Zweistufigkeit des Verfahrens

Das Anpassungsverfahren vollzieht sich in zwei Schritten:

- 1. Schritt: Prüfung der Anpassung,
- 2. Schritt: Entscheidung über die Anpassung nach billigem Ermessen[177].

So bestimmt es bereits der Wortlaut des § 16 Abs. 1 BetrAVG[178]. Eine Entscheidung über die Anpassung ist mithin nur dann möglich und erforderlich, wenn die vorrangehende Anpassungsprüfung ergibt, dass ein Anpassungsbedarf besteht[179].

I. Anpassungsprüfung; Ermittlung des Anpassungsbedarfs

Im ersten Schritt, dem Prüfungsschritt, prüft der Arbeitgeber objektiv, in welchem Umfang die laufenden Leistungen der betrieblichen Altersversorgung einer Anpassung bedürfen. Aus dem Gesetz ergeben sich keine Anhaltspunkte dafür, wie der Anpassungsbedarf zu bestimmen ist. Seine Bemessung ergibt sich aus seiner Funktion als Indikator der Höhe der erforderlichen Anpassung.

Der Anpassungsbedarf bestimmt sich deshalb aus der Höhe der Versorgungsleistungen und dem anhand des Verbraucherpreisindexes für Deutschland ermittelten Kaufkraftschwund im Prüfungszeitraum[180]. Dies hat der Gesetzgeber in §§ 16

---

[175] BAG vom 01.07.1976 – 3 AZR 791/95, BB 1976, 1029 = AP Nr. 1 zu § 16 BetrAVG.

[176] *Ahrend/Förster/Rühmann* § 16 Rn 10; *Höfer* § 16 Rn 3423 ff.; *Andresen/Förster/Norbert Rößler/Rühmann* Teil 11B Rn 791, vertreten die Ansicht, dass auch eine geringfügige zeitliche Verlegung des Anpassungsprüfungsstichtags auf einen Zeitpunkt, der näher am Bilanzstichtag liegt, dem vom BAG festgesetzten Anpassungsrhythmus nicht widerspricht, solange hierdurch ein einheitlicher Anpassungsstichtag gewährleistet wird und die Betriebsrentner nicht benachteiligt werden; *Höfer* § 16 Rn 3434 verzichtet sogar auf das Merkmal der „geringfügigen" zeitlichen Verlegung des Prüfungstermins.

[177] *Richardi,* Anpassungsprüfung und Anpassungsentscheidung bei Betriebsrenten nach § 16 BetrAVG, in FS für Hilger/Stumpf, 1983, S. 601, 602; entgegen der Ansicht von *Höhne* in Heubeck/Höhne/Paulsdorff/Rau/Weinert § 16 Rn 89 haben die Pensionäre also nicht in Abständen von drei Jahren einen Anspruch auf Anpassung ihrer Versorgungsbezüge. Der Arbeitgeber hat vielmehr zuerst zu prüfen und anschließend nach billigem Ermessen zu entscheiden.

[178] *Bräuchle,* Die Anpassungsentscheidung des Arbeitgebers nach § 16 BetrAVG, Diss. Reutlingen 1987, S. 4 f.; einschränkend *Blomeyer/Otto* § 16 Rn 88; a.A. *Höhne* in Heubeck/Höhne/Paulsdorff/Rau/Weinert § 16 Rn 89.

[179] *Andresen/Förster/Norbert Rößler/Rühmann* § 16 Rn 680, 1135, 1510; *Bräuchle,* Die Anpassungsentscheidung des Arbeitgebers nach § 16 BetrAVG, Diss. Reutlingen 1987, S. 47.

[180] BAG vom 16.12.1976 – 3 AZR 795/75, DB 1977, 115 = AP Nr. 4 zu § 16 BetrAVG mit Anm. *Richardi* und BAG vom 23.04.1985 – 3 AZR 156/83, DB 1985, 1642 = AP Nr. 17 zu § 16 BetrAVG unter I. 2. a) der Gründe. Das Statistische Bundesamt veröffentlichte bis zum Ende des Jahres 2002 in seiner Fachserie 17, Reihe 7 monatlich die Entwicklung eines „Preisindexes für die Lebenshaltung von 4-Personen-Haushalten von Arbeitern und Angestellten mit mittlerem Einkommen". Nunmehr veröffentlicht es den „Preisindex für alle privaten Haushalte". Die gesetzlich vorgegebene Indexreihe wurde vom Gesetzgeber in Art. 3 des Gesetzes zur Änderung von Fristen und Bezeichnungen in SGB IX und zur Änderung anderer Gesetze vom 03.04.2003 BGBl. I S. 462 angeglichen. Prozessrechtlich ist die Teuerungsrate damit eine offenkundige Tatsache iSv § 291 ZPO.

Abs. 2 Nr. 1 BetrAVG und 16 Abs. 4 Satz 1 BetrAVG bestätigt. Externe Faktoren, wie Veränderungen im Leistungssystem der gesetzlichen Rentenversicherung, sind nicht zu berücksichtigen[181].

Der Anpassungsbedarf entspricht somit dem Gesamtbetrag, um den die zu zahlenden Renten aufgrund der Entwicklung des Verbraucherpreisindexes für Deutschland seit der letzten rechtmäßigen Anpassungsentscheidung zu erhöhen sind[182]. Der Arbeitgeber muss also bei der Ermittlung des Anpassungsbedarfs inzident die Rechtmäßigkeit früherer Anpassungsentscheidungen überprüfen. Aus Verbraucherschutzgründen[183] tritt bei Anpassungsprüfungen für Zeiträume vor dem 01.01.2003 an die Stelle des Verbraucherindexes für Deutschland der Preisindex für die Lebenshaltung von 4-Personen-Haushalten von Arbeitern und Angestellten[184].

Rein theoretischer Natur ist die Frage, ob der Arbeitgeber im Falle einer Deflation eine „Negativanpassung" vornehmen kann, wenn sich also aus der Anpassungsprüfung ein negativer Anpassungsbedarf ergibt[185]. Sollte es jemals zu einer solchen Situation kommen, würde eine entsprechende Entscheidung des Arbeitgebers wohl gegen das Gebot der Entscheidung nach billigem Ermessen verstoßen. Bedenkt man die Schutzfunktion des § 16 BetrAVG für die Versorgungsempfänger wird deutlich, dass eine Anpassung zuungunsten der Versorgungsempfänger keine billige Entscheidung des Arbeitgebers darstellen würde[186].

II. Anpassungsentscheidung

1. Allgemeines

Hat der Arbeitgeber den objektiven Anpassungsbedarf ermittelt, muss er nach billigem Ermessen darüber entscheiden, ob und in welchem Umfang er eine Anpassung vornimmt. Nur hier steht dem Arbeitgeber Ermessen zu. Nur bei der Ausübung diese Ermessens hat er die Belange der Versorgungsempfänger, die vor allem darauf abzielen, vollen Ausgleich für den eingetretenen Kaufkraftverlust zu erhalten, und seine

---

[181] *Förster/Rühmann* in MünchHdb ArbR § 112 Rn 24 f. *Schulin*, Fragen der Anpassung von Betriebsrenten, insbesondere das Problem der betriebsbezogenen Dynamisierung, ZfA 1979, 139, 153 will den Anpassungsbedarf an die Lohn- und Gehaltsentwicklung koppeln. Er verkennt jedoch, dass § 16 BetrAVG die Renten der Betriebsrentner nicht an den allgemeinen Produktivitätsfortschritt binden will, sondern den Betriebsrentnern ein Mittel zur Hand gibt, um den Wert ihres Entgelts in Form betrieblicher Altersversorgung zu sichern.

[182] Vgl. § 16 Abs. 4 BetrAVG. Bis zum 01.01.1999 war der Anpassungsbedarf des Betriebsrentners nach dem im aktuellen Prüfungszeitraum zu verzeichnenden Kaufkraftverlust und zusätzlich nach dem bei früheren Anpassungsprüfungen nicht ausgeglichenen Anpassungsbedarf zu bestimmen; sog. nachholende Anpassung. Dazu genauer oben S. 50 f. Dies gilt auch jetzt noch für den vor 1999 aufgelaufenen „Versorgungsstau". Ist seit 1999 eine Anpassung zu Recht iSd § 16 Abs. 4 BetrAVG unterblieben, ist die Anpassung nach neuer gesetzlicher Regelung nicht mehr nachzuholen. Beachte hierfür insbesondere die Rechtmäßigkeitsfiktion des § 16 Abs. 4 Satz 2 BetrAVG.

[183] So ausdrücklich Begr des Gesetzesentwurfs von SPD und Bündnis 90/ Die Grünen für ein Gesetz zur Änderung von Fristen und Bezeichnungen in SGB IX und zur Änderung anderer Gesetze, BT-Drucks. 15/124 S. 6.

[184] § 30c Abs. 4 BetrAVG n.F.

[185] Dies bejaht erstaunlicherweise *Doyé*, Kürzung von Betriebsrenten bei Deflation, BB 1989, 155.

[186] Dazu BAG vom 23.01.2001 – 3 AZR 287/00, DB 2001, 2507 = AP Nr. 46 zu § 16 BetrAVG; siehe auch *Leitherer*, Die Belange des Versorgungsempfänger in § 16 des Gesetzes zur Verbesserung der betrieblichen Altersversorgung, Diss. Erlangen 1983, S. 26 f.

eigenen Belange, die vor allem durch seine wirtschaftliche Lage bestimmt werden, zu berücksichtigen[187].

Spricht seine wirtschaftliche Lage offenkundig nicht gegen die Befriedigung des objektiven Anpassungsbedarfs, und damit gegen die Befriedigung der Belange des Versorgungsempfängers[188], reduziert sich sein Ermessen auf Null und er muss die laufenden Leistungen in vollem Umfang anpassen, also den gesamten Anpassungsbedarf vollständig befriedigen[189]. Wie bei der Ausübung verwaltungsrechtlichen Ermessens durch eine Behörde ist die Prüfung von Fakten somit lediglich Grundlage, aber nicht Gegenstand der Ermessensentscheidung[190].

2. *Das billige Ermessen*

Der Arbeitgeber trifft die Anpassungsentscheidung nach billigem Ermessen. Ihm stehen mithin verschiedene Entscheidungsmöglichkeiten zur Verfügung. Er kann bis an die durch die Billigkeit gekennzeichnete Grenze seines Ermessensspielraums gehen[191].

Diesem Maßstab der Billigkeit kommt vor allem die Funktion der Angleichung des Rechts an die Gerechtigkeit im Einzelfall zu[192]. Der Begriff der Billigkeit spielt eine zentrale Rolle im Arbeitsrecht[193]. Das Verhältnis zwischen den Arbeitsvertragsparteien ist von einer Disparität geprägt. Der Arbeitgeber ist dem Arbeitnehmer übergeordnet. Übt er seine im Verhältnis zum Arbeitnehmer übergeordnete Rolle aus, muss er sich in den Grenzen der Billigkeit bewegen. Dies gilt insbesondere für Weisungen des Arbeitgebers aufgrund seines Direktionsrechts sowie für einseitige Leistungsbestimmungen iSd § 315 BGB. Die Regelungen eines individuell ausgehandelten Arbeitsvertrags sind freilich zugunsten des Grundsatzes der Vertragsfreiheit einer Billigkeitsprüfung entzogen.

Das BAG hat den Begriff des billigen Ermessens des Arbeitgebers im Bereich der betrieblichen Altersversorgung dahin definiert, dass der Arbeitgeber *sich gleichsam wie ein Unparteiischer seine Interessen und die Belange des Arbeitnehmers zu*

---

[187] *Andresen/Förster/Norbert Rößler/Rühmann* Teil 11B Rn 690; *Richardi,* Anpassungen der Leistungen einer betrieblichen Altersversorgung nach § 16 BetrAVG, DB 1976, 1718, 1720; *ders.*, Anpassungsprüfung und Anpassungsentscheidung bei Betriebsrenten nach § 16 BetrAVG, in FS für Hilger/Stumpf, 1983, S. 601, 603; a.A. *Höfer* § 16 Rn 3606, der es für „offensichtlich" hält, dass die Maßstäbe sowohl der Prüfung des Anpassungsbedarfs als auch der Anpassungsentscheidung billigem Ermessen entsprechen müssen. Dass dies nicht offensichtlich ist, ergibt sich schon aus den Ausführungen auf S. 66 ff. *Höfer* erläutert nicht, wie eine Ermessensausübung bei der Anpassungsprüfung aussehen soll. Dem Begriff des Ermessens ist bereits immanent, dass er nur bei einer Entscheidung, nicht bei einer Prüfung, in Betracht kommt. Ermessen besteht auf Rechtsfolgenseite und damit in der Frage wie oder ob der zur Ermessenausübung Berechtigte tätig wird. Voraussetzung für den Eintritt dieser Rechtsfolge ist stets das Vorliegen von Tatsachen, die einen Tatbestand erfüllen. Eine Tatsachenermittlung kann aber keinem Ermessen unterliegen.

[188] Zu den „Belangen der Versorgungsempfänger" siehe S. 70.

[189] *Andresen/Förster/Norbert Rößler/Rühmann* Teil 11B Rn 1156, 1167.

[190] Vgl. *Maurer* § 7 Rn 7 f.

[191] Siehe *Langohr-Plato*, Die rechtlichen Rahmenbedingungen bei der Anpassungsprüfung laufender Betriebsrenten nach § 16 BetrAVG, BB 2002, 406; *Gottwald* in MünchKomm BGB § 315 Rn 17 f.; *Andresen/Förster/Norbert Rößler/Rühmann* Teil 11B Rn 1145.

[192] Umfassend zum Begriff der Billigkeit: *Bräuchle,* Die Anpassungsentscheidung des Arbeitgebers nach § 16 BetrAVG, Diss. Reutlingen 1987, S. 54 ff.; auf S. 59 erläutert anschaulich „Durch die Billigkeit soll eine schmiegsame Anpassung des strengen, gesetzten Rechts an die jeweiligen Umstände des Einzelfalls erreicht werden".

[193] *von Hoyningen-Huene*, Die Billigkeit im Arbeitsrecht, 1978, spricht in seinem Vorwort gar von einer „Zauberformel der Rechtsprechung".

vergegenwärtigen, sie gegeneinander abzuwägen und danach seine Entscheidung zu treffen hat[194].

Diese Feststellung des BAG beschreibt den Prozess der Entscheidungsfindung im Rahmen der Anpassungsentscheidung treffend. Die Interessen, die der Arbeitgeber „wie ein Unparteiischer" hierbei gegeneinander abzuwägen hat, um zu seiner Entscheidung zu gelangen, werden im Folgenden dargestellt. Der Arbeitgeber hat bei seiner Entscheidung insbesondere auch die Schranken zu beachten, die sich aus allgemeinen arbeitsrechtlichen Grundsätzen ergeben[195]. Er ist also an den Gleichbehandlungsgrundsatz ebenso gebunden wie an die Grundsätze der betrieblichen Übung[196]. Der Spielraum des Arbeitgebers wird zusätzlich durch immer neue Vorgaben der BAG Rechtsprechung im Interesse der Rechtssicherheit mehr und mehr eingeschränkt[197].

G. Die entscheidungserheblichen Kriterien bei der Anpassungsentscheidung nach § 16 Abs. 1 BetrAVG

Bei der Anpassungsentscheidung muss der Arbeitgeber insbesondere die Belange des Versorgungsempfängers und seine wirtschaftliche Lage berücksichtigen[198]. Aus der Formulierung „insbesondere" folgt, dass er auch noch andere Aspekte, etwa die Interessen der aktiven Belegschaft, des Gesamtkonzerns oder der Allgemeinheit, berücksichtigen kann[199]. Für die Anpassungsentscheidung von besonderer Bedeutung sind aber nur die vom Gesetzgeber ausdrücklich genannten Belange der Versorgungsempfänger und die wirtschaftliche Lage des Arbeitgebers[200].

Beide Kriterien stehen nicht gleichwertig nebeneinander[201]. Eine besonders günstige wirtschaftliche Lage des Arbeitgebers allein kann bei fehlendem Interesse der Versorgungsempfänger nicht zu einer positiven Anpassungsentscheidung führen. Die Höhe der Anpassung richtet sich zunächst nach den Belangen der Versorgungsempfänger, die auf dem bei der Anpassungsprüfung ermittelten Anpassungsbedarf basieren. Die wirtschaftliche Lage des Arbeitgebers beschränkt den Umfang der billigen Anpassung[202].

---

[194] BAG vom 14.12.1956 – 1 AZR 531/55, DB 1957, 238 = AP Nr. 18 zu § 242 BGB Ruhegehalt; vgl. *Höhne* in Heubeck/Höhne/Paulsdorff/Rau/Weinert § 16 Rn 95.

[195] Hierzu umfassend *Andresen/Förster/Norbert Rößler/Rühmann* Teil 11B Rn 1525 ff.

[196] *Steinmeyer* in ErfK § 16 BetrAVG Rn 48 f. Beim Vorliegen der sonstigen Voraussetzungen für eine betriebliche Übung (Vgl. S. 15 f.) kann auch eine Anpassungsübung entstehen; vgl. BAG vom 03.02.1987 – 3 AZR 330/85, DB 1987, 1673 = AP Nr. 20 zu § 16 BetrAVG.

[197] Ein Beispiel hierfür aus jüngerer Vergangenheit bildet die Entscheidung BAG vom 23.05.2000 – 3 AZR 146/99, DB 2001, 2255 = AP Nr. 45 zu § 16 BetrAVG, in der das BAG einen einheitlichen Risikozuschlag für die Bemessung einer angemessenen Eigenkapitalverzinsung eingeführt hat; dazu unten S. 83, 91 f.

[198] § 16 Abs. 1 2. Hs. BetrAVG.

[199] A.A. *Blomeyer/Otto* § 16 Rn 136 unter Hinweis auf Sinn und Zweck der Vorschrift.

[200] Hierfür sprechen auch Sinn und Zweck der Norm und ihre Entstehungsgeschichte; siehe *Leitherer*, Die Belange der Versorgungsempfänger in § 16 des Gesetzes zur Verbesserung der betrieblichen Altersversorgung, Diss. Erlangen 1983, S. 44 f.

[201] Zu der hier vertretenen Ansicht eingehend *Blomeyer*, Rechtliche Kriterien für die Unternehmensbewertung der betrieblichen Altersversorgung, RdA 1986, 69, 73 f.; a.A. jedoch jetzt *Blomeyer/Otto* § 16 Rn 166, die von einer Gleichrangigkeit der „wirtschaftlichen Lage des Arbeitgebers" mit den „Belangen der Versorgungsempfänger" ausgehen; ebenso *Sieben/Becker*, Zur Beurteilung der wirtschaftlichen Lage des Arbeitgebers, RdA 1986, 85, 86.

[202] Für die wirtschaftliche Lage BAG vom 23.04.1985 – 3 AZR 548/82, DB 1985, 1645 = AP Nr. 16 zu § 16 BetrAVG; siehe auch *Blomeyer* Anm. zu BAG AP Nr. 43, 44 und 45 zu § 16 BetrAVG unter III. 1.

I. Belange der Versorgungsempfänger

Die Belange bzw. Interessen der Versorgungsempfänger sind darauf gerichtet, einen vollwertigen Ausgleich für den Wertverlust ihrer Versorgungsleistungen zu erhalten. Nachdem das BAG bereits zuvor in ständiger Rechtsprechung die Belange der Versorgungsempfänger als ausreichend berücksichtigt angesehen hatte, wenn die Anpassung mindestens den objektiven Anpassungsbedarf gedeckt hat[203], hat der Gesetzgeber nunmehr in § 16 Abs. 2 Nr. 1 BetrAVG eine entsprechende Grenze für die Anpassung festgeschrieben[204]. Der Arbeitgeber kann selbstverständlich auch eine weiterreichende Rentenerhöhung vornehmen.

Die Belange der Versorgungsempfänger sind damit eng mit dem bei der Anpassungsprüfung zu ermittelnden Anpassungsbedarf verbunden[205]. Als Kriterium der Billigkeitsprüfung erfüllen sie jedoch eine andere Aufgabe. Über den reinen Anpassungsbedarf hinaus müssen die Belange der Versorgungsempfänger unter allen denkbaren und vertretbaren Gesichtspunkten in die Entscheidungsfindung einbezogen werden[206].

II. Reallohnbezogene Obergrenze

In § 16 Abs. 2 Nr. 2 BetrAVG hat der Gesetzgeber die Rechtsprechung des BAG zur „reallohnbezogenen Obergrenze“[207] in das Gesetz übernommen.

1. Rechtslage vor Einführung des § 16 Abs. 2 Nr. 2 BetrAVG

Das BAG vertrat die Ansicht, die Betriebsrentner müssten sich mit einer Anpassungsrate unterhalb des Anstiegs des Preisindexes für die Lebenshaltung[208] begnügen, wenn selbst die aktive Belegschaft, auf deren Arbeitskraft das Unternehmen angewiesen sei, keinen vollen Teuerungsausgleich erhalten könne; wenn also die Nettoverdienste innerhalb eines Unternehmens oder eines typischen Teils der Belegschaft im Durchschnitt weniger anstiegen als der besagte Preisindex[209]. Die aktiven Arbeitnehmer hätten kein Verständnis für einen Anstieg der Betriebsrenten, der über ihrem Einkommenszuwachs liege. Gehaltssteigerungen unterhalb des Anstiegs der Le-

---

[203] Siehe z.B. BAG vom 30.03.1973 – 3 AZR 34/72, BB 1973, 705 = AP Nr. 5 zu § 242 BGB Ruhegehalt – Geldentwertung; BAG vom 16.12.1976 – 3 AZR 795/75, DB 1977, 115 = AP Nr. 4 zu § 16 BetrAVG; die Lit. ging hingegen überwiegend davon aus, dass eine hinreichende Berücksichtigung der Belange der Versorgungsempfänger dann vorlag, wenn die Anpassung ausreichte, um gemeinsam mit dem Anstieg der gesetzlichen Rente den Kaufkraftverlust der Gesamtrente aus gesetzlicher Rente und Betriebsrente auszugleichen; vgl. *Höfer* § 16 Rn 3486 sowie *Ahrend/Förster/Norbert Rößler*, Anpassung von Betriebsrenten, DB 1976, 338, 342 und *Fürer/Förster/Norbert Rößler,* Zur Anpassung von betrieblichen Ruhegehältern an die Geldentwertung, DB 1974, 776, 777.

[204] Eingeführt durch Art. 8 Nr. 17 des Gesetzes zur Reform der gesetzlichen Rentenversicherung vom 16.12.1997 (RRG 1999), BGBl. I S. 2998.

[205] Zur Ermittlung des Anpassungsbedarfs iRd Anpassungsprüfung siehe oben S. 66 f. Siehe dazu instruktiv *Küpper*, Neue Gestaltungsmöglichkeiten bei der Betriebsrentenanpassung, in Neue Chancen für Betriebsrenten, 1998, S. 75. Sein Inhalt entspricht der früheren ständigen Rechtsprechung des BAG; BegrRegE RRG 1999, BT-Drucks. 13/8011 S. 73.

[206] *Leitherer*, Die Belange des Versorgungsempfänger in § 16 des Gesetzes zur Verbesserung der betrieblichen Altersversorgung, Diss. Erlangen 1983, S. 55.

[207] St. Rspr. des BAG, insb. BAG vom 11.08.1981 – 3 AZR 395/80, DB 1981, 2331 = AP Nr. 11 zu § 16 BetrAVG.

[208] „Verbraucherpreisindex für Deutschland“ gem. § 16 Abs. 2 Nr. 1 BetrAVG n.F.

[209] BAG vom 11.08.1981 – 3 AZR 395/80, DB 1981, 2331 = AP Nr. 11 zu § 16 BetrAVG.

benshaltungskosten würden außerdem auf eine schlechte wirtschaftliche Lage des Unternehmens hindeuten.

Die reallohnbezogene Obergrenze stellte also schon vor der Ergänzung des § 16 BetrAVG neben den Belangen der Versorgungsempfänger und der wirtschaftlichen Lage des Arbeitgebers ein zusätzliches Abwägungskriterium bei der Billigkeitsentscheidung des Arbeitgebers dar[210]. Sie wirkt sich im Ergebnis nur dann auf die Anpassungsentscheidung aus, wenn die maßgebliche Nettolohnsteigerung hinter der Geldentwertung zurückbleibt. Das war in der Vergangenheit kaum der Fall[211].

2. Gesetzliche Regelung in § 16 Abs. 2 Nr. 2 BetrAVG

Der Gesetzgeber hat die Nettolohnsteigerung nunmehr ausdrücklich als Maßstab für den Anpassungsumfang eingeführt[212]. Anders als die vorgesetzliche Rechtsprechung, stellt § 16 Abs. 2 Nr. 2 BetrAVG ausdrücklich auf die Entwicklung der Nettolöhne *vergleichbarer Arbeitnehmergruppen* des Unternehmens ab[213]. Eine inhaltliche Änderung zur vorgesetzlichen Rechtslage dürfte hierin nicht liegen[214].

Anhand welcher Kriterien diese vergleichbaren Arbeitnehmergruppen gebildet werden sollen, ist weitgehend unklar. In jedem Fall müssen sie nach klaren, verdienstbezogenen Kriterien abgegrenzt werden, die die Einteilung als sachgerecht erscheinen lassen. Der Arbeitgeber hat bei der Einteilung einen weitgehenden Entscheidungsspielraum[215]. Maßgeblicher Zeitpunkt für die Ermittlung der „Nettolöhne vergleichbarer Arbeitnehmergruppen" ist grundsätzlich der Anpassungsstichtag[216].

III. Die wirtschaftliche Lage des Arbeitgebers

Der wirtschaftlichen Lage des Arbeitgebers kommt bei der Anpassungsentscheidung begrenzender Charakter zu[217]. Die Berücksichtigung der wirtschaftlichen Lage des Arbeitgebers soll dazu beitragen, über „eine Abwägung der beiderseitigen Interessenlagen [.....] zu einer tragbaren Lösung für beide Teile" zu kommen[218]. Sie ist das Element, das einer Indexierung der Anpassung in Höhe der Belange der Versor-

---

210 Siehe *Bräuchle*, Die Anpassungsentscheidung des Arbeitgebers nach § 16 BetrAVG, Diss. Reutlingen 1987, S. 43; *Andresen/Förster/Norbert Rößler/Rühmann* Teil 11B Rn 1125; a.A. BAG vom 23.04.1985 – 3 AZR 156/83, DB 1985, 1642 = AP Nr. 17 zu § 16 BetrAVG unter I. 2. b) der Gründe.

211 *Höfer* § 16 Rn 3481. Die Gehaltsentwicklung folgt idR der Geldentwertung und enthält meist noch einen Zuschlag für Produktivitätszuwachs.

212 § 16 Abs. 2 Nr. 2 BetrAVG, eingeführt durch Art. 8 Nr. 17c RRG 1999; der Begriff der „Nettolöhne" bezieht sich auch auf „Nettogehälter". Wie *Schoden* § 16 Rn 44, *Höfer* § 16 Rn 3665.12 und *Küpper*, Neue Gestaltungsmöglichkeiten bei der Betriebsrentenanpassung, in Neue Chancen für Betriebsrenten, 1998, S. 75, 76 richtigerweise feststellen, handelt es sich hier um ein Redaktionsversehen des Gesetzgebers.

213 Nach der früheren Rechtsprechung war auf die Durchschnittsverdienste innerhalb eines Unternehmens oder eines typischen Teils der Belegschaft abzustellen; siehe BAG vom 11.08.1981 – 3 AZR 395/80, DB 1981, 2331 = AP Nr. 11 zu § 16 BetrAVG.

214 *Blomeyer* Anm. zu BAG AP Nr. 43, 44 und 45 zu § 16 BetrAVG unter II 2.

215 BAG vom 23.05.2000 – 3 AZR 103/99, BB 2001, 1854 = AP Nr. 44 zu § 16 BetrAVG.

216 BAG vom 23.05.2000 – 3 AZR 83/99, DB 2002, 155 = AP Nr. 43 zu § 16 BetrAVG unter II. 1. b) der Gründe.

217 So bereits das BAG in vorgesetzlicher Rechtsprechung; siehe BAG vom 30.03.1973 – 3 AZR 34/72, BB 1973, 705 = AP Nr. 5 zu § 242 BGB Ruhegehalt – Geldentwertung unter C. III. 6. der Gründe, allerdings unter Verwendung der engeren Bezeichnung „Ertragslage des Unternehmens".

218 Bericht des Ausschusses für Arbeit und Sozialordnung zu § 6k EBetrAVG, BT-Drucks. 7/2843 S. 5.

gungsempfänger und damit in Höhe des Anstiegs des Verbraucherpreisindexes[219] entgegensteht.

Die wirtschaftliche Lage des Arbeitgebers ist gleichbedeutend mit seiner wirtschaftlichen Belastbarkeit[220]. Auf die Anpassung darf also nur dann verzichtet werden, wenn das Unternehmen nur wenig belastbar, die wirtschaftliche Lage des Arbeitgebers mithin schlecht ist.

Wie der unbestimmte Rechtsbegriff der wirtschaftlichen Lage soweit zu konkretisieren ist, dass bestimmt werden kann, wann eine Vollanpassung aufgrund der wirtschaftlichen Lage des Arbeitgebers nicht vertretbar wäre, ist auch fast 30 Jahre nach Inkrafttreten des BetrAVG[221] nicht geklärt.

Nachdem das BAG anfangs ausdrücklich offengelassen hatte, wie Gewinn, Umsatz[222], Rendite, Auftragslage[223], Beschäftigungsstand und Investitionsstand bei der Beurteilung der wirtschaftlichen Lage zu gewichten sind[224], hat es mittlerweile eine Vielzahl von grundlegenden Aussagen zur wirtschaftlichen Lage des Arbeitgebers getroffen[225].

1. Die Rechtsprechung des BAG zur wirtschaftlichen Lage des Arbeitgebers iSd § 16 Abs. 1 BetrAVG

Nach dem BAG darf der Arbeitgeber eine Betriebsrentenanpassung ablehnen, wenn ihn die Anpassung übermäßig belasten würde. Hierfür muss es dem Arbeitgeber nach einer am Anpassungsstichtag zu erstellenden Prognose mit einiger Wahrscheinlichkeit unmöglich sein, die für den Teuerungsausgleich erforderlichen Mittel aus dem Wertzuwachs des Unternehmens und dessen Erträgen in der Zeit nach dem Anpassungsstichtag aufzubringen[226].

Bislang hat das BAG keinen abschließenden Prüfkatalog zur Bestimmung der wirtschaftlichen Lage des Arbeitgebers iSd § 16 Abs. 1 BetrAVG aufgestellt[227]. Es hat jedoch zwei grundlegende Elemente für die Beurteilung der wirtschaftlichen Lage des Arbeitgebers herausgearbeitet:

---

[219] Siehe dazu oben S. 70.

[220] Siehe BAG vom 23.04.1985 – 3 AZR 548/82, DB 1985, 1645 = AP Nr. 16 zu § 16 BetrAVG sowie BAG vom 23.04.1985 – 3 AZR 156/83, DB 1985, 1642 = AP Nr. 17 zu § 16 BetrAVG.

[221] Gesetz zur Verbesserung der betrieblichen Altersversorgung vom 19.12.1974, BGBl. I 1974 S. 3610, in Kraft getreten am 22.12.1974, mit Ausnahme der §§ 7 – 15, die am 01.01.1975 in Kraft getreten sind; siehe § 32 BetrAVG.

[222] Nach ghM ist der Unternehmensumsatz kein Indiz für die wirtschaftliche Lage des Arbeitgebers. Er gibt weder Auskunft über die Ertragslage, noch steht er in Bezug zu den Versorgungsverpflichtung; siehe *Blomeyer/Otto* § 16 Rn 198; *Götz,* Die wirtschaftliche Lage des Arbeitgebers iSd § 16 BetrAVG und ihr Einfluss auf die Entscheidung über die Anpassung der Betriebsrenten, NZA 1986, 351, 353.

[223] *Götz,* Die wirtschaftliche Lage des Arbeitgebers iSd § 16 BetrAVG und ihr Einfluss auf die Entscheidung über die Anpassung der Betriebsrenten, NZA 1986, 351, 353 stellt zutreffend fest, dass die Auftragslage keine Aufschluss über die für die wirtschaftliche Entwicklung des Unternehmens entscheidende Ertragslage gibt.

[224] BAG vom 15.09.1977 – 3 AZR 654/76, DB 1977, 1903 = AP Nr. 5 zu § 16 BetrAVG unter B. III. der Gründe.

[225] *Blomeyer/Otto* § 16 Rn 165 schlagen deshalb eine Benennung der maßgeblichen Faktoren durch den Gesetzgeber vor. *Husmann*, Anpassungsprüfung bei Betriebsrenten reformbedürftig, ArbGeb 1995, 306, 308 regt zur Konkretisierung der Anpassungspflicht die Einführung einer pauschalen Anpassungspflicht iHd halben Inflationsausgleichs an.

[226] St. Rspr. des BAG vgl. u.a. BAG vom 17.04.1996 – 3 AZR 56/95, DB 1996, 2496 = AP Nr. 35 zu § 16 BetrAVG und BAG vom 23.01.2001 – 3 AZR 287/00, DB 2001, 2507 = AP Nr. 46 zu § 16 BetrAVG.

[227] Siehe *Andresen/Förster/Norbert Rößler/Rühmann* Teil 11B Rn 1275.

- Die wirtschaftliche Lage muss mittels einer Prognose, also zukunftsgerichtet, beurteilt werden und

- durch die Folgen der Anpassungsentscheidung darf die Substanz des Arbeitgeberunternehmens nicht beeinträchtigt werden.

Nach dem Prinzip der nominellen Kapitalerhaltung[228] bleibt die Unternehmenssubstanz dann erhalten, wenn das Eigenkapital nominell auch nach der Anpassung unverändert bleibt. Das BAG hat zutreffend erkannt, dass unter diesen Voraussetzungen die Anpassung nicht aus den Erträgen und dem Wertzuwachs finanziert würde[229]. Bei rein nomineller Kapitalerhaltung verliert das Unternehmen vielmehr in Zeiten der Geldentwertung an Substanz, da das zur Verfügung stehende Kapital nicht mehr zur Finanzierung der gleichen Gütermenge ausreicht.

a. Erfordernis einer Prognose und Prognosegrundlage

Anders als die Belange der Versorgungsempfänger, für die der Verlust der Kaufkraft ihrer Altersversorgung in den zurückliegenden Jahren ausschlaggebend ist, will das BAG die wirtschaftliche Lage des Unternehmens mittels einer Prognose, also zukunftsorientiert, bestimmen[230]. Die Erhöhung der Betriebsrenten wirkt sich in den Augen des BAG für den Arbeitgeber erst nach dem Anpassungsstichtag durch den Liquiditätsabfluss in Folge der Zahlung erhöhter Versorgungsleistungen belastend aus[231].

Die Belastungen, die durch den Teuerungsausgleich verursacht werden, müssen deshalb nach dem BAG ermittelt und in ihren Auswirkungen für die weitere Entwicklung des Unternehmens abgeschätzt werden. Da eine Prognose niemals endgültige Gewissheit erbringen kann, soll eine auf Tatsachen gestützte Wahrscheinlichkeit der Leistungsfähigkeit bzw. -unfähigkeit des Unternehmens als Entscheidungsgrundlage ausreichen[232].

Als Prognosegrundlage stützt sich das BAG auf die „bisherige Entwicklung über einen längeren, repräsentativen Zeitraum, in der Regel mindestens drei Jahre"[233], die auf Grundlage von handelsrechtlichen Jahresabschlüssen wie Bilanzen, Gewinn- und Verlustrechnungen sowie den Geschäftsberichten der letzten Jahre vor dem Anpassungszeitpunkt zu beurteilen sein soll[234]. Die Erkenntnisse aus diesen Zahlenwerken sollen fortgeschrieben werden, um die Unternehmensentwicklung bis zum nächsten Anpassungsstichtag zu prognostizieren. Sie seien jedoch nur insoweit zu berücksichtigen, als sie Schlüsse auf die weitere Entwicklung des Unternehmens zulassen[235]. Auf außergewöhnliche Ereignisse kann die Prognose mithin nicht gestützt werden[236].

---

[228] Dazu *Wöhe* S. 872 ff.
[229] BAG vom 17.01.1980 – 3 AZR 1107/78, DB 1980, 499 = AP Nr. 8 zu § 16 BetrAVG.
[230] BAG vom 23.04.1985 – 3 AZR 156/83, DB 1985, 1642 = AP Nr. 17 zu § 16 BetrAVG.
[231] BAG vom 23.04.1985 – 3 AZR 156/83, DB 1985, 1642 = AP Nr. 17 zu § 16 BetrAVG.
[232] BAG vom 23.04.1985 – 3 AZR 156/83, DB 1985, 1642 = AP Nr. 17 zu § 16 BetrAVG unter II. 3. a) der Gründe.
[233] BAG vom 17.04.1996 – 3 AZR 56/95, DB 1996, 2496 = AP Nr. 35 zu § 16 BetrAVG unter 3. a) und b) der Leitsätze. *Blomeyer/Otto* § 16 Rn 195 sprechen gar von 10 Jahren.
[234] BAG vom 23.04.1985 – 3 AZR 156/83, DB 1985, 1642 = AP Nr. 17 zu § 16 BetrAVG unter III. 2. der Gründe. *Hartauer*, Zur Prüfung der wirtschaftlichen Lage nach § 16 BetrAVG, DB 1996, 2080, 2081 will den Lagebericht der Gesellschaft zur Prüfung der wirtschaftlichen Lage heranziehen
[235] BAG vom 23.04.1985 – 3 AZR 156/83, DB 1985, 1642 = AP Nr. 17 zu § 16 BetrAVG.
[236] BAG vom 17.04.1996 – 3 AZR 56/95, DB 1996, 2496 = AP Nr. 35 zu § 16 BetrAVG unter II. 2. a) der Gründe.

Maßgebend für die Prognose sind grundsätzlich die zum Anpassungsstichtag vorliegenden Erkenntnisse[237]. Verzögert sich die Anpassungsentscheidung oder wird diese gerichtlich überprüft, will das BAG auch die zwischenzeitliche wirtschaftliche Entwicklung des Unternehmens bei der nachträglichen Anpassungsentscheidung[238] berücksichtigen. Ansonsten basiere die Entscheidung auf einer rein fiktiven Grundlage[239]. Unvorhersehbare Ereignisse, die nach dem Anpassungsstichtag eingetreten sind, seien aber ebenso wenig zu berücksichtigen, wie außergewöhnliche Ereignisse vor dem Anpassungsstichtag. Der Arbeitgeber soll sich durch die Verspätung seiner Entscheidung keinen Vorteil verschaffen können[240].

b. Vorrang der Erhaltung der Unternehmenssubstanz

Der Arbeitgeber darf von einer Vollanpassung absehen, wenn seine wirtschaftliche Lage so schlecht ist, dass eine Vollanpassung die Substanz seines Unternehmens gefährden würde. Die Kosten der Anpassung müssen daher nach dem BAG aus den Erträgen des Unternehmens und dessen Wertzuwachs in der Zeit nach dem Anpassungsstichtag finanzierbar sein[241].

Die durch die Anpassung verursachten Mehrkosten dürfen die gesunde wirtschaftliche Entwicklung des Unternehmens und den Fortbestand der Arbeitsplätze der aktiven Arbeitnehmer nicht gefährden. Die Betriebspensionäre müssen auf ihren früheren Betrieb und dessen Arbeitnehmer Rücksicht nehmen. Die Erhaltung des Betriebs und seiner Arbeitplätze hat deshalb Vorrang gegenüber ihrem Anpassungsbegehren[242]. Der Verlust des Arbeitsplatzes trifft einen aktiven Arbeitnehmer härter als die Nichtanpassung einen Betriebsrentner. Nur ein gesundes Unternehmen, dessen Substanz erhalten bleibt, kann die Erträge erwirtschaften, die notwendig sind, um u.a. auch die Leistungen der betrieblichen Altersversorgung zu erbringen[243]. In diesem Zusammenhang ist auch die Grundaussage des BAG zu verstehen, der Teuerungsausgleich müsse nicht nur aus den gesamten Erträgen des Unternehmens, sondern auch aus dessen Wertzuwachs in der Zeit nach dem Anpassungsstichtag zu erbringen sein[244].

Wertzuwächse will das BAG bei der Anpassungsentscheidung nach § 16 BetrAVG nur insoweit berücksichtigt sehen, als sie vom Unternehmen erwirtschaftet wurden und ohne Gefährdung der Wettbewerbsfähigkeit und der Arbeitsplätze verwertet werden können. Beispielsweise steht eine Zuführung weiteren Kapitals durch die Gesellschafter zum Ausgleich von Eigenkapitalverlusten im Interesse der Substanzerhaltung nicht für die Anpassung zur Verfügung. Auch entsteht allein durch Investitionen keine verfügbare Wertsteigerung des Unternehmens. Investitionen füh-

---

[237] BAG vom 23.05.2000 – 3 AZR 83/99, DB 2002, 155 = AP Nr. 43 zu § 16 BetrAVG unter II. 2. a) der Gründe.
[238] Vgl oben S. 51 f.
[239] BAG vom 23.04.1985 – 3 AZR 156/83, DB 1985, 1642 = AP Nr. 17 zu § 16 BetrAVG unter III. 1 der Gründe; dazu *Dieterich*, Die jüngste Rechtsprechung des BAG zur Anpassung und Kürzung von Betriebsrenten, NZA 1986, 41, 43.
[240] BAG vom 17.10.1995 – 3 AZR 881/94, DB 1996, 1425 = AP Nr. 34 zu § 16 BetrAVG unter II. 2. b) aa) der Gründe.
[241] BAG vom 23.04.1985 – 3 AZR 156/83, DB 1985, 1642 = AP Nr. 17 zu § 16 BetrAVG unter II. 3. a) der Gründe.
[242] BAG vom 15.09.1977 – 3 AZR 654/76, DB 1977, 1903 = AP Nr. 5 zu § 16 BetrAVG.
[243] So bereits BAG vom 10.12.1971 – 3 AZR 190/71, DB 1972, 491 = AP Nr. 154 zu § 242 BGB – Ruhegehalt für die Frage des Widerrufs einer vorbehaltlos erteilten Zusage.
[244] St. Rspr. des BAG vgl. u.a. BAG vom 17.04.1996 – 3 AZR 56/95, DB 1996, 2496 = AP Nr. 35 zu § 16 BetrAVG und BAG vom 23.01.2001 – 3 AZR 287/00, DB 2001, 2507 = AP Nr. 46 zu § 16 BetrAVG.

ren zunächst nur zu einer Umschichtung bei den Vermögenswerten. Der Wert des Anlagevermögens steigt, während sich die liquiden Mittel verringern. Hierdurch erhöht sich langfristig die Ertragskraft des Unternehmens. Der vom BAG angesprochene Wertzuwachs hat vor diesem Hintergrund keine eigenständige Bedeutung[245]. Er ist auch nicht betriebswirtschaftliche eindeutig und damit nicht operationalisierbar[246].

c. Keine wirtschaftliche Notlage

Schon frühzeitig hat das BAG klargestellt, dass die wirtschaftliche Lage des Arbeitgebers iSd § 16 Abs. 1 BetrAVG nicht mit einer wirtschaftlichen Notlage iSd § 7 Abs. 1 Satz 3 Nr. 5 BetrAVG a.F. gleichzusetzen ist[247]. Schon bei einer übermäßigen Belastung des Unternehmens ist der materielle Hintergrund für die Arbeitsplätze der aktiven Belegschaft in Gefahr. Die Anpassung kann deshalb bereits unter diesen Umständen verweigert werden. Es bedarf keiner Mehrbelastung, die einen Zusammenbruch des Unternehmens verursachen könnte.

d. Gesamtschau

Die Beurteilung der wirtschaftlichen Lage des Arbeitgebers setzt eine umfassende Würdigung aller zur Verfügung stehenden Daten voraus. Zugrundezulegen ist stets eine Gesamtschau der wirtschaftlichen Situation des Unternehmens[248]. Nur so ist eine objektive Beurteilung der wirtschaftlichen Lage möglich. Ohne Bedeutung für die Beurteilung der wirtschaftlichen Lage iSd § 16 BetrAVG ist die wirtschaftliche Situation der Gesamtwirtschaft oder der Branche, der das Unternehmen angehört.

Handelsrechtliche Jahresabschlüsse, Bilanzen und Betriebsergebnisrechnungen können wertvolle Informationen für die Beurteilung der wirtschaftlichen Lage liefern[249]. Allein spiegeln sie aber jeweils nur einen zu engen Ausschnitt für eine sachgerechte Unternehmensbeurteilung wider[250]. Auch ein Unternehmen, das nach einer Verlustphase wieder Gewinne erwirtschaftet, kann sich noch in einer wirtschaftlichen Situation befinden, die eine Anpassung nicht zulässt[251]. Auch resultiert nicht schon aus einzelnen Bilanzpostenveränderungen, die den Umfang der Anpassungslast übersteigen, die Pflicht zur Anpassung[252].

---

[245] Vgl. hierzu BAG vom 18.02.2003 – 3 AZR 172/02, DB 2003, 2606 = AP Nr. 53 zu § 16 BetrAVG

[246] *Heubeck/Löcherbach/Norbert Rößler*, Berücksichtigung der wirtschaftlichen Lage des Arbeitgebers im Rahmen der Anpassungsprüfung nach § 16 BetrAVG, BB 1987 Beilage Nr. 3, S. 7.

[247] Z.B. BAG vom 15.09.1977 – 3 AZR 654/76, DB 1977, 1903 = AP Nr. 5 zu § 16 BetrAVG und BAG vom 19.05.1981 – 3 AZR 308/80, DB 1981, 2333 = AP Nr. 13 zu § 16 BetrAVG; so bereits vorher *Höhne* in Heubeck/Höhne/Paulsdorff/Rau/Weinert § 16 Rn 167.

[248] BAG vom 23.04.1985 - 3 AZR 548/82, DB 1985, 1645 = AP Nr. 16 zu § 16 BetrAVG unter II. 2. der Gründe; dieses Erfordernis hat bei konzernverbundenen Unternehmen zur Folge, dass nicht nur die wirtschaftlichen Verhältnisse des einzelnen Betriebs, sondern die Vermögensverhältnisse der Konzernobergesellschaft zu prüfen sind, wenn ein Beherrschungs- und Gewinnabführungsvertrag besteht; BAG vom 14.02.1989 – 3 AZR 191/87, DB 1989, 1471 = AP Nr. 22 zu § 16 BetrAVG; insgesamt zur wirtschaftlichen Lage im Konzern unten S. 104 ff.

[249] BAG vom 23.04.1985 – 3 AZR 156/83, DB 1985, 1642 = AP Nr. 17 zu § 16 BetrAVG; sowie ausdrücklich in BAG vom 17.04.1996 – 3 AZR 56/95, DB 1996, 2496 = AP Nr. 35 zu § 16 BetrAVG unter II. 2. b) der Gründe.

[250] BAG vom 23.04.1985 – 3 AZR 548/82, DB 1985, 1645 = AP Nr. 16 zu § 16 BetrAVG unter II. 2. b) der Gründe; siehe auch *Dieterich,* Die jüngste Rechtsprechung des BAG zur Anpassung und Kürzung von Betriebsrenten, NZA 1986, 41, 43.

[251] BAG vom 23.05.2000 – 3 AZR 83/99, DB 2002, 155 = AP Nr. 43 zu § 16 BetrAVG unter II. 2. b) der Gründe.

[252] BAG vom 14.02.1989 – 3 AZR 191/87, DB 1989, 1471 = AP Nr. 22 zu § 16 BetrAVG LS 2.

Eine Reduzierung des Personalbestands kann zwar ein Indiz für eine schlechte wirtschaftliche Lage sein[253]. Hierin kann aber auch eine bloße unternehmerische Rationalisierungsmaßnahme liegen. Personalabbau allein begründet keine wirtschaftliche Lage des Arbeitgebers, die zur Anpassungskürzung berechtigt[254]. Gleiches gilt für die Schließung des Versorgungswerks für neue Arbeitnehmer[255]. Die Zahlung von Gratifikationen ist umgekehrt kein eindeutiger Hinweis auf eine gute wirtschaftliche Lage des Arbeitgebers[256].

e. Erfordernis angemessener Eigenkapitalverzinsung

Der bilanzielle Jahresüberschuss muss um einen für eine angemessene Eigenkapitalverzinsung erforderlichen Betrag gekürzt werden, um den für die Anpassung zur Verfügung stehende Jahresüberschuss zu ermitteln[257]. Nur ein Unternehmen, das Kapitalgewinn abwirft, ist langfristig wettbewerbsfähig. Erzielt das im Unternehmen eingesetzte Kapital keine angemessene Rendite, werden die Investoren ihr Kapital aus dem Unternehmen abziehen und andere Anlagemöglichkeiten suchen. Eine angemessene Eigenkapitalverzinsung ist außer für die Gewinnausschüttung an den Unternehmensinhaber bzw. die Anteilseigner auch zur Thesaurierung anfallender Gewinne erforderlich.

Bei der Festsetzung der Höhe einer angemessenen Eigenkapitalverzinsung ist ein Risikozuschlag in Ansatz zu bringen. Das zu verzinsende Kapital unterliegt als Investition in ein Unternehmen höheren Risiken als in festverzinsliche Wertpapiere investiertes Kapital[258]. Der durch die Eigenkapitalverzinsung auszugleichende Nutzungsausfall des investierten Kapitals muss diesem erhöhten Risiko Rechnung tragen.

f. Behandlung bilanzieller Scheingewinne und Scheinverluste

Die Ergebnisse von Bilanzen und Gewinn- und Verlustrechnungen, weisen regelmäßig Scheingewinne aus[259]. Sie kommen durch die Gewinnermittlung mittels des Prinzips der nominellen Kapitalerhaltung zustande[260]. Hiernach gilt jede Mehrung des Reinvermögens als Gewinn.

Verbrauchte Güter werden zu historischen Anschaffungswerten nach dem im deutschen Handels- und Steuerrecht verankerten Nominalwertprinzip[261] abgeschrieben. Diese Abschreibungen zu historischen Anschaffungs- oder Herstellungskosten sind meist zu niedrig. In Zeiten schleichender Geldentwertung muss man von stei-

---

[253] Siehe insbesondere bei Non-Profit Organisationen; dazu S. 107 f.
[254] BAG vom 23.04.1985 – 3 AZR 548/82, DB 1985, 1645 = AP Nr. 16 zu § 16 BetrAVG unter II. 2. a) der Gründe; BAG vom 23.04.1985 – 3 AZR 156/83, DB 1985, 1642 = AP Nr. 17 zu § 16 BetrAVG unter II. 3. c) (2) der Gründe.
[255] BAG vom 23.04.1985 – 3 AZR 156/83, DB 1985, 1642 = AP Nr. 17 zu § 16 BetrAVG unter II. 3. c) (3) der Gründe.
[256] BAG vom 19.05.1981 – 3 AZR 308/80, DB 1981, 2333 = AP Nr. 13 zu § 16 BetrAVG unter II. 2. der Gründe.
[257] So bereits BAG vom 23.04.1985 – 3 AZR 156/83, DB 1985, 1642 = AP Nr. 17 zu § 16 BetrAVG unter III. 2. der Gründe, näher dazu unten S. 78 ff.
[258] BAG vom 17.04.1996 – 3 AZR 56/95, DB 1996, 2496 = AP Nr. 35 zu § 16 BetrAVG unter II. 2. f) der Gründe.
[259] So bereits *Ahrend/Förster/Norbert Rößler* Anm. zu BAG AP Nr. 7 und 8 zu § 16 BetrAVG.
[260] Zum Prinzip nomineller Kapitalerhaltung *Wöhe* S. 872 ff.
[261] EURO = EURO; § 253 Abs. 1 Satz 1 iVm Abs. 2 und 3 HGB; siehe auch *Förschle* in Beck Bil-Komm. § 244 Rn 8.

genden Wiederbeschaffungskosten für die verbrauchten Güter ausgehen. Eine aussagekräftige Beurteilung der wirtschaftlichen Lage des Arbeitgebers erfordert den Ansatz der gestiegenen Marktpreise für eine Wiederbeschaffung der verbrauchten Güter[262], um die im Jahresabschluss ausgewiesenen Scheingewinne für die Erstellung einer tragfähigen Prognose zu eliminieren[263]. Aus dem Jahresüberschuss muss der Teil errechnet werden, der im Interesse der Substanzerhaltung dem Unternehmen belassen werden sollte. Nur so kann festgestellt werden, inwiefern die Unternehmenssubstanz trotz Anpassung der laufenden Leistungen erhalten bleibt.

Die Bewertung des Unternehmensvermögens unterliegt dem Grundsatz der Vorsicht[264]. Vermögensgegenstände sind höchstens mit dem Anschaffungswert zu bewerten[265]. Sinkt der Marktpreis für die Vermögensgegenstände dann verringert sich der Wert des Lagerbestands. Der Unternehmer darf dann grundsätzlich nur den nunmehr niedrigeren Wert ansetzen. Das Unternehmensergebnis verschlechtert sich hierdurch. Steigt der Marktpreis anschließend wieder, dann weist der Jahresabschluss einen Scheinverlust aus. Für diese Fälle enthält § 280 Abs. 1 HGB ein sog. Wertaufholungsgebot, nach dem das Unternehmen verpflichtet ist, wieder den höheren Wert anzusetzen und damit einen entsprechenden Gewinn auszuweisen. Dieses Wertaufholungsgebot ist nach dem BAG bei einer Bewertung der wirtschaftlichen Lage des Arbeitgebers zu berücksichtigen[266]. Es handelt sich hierbei aber nicht um eine Korrektur des Jahresüberschusses bzw. –fehlbetrags, da die korrigierten Werte als Gewinn ohnehin bereits in die Gewinn- und Verlustrechnung eingeflossen sind.

g. Beweislast

Der Arbeitgeber hat das Vorliegen einer wirtschaftlichen Lage, die einer Anpassung entgegensteht darzulegen und zu beweisen. Bei der Einschätzung der künftigen Entwicklung des Unternehmens steht ihm ein Beurteilungsspielraum zu. Seine Beurteilung muss sich aber auf objektivierbare Annahmen stützen. Nicht ausreichend ist es, lediglich Handelsbilanzen und Betriebsergebnisrechnungen vorzulegen. Diese können nur Grundlage bei der Beurteilung der wirtschaftlichen Lage sein[267]. Der Arbeitgeber muss nachvollziehbar erläutern, in welcher Weise und aufgrund welcher wirtschaftlichen Vorgaben die Ergebnisse dargestellt sind[268]. Dieses Erfordernis leitet das BAG schon aus der allgemeinen Regelung zum billigen Ermessen in § 315 Abs. 3 Satz 1 BGB her, die vorschreibt, dass die Billigkeit der Entscheidung darzulegen ist, falls sie bestritten ist[269]

[262] Vgl. Art. 33 der 4. EG-Richtlinie über den Jahresabschluss von Gesellschaften bestimmter Rechtsformen 78/660/EWG – Bilanzrichtlinie -, ABl. Nr. L 222/11, der eine Option der Bilanzierung zu Wiederbeschaffungspreisen vorsieht. Der deutsche Gesetzgeber hat jedoch eine Transformation dieser Vorschrift in das BiRiLiG ausdrücklich abgelehnt; vgl. *Bauch/Oestreicher* S. 27.

[263] BAG vom 23.04.1985 – 3 AZR 548/82, DB 1985, 1645 = AP Nr. 16 zu § 16 BetrAVG unter III. 3. der Gründe.

[264] § 252 Abs. 1 Nr. 4 HGB.

[265] § 253 Abs. 1 Satz 1 HGB.

[266] BAG vom 11.12.2001 – 3 AZR 512/00, DB 2003, 293 = AP Nr. 36 zu § 1 BetrAVG Ablösung unter II. 3. b) cc) (2) (a) der Gründe.

[267] Oben S. 75 f.; BAG vom 23.04.1985 – 3 AZR 156/83, DB 1985, 1642 = AP Nr. 17 zu § 16 BetrAVG; sowie ausdrücklich in BAG vom 17.04.1996 – 3 AZR 56/95, DB 1996, 2496 = AP Nr. 35 zu § 16 BetrAVG unter II. 2. b) der Gründe.

[268] BAG vom 23.04.1985 – 3 AZR 548/82, DB 1985, 1645 = AP Nr. 16 zu § 16 BetrAVG unter II. 2. b) der Gründe.

[269] BAG vom 23.04.1985 – 3 AZR 548/82, DB 1985, 1645 = AP Nr. 16 zu § 16 BetrAVG unter I. 1. a) der Gründe; ebenso *Höfer* § 16 Rn 3542.

Kann der Arbeitgeber seiner Darlegungspflicht nur genügen, indem er Betriebs- oder Geschäftsgeheimnisse preisgibt, muss ihn das Gericht mit den Mitteln des Prozessrechts schützen. In Betracht kommt der Ausschluss der Öffentlichkeit von der Verhandlung[270] oder die Verhängung eines strafbewehrten Schweigegebots für die in der Sitzung anwesenden Personen[271]. Ob hierdurch der Interessenkonflikt des Arbeitgebers zwischen dem Vermeiden einer „Rufschädigung" durch die Offenlegung schlechter wirtschaftlicher Zahlen und berechtigter Anpassungsverweigerung befriedigend gelöst wird, bleibt äußerst fraglich[272].

2. Entwicklungstendenzen in der BAG-Rechtsprechung

Der BAG-Rechtsprechung ist die Tendenz zu entnehmen, der Erhaltung der Arbeitsplätze Vorrang vor dem Anpassungsbegehren der Betriebsrentner einzuräumen[273]. In jüngerer Vergangenheit hat das BAG insbesondere seine Rechtsprechung zur angemessenen Eigenkapitalverzinsung des Arbeitgebers konkretisiert und deren Bedeutung für die Erhaltung der Unternehmenssubstanz verstärkt herausgestellt. In zwei Entscheidungen vom 23.05.2000 hat das BAG ausführlich zum Gebot der angemessenen Eigenkapitalverzinsung Stellung genommen[274].

a. Konkretisierung der Rechtsprechung zur Eigenkapitalverzinsung

Das Eigenkapital eines Unternehmens umfasst die Mittel, die die Anteilseigner dem Unternehmen in dem jeweiligen Geschäftsjahr zu dessen Finanzierung oder als erwirtschafteten Gewinn zur Verfügung stellen[275]. Der Ermittlung des Eigenkapitals sind die handelsrechtlichen Jahresabschlüsse, insbesondere Bilanzen und Gewinn- und Verlustrechnungen nach Vornahme der gebotenen betriebswirtschaftlichen Korrekturen zugrunde zu legen.

Da die Höhe des Eigenkapitals ständig schwankt, Bilanzen aber nur jeweils zu Beginn und zum Ende eines Geschäftsjahres aufgestellt werden, hält es das BAG für angezeigt, Mittelwerte zu bilden[276]. In der Rechtsprechung des BAG finden sich darüber hinaus in jüngerer Vergangenheit die folgenden Überlegungen zur erforderlichen Eigenkapitalverzinsung:

---

[270] §§ 52 ArbGG, 172 GVG.

[271] § 174 Abs. 2 GVG; BAG vom 23.04.1985 - 3 AZR 548/82, DB 1985, 1645 = AP Nr. 16 zu § 16 BetrAVG unter I. 2. der Gründe.

[272] Diese Frage wirft auch *Höfer* § 16 Rn 3545 auf.

[273] BAG vom 17.04.1996 – 3 AZR 56/95, DB 1996, 2496 = AP Nr. 35 zu § 16 BetrAVG.

[274] BAG vom 23.05.2000 – 3 AZR 83/99, DB 2002, 155 = AP Nr. 43 zu § 16 BetrAVG; BAG vom 23.05.2000 – 3 AZR 146/99, DB 2001, 2255 = AP Nr. 45 zu § 16 BetrAVG.

[275] Siehe *Gabler* Wirtschaftslexikon Band E – J S. 829.

[276] BAG vom 23.05.2000 – 3 AZR 146/99, DB 2001, 2255 = AP Nr. 45 zu § 16 BetrAVG unter II. 2. b) dd) der Gründe; dazu Anm. von *Griebeling* EWiR 2001, 1031 f.; *Hartauer*, Zur Prüfung der wirtschaftlichen Lage nach § 16 BetrAVG, DB 1996, 2080, 2081. Zustimmend *Andresen/Förster/Norbert Rößler/Rühmann* Teil 11B Rn 1372.

aa. Eigenkapitalbegriff

Das BAG hat den Begriff des Eigenkapitals für die Ermittlung der Höhe der Eigenkapitalverzinsung bei der Anpassungsentscheidung nach § 16 BetrAVG mit dem handelsrechtlichen Eigenkapitalbegriff aus § 266 Abs. 3 A HGB gleichgesetzt[277]. Diese Vorschrift gilt zwar grundsätzlich nur für Kapitalgesellschaften[278] und für Personengesellschaften, bei denen keine natürliche Person persönlich haftender Gesellschafter ist[279]. Das BAG will die Eigenkapitaldefinition für die Berechnung der wirtschaftlichen Lage aber wohl pauschal für alle Rechtsträgerformen anwenden.

Das zu verzinsende Eigenkapital besteht also aus dem gezeichneten (Stamm-) Kapital[280] und den Kapitalrücklagen[281]. Zu berücksichtigen sind auch Gewinnrücklagen[282], Gewinn- und Verlustvorträge[283] sowie der Jahresüberschuss und –fehlbetrag. Für Personengesellschaften iSd § 264a HGB sind anstelle des Postens „gezeichnetes Kapital" die Kapitalanteile der persönlich haftenden Gesellschafter auszuweisen[284].

Für die Ermittlung des vorhandenen Eigenkapitals ist von diesem handelsrechtlichen Eigenkapitalbegriff auszugehen. Die sich aus dem handelsrechtlichen Jahresabschluss ergebende Eigenkapitalausstattung darf jedoch nicht unbesehen übernommen werden, sondern muss anhand der im Folgenden dargestellten Grundsätze betriebswirtschaftlich korrigiert werden.

bb. Berücksichtigung von Verlustvorträgen

Verlustvorträge will das BAG entsprechend ihrer unterschiedlichen Zwecke im Rahmen der Anpassungsentscheidung differenziert behandeln. Sie führen u.a. dazu, dass ein Teil späterer Gewinne nicht versteuert werden muss. Insofern sieht das BAG Verlustvorträge für die Anpassungsentscheidung als unbeachtlich an, da die steuersystematischen und wirtschaftspolitischen Gründe für die gewinnmindernde Wirkung von Verlustvorträgen auf die Anpassungsentscheidung nicht übertragbar seien[285].

Sei bei der Anpassungsentscheidung indes das Eigenkapital des Arbeitgebers zu bestimmen, so bekomme ein Verlustvortrag auch eine betriebsrentenrechtliche Dimension, da er das zu verzinsende Eigenkapital iSd § 266 Abs. 3 A HGB reduziere[286].

---

277 BAG vom 23.05.2000 – 3 AZR 83/99, DB 2002, 155 = AP Nr. 43 zu § 16 BetrAVG unter II. 2. b) aa) der Gründe.
278 § 266 Abs. 1 HGB; vgl. *Ellrott/Krämer* in Beck Bil-Komm. § 266 Rn 1.
279 §§ 264c Abs. 2 HGB iVm § 264 Abs. 1 Nr. 1 HGB.
280 Vgl. § 272 Abs. 1 HGB.
281 Siehe § 272 Abs. 2 HGB. Gezeichnetes Kapital ist das Haftungskapital, also das Stammkapital einer GmbH gem. §§ 5, 42 Abs. 1 GmbHG, bei AG und KGaA das Grundkapital gem. §§ 1 Abs. 2, 152 AktG.
282 § 272 Abs. 3 HGB.
283 § 268 Abs. 1 HGB.
284 Siehe § 264c Abs. 2 Satz 2 HGB.
285 BAG vom 23.05.2000 – 3 AZR 83/99, DB 2002, 155 = AP Nr. 43 zu § 16 BetrAVG unter II. 2. b) aa) der Gründe.
286 BAG vom 23.05.2000 – 3 AZR 83/99, DB 2002, 155 = AP Nr. 43 zu § 16 BetrAVG unter II. 2. b) aa) der Gründe.

cc. Berücksichtigung außergewöhnlicher Erträge und Aufwendungen

In gleicher Weise sind nach dem BAG außerordentliche Erträge bei der Bestimmung des Eigenkapitals des Arbeitgebers zu berücksichtigen, die das bilanzierte Eigenkapital erhöhen[287]. Hierzu gehören z.B. Erträge durch die Auflösung stiller Reserven bei der Veräußerung von Anlagevermögen (Immaterielle Vermögensgegenstände, Sachanlagen und Finanzanlagen[288]).

Nach dem Niederstwertprinzip[289] sind Vermögensgegenstände höchstens mit ihren Anschaffungs- und Herstellungskosten anzusetzen. Bei Vermögensgegenständen des Anlagevermögens sind außerplanmäßige Abschreibungen vorzunehmen, wenn eine voraussichtliche dauernde Wertminderung eintritt[290]. Dies gebietet die kaufmännische Vorsicht[291]. Solange ein Vermögensgegenstand nicht veräußert ist, sind Werte über die Anschaffungs- und Herstellungskosten rein spekulativ und Schwankungen unterworfen. Erst durch die Veräußerung können Wertsteigerungen realisiert werden und stehen als Eigenkapital dauerhaft zur Verfügung[292].

Unbeachtlich für die Höhe des Eigenkapitals zum Ende des Jahres, in dem die außergewöhnlichen Erträge angefallen sind, ist inwieweit ein aus diesen Erträgen resultierender Jahresüberschuss als Gewinnrücklage thesauriert oder ausgeschüttet wird[293]. § 266 Abs. 3 A HGB auf den das BAG für die Ermittlung des zugrundezulegenden Eigenkapitals ausdrücklich verweist, weist das Eigenkapital vor Gewinnverwendung aus[294]. Die Eigenkapitalveränderung des vorherigen Bilanzierungszeitraums wird als Jahresüberschuss bzw. Jahresfehlbetrag ausgewiesen. Die Verwendung des Jahresüberschusses wird erst in der Folgeperiode gebucht. In den folgenden Jahresabschlüssen wirkt sich die Verwendung der außerordentlichen Erträge aus. Das Eigenkapital erhöht sich dann in dem Umfang in dem der Jahresüberschuss in die Gewinnrücklagen eingestellt wird[295].

Für die Ermittlung der zu erwartenden Erträge, die das BAG im Rahmen der Prognoseentscheidung den zu erwartenden Mehrkosten durch die Anpassung gegenüberstellt, sind außergewöhnliche Erträge zu vernachlässigen. Gleiches gilt selbstverständlich für außergewöhnliche Aufwendungen[296], z.B. durch Sonderabschreibungen für Anlagegüter. Die als Prognosegrundlage dienenden Zahlenwerke sind insofern zu korrigieren.

---

[287] BAG vom 23.01.2001 - 3 AZR 287/00, DB 2001, 2507 = AP Nr. 46 zu § 16 BetrAVG unter 2. c) aa) (2) der Gründe. Näher zu außergewöhnlichen Erträgen *Förschle* in Beck Bil-Komm. § 275 Rn 215 ff.

[288] Siehe *Ellrott/Schmidt-Wendt* in Beck Bil-Komm. § 247 Rn 370.

[289] § 253 Abs. 1 Satz 1 HGB.

[290] § 253 Abs. 2 Satz 3 2. Hs. HGB. Sog. gemildertes Niederstwertprinzip, *Berger/M. Ring* in Beck Bil-Komm. § 253 Rn 280.

[291] Dazu § 252 Abs. 1 Nr. 4 HGB.

[292] BAG vom 23.01.2001 - 3 AZR 287/00, DB 2001, 2507 = AP Nr. 46 zu § 16 BetrAVG unter 2. c) aa) (2) der Gründe.

[293] Der Umfang der Dividendenausschüttung ist ohne jede Bedeutung für die Bestimmung der wirtschaftlichen Lage iSd § 16 BetrAVG. Er beruht meist auf subjektiven Erwägungen der Unternehmensleitung und spiegelt nicht zwingend die Unternehmenssituation wider; *Steinmeyer* in ErfK § 16 BetrAVG Rn 37. So auch *Blomeyer/Otto* § 16 Rn 299 unter Verweis auf BAG vom 23.05.2000 – 3 AZR 146/99, DB 2001, 2255 = AP Nr. 45 zu § 16 BetrAVG unter II. 2. b) aa) der Gründe.

[294] *Wöhe* S. 929. Zur Bilanzaufstellung nach Ergebnisverwendung siehe § 268 Abs. 1 HGB.

[295] Zu Gewinnrücklagen im Allgemeinen *Wöhe* S. 924 ff und *Förschle/Hoffmann* in Beck Bil-Komm. § 272 Rn 86 ff.

[296] § 275 Abs. 2 Nr. 16 HGB.

dd. Auswirkungen begründeter Versorgungsverpflichtungen auf das Eigenkapital

Das BAG erkennt an, dass begründete Versorgungsverpflichtungen eigenkapitalmindernd wirken. Sie sind deshalb bei der Bemessung der Eigenkapitalausstattung nicht bloß im tatsächlich rückgestellten Umfang, sondern in der zulässigen erforderlichen Gesamthöhe der Rückstellungen zu berücksichtigen[297].

Die wirtschaftliche Lage des Arbeitgebers lässt sich nach dem BAG nur objektiv bestimmen. Für die wirtschaftliche Leistungsfähigkeit des Arbeitgebers im Rahmen der Anpassungsprüfung könne es deshalb keine Rolle spielen, ob Rückstellungen nach dem Handels- oder Steuerrecht ausbleiben dürfen. Auf das bilanzielle Verhalten des Arbeitgebers komme es nicht an. Entscheidend müsse sein, dass Rückstellungen gebildet werden können. Das BAG stellt zutreffend fest, dass es einem verständigen Kaufmann nicht angesonnen werden könne, später benötigtes Kapital zusätzlich auszugeben[298].

Wählt der Arbeitgeber einen mittelbaren Durchführungsweg, wirken die begründeten Versorgungsverpflichtungen nur insoweit eigenkapitalmindernd, wie der Arbeitgeber selbst in Anspruch genommen werden kann, d.h. insoweit wie der externe Versorgungsträger nicht über ausreichende Mittel zur Erfüllung der Versorgungsverpflichtungen verfügt[299].

ee. Zurechnung von Sonderposten mit Rücklagenanteil

Die Frage, ob für die Zwecke der Bestimmung der Höhe der Eigenkapitalverzinsung dem Eigenkapital Sonderposten mit Rücklagenanteil iSd § 247 Abs. 3 HGB zuzurechnen sind[300], dürfte sich nach der eindeutigen Entscheidung des BAG[301] erübrigt haben. Zum Eigenkapital zählen ausschließlich die in § 266 Abs. 3 A HGB genannten Positionen.

b. Ermittlung der Höhe der Eigenkapitalverzinsung

Um die Höhe der Eigenkapitalverzinsung zu bestimmen, ist einerseits auf die Gesamthöhe des Eigenkapitals, andererseits auf das erzielte Betriebsergebnis abzustellen[302]. Das BAG hat eine Schlussrechnung zur Höhe der erzielten Eigenkapitalverzinsung anhand des ermittelten Eigenkapitals und der Jahresüberschüsse und –fehlbeträge, inklusive der erforderlichen betriebswirtschaftlichen Korrekturen, aufgestellt. In einer Entscheidung vom 23.05.2000 stellt es die ermittelten Ergebnisse

---

[297] BAG vom 23.05.2000 – 3 AZR 83/99, DB 2002, 155 = AP Nr. 43 zu § 16 BetrAVG unter II. 2. b) bb) der Gründe; siehe auch *Blomeyer* Anm. zu BAG AP Nr. 43 – 45 zu § 16 BetrAVG unter III. 3. a) bb).

[298] BAG vom 23.05.2000 – 3 AZR 83/99, DB 2002, 155 = AP Nr. 43 zu § 16 BetrAVG unter II. 2. b) cc) der Gründe.

[299] BAG vom 23.05.2000 – 3 AZR 83/99, DB 2002, 155 = AP Nr. 43 zu § 16 BetrAVG unter II. 2. b) bb) der Gründe; siehe auch zur Rückstellungsbildung bei mittelbaren Durchführungswegen oben S. 19 ff., 23.

[300] Siehe *Andresen/Förster/Norbert Rößler/Rühmann* Teil 11B Rn 1370.

[301] BAG vom 23.05.2000 – 3 AZR 83/99, DB 2002, 155 = AP Nr. 43 zu § 16 BetrAVG unter II. 2. b) aa) der Gründe.

[302] BAG vom 23.01.2001 – 3 AZR 287/00, DB 2001, 2507 = AP Nr. 46 zu § 16 BetrAVG unter 2. c) aa) der Gründe.

listenmäßig gegenüber, um so den Umfang der Eigenkapitalverzinsung, die in dem der Prognose zugrunde liegenden Zeitraum erreicht wurde, ablesen zu können[303].

In jüngerer Vergangenheit hat das BAG bestätigt, für die Ermittlung der Höhe der Eigenkapitalverzinsung sei von den in den handelsrechtlichen Jahresabschlüssen ausgewiesenen Überschüssen und Fehlbeträgen auszugehen, soweit es auf den Unternehmenserfolg und damit auf die Betriebsergebnisse ankomme[304]. Eine tragfähige Grundlage für die Prognose der künftigen Eigenkapitalverzinsung bedürfe betriebswirtschaftlicher Korrekturen dieser Positionen. Das BAG berichtigt den bilanzierten Jahresüberschuss deshalb um außerordentliche Erträge[305].

Bei den Ertragssteuern sei zu beachten, dass sie auf die Einkommenssteuer der Anteilseigner angerechnet werden könnten[306]. Ertragsteuern umfassen neben der Einkommenssteuer und Körperschaftssteuer die Gewerbeertragssteuer[307]. Weitere Ausführungen zur Berücksichtigung der Ertragsteuerlast finden sich in der Rechtsprechung des BAG nicht.

Die Stimmen in der Literatur, die auf den Gewinn vor Ertragssteuern als Vergleichsgröße für die Bestimmung der erzielten Eigenkapitalverzinsung abstellen wollen, sind auch dem BAG seit langem bekannt[308]. Bei der Berechnung des Unternehmensgewinns zur Bestimmung der erzielten Eigenkapitalverzinsung geht das BAG trotzdem vom Jahresüberschuss als Saldo aller in der Gewinn- und Verlustrechnung ausgewiesenen Erträge und Aufwendungen und Steuern aus. Wollte das BAG auf den Gewinn vor Steuern als Bemessungsgröße für die Eigenkapitalverzinsung abstellen, hätte es dies in der angesprochenen Entscheidung[309] erwähnt. Da es dies nicht getan hat, ist das BAG so zu verstehen, dass grundsätzlich die Nachsteuergröße[310], d.h. der Jahresüberschuss bzw. –Jahresfehlbetrag die ausschlaggebende Bemessungsgröße zur Ermittlung der Eigenkapitalverzinsung sein soll.

Im Ergebnis errechnet sich die Eigenkapitalverzinsung nach der folgenden Formel[311]:

$$\textit{Eigenkapitalverzinsung} = \frac{\textit{Jahresüberschuss gem. § 275 Abs. 2 Nr. 20 HGB}^{312}}{\textit{durchschnittliches Eigenkapital}} \qquad (3\text{-}1)$$

303 BAG vom 23.05.2000 – 3 AZR 146/99, DB 2001, 2255 = AP Nr. 45 zu § 16 BetrAVG unter II. 2. d) der Gründe; siehe auch BAG vom 23.01.2001 – 3 AZR 287/00, DB 2001, 2507 = AP Nr. 46 zu § 16 BetrAVG unter 2. c) aa) (6) der Gründe.

304 BAG vom 23.01.2001 – 3 AZR 287/00, DB 2001, 2507 = AP Nr. 46 zu § 16 BetrAVG unter 2. c) aa) (4) der Gründe.

305 BAG vom 23.01.2001 – 3 AZR 287/00, DB 2001, 2507 = AP Nr. 46 zu § 16 BetrAVG unter 2. c) aa) (6) der Gründe. Zu außerordentlichen Erträgen siehe § 275 Abs. 2 Nr. 15 HGB, erläutert bei *Förschle* in Beck Bil-Komm. § 275 Rn 215 ff.

306 Näher zum Anrechnungsverfahren *Wöhe/Bieg* S. 72 f.

307 *Birk* § 6 Rn 530.

308 Siehe z.B. *Blomeyer/Otto* § 16 Rn 181; *Ludewig/Kube*, Zur Berücksichtigung einer angemessenen Eigenkapitalverzinsung und der Ertragsteuern im Rahmen der Anpassungsentscheidung nach § 16 BetrAVG, DB 1998, 1725, 1730 und *Höfer* § 16 Rn 3581; *Hartauer*, Zur Prüfung der wirtschaftlichen Lage nach § 16 BetrAVG, DB 1996, 2080.

309 BAG vom 23.01.2001 – 3 AZR 287/00, DB 2001, 2507 = AP Nr. 46 zu § 16 BetrAVG.

310 Den Ansatz der Nachsteuergröße forderten schon vor der Entscheidung des BAG *Andresen/Förster/Norbert Rößler/Rühmann* Teil 11B Rn 1373.

311 So auch *Blomeyer/Otto* § 16 Rn 193.

312 Bzw. § 275 Abs. 3 Nr. 19 HGB bei Anwendung des Umsatzkostenverfahrens.

c Angemessene Höhe der Eigenkapitalverzinsung

Als angemessen erachtet das BAG einheitlich eine Eigenkapitalverzinsung, die mindestens die Höhe der Umlaufrendite öffentlicher Anleihen erreicht[313]. Diese ist den Veröffentlichungen des Statistischen Bundesamtes zu entnehmen. Es handelt sich mithin um ein objektiviertes, leicht nachprüfbares Kriterium. Zusätzlich will das BAG einen einheitlichen Risikozuschlag iHv 2 v.H. für alle Unternehmen ansetzen[314]. Eine unternehmensspezifische Differenzierung des Risikozuschlags lehnt es als ausdrücklich zu unsicher ab[315].

d. Vermeidung der Auszehrung des Eigenkapitals

Ist das Eigenkapital des Arbeitgebers durch die wirtschaftliche Entwicklung der zurückliegenden Jahre angegriffen[316], kann der Arbeitgeber grundsätzlich von einer Rentenanpassung Abstand nehmen und seinen Gewinn vorrangig dazu verwenden, möglichst rasch das erforderliche Eigenkapital ausgleichen[317].

Zu dem auszugleichenden Kapital gehört in jedem Falle das gezeichnete Kapital der Gesellschaft[318], sowie Kapitalrücklagen, die die Gesellschafter zur Verbesserung der Eigenkapitalausstattung gebildet haben. Für die Kapitalrücklagen gilt das jedenfalls so lange, wie der voraussichtliche Jahresüberschuss ohne die Kapitalrücklagen nicht ausreichen wird, um die Eigenkapitalausstattung so zu verbessern, dass das gezeichnete Kapital bis zum nächsten Anpassungsstichtag wieder erreicht wird[319]. Unzureichendes Eigenkapital beeinflusst nicht nur das Unternehmensergebnis und die Liquidität, sondern auch die Fähigkeit, Krisen zu bewältigen und Verluste zu verkraften[320].

Die Auffassung des BAG entspricht auch den Interessen der Anteilseigner. Wer einem Unternehmen Kapital zur Verfügung stellt, erwartet vorrangig, dass das Unternehmen - und damit das Kapital – erhalten bleibt. Erst in zweiter Linie strebt der Investor eine Ausschüttung aufgrund der erzielten Eigenkapitalverzinsung an.

---

[313] BAG vom 23.05.2000 – 3 AZR 146/99, DB 2001, 2255 = AP Nr. 45 zu § 16 BetrAVG unter II. 2. c) aa) der Gründe. Nach Reuters vom 26.09.2003 14:00 „Aktienschwäche treibt Euro-Renten auf Sechs-Wochen-Hoch" betrug die Umlaufrendite öffentlicher Anleihen am 26.09.2003 3,77 v.H. Die Entwicklung in den Jahren 1987 – 2002 ist abgedruckt bei *Blomeyer/Otto* § 16 Rn 194.

[314] BAG vom 23.05.2000 – 3 AZR 146/99, DB 2001, 2255 = AP Nr. 45 zu § 16 BetrAVG unter II. 2. c) aa) (1) der Gründe; bestätigt durch BAG vom 18.02.2003 – 3 AZR 172/02, DB 2003, 2606 = AP Nr. 53 zu § 16 BetrAVG.

[315] BAG vom 23.05.2000 – 3 AZR 146/99, DB 2001, 2255 = AP Nr. 45 zu § 16 BetrAVG unter II. 2. c) aa) (1) der Gründe.

[316] BAG vom 14.02.1989 – 3 AZR 191/87, DB 1989, 1471 = AP Nr. 22 zu § 16 BetrAVG.

[317] BAG vom 18.02.2003 – 3 AZR 172/02, DB 2003, 2606 = AP Nr. 53 zu § 16 BetrAVG.

[318] Siehe § 272 Abs. 1 HGB. In der Entscheidung ist die Rede vom „Stammkapital" der Gesellschaft, gemeint ist damit das Haftungskapital einer GmbH gem. § 5 GmbHG. Bei Aktiengesellschaften und KGaA handelt es sich beim gezeichneten Kapital um sog. Grundkapital; siehe §§ 1 Abs. 2, 152 AktG.

[319] BAG vom 23.01.2001 – 3 AZR 287/00, DB 2001, 2507 = AP Nr. 46 zu § 16 BetrAVG unter 2. d) bb) der Gründe.

[320] BAG vom 23.01.2001 – 3 AZR 287/00, DB 2001, 2507 = AP Nr. 46 zu § 16 BetrAVG ebenso *Langohr-Plato,* Die rechtlichen Rahmenbedingungen bei der Anpassungsprüfung laufender Betriebsrenten nach § 16 BetrAVG, BB 2002, 406, 411.

e. Berücksichtigung des Investitionsbedarfs

Investitionen, die zum Zeitpunkt des Anpassungsstichtags bereits absehbar sind, sieht das BAG als unabdingbar für die notwendige Erhaltung der Unternehmenssubstanz an und fordert deshalb ihre Berücksichtigung[321]. Das Unternehmensergebnis soll entsprechend zu kürzen sein.

f. Bildung von Pensionsrückstellungen

Früher folgerte das BAG aus den positiven steuerlichen und betriebswirtschaftlichen Effekten der Rückstellungsbildung, ein Unternehmen verzichte nur dann auf die Gewinnminderung durch Pensionsrückstellungen, wenn seine wirtschaftliche Lage so schlecht sei, dass der Gewinn die entsprechenden Rückstellungen nicht verkraften würde[322].

Ein sorgfältiger und pflichtbewusster Arbeitgeber hätte zur Absicherung der von ihm eingegangenen Versorgungsversprechen Passivierungen vorgenommen, wenn er dazu in der Lage gewesen wäre. Der Verzicht auf Rückstellungsbildung sprach hiernach für das Vorliegen einer schlechten wirtschaftlichen Lage.

Das BAG scheint der Bildung von Pensionsrückstellungen für die Beurteilung der wirtschaftlichen Lage keine Bedeutung mehr beizumessen. In jüngeren Entscheidungen finden sich keine Hinweise auf Pensionsrückstellungsbildungen. Grund hierfür dürfte die nunmehr bestehende Passivierungspflicht für Pensionsverpflichtungen aus unmittelbaren Pensionsverpflichtungen sein[323]. Die Bildung von Pensionsrückstellungen kann deshalb keine Anhaltspunkte für die Beurteilung der wirtschaftlichen Lage mehr liefern[324].

Aus betriebswirtschaftlicher Sicht war die Argumentation des BAG von jeher fragwürdig. Pensionsrückstellungen wurde offensichtlich Eigenkapitalcharakter zugemessen[325]. Ihre Bildung wurde als betriebswirtschaftlich lediglich vorteilhafte Möglichkeit zur Erhöhung des investitionsfähigen Eigenkapitals und zur Senkung der Einkommenssteuer gesehen[326]. Das ist schon deshalb unzutreffend, weil Pensionsrückstellungen das Bilanzergebnis stark belasten und so zu einer schwächeren Position des Unternehmens am Markt führen. Sie sind somit keineswegs lediglich vorteilhaft für das Unternehmen. Nicht zuletzt deshalb wenden sich in jüngster Vergangenheit mehr und mehr Unternehmen externen Finanzierungsmöglichkeiten zu, wie z.B. sog. Contractual Trust Agreements.

Es ist auch kein Grund dafür ersichtlich, Pensionsrückstellungen gegenüber sonstigen zulässigen Rückstellungsposten eine besondere Stellung einzuräumen.

---

[321] BAG vom 17.04.1996 – 3 AZR 56/95, DB 1996, 2496 = AP Nr. 35 zu § 16 BetrAVG unter II. 2. c) der Gründe; kritisch dazu unten S. 90 f.

[322] BAG vom 23.04.1985 – 3 AZR 548/82, DB 1985, 1645 = AP Nr. 16 zu § 16 BetrAVG unter II. 2. c) der Gründe; siehe BAG vom 23.04.1985 – 3 AZR 156/83, DB 1985, 1642 = AP Nr. 17 zu § 16 BetrAVG unter III. 2. der Gründe.

[323] § 249 Abs. 1 Satz 1 HGB iVm Art. 28 Abs. 1 Satz 1 EGHGB. Vgl. RABer, BT-Drucks. 10/4268 S. 98; zum früheren Passivierungswahlrecht siehe BGH vom 27.02.1961 – II ZR 292/59, DB 1961, 498 = AP Nr. 69 zu § 242 BGB Ruhegehalt. Zur aktuellen Rechtslage siehe S. 19 ff.

[324] Wie hier *Andresen/Förster/Norbert Rößler/Rühmann* Teil 11B Rn 1255 f.

[325] Pensionsrückstellungen wird nach hM Fremdkapitalcharakter beigemessen; siehe dazu S. 21 f.

[326] Siehe BAG vom 23.04.1985 – 3 AZR 156/83, DB 1985, 1642 = AP Nr. 17 zu § 16 BetrAVG unter III. 2. der Gründe; wie hier *Blomeyer* Anm. zu BAG AP Nr. 16 und 17 zu § 16 BetrAVG unter C. IV. Siehe nur *Dieterich*, Die jüngste Rechtsprechung des BAG zur Anpassung und Kürzung von Betriebsrenten, NZA 1986, 41, 43, der fordert, der Arbeitgeber müsse begründen „warum die Darstellung von Rückstellungen in der Bilanz mit schwerwiegenden Nachteilen verbunden sein soll."

Sie unterscheiden sich nicht von sonstigen Rückstellungsposten[327]. Die Bildung von Pensionsrückstellungen führt nur in der Anwartschaftsphase zu günstigen Steuereffekten[328], die nicht insgesamt als Steuergewinne oder Steuervorteile angesehen werden können[329].

Nach Eintritt des Versorgungsfalls erhöht die Auflösung der gebildeten Rückstellungen den Gewinn und damit die Steuerlast[330]. Durch die Erfüllung der Pensionsverpflichtungen verkürzt sich die Aktivseite der Bilanz des Arbeitgeberunternehmens in der Auszahlungsphase.

Soweit das BAG darauf abgestellt hat, dass durch die Investition rückgestellter Beträge Erträge erzielt werden könnten[331], ist anzumerken, dass solche Erträge keinesfalls gesichert sind. Ein wirtschaftlicher Vorteil stellt sich nur dann ein, wenn der mit Hilfe der investierten Mittel erzielte Ertrag weit oberhalb des steuerlichen Rechnungszinssatzes von 6 v.H. liegt[332]. Ein Unternehmen, das Rückstellungen bildet, ist für die Erzielung von Investitionsgewinnen ebenso von der Entwicklung auf dem Kapitalmarkt abhängig wie jede andere Person. Der Umfang der erzielten Erträge spiegelt sich ohnehin im Jahresüberschuss oder im Bilanzgewinn einschließlich einer angemessenen Eigenkapitalverzinsung wieder, die als Prognosegrundlage zu berücksichtigen sind[333]. Eine gesonderte Betrachtung der Pensionsrückstellungsbildung verwässert insofern das Gebot der Gesamtwürdigung aller wirtschaftlichen Kriterien[334].

3. Kritische Würdigung der BAG-Rechtsprechung

Die zentralen Aussagen des BAG zur Beurteilung der wirtschaftlichen Lage des Arbeitgebers iSd § 16 BetrAVG müssen kritisch hinterfragt werden. Zwar ist die Erkenntnis des BAG, eine gesunde Weiterentwicklung des Unternehmens und damit seine Überlebensfähigkeit könne nur dann gesichert werden, wenn das Unternehmen durch die Anpassung nicht in seiner Substanz gefährdet wird, unzweifelhaft zutreffend. Ob das Unternehmen durch die von der Anpassung erzeugte Belastung tatsächlich erst in der Zukunft getroffen wird und deshalb tatsächlich eine Prognose für die Beurteilung der wirtschaftlichen Lage erforderlich ist, ist hingegen fraglich.

Geht man mit dem BAG davon aus, dass die wirtschaftliche Lage zukunftsorientiert zu bestimmen ist, können die Ausführungen zur Kürzung des Unternehmensergebnisses um einen für eine angemessenen Eigenkapitalverzinsung erforderlichen

---

327 *Förster*, Zur wirtschaftlichen Lage des Arbeitgebers bei der Anpassung der Betriebsrenten nach den BAG-Urteilen vom 23.04.1985, BB 1985, 2051, 2054.

328 *Andresen/Förster/Norbert Rößler/Rühmann* Teil 11B Rn 1302.

329 *Blomeyer* Anm. zu BAG AP Nr. 16 und 17 zu § 16 BetrAVG unter C. V.; sowie *Andresen/Förster/Norbert Rößler/Rühmann* Teil 11B Rn 1302.

330 Siehe § 253 Abs. 1 Satz 2 iVm § 249 Abs. 3 Satz 2 HGB. Pensionsrückstellungen dürfen insoweit aufgelöst werden, als sich der Rentenbarwert zum Abschlussstichtag gegenüber dem Rentenbarwert zum Abschlussstichtag der Vorperiode gemindert hat. Nur in dieser Höhe ist der Grund für die Pensionsrückstellung entfallen iSd § 249 Abs. 3 Satz 2 HGB.

331 BAG vom 23.04.1985 – 3 AZR 156/83, DB 1985, 1642 = AP Nr. 17 zu § 16 BetrAVG unter III. 2. der Gründe.

332 So auch *Neef*, Die wirtschaftliche Lage des Arbeitgebers gemäß § 16 BetrAVG, NZA 2003, 993, 997 mit Rechenbeispiel.

333 Zur Berücksichtigung handelsrechtlicher Jahresabschlüsse oben S. 73 f.; wie hier *Förster*, Zur wirtschaftlichen Lage des Arbeitgebers bei der Anpassung der Betriebsrenten nach den BAG-Urteilen vom 23.04.1985, BB 1985, 2051, 2054; *Andresen/Förster/Norbert Rößler/Rühmann* Teil 11B Rn 1303.

334 Dazu näher S. 75 f.

Betrag[335] und zur Vermeidung einer Eigenkapitalauszehrung[336] im Grundsatz überzeugen. Da jeder unternehmerischen Tätigkeit das Bestreben nach Gewinn zugrunde liegt und sich die Anteilseigner des Unternehmens von diesem abwenden würden, wenn eben dieser Gewinn ausbliebe, ist es für das Unternehmen notwendig, eine angemessene Eigenkapitalverzinsung zu erzielen. Bedenken bestehen aber gegen die Einführung eines einheitlichen Risikozuschlags iHv 2 v.H[337].

a. Anpassungslast

Die Terminologie, die das BAG verwendet, um die Last zu beschreiben, die das Unternehmen infolge der Anpassung aus seinen Erträgen und Wertzuwächsen tragen muss, variiert. Allein in seinen Entscheidungen vom 23.04.1985 spricht das BAG von Mehrkosten, Teuerungsausgleich, Anpassungsbedarf, übermäßiger Belastung, Bedarf an liquiden Mitteln, Übermaß der Anpassungslast sowie der Erhöhung der Renten als Geldabfluss[338].

Aus der Betriebswirtschaftslehre ist die Unterscheidung der Belastungen eines Unternehmens nach Ausgaben und Aufwendungen bekannt. Unter Ausgaben versteht man den Abfluss liquider Mittel in künftigen Jahren, die das Gegenstück zu den Einnahmen bilden. Aus Ausgaben und Einnahmen ergibt sich die Liquidität des Unternehmens.

Der Begriff der Aufwendungen beschreibt den gesamten Werteverzehr an Gütern und Dienstleistungen, der das Netto- oder Reinvermögen eines Unternehmens mindert und einer Geschäftsperiode zuzurechnen ist[339]. Den Gegenbegriff hierzu bildet der Ertrag. Dieser errechnet sich aus der Gesamtheit der von einer Unternehmung in einer Geschäftsperiode wegen der Erstellung von Gütern oder Dienstleistungen zugerechneten Einnahmen[340]. Das Begriffspaar Aufwendungen und Erträge beschreibt also alle einem bestimmten Geschäftsjahr zuzuordnenden Wertveränderungen, die mit Zahlungsströmen verbunden sind und unter Beachtung der gesetzlichen Vorschriften und Bilanzierungskonventionen in Finanzbuchhaltung und Jahresabschluss ausgewiesen werden müssen[341].

Indem das BAG feststellt, der Teuerungsausgleich müsse aus den Erträgen des Unternehmens finanzierbar sein[342] und der Arbeitgeber habe zur Beurteilung seiner wirtschaftlichen Lage von den handelsrechtlichen Jahresabschlüssen wie den Bilanzen, Gewinn- und Verlustrechnungen und Geschäftsberichten auszugehen[343], verdeutlicht es, dass unter den Mehrkosten der Anpassung der durch die Anpassungsentscheidung verursachte handelsrechtliche Aufwand zu verstehen ist[344].

---

[335] Dazu näher S. 76.
[336] Siehe oben S. 83.
[337] Siehe oben S. 83, sowie zu den Bedenken unten S. 90 f.
[338] BAG vom 23.04.1985 – 3 AZR 548/82, DB 1985, 1645 = AP Nr. 16 zu § 16 BetrAVG sowie BAG vom 23.04.1985 - 3 AZR 156/83, DB 1985, 1642 = AP Nr. 17 zu § 16 BetrAVG.
[339] *Adler/Düring/Schmaltz* § 246 HGB Rn 165.
[340] *Gabler* Wirtschaftslexikon Band E – J S. 965.
[341] *Adler/Düring/Schmaltz* § 246 HGB Rn 162.
[342] BAG vom 23.04.1985 – 3 AZR 156/83, DB 1985, 1642 = AP Nr. 17 zu § 16 BetrAVG unter II. 3. a) der Gründe.
[343] BAG vom 23.04.1985 – 3 AZR 156/83, DB 1985, 1642 = AP Nr. 17 zu § 16 BetrAVG; sowie ausdrücklich in BAG vom 17.04.1996 – 3 AZR 56/95, DB 1996, 2496 = AP Nr. 35 zu § 16 BetrAVG unter II. 2. b) der Gründe.
[344] So auch *Förster*, Zur wirtschaftlichen Lage des Arbeitgebers bei der Anpassung der Betriebsrenten nach den BAG-Urteilen vom 23.04.1985, BB 1985, 2051, 2053 und *Andresen/Förster/Norbert Rößler/Rühmann* Teil 11B Rn 1296; *Blomeyer* Anm. zu BAG AP Nr. 16 und 17 zu § 16 BetrAVG unter C II

Hierfür spricht auch, dass das BAG an anderer Stelle einräumt, dass das Unternehmen zur Finanzierung seiner Versorgungslasten ausreichende Rückstellungen bilden müsse, um die Anpassungslast tragen zu können[345]. Rückstellungen dienen dazu, in Zukunft zu tätigende Ausgaben als Aufwand vorwegzunehmen[346].

Da die Anpassungsentscheidung bindend wirkt, muss der Arbeitgeber bereits im Prüfjahr die Deckungsmittel für die Erhöhung der laufenden Renten für die gesamte versicherungsmathematisch wahrscheinliche Rentenzahldauer zurückstellen[347]. Der Gesamtaufwand beträgt nach *Andresen/Förster/Rößler/Rühmann* das 8- bis 10fache der durch die Anpassung verursachten Ausgaben im folgenden Anpassungszeitraum[348].

b. Prognoseerfordernis

Die Auffassung des BAG, die wirtschaftliche Lage des Arbeitgebers müsse zukunftsbezogen bestimmt werden, ist seit jeher auf weitreichende Kritik gestoßen[349]. Ein Hauptansatzpunkt dieser Kritik ist die mit einer solchen prospektiven Betrachtung verbundene Rechtsunsicherheit. Jede Prognose birgt Unsicherheit und ist in ihrer Erstellung problematisch[350]. Je größer der zu prognostizierende Ausschnitt und je längerfristig die Prognose ist, desto größer wird zwangsläufig die Ungenauigkeit ihres Ergebnisses. Schon begrifflich kann eine Prognose keine absolute Gewissheit liefern[351].

Das BAG verlangt eine Prognose für die Gesamtheit der wirtschaftlichen Lage des Unternehmens. Die große Anzahl der Einflussfaktoren auf diese Größe führt zwangsläufig zu einer hohen Fehlerträchtigkeit einer solchen Prognose. Das Auseinanderfallen der Betrachtungszeitpunkte für die Geldentwertung (retrospektiv)[352] und die wirtschaftliche Lage (prospektiv)[353] schafft zusätzliche Schwierigkeiten bei der Anpassungsentscheidung[354].

Künftige Unternehmensergebnisse sind zweifellos nicht die zwangsläufige, naturgesetzliche Folge bisherigen Geschehens, sondern das Ergebnis vielfältiger Entscheidungen und Entwicklungen im Unternehmen sowie auf den für das Unternehmen relevanten Märkten. Durch die Fortschreibung bisheriger Entwicklungsverläufe

---

stellt lediglich die Uneinheitlichkeit der Terminologie des BAG fest, ohne sich selbst auf eine Interpretation festzulegen.

345 BAG vom 23.04.1985 – 3 AZR 156/83, DB 1985, 1642 = AP Nr. 17 zu § 16 BetrAVG unter III. 2. der Gründe.

346 *Adler/Düring/Schmaltz* § 249 HGB Rn 33.

347 Siehe auch *Blomeyer*, Rechtliche Kriterien für die Unternehmensbewertung der betrieblichen Altersversorgung, RdA 1986, 69, 76 f., der diese Ansicht bereits vor Einführung der Passivierungspflicht in § 249 Abs. 1 HGB iVm Art. 28 EGHGB vertrat.

348 *Andresen/Förster/Norbert Rößler/Rühmann* Teil 11B Rn 1296.

349 Siehe BAG vom 23.04.1985 – 3 AZR 156/83, DB 1985, 1642 = AP Nr. 17 zu § 16 BetrAVG. Zur Kritik statt vieler *Förster*, Zur wirtschaftlichen Lage des Arbeitgebers bei der Anpassung der Betriebsrenten nach den BAG-Urteilen vom 23.04.1985, BB 1985, 2051, 2052; *Andresen/Förster/Norbert Rößler/Rühmann* Teil 11B Rn 1298 sehen als Grund für die Notwendigkeit einer Prognose die betriebswirtschaftlich unsaubere Gegenüberstellung von Ausgaben und Erträgen durch das BAG anstelle der richtigen Gegenüberstellung von Aufwand und Ertrag.

350 Hieran setzt *Blomeyer* seine Kritik am Prognoseerfordernis an; siehe *Blomeyer* Anm. zu BAG AP Nr. 16 und 17 zu § 16 BetrAVG.

351 Der Begriff „Prognose" kommt vom griechischen „prógnōsis" – das Vorherwissen.

352 Siehe oben S. 70 f.

353 Zur BAG-Rechtsprechung, die eine Prognoseentscheidung verlangt siehe oben S. 73 f.

354 Siehe *Andresen/Förster/Norbert Rößler/Rühmann* Teil 11B Rn 1299; *Blomeyer* Anm. zu BAG AP Nr. 16 und 17 zu § 16 BetrAVG unter C I 2.

in die Zukunft eine zukünftige Entwicklung lediglich mit einer gewissen Wahrscheinlichkeit vorhergesagt werden[355]. Ein sicheres Ergebnis kann hierdurch freilich nicht erreicht werden.

Versteht man die Mehrkosten der Anpassung richtigerweise als handelsrechtlichen Aufwand, erübrigt sich eine Beurteilung der wirtschaftlichen Lage mittels einer Prognose. Für die Gegenüberstellung von Aufwand und Ertrag reicht eine Betrachtung des Jahresüberschusses bzw. -fehlbetrags zum Anpassungszeitpunkt aus. Eine Prognose, wie sie das BAG für die Bestimmung der wirtschaftlichen Lage fordert, ist nur dann erforderlich, wenn Elemente des handelsrechtlichen Aufwands mit Liquiditätsaspekten, d.h. Fragen der Ausgaben des Unternehmens, miteinander vermischt werden[356].

Nach Ansicht des BAG wirkt sich die Erhöhung der Renten erst nach dem Anpassungsstichtag als Geldabfluss aus dem Unternehmen aus[357]. Diese Ansicht ist nicht zutreffend. Der Arbeitgeber muss die infolge der Anpassungsentscheidung zusätzlich erforderlichen Mittel bereits im Prüfjahr erwirtschaften. Die Kosten, die aus der Anpassungsentscheidung resultieren, können bilanziell nicht auf die Folgejahre, in denen der Geldabfluss erfolgt, verteilt werden. Sie sind insgesamt im Anpassungsjahr mit ihrem abgezinsten Barwert zu passivieren[358].

Wirtschaftlich tritt diese höhere Zuführung zur Pensionsrückstellung bereits zum Anpassungszeitpunkt und damit in der Abrechnungsperiode eine Vermögensminderung ein, die dem handelsrechtlichen Jahresabschluss zugrunde liegt[359]. Die Entscheidung, Betriebsrenten zu erhöhen, stellt die Verwendung von erwirtschaftetem Gewinn dar und zwar im Zeitpunkt der Entscheidungsfällung[360]. Durch die Pensionserhöhung gibt das Unternehmen den Teil, der der Pensionsrückstellung entspricht, an die Pensionäre endgültig und sofort ab. Zum Zeitpunkt der Pensionserhöhung muss das für die Versorgung vorgesehene Kapital zumindest abgezinst also bereits erdient sein.

Andererseits ist nicht von der Hand zu weisen, dass eine Betrachtung, die sich allein auf die wirtschaftliche Situation des Unternehmens im Prüfjahr beschränkt, zu verzehrten Ergebnissen führen kann. So könnte es sein, dass ein Unternehmen, das im Prüfjahr gute Zahlen schreibt, in den folgenden Jahren in wirtschaftliche Schwierigkeiten zu geraten droht. Würde man das Unternehmen allein wegen der guten Zahlen im Prüfjahr zur Anpassung verpflichten, so würde man ihm sehenden Auges eine Belastung auferlegen, die in den folgenden Jahren zur Substanzgefährdung führen könnte. Umgekehrt kann sich auch ein Unternehmen, das nach einer Verlustphase wieder Gewinne erwirtschaftet, noch in einer wirtschaftlichen Situation befinden, die eine Anpassung nicht zulässt[361].

Hinzu kommt, dass in der Regel in jedem Prüfjahr die Anpassung der laufenden Leistung von 1/3 des Rentnerbestandes geprüft wird. Eine Berücksichtigung der wirt-

---

[355] *Andresen/Förster/Norbert Rößler/Rühmann* Teil 11B Rn 1205.

[356] So auch *Andresen/Förster/Norbert Rößler/Rühmann* Teil 11B Rn 1297 ff.

[357] BAG vom 23.04.1985 – 3 AZR 156/83, DB 1985, 1642 = AP Nr. 17 zu § 16 BetrAVG unter II. 3. der Gründe.

[358] § 253 Abs. 1 Satz 2 HGB; *Ahrend/Förster/Norbert Rößler* Teil 8 Rn 309; siehe auch *Ellrott/Rhiel* in Beck Bil-Komm. § 249 Rn 203. Anschaulich zur Funktion des § 6a EStG *Neef*, Die wirtschaftliche Lage des Arbeitgebers gemäß § 16 BetrAVG, NZA 2003, 993, 995.

[359] *Adler/Düring/Schmaltz* § 246 Rn 169; *Blomeyer* Anm. zu BAG AP Nr. 16 und 17 zu § 16 BetrAVG unter II 2.

[360] *Neef*, Die wirtschaftliche Lage des Arbeitgebers gemäß § 16 BetrAVG, NZA 2003, 993, 993.

[361] So BAG vom 23.05.2000 – 3 AZR 83/99, DB 2002, 155 = AP Nr. 43 zu § 16 BetrAVG unter II. 2. b) der Gründe.

schaftlichen Situation des Unternehmens nur im Prüfjahr könnte daher zu einer zufälligen Ungleichbehandlung der Rentner führen. So würden möglicherweise die laufenden Leistung von 1/3 der Betriebsrentner nicht angepasst, weil in ihrem Prüfjahr aus außergewöhnlichen Umständen ein schlechtes Betriebsergebnis erwirtschaftet wird, während die anderen 2/3 der Betriebsrentner Anpassungen erhielten, obwohl die Gesamtsituation des Unternehmens für alle Betriebsrentner selbstverständlich identisch ist.

Eine Prognosebeurteilung ist demnach unumgänglich. Als Prognosezeitraum eignet sich am besten – wie vom BAG angenommen[362] -, der in § 16 BetrAVG angegebene Drei-Jahres-Zeitraum[363]. Nach Ablauf dieses Zeitraums muss ohnehin eine neue Anpassungsentscheidung erfolgen.

c. Prognosegrundlage

Das BAG will die Prognose auf die „bisherige Entwicklung über einen längeren, repräsentativen Zeitraum, in der Regel mindestens drei Jahre" stützen[364]. Für die Zeit nach dem Anpassungsstichtag müssen zusätzlich zu dem Jahresabschluss Planbilanzen, Plan - Gewinn- und Verlustrechnungen und Plan - Betriebsergebnisrechnungen aufstellt werden[365]. Ergänzend können Finanzplanungsrechnungen hinzukommen, um die Zahlungsfähigkeit des Unternehmens in der Phase des Liquiditätsabflusses zu untersuchen[366].

Das BAG will der Prognoseentscheidung auch Entwicklungen nach dem Anpassungsstichtag bis zum Zeitpunkt einer letzten mündlichen Verhandlung zugrundelegen[367]. Die praktische Umsetzung dieser Auffassung erhöht die Risiken der Anpassungsentscheidung für den Arbeitgeber erheblich[368]. Der Arbeitgeber ist an eine einmal getroffene Anpassungsentscheidung gebunden, wohingegen der Betriebsrentner im Falle einer ablehnenden Anpassungsentscheidung ohne Risiko einen Prozess anstreben und die weitere wirtschaftliche Entwicklung seines Beschäftigungsunternehmens abwarten könnte.

Ein zusätzlicher Anreiz für ein solches arbeitnehmerseitige Vorgehen könnte aus der Abschaffung der Pflicht zur nachholenden Anpassung durch die Einführung des § 16 Abs. 4 BetrAVG resultieren. Unterlässt der Arbeitgeber die Anpassung im Anpassungszeitpunkt zu Recht, bietet die Klage dem Betriebsrentner nunmehr eine zusätzliche Chance doch noch eine Anpassung zu erreichen, falls sich seit dem Anpassungsstichtag die Verhältnisse geändert haben. *Andresen/Förster/Rößler/Rühmann* weisen zu Recht darauf hin, dass die nach der Anpassungsentscheidung ein-

---

[362] BAG vom 23.04.1985 – 3 AZR 156/83, DB 1985, 1642 = AP Nr. 17 zu § 16 BetrAVG.

[363] So auch *Höfer* § 16 Rn 179; *Pauly*, Anm. zu ArbG Siegburg vom 12.03.1996 – 5 Ca 1295/92, DB 1996, 1731, 1732.

[364] BAG vom 17.04.1996 – 3 AZR 56/95, DB 1996, 2496 = AP Nr. 35 zu § 16 BetrAVG unter 3. a) und b) der Leitsätze.

[365] Statt vieler *Blomeyer* Anm. zu BAG AP Nr. 16 und 17 zu § 16 BetrAVG unter V.

[366] So auch *Förster*, Zur wirtschaftlichen Lage des Arbeitgebers bei der Anpassung der Betriebsrenten nach den BAG-Urteilen vom 23.04.1985, BB 1985, 2051, 2052.

[367] BAG vom 23.04.1985 – 3 AZR 156/83, DB 1985, 1642 = AP Nr. 17 zu § 16 BetrAVG unter III. 1. der Gründe.

[368] *Ahrend/Förster/Rühmann* § 16 Rn 31; siehe auch *Förster,* Zur wirtschaftlichen Lage des Arbeitgebers bei der Anpassung der Betriebsrenten nach den BAG-Urteilen vom 23.04.1985, BB 1985, 2051, 2052; auch *Höfer* Anm. zu BAG AP Nr. 35 zu § 16 BetrAVG und *Andresen/Förster/Norbert Rößler/Rühmann* Teil 11B Rn 1728.

tretende wirtschaftliche Entwicklung des Unternehmens nicht zuletzt auch Folge der konkreten Anpassungsentscheidung ist[369]. Sie sollte daher unberücksichtigt bleiben.

Das BAG hat seine Rechtsprechung insofern eingeschränkt, als unvorhersehbare und einmalige Veränderungen nach dem Anpassungsstichtag nicht als Prognosegrundlage herangezogen werden können[370]. Leider bleibt unklar, was das BAG als noch „vorhersehbar" und was es als bereits „ungewöhnlich" einstufen will. Es ist zu befürchten, dass die gegenwärtige Rechtslage Einzelfallrechtsprechung nach sich ziehen und damit dem Interesse an Rechtsklarheit und –einheitlichkeit abträglich sein wird[371].

d. Abstellen auf den Jahresüberschuss zur Ermittlung der Eigenkapitalverzinsung

Das BAG will die Höhe der erzielten Eigenkapitalverzinsung durch einen Vergleich des berichtigten Jahresüberschusses iSd § 275 Abs. 2 Nr. 20 bzw. § 275 Abs. 3 Nr. 19 HGB mit dem nach seinen Prämissen ermittelten Eigenkapital des Unternehmens bestimmen. Diese Vorgehensweise ist in der Literatur weitgehend kritisiert worden. Die meisten Autoren empfehlen, auf eine Vorsteuergröße abzustellen, um die tatsächlich erreichte Eigenkapitalverzinsung realistischer einschätzen zu können[372].

Richtig ist, dass durch das Abstellen auf eine Vorsteuergröße Ergebnisverzerrungen vermieden werden können. Eine Nachsteuergröße kann infolge unterschiedlicher Körperschaftssteuersätze für ausgeschüttete und thesaurierte Gewinne durch die Unternehmenspolitik beeinflusst werden[373]. Allerdings resultieren nur die Steuern auf Ertrag und Einkommen aus einem Beschluss der Gesellschafter und sind deshalb betriebswirtschaftlich als Ergebnisverwendung anzusehen. Nur sie können die Höhe des Jahresüberschusses verändern[374]. Als Berechnungsgröße empfiehlt sich deshalb der Jahresüberschuss bzw. Jahresfehlbetrag vor Ertragsteuerbelastung. Zum Jahresüberschuss – bzw. –fehlbetrag sollten die gezahlten Ertragssteuern wieder zugeschlagen werden.

Keine brauchbare Rechnungsgröße ist hingegen der Gewinn vor Steuern, d.h. der Saldo von Ertrag und Aufwand ohne jede steuerliche Belastung. Er verzehrt die Darstellung des tatsächlichen Unternehmenserfolgs und enthält auch die nicht von einer unternehmerischen Entscheidung abhängende Steuerlast, die grundsätzlich für alle Unternehmen gleich ist.

e. Berücksichtigung von Investitionsbeträgen

Absehbare und notwendige Investitionen, um die das BAG das Unternehmensergebnis kürzen will, um die für die Anpassung zur Verfügung stehenden Mittel zu bestim-

---

[369] *Andresen/Förster/Norbert Rößler/Rühmann* Teil 11B Rn 1728.
[370] Siehe oben S. 74; BAG vom 17.10.1995 – 3 AZR 881/94, DB 1996, 1425 = AP Nr. 34 zu § 16 BetrAVG unter II. 2. b) aa) der Gründe und BAG vom 17.04.1996 – 3 AZR 56/95, DB 1996, 2496 = AP Nr. 35 zu § 16 BetrAVG.
[371] *Höfer* Anm. zu BAG AP Nr. 35 zu § 16 BetrAVG unter 6.1.; siehe auch *ders.* § 16 Rn 3578 ff.
[372] So z.B. *Neef*, Die wirtschaftliche Lage des Arbeitgebers gemäß § 16 BetrAVG, NZA 2003, 993, 994 und *Höfer* 3553 ff.
[373] Dazu nur *Ludewig/Kube*, Zur Berücksichtigung einer angemessenen Eigenkapitalverzinsung und der Ertragsteuern im Rahmen der Anpassungsentscheidung nach § 16 BetrAVG, DB 1998, 1725, 1729 und *Blomeyer* Anm. zu BAG AP Nr. 43 – 45 zu § 16 BetrAVG unter III. 3. b).
[374] So auch *Hartauer*, Zur Prüfung der wirtschaftlichen Lage nach § 16 BetrAVG, DB 1996, 2080; zur Definition der Gewinnverwendung siehe *Gabler* Wirtschaftslexikon Band E – J S. 1306.

men[375], mindern regelmäßig den Unternehmensgewinn durch die Bildung entsprechender Investitionsrücklagen. Nach Ansicht *Blomeyers* beschneidet die Auffassung des BAG den Arbeitgeber in seiner unternehmerischen Entscheidungsfreiheit. Er könne Entscheidungen über den erforderlichen Investitionsbedarf selbst am besten treffen. Als ordentlicher Kaufmann sei er gezwungen, entsprechende Rücklagen in die Bilanz einzustellen[376]. Tue er dies, bedürfe es keiner gesonderten Berücksichtigung des Investitionsbedarfs mehr. Bilde er keine Investitionsrücklagen, müsse er sich entgegenhalten lassen, dies versäumt zu haben. Er kann nicht mehr durch eine nachträgliche Korrektur des Unternehmensergebnisses begünstigt werden[377].

Stellt man indes, wie das BAG, zur Ermittlung der erzielten Eigenkapitalverzinsung auf den Jahresüberschuss iSd § 275 Abs. 2 Nr. 20 HGB[378] ab, bedarf es einer gesonderten Berücksichtigung dieser Positionen. Die Bildung von Investitionsrücklagen findet im Jahresüberschuss nach Steuern keinen Niederschlag.

f. Einheitlicher Risikozuschlag

Bedenken bestehen gegen den vom BAG bei der Bemessung der angemessenen Eigenkapitalverzinsung einheitlich festgesetzten Risikozuschlag iHv 2 v.H[379]. Ein solcher einheitlicher Risikozuschlag trägt dem höchst unterschiedlichen Unternehmensrisiko verschiedener Branchen nur begrenzt Rechnung[380]. Empirische Untersuchungen, die sich mit der Frage der angemessenen Eigenkapitalverzinsung beschäftigten, hatten im Vorfeld der Entscheidung des BAG ergeben, dass die in der Praxis angewandten Risikozuschläge eine erhebliche Bandbreite umfassten[381].

Aus Gründen der Praktikabilität ist der einheitliche Risikozuschlag begrüßenswert. Das BAG hat sich für die Einführung eines solchen einheitlichen Zuschlags entschieden und im Gegenzug auf die Berücksichtigung eines Geldentwertungsabschlags verzichtet[382]. Ein solcher Geldentwertungsabschlag wird in der Rechtsprechung zur Unternehmensbewertung vorgenommen, um zu berücksichtigen, dass Unternehmen eine Geldwertverminderung je nach Marktstellung durch die Preisgestaltung mehr oder weniger auffangen können, während sich die Geldwertverminderung bei einer Kapitalanlage in festverzinsliche Wertpapiere meist stärker niederschlägt. Das BAG ist zu Recht Stimmen aus der Literatur gefolgt, die einem Geldentwer-

---

375 BAG vom 17.04.1996 – 3 AZR 56/95, DB 1996, 2496 = AP Nr. 35 zu § 16 BetrAVG unter II. 2. c) der Gründe; siehe oben S. 84.

376 *Blomeyer* Anm. zu BAG AP Nr. 43 – 45 zu § 16 BetrAVG III. 3. a) dd).

377 Ebenso *Blomeyer/Otto* § 16 Rn 197, die ein Berufen auf einen absehbaren Investitionsbedarf als treuwidrig ansehen, wenn der Arbeitgeber es entgegen seine kaufmännischen Sorgfaltspflicht zuvor unterlassen hat, entsprechende Rücklagen zu bilden.

378 Bzw. § 275 Abs. 3 Nr. 19 HGB bei Anwendung des Umsatzkostenverfahrens.

379 BAG vom 23.05.2000 – 3 AZR 146/99, DB 2001, 2255 = AP Nr. 45 zu § 16 BetrAVG.

380 *Blomeyer* Anm. zu BAG AP Nr. 43 – 45 zu § 16 BetrAVG III. 3. d). Siehe auch *Neef*, Die wirtschaftliche Lage des Arbeitgebers gemäß § 16 BetrAVG, NZA 2003, 993, 996, der davon spricht, es „liege auf der Hand, dass es riskante und weniger riskante Unternehmensbeteiligungen gebe". Als Beispiel führt er die Beteiligung an einem Unternehmen des Neuen Marktes im Vergleich zur Beteiligung an einem Standardwert an.

381 *Ludewig/Kube*, Zur Berücksichtigung einer angemessenen Eigenkapitalverzinsung und der Ertragssteuern im Rahmen der Anpassungsentscheidung nach § 16 BetrAVG, DB 1998, 1725, 1727; dies erkannte auch das BAG in BAG vom 23.05.2000 – 3 AZR 146/99, DB 2001, 2255 = AP Nr. 45 zu § 16 BetrAVG unter II. 2. c) aa) (1) der Gründe.

382 BAG vom 23.05.2000 – 3 AZR 146/99, DB 2001, 2255 = AP Nr. 45 zu § 16 BetrAVG unter II. 2. c) bb) der Gründe.

tungsabschlag kritisch gegenüber stehen[383] und hat deshalb aus Vereinfachungsgründen den einheitlichen Risikozuschlag eingeführt und auf einen Geldentwertungsabschlag verzichtet[384].

g. Tendenzielle Folgen der neueren Entwicklungen der BAG-Rechtsprechung

In seinen jüngeren Entscheidungen führt das BAG weitgehend seine seit dem Jahre 1985 bestehende Rechtsprechung fort. Das Erfordernis einer Prognose bleibt noch immer zentraler und unverrückbarer Bestandteil des vom BAG zur Bestimmung der wirtschaftlichen Lage des Arbeitgebers vertretenen Ansatzes.

Der Begriff der wirtschaftlichen Lage ist ansonsten erfreulich konkretisiert worden. Mit Ausnahme der nunmehr zu berücksichtigenden nach der Anpassungsentscheidung eintretenden wirtschaftlichen Entwicklungen, durch die sich das Prozessrisiko für die Betriebsrentner reduziert hat[385], sind die neueren Entwicklungen als insgesamt arbeitgeberfreundlich einzustufen.

Die Erhaltung der Unternehmenssubstanz und dabei insbesondere die Notwendigkeit, eine angemessene Eigenkapitalverzinsung zu erzielen, ist deutlich in den Vordergrund getreten. Die Bedeutung eines gesunden Unternehmens als Ertragsfaktor ist als wesentliche Grundlage der zugesagten betrieblichen Versorgungsleistungen betont worden. Erwirtschaftet ein Arbeitnehmer nach wirtschaftlich schwieriger Zeit wieder Überschüsse, so braucht er diese nicht für die Anpassung der Betriebsrenten einzusetzen, sondern kann sie zunächst zur Stabilisierung seines Unternehmens nutzen[386]. Diese Überlegung mag sich zwar bereits vorher aus dem Gedanken der Substanzerhaltung ergeben haben. In dieser Deutlichkeit findet sie sich in der früheren Rechtsprechung des BAG aber nicht.

Das BAG erkannte ferner erstmals an, dass das Eigenkapital durch begründete Versorgungsverpflichtungen belastet wird, auch wenn diese noch nicht als Rückstellungen in der Bilanz auftauchen[387]. Auch Verlustvorträge will das BAG jetzt berücksichtigen, soweit diese das Eigenkapital des Unternehmens mindern[388]. Schließlich hat das BAG in jüngerer Vergangenheit erstmals die erforderlichen betriebswirtschaftlichen Korrekturen der handelsrechtlichen Jahresabschlüsse für die Zwecke der Beurteilung der wirtschaftlichen Lage iSd § 16 BetrAVG konkretisiert[389].

Das Ergebnis der handelsrechtlichen Jahresabschlüsse, das dem BAG als Prognosegrundlage dient, wird unter diesen Voraussetzungen stark nach unten korrigiert. Die für die Erhaltung der Unternehmenssubstanz geforderte Eigenkapitalverzinsung ist damit erschwert zu erwirtschaften. Die nach dem Wortlaut des

---

383 Vgl. dazu *Ludewig/Kube*, Zur Berücksichtigung einer angemessenen Eigenkapitalverzinsung und der Ertragssteuern im Rahmen der Anpassungsentscheidung nach § 16 BetrAVG, DB 1998, 1725, 1727.

384 BAG vom 23.05.2000 – 3 AZR 146/99, DB 2001, 2255 = AP Nr. 45 zu § 16 BetrAVG unter II. 2. c) bb) (1) –(3) der Gründe. Kritisch *Neef*, Die wirtschaftliche Lage des Arbeitgebers gemäß § 16 BetrAVG, NZA 2003, 993, 997.

385 Dazu oben S. 89 f.

386 BAG vom 23.01.2001 – 3 AZR 287/00, DB 2001, 2507 = AP Nr. 46 zu § 16 BetrAVG.

387 BAG vom 23.05.2000 – 3 AZR 83/99, DB 2002, 155 = AP Nr. 43 zu § 16 BetrAVG unter II. 2. b) bb) der Gründe; siehe auch *Blomeyer* Anm. zu BAG AP Nr. 43 – 45 zu § 16 BetrAVG unter III. 3. a) bb).

388 BAG vom 23.05.2000 – 3 AZR 83/99, DB 2002, 155 = AP Nr. 43 zu § 16 BetrAVG unter II. 2. d) der Gründe.

389 Statt vieler BAG vom 17.10.1995 – 3 AZR 881/94, DB 1996, 1425 = AP Nr. 34 zu § 16 BetrAVG unter II. 2. b) aa) der Gründe und BAG vom 17.04.1996 – 3 AZR 56/95, DB 1996, 2496 = AP Nr. 35 zu § 16 BetrAVG unter II. 2. c) und d) der Gründe.

§ 16 Abs. 1 BetrAVG eigentlich als Regel vorgesehen Vollanpassung wird unter diesen Umständen für den Arbeitgeber mehr und mehr zur Ausnahme.

4. Betriebswirtschaftliche Ansätze zur Bewertung der wirtschaftlichen Lage des Arbeitgebers iSd § 16 BetrAVG

Die betriebliche Praxis hat verschiedene Modelle entwickelt, um den unbestimmten Rechtsbegriff der wirtschaftlichen Lage des Arbeitgebers iSd § 16 BetrAVG zu operationalisieren. Sämtlichen bekannten Modellen ist gleich, dass sie mit dem BAG von einem Prognoseerfordernis ausgehen. Die wichtigsten Modelle werden nachfolgend knapp dargestellt.

Die bekannten Berechnungsmodelle unterscheiden sich nur in wenigen Punkten grundlegend voneinander. Dies liegt zum einen daran, dass sich durch die Weiterentwicklung der Rechtsprechung die Spielräume für unterschiedliche Ansätze verkleinert haben. Zum anderen sind ältere Modelle in neueren Ansätzen aufgegangen oder haben sich soweit angeglichen, dass eine differenzierende Darstellung für die Zwecke dieser Untersuchung keinen Sinn mehr macht. Die bestehenden betriebswirtschaftlichen Bewertungsmodelle zur wirtschaftlichen Lage des Arbeitgebers iSd § 16 BetrAVG können deshalb auf zwei Grundrichtungen reduziert werden.

Die Modelle von *Höfer* und *Blomeyer/Otto*, die in ihren Kommentaren zum BetrAVG ursprünglich recht unterschiedliche Ansätze zur Bewertung der wirtschaftlichen Lage präsentiert hatten[390], haben sich nach wiederholter Überarbeitung weitgehend angeglichen[391]. Sie bilden die eine Grundrichtung und werden deshalb im Zusammenhang dargestellt. Das anschließend dargestellte Modell von *Förster*[392], das zu seiner Zeit als erstes die Grundsätze der Rechtsprechung des BAG vom 23.04.1985[393] umsetzte, kann als Vorarbeit zum aba - Modell 1987[394] angesehen werden. Dieses aba – Modell stellt die andere verbliebene Richtung betriebwirtschaftlicher Ansätze zur Bewertung der wirtschaftlichen Lage dar.

a. Die Modellansätze von Höfer und Blomeyer/Otto (2.Auflage)

Die Modellansätze von *Höfer*[395] und *Blomeyer/Otto*[396] stellen zur Bemessung der wirtschaftlichen Lage vorrangig auf die Eigenkapitalrentabilität des Unternehmens ab. Erreicht das Unternehmen voraussichtlich eine angemessene Eigenkapitalverzinsung, dann soll der darüber hinausgehende Unternehmensgewinn das zur Verfügung stehende Anpassungspotential darstellen. Wird die geforderte Eigenkapitalverzinsung nicht erreicht, soll eine Anpassung von vornherein ausscheiden[397].

Nur insoweit kann *Blomeyer/Otto* gefolgt werden, wenn sie in der neuesten Auflage ihres Kommentars von der Darstellung eines eigenen Berechnungsmodells mit der Begründung absehen, das BAG habe ihren Modell-Ansatz aufgegriffen[398]. In an-

---

[390] Siehe *Blomeyer/Otto*[1] § 16 Rn 199 sowie *Höfer/Abt* § 16 Rn 174 ff.
[391] Dies erkennen auch *Blomeyer/Otto* § 16 Rn 209.
[392] Siehe S. 95 f.
[393] BAG vom 23.04.1985 – 3 AZR 548/82, DB 1985, 1645 = AP Nr. 16 zu § 16 BetrAVG sowie BAG vom 23.04.1985 – 3 AZR 156/83, DB 1985, 1642 = AP Nr. 17 zu § 16 BetrAVG.
[394] Unten S: 96 ff.
[395] Siehe *Höfer* § 16 Rn 3579 ff.
[396] Siehe *Blomeyer/Otto*[2] § 16 Rn 195 ff.
[397] *Höfer* § 16 Rn 3582; *Blomeyer/Otto*[2] § 16 Rn 196.
[398] *Blomeyer/Otto* § 16 Rn 210.

deren Punkten weichen die Grundsätze der BAG-Rechtsprechung nach wie vor von den Modellen *Blomeyer/Ottos* und *Höfers* ab.

Das BAG hat also lediglich einzelne Gedanken dieser Modelle aufgegriffen. Die vom BAG nicht umgesetzten Gesichtspunkte ihres ursprünglichen Berechnungsmodells vertreten *Blomeyer/Otto* weitgehend unverändert nunmehr jedoch unter dem Deckmantel „grundlegender Aspekte, die der Weiterentwicklung der vom BAG eingeleiteten Konkretisierung dienen"[399].

Blomeyer/Ottos Ansatz betrachtet die Ertragskraft des Unternehmens als entscheidende Größe für die Ermittlung des Anpassungspotentials. Die Anhebung der Betriebsrenten müsse ihre Obergrenze in der Ertragskraft des Unternehmens finden[400]. Als Ertragskraft des Unternehmens definieren sie die Fähigkeit, mit eingesetztem Eigenkapital generell „Erträge" zu erzielen. Dem vom BAG geforderten „Wertzuwachs" messen *Blomeyer/Otto* keine eigenständige Bedeutung bei. Der Wertzuwachs sei vielmehr Bestandteil der vom Unternehmen erwirtschafteten Erträge[401].

Die Anpassung müsse aus dem prognostizierten Ertrag des Deckungskapitals für die Betriebsrenten finanzierbar sein. Dieses Deckungskapitals nehme als Fremdkapital an der Ertragskraft des Eigenkapitals teil, ohne nach betriebswirtschaftlicher Lehre Teil desselben zu sein[402]. Aus der Funktion des § 16 BetrAVG als Norm des Interessenausgleichs zwischen Arbeitgeber und Betriebsrentnern folge, dass der Arbeitgeber die Vorteile auszugleichen habe, die er dadurch erzielen könne, dass er das für die Versorgung erforderliche Kapital nicht sogleich, sondern erst kontinuierlich auszahle. Da das Deckungskapital für die laufenden Renten aber nur einen Teil des investierten Kapitals darstelle, müsse für den Arbeitgeber aus der Ertragskraft des Unternehmens neben dem Anhebungsgesamtbetrag auch noch eine angemessene Eigenkapitalverzinsung gewährleistet sein. Hierfür seien die Erträge des Unternehmens vorrangig zu verwenden. Das Berechnungsmodell von *Blomeyer/Otto* setzt damit an ihrer Verrentungsthese an, anhand derer sie § 16 BetrAVG dogmatisch herleiten wollen, die vom BAG jedoch ausdrücklich abgelehnt worden ist[403].

Wenn *Blomeyer/Otto* von den Erträgen und der Ertragskraft des Unternehmens sprechen, so scheinen sie tatsächlich auf den Gewinn (Jahresüberschuss) als Differenz zwischen Ertrag und Aufwand[404] abzustellen. Die Höhe der Erträge allein gibt keinen Aufschluss darüber, ob das Unternehmen neben einer angemessenen Eigenkapitalverzinsung, für deren Ermittlung *Blomeyer/Otto* zutreffend das Eigenkapital iSd § 266 Abs. 3 A HGB zugrunde legen wollen[405], eine Vollanpassung der Renten verkraften kann. Entscheidend für die Beantwortung dieser Frage kann nur der Überschuss der Erträge über den Aufwand sein. In der neuesten Auflage ihres Kommentars stellen *Blomeyer/Otto* nunmehr ausdrücklich auf den Gewinn vor Ertragssteuerbelastung ab[406].

Auch nach *Höfers* Berechnungsmodell darf der Gewinn des Unternehmens durch die Anpassung nicht übermäßig belastet werden[407]. Er soll vorrangig eine an-

---

399 *Blomeyer/Otto* § 16 Rn 210.
400 *Blomeyer/Otto*^{2} § 16 Rn 196; sowie noch immer *Blomeyer/Otto* § 16 Rn 211.
401 *Blomeyer/Otto*^{2} § 16 Rn 196; so auch die hier vertretene Ansicht, siehe oben Rn 127.
402 *Blomeyer/Otto*^{2} § 16 Rn 196, sowie noch immer *Blomeyer/Otto* § 16 Rn 211.
403 Das BAG hat diese These in BAG vom 23.04.1985 – 3 AZR 156/83, DB 1985, 1642 = AP Nr. 17 zu § 16 BetrAVG unter II. 3. b) (2) der Gründe abgelehnt; umfassend zur Verrentungsthese S. 55 f.
404 *Gabler* Wirtschaftslexikon Band E – J S. 1300.
405 *Blomeyer/Otto*^{2} § 16 Rn 196.
406 *Blomeyer/Otto* § 16 Rn 181; siehe dazu unten Rn 244 ff.
407 *Höfer* § 16 Rn 3580.

gemessene Eigenkapitalverzinsung ermöglichen. Die im Prüfjahr voraussichtlich erzielte Eigenkapitalverzinsung ermittelt *Höfer* anhand des Verhältnisses von Gewinn vor Ertragssteuerbelastung[408] zum Eigenkapital iSd § 266 Abs. 3 A HGB. Er legt dabei die durchschnittliche Eigenkapitalrentabilität der letzten drei Jahre vor dem Pflichtprüfungstermin zugrunde. Den jeweiligen Gewinn vor Steuern setzt er zu dem jeweiligen Eigenkapital am Ende des vorhergehenden Jahres ins Verhältnis[409].

Den Anpassungsbedarf, der nach dem BAG durch die überschießenden Erträge des Unternehmens gedeckt sein muss, sehen sowohl *Blomeyer/Otto*[410] als auch *Höfer*[411] in der aus der Anpassungsentscheidung resultierenden bilanziellen Gesamtbelastung[412]. Ist diese Größe identisch mit dem oder niedriger als der überschießende Gewinn nach Abzug der für die angemessene Eigenkapitalverzinsung erforderlichen Mittel, ist nach ihren Modellen eine Vollanpassung vorzunehmen. Ansonsten sei der Arbeitgeber zu entsprechend geringerem Inflationsausgleich berechtigt.

Ihre Anpassungsprüfung wollen sowohl *Höfer* als auch *Blomeyer/Otto* durch eine Liquiditätsprüfung ergänzen. Hiermit soll untersucht werden, inwieweit das Unternehmen den Barmittelabfluß durch erhöhte Rentenzahlungen nach der Anpassung verträgt. Führe die Liquiditätsprüfung zu einem negativen Ergebnis, so könne eine an sich gebotene Anpassung verschoben werden[413].

Eine gesonderte Substanzerhaltungsrechnung lehnen *Blomeyer/Otto* und auch *Höfer* ab[414]. Diese führe zu erheblichen Nachweis- und Berechnungsproblemen. Scheingewinne, die das BAG durch Korrektur der Abschreibungswerte auf Wiederbeschaffungskosten eliminieren will, könnten durch Rücklagenbildung ausgeglichen werden[415].

b. Der Modellansatz *Försters*[416]

Nach *Försters* Ansatz ist zunächst die zu erwartende Anpassungslast aus den baren Rentenerhöhungen nach dem Lebenshaltungskostenanstieg[417] der letzten drei Jahre und den sich daraus ergebenden Zuführungen zur Pensionsrückstellung zu berechnen. Diese Anpassungslast ist ihrer Höhe nach durch die reallohnbezogene Obergrenze beschränkt[418].

---

408 Vgl. § 4 Abs. 1 Satz 1 EStG.

409 *Höfer* § 16 Rn 3553 ff., 3581.

410 *Blomeyer/Otto*² § 16 Rn 201; sowie nunmehr *Blomeyer/Otto* § 16 Rn 204 im Rahmen der Darstellung „einzelner Prüfungsschritte" zur Bestimmung der wirtschaftlichen Lage, jedoch ohne Bezugnahme auf eine konkrete BAG-Rechtsprechung. Wo hier der Unterschied zu einer eigenen Stellungnahme wie in der Vorauflage liegen soll, bleibt offen.

411 *Höfer* § 16 Rn 3558; einschränkend jedoch *ders.* § 16 Rn 3558.1 f.

412 Näher hierzu S. 86 f.

413 *Höfer* § 16 Rn 3584; *Blomeyer/Otto*² § 16 Rn 202. Von diesem Erfordernis scheinen *Blomeyer/Otto* mittlerweile Abstand genommen zu haben. In der 3. Auflage ihres Werkes finden sich keine entsprechenden Ausführungen mehr.

414 *Blomeyer/Otto*² § 16 Rn 184; *Höfer* § 16 Rn 3568; vgl. dazu unten das aba - Modell S. 96 ff.

415 *Blomeyer/Otto*² § 16 Rn 183; sowie nunmehr *Blomeyer/Otto* § 16 Rn 187.

416 *Förster*, Zur wirtschaftlichen Lage des Arbeitgebers bei der Anpassung der Betriebsrenten nach den BAG-Urteilen vom 23.04.1985, BB 1985, 2051, 2055.

417 So *Förster*, als er 1985 sein Modell veröffentlicht hat. Mittlerweile müsste hier der Anstieg des Verbraucherpreisindexes iSd § 16 Abs. 2 Nr. 1 BetrAVG zu berücksichtigen sein.

418 *Förster*, Zur wirtschaftlichen Lage des Arbeitgebers bei der Anpassung der Betriebsrenten nach den BAG-Urteilen vom 23.04.1985, BB 1985, 2051, 2055; zur reallohnbezogenen Obergrenze vgl. oben S. 70 f.

In einem nächsten Schritt werden die Bilanzen, die Gewinn- und Verlustrechnungen und die Betriebsergebnisrechnungen der letzten zwei Jahre bis zum nächsten Überprüfungszeitpunkt fortentwickelt, um die wirtschaftliche Entwicklung des Unternehmens bis zum nächsten Anpassungsprüfungszeitpunkt zu prognostizieren. Da die wirtschaftliche Lage des Arbeitgebers zukunftsbezogen zu beurteilen ist, sind nach *Förster* weiter Planbilanzen und Plan – Gewinn- und Verlustrechnungen erforderlich, um die Anpassungsentscheidung nachvollziehbar und überprüfbar zu machen[419].

Ergibt die so erstellte Prognose einen zu erwartenden Jahresüberschuss, so ist dieser zunächst anhand der Substanzerhaltungsprämissen zu korrigieren. Am wichtigsten scheint *Förster* hierbei die Eliminierung von Scheingewinnen durch die Abschreibung zu Wiederbeschaffungswerten zu sein[420]. Rückstellungsfehlbeträge und Fehlbeträge bei der Deckung einer Unterstützungskasse sollen aus dem prognostizierten korrigierten Jahresüberschuss vorrangig ausgeglichen werden.

Der nach diesen Kürzungen verbleibende Jahresüberschuss ist anschließend dem offen ausgewiesenen Eigenkapital gegenüberzustellen, um zu überprüfen, ob eine Eigenkapitalverzinsung in der vom BAG geforderten Höhe inklusive der vorgesehenen Risikoprämie erreicht worden ist. Ist dies nicht der Fall, scheidet eine Anpassung bereits deshalb aus.

Anschließend werden die Auswirkungen der Anpassungslast auf den verbleibenden prognostizierten Jahresüberschuss und damit die prognostizierte Eigenkapitalverzinsung überprüft. Eine Anpassung der laufenden Leistungen soll nur dann in Betracht kommen, wenn und soweit der korrigierte Jahresüberschuss auch nach Abzug der Anpassungslast noch eine angemessene Eigenkapitalverzinsung inklusive Risikoprämie deckt[421].

Förster will es schließlich vom Grad der Wahrscheinlichkeit der Planerfüllung abhängig machen, ob die Anpassung endgültig oder nur unter Vorbehalt zu erfolgen hat. Ist das Ergebnis der Prognose unsicher, hält er auch eine Anpassung in Form einer Einmalzahlung für zulässig[422].

c. *Das aba - Modell von 1987*

Die *Arbeitsgemeinschaft für betriebliche Altersversorgung (aba)* legte erstmals im Jahre 1980 eine Stellungnahme zur wirtschaftlichen Lage des Arbeitgebers iSd § 16 BetrAVG vor[423]. Dieses erste Berechnungsmodell wurde vom BAG als zu kompliziert und teilweise betriebswirtschaftlich ungenau abgelehnt[424]. Auf Grundlage eines bei *Prof. Günter Sieben* in Auftrag gegebenen Gutachtens[425] und der vom BAG in seinen

---

[419] *Förster*, Zur wirtschaftlichen Lage des Arbeitgebers bei der Anpassung der Betriebsrenten nach den BAG-Urteilen vom 23.04.1985, BB 1985, 2051, 2055.

[420] *Förster*, Zur wirtschaftlichen Lage des Arbeitgebers bei der Anpassung der Betriebsrenten nach den BAG-Urteilen vom 23.04.1985, BB 1985, 2051, 2055 unter C. 3.

[421] (Korrigierter Jahresüberschuss – Anpassungslast) ≥ angemessene Eigenkapitalverzinsung inklusive Risikoprämie (ca. 5,5 – 6 v.H.).

[422] *Förster*, Zur wirtschaftlichen Lage des Arbeitgebers bei der Anpassung der Betriebsrenten nach den BAG-Urteilen vom 23.04.1985, BB 1985, 2051, 2055 unter C. 6.

[423] Dazu *Heubeck/Norbert Rößler/Sauerberg*, Die wirtschaftliche Lage des Arbeitgebers bei der Prüfung der Anpassung von Betriebsrenten nach § 16 BetrAVG, BB 1980 Beilage Nr. 13.

[424] BAG vom 23.04.1985 – 3 AZR 156/83, DB 1985, 1642 = AP Nr. 17 zu § 16 BetrAVG unter II. 3. b) (1) der Gründe.

[425] Dazu *Sieben/Becker*, Zur Beurteilung der wirtschaftlichen Lage nach § 16 BetrAVG, RdA 1986, 85.

Entscheidungen vom 23.04.1985[426] entwickelten Grundsätze entwickelte die *aba* im Jahre 1987 ein zweites Berechnungsmodell zur wirtschaftlichen Lage des Arbeitgebers iSd § 16 BetrAVG.

aa. Das Gutachten zur wirtschaftlichen Lage von Sieben

Sieben beginnt sein Gutachten mit einer Definition der wirtschaftlichen Lage des Arbeitgebers. Diese sei der „Grad der Fähigkeit der Unternehmung, die von ihr verfolgten Ziele in Zukunft zu erreichen"[427]. Die Definition *Siebens* hat bis heute keinen Eingang in die Rechtsprechung des BAG gefunden[428]. Es ist auch in Zukunft nicht damit zu rechnen, dass sich das BAG dieser Definition anschließen wird.

Um die wirtschaftliche Lage beurteilen zu können, ist es nach dieser Definition erforderlich, im Beurteilungszeitpunkt die Unternehmensziele zu kennen. Es muss außerdem erkennbar sein, inwieweit mit der Umsetzung dieser Ziele bereits begonnen wurde bzw. inwieweit mit ihrer Umsetzung zu rechnen ist[429].

Sieben folgert aus seiner Definition, das Ergebnis der Anpassungsentscheidung müsse sich aus einem Vergleich der zukünftigen Unternehmenssituation mit Anpassung mit der zukünftigen Unternehmenssituation ohne Anpassung ergeben[430]. Nur ein solcher Vergleich gebe Aufschluss über die Belastbarkeit der Unternehmung durch eine eventuelle Rentenanpassung und damit über die Fähigkeit der Unternehmung, die verfolgten Ziele zu erreichen.

Die Zukunftsorientierung der wirtschaftlichen Lage führt nach *Sieben* zu zwei Kenngrößen, die jeweils mit Hilfe der entsprechenden Instrumente des Rechnungswesens zu bestimmen seien:

- die künftige Liquidität des Unternehmens, die anhand von Finanzplanungsrechnungen zu bestimmen sei

- und der künftige Erfolg, der anhand von Planbilanzen und Planerfolgsrechnungen bestimmt werden müsse[431].

Finanzplanungsrechnungen zur Bestimmung der künftigen Liquidität sowie Planbilanzen und Planerfolgsrechnungen zur Bestimmung des künftigen Erfolges seien eng miteinander verknüpft. So hänge z.B. der Umfang künftiger Auszahlungen als Bestandteil von Finanzplänen direkt von bilanziellen Größen wie dem Gewinn ab. Andererseits hätten die aus erhöhten Auszahlungen resultierenden Liquiditätseinbussen unmittelbaren Einfluss auf künftige Bilanzergebnisse[432].

---

[426] BAG vom 23.04.1985 – 3 AZR 548/82, DB 1985, 1645 = AP Nr. 16 zu § 16 BetrAVG und BAG vom 23.04.1985 – 3 AZR 156/83, DB 1985, 1642 = AP Nr. 17 zu § 16 BetrAVG.
[427] *Sieben/Becker*, Zur Beurteilung der wirtschaftlichen Lage nach § 16 BetrAVG, RdA 1986, 85, 88; sowie zu Herleitung dieser Definition S. 87 ff; vgl. auch *Heubeck/Löcherbach/Norbert Rößler*, Berücksichtigung der wirtschaftlichen Lage des Arbeitgebers im Rahmen der Anpassungsprüfung nach § 16 BetrAVG, BB 1987 Beilage Nr. 3, S. 7.
[428] Siehe *Andresen/Förster/Norbert Rößler/Rühmann* Teil 11B Rn 1165.
[429] *Heubeck/Löcherbach/Norbert Rößler*, Berücksichtigung der wirtschaftlichen Lage des Arbeitgebers im Rahmen der Anpassungsprüfung nach § 16 BetrAVG, BB 1987 Beilage Nr. 3, S. 7.
[430] *Sieben/Becker*, Zur Beurteilung der wirtschaftlichen Lage nach § 16 BetrAVG, RdA 1986, 85, 88.
[431] Hierzu näher *Sieben/Becker*, Zur Beurteilung der wirtschaftlichen Lage nach § 16 BetrAVG, RdA 1986, 85, 89, 92.
[432] *Heubeck/Löcherbach/Norbert Rößler*, Berücksichtigung der wirtschaftlichen Lage des Arbeitgebers im Rahmen der Anpassungsprüfung nach § 16 BetrAVG, BB 1987 Beilage Nr. 3, S. 7.

Um den Betrag zu ermitteln, der dem Arbeitgeber für eine Anpassung zur Verfügung steht (Anpassungspotential), unterteilt *Sieben* die Gesamtheit der Zahlungsmittel des Arbeitgebers in vier Kategorien. Er differenziert sowohl die im Finanzplan als auch die in den Planerfolgsrechnungen vorgesehenen Mittel in

- rechtlich gebundene,
- für betriebswirtschaftlich notwendige Maßnahmen gebundene,
- für betriebswirtschaftlich zweckmäßige Maßnahmen gebundene
- und nicht gebundene Zahlungsmittel[433].

Von zentraler Bedeutung für die Bewertung der wirtschaftlichen Lage des Arbeitgebers ist nach *Siebens* Modell demnach die Unterscheidung in verfügbare und in irgendeiner Form gebundene Mittel[434].

Auf Grundlage dieser Prämissen vollzieht *Sieben* die Anpassungsentscheidung in zwei Schritten:

- 1. Schritt: Zunächst soll eine bilanzielle Anpassungsrechnung auf Grundlage der bereinigten Planbilanzen aufgestellt werden. Für die Anpassung stehen grundsätzlich nur die nicht gebundenen Zahlungsmittel zur Verfügung[435]. Hieraus seien vorrangig Gewinnausschüttungen an die Anteilseigner und Verbesserungen der Risikovorsorge durch Dotierung freier Rücklagen zu bestreiten. Eine Vollanpassung kommt hiernach nur in Betracht, wenn der disponible Restgewinn zur vollen Rentenanpassung ausreicht[436].

- 2. Schritt: Scheidet nach dieser bilanziellen Erfolgsrechnung eine Vollanpassung nicht aus, soll in einem zweiten Schritt die künftige wirtschaftliche Belastbarkeit des Unternehmens anhand des aufgestellten Finanzplans überprüft werden. Bemessungsgröße für die künftige wirtschaftliche Belastbarkeit ist die künftige Liquidität des Unternehmens für einen Zeitraum von drei Jahren[437]. Die künftige Liquidität will *Sieben* durch Gegenüberstellung von Mittelbeschaffungsmöglichkeiten und Mittelbedarf ermitteln. Sei die künftige Liquidität des Unternehmens durch die Anpassungslast gefährdet, soll der Arbeitgeber von der Vollanpassung absehen können.

bb. Grundsätze des aba - Modells von 1987

Die *aba* ist in ihrem Modell von 1987 weitgehend den Ergebnissen *Siebens* gefolgt. Im Gegensatz zu *Sieben* verzichtet das aba - Modell jedoch auf eine Betrachtung der künftigen Liquidität des Unternehmens und damit auf das Erfordernis einer Finanz-

---

433 *Sieben/Becker*, Zur Beurteilung der wirtschaftlichen Lage nach § 16 BetrAVG, RdA 1986, 85, 92.
434 *Sieben/Becker*, Zur Beurteilung der wirtschaftlichen Lage nach § 16 BetrAVG, RdA 1986, 85, 92.
435 *Sieben/Becker*, Zur Beurteilung der wirtschaftlichen Lage nach § 16 BetrAVG, RdA 1986, 85, 93 f; deutlich *Heubeck/Löcherbach/Norbert Rößler*, Berücksichtigung der wirtschaftlichen Lage des Arbeitgebers im Rahmen der Anpassungsprüfung nach § 16 BetrAVG, BB 1987 Beilage Nr. 3, S. 8.
436 *Sieben/Becker*, Zur Beurteilung der wirtschaftlichen Lage nach § 16 BetrAVG, RdA 1986, 85, 94.
437 *Sieben/Becker*, Zur Beurteilung der wirtschaftlichen Lage nach § 16 BetrAVG, RdA 1986, 85, 92.

planung des Arbeitgebers[438]. Finanzplanungsrechnungen seien unzuverlässig, da sie vielen nicht steuerbaren Einflüssen unterlägen.

Das aba - Modell von 1987 stellt deshalb sowohl für die Prognosebetrachtung als auch für die vergangenheitsbezogene Ermittlung der Prognosegrundlagen allein auf die Erfolgsebene ab. Im Einzelnen schlägt es die im folgenden dargestellte Vorgehensweise vor:

(1) Feststellung des Anpassungs-Solls

Nachdem in einem ersten Schritt die Unternehmensziele bestimmt worden sind[439], ist die Höhe des sog. Anpassungs-Solls festzustellen. Diese entspricht dem für eine Vollanpassung benötigten Rückstellungsbetrag, der seinerseits dem Barwert der Rentenerhöhungen entspricht, der zum Ausgleich des Kaufkraftschwundes erforderlich ist[440]. Für die Ermittlung des Anpassungs-Solls ist der Barwert auf seinen Nachsteuerbetrag, d.h. auf den Betrag, der nach Abzug der Ertragsteuern verbleibt, zu reduzieren[441].

Anders als *Blomeyer/Otto* und *Höfer*[442] korrigiert das aba – Modell damit auf der Ebene des Anpassungs-Solls, um eine Vergleichbarkeit der Größen Anpassungs-Soll und Anpassungspotential herbeizuführen.

(2) Errechnung des Anpassungspotentials

Um die bilanzielle Verkraftbarkeit des Anpassungs-Solls im Prüfjahr zu bestimmen, ist das im Prüfjahr voraussichtlich zur Verfügung stehende Anpassungspotential mit Hilfe einer Planbilanz und einer Planerfolgsrechnung zu ermitteln. Das Anpassungspotential ergibt sich aus dem für das Prüfjahr prognostizierten Jahresüberschuss nach Steuern, der nach der Reduzierung der planmäßigen Erträge um die rechtlich gebundenen, die betriebswirtschaftlich notwendigen und die betriebswirtschaftlich zweckmäßigen Aufwendungen verbleibt[443].

(a) Rechtlich gebundene Aufwendungen

Rechtlich gebundene Aufwendungen[444] sind alle Verpflichtungen des Arbeitgebers auf rechtsgeschäftlicher Grundlage oder aus öffentlich-rechtlicher Verpflichtung. Hierzu zählen u.a. die erforderlichen Dotierungen gesetzlicher Rücklagen[445], die

---

[438] *Heubeck/Löcherbach/Norbert Rößler*, Berücksichtigung der wirtschaftlichen Lage des Arbeitgebers im Rahmen der Anpassungsprüfung nach § 16 BetrAVG, BB 1987 Beilage Nr. 3, S. 9.

[439] Vgl. oben S. 97.

[440] *Andresen/Förster/Norbert Rößler/Rühmann* Teil 11B Rn 1332; *Ahrend/Förster/Norbert Rößler* 8. Teil Rn 310.

[441] *Heubeck/Löcherbach/Norbert Rößler*, Berücksichtigung der wirtschaftlichen Lage des Arbeitgebers im Rahmen der Anpassungsprüfung nach § 16 BetrAVG, BB 1987 Beilage Nr. 3, S. 10. Rentenerhöhungen mindern den Gewinn des Unternehmens vor Steuern. Der Barwert der Rentenerhöhungen ist demnach grundsätzlich eine Vorsteuergröße.

[442] Vgl. oben S. 95.

[443] *Ahrend/Förster/Norbert Rößler* 8. Teil Rn 310.

[444] *Sieben/Becker*, Zur Beurteilung der wirtschaftlichen Lage nach § 16 BetrAVG, RdA 1986, 85, 93 sprechen von „rechtlich begründeten Bindungen der Mittelverwendung".

[445] Eine Verpflichtung zur Bildung einer gesetzlichen Rücklage besteht nur für AG und KGaA: § 272 Abs. 3 Satz 2 HGB iVm § 150 Abs. 1 und 2 AktG; ausführlich hierzu *Förschle/Kofahl* in Beck Bil-Komm. § 272 Rn 87 ff.

Lohnansprüche der Arbeitnehmer, Mietverpflichtungen sowie die Verpflichtungen zur Zahlung von Steuern und Sozialabgaben.

(b) Betriebswirtschaftlich notwendige Aufwendungen

Betriebswirtschaftlich notwendig sind Aufwendungen, die der Substanzerhaltung des Unternehmens dienen. Hierzu zählen Ersatzinvestitionen in das Unternehmen, Ausgaben für Forschung und Entwicklung, sowie die Mittel für eine angemessene Eigenkapitalverzinsung im oben dargelegten Umfang[446].

Im Rahmen einer Substanzerhaltungsrechnung werden die Abschreibungswerte für verbrauchte Güter auf Wiederbeschaffungswerte korrigiert[447]. Ferner sind die steuerrechtlich ausgerichteten Zuführungen zu den Pensionsrückstellungen an handelsrechtliche Bewertungsmaßstäbe anzupassen[448].

(c) Betriebswirtschaftlich zweckmäßige Aufwendungen

Betriebswirtschaftlich zweckmäßig sind Aufwendungen, die zwar nicht unmittelbar für Unternehmensexterne erkennbar oder einsichtig sind, die aber zur langfristigen Sicherung der Unternehmensexistenz beitragen. Insbesondere die Verfolgung bestimmter Unternehmensziele kann Aufwendung zur Umsetzung der Unternehmensstrategie erforderlich machen[449].

(3) Vergleich von Anpassungs-Soll und Anpassungspotential

Auch das aba – Modell erkennt, dass das verbleibende Anpassungspotential nicht allein zur Deckung des Anpassungs-Solls verwendet werden kann, sondern mit anderen Verbindlichkeiten des Arbeitgebers konkurriert[450]. Ein Vergleich von Anpassungs-Soll und Anpassungspotential allein führt mithin nicht zu einem tragfähigen Ergebnis. Die Anpassungsentscheidung soll zwar auf Basis der ermittelten Zahlen getroffen werden. Gerechtigkeitserwägungen dürfen hierbei jedoch nicht vernachlässigt werden.

(4) Ermittlung des Anpassungspotentials für die Folgejahre und Vergleich mit dem Anpassungs-Soll

Die auf die Planbilanz und die Planerfolgsrechnung des Prüfjahres bezogene Betrachtung will das aba - Modell um eine über das Prüfjahr hinausgehende Prognose ergänzen[451]. Auch diese Prognose stützt sich allein auf eine Betrachtung der Er-

---

[446] Siehe S. 83.

[447] Dazu oben S. 76 f.

[448] *Andresen/Förster/Norbert Rößler/Rühmann* Teil 11B Rn 1332; umfassend dazu *Ahrend/Förster/Norbert Rößler* 8. Teil Rn 95 ff. Die Bewertung von Pensionsrückstellungen richtet sich handelsrechtlich nach der allgemeinen Bewertungsvorschrift des § 253 Abs. 1 Satz 2 HGB. Verbindlichkeiten sind grundsätzlich in Höhe ihres Rückzahlungsbetrags zu passivieren. Für die Steuerbilanz enthält die Spezialregelung des § 6a EStG explizite Bewertungsvorschriften für Pensionsrückstellungen. Vgl. zur handelsrechtlichen Bewertung S. 20 f. und S. 193 ff.

[449] *Sieben/Becker*, Zur Beurteilung der wirtschaftlichen Lage nach § 16 BetrAVG, RdA 1986, 85, 93.

[450] *Heubeck/Löcherbach/Norbert Rößler*, Berücksichtigung der wirtschaftlichen Lage des Arbeitgebers im Rahmen der Anpassungsprüfung nach § 16 BetrAVG, BB 1987 Beilage Nr. 3, S. 11.

[451] St. Rspr. seit BAG vom 23.04.1985 – 3 AZR 156/83, DB 1985, 1642 = AP Nr. 17 zu § 16 BetrAVG

folgsebene[452]. Das Anpassungs-Soll und das bereinigte Anpassungspotential sind für mindestens zwei künftige Geschäftsjahre gegeneinander abzuwägen, um so Sondereinflüsse einer Periode erkennen und eliminieren zu können.

Eine Vollanpassung soll betriebswirtschaftlich nur dann vertretbar sein, wenn sich auch für die künftigen Jahre ein bereinigtes Anpassungspotential ergibt, dass über dem jeweiligen Anpassungs-Soll liegt. Die Anpassungsentscheidung muss sich nach dem aba - Modell auf eine Gesamtschau der wirtschaftlichen Situation im Anpassungsjahr, der Verkraftbarkeit des Anpassungs–Solls in den Folgejahren sowie der entscheidungserheblichen Einflüsse in der Vergangenheit stützen.

d. Stellungnahme zu den Berechnungsmodellen

Die Darstellung der Berechnungsmodelle hat deutlich gemacht, dass sich die bekannten Modelle in vielen Punkten stark angenähert haben. Ein Vergleich der zwei verbleibenden Grundrichtungen – aba – Modell auf der einen Seite, die Modell von *Blomeyer/Otto* und von *Höfer* auf der anderen – ergibt indes, dass sie sich in den im Folgenden diskutierten drei wesentlichen Punkten unterscheiden.

aa. Anpassungspotential als Nachsteuer- oder Vorsteuergröße

Während *Höfer* und *Blomeyer/Otto* für die Ermittlung des zur Anpassung zur Verfügung stehenden Betrags auf den Gewinn vor Ertragsteuerbelastung abstellen wollen[453], legt das aba - Modell seiner Berechnung den Jahresüberschuss als Nachsteuergröße zugrunde. Es korrigiert stattdessen die Höhe des Anpassungsaufwands (Anpassungs-Solls) durch Abzug einer fiktiven Ertragsteuerbelastung[454].

Unstreitig muss eine der beiden Größen korrigiert werden, da sich Vorsteuergrößen (Anpassungsaufwand/Rentenzahllast und Gesamtheit der erforderlichen Zuführungen zur Pensionsrückstellung) nicht mit Nachsteuergrößen (Anpassungspotential/Jahresüberschuss) vergleichen lassen.

Diesbezüglich kann auf die Ausführungen zur Berücksichtigung von Ertragssteuern bei der Bemessung der erzielten Eigenkapitalrendite verwiesen werden[455]. Dort wurde bereits festgestellt, dass nur der Jahresüberschuss nach Steuern als Bemessungsgröße für das erreichte Periodenergebnis und damit auch für das Anpassungspotential in Betracht kommt.

Aus betriebswirtschaftlicher Sicht mag es zwar wünschenswert sein, auf den Jahresüberschuss vor Ertragssteuerbelastung abzustellen[456]. Ein Modell, das die Grundsätze der BAG - Rechtsprechung umsetzt, kann jedoch nicht umhin, den Jahresüberschuss als Ergebnis der Gewinn- und Verlustrechnung und damit als Nachsteuergröße für die Anpassungsentscheidung zugrunde zu legen. In der Rechtsprechung finden sich keine Hinweise darauf, dass an dessen Stelle der Jahresüberschuss vor Ertragssteuerbelastung heranzuziehen ist.

---

[452] Anders *Sieben/Becker*, Zur Beurteilung der wirtschaftlichen Lage nach § 16 BetrAVG, RdA 1986, 85, 89, die die Prognose allein auf die Zahlungsebene stützen wollen, vgl. oben S. 97 ff.
[453] Siehe S. 95.
[454] Vgl. S. 99.
[455] Dazu umfassend S. 82, 90.
[456] Siehe z.B. *Ludewig/Kube*, Zur Berücksichtigung einer angemessenen Eigenkapitalverzinsung und der Ertragsteuern im Rahmen der Anpassungsentscheidung nach § 16 BetrAVG, DB 1998, 1725, 1729 f. und *Hartauer*, Zur Prüfung der wirtschaftlichen Lage nach § 16 BetrAVG, DB 1996, 2080.

Der Gewinn vor Steuern scheidet als Bemessungsgröße schon deshalb aus, weil nur die Ertragssteuern als Ergebnisverwendung dem Jahresüberschuss sinnvoll wieder hinzugerechnet werden könnten.

bb. Erfordernis einer Betrachtung der Zahlungsebene

Ein zweiter wesentlicher Unterschied liegt darin, dass das aba - Modell vollständig auf Liquiditätsgesichtspunkte verzichtet[457], während *Höfer* und *Blomeyer/Otto* eine Liquiditätsrechnung als zusätzliche Kontrolle der wirtschaftlichen Verkraftbarkeit der Anpassungsentscheidung durchführen wollen[458].

Wie oben dargestellt, führt die Vermischung von Liquiditäts- und Erfolgsgesichtspunkten zu Unsicherheiten bei der Bewertung[459]. Darüber hinaus scheint auch das BAG die Größen des Aufwands und des Ertrags und damit ausschließlich die Erfolgsebene für die Beurteilung der wirtschaftlichen Lage im Auge zu haben[460]. Der vom BAG angesprochene Wertzuwachs des Unternehmens, aus dem die Anpassungslast zu bestreiten sein soll, hat keine eigenständige Bedeutung[461].

cc. Gesonderte Substanzerhaltungsrechnung

Höfer und *Blomeyer/Otto* verzichten zur Simplifizierung ihrer Modelle auf eine gesonderte Substanzerhaltungsrechnung[462]. Nicht zuletzt diese Substanzerhaltungsrechnung lässt das aba - Modell auf den ersten Blick kompliziert und aufwendig erscheinen. Die Modelle von *Höfer* und *Blomeyer/Otto* erscheinen im Gegensatz an vielen Stellen zu schlicht angesichts der Komplexität der zu prüfenden Materie. Ein taugliches Prüfungsmodell muss in der Lage sein, auf die Vielfalt der unterschiedlichen denkbaren Einflussfaktoren für die wirtschaftliche Lage einzugehen. Dies setzt bereits zwingend ein gewisses Maß an Komplexität des Bewertungsmodells voraus. Eine gesonderte Substanzerhaltungsrechnung ist deshalb zur angemessenen Umsetzung der Grundsätze der BAG – Rechtsprechung, insbesondere im Lichte der überragenden Bedeutung der vom BAG wiederholt betonten Substanzerhaltungsprämisse[463], unvermeidlich.

e. Berechnungsmodell anhand der Grundsätze der BAG-Rechtsprechung[464]

Aus den vom BAG aufgestellten Grundsätzen ergibt sich – stark vereinfacht die folgende Vorgehensweise– für die Beurteilung der wirtschaftlichen Lage des Arbeitgebers:

---

[457] Die Begründung hierfür findet sich auf S. 99.
[458] Siehe S. 95.
[459] So bereits S. 99.
[460] Umfassend hierzu oben S. 86 f.
[461] Vgl. hierzu BAG vom 18.02.2003 – 3 AZR 172/02, DB 2003, 2606 = AP Nr. 53 zu § 16 BetrAVG. Siehe auch oben S. 74 f.
[462] Vgl. S. 95.
[463] Siehe u.a. BAG vom 10.12.1971 – 3 AZR 190/71, DB 1972, 491 = AP Nr. 154 zu § 242 BGB – Ruhegehalt; BAG vom 15.09.1977 – 3 AZR 654/76, DB 1977, 1903 = AP Nr. 5 zu § 16 BetrAVG; BAG vom 17.04.1996 – 3 AZR 56/95, DB 1996, 2496 = AP Nr. 35 zu § 16 BetrAVG und BAG vom 23.01.2001 – 3 AZR 287/00, DB 2001, 2507 = AP Nr. 46 zu § 16 BetrAVG.
[464] Vgl. auch das Modell von *Steinmeyer* in ErfK § 16 BetrAVG Rn 35.

Das dargestellte Berechnungsmodell vereint prospektive und retrospektive Elemente. Die dargestellten Berechnungen sind jeweils für einen Zeitraum von sechs Jahren anzustellen. Die Erkenntnisse der drei dem Anpassungsstichtag vorangehenden Wirtschaftsjahre dienen als Grundlage der für das Anpassungsjahr zu erstellenden Planbilanz. So fordert es des BAG[465]. Für die zwei folgenden Jahre sind Prognoserechnungen mittels Planbilanzen und Plangewinn- und –verlustrechnungen aufzustellen.

1. Ermittlung des Anpassungs-Solls

- Berechnung des handelsrechtlichen Aufwands, der die Bilanz durch die Erhöhung der Rentenzahllast und erforderliche Zuführungen zu den Pensionsrückstellungen belastet.
- Reduzierung des Barwerts der Rentenerhöhungen auf seinen Nachsteuerbetrag durch Kürzung um fiktive Ertragssteuerbelastung.
- Nur so ist eine Vergleichbarkeit des Anpassungs-Solls mit der Nachsteuergröße Anpassungspotential (aus Jahresüberschuss) möglich.
- **Beispiel:** Anpassungs-Soll von 20 Geldeinheiten mindert das Ergebnis vor Steuern. Das Anpassungs-Soll wird deshalb um die Ertragssteuerlast gekürzt. Bei einer angenommenen Ertragssteuerlast von 50 v.H. bedeutet dies, dass das Anpassungs-Soll nur noch mit 20 – (20 x 0,5) = 10 Geldeinheiten zu berücksichtigen und vom Anpassungspotential zu decken ist.

2. Ermittlung des Anpassungspotentials

Gesamtsumme aller Erträge im betrachteten Jahr

-	Summe der rechtlich gebundenen Aufwendungen
-	Summe der betriebswirtschaftlich notwendigen Aufwendungen (hier Nebenrechung N1 und Nebenrechnung N2)
-	Summe der betriebswirtschaftlich zweckmäßigen Aufwendungen
=	Anpassungspotential (Verbleibender Jahresüberschuss)

3. Nebenrechnung zur Substanzerhaltung (N1)

- Eliminierung von Scheingewinnen durch Korrektur der Abschreibungswerte auf Wiederbeschaffungskosten.
- Eliminierung von Scheingewinnen durch Korrektur der Werte von Lagerbeständen auf Wiederbeschaffungskosten.
- Abzug von Beträgen für absehbare und erforderliche Investitionen.

4. Nebenrechung zur Eigenkapitalverzinsung (N2)

- Ermittlung des durchschnittlichen bereinigten Eigenkapitals im Anpassungsjahr auf Grundlage des § 266 Abs. 3 A HGB. Hierbei Berücksichtigung bereits begründeter Versorgungsverpflichtungen in vollem, d.h. nicht nur im tatsächlich rückgestellten, Umfang.

[465] BAG vom 17.04.1996 – 3 AZR 56/95, DB 1996, 2496 = AP Nr. 35 zu § 16 BetrAVG unter 3. a) und b) der Leitsätze.

- Ermittlung des durch betriebswirtschaftliche Korrekturen bereinigten Jahresüberschusses nach Steuern.
- Ermittlung des Verhältnisses von Jahresüberschuss nach Steuern zum durchschnittlichen Eigenkapital:

$$\textbf{Eigenkapitalverzinsung} = \frac{\textbf{Jahresüberschuss gem. § 275 Abs. 2 Nr. 20 HGB}^{466}}{\textbf{durchschnittliches Eigenkapital}}$$

- Die hieraus resultierende Eigenkapitalverzinsung muss mindestens die Höhe der Umlaufrendite öffentlicher Anleihen plus 2 v.H. erreichen.

(3-2)

Die Werte für Anpassungs-Soll und Anpassungspotential sind für jedes der betrachteten Jahre miteinander zu vergleichen. Sind für das Anpassungsjahr und die betrachteten Folgejahre positive Anpassungspotentiale gegeben, die über dem Anpassungs-Soll liegen, ist eine Vollanpassung vertretbar.

5. Die wirtschaftliche Lage im Konzernverhältnis

Die Anpassungspflicht trifft auch im Konzernverbund grundsätzlich das Unternehmen, das die Zusage erteilt hat und zu dem der Betriebsrentner in einem Arbeitsverhältnis stand. Ein Konzern besteht aus rechtlich unabhängigen Unternehmen unter einheitlicher Leitung[467]. Als reine Unternehmensverbindung kann er kein selbständiges Rechtssubjekt sein[468]. Das Vorliegen eines reinen Abhängigkeitsverhältnisses oder das bloße Bestehen eines Konzernverhältnisses führt mithin nicht zu Änderungen hinsichtlich der Beurteilung der wirtschaftlichen Lage des Arbeitgebers.

Unter bestimmten Umständen kann die Situation anderer Konzernunternehmen ausnahmsweise in die Beurteilung der wirtschaftlichen Lage des verpflichteten Unternehmens einzubeziehen sein. Der offene Tatbestand des § 16 Abs. 1 BetrAVG, der davon spricht, dass die Belange des Versorgungsempfängers und die wirtschaftliche Lage des Arbeitgebers nur insbesondere, also unter Umständen neben anderen Belangen, zu berücksichtigen sind, eröffnet diese Möglichkeit. Die wirtschaftliche Lage der Konzernobergesellschaft[469] kann bei entsprechender vertraglicher Gestaltung der Versorgungszusage[470], oder beim Vorliegen spezifischer konzernrechtlicher Tatbestände[471] zu berücksichtigen sein.

[466] Bzw. § 275 Abs. 3 Nr. 19 HGB bei Anwendung des Umsatzkostenverfahrens.

[467] Vgl. die Definitionen in § 18 AktG und die anschaulichen Definitionen bei *Reiners*, Beurteilung der wirtschaftlichen Lage der konzernabhängigen Gesellschaft in der betrieblichen Altersversorgung, DB 1994, 678, 678.

[468] *Schaub* § 17 Rn 3; vgl. auch § 15 AktG.

[469] Zur Frage, ob statt auf die wirtschaftliche Lage der Konzernobergesellschaft auf die wirtschaftliche Lage des Gesamtkonzerns abzustellen ist, siehe *Stimpel*, Anpassung von Versorgungsbezügen im Konzern, in FS für Kellermann, 1991, S. 423, 425. *Zöllner,* Die Anpassung von Betriebsrenten im Konzern, AG 1994, 285, 286 stellt zu Recht fest, dass diese Frage müßig sei, weil es auf die Lage anderer Tochtergesellschaften nur vermittelt ankommen könne.

[470] Dazu BAG vom 19.05.1981 – 3 AZR 308/80, DB 1981, 2333 = AP Nr. 13 zu § 16 BetrAVG.

[471] Siehe z.B. BAG vom 04.10.1994 – 3 AZR 910/93, DB 1995, 528 = AP Nr. 32 zu § 16 BetrAVG.

a. *Verpflichtung anderer Unternehmen aus der Versorgungszusage*

Die Versorgungszusage kann ausdrücklich vorsehen, dass anstelle des Arbeitgebers ein anderes Unternehmen des gleichen Konzerns die Versorgungsverbindlichkeiten erfüllen muss. Für die Anpassungsentscheidung ist dann die wirtschaftliche Lage des Unternehmens maßgeblich, das unmittelbar aus der Zusage haftet[472]. Solche Konstellationen sind insbesondere dann denkbar, wenn der Arbeitnehmer auf Veranlassung und im Interesse seines früheren Arbeitgebers ein Arbeitsverhältnis mit einem anderen Konzernunternehmen eingeht und der frühere Arbeitgeber die Versorgungszusage aufrechterhält.

Die Pflicht zur Anpassungsprüfung kann sich für ein anderes Konzernunternehmen auch konkludent ergeben. Das wird dann angenommen, wenn der Arbeitgeber Erklärungen abgegeben oder Verhaltensweisen gezeigt hat, die ein schützenswertes Vertrauen des Betriebsrentners darauf begründen konnten, das herrschende Unternehmen werde sicherstellen, dass die Versorgungsverbindlichkeiten durch das beherrschte Unternehmen ebenso erfüllt werden wie die Ansprüche der eigenen Betriebsrentner[473].

b. *Verpflichtung anderer Unternehmen aufgrund konzernrechtlicher Umstände*

aa. *Frühere Rechtsprechung des BAG*

Früher hat das BAG die wirtschaftliche Lage einer Konzernobergesellschaft nur dann berücksichtigen wollen, wenn zwischen dem arbeitgebenden Unternehmen und der Konzernobergesellschaft ein Beherrschungs- und Gewinnabführungsvertrag[474] bestand und das beherrschte Unternehmens deshalb wirtschaftlich vom herrschenden Unternehmen soweit abhängig war, dass seine wirtschaftliche Lage für den Rechtsverkehr überhaupt nicht zählte[475].

Später hat es dann beim Bestehen eines Beherrschungs- und Gewinnabführungsvertrages grundsätzlich einen Berechnungsdurchgriff auf die Konzernobergesellschaft bejaht. Die wirtschaftliche Lage der Obergesellschaft sollte nur dann trotz des Unternehmensvertrages nicht zu berücksichtigen sein, wenn die Tochtergesellschaft wirtschaftlich unbeeinflusst handeln konnte oder trotz ihrer Einbindung in den Konzern ihre eigenen Interessen gewahrt hat[476].

Unter Verweis auf die Rechtsprechung des BGH hat das BAG seine Rechtsprechung auf qualifiziert faktische Konzerne ausgedehnt[477]. Die wirtschaftliche Lage der Konzernobergesellschaft sollte immer dann zu berücksichtigen sein, wenn das beherrschende Unternehmen die Geschäfte des beherrschten Unternehmens dauernd

---

[472] BAG vom 19.05.1981 – 3 AZR 308/80, DB 1981, 2333 = AP Nr. 13 zu § 16 BetrAVG; BAG vom 14.12.1993 – 3 AZR 519/93, DB 1994, 1147 = AP Nr. 29 zu § 16 BetrAVG.

[473] BAG vom 19.05.1981 – 3 AZR 308/80, DB 1981, 2333 = AP Nr. 13 zu § 16 BetrAVG, bestätigt durch BAG vom 04.10. 1994 – 3 AZR 910/93, DB 1995, 528 = AP Nr. 32 zu § 16 BetrAVG unter II. 2. der Gründe; auch *Zöllner*, Die Anpassung von Betriebsrenten im Konzern, AG 1994, 285, 292.

[474] § 291 Abs. 1 Satz 1 AktG.

[475] BAG vom 19.05.1981 – 3 AZR 308/80, DB 1981, 2333 = AP Nr. 13 zu § 16 BetrAVG.

[476] BAG vom 14.02.1989 – 3 AZR 191/87, DB 1989, 1471 = AP Nr. 22 zu § 16 BetrAVG.

[477] Vgl. zum qualifiziert faktischen Konzern BGH vom 23.09.1991 – II ZR 135/90, DB 1991, 2176 = AP Nr. 1 zu § 303 AktG und BGH vom 29.03.1993 – II ZR 265/91, DB 1993, 825 = AP Nr. 2 zu § 303 AktG.

und umfassend geführt und die Leitungsmacht in einer Weise ausgeübt hat, die keine angemessen Rücksicht auf die Belange der abhängigen Gesellschaft nahm[478].

bb. Die Entscheidung des BAG vom 04.10.1994

Nach umfangreicher Kritik an dieser Rechtsprechung in der Literatur[479] hat das BAG seine Rechtsprechung zur wirtschaftlichen Lage im Konzern wesentlich modifiziert. Das BAG will die wirtschaftliche Lage des beherrschenden Konzernunternehmens (Mutterunternehmen) nunmehr bei Bestehen einer „wesentlich verdichteten Konzernverbindung zwischen dem Versorgungsschuldner und dem Mutterunternehmen", berücksichtigen[480]. Eine solche wesentlich verdichtete Konzernverbindung kann sich aus einem Beherrschungs- und Gewinnabführungsvertrag zwischen Ober- und Untergesellschaft ergeben. Sie kann aber auch daraus resultieren, dass die Obergesellschaft die Geschäfte der Untergesellschaft tatsächlich umfassend und nachhaltig führt.

Zusätzlich zu einer solchen engen wirtschaftlichen Verknüpfung verlangt das BAG, dass die Konzernmutter ihre eigenen Interessen oder die Interessen anderer konzernangehöriger Gesellschaften in den Vordergrund stellt und bei der Ausübung ihrer Leitungsmacht keine angemessene Rücksicht auf die Belange der abhängigen Gesellschaft nimmt[481]. Die schlechte wirtschaftliche Lage der Untergesellschaft, die einer Vollanpassung entgegensteht, muss Folge dieser Ausübung der Leitungsmacht durch die Konzernobergesellschaft sein. Es muss sich also für den Arbeitnehmer eine konzerntypische Gefahr verwirklicht haben. Der Arbeitnehmer soll durch das Konzernarbeitsrecht nicht besser gestellt werden als er stünde, wenn er in einem konzernunabhängigen Unternehmen beschäftigt wäre.

Trotz des Trennungsprinzips[482] ist nach dem BAG in diesen Fällen ausnahmsweise ein Berechnungsdurchgriff auf die wirtschaftliche Lage der Obergesellschaft gerechtfertigt. Zur Begründung verweist das BAG auf die besonderen Gefahren, denen ein Arbeitnehmer eines konzernverbundenen Unternehmens ausgesetzt ist, sowie auf die Rechtsgedanken der §§ 302 Abs. 1, 304 Abs. 2 AktG[483].

Die Darlegungslast für die Tatsachen, die einen Berechnungsdurchgriff begründen sollen, ist erleichtert. Zwar bleibt der Betriebsrentner grundsätzlich beweispflich-

---

478 BAG vom 28.04.1992 – 3 AZR 244/91, DB 1992, 2402 = AP Nr. 25 zu § 16 BetrAVG; BAG vom 14.12.1993 – 3 AZR 519/93, DB 1994, 1147 = AP Nr. 29 zu § 16 BetrAVG.

479 U.a. *Timm* Anm. zu BAG vom 19.05.1981 – 3 AZR 308/80, AR-Blattei, BetrAV E 86/92; *Stimpel*, Anpassung von Versorgungsbezügen im Konzern, in FS für Kellermann, 1991, S. 423, 431; *Junker*, Betriebsrentenanpassung im Konzern, in FS für Kissel, 1994, S. 451, 460; *Zöllner*, Die Anpassung von Betriebsrenten im Konzern, AG 1994, 285, 290 f.; *Konzen*, Arbeitsverhältnisse im Konzern, ZHR 151 (1987), 566, 583 ff.; *Wiedemann* Anm. zu BAG AP Nr. 25 zu § 16 BetrAVG; siehe auch *Andresen/Förster/Norbert Rößler/Rühmann* Teil 11B Rn 1415 ff.

480 BAG vom 04.10.1994 – 3 AZR 910/93, DB 1995, 528 = AP Nr. 32 zu § 16 BetrAVG; zuletzt bestätigt durch BAG vom 25.06.2002 – 3 AZR 226/01, DB 2003, 1584 (nur LS) = BetrAV 2003, 171 = AP Nr. 51 zu § 16 BetrAVG.

481 Es geht hier eben gerade nicht um die Haftung des herrschenden Unternehmens, die während des Bestehens des Unternehmensvertrags im Ergebnis bereits aus der Verlustübernahmeverpflichtung des § 302 AktG, nach Beendigung des Vertrags aus § 303 AktG resultieren würde. Vielmehr spielt sich die Anpassungsentscheidung in deren Rahmen die wirtschaftliche Lage des herrschenden Unternehmens zu berücksichtigen sein kann im Vorfeld des Entstehens einer entsprechenden Haftung ab.

482 Nach dem aktienrechtlichen Trennungsprinzip ist nur die AG selbst, Trägerin von Rechten und Pflichten. Nur sie ist Zuordnungsobjekt, nicht auch ihre Aktionäre, soweit es um Rechtsbeziehungen zu Dritten geht.

483 BAG vom 04.10.1994 – 3 AZR 910/93, DB 1995, 528 = AP Nr. 32 zu § 16 BetrAVG unter B. II. 4. b) (2) der Gründe.

tig. Weil die für den Berechnungsdurchgriff maßgeblichen Umstände regelmäßig im Herrschaftsbereich des Versorgungsschuldners liegen, ist für einen schlüssigen Vortrag lediglich eine beispielhafte Aufzählung von Eingriffen im Konzerninteresse und eine plausible Erklärung, warum diese Eingriffe nicht nur unwesentlich zur schlechten wirtschaftlichen Lage des Tochterunternehmens beigetragen haben, erforderlich[484].

cc. Qualifiziert faktischer Konzern?

Obwohl die Argumentation des BAG an manchen Stellen an das Rechtsinstitut des qualifiziert faktischen Konzerns erinnert, von dem der BGH in der „Bremer Vulkan" Entscheidung Abstand genommen hat[485], hat das BAG einen vom Haftungsdurchgriffstatbestand des qualifiziert faktischen Konzerns unabhängigen Berechungsdurchgriffstatbestand der faktischen Leitungsmacht geschaffen.

Das BAG distanziert sich unter Hinweis auf die Kritik der Literatur ausdrücklich von seiner vorherigen Rechtsprechung, in der es den qualifiziert faktischen Konzern in Bezug genommen hat. Hauptansatzpunkt dieser Kritik war die Feststellung, dass es für den Berechnungsdurchgriff iRd Prüfung der wirtschaftlichen Lage des § 16 BetrAVG einer gesonderten Begründung über die vom BGH anerkannten Konzerntatbestände hinaus bedürfe[486].

Bei der Anpassungsprüfung nach § 16 BetrAVG geht es aber – anders als bei § 302 AktG - gerade nicht um eine Ausfallhaftung des herrschenden Unternehmens, sondern darum, ob das beherrschte Unternehmen selbst eine höhere Belastung tragen kann[487]. Das BAG hat sich damit für die Frage des Berechnungsdurchgriffs von den allgemeinen Konzerntatbeständen gelöst. Die Frage nach den Auswirkungen der „Bremer Vulkan" Entscheidung des BGH[488] auf die hier diskutierte Thematik des Berechnungsdurchgriffs stellt sich damit nicht.

6. Die wirtschaftliche Lage bei privatisierendem Arbeitgeber

Veräußert ein Arbeitgeber sein Unternehmen oder legt er es still, so haftet er mit seinem Privatvermögen für die Versorgungsverbindlichkeiten[489]. Da § 16 Abs. 1 BetrAVG auf die wirtschaftliche Lage des Arbeitgebers abstellt, fragt sich, ob bei der Anpassungsentscheidung die private Vermögenssituation des privatisierten Arbeitgebers zu berücksichtigen ist. Diese Frage wird insbesondere dann relevant, wenn der Arbeitgeber sein Unternehmen verkauft.

Schwerdtner und *Konzen* wollen, falls die Voraussetzungen eines Betriebsüberganges gem. § 613a BGB erfüllt sind, auch die Anpassungsprüfungspflicht auf den

---

[484] BAG vom 04.10.1994 – 3 AZR 910/93, DB 1995, 528 = AP Nr. 32 zu § 16 BetrAVG unter B. II. 4. b) (5) der Gründe; *Reiners* Anm. zu BAG vom 04.10.1994 – 3 AZR 910/93, DB 1995, 531, 532 ist der Ansicht, dass hierdurch eine auf Berechnungsdurchgriff gerichtete Anpassungsklage nur geringe Erfolgsaussichten habe. Dem Betriebsrentner fehle trotz der Beweiserleichterung fast immer der Zugang zu den Daten, aus denen auf den Missbrauch der Leitungsmacht geschlossen werden könne.

[485] BGH vom 17.09.2001 – II ZR 178/99, DB 2001, 2338 (Bremer Vulkan); dazu eingehend *Bitter,* Der Anfang vom Ende des „qualifiziert faktischen GmbH-Konzerns", WM 2001, 2133; *Altmeppen,* Grundlegend Neues zum „qualifiziert faktischen" Konzern und zum Gläubigerschutz der Einmann-GmbH, ZIP 2001, 1837.

[486] Vgl. die Zusammenfassung der Kritik in BAG vom 04.10.1994 – 3 AZR 910/93, DB 1995, 528 = AP Nr. 32 zu § 16 BetrAVG unter II. 4. a) (2) der Gründe.

[487] BAG vom 04.10.1994 – 3 AZR 910/93, DB 1995, 528 = AP Nr. 32 zu § 16 BetrAVG unter II. 4. b) (1) der Gründe.

[488] BGH vom 17.09.2001 – II ZR 178/99, DB 2001, 2338.

[489] BAG vom 05.11.1965 – 3 AZR 116/65, DB 1966, 115 = AP Nr. 104 zu § 242 BGB Ruhegehalt.

Erwerber übergehen lassen[490]. Diese Lösung steht in Widerspruch mit der Rechtsprechung des BAG, nach der beim Betriebsübergang gem. § 613a BGB zwar die Arbeitsverhältnisse auf den Erwerber übergehen, nicht aber die Ruhestandsverhältnisse und damit auch nicht die Pflicht zur Anpassungsprüfung[491]. Soweit mit dem Betriebsübergang keine Gesamtrechtsnachfolge verbunden ist, kann der Erwerber von Rechtswegen nicht einmal ohne Zustimmung der Betriebsrentner oder der ausgeschiedenen Versorgungsanwärter in die Versorgungsverbindlichkeiten eintreten[492].

Der privatisierende Arbeitgeber haftet demnach auch nach Betriebsstillegung oder Betriebsübergang für die Ruhegehaltsverpflichtungen und damit auch für die Anpassungsprüfungspflicht mit seinem Privatvermögen[493]. Entscheidend ist, inwieweit er weiterhin über Vermögen aus der Unternehmensveräußerung verfügt, mit dem er Erträge erwirtschaften kann, die zur Deckung des Anpassungsbedarfs herangezogen werden können[494]. Auch nach Einstellung seiner unternehmerischen Aktivitäten ist er nicht verpflichtet, die Anpassungslasten durch Eingriffe in die Vermögenssubstanz zu finanzieren[495]. Der Versorgungsschuldner kann nicht deshalb schlechter, der Betriebsrentner nicht deshalb besser stehen, weil das Unternehmensvermögen nicht mehr wirtschaftlicher Betätigung gewidmet ist.

Folglich ist ein privatisierender Arbeitgeber nur insoweit zur Anpassung verpflichtet, wie die Erträge des zu berücksichtigenden Vermögens über eine angemessene Eigenkapitalverzinsung hinausgehen. Angemessen erscheint hier ein Zinssatz, der sich bei einer langfristigen Anlage verzinslicher Wertpapiere erzielen lässt. Für einen Risikozuschlag besteht kein Anlass. Das zur Verfügung stehende Kapital unterliegt mangels unternehmerische Betätigung keinem erhöhten Risiko[496].

7. Die wirtschaftliche Lage bei Rentnergesellschaften[497]

Ähnlich wie beim privatisierenden Arbeitgeber stellt sich die Situation bei sog. Rentnergesellschaften dar. Einzige Aufgabe einer solchen Rentnergesellschaft ist es, nach der Liquidation eines Unternehmens die betrieblichen Altersversorgungsverbindlichkeiten abzuwickeln[498]. Auch Rentnergesellschaften müssen Anpassungslasten nicht unter Rückgriff auf ihre Vermögenssubstanz tragen[499].

---

490 *Schwerdtner* Anm. zu BAG vom 24.03.1977 – 3 AZR 649/76, SAE 1978, 63 f.; *Konzen*, Die Rechtsprechung des Bundesarbeitgerichts im Jahr 1977, ZfA 1978, 451, 504.

491 Siehe BAG vom 24.03.1977 – 3 AZR 649/77, DB 1977, 1466 = AP Nr. 6 zu § 613a BGB. Das folgt im Übrigen aus dem Wortlaut des § 613a Abs. 1 Satz 1 BGB.

492 §§ 414 f. BGB, § 4 Abs. 1 BetrAVG.

493 So auch *Griebeling/Bepler*, Zur Anpassungspflicht von Rentnergesellschaften, in GS für Blomeyer, 2003, S. 99, 106 f. Auch die zur Auslegung des § 613a BGB heranzuziehende Betriebsübergangsrichtlinie 2001/23/EG sieht einen Übergang der Versorgungsverhältnisse nicht vor.

494 *Andresen/Förster/Norbert Rößler/Rühmann* Teil 11B Rn 1440; *Griebeling/Bepler*, Zur Anpassungspflicht von Rentnergesellschaften, in GS für Blomeyer, 2003, S. 99, 101.

495 BAG vom 09.11.1999 – 3 AZR 420/98, DB 2000, 1867 = AP Nr. 40 zu § 16 BetrAVG, hier insb. unter III. 2. der Gründe.

496 BAG vom 09.11.1999 – 3 AZR 420/98, DB 2000, 1867 = AP Nr. 40 zu § 16 BetrAVG unter III. 4. b) aa) der Gründe.

497 Umfassend hierzu *Griebeling/Bepler*, Zur Anpassungspflicht von Rentnergesellschaften, in GS für Blomeyer, 2003, S. 99.

498 Zu den Beweggründen für die Bildung einer Rentnergesellschaft siehe *Andresen/Förster/Norbert Rößler/Rühmann* Teil 11B Rn 1450 und *Griebeling/Bepler*, Zur Anpassungspflicht von Rentnergesellschaften, in GS für Blomeyer, 2003, S. 99, 101.

499 BAG vom 09.11.1999 – 3 AZR 420/98, DB 2000, 1867 = AP Nr. 40 zu § 16 BetrAVG; bestätigt durch BAG vom 25.06.2002 – 3 AZR 226/01, DB 2003, 1584 (nur LS) = BetrAV 2003, 171 = AP Nr. 51 zu § 16 BetrAVG; einschränkend *Langohr-Plato*, Die rechtlichen Rahmenbedingungen bei der Anpas-

Rentnergesellschaften wird regelmäßig das für die Abwicklung erforderliche Kapital zur Verfügung gestellt[500]. Ihre wirtschaftliche Lage beurteilt sich nach der Ertragskraft des vom früheren Arbeitnehmer übernommenen Vermögens, wobei berücksichtigt werden muss, dass auch die laufenden Renten in ihrer bisherigen Höhe aus dieser Vermögenssubstanz aufzubringen sind[501].

Auch der Rentnergesellschaft ist eine angemessene Eigenkapitalverzinsung zuzugestehen. Hinsichtlich ihrer Bemessung gilt das gleiche wie für privatisierende Arbeitgeber[502].

Anders ist der Fall gelagert, wenn einziger Vermögensgegenstand einer Rentnergesellschaft ein Erstattungsanspruch gegen ein anderes Unternehmen ist, und dieser Erstattungsanspruch den Ausgleich des Anpassungsbedarfs nicht umfasst[503]. In einem solchen fall ist die Rentnergesellschaft von der Pflicht zur Anpassungsprüfung befreit.

8. Die wirtschaftliche Lage bei Unternehmen, die nicht auf Gewinnerzielung ausgerichtet sind

Non-Profit Organisationen sind – in Anlehnung an § 118 Abs. 1 BetrVG – Organisationen, die unmittelbar und ausschließlich politischen, koalitionspolitischen, konfessionellen, karikativen, erzieherischen, wissenschaftlichen, religiösen oder künstlerischen Zielen dienen. Viele dieser Organisationen haben ihren Arbeitnehmern Versorgungszusagen erteilt. Sie haften wie jedes andere Unternehmen mit ihrem Vermögen für die Versorgungsanwartschaften und –ansprüche und damit auch für Anpassungsbeträge[504].

Die Kriterien, die das BAG für die Bestimmung der wirtschaftlichen Lage am Markt tätiger Arbeitgeber entwickelt hat, lassen sich auf Non-Profit Gesellschaften jedoch nur soweit übertragen, wie die wirtschaftliche Lage der Institutionen in ihrer Grundstruktur vergleichbar ist. Eine solche Vergleichbarkeit wird wesentlich durch die grundlegend unterschiedlichen Gesellschaftszwecke beeinträchtigt. Non-Profit Organisationen erwirtschaften regelmäßig keine Erträge, aus denen sie den Anpassungsaufwand decken könnten[505]. Hierdurch unterscheiden sie sich auch von Rentnergesellschaften und privatisierenden Arbeitgebern, die in Fortführung des früheren Unternehmens über Vermögen verfügen, das sie zur Gewinnerzielung einsetzen können[506]. Non-Profit Organisationen sind regelmäßig nicht zu kaufmännischer Buchführung und Bilanzierung verpflichtet. Rückstellungsbildungen zur Finanzierung von

---

sungsprüfung laufender Betriebsrenten nach § 16 BetrAVG, BB 2002, 406, 412 unter Verweis auf LAG Hamm vom 03.02.1998 – 6 Sa 727/96, DB 1998, 931.

[500] Eine solche Dotierung fordern *Griebeling/Bepler*, Zur Anpassungspflicht von Rentnergesellschaften, in GS für Blomeyer, 2003, S. 99, 112 ausdrücklich.

[501] BAG vom 09.11.1999 – 3 AZR 420/98, DB 2000, 1867 = AP Nr. 40 zu § 16 BetrAVG.

[502] Zweifelnd an der vorrangigen Pflicht zur Deckung einer angemessenen Eigenkapitalverzinsung *Griebeling/Bepler*, Zur Anpassungspflicht von Rentnergesellschaften, in GS für Blomeyer, 2003, S. 99, 111 f. unter Verweis auf *Blomeyer/Otto* § 16 Rn 215 und *Langohr-Plato,* Die rechtlichen Rahmenbedingungen bei der Anpassungsprüfung laufender Betriebsrenten nach § 16 BetrAVG, BB 2002, 406, 412.

[503] BAG vom 23.10.1996 – 3 AZR 514/95, DB 1997, 1287 = AP Nr. 36 zu § 16 BetrAVG.

[504] Zur Haftung des Arbeitgebers bei mittelbaren Durchführungswegen siehe S. 23 ff. sowie insb. § 1 Abs. 1 Satz 3 BetrAVG.

[505] Vgl. zur zum Erfordernis der Deckung der Anpassungsbeträge aus den Erträgen und dem Wertzuwachs des Unternehmens oben S. 74 f.

[506] Vgl. oben S. 107 ff.

Versorgungsleistungen sind mithin unüblich. Ihr Vermögen ist dem jeweiligen Organisationszweck gewidmet, der nicht auf Gewinnerzielung ausgerichtet ist.

Das LAG Niedersachsen hat deshalb die vom BAG zur Beurteilung der wirtschaftlichen Lage des Arbeitgebers entwickelten Grundsätze auf Non-Profit Organisationen nicht angewendet[507]. In diesem Fall war ein Gewerkschaftsverband Arbeitgeber. Diesem musste es nach Ansicht des LAG Niedersachsen unbenommen bleiben, bestimmte Anteile seiner Einnahmen vorrangig dem Gewerkschaftsvermögen zuzuführen, um Streikfähigkeit und Kampfkraft zu erhalten.

Das LAG Hamburg hat in einem ähnlichen Fall ausgeführt, um eine mögliche Substanzgefährdung eine Non-Profit Organisation zu prognostizieren, müsse zunächst substantiiert vorgetragen werden, welcher Kapitaleinsatz erforderlich sei, damit ein Non-Profit Unternehmen seine satzungsmäßigen und grundgesetzlich geschützten Aufgaben effektiv wahrnehmen könne[508]. Die Verwendung der zur Verfügung stehenden Mittel müsse im Rahmen der Prognose substantiiert dargestellt werden.

Das BAG hat beide Entscheidungen aufgehoben und zur weiteren Sachaufklärung zurückverwiesen[509]. Es hat dem LAG Hamburg insbesondere hinsichtlich der von diesem aufgestellten Substantiierungsanforderungen für die Prognose der wirtschaftlichen Entwicklung widersprochen. Eine Gewerkschaft bzw. ein Gewerkschaftsbund sei ein steuerbefreiter Berufsverband in der Rechtsform eines nicht eingetragenen Vereins, der nicht am Markt zur Gewinnerzielung tätig sei. Im Wesentlichen ständen ihm nur Mitgliederbeiträge als Einkünfte zur Verfügung. Über deren Umfang sei eine sichere Voraussage grundsätzlich nicht möglich. Es sei deshalb ausreichend, wenn die weitere Entwicklung auf Grundlage der zurückliegenden Entwicklung und unter vertretbaren und nachvollziehbaren Annahmen prognostiziert werde.

Eine Gewerkschaft bzw. ein Gewerkschaftsbund genieße zwar den grundgesetzlichen Schutz der Koalitionsfreiheit[510], der den Gerichten in Arbeitssachen grundsätzlich die Überprüfung oder Bewertung der gewerkschaftlichen Einkünfte und ihrer Verwendung für koalitionspolitische Aufgaben verbiete. Auch eine Gewerkschaft müsse aber wie jeder andere Arbeitgeber die Verbindlichkeiten erfüllen, die sie gegenüber ihren Arbeitnehmern übernommen habe. Eine Kürzung von Versorgungsleistungen – damit auch eine negative Anpassungsentscheidung - komme auch für Gewerkschaften nur im Rahmen von Verhältnismäßigkeit, Vertrauensschutz und Billigkeit in Betracht.

---

[507] LAG Niedersachsen vom 30.06.2000 – 3 Sa 1277/99 B, LAGE § 1 BetrAVG Ablösung Nr. 5 mit Anm. *Blomeyer*.

[508] LAG Hamburg vom 30.11.2000 – 1 Sa 20/00, nicht veröffentlicht.

[509] BAG vom 11.12.2001 – 3 AZR 128/01, DB 2003, 214 = AP Nr. 43 zu § 1 BetrAVG Unterstützungskasse sowie BAG vom 11.12.2001 - 3 AZR 621/00, nicht veröffentlicht. Siehe auch BAG vom 11.12.2001 – 3 AZR 512/00, DB 2003, 293 = AP Nr. 36 zu § 1 BetrAVG Ablösung.

[510] Art. 9 Abs. 3 GG.

4. Kapitel: Kürzung von Versorgungszusagen

Veränderte Rahmenbedingungen werden in einem ordentlichen Unternehmer den Wunsch hervorrufen, die von ihm erteilten Versorgungszusagen neu zu ordnen und den geänderten Umständen anzupassen. Eine solche Neuordnung kann zugunsten der Arbeitnehmer erfolgen. Sie kann aber auch wertneutral, z.B. bei einem bloßen Wechsel des Durchführungswegs, wirken. Meist jedoch wird der Arbeitgeber die Zusage nachträglich einschränken oder vollständig aufheben wollen, um auf belastende Veränderungen zu reagieren[1].

A. Beweggründe für die Einschränkung einer Versorgungszusage

Der grundlosen Kürzung einer Versorgungszusage steht der Grundsatz der *pacta sunt servanda* entgegen. Will der Arbeitgeber nachträglich den Umfang einer versprochenen Altersversorgung mindern, dann muss er also einen Grund für diese Kürzung anführen können. Die Motive, die ihn hierzu bewegen können, sind vielfältig. Die nachfolgende Übersicht muss sich deshalb auf die Gründe beschränken, die Rechtsprechung und Literatur am intensivsten beschäftigen[2].

I. Pflichtwidriges Verhalten des Arbeitnehmers

Verletzt ein Arbeitnehmer während oder nach der Dauer seiner Betriebszugehörigkeit Pflichten aus dem Arbeitsverhältnis, so kann der Arbeitgeber ein Interesse daran haben, eine versprochene Altersversorgung einzuschränken. Nachdem die betriebliche Altersversorgung mittlerweile allgemein als Entgelt für Betriebstreue angesehen wird[3] und sich dadurch der Schutz der Versorgungsansprüche verfestigt hat[4], dürfen Versorgungsleistungen wegen einer Pflichtverletzung des Arbeitnehmers nur eingeschränkt werden, wenn die Stärke der Pflichtverletzung die Inanspruchnahme der Versorgungsleistungen rechtsmissbräuchlich erscheinen ließe[5]. Dem Arbeitgeber

---

[1] *Reinecke*, Neue Rechtsprechung des Bundesarbeitsgerichts zum Betriebsrentenrecht, DB 2002, 2717, 2719, führt treffend aus: „Änderung ist ein neutraler Begriff; doch jeder weiß: Es geht um die Verschlechterung von Versorgungszusagen".

[2] Vgl. auch die Übersicht über die Motive für Neuordnungen bei *Ahrend/Förster/Rühmann*, Die abändernde und ablösende Betriebsvereinbarung, BB 1987 Beilage Nr. 7, S. 2, sowie die Darstellung bei *Recht*, Die Novellierung des Betriebsrentengesetzes, in Neue Chancen für Betriebsrenten, 1998, S. 1, 4 f. und bei *Höfer/Küpper*, Die Änderung genereller betrieblicher Versorgungszusagen durch Betriebsvereinbarungen, DB 1982, 565, 568 ff.

[3] Siehe dazu umfassend S. 32 ff.

[4] Insbesondere durch die Einführung der Unverfallbarkeit; so ausdrücklich BAG vom 18.10.1979 – 3 AZR 550/78, DB 1980, 500 = AP Nr. 1 BetrAVG Treuebruch unter III. 1. a) der Gründe. Zur früheren Rechtslage unter Geltung des Fürsorgegedankens siehe BAG vom 30.11.1955 – 1 AZR 217/54, DB 1956, 23 = AP Nr. 8 zu § 242 BGB Ruhegehalt.

[5] BAG vom 18.10.1979 – 3 AZR 550/78, DB 1980, 500 = AP Nr. 1 BetrAVG Treuebruch unter III. 1. b) der Gründe; kritisch mit durchaus vertretbarer Argumentation *Steinmeyer* S. 120 ff. Ein wichtiger Grund, der zur sofortigen Beendigung des Arbeitsverhältnisses berechtigen würde, reicht für eine solche Maßnahme ebenso wenig aus wie ein schadensersatzpflichtiges Verhalten oder ein Verstoß gegen strafrechtliche Normen. So ausdrücklich BGH vom 17.12.2001 – II ZR 222/99, NZA 2002, 511. Siehe zur gleichen Entscheidung auch die Anm. von *Griebeling*, EWiR 2002, 415 f. Hier fragt sich zurecht, ob eine solche Eingriffsgrenze noch den Anforderungen der Verhältnismäßigkeit gerecht wird.

steht unter diesen Voraussetzungen ein aus Treu und Glauben abgeleitetes Leistungsverweigerungsrecht zu[6].

Die Inanspruchnahme der Versorgung ist rechtsmissbräuchlich, wenn die Pflichtverletzungen des Arbeitnehmers während seiner Betriebszugehörigkeit so schwerwiegend waren, dass sich die von ihm geleistete Betriebstreue nachträglich als völlig wertlos für den Arbeitgeber herausstellt[7]. Ein Eingriff in die Zusage ist auch dann zulässig, wenn ein Versorgungsempfänger in Wettbewerb zu seinem früheren Arbeitgeber tritt und dessen wirtschaftliche Existenz zu vernichten versucht[8].

II. Veränderungen der rechtlichen Rahmenbedingungen

Veränderungen der rechtlichen Rahmenbedingungen der betrieblichen Altersversorgung können die Höhe des vom Arbeitgeber zur Befriedigung seiner aufzubringenden Versorgungsaufwands beeinflussen. Neben Änderungen des Arbeitsrechts können sich insbesondere auch Veränderungen des Steuer- und Sozialrechts auf die Höhe der zu leistenden Rückstellungen, Rentenzahlungen und Abgaben an den PSV auswirken. Das Ausmaß solcher Veränderungen ist zum Zusagezeitpunkt in aller Regel nicht absehbar[9].

1. Beispiele für Veränderungen der arbeits- und steuerrechtlichen Rahmenbedingungen

Durch Einführung der Unverfallbarkeit[10], der vorgezogenen Altersgrenze[11], des gesetzlichen Insolvenzschutzes[12] und der Pflicht zur Anpassungsprüfung[13] erhöhte sich mit Inkrafttreten des BetrAVG der von den Arbeitgebern zu leistende Versorgungsaufwand schlagartig[14]. In der Einführung der Unverfallbarkeit und der Anpassung sah das BAG trotzdem keine zur Zusagekürzung berechtigende Veränderung, sondern lediglich eine Konkretisierungen des Grundsatzes von Treu und Glauben[15]. Anders

---

[6] Vgl. *Blomeyer/Otto* Anh § 1 Rn 474. *Eichenhofer*, Betriebliche Altersversorgung im Wandel, BetrAV 2003, 1, 2, ist der Ansicht, dass sich aufgrund des Wandels der betrieblichen Altersversorgung hin zur einer vom Arbeitsverhältnis abgekoppelten Versorgung, in Zukunft die Möglichkeiten eines Widerrufs von Betriebsrentenzusagen wegen Fehlverhaltens des Arbeitnehmer reduzieren dürften. Dem dürfte jedoch bereits die Definition der betrieblichen Altersversorgung in § 1 Abs. 1 BetrAVG entgegenstehen, die eine kausale Verbindung zwischen Arbeitsverhältnis und Versorgungszusage zwingend vorsieht.

[7] BAG vom 18.10.1979 – 3 AZR 550/78, DB 1980, 500 = AP Nr. 1 BetrAVG Treuebruch unter III. 1. b) der Gründe.

[8] BGH vom 07.01.1971 – II ZR 23/70, DB 1971, 823 = AP Nr. 151 zu § 242 BGB Ruhegehalt; zuletzt BGH vom 17.12.2001 – II ZR 222/99, NZA 2002, 511.

[9] Dies ist insbesondere bei sog. Gesamtversorgungszusagen mit Obergrenzen denkbar; siehe dazu S. 30.

[10] § 1 BetrAVG a.F.; siehe jetzt § 1b BetrAVG.

[11] § 6 BetrAVG.

[12] Insgesamt hierzu BAG vom 22.04.1986 – 3 AZR 496/83, DB 1986, 1526 = AP Nr. 8 zu § 1 BetrAVG Unterstützungskassen; der Insolvenzschutz ist geregelt in §§ 7 ff. BetrAVG.

[13] § 16 BetrAVG.

[14] *Schumann*, Gestaltungsmöglichkeiten zur Rückführung ausufernder Lasten der betrieblichen Altersversorgung, ZIP 1987, 137, 138 spricht von einem Anstieg der Belastungen für die Altersversorgung bei interner Finanzierung zwischen 62 v.H. und 170 v.H. je nach Versorgungsweg. *Gentz*, Funktionen und Rahmenbedingungen der betrieblichen Altersversorgung in der Personalpolitik, BetrAV 1986, 83, 88 hat eine Erhöhung von „mindestens 60 v.H." allein durch die Einführung von Unverfallbarkeit und Anpassung ermittelt.

[15] BAG vom 22.04.1986 – 3 AZR 496/83, DB 1986, 1526 = AP Nr. 8 zu § 1 BetrAVG Unterstützungskassen unter III. 2. c) (1) der Gründe und BAG vom 05.09.1989 – 3 AZR 575/88, DB 1989, 2615 = AP

bewertete das BAG aber die Einführung der vorgezogenen Altersgrenze[16] und des gesetzlichen Insolvenzschutzes[17]. Durch die hierdurch verursachten erheblichen Mehrbelastungen sah es die Geschäftsgrundlage der Versorgungszusage weggefallen und den Arbeitgeber deshalb zur Zusageanpassung befugt[18].

Steuerrechtliche Veränderungen in der Vergangenheit, die zu einem Anstieg des zu leistenden Versorgungsaufwands geführt haben, waren insbesondere die Anhebung des Pauschalsteuersatz für Direktversicherungsbeiträge von ursprünglich 10 v.H. auf 15 v.H[19]. und dann auf 20 v.H[20]. und die Erhöhung des Rechnungszinsfusses für Pensionsrückstellungen von 5,5 v.H. auf 6 v.H[21]. Hierdurch hat sich insgesamt der Umfang der Zuführungen zur Pensionsrückstellung für die Unternehmen um ca. 3 – 7 v.H. verringert. Die Höhe des zu versteuernden Gewinns und damit die Belastung der Unternehmen ist entsprechend gestiegen[22].

2. Planwidrige Überversorgung

Richtet ein Arbeitgeber ein Gesamtversorgungssystem ein, dann übernimmt er grundsätzlich das Risiko von Veränderungen des Sozialversicherungsrechts. Eine Gesamtversorgungsregelung soll die Begünstigten gerade vor Stabilitätsrisiken der gesetzlichen Alters-, Invaliden- und Hinterbliebenenrente schützen. Verringert sich das Niveau der gesetzlichen Rente und steigt dadurch die Belastung des Arbeitgebers, kann er deshalb nur in Ausnahmefällen zur Kürzung einer Versorgungszusage berechtigt sein[23].

Änderungen des gesetzlichen Rentenniveaus können jedoch dazu führen, dass der Begünstigte insgesamt eine höhere Versorgung erhält, als bei Abschluss der Versorgungszusage beabsichtigt war (sog. Überversorgung)[24]. Die Gesamtversorgungszusage will dem Arbeitnehmer in der Regel eine im Verhältnis zu seinem früheren Lebensstandard angemessene finanzielle Existenzgrundlage im Ruhestand sichern.

Tritt dieser Vertragszweck unabhängig von der vertraglich geschuldeten Leistung auf planwidrige Weise ein, hat der Arbeitgeber ein berechtigtes Interesse, sich vom Vertrag zu lösen[25]. Er darf die Zusage wegen eines Überversorgungstatbestandes kürzen, wenn bei Zusageerteilung erkennbar war, dass maximal ein bestimmter

---

Nr. 8 zu § 1 BetrAVG Hinterbliebenenversorgung; kritisch *Schumann*, Gestaltungsmöglichkeiten zur Rückführung ausufernder Lasten der betrieblichen Altersversorgung, ZIP 1987, 137, 147.

[16] § 6 BetrAVG.

[17] Insgesamt hierzu BAG vom 22.04.1986 – 3 AZR 496/83, DB 1986, 1526 = AP Nr. 8 zu § 1 BetrAVG Unterstützungskassen; der Insolvenzschutz ist geregelt in §§ 7 ff. BetrAVG.

[18] BAG vom 09.07.1985 – 3 AZR 546/82, DB 1986, 1231 = AP Nr. 6 zu § 1 BetrAVG Ablösung; BAG vom 22.04.1986 – 3 AZR 496/83, DB 1986, 1526 = AP Nr. 8 zu § 1 BetrAVG Unterstützungskassen.

[19] Art. 1 Nr. 46 a) des Steuerreformgesetzes 1990 vom 25.07.1988, BGBl. I S. 1093.

[20] Art. 1 Nr. 45 a) des Jahressteuergesetzes 1996 vom 11.10.1995, BGBl. I S. 1250.

[21] Art. 26 des zweiten Gesetzes zur Verbesserung der Haushaltsstruktur vom 22.12.1981, BGBl. I S. 1523.

[22] *Blomeyer/Otto* Anh § 1 Rn 465.

[23] Siehe BAG vom 22.04.1986 – 3 AZR 496/83, DB 1986, 1526 = AP Nr. 8 zu § 1 BetrAVG Unterstützungskassen; BAG vom 17.03.1987 – 3 AZR 64/84, DB 1987, 1639 = AP Nr. 9 zu § 1 BetrAVG Ablösung.

[24] *Dieterich*, Zur „Überversorgung“ durch Betriebsrenten, in FS für Hilger/Stumpf, 1983, S. 77, 82, definiert die Überversorgung als plan- und regelwidrige Versorgung

[25] Zum Abbau von Überversorgungen siehe z.B. BAG vom 17.03.1987 – 3 AZR 64/84, DB 1987, 1639 = AP Nr. 9 zu § 1 BetrAVG Ablösung und BAG vom 22.09.1987 – 3 AZR 662/85, DB 1988, 291 = AP Nr. 5 zu § 1 BetrAVG Besitzstand; BAG vom 23.09.1997 – 3 ABR 85/96, DB 1998, 779 = AP Nr. 26 zu § 1 BetrAVG Ablösung sowie zuletzt BAG vom 25.07.2000 – 3 AZR 292/99, BetrAV 2003, 466.

Anteil der letzten Aktivbezüge als Altersversorgung gewährleistet werden soll[26]. Die Versorgungsberechtigten sind nicht schutzbedürftig, weil die Überversorgung für sie eine erkennbare Fehlentwicklung darstellt. Das BAG stützt diese Auffassung auf das Institut der Störung der Geschäftsgrundlage in der Fallgruppe der Zweckerreichung[27].

3. Rechtsprechungsänderungen

Auch Veränderungen in der Rechtsprechung können sich auf die Höhe des vom Arbeitgeber zu leistenden Versorgungsaufwands auswirken. Beispiele hierfür bilden die Rechtsprechung des BAG zur Witwerrente[28], und die Rechtsprechung des EuGH zum Verbot der unmittelbaren und mittelbaren Geschlechterdiskriminierung[29]. In diesem Kontext ist auch die weiter unten ausführlich dargestellte Entscheidung des Großen Senats zur Ablösung vertraglicher Einheitsregelungen oder Gesamtzusagen durch Betriebsvereinbarungen einzuordnen[30].

III. Harmonisierungsbestrebungen

Innerhalb der Belegschaft eines Unternehmens sind unterschiedliche Versorgungsregelungen grundsätzlich denkbar, solange diese mit dem arbeitsrechtlichen Gleichbehandlungsgrundsatz in Einklang zu bringen sind[31]. Das Bestehen unterschiedlicher Zusagen erhöht jedoch den Verwaltungsaufwand für den Arbeitgeber. Es kann auch Konflikte und Unverständnis innerhalb der Belegschaft nach sich ziehen. Will der Arbeitgeber solch unterschiedliche Versorgungszusagen vereinheitlichen, wird er dafür häufig kürzend in bestehende Zusagen eingreifen müssen[32].

---

[26] Dazu BAG vom 09.07.1985 – 3 AZR 546/82, DB 1986, 1231 = AP Nr. 6 zu § 1 BetrAVG Ablösung; sehr ausführlich zur Einschränkung von Gesamtversorgungssystemen *Hanau/Preis*, Der Übergang der Gesamtversorgung zu einer von der Sozialversicherung abgekoppelten Betriebsrente, RdA 1988, 65.

[27] Dazu BAG vom 09.07.1985 – 3 AZR 546/82, DB 1986, 1231 = AP Nr. 6 zu § 1 BetrAVG Ablösung unter I. 2. a) (2) der Gründe und BAG vom 25.07.2000 – 3 AZR 292/99, BetrAV 2003, 466, wo das BAG unter II. 1. der Gründe ausdrücklich feststellt, dass die Geschäftsgrundlage der Versorgungszusage auch durch eine Vielzahl von in diesem Umfang und in diesen Konsequenzen nicht vorhersehbaren Verschiebungen im Steuer- und Sozialversicherungsrecht wegfallen kann. Näher zum Widerruf unten S. 142 ff.

[28] Witwerrente ist unter den gleichen Voraussetzungen zu gewähren, wie Witwenrente; so BAG vom 05.09.1989 – 3 AZR 575/88, DB 1989, 2615 = AP Nr. 8 zu § 1 BetrAVG Hinterbliebenenversorgung.

[29] EuGH vom 17.05.1990 – RS C - 262/88 (Barber ./. Guardianroyal Exchange), DB 1990, 1824 = AP Nr. 20 zu Art. 119 EWG-Vertrag.

[30] BAG vom 16.09.1986 – GS 1/82, DB 1987, 383 = AP Nr. 17 zu § 77 BetrVG. Zur Entscheidung des Großen Senats siehe unten S. 131 ff.

[31] Eine solche Situation kommt z.B. in Betracht, wenn ein Unternehmen aus mehreren Betrieben besteht, verschiedene Unternehmen in einem Konzernverbund zusammengefasst sind, Unternehmen umgewandelt werden (z.B. durch Verschmelzung oder Ausgliederung) oder in Fällen eines Betriebsübergangs gem. § 613a BGB; vgl. dazu *Lindemann/Simon*, Ablösung und Bestandsschutz von Altersversorgungsregelungen beim Betriebsübergang, BB 2003, 2510 ff.

[32] Vgl. hierzu BAG vom 08.12.1981 – 3 ABR 53/80, DB 1982, 46 = AP Nr. 1 zu § 1 BetrAVG Ablösung. Beispiele aus der Praxis sind hierfür z.B. die Neuordnung der Altersversorgung bei der KarstadtQuelle AG und die Harmonisierung der Versorgungsmodelle bei der Eon AG (FAZ vom 10.01.2004 S. 12 „Die Altersversorgung in Deutschlands Unternehmen").

IV. Wirtschaftliche Schwierigkeiten des Arbeitgebers

Das häufigste und auch für die Zwecke der vorliegenden Untersuchung entscheidende Motiv für die Kürzung eine Versorgungszusage ist das Auftreten wirtschaftlicher Schwierigkeiten des Arbeitgebers. Diese können unterschiedlichste Ursachen haben. Auslöser hierfür können negative gesamtwirtschaftliche Entwicklungen ebenso sein, wie unternehmerische Fehlentscheidungen oder auch das Erfordernis hohe Abschreibungen, die zu einem Bilanzverlust führen, vorzunehmen, wie jüngst im Falle der Commerzbank[33].

B. Instrumentarien zur Einschränkung von Versorgungszusagen

Im BetrAVG findet sich keine Vorschrift, die die inhaltlichen Änderung von Versorgungszusagen regelt. Es muss deshalb auf Grundsätze des allgemeinen Arbeits- und Vertragsrechts zurückgegriffen werden, wenn – wie vom BAG ausdrücklich gefordert - die Versteinerung von Versorgungsregelungen vermieden werden und eine Anpassung von Versorgungszusagen an veränderte Rahmenbedingungen möglich bleiben soll.

Aus der Vielgestaltigkeit der denkbaren Verpflichtungstatbestände[34] resultiert eine ebenso große Bandbreite an denkbaren Einschränkungsmöglichkeiten. Der individual- oder kollektivrechtliche Charakter der einzuschränkenden Versorgungszusage ist für die anzuwendende Änderungsmethode ebenso bestimmend, wie der vom Arbeitgeber mit der Abänderung verfolgte unternehmenspolitische Zweck – vollständige Aufhebung der Zusage für die Zukunft oder auch für die Vergangenheit bzw. lediglich Kürzung zugesagter Leistungen[35]. Freilich ist nicht jede denkbare Alternative auch praxisgerecht.

Einseitige Einschränkungsmaßnahmen des Arbeitgebers bedürfen anderer Einschränkungsinstrumente als eine einvernehmliche Regelung. Ohne Bedeutung für die Voraussetzungen und den zulässigen Umfang von Eingriffen ist der gewählte Durchführungsweg[36].

I. Schließung des Versorgungswerks

Will der Arbeitgeber seine Zusagepraxis für die Zukunft einschränken ohne in bestehende Zusagen einzugreifen, kann er für neu eintretende Arbeitnehmer das Versorgungswerk relativ unproblematisch schließen[37]. Eine solche Schließung verstößt nicht gegen den arbeitsrechtlichen Gleichbehandlungsgrundsatz[38].

Je nach Art der Zusageerteilung gilt das Folgende:

- Bei rein individualrechtlichen Zusagen wird das Versorgungswerk geschlossen, indem neu eintretenden Arbeitnehmern keine Zusagen erteilt werden.

---

33 Siehe FAZ vom 19.01.2004, S. 9 „Commerzbank-Vorstand verhandelt über die Betriebsrente".

34 Zu den Möglichkeiten, eine Versorgungszusage zu begründen, umfassend oben S. 14 ff.

35 Anschaulich zu den Parametern, die die Ablösungsmechanik beeinflussen *Griebeling*, Abänderung von Versorgungszusagen, NZA 1989 Beilage Nr. 3, S. 26, 27.

36 *Doetsch/Rühmann* in Willemsen/Hohenstatt/Schweibert/Seibt J Rn 158.

37 Ausführlich zur Schließung des Versorgungswerks *Andresen/Förster/Norbert Rößler/Rühmann* Teil 12 Rn 85 ff.

38 So auch *Förster/Rühmann* in MünchHdb ArbR § 106 Rn 3; *Höfer* ART Rn 222.

- Bei Gesamtzusagen wird ein Versorgungswerk geschlossen, indem die Fortgeltung der Zusage individualvertraglich ausdrücklich ausgeschlossen wird. Neu eintretenden Arbeitnehmern kann der Widerruf der Gesamtzusage auch in derselben Weise bekannt gemacht werden, in der die Gesamtzusage ursprünglich erteilt wurde[39].

- Beruht die Versorgungszusage auf einer betrieblichen Übung, muss der Arbeitgeber sich ausdrücklich von dieser betrieblichen Übung distanzieren[40].

- Ist die Versorgungszusage kollektivvertraglich erteilt worden, muss das kollektivrechtliche Regelungswerk gekündigt werden[41].

II. Individualrechtliche Abänderungsverträge

Ein individualvertraglicher Verzicht eines Arbeitnehmers auf Versorgungsanwartschaften scheidet aus, wenn die Versorgungszusage kollektivrechtlich begründet worden ist. Die kollektivrechtliche Regelung geht einer individualrechtlichen Regelung aufgrund ihrer zwingenden Wirkung vor[42], soweit die neu vereinbarte individualrechtliche Zusage für den Arbeitnehmer nicht günstiger ist[43].

Wurde die Zusage individualrechtlich erteilt, kann der Berechtigte nach dem Grundsatz der Vertragsfreiheit grundsätzlich im Wege eines Aufhebungs- oder Abfindungsvertrags[44], eines Erlassvertrags[45], einer Schuldumwandlung[46], eines negativen Schuldanerkenntnisses[47] oder eines Vergleichs[48] auf seine Versorgung verzichten.

Da individualvertragliche Versorgungszusagen meist durch Gesamtzusagen oder vertragliche Einheitsregelungen begründet werden[49], ist eine einheitliche Abänderung aller Zusagen mit Hilfe von Abänderungsverträgen nahezu undenkbar[50]. Bei einer Vielzahl von Begünstigten werden in aller Regel nicht alle Begünstigten ein einschränkendes Änderungsangebot des Arbeitgebers annehmen[51]. In der Praxis werden deshalb individualvertragliche Versorgungszusagen regelmäßig mit Hilfe kollektivrechtlicher Gestaltungsmittel abgeändert[52].

---

[39] Vgl. oben S. 15.
[40] Zur Erteilung einer Versorgungszusage durch eine betriebliche Übung siehe S. 15 f.
[41] Die Kündigung einer kollektivrechtlichen Vereinbarung über betriebliche Altersversorgung wird näher besprochen unter Rn 45 ff
[42] § 77 Abs. 4 BetrVG.
[43] Für Tarifverträge folgt dies aus § 4 Abs. 3 TVG; zum Günstigkeitsprinzip im Verhältnis Betriebsvereinbarung – einzelvertragliche Regelung siehe *Blomeyer/Otto* Anh § 1 Rn 108 f.; sowie unten S. 130 ff. Zur Möglichkeit während der Nachwirkungsdauer eines Tarifvertrags ungünstigere Individualvereinbarungen abzuschließen, siehe S. 127.
[44] § 311 Abs. 1, 2. Alt. BGB.
[45] § 397 Abs. 1 BGB.
[46] Aufhebung oder Ersetzung der Zusage durch eine neue. Deren Zulässigkeit ergibt sich grundsätzlich aus § 311 Abs. 1 BGB.
[47] § 397 Abs. 2 BGB.
[48] § 779 BGB.
[49] *Heither*, Die Änderung von Versorgungszusagen, ArbRGegw 31 (1994), 55, 58; zur Gesamtzusage siehe S. 15; zur vertraglichen Einheitsregelung näher S. 14 f.
[50] Für die Ablösung vertraglicher Einheitsregelungen wie hier bereits BAG vom 30.01.1970 – 3 AZR 44/68, DB 1970, 1393 = AP Nr. 142 zu § 242 BGB Ruhegehalt unter B. III. 2. der Gründe.
[51] Vgl. *Griebeling*, Die Abänderung und Ablösung betrieblicher Versorgungsordnungen in der Rechtsprechung des BAG, ZIP 1993, 1055, 1056.
[52] Zu den sog. ablösenden Betriebsvereinbarungen unten S. 130 ff.

1. Erfordernis ausdrücklicher Zustimmung

Soll trotzdem ein einschränkender, individualrechtlicher Abänderungsvertrag geschlossen werden, so muss der Begünstigte diesem Vertrag ausdrücklich zustimmen. Eine konkludente Zustimmung des Arbeitnehmers zur Zusagekürzung kann nicht angenommen werden[53].

Dies gilt auch für Versorgungsempfänger. Anders als aktive Arbeitnehmer sind sie zwar von der Einschränkung unmittelbar und zeitnah betroffen. Hieraus kann aber nicht auf eine aus Treu und Glauben abzuleitende Pflicht zum Widerspruch gegen die Einschränkung innerhalb einer angemessenen Frist geschlossen werden[54]. Wegen der hohen Bedeutung der Versorgungszahlungen für die Ruhegeldempfänger[55], entsteht für den Arbeitgeber kein schutzwürdiges Vertrauen darauf, dass ein jeder Betriebsrentner einem entsprechenden Kürzungsangebot ausdrücklich widersprechen wird.

2. Einschränkungen der Vertragsfreiheit durch zwingende Bestimmungen des BetrAVG, insbesondere durch § 3 BetrAVG

Die grundlegenden Vorschriften des BetrAVG sind unabdingbar[56]. Ein individualrechtlicher Änderungsvertrag, der zuungunsten des Begünstigten von einer zwingenden Vorschrift des BetrAVG abweicht, verstößt folglich gegen ein gesetzliches Verbot iSd § 134 BGB und ist damit nichtig[57].

Ein Verzichts- oder Abänderungsvertrag, kann insbesondere gegen das in § 3 BetrAVG geregelte Verbot der Abfindung unverfallbarer Anwartschaften verstoßen. Diese Regelung will gewährleisten, dass dem Arbeitnehmer nach Eintritt des Versorgungsfalls, die von ihm im Laufe seines Berufslebens erdienten betrieblichen Versorgungsleistungen in Form fortlaufender rentenförmiger Leistungen, zur Verfügung stehen[58].

Diesem Gesetzeszweck läuft auch ein Verzicht auf Ansprüche oder Anwartschaften entgegen. Kann eine Anwartschaft nicht wirksam gegen Entgelt abgefunden werden, so kann der Arbeitnehmer erst recht nicht entschädigungslos auf sie verzichten dürfen[59].

Die Vorschrift gilt jedoch nur für Abfindungsvereinbarungen „im Falle der Beendigung des Arbeitsverhältnisses". Arbeitnehmer, deren Arbeitsverhältnis nach Ab-

---

[53] *Andresen/Förster/Norbert Rößler/Rühmann* Teil 12 Rn 276; *Höfer* ART Rn 292; *Langohr-Plato*, Rechtliche Rahmenbedingungen bei Eingriffen in betriebliche Rentensysteme, MDR 1994, 853, 854.
[54] A.A. *Heissmann* S. 171; *Höfer* ART Rn 297.
[55] Ebenso *Andresen/Förster/Norbert Rößler/Rühmann* Teil 12 Rn 277.
[56] § 17 Abs. 3 Satz 3 BetrAVG.
[57] Dazu BAG vom 16.09.1986 – GS 1/82, DB 1987, 383 = AP Nr. 17 zu § 77 BetrVG 1972; sowie BAG vom 14.08.1990 – 3 AZR 301/89, DB 1991, 501 = AP Nr. 4 zu § 3 BetrAVG unter I. 1. a) der Gründe; aus der Lit. *Ahrend/Förster/Rühmann* § 17 Rn 7; *Blomeyer/Otto* § 17 Rn 213; zur Bedeutung der Nichtigkeit siehe *Heinrichs* in Palandt Überbl v § 104 Rn 27.
[58] *Ahrend/Förster/Rühmann* § 3 Rn 1. Dieser Grundsatz gilt nach wie vor auch nach der Neufassung des § 3 BetrAVG durch Art. 6 Nr. 4 des Gesetzes zur Neuordnung der einkommensteuerrechtlichen Behandlung von Altersvorsorgeaufwendungen und Altersbezügen (AltEinkG). Siehe dazu BegrFraktE SPD; Bündnis 90/Die Grünen AltEinkG, BT-Drucks 15/2150 S. 52 f.
[59] BAG vom 22.09.1987 – 3 AZR 194/86, DB 1988, 656 = AP Nr. 13 zu § 17 BetrAVG; a.A. *Blomeyer/Otto* § 3 Rn 11.

schluss eines Verzichtsvertrags fortbesteht, können damit auf verfallbare[60] und unverfallbare Anwartschaften verzichten[61].

Nach der Neufassung des § 3 BetrAVG durch das AltEinkG[62] können auch Betriebsrentner nicht mehr wirksam auf Ihre Versorgungsansprüche auf betriebliche Altersversorgung verzichten. § 3 BetrAVG n.F. erfasst nunmehr auch die Abfindung „laufender Leistungen", also auch die Abfindung von Rentenleistungen[63]. Dies gilt indes gem. § 30g Abs. 2 BetrAVG nur für solche laufenden Leistungen, die erst nach dem 31.12.2004 erstmals gezahlt werden.

3. Erfordernis einer Inhaltskontrolle zulässiger Verzichtsverträge aktiver Arbeitnehmer

a. Allgemeines

Wie jedes Rechtsgeschäft dürfen Verzichts- bzw. Erlassverträge nicht gegen die guten Sitten[64] und den Grundsatz von Treu und Glauben[65] verstoßen. Sie sind damit einer Rechtskontrolle unterworfen. Verschiedene Stimmen im Schrifttum wollen sie einer darüber hinausgehenden Kontrolle anhand der Maßstäbe von Recht und Billigkeit unterziehen[66]. Das BAG hat diese Frage bislang ausdrücklich offen gelassen[67].

Für eine weitergehende Inhaltskontrolle spricht der Sinn und Zweck des Instituts der Billigkeit. Die Billigkeit als Kontrollmaßstab wurde zur Überprüfung von Schuldverhältnissen entwickelt, die einen der Vertragspartner ungewöhnlich stark belasten und die Ergebnis ungleicher Verhandlungsstärke sind[68]. Eine solche besonders starke Belastung ist in dem Verzicht auf Altersversorgungsansprüche zu sehen. Dies gilt

---

60 *Ahrend/Förster/Norbert Rößler* 1. Teil Rn 291c.

61 BAG vom 14.08.1990 – 3 AZR 301/89, DB 1991, 501 = AP Nr. 4 zu § 3 BetrAVG ; *Blomeyer/Otto* Anh § 1 Rn 562 und § 3 Rn 34; *Pophal*, Die Ablösung unmittelbarer betrieblicher Versorgungsverpflichtungen durch Direktversicherungen, DB 1987, 834, 837; *Heither*, Bestandsschutz und Billigkeitskontrolle in der betrieblichen Altersversorgung, RdA 1993, 72, 74; *ders.*, Die Änderung von Versorgungszusagen, ArbRGegw 31 (1994), 55, 59; *Kemper*, Zusammentreffen unterschiedlicher Versorgungsregelungen anlässlich eines Betriebsübergangs, BB 1990, 788, 788; *Rühmann*, Übertragung und Abfindung von Versorgungsanwartschaften durch Pensionskassen, BetrAV 2003, 302, 302; bereits zur alten Rechtslage ausdrücklich *Griebeling*, Die Änderung und Ablösung betrieblicher Versorgungsordnungen in der Rechtsprechung des BAG, ZIP 1993, 1055, 1056 Fn 2.

62 Gesetz zur Neuordnung der einkommensteuerrechtlichen Behandlung von Altersvorsorgeaufwendungen und Altersbezügen vom 05.07.2004, BGBl. 2004 I, S. 1427 ff.

63 Kritisch *Höfer*, Die Neuregelung des Betriebsrentengesetzes durch das Alterseinkünftegesetz, DB 2004, 1426, 1426 f.

64 § 138 BGB.

65 § 242 BGB.

66 *Uebelhack*, Betriebliche Altersversorgung und Wegfall der Geschäftsgrundlage, Diss. Mannheim 1995, S. 109; *Schumann*, Unbegrenzter Schutz vor Eingriffen in die zeitanteilig erdiente Dynamik von Versorgungszusagen?, in FS für Ahrend, 1992, S. 221; *Langohr-Plato*, Rechtliche Rahmenbedingungen bei Eingriffen in betriebliche Rentensysteme, MDR 1994, 853, 857. *Blomeyer/Otto* Anh § 1 Rn 565 stehen einer, über eine Sittenwidrigkeitskontrolle hinausgehenden Angemessenheitskontrolle der Verzichtsvereinbarung kritisch gegenüber. Eine solche sei angesichts der rechtlich gesicherten Ausgangsposition des „verzichtenden" Arbeitnehmers nicht gerechtfertigt.

67 Siehe BAG vom 14.08.1990 – 3 AZR 301/89, DB 1991, 501 = AP Nr. 4 zu § 3 BetrAVG unter I. 2. der Gründe.

68 BVerfG vom 19.10.1993 – 1 BvR 567/89 und 1 BvR 1044/89, BVerfGE 89, 214 = DB 1993, 2580 = AP Nr. 35 zu Art. 3 GG; *Fastrich*, Richterliche Inhaltskontrolle im Privatrecht, S. 181 ff; a.A. *von Hoyningen-Huene,* Die Billigkeit im Arbeitsrecht, S. 130 ff, der lediglich eine Rechtskontrolle, d.h. nach seiner Definition eine Richtigkeitskontrolle bei echten Einzelverträgen bejaht. So auch das BAG in BAG vom 21.10.1970 – 3 AZR 510/69, DB 1971, 727 = AP Nr. 1 zu § 305 BGB Billigkeitskontrolle; BAG vom 22.12.1970 – 3 AZR 52/70, DB 1971, 729 = AP Nr. 2 zu § 305 BGB Billigkeitskontrolle.

insbesondere für den Verzicht auf unverfallbare Anwartschaftsteile. Das Ergebnis unterschiedlicher Verhandlungsstärke sind Verzichtsverträge aktiver Arbeitnehmer schon allein aufgrund der wirtschaftlichen Abhängigkeit des Arbeitnehmers vom Arbeitgeber[69].

Selbst Betriebsvereinbarungen, die Versorgungsansprüche aus bestehenden Arbeitsverhältnissen herabsetzen, sind einer über eine reine Rechtmäßigkeitsprüfung hinausgehenden Kontrolle anhand der Grundsätze zum Besitzstandsschutz unterworfen[70]. Der einzelne Arbeitnehmer hat regelmäßig eine schwächere Verhandlungsposition gegenüber seinem Arbeitgeber als der Betriebsrat. Er ist deshalb schutzbedürftiger als solche Arbeitnehmer, deren Versorgungsansprüche durch eine Betriebsvereinbarung gekürzt werden. Wenn kollektivrechtliche Ablösungsverträge in Form von Betriebsvereinbarungen einer Kontrolle anhand der Grundsätze zum Besitzstandsschutz unterliegen, dann muss dies demnach erst recht für individualrechtliche Ablösungsverträge über individualvertraglich erteilte Versorgungszusagen gelten.

Mithin sind auch individualrechtliche Verzichtsverträge, die nicht bereits wegen Unvereinbarkeit mit § 3 BetrAVG nichtig sind, am Maßstab des Drei-Stufen-Modells zu messen. Im Einzelfall kann der Arbeitnehmer ein Interesse daran haben, vor seinem Ausscheiden aus dem Betrieb auf seine Altersversorgung zu verzichten[71]. Dem ist bei der Interessenabwägung zwischen Kürzungsinteresse des Arbeitgebers und Fortbestandsinteresse des Arbeitnehmers Rechnung zu tragen.

b. Kontrolle anhand der §§ 305 ff. BGB

Durch das Schuldrechtsmodernisierungsgesetz[72] hat der Gesetzgeber den Anwendungsbereich der Vorschriften zur Kontrolle allgemeiner Geschäftsbedingungen auf Arbeitsverträge erstreckt. Ausgenommen bleiben Tarifverträge und Betriebsvereinbarungen[73]. Einer Inhaltskontrolle von Abänderungsverträgen anhand der §§ 305 ff. BGB steht indes der Entgeltcharakter betrieblicher Altersversorgung iVm der Regelung des § 307 Abs. 3 BGB entgegen. Allgemeine Geschäftsbedingungen, die zu zahlendes Entgelt festlegen, unterliegen danach keiner Inhaltskontrolle iSd §§ 307 ff. BGB[74].

Für den Bereich der betrieblichen Altersversorgung hatte die Rechtsprechung jedoch bereits vorher die wesentlichen Wertungen des früheren AGBG[75] in die Inhaltskontrolle arbeitsrechtlicher Individualvereinbarungen einbezogen und so ein Schutzniveau erreicht, dass dem einer Inhaltskontrolle anhand der §§ 305 ff. BGB in Nichts nachsteht.

Schließt der Arbeitgeber eine Vielzahl gleichlautender Abänderungsverträge, ist jedoch eine Transparenzkontrolle durchzuführen[76], bei der insbesondere die Beson-

---

[69] In diese Richtung auch *Blomeyer/Otto* Anh § 1 Rn 142; zur Kontrolle von Verzichtsverträgen von Betriebsrentnern siehe unten S. 118.

[70] Dazu näher unten S. 128 ff.; a.A. *Lieb*, AGB-Recht und Arbeitsrecht nach der Schuldrechtsmodernisierung, in FS für Ulmer, 2003, 1231, 1241, der eine Billigkeitskontrolle von Betriebsvereinbarungen wegen der Bereichsausnahme in § 310 Abs. 4 Satz 1 BGB für ausgeschlossen hält.

[71] So z.B. wenn er anstelle seines Altersversorgungsanspruchs bereits vor seinem Ausscheiden andere Benefits, wie *stock options* oder eine einmalige Kapitalleistung angeboten bekommt.

[72] Gesetz zur Modernisierung des Schuldrechts vom 26.11.2001, BGBl. I S. 3138.

[73] § 310 Abs. 4 Satz 2 und 3 BGB.

[74] *Heinrichs* in Palandt § 307 Rn 54.

[75] Gesetz zur Regelung des Rechts der Allgemeinen Geschäftsbedingungen idF vom 29.06.2000, BGBl. I S. 946 – aufgehoben durch Art. 6 Nr. 4 SMG vom 26.11.2001, BGBl. I S. 3138.

[76] § 307 Abs. 1 Satz 2 BGB.

derheiten des Arbeitsrechts und dabei vor allem diejenigen der betrieblichen Altersversorgung zu berücksichtigen sind[77]. Als Besonderheit der betrieblichen Altersversorgung kann die besondere Komplexität der Materie angesehen werde.

Aufgrund dieser sollten die Anforderungen an die Transparenz der Abänderungsverträge nicht übertrieben hoch sein. Zu denken ist im Gegenzug an eine Erhöhung der Aufklärungs- und Informationspflichten des Arbeitgebers, z.B. durch Verteilung einer Informationsbroschüre zur betrieblichen Altersversorgung oder durch Offenlegung der wirtschaftlichen Schwierigkeiten, die eine Kürzung der Zusage erforderlich machen.

III. Kündigung von Versorgungszusagen

Will sich der Arbeitgeber gegen den Willen seiner Arbeitnehmer von zukünftigen Verpflichtungen aus bestehenden Versorgungszusagen lösen, steht ihm das Gestaltungsrecht der Kündigung zur Verfügung. Eine Kündigung beendet ein Dauerschuldverhältnis mit Wirkung für die Zukunft. Bereits erbrachte Leistungen sind nicht zurückzugewähren. Grundsätzlich ist jedes Dauerschuldverhältnis – damit auch jede Versorgungszusage – aus wichtigem Grunde kündbar[78]. Voraussetzungen und Folgen der Kündigung variieren hier je nach Art der Versorgungszusage.

1. Kündigung individualrechtlicher Versorgungszusagen

Individualrechtliche Versorgungszusagen sind meist Bestandteil des Arbeitsvertrags[79]. Eine Teilkündigung des Arbeitsverhältnisses, mit der allein die Regelungen zur betrieblichen Altersversorgung gekündigt werden, ist arbeitsrechtlich unzulässig[80]. Ein solcher einseitiger Eingriff in den Inhalt eines fortbestehenden Arbeitsverhältnisses ist mit dem Grundsatz der Vertragsautonomie nicht vereinbar[81]. Das gilt selbst dann, wenn der Arbeitsvertrag ausdrücklich die Möglichkeit der Teilkündigung vorsieht[82]. Der Arbeitgeber kann deshalb nur das Arbeitsverhältnis als Ganzes kündigen.

a. Änderungskündigung

Will eine Vertragspartei den Inhalt eines Arbeitsverhältnisses ändern, kann sie den zugrunde liegenden Vertrag kündigen und gleichzeitig anbieten, das Schuldverhältnis zu geänderten Bedingungen fortzusetzen[83]. Für eine solche Änderungskündigung gelten alle formellen und materiellen Rechtsgrundsätze einer Beendigungskündigung[84].

---

[77] § 310 Abs. 4 Satz 2 1. Hs. BGB.

[78] § 314 Abs. 1 BGB. Ein wichtiger Grund liegt gem. § 314 Abs. 1 Satz 2 BGB vor, wenn dem kündigenden Teil unter Berücksichtigung aller Umstände des Einzelfalls und unter Abwägung der beiderseitigen Interessen die Fortsetzung des Vertragsverhältnisses unzumutbar ist. Zum Dauerschuldcharakter der Versorgungszusage oben S. 31 f.

[79] Häufig sind sie auch in einem eigenständigen Vertrag geregelt; siehe auch S. 14.

[80] *Förster/Rühmann* in MünchHdb ArbR § 106 Rn 4; *Schaub* § 123 Rn 49; BAG vom 07.10.1982 – 2 AZR 455/80, DB 1983, 1368 = AP Nr. 5 zu § 620 BGB Teilkündigung; BAG vom 22.01.1997 – 5 AZR 658/95, DB 1997, 1038 = AP Nr. 6 zu § 620 BGB Teilkündigung.

[81] *von Hoyningen-Huene/Linck* § 2 Rn 29 mwN.

[82] Vgl. *Schaub* § 123 Rn 51.

[83] Sog. Änderungskündigung, siehe zur Änderungskündigung eines Arbeitverhältnisses § 2 KSchG.

[84] *Schaub* § 137 Rn 2; insbesondere ist gem. § 102 BetrVG der Betriebsrat vor Ausspruch der Kündigung zu hören.

Der Arbeitnehmer kann das Änderungsangebot des Arbeitgebers unter dem Vorbehalt der sozialen Rechtfertigung der Kündigung annehmen[85] und die soziale Rechtfertigung der Änderungskündigung mittels einer Änderungskündigungsschutzklage überprüfen lassen[86]. Lehnt er das Angebot ab, kann er unter den allgemeinen Voraussetzungen Kündigungsschutzklage erheben[87].

Gesamtzusagen und vertragliche Einheitsregelungen müsste der Arbeitgeber aufgrund des arbeitsrechtlichen Gleichbehandlungsgrundsatzes mittels einer sog. Massenänderungskündigung angreifen. Ein solches Vorgehen ist indes untauglich, um eine größere Anzahl einzelvertraglicher Versorgungszusagen einheitlich abzuändern[88]. Bei jedem Kündigungsvorgang muss der Arbeitgeber die individuellen Kündigungsschutzregeln für den einzelnen Mitarbeiter, also auch spezielle Kündigungsvorschriften für Betriebsratsmitglieder[89], Schwerbehinderte[90], Elternzeitler[91] und Mütter[92], ebenso beachten, wie die jeweils individuell laufenden Kündigungsfristen[93].

Eine Massenänderungskündigung von Versorgungszusagen zieht mit hoher Wahrscheinlichkeit eine große Zahl an Kündigungsschutzprozessen nach sich. Streitgegenstand des Kündigungsschutzprozesses ist jeweils die gegenüber dem einzelnen Arbeitnehmer ausgesprochene Individualkündigung. Die Überprüfung der sozialen Schutzbedürftigkeit der einzelnen Arbeitnehmer wird kaum zu einheitlichen Ergebnissen führen[94]. Das heterogene Bild der Versorgungszusagen, das durch die Massenänderungskündigung häufig beseitigt werden soll, wird damit nach Ausspruch der Kündigungen möglicherweise noch verstärkt[95].

b. Soziale Rechtfertigung der Änderungskündigung

Die Prüfung der Sozialverträglichkeit jeder Kündigung setzt eine umfassende Interessenabwägung voraus. Eine betriebsbedingte Änderungskündigung ist sozial gerechtfertigt, wenn die betrieblichen Erfordernisse, die für die Änderung der Arbeitsbedingungen sprechen, unter vernünftiger Abwägung der Interessen des Arbeitgebers an der erstrebten Änderung mit den Interessen des Arbeitnehmers an der Aufrechterhaltung der Arbeitsbedingungen, die Anwendung des Mittels der Kündigung um der Änderung willen billig erscheinen lassen[96].

---

[85] § 2 Satz 1 KSchG; zur Frage, ob die Kündigung sozial gerechtfertigt ist, § 1 Abs. 2 Satz 1–3, Abs. 3 Satz 1 und 2 KSchG. Nach dem neuen Wortlaut des § 1 Abs. 3 Satz 1 KSchG müssen bei der Sozialauswahl nur noch „die Dauer der Betriebszugehörigkeit, das Lebensalter, die Unterhaltspflichten und die Schwerbehinderung des Arbeitnehmers" berücksichtigt werden. Siehe BegrFraktE SPD; Bündnis 90/Die Grünen eines Gesetzes zu Reformen am Arbeitsmarkt, BT-Drucks. 15/1204 S. 11.

[86] § 4 Satz 2 KSchG. Zu den Voraussetzungen einer Kündigungsschutzklage siehe §§ 1 Abs. 1, 23 Abs. 1 KSchG.

[87] Siehe § 1 KSchG.

[88] *Blomeyer/Otto* Anh § 1 Rn 491; so auch bereits BAG vom 30.01.1970 – 3 AZR 44/68, DB 1970, 1393 = AP Nr. 142 zu § 242 BGB Ruhegehalt unter B. III. 2. b) der Gründe. Zur Parallelproblematik bei der Einschränkung der Zusage über einen Abänderungsvertrag siehe oben S. 116.

[89] § 103 BetrVG.

[90] §§ 12 ff. SchwbG.

[91] § 18 BErzGG.

[92] § 9 MuSchG.

[93] § 622 BGB.

[94] Instruktiv *Uebelhack*, Betriebliche Altersversorgung und Wegfall der Geschäftsgrundlage, Diss. Mannheim 1996, S. 86 f.

[95] *Griebeling*, Bestandsschutz und Billigkeitskontrolle in der betrieblichen Altersversorgung aus der Sicht des Bundesarbeitsgerichts, in FS für Ahrend, 1992, S. 208, 211 spricht anschaulich von der Gefahr des Verbleibs einer „Ruinenlandschaft".

[96] Statt vieler BAG vom 12.01.1961 - 2 AZR 171/59, DB 1961, 473 = AP Nr. 10 zu § 620 BGB Änderungskündigung.

Eine betriebsbedingte Änderungskündigung der Versorgungszusage kann insbesondere durch wirtschaftliche Schwierigkeiten des Arbeitgebers sozial gerechtfertigt sein[97]. Für Eingriffe in Versorgungszusagen hat das BAG die Frage der Rechtmäßigkeit des Eingriffs mit Hilfe des Drei-Stufen-Modells konkretisiert. Dieser Maßstab gilt auch für die Prüfung der Sozialverträglichkeit einer Massenänderungskündigung[98].

2. *Kündigung kollektivrechtlicher Versorgungszusagen*

a. *Die Kündigung einer Betriebsvereinbarung*[99]

Bei der Kündigung einer Betriebsvereinbarung über betriebliche Altersversorgung unterscheidet das BAG zwischen der Kündbarkeit der Betriebsvereinbarung und den Rechtsfolgen der Kündigung[100].

aa. *Kündbarkeit der Betriebsvereinbarung*

Jede Betriebsvereinbarungen kann von Arbeitgeber und Betriebsrat mit einer Frist von drei Monaten gekündigt werden, soweit nichts anderes vereinbart ist [101]. Die Ausübung des Kündigungsrechts bedarf keiner Rechtfertigung und unterliegt keiner Inhaltskontrolle[102]. Für das Recht der betrieblichen Altersversorgung existiert keine Sondervorschrift[103]. Erscheint das Festhalten an der Betriebsvereinbarung bis zum

---

[97] Siehe § 1 Abs. 2 Satz 1, 3. Alt. KSchG. Wie hier *Holger Müller*, Möglichkeiten und Grenzen der Gehaltsabsenkung in insolvenzbedrohten Unternehmen zur Meidung von Massenentlassungen, NZA 1985, 307, 310, der darauf hinweist, dass der Prüfungsmaßstab der Gerichte zur Überprüfung der Sozialwidrigkeit betriebsbedingter Änderungskündigungen darauf reduziert sei, zu überprüfen, ob die Änderungskündigung offenbar unvernünftig oder willkürlich ist; siehe auch *Steinmeyer* S. 110, der Änderungen von Versorgungsordnungen regelmäßig als Abänderung aus betriebsbedingten Gründen fassen will. A.A. *Blomeyer/Otto* Anh § 1 Rn 486, die eine soziale Rechtfertigung durch dringende betriebliche Bedürfnisse bei Änderungen, die durch wirtschaftliche Gründe veranlasst sind, grundsätzlich ablehnen.

[98] Zum Drei-Stufen-Modell umfassend unten 5. Kap.; siehe hierzu auch *Blomeyer*, Der Bestandsschutz der Ruhegeldanwartschaften bei einer Einschränkung der betrieblichen Altersversorgung, in FS für Hilger/Stumpf, 1983, S. 41, 58, der ausführt, dass für eine Inhaltskontrolle von Massenänderungskündigungen „die gleichen Kriterien maßgeblich sind wie bei der Kompetenzkontrolle von Betriebsvereinbarungen".

[99] Dieses Thema wird umfassen bearbeitet von *Kort*, Die Kündigung von Betriebsvereinbarungen über Betriebsrenten, NZA 2004, 889.

[100] BAG vom 11.05.1999 – 3 AZR 21/98, DB 2000, 525 = AP Nr. 6 zu § 1 BetrAVG Betriebsvereinbarung unter II. 1. der Gründe; zuletzt BAG vom 18.09.2001 – 3 AZR 728/00, DB 2002, 1114 = AP Nr. 34 zu § 1 BetrAVG Ablösung.

[101] § 77 Abs. 5 BetrVG; für Betriebsvereinbarungen über betriebliche Altersversorgung ausdrücklich BAG vom 11.05.1999 – 3 AZR 21/98, DB 2000, 525 = AP Nr. 6 zu § 1 BetrAVG Betriebsvereinbarung in LS 1; *Kreutz* in GK-BetrVG § 77 Rn 361. Gem. § 120 InsO (BGBl. I 1994 S. 2911) iVm Art. 6 ArbBeschFöG (BGBl. I 1996 S. 1476) können seit dem 01.01.1996 finanziell belastende Betriebsvereinbarungen, für die eine längere Kündigungsfrist vereinbart wurde, ab der Eröffnung des Insolvenzverfahrens über das Vermögen des Arbeitgebers mit der dreimonatigen Regelfrist gekündigt werden, wenn sich Insolvenzverwalter und Betriebsrat nicht über eine einvernehmliche Herabsetzung einigen können.

[102] BAG vom 11.05.1999 – 3 AZR 21/98, DB 2000, 525 = AP Nr. 6 zu § 1 BetrAVG Betriebsvereinbarung.

[103] Dazu BAG vom 10.03.1992 – 3 ABR 54/91, DB 1992, 1735 = AP Nr. 5 zu § 1 BetrAVG Betriebsvereinbarung; hier stellt das BAG unter 2. b) der Gründe ausdrücklich fest, dass auch ein allgemeiner steuerunschädlicher Widerrufsvorbehalt eine freie Kündbarkeit nicht ausschließt; a.A. *Hanau/Preis*, Die Kündigung von Betriebsvereinbarungen, NZA 1991, 81. Siehe auch BAG vom 11.05.1999 – 3 AZR 21/98, DB 2000, 525 = AP Nr. 6 zu § 1 BetrAVG Betriebsvereinbarung unter II. 1. der Gründe.

Ablauf der Kündigungsfrist unter Berücksichtigung aller Umstände und unter Abwägung der Interessen der Betroffenen unzumutbar, kann eine Betriebsvereinbarung, wie jedes Dauerschuldverhältnis, auc fristlos gekündigt[104].

bb. Rechtsfolgen der Kündigung

Unabhängig von der Frage der Kündbarkeit einer Betriebsvereinbarung über betriebliche Altersversorgung beurteilen sich die Rechtsfolgen, die sich aus einer rechtmäßigen fristgerechten Kündigung ergeben.

(1) Keine Nachwirkung

Da Betriebsvereinbarungen über betriebliche Altersversorgung freiwillig abgeschlossen werden[105], entfalten sie nach ihrer Kündigung keine Nachwirkung[106]. Die Gegenansicht, die anhand einer Analogie zu § 4 Abs. 5 TVG zu einer Nachwirkung kommen will[107], steht in Widerspruch zum eindeutigen Wortlaut des § 77 Abs. 6 BetrVG. Dieser ordnet ausdrücklich eine Nachwirkung nur für Betriebsvereinbarungen über Gegenstände der erzwingbaren Mitbestimmung an[108]. Er schließt nicht lediglich die Weitergeltung freiwilliger Betriebsvereinbarungen aus[109].

§ 77 Abs. 4 – 6 BetrVG regeln ausweislich der Regierungsbegründung zum BetrVG Fragen der Wirkung, der Kündigung und der Nachwirkung von Betriebsvereinbarungen[110]. Die Reihenfolge, in der die Inhalte in dieser Aufzählung genannt sind, entspricht der Reihenfolge der Absätze der Norm: Wenn Abs. 4 die Wirkung von Betriebsvereinbarungen regelt und Gegenstand des Abs. 5 deren Kündigung ist, regelt Abs. 6 Fragen der Nachwirkung von Betriebsvereinbarungen[111].

Ebenso wenig ergibt sich aus dem Mitbestimmungsrecht des Betriebsrats bei der Aufstellung der Verteilungsgrundsätze eine Nachwirkung von Betriebsvereinbarungen über betriebliche Altersversorgung[112]. Das Mitbestimmungsrecht des Betriebsrats ist lediglich Folge der Entscheidung des Arbeitgebers über Einrichtung oder

---

[104] *Fitting/Kaiser/Heither/Engels/Schmidt* § 77 Rn 151 mwN.

[105] BAG vom 18.04.1989 – 3 AZR 688/87, DB 1989, 2232 = AP Nr. 2 zu § 1 BetrAVG Betriebsvereinbarung unter III. 1. b) der Gründe; siehe S. 17 f

[106] Vgl. § 77 Abs. 6 BetrVG; zur h.M. statt vieler zuletzt BAG vom 18.09.2001 – 3 AZR 728/00, DB 2002, 1114 = AP Nr. 34 zu § 1 BetrAVG Ablösung. Aus der Lit. u.a. *Förster/Rühmann* § 106 Rn 5; *Fitting/Kaiser/Heither/Engels/Schmidt* § 77 Rn 178; *Leinemann*, Änderung von Arbeitsbedingungen durch Betriebsvereinbarungen, BetrAV 1989, 209, 211 ff. und *Langohr-Plato* Rn 873; *ders.*, Kündigung von Betriebsvereinbarungen über betriebliche Altersversorgung, BB 2000, 1885, 1886 = BetrAV 2000, 544, 545.

[107] *Richardi* § 77 Rn 148 ff.; *Blomeyer*, Nachwirkung und Weitergeltung abgelaufener Betriebsvereinbarungen über „freiwillige" Betriebsvereinbarungen, DB 1990, 173, 174 f. und *Schumann*, Wie sicher ist die Betriebsrente?, DB 1990, 2165, 2169 f.

[108] *Kreutz* in GK-BetrVG § 77 Rn 403.

[109] A.A. *Richardi* § 77 Rn 151 f.; ebenso *Loritz*, Die Kündigung von Betriebsvereinbarungen und die Diskussion um eine Nachwirkung freiwilliger Betriebsvereinbarungen, RdA 1991, 65, 75.

[110] BegrRegE BetrVG, BT-Drucks. 6/1786 S. 47.

[111] Dies erkennt *Richardi* im Übrigen in § 77 Rn 148 selbst.

[112] A.A. *Höfer* ART Rn 342.1; *Kreutz* in GK-BetrVG § 77 Rn 406; *Blomeyer*, Nachwirkung und Weitergeltung abgelaufener Betriebsvereinbarungen über „freiwillige" Sozialleistungen, DB 1990, 173, 176; *Hanau*, Probleme der Ausübung des Mitbestimmungsrechts des Betriebsrats, NZA 1985 Beilage Nr. 2, S. 3, 10. Zu Mitbestimmungsrechten im Bereich der betrieblichen Altersversorgung siehe S. 17 f.; sowie umfassend *Molkenbur/Roßmanith*, Mitbestimmung des Betriebsrats und Betriebsvereinbarungen in der betrieblichen Altersversorgung, AuR 1990, 333.

Aufhebung einer betrieblichen Altersversorgung. Kündigt der Arbeitgeber die Betriebsvereinbarung, ist dem Element der Mitbestimmung die Grundlage entzogen[113].

(2) Besitzstandsschutz im Falle der Kündigung einer Betriebsvereinbarung

Die Kündigung der Betriebsvereinbarung beseitigt ihre unmittelbare und zwingende Wirkung. Sie lässt damit die Rechtsgrundlage für die Entstehung von Versorgungsansprüchen für alle betriebsangehörigen Arbeitnehmer, die noch keinen Vollanspruch erdient haben, entfallen[114]. Erlischt die Betriebsvereinbarung, entfällt das Versprechen, dass mit weiterer Erfüllung der Anspruchsvoraussetzungen eine bestimmte Leistung geschuldet ist[115]. Diejenigen Arbeitnehmer, die bis zur Wirksamkeit der Kündigung keinen Versorgungsanspruch erdient haben, verlieren die Möglichkeit dazu[116].

Um diesen einschneidenden Folgen Rechnung zu tragen, misst das BAG die Rechtsfolgen der Kündigung einer Betriebsvereinbarung über betriebliche Altersversorgung anhand der von ihm entwickelten Grundsätze zum Besitzstandsschutz[117]. Der Schutz der Besitzstände könne im Falle der Kündigung der Betriebsvereinbarung nicht anders behandelt werden, als bei einem weniger schwerwiegenden Eingriff durch eine ablösende Betriebsvereinbarung[118]. Der einzige Unterschied bestehe darin, dass bei der Kündigung von einem einseitigen Lösungsrecht Gebrauch gemacht werde[119].

Das BAG stützt seine Auffassung auf die im Rechtsstaatsprinzip verankerten Grundsätzen des Vertrauensschutzes und der Verhältnismäßigkeit[120], den Schutz von Treu und Glauben[121] sowie die insbesondere im Arbeitsrecht geltenden Prinzipien der Billigkeit[122], die eine objektiv-individualisierende Überprüfung der jeweiligen Einzelumstände erlauben.

In dem Umfang, in dem die Kündigungswirkungen eingeschränkt sind, bleibt die Betriebsvereinbarung als unmittelbar und zwingend fortwirkende Grundlage der Ver-

---

[113] So auch *Roßmanith*, Die Kündigung von Betriebsvereinbarungen über betriebliche Altersversorgung, DB 1999, 634.

[114] BAG vom 11.05.1999 – 3 AZR 21/98, DB 2000, 525 = AP Nr. 6 zu § 1 BetrAVG Betriebsvereinbarung unter III. 1. der Gründe; zuletzt BAG vom 18.09.2001 – 3 AZR 728/00, DB 2002, 1114 = AP Nr. 34 zu § 1 BetrAVG Ablösung unter II. 2. b) cc) der Gründe. So auch *Griebeling*, Die Änderung und Ablösung betrieblicher Versorgungsordnungen in der Rechtsprechung des BAG, ZIP 1993, 1055, 1057; a.A. *Molkenbur/Roßmanith*, Mitbestimmung des Betriebsrats und Betriebsvereinbarungen in der betrieblichen Altersversorgung, AuR 1990, 333, 339.

[115] BAG vom 18.09.2001 – 3 AZR 728/00, DB 2002, 1114 = AP Nr. 34 zu § 1 BetrAVG Ablösung unter II. 2. b) cc) der Gründe.

[116] BAG vom 11.05.1999 – 3 AZR 21/98, DB 2000, 525 = AP Nr. 6 zu § 1 BetrAVG Betriebsvereinbarung unter III. 1. b) der Gründe.

[117] BAG vom 11.05.1999 – 3 AZR 21/98, DB 2000, 525 = AP Nr. 6 zu § 1 BetrAVG Betriebsvereinbarung unter III. 2. der Gründe; bestätigt durch BAG vom 18.09.2001 – 3 AZR 728/00, DB 2002, 1114 = AP Nr. 34 zu § 1 BetrAVG Ablösung unter II. 2. c) aa) der Gründe; zum Drei-Stufen Modell umfassend unten 5. Kap.

[118] Dazu umfassend unten S. 130 ff.

[119] BAG vom 18.04.1989 – 3 AZR 688/87, DB 1989, 2232 = AP Nr. 2 zu § 1 BetrAVG Betriebsvereinbarung unter III. 1. c) der Gründe.

[120] Art. 20 Abs. 3 GG; vgl. dazu *Schmidt-Bleibtreu/Klein* Art. 20 Rn 27.

[121] § 242 BGB.

[122] Siehe insbesondere § 315 BGB, der Ausdruck des allgemeinen Rechtsgedankens der Billigkeit ist und §§ 75 Abs. 1 Satz 1, 76 Abs. 5 Satz 3 BetrVG aus denen deutlich wird, dass auch die Betriebspartner beim Abschluss von Betriebsvereinbarungen Recht und Billigkeit beachten müssen.

sorgungsansprüche und Versorgungsanwartschaften erhalten[123]. Den Umfang dieser Fortgeltung können die Betriebspartner in einem arbeitsrechtlichen Beschlussverfahren feststellen lassen[124].

(3) Kritische Betrachtung der BAG-Rechtsprechung zum Besitzstandsschutz bei Kündigung einer Betriebsvereinbarung

Die Notwendigkeit, Versorgungsanrechte der Arbeitnehmer auch im Falle der Kündigung einer Betriebsvereinbarung über betriebliche Altersversorgung zu wahren, folgt bereits aus der Anerkennung der Existenz schutzwürdiger Besitzstände der Arbeitnehmer[125]. Der Arbeitnehmer muss davor geschützt werden, dass eine Rechtslage, die er zur Grundlage seiner Entscheidungen und Dispositionen gemacht hat, ohne ausreichenden Grund nachträglich geändert und seine Rechtspositionen dadurch negativ beeinträchtigt wird. Der Schutz der Besitzstände kann nicht von der Art und Weise des Eingriffs abhängen.

Im Ergebnis führt die Einschränkung der Rechtsfolgen der Kündigung einer Betriebsvereinbarung am Maßstab des Drei-Stufen-Modells zu einer Überprüfung der Kündigungsgründe[126]. Eine solche war noch 1992 vom BAG ausdrücklich abgelehnt worden[127]. Das BAG scheint sich damit selbst ebenso zu widersprechen, wie der gesetzlichen Regelungen, die die Kündbarkeit von Betriebsvereinbarungen gerade nicht vom Vorliegen eines Kündigungsgrundes abhängig macht[128].

Blomeyer will das Problem durch eine Besinnung auf den Entgeltcharakter betrieblicher Altersversorgung lösen[129]. Er sieht die Betriebsvereinbarung als historisches Faktum, das - ähnlich einem erloschenen Gesetz - für die Ansprüche, die aus ihm entstanden sind, fortexistiere. Es bedürfe deshalb nicht des Rückgriffs auf Hilfskonstruktionen wie einer Nachwirkung oder Weitergeltung oder auf den Vertrauensschutzgedanken, um erdiente Besitzstände[130] als Entgelt für unentziehbar zu halten. Es verbleibe eine normative Fortwirkung der Betriebsvereinbarung in der Art, dass die unter ihrer Geltung entsprechend dem Entgeltcharakter der betrieblichen Alters-

---

[123] BAG vom 18.09.2001 – 3 AZR 728/00, DB 2002, 1114 = AP Nr. 34 zu § 1 BetrAVG Ablösung unter B. II. 3. b) der Gründe und BAG vom 17.08.1999 – 3 ABR 55/98, DB 2000, 774, 775 = AP Nr. 79 zu § 77 BetrVG 1972 unter II. 3. b) der Gründe. Insofern ist die Ansicht von *Lieb* Rn 717, die Kündigung entfalte schlicht nur Zukunftswirkung nicht ganz zutreffend. Hat der Arbeitgeber nämlich nicht mal sachlich-proportionale Gründe, dann entfaltet die ausgesprochene Kündigung – anders als vom Gesetzgeber in § 77 Abs. 5 BetrVG vorgesehen – überhaupt keine Wirkung.

[124] BAG vom 11.05.1999 – 3 AZR 21/98, DB 2000, 525 = AP Nr. 6 zu § 1 BetrAVG Betriebsvereinbarung unter III. 2. a) der Gründe; bestätigt durch BAG vom 17.08.1999 – 3 ABR 55/98, DB 2000, 774 = AP Nr. 79 zu § 77 BetrVG 1972 unter II. 3. b) der Gründe. Siehe auch den Beschluss BAG vom 21.08.2001 – 3 ABR 44/00, DB 2002, 952 = AP Nr. 8 zu § 1 BetrAVG Betriebsvereinbarung.

[125] Zum Besitzstand im Speziellen S. 35 f.; sowie ausführlich S. 172ff.

[126] So auch *Blomeyer*, Nachwirkung und Weitergeltung abgelaufener Betriebsvereinbarungen über „freiwillige" Sozialleistungen, DB 1990, 173, 174; *Käppler* Anm. zu BAG AP Nr. 6 zu § 1 BetrAVG Betriebsvereinbarung unter 1.

[127] BAG vom 10.03.1992 – 3 ABR 54/91, DB 1992, 1735 = AP Nr. 5 zu § 1 BetrAVG Betriebsvereinbarung unter 2. c) der Gründe. Anders bereits damals *Schaub*, Änderungskündigung und Kündigungsschutz bei Betriebsvereinbarungen, BB 1990, 289, 291.

[128] § 77 Abs. 5 BetrVG; vgl. die Kritik bei *Andresen/Förster/Norbert Rößler/Rühmann* Teil 7A Rn 365 f.; *Kreutz* in GK-BetrVG § 77 Rn 404.

[129] *Blomeyer* Anm. zu BAG vom 17.08.1999 – 3 ABR 55/98, SAE 2000, 230, 233 ff. Er will hier allerdings die Besitzstände auf den Beendigungszeitpunkt der Betriebsvereinbarung festschreiben. Ein schutzwürdiges Vertrauen der Betroffenen auf den dauerhaften Bestand der Betriebsvereinbarung sei angesichts der Regelung in § 77 Abs. 5 BetrVG nicht anzuerkennen; ebenso *Blomeyer/Otto* Anh § 1 Rn 543. A.A. *Höfer* ART Rn 343.

[130] *Blomeyer* spricht ungenau von „Anwartschaften".

versorgung erdienten Ansprüche und Anwartschaften erhalten blieben. Für einen Entzug dieser Besitzstände fehle es den Betriebsparteien an Regelungsmacht[131].

Heither argumentiert ähnlich, wenn er betont, die kollektivrechtliche Geltung der Betriebsvereinbarung und die Frage nach dem Schicksal der Besitzstände, die auf der Grundlage der Betriebsvereinbarung erworben wurden, müsse getrennt betrachtet werden[132]. Das Schicksal der Besitzstände sei im Lichte der Besonderheiten der betrieblichen Altersversorgung im Allgemeinen und des Entgeltcharakters der betrieblichen Altersversorgung im Besonderen zu beurteilen. Dem Arbeitgeber könne nicht grundlos das Recht zustehen, durch die einseitige Entziehung des Anspruchs auf Versorgung das Verhältnis zwischen Leistung des Arbeitnehmers und Gegenleistung des Arbeitgebers erheblich zu stören.

Diesen Autoren ist zuzustimmen. Entscheidend für den Schutz der Besitzstände ist, dass der Arbeitnehmer durch seine bereits vor Wirksamkeit der Kündigung erbrachte Betriebstreue seine Gegenleistung für versprochenes Entgelt erbracht hat[133]. Der grundlose Entzug einer solchen Rechtsposition widerspricht dem Prinzip der Austauschgerechtigkeit. Dem Arbeitgeber müssen aufgrund der Langfristigkeit der Versorgungsverpflichtung mit ihrer weit hinausgeschobenen Erfüllung zwar Reaktionsmöglichkeiten auf geänderte Bedingungen zugestanden werden. Für eine solche Verschiebung des ursprünglich vereinbarten Austauschs bedarf es jedoch des Vorliegens von Gründen, die einen entsprechenden Eingriff verhältnismäßig erscheinen lassen. Das gilt umso mehr, als der Schutz der Gegenleistung des Arbeitnehmers durch die Sicherungsmechanismen des BetrAVG (Unverfallbarkeit, Insolvenzschutz) im Recht der betrieblichen Altersversorgung vom Gesetzgeber besonders stark betont worden ist[134].

Die als Wertentscheidungen der Verfassungsväter die gesamte deutsche Rechtsordnung durchziehenden Grundsätze der Verhältnismäßigkeit und des Vertrauensschutzes müssen insbesondere Beachtung finden, weil eine Betriebsvereinbarung gerade kein Vertrag zwischen Gleichen ist. Auch die Mitglieder des Betriebsrats stehen in einem Abhängigkeitsverhältnis zum Arbeitgeber.

Die vom BAG als Rechtsfolgenkontrolle bezeichnete Überprüfung der Kündigung kann deshalb auch als Billigkeitskontrolle des Eingriffs in die schützenswerten Rechtspositionen der Arbeitnehmer aus der Versorgungszusage angesehen werden[135]. Wie *Hilger/Stumpf* erkennen, tut sie der Verfassung Genüge[136]. Begründetes Vertrauen in den Fortbestand erworbener Rechtspositionen ist schützenswert[137]. Die

---

[131] *Blomeyer/Otto* Anh § 1 Rn 543.

[132] *Heither*, Die Änderung von Versorgungszusagen, ArbRGegw 31 (1994), 55, 72; ähnlich *Hanau/Preis*, Die Kündigung von Betriebsvereinbarungen, NZA 1991, 81, 88, die der Betriebsvereinbarung einen „individualrechtlichen Kern" zubilligen, der hervortrete, wenn die normative Wirkung der Betriebsvereinbarung entfalle und *Loritz*, Die Kündigung von Betriebsvereinbarungen und die Diskussion um eine Nachwirkung freiwilliger Betriebsvereinbarungen, RdA 1991, 65, 75.

[133] Zum Entgeltcharakter betrieblicher Altersversorgung S. 33 ff.

[134] *Reichold*, Metamorphose der gekündigten Betriebsvereinbarung, in GS für Blomeyer, 2003, S. 275, 292.

[135] Das erkennen im Ergebnis auch *Andresen/Förster/Norbert Rößler/Rühmann* Teil 7A Rn 366 an, nach deren Ansicht, die vom BAG vorgenommene Prüfung die „richtige Bestimmung der Wirkung der Kündigung einer Betriebsvereinbarung über Leistungen der betrieblichen Altersversorgung" darstellt. Dies ist nichts anderes als die Überprüfung der Billigkeit des Eingriffs in die Besitzstände der Arbeitnehmer anhand der Maßstäbe ders Drei-Stufen-Modells.

[136] *Hilger/Stumpf*, Kündigungsfreiheit und Vertrauensschutz im Recht der Betriebsvereinbarung, BB 1990, 929, 932 f. an, die ihren Ansatz am Rechtsstaatsprinzip in der Ausformung des Rückwirkungsverbots anknüpfen.

[137] Vgl. BVerfG vom 19.10.1983 – 2 BvR 298/81, BVerfGE 65, 196 = DB 1984, 190 = AP Nr. 2 zu § 1 BetrAVG Unterstützungskassen unter C. II. 1. b) cc) der Gründe.

Anwendung der Rechtsprechung des BAG zum Besitzstandsschutz auf die Rechtsfolgen der Kündigung einer Betriebsvereinbarung ermöglich darüber hinaus die aus praktischer Sicht wünschenswerte, einheitliche Handhabung der Voraussetzungen und Folgen von Einschränkung von Versorgungszusagen in weiten Teilen des Rechts der betrieblichen Altersversorgung[138].

b. Die Kündigung eines Tarifvertrags

Ein Tarifvertrag endet durch Fristablauf oder durch Kündigung. Nach Außerkrafttreten entfaltet er Nachwirkung, bis seine Regelungen verbindlich durch eine andere Abmachung ersetzt werden[139]. Anders als eine rechtmäßig gekündigte Betriebsvereinbarung über betriebliche Altersversorgung wirken die Regelungen des Tarifvertrages damit auch in die Zukunft[140]. Fragen der Besitzstandswahrung stellen sich damit in aller Regel bei der Kontrolle des neuen, abändernden Tarifvertrags, durch den die nachwirkenden Regelungen ersetzet werden[141].

Trotz der Nachwirkung entfällt mit der Kündigung des Tarifvertrags seine zwingende Wirkung. Während der Dauer der Nachwirkung können deshalb ausnahmsweise ungünstigere Individualvereinbarungen geschlossen werden[142]. Für deren Inhalt gelten die oben dargestellten Grenzen für Abänderungsverträge, die individualvertragliche Versorgungszusagen einschränken[143].

IV. Einschränkungen durch den Abschluss kollektivrechtlicher Vereinbarungen

Kollektivrechtliche Versorgungszusagen können wegen ihrer zwingenden Wirkung nur durch Abschluss einer neuen oder die Abänderung der bestehenden kollektivrechtlichen Vereinbarungen gekürzt werden. Da die individualrechtlichen Eingriffsinstrumentarien der Änderungskündigung oder des Abänderungsvertrags meist untauglich für die Einschränkung einheitlicher individualrechtlicher Zusagen sind[144], können auch solche Zusagen regelmäßig nur durch den Abschluss kollektivrechtlicher Regelungen eingeschränkt werden. Im Einzelnen gelten die im Folgenden dargestellten Grundsätze.

1. Einschränkung einer Betriebsvereinbarungszusage durch eine neue Betriebsvereinbarung (abändernde Betriebsvereinbarung)

a. Zeitkollisionsregel

Wird der Inhalt einer Betriebsvereinbarung durch eine neue Betriebsvereinbarung abgeändert, gilt die Regel *lex posterior derogat legi priori* nach der eine neue Regelung eine ältere Betriebsvereinbarung über den gleichen Regelungsgegenstand ver-

---

[138] So auch *Griebeling*, Bestandsschutz und Billigkeitskontrolle in der betrieblichen Altersversorgung aus der Sicht des Bundesarbeitsgerichts, in FS für Ahrend, 1992, S. 208, 214.
[139] § 4 Abs. 5 TVG.
[140] Zur Nachwirkung einer gekündigten Betriebsvereinbarung siehe oben S. 123 f.
[141] Siehe dazu unten S. 140 ff.
[142] BAG vom 06.06.1958 – 1 AZR 515/57, DB 1959, 84 = AP Nr. 1 zu § 4 TVG Nachwirkung.
[143] Umfassend dazu oben S. 117 ff.
[144] Vgl. oben S. 116 und 121.

drängt[145]. Betriebsvereinbarungszusagen können damit grundsätzlich durch eine neue Betriebsvereinbarung eingeschränkt werden.

b. Inhaltskontrolle der neuen Betriebsvereinbarung

Auch durch den Abschluss einer abändernden Betriebsvereinbarung können die Versorgungsrechte der Arbeitnehmer nicht beliebig gekürzt werden. Ist die in der abändernden Betriebsvereinbarung vorgesehene Versorgungsregelung für die Arbeitnehmer im Vergleich zur ursprünglichen Zusage schlechter, unterliegt sie einer Inhaltskontrolle anhand der Grenzen von Recht und Billigkeit[146]. Die Motive des Arbeitgebers für den Eingriff sind gegen die Bestandsschutzinteressen der betroffenen Arbeitnehmer abzuwägen.

Eine Kontrolle der abändernden Betriebsvereinbarung ist erforderlich, weil die von der neuen Regelung betroffenen Arbeitnehmer auf die Entscheidung der Betriebsparteien angewiesen sind. Trotz ihres erhöhten Kündigungsschutzes sind die Mitglieder des Betriebsrats nicht völlig unabhängig vom Arbeitgeber. Zur Durchsetzung ihrer Ziele steht ihnen z.B. kein Streikrecht zu, wie es im tariflichen Bereich vorgesehen ist[147].

In jüngerer Vergangenheit bezeichnet das BAG die Kontrolle abändernder Betriebsvereinbarungen häufig nicht mehr als Billigkeits-, sondern als Rechtskontrolle[148]. Auch in der Literatur wird verstärkt die Ansicht vertreten, anstelle einer Billigkeitskontrolle müsse eine Rechtskontrolle abändernder Betriebsvereinbarungen durchgeführt werden[149]. Eine materielle Änderung des Kontrollinhalts ergibt sich daraus nicht[150]. Der Übergang von der Rechts- zur Billigkeitskontrolle ist fließend.

---

[145] *Fitting/Kaiser/Heither/Engels/Schmitt* § 77 Rn 192; *Kreutz* in GK-BetrVG § 77 Rn 356; st. Rspr. des BAG; z.B. BAG vom 16.09.1986 – GS 1/82, DB 1987, 383 = AP Nr. 17 zu § 77 BetrVG und BAG vom 17.03.1987 – 3 AZR 64/84, DB 1987, 1639 = AP Nr. 9 zu § 1 BetrAVG Ablösung sowie zuletzt BAG vom 18.09.2001 – 3 AZR 728/00, DB 2002, 1114 = AP Nr. 34 zu § 1 BetrAVG Ablösung unter II. 2. a) aa) der Gründe.

[146] Siehe z.B. BAG vom 30.01.1970 – 3 AZR 44/68, DB 1970, 1393 = AP Nr. 142 zu § 242 BGB Ruhegehalt unter C. II. der Gründe; LS 2 von BAG vom 17.03.1987 – 3 AZR 64/84, DB 1987, 1639 = AP Nr. 9 zu § 1 BetrAVG Ablösung; ausführlich *Höfer* ART Rn 488 ff.

[147] BAG vom 30.01.1970 – 3 AZR 44/68, DB 1970, 1393 = AP Nr. 142 zu § 242 BGB Ruhegehalt unter C. IV. 3. b) der Gründe. An anderer Stelle stützt das BAG die Billigkeitskontrolle abändernder Betriebsvereinbarungen auf das Überwachungsgebot aus § 75 Abs. 1 Satz 1 BetrVG - BAG vom 11.03.1976 – 3 AZR 334/75, DB 1976, 1236 = AP Nr. 11 zu § 242 BGB Ruhegehalt Unverfallbarkeit - bzw. eine entsprechende Anwendung der §§ 315, 317 und 319 BGB - BAG vom 08.12.1981 – 3 ABR 53/80, DB 1982, 46 = AP Nr. 1 zu § 1 BetrAVG Ablösung. Zur Inhaltskontrolle ablösender und abändernder Tarifverträge siehe unten S. 138 ff.

[148] Siehe z.B. BAG vom 22.05.1990 – 3 AZR 128/89, DB 1990, 2174 = AP Nr. 3 zu § 1 BetrAVG Betriebsvereinbarung unter 2. der Gründe.

[149] *Blomeyer/Otto* Anh § 1 Rn 508; *Hanau/Preis*, Der Übergang von der Gesamtversorgung zu einer von der Sozialversicherung abgekoppelten Betriebsrente, RdA 1988, 65, 77; *Leinemann*, Änderung von Arbeitsbedingungen durch Betriebsvereinbarungen, BetrAV 1989, 209, 210 f.; *Heither*, Die Änderung von Versorgungszusagen, ArbRGegw 31 (1994), 55, 67; *Griebeling*, Abänderung von Versorgungszusagen, NZA 1989 Beilage Nr. 3, S. 26, 33. *Gast*, Arbeitsrecht und herrschaftsfreie Sozialordnung, BB 1990, 1637, 1641 ff. Kritisch *Kreutz* in GK-BetrVG § 77 Rn 357, 299 ff. sowie *von Hoyningen-Huene*, Die Billigkeit im Arbeitsrecht, 1978, S. 161, *ders.*, Die Inhaltskontrolle von Betriebsvereinbarungen der betrieblichen Altersversorgung, BB 1992, 1640, 1641 f., die insbesondere Kritik an der dogmatischen Begründung der gerichtlichen Billigkeitskontrolle durch das BAG üben. *Herschel* Anm. zu BAG AP Nr. 1 zu § 1 BetrAVG Ablösung verweist auf den Gewaltenteilungsgrundsatz und hält deshalb unter III. 1. b) eine Billigkeitskontrolle für mit dem Wesen objektiven Rechts unvereinbar. *Lieb*, AGB-Recht und Arbeitsrecht nach der Schuldrechtsmodernisierung, in FS für Ulmer, 2003, 1231, 1241, hält eine Billigkeitskontrolle von Betriebsvereinbarungen wegen der Bereichsausnahme in § 310 Abs. 4 Satz 1 BGB für ausgeschlossen. *Fastrich*, Richterliche Inhaltskontrolle im Privatrecht, S. 202 ff.

Die Rechtmäßigkeit eines Eingriffs in Versorgungsbesitzstände durch abändernde Betriebsvereinbarungen überprüft das BAG anhand der Grundsätze der Verhältnismäßigkeit und des Vertrauensschutzes. Die neuen Versorgungsregelungen müssen am Zweck der Maßnahme gemessen, geeignet, erforderlich und verhältnismäßig sein. Das BAG legt hierfür den konkretisierten Maßstab seines Drei-Stufen-Modells zum Besitzstandsschutz an[151].

Neben dieser abstrakten Kontrolle verlangt das BAG eine zusätzliche konkrete Inhaltskontrolle. Eine insgesamt nicht zu beanstandende neue Betriebsvereinbarung dürfe auch im Einzelfall keine unzumutbare Härte für betroffene Arbeitnehmer bedeuten[152]. Das BAG scheint seine Ansicht auf eine ergänzende Vertragsauslegung stützen zu wollen und will beim Fehlen einer Härteklausel, die unzumutbare Härten im Einzelfall ausgleichen soll, eine solche in den Vertrag hineininterpretieren. Hierfür spricht der Verweis des Senats auf die eigene Rechtsprechung zur Wirkung von Härteklauseln[153].

Obwohl das Ergebnis der konkreten Inhaltskontrolle nicht zu einer Änderung der Versorgungsordnung als Ganzes führen muss[154], empfiehlt es sich für Arbeitgeber, zur Risikominimierung von vornherein eine Härteklausel in die neue Versorgungsregelung aufzunehmen, die die Fälle regelt, die aus dem Rahmen des Üblichen oder Vorhersehbaren herausfallen.

Erforderlich ist deshalb auch die Aufnahme von Klauseln zum Schutz sog. rentennaher Jahrgänge in die abändernde Betriebsvereinbarung[155]. Zu den rentennahen Jahrgängen zählen die Versorgungsberechtigten, bei denen der Eintritt des Versorgungsfalls in nächster Zukunft bevorsteht. Eine für das Inkrafttreten einer Neuregelung festgesetzte Übergangsfrist darf indes nicht beliebig bemessen werden[156]. Eine Übergangsfrist von 10 Jahren ist in jedem Fall zu lang[157].

---

lehnt eine Billigkeitskontrolle von Betriebsvereinbarungen ab und bejaht stattdessen die Anwendung der „materiellrechtlichen Schranken der Inhaltskontrolle".

[150] Wie hier *Doetsch/Rühmann* in Willemsen/Hohenstatt/Schweibert/Seibt J Rn 163; *Heither*, Bestandsschutz und Billigkeitskontrolle in der betrieblichen Altersversorgung, RdA 1993, 72, 77 erkennt zu Recht, dass der „Gegensatz „Billigkeitskontrolle" und „Rechtskontrolle" ein künstlicher Gegensatz" ist; ebenso *ders,*. Die Änderung von Versorgungszusagen, ArbRGegw 31 (1994), 55, 67. Im Ergebnis ebenso *Blomeyer/Otto* Ahn § 1 Rn 148.

[151] BAG vom 17.03.1987 – 3 AZR 64/84, DB 1987, 1639 = AP Nr. 9 zu § 1 BetrAVG Ablösung; bestätigt durch BAG vom 22.05.1990 – 3 AZR 128/89, DB 1990, 2174 = AP Nr. 3 zu § 1 BetrAVG Betriebsvereinbarung. Umfassend zum Drei-Stufen-Modell unten 5. Kap.

[152] BAG vom 08.12.1981 – 3 ABR 53/80, DB 1982, 46 = AP Nr. 1 zu § 1 BetrAVG Ablösung unter II. 2. der Gründe; anders noch BAG vom 30.01.1970 – 3 AZR 44/68, DB 1970, 1393 = AP Nr. 142 zu § 242 BGB Ruhegehalt, wo ein individueller Überprüfungsmaßstab bei der Kontrolle einer Betriebsvereinbarung ausdrücklich abgelehnt wird.

[153] BAG vom 08.12.1981 – 3 ABR 53/80, DB 1982, 46 = AP Nr. 1 zu § 1 BetrAVG Ablösung verweist unter II. 2. der Gründe auf BAG vom 09.11.1978 – 3 AZR 784/77, DB 1979, 410 = AP Nr. 179 zu § 242 BGB Ruhegehalt; siehe näher dazu *Ahrend/Förster/Rühmann*, Die ablösende Betriebsvereinbarung – Instrument zur Anpassung betrieblicher Versorgungsregelungen, DB 1982, 224, 229.

[154] BAG vom 08.12.1981 – 3 ABR 53/80, DB 1982, 46 = AP Nr. 1 zu § 1 BetrAVG Ablösung unter B. II. 2. bzw. III. 3. der Gründe.

[155] BAG vom 08.12.1981 – 3 ABR 53/80, DB 1982, 46 = AP Nr. 1 zu § 1 BetrAVG.

[156] BAG vom 07.07.1992 – 3 AZR 522/91, DB 1992, 2451 = AP Nr. 11 zu § 1 BetrAVG Besitzstand in Fortführung von BAG vom 11.09.1980 – 3 AZR 606/79, DB 1981, 943 = AP Nr. 187 zu § 242 BGB Ruhegehalt.

[157] BAG vom 07.07.1992 – 3 AZR 522/91, DB 1992, 2451 = AP Nr. 11 zu § 1 BetrAVG Besitzstand unter I. 2. b) der Gründe.

2. Ablösung individualrechtlicher Zusagen durch eine Betriebsvereinbarung (ablösende Betriebsvereinbarung)

Einzelvertragliche Zusagen können durch eine Betriebsvereinbarung grundsätzlich nicht zum Nachteil des Arbeitnehmers abgelöst werden[158]. Weil sich aber vertragliche Einheitsregelungen, Gesamtzusagen und eine betriebliche Übung mit Hilfe individualrechtlicher Instrumentarien nicht zu einer einheitlichen Versorgungsregelung abändern lassen[159], wurde die Ablösbarkeit betriebseinheitlicher Regelungen durch verschlechternde Betriebsvereinbarungen in den Grenzen von Recht und Billigkeit lange Zeit anerkannt[160]. Zur Begründung berief sich das BAG zunächst auf das arbeitsrechtliche Ordnungsprinzip[161]. Später stützte es seine Ansicht auf das von ihm geschaffene Institut der ablösenden Betriebsvereinbarung[162]. Diese Rechtsprechung war hauptsächlich vom 3. Senat geprägt worden und war in der Literatur überwiegend anerkannt[163].

Am 12.08.1982 entschied der 6. Senat jedoch, mittels einer Betriebsvereinbarung könnten nur solche einzelvertraglichen Vereinbarungen zuungunsten der Arbeitnehmer abgeändert werden, die Regelungen über Gegenstände der erzwingbaren Mitbestimmung[164] enthielten[165]. Für Regelungsgegenstände der freiwilligen Mit-

---

[158] *Fitting/Kaiser/Heither/Engels/Schmitt* § 77 Rn 196.

[159] So auch *Höfer* ART Rn 303; *Ahrend/Förster/Rühmann*, Die ablösende Betriebsvereinbarung – Instrument zur Anpassung betrieblicher Versorgungsregelungen, DB 1982, 224; vgl. auch oben S. 116 und 121.

[160] Statt vieler BAG vom 01.02.1957 – 1 AZR 195/55, BB 1957, 294 = AP Nr. 1 zu § 32 SchwBeschG; BAG vom 30.01.1970 – 3 AZR 44/68, DB 1970, 1393 = AP Nr. 142 zu § 242 BGB Ruhegehalt; BAG vom 24.11.1977 – 3 AZR 732/76, DB 1978, 545 = AP Nr. 177 zu § 242 BGB Ruhegehalt unter I. der Gründe sowie BAG vom 17.01.1980 – 3 AZR 456/78, DB 1980, 1399 = AP Nr. 185 zu § 242 BGB Ruhegehalt; BAG vom 08.12.1981 – 3 ABR 53/80, DB 1982, 46 = AP Nr. 1 zu § 1 BetrAVG Ablösung.

[161] z.B. BAG vom 26.10.1962 – 1 AZR 8/61, DB 1963, 310 = AP Nr. 87 zu § 242 BGB Ruhegehalt. Das Ordnungsprinzip unterteilt die Regelungen des Arbeitsverhältnisses in generelle, den Arbeitsplatz als solchen betreffende Momente, die dem Ordnungsprinzip unterfallen und in individuelle, die Person des einzelnen Arbeitnehmers berücksichtigende Momente, die dem Günstigkeitsprinzip unterliegen. Es räumt den kollektivrechtlichen Gestaltungsmitteln Vorrang gegenüber der an sich vorliegenden Funktionswidrigkeit des Ersatzes des Einzelvertrages ein, weil die kollektivrechtlichen Gestaltungsmittel gleichmäßige Arbeitsbedingungen für Arbeitnehmer einer Branche oder eines Betriebs schaffen. Ausführlich zum Ordnungsprinzip *Nipperdey*, Mindestbestimmungen und günstigere Arbeitsbedingungen nach dem Arbeitsordnungsgesetz (Ordnungsprinzip und Leistungsprinzip), in FS für Lehmann, 1937, S. 257 und *Siebert*, Kollektivnorm und Individualrecht im Arbeitsrecht, in FS für Nipperdey, 1955, S. 119.

[162] BAG vom 30.01.1970 - 3 AZR 44/68, DB 1970, 1393 = AP Nr. 142 zu § 242 BGB Ruhegehalt mit zust. Anm. *Richardi*; BAG vom 25.03.1971 – 2 AZR 185/70, DB 1971, 1113 = AP Nr. 5 zu § 57 BetrVG 1952; letztmals bestätigt durch BAG vom 08.12.1981 – 3 ABR 53/80, DB 1982, 46 = AP Nr. 1 zu § 1 BetrAVG Ablösung; BAG vom 08.12.1981 – 3 AZR 518/80, DB 1982, 50 = AP Nr. 1 zu § 1 BetrAVG Unterstützungskassen.

[163] Vgl. z.B. *Hilger/Stumpf*, Ablösung betrieblicher Gratifikations- und Versorgungsordnungen durch Betriebsvereinbarungen, in FS für G. Müller, 1981, S. 209 und *Ahrend/Förster/Rühmann*, Die ablösende Betriebsvereinbarung – Instrument zur Anpassung betrieblicher Versorgungsregelungen, DB 1982, 224, die sich umfassend mit dem Schrifttum zur ablösenden Betriebsvereinbarung auseinandersetzen; einschränkend *Richardi*, Eingriff in eine Arbeitsvertragsregelung durch Betriebsvereinbarung, RdA 1983, 201, 278 und *Pfarr*, Mitbestimmung bei der Ablösung und Verschlechterung allgemeiner Arbeitsbedingungen, BB 1983, 2001, die den Betriebspartnern schon vor der Entscheidung des Großen Senats nur ein Recht zur Ablösung zugunsten der Arbeitnehmer zugestehen wollten.

[164] § 87 BetrVG.

[165] BAG vom 12.08.1982 – 6 AZR 1117/79, DB 1982, 2298 = AP Nr. 4 zu § 77 BetrVG 1972; zum Wandel in der Rechtsprechung des BAG siehe *Richardi*, Eingriff in eine Arbeitsvertragsregelung durch Betriebsvereinbarung, RdA 1983, 201, 278.

bestimmung[166] solle eine Abänderung über eine Betriebsvereinbarung nur dann möglich sein, wenn die vertraglichen Regelungen von vornherein unter dem Vorbehalt einer späteren Veränderung über eine Betriebsvereinbarung stünden, sie also betriebsvereinbarungsoffen seien[167].

Als der 5. Senat über die kollektivrechtliche Abänderung einer individualvertraglich zugesagten Jubiläumszuwendung zu entscheiden hatte[168], legte er die Frage, ob Einheitsregelungen oder Gesamtzusagen durch Betriebsvereinbarungen abgeändert werden können, dem Großen Senat wegen der abweichenden Auffassungen des 3. und des 6. Senats zur Entscheidung vor[169].

a. *Die Entscheidung des Großen Senats vom 16.09.1986*[170]

Der Große Senat stellte zunächst den individualrechtlichen Charakter vertraglicher Einheitsregelungen und Gesamtzusagen klar[171]. Kollektiven Lösungsansätzen zur Ablösung vertraglicher Einheitsregelungen und Gesamtzusagen erteilte er damit eine deutliche Absage[172]. Auch die oben dargestellte Ansicht des 6. Senats lehnte der Große Senat ausdrücklich ab[173]. Praktische Schwierigkeiten bei der Ablösung vertraglicher Einheitsregelungen allein würden nicht dazu berechtigen, die Unterscheidung von individualrechtlichen und kollektivrechtlichen Gestaltungsmitteln aufzugeben[174].

---

166 § 88 BetrVG.

167 BAG vom 12.08.1982 – 6 AZR 1117/79, DB 1982, 2298 = AP Nr. 4 zu § 77 BetrVG 1972 unter II. 4. a) der Gründe; so bereits vorher *Hueck*, Zur kollektiven Gestaltung der Einzelarbeitsverhältnisse, in FS für E. Molitor, 1962, S. 203, 227.

168 BAG vom 08.12.1982 – 5 AZR 316/81, DB 1983, 346 = AP Nr. 6 zu § 77 BetrVG 1972.

169 § 45 Abs. 2 Satz 2 ArbGG. Der Große Senat bejahte zwar umgehend die Zulässigkeit seiner Anrufung (BAG vom 02.11.1983 – GS 1/82, DB 1984, 881 = AP Nr. 1 zu § 45 ArbGG 1979). Da vor dem 5. Senat Vergleichsverhandlungen anhängig waren, hatte er zunächst keine Möglichkeit, die vorgelegte Frage zu entscheiden. Erst im Jahre 1986 konnte er sich nach dem Scheitern der Vergleichsverhandlungen mit der Anfrage des 5. Senats befassen.

170 Zur Diskussion dieser Entscheidung im Schrifttum siehe *Blomeyer*, Das kollektive Günstigkeitsprinzip – Bemerkungen zum Beschluss des Großen Senats des Bundesarbeitsgerichts vom 16.09.1986, DB 1987, 634; *Richardi*, Der Beschluss des Großen Senats des Bundesarbeitsgerichts zur ablösenden Betriebsvereinbarung, NZA 1987, 185; *Moll*, Der Ablösungsgedanke im Verhältnis zwischen Vertragsregelung und Betriebsvereinbarung, NZA 1988 Beilage Nr. 1, S. 17; *Joost*, Ablösende Betriebsvereinbarung und Allgemeine Arbeitsbedingungen, RdA 1989, 7; *Däubler*, Der gebremste Sozialabbau, AuR 1987, 349; sowie *Löwisch* Anm. zu BAG vom 16.09.1986 – GS 1/82, SAE 1987, 185 und *Otto* Anm. zu BAG vom 16.09.1986 – GS 1/82, EzA Nr. 17 zu § 77 BetrVG. Die hier aufgestellten Grundsätze gelten auch für die Ablösbarkeit von Zusagen aufgrund betrieblicher Übung; BAG vom 18.03.2003 – 3 AZR 101/02, BB 2004, 945 = AP Nr. 41 zu § 1 BetrAVG Ablösung.

171 BAG vom 16.09.1986 – GS 1/82, DB 1987, 383 = AP Nr. 17 zu § 77 BetrVG unter C. II. 1. a) der Gründe.

172 Ausdrücklich BAG vom 16.09.1986 – GS 1/82, DB 1987, 383 = AP Nr. 17 zu § 77 BetrVG unter C. II. 1. b) der Gründe; den „quasi-kollektivrechtlichen" Charakter der Einheitsregelungen betonten insbesondere *Buchner*, Der Abbau arbeitsvertraglicher Ansprüche durch Betriebvereinbarungen im System der Mitbestimmung in sozialen Angelegenheiten (§ 87 BetrVG), DB 1983, 877; *Höfer/Küpper*, Die Änderung genereller betrieblicher Versorgungszusagen durch Betriebsvereinbarungen, BB 1982, 565; *Schulin*, Änderung von betrieblichen Ruhegeldzusagen, DB 1984 Beilage Nr. 10; *Löwisch*, Die Verschlechterung von Individualansprüchen durch Betriebsvereinbarung, DB 1983, 1079; *Reuter* Anm. zu BAG vom 08.12.1981 – 3 ABR 53/80 und 3 AZR 518/80, SAE 1983, 201; *Canaris*, Die allgemeinen Arbeitsbedingungen im Schnittpunkt von Privat- und Kollektivautonomie, RdA 1974, 18.

173 BAG vom 16.09.1986 – GS 1/82, DB 1987, 383 = AP Nr. 17 zu § 77 BetrVG unter C. II. 3. c) der Gründe; zur Auffassung des 6. Senats siehe S. 131.

174 BAG vom 16.09.1986 – GS 1/82, DB 1987, 383 = AP Nr. 17 zu § 77 BetrVG unter C. II. 1. c) der Gründe.

Das Verhältnis von Ansprüchen aus individualrechtlichen vertraglichen Einheitsregelungen und Gesamtzusagen zu den Regelungen einer nachfolgenden Betriebsvereinbarung werde vom Günstigkeitsprinzip bestimmt[175]. Das Günstigkeitsprinzip sei ein verfassungsmäßig anerkannter Grundsatz des Arbeitsrechts, der unabhängig von der Rechtsquelle der Versorgungszusage Geltung beanspruche[176].

Nach diesem Prinzip gehen individualvertragliche Regelungen kollektivrechtlichen Vereinbarungen über denselben Regelungsgegenstand solange vor, wie der Inhalt der individualvertraglichen Regelung für die betroffenen Arbeitnehmer günstiger ist[177]. Mit der Anerkennung des Günstigkeitsprinzips als Kollisionsregel zwischen vertraglichen Einheitsregelungen bzw. Gesamtzusagen und Betriebsvereinbarungen verneinte der Große Senat grundsätzlich die Möglichkeit der Einschränkung einzelvertraglicher Ansprüche mittels kollektivrechtlicher Regelungswerke.

Für die Bestimmung der Günstigkeit erkannte der Große Senat aber das Bestehen von Besonderheiten allgemeiner Arbeitsbedingungen im Vergleich zu schlichten einzelvertraglichen Regelungen an. Der Inhalt von vertraglichen Einheitsregelungen oder von Gesamtzusagen sei nur unter Betrachtung der Gesamtheit der Zusagen sinnvoll zu ermitteln. Hierbei müssten die vom Arbeitgeber mit den allgemeinen Arbeitsbedingungen verfolgten Ziele beachtet werden[178]. Zwischen den in der Zusage versprochenen Leistungen bestehe ein Bezugssystem, das auf der Entscheidung des Arbeitgebers über die Höhe der einzusetzenden finanziellen Mittel einerseits und auf der Festlegung der Verteilungsgrundsätze andererseits aufbaue[179]. Diese Entscheidungen seien nur in einem geschlossenen Regelungssystem umsetzbar. Eine isolierte Betrachtung einzelner Ansprüche müsse notwendigerweise zur Verfehlung der vom Arbeitgeber beabsichtigten Ziele führen[180].

Der Große Senat modifizierte deshalb das Günstigkeitsprinzip unter Berücksichtigung von Sinn und Zweck allgemeiner Arbeitsbedingungen. Er unterschied zwischen dem Günstigkeitsprinzip in einer individuellen und einer kollektiven Ausprägung.

Das individuelle Günstigkeitsprinzip, das auf einen Vergleich der Anspruchshöhe des einzelnen Arbeitnehmers vor und nach der Neuregelung abstellt[181], sieht der Große Senat vor allem in § 4 Abs. 3 TVG verankert. Anders als eine Betriebsvereinbarung habe ein Tarifvertrag über betriebliche Altersversorgung die individuelle Rechtsposition des Arbeitnehmers im Auge[182]. Bei einer Betriebsvereinbarung hingegen sei der Betriebsrat an den vom Arbeitgeber vorgegebenen Dotierungsrahmen gebunden. Eine für die Gesamtbelegschaft vorteilhaftere Leistungsveränderung könne er nicht erzwingen. Notwendige Neuordnungsmaßnahmen seien von ihm zwangsläufig nur durch Umstrukturierungen des Leistungssystems im vorgegebenen Dotie-

---

175 BAG vom 16.09.1986 – GS 1/82, DB 1987, 383 = AP Nr. 17 zu § 77 BetrVG unter C. II. 3. b) der Gründe.
176 BAG vom 16.09.1986 – GS 1/82, DB 1987, 383 = AP Nr. 17 zu § 77 BetrVG unter C. II. 3. a) der Gründe.
177 Vgl. zum Günstigkeitsprinzip *Fitting/Kaiser/Heither/Engels/Schmidt* § 77 Rn 196.
178 BAG vom 16.09.1986 – GS 1/82, DB 1987, 383 = AP Nr. 17 zu § 77 BetrVG unter C. II. 1. b) der Gründe.
179 BAG vom 16.09.1986 – GS 1/82, DB 1987, 383 = AP Nr. 17 zu § 77 BetrVG unter C. II. 1. b) der Gründe unter Verweis auf *Hilger/Stumpf*, Ablösung betrieblicher Gratifikations- und Versorgungsordnungen durch Betriebsvereinbarungen, in FS für G. Müller, 1981, S. 209.
180 BAG vom 16.09.1986 – GS 1/82, DB 1987, 383 = AP Nr. 17 zu § 77 BetrVG unter C. II. 1. b) der Gründe.
181 Vgl. *Schaub* § 204 Rn 38 ff.
182 BAG vom 16.09.1986 – GS 1/82, DB 1987, 383 = AP Nr. 17 zu § 77 BetrVG unter C. II. 4. b) der Gründe.

rungsrahmen und damit unter Inkaufnahme von Nachteilen im Einzelfall erreichbar[183].

Der Schutzzweck des Günstigkeitsprinzip erfordere deshalb in Fällen der Ablösung vertraglicher Einheitsregelungen oder Gesamtzusagen durch Betriebsvereinbarungen einen sog. kollektiven Günstigkeitsvergleich. Nur die Vor- oder Nachteile der Neuregelung für die Belegschaft insgesamt seien von Belang[184], da die Gründe für die Einschränkung nicht aus den individuellen Rechtsbeziehungen des einzelnen Arbeitnehmers zu seinem Arbeitgeber stammten. Sie beträfen vielmehr den generellen Maßstab der Verteilung freiwilliger sozialer Leistungen des Arbeitgebers[185].

Entscheidend für den Günstigkeitsvergleich im Rahmen der Billigkeitskontrolle einer ablösenden Betriebsvereinbarung ist danach der wirtschaftliche Gesamtwert der Zusage[186]. Eine Neuregelung durch ablösende Betriebsvereinbarung ist also nur dann zulässig, wenn sich der Umfang der Leistungen des Arbeitgebers insgesamt durch sie nicht verringert[187].

Von diesem Grundsatz existieren lediglich zwei Ausnahmen:

- Der Gesamtumfang der betrieblichen Versorgungsleistungen kann über eine ablösende Betriebsvereinbarung verringert werden, wenn sich der Arbeitgeber bei Erteilung der Zusage das Recht vorbehalten hat, die vertragliche Zusage durch spätere Betriebsvereinbarungen in den Grenzen von Recht und Billigkeit abzuändern (sog. Betriebsvereinbarungsoffenheit)[188]. Dieser Vorbehalt kann sich auch aus den Begleitumständen ergeben[189].

- Eine Verringerung des Dotierungsrahmens ist zulässig, wenn die Geschäftsgrundlage der Zusage nachträglich weggefallen oder wesentlich erschüttert worden ist[190].

---

[183] BAG vom 16.09.1986 – GS 1/82, DB 1987, 383 = AP Nr. 17 zu § 77 BetrVG unter C. II. 4. b) der Gründe.
[184] BAG vom 16.09.1986 – GS 1/82, DB 1987, 383 = AP Nr. 17 zu § 77 BetrVG unter C. II. 4. b) der Gründe.
[185] BAG vom 16.09.1986 – GS 1/82, DB 1987, 383 = AP Nr. 17 zu § 77 BetrVG unter C. II. 4. a) der Gründe.
[186] BAG vom 16.09.1986 – GS 1/82, DB 1987, 383 = AP Nr. 17 zu § 77 BetrVG unter C. II. 4. b) der Gründe.
[187] BAG vom 16.09.1986 – GS 1/82, DB 1987, 383 = AP Nr. 17 zu § 77 BetrVG unter C. II. 4. f) der Gründe.
[188] BAG vom 16.09.1986 – GS 1/82, DB 1987, 383 = AP Nr. 17 zu § 77 BetrVG unter C. II. 1. c) und C. IV. 1. der Gründe. Zur Bedeutung der Betriebsvereinbarungsoffenheit siehe auch *Griebeling*, Die Änderung und Ablösung betrieblicher Versorgungsordnungen in der Rechtsprechung des BAG, ZIP 1993, 1055, 1056 f.
[189] BAG vom 16.09.1986 – GS 1/82, DB 1987, 383 = AP Nr. 17 zu § 77 BetrVG unter C. II. 1. c) der Gründe. Die Betriebsvereinbarungsoffenheit wird z.B. angenommen, wenn im Zuge eines Betriebsübergangs iSd § 613a BGB eine Betriebsvereinbarung nach § 613 Abs. 1 Satz 2 BGB zum individualrechtlichen Inhalt des Arbeitsverhältnisses wird; so *Lindemann/Simon*, Ablösung und Bestandsschutz von Altersversorgungsregelungen beim Betriebsübergang, BB 2003, 2510, 2510 unter Verweis auf BAG vom 14.08.2001 – 1 AZR 619/00, DB 2002, 380 = AP Nr. 85 zu § 77 BetrAVG 1972. Siehe auch BAG vom 10.12.2002 – 3 AZR 92/02, BB 2003, 1903 = AP Nr. 249 zu § 611 BGB Gratifikation, wo unter I. 3. b) der Gründe festgestellt wird, dass eine Vereinbarung dahingehend, die Leistungsgewährung sei „im Einvernehmen mit dem Gesamtbetriebsrat beschlossen" worden, in aller Regel bereits den Vorbehalt einer künftigen Änderung durch eine Betriebsvereinbarung darstellt.
[190] BAG vom 16.09.1986 – GS 1/82, DB 1987, 383 = AP Nr. 17 zu § 77 BetrVG unter C. IV. 2. der Gründe; näher zur Störung der Geschäftsgrundlage unten S. 144 ff.

Die Gesamthöhe des Dotierungsrahmens vor und nach der Änderung ist mit Hilfe eines betriebswirtschaftlichen Verfahrens auf Grundlage versicherungsmathematischer Bewertungen zu ermitteln[191]. Die Darstellung der hierzu entwickelten Ansätze würde den Umfang der vorliegenden Arbeit sprengen[192].

Probleme bereitet die Bestimmung der für den kollektiven Günstigkeitsvergleich erforderlichen Vergleichsparameter. Das BAG hat festgestellt, es spreche vieles dafür, dass die Anwendung des kollektiven Günstigkeitsvergleiches voraussetze, dass das Unternehmen, in welchem die abgelöste Altregelung galt, und das Unternehmen, in dem die ablösende Neuregelung gelten soll, zumindest in ihrer Grundstruktur identisch sind[193].

Ein kollektiver Günstigkeitsvergleich kann nicht ohne weiteres in der Weise vorgenommen werden, dass dem Aufwand für das geschlossene Versorgungswerk mit der naturgemäß sinkenden Zahl von Versorgungsberechtigten der Aufwand gegenübergestellt wird, der auf unbestimmte Zeit für das wieder geöffnete Versorgungswerk aufzubringen ist[194]. Um sich nicht den mit dem kollektiven Günstigkeitsvergleich verbundenen Unsicherheiten auszusetzen, sollten Arbeitgeber stets die Betriebsvereinbarungsoffenheit der Zusage ausdrücklich festschreiben.

b. Inhaltskontrolle ablösender Betriebvereinbarungen

Auch mittels einer nach den oben genannten Grundsätzen zulässigen ablösenden Betriebsvereinbarung können die Betriebspartner die Besitzstände der Arbeitnehmer nicht beliebig kürzen. Der kollektive Günstigkeitsvergleich bzw. die Feststellung der Betriebsvereinbarungsoffenheit der ursprünglichen Zusage klären nur, ob die individualvertragliche Regelung mit kollektivem Bezug grundsätzlich durch die ablösende Betriebsvereinbarung verschlechtert werden kann.

Die ablösende Betriebsvereinbarung unterliegt der Inhaltskontrolle nach den Grundsätzen der Rechtsprechung zur abändernden Betriebvereinbarung[195] und der früheren Rechtsprechung des 3. Senats zum Besitzstandsschutz bei ablösenden Betriebsvereinbarungen[196]. Eingriffe in Besitzstände müssen demnach den Grundsätzen der Verhältnismäßigkeit und des Vertrauensschutzes genügen. Die Änderungsgründe sind gegen die Bestandsschutzinteressen der Arbeitnehmer nach Maßgabe des Drei-Stufen-Modells abzuwägen[197].

---

[191] *Höfer* ART Rn 313.

[192] Zur Quantifizierung des Dotierungsrahmens siehe z.B. *Ahrend/Dernberger/Norbert Rößler*, Der Dotierungsrahmen im Beschluss des Großen Senats des BAG zur ablösenden Betriebsvereinbarung, BB 1988, 333.

[193] BAG vom 18.03.2003 – 3 AZR 101/02, BB 2004, 945 = AP Nr. 41 zu § 1 BetrAVG Ablösung.

[194] Dazu BAG vom 17.06.2003 – 3 ABR 43/02, DB 2004, 714 = AP Nr. 44 zu § 1 BetrAVG Ablösung.

[195] BAG vom 16.09.1986 – GS 1/82, DB 1987, 383 = AP Nr. 17 zu § 77 BetrVG unter C. II. 5. der Gründe; zu den Grundsätzen der Rechtsprechung zur abändernden Betriebsvereinbarung siehe oben S. 128 ff. A.A. *Lieb*, AGB-Recht und Arbeitsrecht nach der Schuldrechtsmodernisierung, in FS für Ulmer, 2003, 1231, 1241, der jede Billigkeitskontrolle von Betriebsvereinbarungen wegen der Bereichsausnahme in § 310 Abs. 4 Satz 1 BGB für ausgeschlossen hält.

[196] Siehe S. 130.

[197] Zu diesem zweiten Prüfungsschritt siehe *Moll*, Der Ablösungsgedanke im Verhältnis zwischen Vertragsregelung und Betriebsvereinbarung, NZA 1988 Beilage Nr. 1, S. 17, 25 ff. Zu den Grundsätzen des Drei-Stufen-Modells umfassend 5. Kap.

c. Zur Ablösung im Falle der Störung der Geschäftsgrundlage

Ist die Geschäftsgrundlage einer Gesamtzusage oder vertraglichen Einheitsregelung durch den Eintritt einer wirtschaftlichen Notlage beim Arbeitgeber nachträglich weggefallen, sind die Versorgungsanrechte der Arbeitnehmer an die geänderte Situation anzupassen[198]. Im Rahmen dieser Anpassung sind im Zweifel neue Verteilungsgrundsätze aufzustellen, an deren Aufstellung der Betriebsrat zu beteiligen ist[199].

Dieses Mitbestimmungsrecht kann auch durch den Abschluss einer Betriebsvereinbarung ausgeübt werden, deren Inhalt an die Stelle der einheitsvertraglichen Abreden tritt. Wegen der Störung der Geschäftsgrundlage sind die individualvertraglichen Zusagen nicht mehr vom Günstigkeitsprinzip geschützt[200].

d. Zeitlicher Geltungsbereich der Grundsätze der Entscheidung des Großen Senats

aa. Rechtsprechung des BAG

Das BAG will die Grundsätze der Entscheidung des Großen Senats bis zum 01.01.1983 zurückwirken lassen[201]. Bis zu diesem Zeitpunkt hätten Arbeitgeber schutzwürdig auf die Ablösbarkeit vertraglicher Einheitsregelungen und von Gesamtzusagen durch Betriebsvereinbarungen vertrauen können[202]. Erstmalige Zweifel an der bis dahin gefestigten Rechtsprechung seien mit dem Vorlagebeschluss des 5. Senats vom 08.12.1982[203] geäußert worden[204].

bb. Kritik an der Rückwirkungsrechtsprechung des BAG

Lässt sich in eine vertragliche Einheitsregelungen oder Gesamtzusage, die im Rückwirkungszeitraum von einer Betriebsvereinbarungen einschränkend abgelöst wurde, selbst bei großzügiger Interpretation keine Betriebsvereinbarungsoffenheit hinein in-

---

[198] § 313 BGB. Vgl. zum zulässigen Eingriffsumfang unten S. 147 f.

[199] §§ 87 Abs. 1 Nr. 8 und Nr. 10 BetrVG. Können sich Arbeitgeber und Betriebsrat nicht über die Verteilungsgrundsätze einigen, ist gem. § 87 Abs. 2 Satz 1 BetrVG die Einigungsstelle zur Schlichtung der Meinungsverschiedenheiten zuständig. Umfassend zum Mitbestimmungsrecht in der betrieblichen Altersversorgung *Molkenbur/Roßmanith*, Mitbestimmung des Betriebsrats und Betriebsvereinbarungen in der betrieblichen Altersversorgung, AuR 1990, 333. Siehe dazu auch S. 17 f.

[200] BAG vom 23.09.1997 – 3 ABR 85/96, DB 1998, 779 = AP Nr. 26 zu § 1 BetrAVG Ablösung; bestätigt durch BAG vom 25.07.2000 – 3 AZR 292/99, BetrAV 2003, 466 unter I. 3. a) der Gründe.

[201] Zur Rückwirkung von Rechtsprechung siehe auch S. 170 ff., sowie allgemein zu dieser Problematik *Bischoff*, Das Problem der Rückwirkung bei einer Änderung der Rechtsprechung, Diss. Münster 1980, S. 7 ff. und *Lübbe*, Grenzen der Rückwirkung bei Rechtsprechungsänderungen, Diss. Augsburg 1997.

[202] Siehe BAG vom 22.10.1991 – 3 AZR 480/90 unter II 3. der Gründe, nicht veröffentlicht; dazu auch *Heither*, Möglichkeiten und Grenzen der Änderung von Zusagen auf betriebliche Altersversorgung, BB 1992, 145, 149.

[203] BAG vom 08.12.1982 – 5 AZR 316/81, DB 1983, 346 = AP Nr. 6 zu § 77 BetrVG 1972; vgl. oben S. 131.

[204] Siehe BAG vom 22.10.1991 – 3 AZR 480/90, nicht veröffentlicht. Zunächst hatte der 3. Senat in seiner Entscheidung vom 20.11.1990 – 3 AZR 573/89, DB 1991, 915 = AP Nr. 14 zu § 1 BetrAVG Ablösung unter B II. 2. c) der Gründe, ohne sich auf einen bestimmten Rückwirkungszeitpunkt festzulegen, lediglich festgestellt, das Vertrauen der Betriebsparteien auf den Fortbestand der vorherigen Rechtsprechung sei zumindest bis zum Urteil des 6. Senats vom 12.08.1982schützenswert gewesen; vgl. dazu *Griebeling*, Bestandsschutz und Billigkeitskontrolle in der betrieblichen Altersversorgung aus der Sicht des Bundesarbeitsgerichts, in FS für Ahrend, 1992, S. 208, 216.

terpretieren[205], hat die rückwirkende Anwendung der Grundsätze der Entscheidung des Großen Senats weitreichende Konsequenzen.

Genügt die ablösende Betriebsvereinbarung nicht den Anforderungen des Großen Senats, bemessen sich Anwartschaften und Ansprüche auf betriebliche Altersversorgung nach dem Inhalt der unwirksam abgelösten Zusage. Sie sind damit umfangreicher als bislang angenommen. Die Arbeitgeber müssten ihre Kalkulation für die Zukunft ändern und für die Vergangenheit Nachbesserungen vornehmen. Dies ist besonders problematisch, weil die Unternehmen ihre Pensionsrückstellungen nicht entsprechend nachbessern können[206].

Auch richterlicher Rechtsfortbildung sind durch das Rechtsstaatsprinzip Grenzen gezogen. Die Grundsätze der Rechtssicherheit und des Vertrauensschutzes[207], müssen beachtet werden. Jede rückwirkende Rechtsänderung, auch die rückwirkende Anwendung von Rechtsprechung, setzt stets eine Abwägung zwischen den Belangen des Allgemeinwohls und dem Vertrauensschutz des Einzelnen voraus.

Das Vertrauen auf den Fortbestand höchstrichterlicher Rechtsprechung ist umso schutzwürdiger, wenn man ihre soziale Bindungswirkung bedenkt. Aus der Vorlagepflicht zum Großen Senat bei abweichender Ansicht zweier Senate[208] kann man ersehen, dass Rechtsprechung grundsätzlich auf Einheitlichkeit angelegt ist. Auf diese allgemeinverbindliche Wirkung höchstrichterlicher Rechtsprechung muss der Rechtsanwender, solange sein Vertrauen begründet ist, vertrauen können, wie auf die Wirkung einer Gesetzesnorm[209].

Weder die dargestellte Entscheidung des 6. Senats vom 08.12.1982[210] noch der Vorlagebeschluss des 5. Senats[211] waren geeignet, das Vertrauen in die vorherige Rechtsprechung zur ablösenden Betriebsvereinbarungen zu erschüttern. Das Urteil des 6. Senats[212] schloss eine ablösende Betriebsvereinbarung nur für den Bereich der freiwilligen betrieblichen Mitwirkung aus[213]. Es beschäftigte sich außerdem nicht mit Fragen der betrieblichen Altersversorgung, sondern mit dem Bestehen eines Anspruchs auf Jubiläumsgeld.

Auch der Vorlagebeschluss des 5. Senats konnte das Vertrauen in die zuvor eindeutige Rechtslage nicht beseitigen. Angesichts der zuvor unumstrittenen Rechtslage konnte davon ausgegangen werden, dass der Große Senat die Zulässigkeit ablösender Betriebsvereinbarungen zum Nachteil der Arbeitnehmer bestätigen werde. Das BAG hatte selbst zuvor festgestellt, ein oberstes Bundesgericht solle nicht von

---

205 Vgl. BAG vom 16.09.1986 – GS 1/82, DB 1987, 383 = AP Nr. 17 zu § 77 BetrVG unter C. II. 1. c) der Gründe; zur Betriebsvereinbarungsoffenheit, die eine Ablösung mittels einer Betriebsvereinbarung ausnahmsweise zulässt siehe oben S. 133.

206 Siehe § 6a Abs. 4 Satz 1 EStG, der die Erhöhung der Rückstellung maximal um den Teilwert vorschreibt; vgl. zum Nachholverbot *Ahrend/Förster/Norbert Rößler* 2. Teil Rn 302 f. Zum Teilwertverfahren siehe S. 228 ff.

207 Art. 20 Abs. 3 iVm Art. 2 Abs. 1 GG.

208 § 132 Abs. 2 GVG.

209 Vgl. *Schumann*, Zur Bindungswirkung des Beschlusses des Großen Senats vom 16.09.1986 zur ablösenden Betriebsvereinbarung, DB 1988, 2510, 2510.

210 BAG vom 12.08.1982 – 6 AZR 1117/79, DB 1982, 2298 = AP Nr. 4 zu § 77 BetrVG 1972; vgl. oben S. 130 f.

211 BAG vom 08.12.1982 – 5 AZR 316/81, DB 1983, 346 = AP Nr. 6 zu § 77 BetrVG 1972; vgl. oben S. 131.

212 BAG vom 12.08.1982 – 6 AZR 1117/79, DB 1982, 2298 = AP Nr. 4 zu § 77 BetrVG 1972.

213 Siehe auch *Schumann*, Zur Bindungswirkung des Beschlusses des Großen Senats vom 16.09.1986 zur ablösenden Betriebsvereinbarung, DB 1988, 2510, 2513.

seiner eigenen Rechtsprechung abweichen, wenn für verschiedene Ansichten gute Gründe sprächen[214].

Sieht man das Vertrauen der Arbeitgeber, die vor dem 16.09.1986 vertragliche Einheitsregelungen durch verschlechternde Betriebsvereinbarungen abgelöst haben, als grundsätzlich schützenswert an - wie es das BAG selbst tut[215] -wäre die Ablehnung einer Rückwirkung der Grundsätze der Entscheidung des Großen Senats mithin einzig konsequent.

3. Ablösung individualrechtlicher Zusagen durch einen Tarifvertrag

Ein Tarifvertrag ist in der Regel ein untaugliches Instrument zur Ablösung individualrechtlicher Zusagen, weil nicht organisierte Arbeitnehmer von seinen Regelungen nicht erfasst werden[216]. Dieses Problem kann nur durch Aufnahme von Jeweiligkeitsklauseln in die ursprünglichen individualvertraglichen Regelungen überwunden werden, in denen der jeweils geltende Altersversorgungstarifvertrag in Bezug genommen wird[217]. Existiert keine Jeweiligkeitsklausel, entsteht durch den ablösenden Tarifvertrag eine heterogene Versorgungslandschaft.

Individualrechtliche Zusagen, tarifgebundener Arbeitnehmer, die durch einen Tarifvertrag abgelöst worden, bleiben bestehen, falls der Tarifvertrag entsprechende Abweichungen gestattet oder sie für den Arbeitnehmer günstiger sind als die tarifliche Regelung[218]. Eine für den Arbeitnehmer ungünstigere individualrechtliche Regelung wird nicht unwirksam, sondern lediglich unanwendbar[219]. Ob die einzelvertragliche Regelung im Verhältnis zur tarifvertraglichen Regelung günstiger ist, ist mittels eines individuellen Günstigkeitsvergleichs zu ermitteln[220].

Die Fortgeltung günstigerer einzelvertraglicher Bestimmungen kann im Tarifvertrag ausdrücklich durch Besitzstandsklauseln festgeschrieben werden. Solche Besitzstandsklauseln haben meist nur deklaratorische Wirkung. Sie drücken aus, was nach § 4 Abs. 3 TVG ohnehin rechtens ist. Sie können in ihrer Wirkung aber auch über das Günstigkeitsprinzip hinausgehen und dem Arbeitgeber untersagen, sich auf anderem Wege – z.B. durch Änderungskündigung[221] - von übertariflichen Pflichten aus Anlass des Inkrafttretens des Tarifvertrags zu lösen[222].

---

214 Z.B. BAG vom 15.02.1962 – 2 AZR 322/60, DB 1962, 707 = AP Nr. 35 zu § 1 Arbeiterkrankheitsgesetz.

215 BAG vom 20.11.1990 – 3 AZR 573/89, DB 1991, 915 = AP Nr. 14 zu § 1 BetrAVG Ablösung unter B II. 1. der Gründe.

216 So auch *Kerschner*, Widerruf von vertraglichen Betriebspensionszusagen in Österreich und in der Bundesrepublik Deutschland, AuR 1990, 171, 173.

217 *Blomeyer*, Der Bestandsschutz der Ruhegeldanwartschaften bei einer Einschränkung der betrieblichen Altersversorgung, in FS für Hilger/Stumpf, 1983, S. 41, 59.

218 Das folgt schon aus der unmittelbaren und zwingenden Wirkung des Tarifvertrags gem. § 4 Abs. 1 TVG sowie dem in § 4 Abs. 3 TVG verankerten Günstigkeitsgrundsatz.

219 Dazu *Däubler* Rn 183.

220 Dazu näher *Schaub* § 204 Rn 38 ff.

221 Siehe dazu oben S. 120 ff.

222 Im Ergebnis übereinstimmend *Kempen/Zachert* § 4 Rn 226.

4. Ablösung einer Betriebsvereinbarungszusage durch einen Tarifvertrag

a. Allgemeines und zulässiger Eingriffsumfang

Betriebsvereinbarungen über betriebliche Altersversorgung können durch einen Tarifvertrag zuungunsten der Arbeitnehmer abgeändert werden[223]. Das Günstigkeitsprinzip findet zwischen Betriebsvereinbarung und Tarifvertrag keine Anwendung[224]. § 77 Abs. 3 BetrVG bestimmt den Vorrang des Tarifvertrages, solange der Tarifvertrag nicht betriebsvereinbarungsoffen ausgestaltet ist. Die hieraus resultierende Sperrwirkung lässt jede Betriebsvereinbarung über betriebliche Altersversorgung mit Inkrafttreten eines Tarifvertrages über denselben Regelungsgegenstand unwirksam werden[225].

Anders als verschlechternde Betriebsvereinbarungen unterliegen Tarifverträge keiner Billigkeitskontrolle[226]. Zwischen den Tarifvertragsparteien besteht keine Disparität[227]. Das Grundgesetz hat in Art. 9 Abs. 3 GG den Koalitionen eine Betätigungsfreiheit im Rahmen der Förderung der Arbeits- und Wirtschaftsbedingungen eingeräumt, die insbesondere auch die Tarifautonomie als den Bereich umfasst, in dem die Tarifparteien ihre eigenen Angelegenheiten unabhängig von staatlicher Einflussnahme regeln können.

Zwar gilt für ablösende Tarifverträge die Vermutung, dass sie den Interessen beider Parteien gerecht werden[228]. Sie unterliegen aber dennoch einer Rechtskontrolle. Ihr Inhalt muss mit höherrangigem Recht in Einklang stehen[229]. Sie müssen mit dem Grundgesetz und europäischem Gemeinschaftsrecht in Einklang stehen und dürfen nicht gegen die guten Sitten oder tragende Grundsätze des Arbeitsrechts verstoßen[230]. Tarifverträge stellen Gesetzgebung iSd Art. 1 Abs. 3 GG dar. Die Tarifvertragsparteien leiten ihre Autonomie zur Rechtsetzung aus der staatlichen Übertragung durch Art. 9 Abs. 3 GG iVm dem Tarifvertragsgesetz her. Deshalb müssen auch sie die verfassungsmäßige Ordnung beachten[231]. Tarifverträge müssen sich

---

[223] Ganz h.M.; statt vieler *Höfer* ART Rn 337; *Andresen/Förster/Norbert Rößler/Rühmann* Teil 12 Rn 309 mwN; irreführend insoweit *Schaub* § 81 Rn 144, der davon spricht, nach h.M. könne ein Tarifvertrag eine günstigere Betriebsvereinbarung nicht abändern.

[224] *Richardi* § 77 Rn 262; *Fitting/Kaiser/Heither/Engels/Schmidt* § 77 Rn 97.

[225] Zum Verhältnis von Betriebsvereinbarung und Tarifvertrag vgl. *Lieb* Rn 764 ff.

[226] So ausdrücklich *Höfer* ART Rn 460 und BAG vom 14.12.1982 – 3 AZR 251/80, DB 1983, 944 = AP Nr. 1 zu § 1 BetrAVG Besitzstand unter II. 3. der Gründe.; zur Inhaltskontrolle von Betriebsvereinbarungen oben S. 128 ff.

[227] Zu Sinn und Zweck der Billigkeit siehe oben S. 118 f.

[228] BAG vom 28.05.2002 – 3 AZR 422/01, DB 2003, 343.

[229] Dahingestellt bleiben kann an dieser Stelle, inwieweit § 310 Abs. 4 Satz 1 BGB eine Kontrolle von Tarifverträgen anhand von einfachgesetzlichen Normen über die §§ 305 ff. BGB hinaus ausschließt.

[230] BAG vom 14.12.1982 – 3 AZR 251/80, DB 1983, 944 = AP Nr. 1 zu § 1 BetrAVG Besitzstand unter II. 3. der Gründe; BAG vom 24.04.1990 – 3 AZR 259/88, DB 1990, 2171 = AP Nr. 43 zu § 1 BetrAVG Zusatzversorgungskassen unter III. 1. der Gründe. Aus der Lit. *Steinmeyer*, Grenzen des Eingriffs von Tarifvertragsparteien in Anwartschaften und Ansprüche auf betriebliche Altersversorgung, in GS für Blomeyer, 2003, S. 423, 424. Einschränkend *Dieterich*, Die Grundrechtsbindung von Tarifverträgen, in FS für Schaub, 1998, S. 117 ff., der eine unmittelbare Grundrechtsbindung der Tarifvertragsparteien und hierbei insbesondere eine Bindung an den Verhältnismäßigkeitsgrundsatz ablehnt. Dazu auch *Söllner*, Grenzen des Tarifvertrags, NZA 1996, 897 und BAG vom 04.04.2000 – 3 AZR 729/98, NZA 2002, 917 = AP Nr. 2 zu § 1 TVG Gleichbehandlung.

[231] Art. 20 Abs. 3 GG.

also auch an den aus dem Rechtsstaatsprinzip abgeleiteten Grundsätzen der Verhältnismäßigkeit und des Verstrauensschutzes messen lassen[232].

Damit sind auch die Tarifvertragsparteien zur angemessenen Besitzstandswahrung verpflichtet[233]. Vertrauensschutz und der Verhältnismäßigkeitsgrundsatz sind allgemeine Grenzen der Rechtsgestaltung. Als Anhaltspunkt für die Maßstäbe nach denen die Verhältnismäßigkeitsprüfung auszurichten ist, können die Grundsätze des Drei-Stufen-Modells herangezogen werden. Der Maßstab für die Rechtmäßigkeit von Eingriffen in Besitzstände sollte nicht von der Rechtsform der Versorgungszusage abhängen[234].

Die wirtschaftlichen Gründe, die einen Eingriff durch einen Tarifvertrag rechtfertigen sollen, müssen allerdings einheitlich für alle Arbeitgeber, die Partei des Tarifvertrags sind, bestimmt werden. Die Maßstäbe des Drei-Stufen-Modells sind deshalb nur als Orientierungshilfe heranzuziehen[235].

Die Rechtskontrolle von Eingriffen in Versorgungsbesitzstände durch tarifvertragliche Regelungen entfällt auch nicht aufgrund der Tariföffnungsklausel des § 17 Abs. 3 BetrAVG. Diese räumt den Tarifvertragsparteien das Recht ein, von verschiedenen Vorschriften des BetrAVG, u.a. von § 2 BetrAVG, der die Berechnung der Höhe der erdienten Anwartschaften regelt, zuungunsten der Arbeitnehmer abzuweichen.

Die Kernvorschrift zur Unverfallbarkeit dem Grunde nach, § 1b BetrAVG, ist indes auch durch tarifliche Normen nicht abdingbar. Eine extensiv verstandene Tarifautonomie, aufgrund derer schützenswerte Positionen der Arbeitnehmer weitreichend eingeschränkt werden dürften, würde § 1b BetrAVG weitgehend aushöhlen und damit gegen zwingendes Rechts verstoßen. Aus der fehlenden Tarifdispositivität des § 1b BetrAVG folgt, dass erworbene Versorgungsanrechte auch von den Tarifvertragsparteien zu wahren sind. Nachträgliche Eingriff sind nur in den von § 17 Abs. 3 BetrAVG vorgegebenen Grenzen möglich[236]. Die Besitzstände der Arbeitnehmer sind deshalb auch gegen Verschlechterungen durch tarifvertragliche Regelungen geschützt.

b. Besitzstandsklauseln

Wegen der eingeschränkten Kürzungsmöglichkeiten durch Tarifverträge, enthalten abändernde und ablösende Tarifverträge in aller Regel Klauseln zum Schutz der Besitzstände. Fehlt eine solche Regelung, verstößt der Tarifvertrag gegen Art. 3 Abs. 1

---

[232] *Heither,* Die Änderung von Versorgungszusagen, ArbRGegw 31 (1994), 55, 76; *Griebeling,* Die Änderung und Ablösung betrieblicher Versorgungsordnungen in der Rechtsprechung des Bundesarbeitsgerichts, ZIP 1994, 1055, 1059.

[233] So auch *Schoden* ArbR Einf Rn 129; ähnlich *Kemper/Kisters-Kölkes* Rn 402 und *Höfer* ART Rn 491; einschränkend *Andresen/Förster/Norbert Rößler/Rühmann* Teil 12 Rn 307. *Schwerdtner,* Die Änderung kollektivrechtlich begründeter Ruhegeldberechtigungen, ZfA 1975, 171, 197 plädiert für eine Gleichbehandlung von Betriebsvereinbarungen und Tarifverträgen in ihrer Einwirkung auf Ruhegeldberechtigungen; zum dreistufigen Prüfungsschema siehe unten 5. Kap.

[234] So auch *Wiedemann/Mangen* Anm. zu BAG AP Nr. 1 zu § 1 Besitzstand; im Ergebnis wohl auch *Schumann,* Unbegrenzter Schutz vor Eingriffen in zeitanteilig erdiente Dynamik von Versorgungszusagen?, in FS für Ahrend, 1992, S. 221 f.

[235] *Steinmeyer,* Grenzen des Eingriffs von Tarifvertragsparteien in Anwartschaften, in GS für Blomeyer, 2003, S. 423, 433 ff. unternimmt den Versuch, Maßstäbe für Eingriffe durch Tarifverträge zu entwickeln.

[236] So auch *Steinmeyer,* Grenzen des Eingriffs von Tarifvertragsparteien in Anwartschaften, in GS für Blomeyer, 2003, S. 423, 429 sowie 436.

GG und die tarifvertragliche Regelung ist im Wege einer geltungserhaltenden Auslegung um eine Besitzstandsklausel zu ergänzen[237].

Eine solche ergänzende Auslegung ist nur dann möglich, falls nicht mehrere billige tarifpolitische Lösungen denkbar sind. Ansonsten verstößt die ergänzend Vertragsauslegung gegen den Grundsatz der Tarifautonomie. Der Tarifvertrag ist dann verfassungswidrig und damit nichtig. Der Schutz der Besitzstände ist damit verfassungsrechtlich verankert[238].

c. Zusagen nicht tarifgebundener Arbeitnehmer

Wird eine Betriebsvereinbarung durch einen Tarifvertrag abgelöst, stellt sich die Frage nach dem Schicksal der Zusagen nicht organisierter Arbeitnehmer[239]. Mit Inkrafttreten des Tarifvertrags entfällt die normative Wirkung der Betriebsvereinbarung[240]. Den Zusagen nicht organisierter Arbeitnehmer ist damit die Rechtsgrundlage entzogen.

Denkbar wäre hier eine Fortgeltung der ursprünglich erteilten Zusage, parallel zur schuldrechtlich Fortgeltung der Regelungen einer Betriebsvereinbarungszusage beim Ausscheiden des Arbeitnehmers[241]. Eine solche Fortgeltung würde aber zu einer Uneinheitlichkeit der Versorgungsregelungen für tarifgebundene Arbeitnehmer und tarifungebunden Arbeitnehmer führen. Sie ist deshalb nicht sinnvoll.

Das Schicksal der Zusagen nicht organisierter Arbeitnehmer lässt sich am besten durch die Aufnahme von Jeweiligkeitsklauseln in die Arbeitsverträge lösen, die für die betriebliche Altersversorgung auf den Inhalt der jeweils geltenden kollektivrechtlichen Versorgungsregelung verweisen.

Solche Klauseln finden sich selten. Sie sind auch nachträglich nur schwer für alle tarifungebundenen Arbeitnehmer einzuführen. Ein Tarifvertrag ist deshalb ein generell ungeeignetes Mittel zur Ablösung von Betriebsvereinbarungszusagen.

d. Ablösung einer Tarifvertragszusage durch eine Betriebsvereinbarung

Tarifvertragliche Regelungen über betriebliche Altersversorgung können nicht durch eine Betriebsvereinbarung abgelöst werden. Die Rechtsnormen eines Tarifvertrags wirken unmittelbar und zwingend[242]. Eine Ausnahme hiervon gilt nur, wenn der Tarifvertrag betriebsvereinbarungsoffen ausgestaltet ist.

5. Abändernder Tarifvertrag (Ersetzung eines bestehenden Tarifvertrags durch einen neuen Tarifvertrag)

a. Zeitkollisionsregel

Tarifvertragliche Versorgungsregelungen können jederzeit durch einverständliche Abänderung des Tarifvertrags an veränderte Gegebenheiten und geänderte tarifpoli-

---

[237] BAG vom 14.12.1982 – 3 AZR 251/80, DB 1983, 944 = AP Nr. 1 zu § 1 BetrAVG Besitzstand unter III. der Gründe.
[238] Siehe *Höfer* ART Rn 461.
[239] Vgl. oben S. 137.
[240] Zum Verhältnis von Betriebsvereinbarung und Tarifvertrag vgl. *Lieb* Rn 764 ff.
[241] In diese Richtung *Blomeyer/Otto* Anh § 1 Rn 100; zur schuldrechtlichen Fortgeltung nach Ausscheiden des Arbeitnehmers siehe oben S. 17 f.
[242] § 4 Abs. 1 TVG.

tischen Vorstellungen angepasst werden. Dies ist auch zuungunsten der Arbeitnehmer zulässig[243].

Im Verhältnis zweier tarifvertraglicher Regelungen über denselben Gegenstand gilt der Grundsatz des *lex posterior derogat legi priori*, die sog. Zeitkollisionsregel[244]. Ein Günstigkeitsvergleich zwischen alter und neuer Regelung findet weder individuell noch kollektiv statt[245].

Zur Besitzstandswahrung gelten die Ausführungen zur Ablösung von Betriebsvereinbarungen durch Tarifverträge entsprechend[246]. Auch abändernde Tarifverträge sind an den Maßstäben des Vertrauensschutzes und der Verhältnismäßigkeit zu messen[247].

b. Regelungsbefugnis für Betriebsrentner

Umstritten ist, ob über die Ansprüche von Gewerkschaftsmitgliedern hinaus auch Ansprüche nicht mehr organisierter Betriebsrentner tarifvertraglich geregelt werden können[248]. Die hierfür entwickelten Ansätze wie z.B. die Annahme einer stillschweigenden Jeweiligkeitsklausel[249], eines Restarbeitsverhältnisses[250] oder einer Rückwirkung des Tarifvertrags[251] können nicht überzeugen. Sie wirken häufig konstruiert[252] und/oder unterstellen aufgrund von Indizien die Abgabe einer konkludenten Willenserklärung[253], die aus objektivem Empfängerhorizont nicht oder zumindest nur mit einiger Phantasie anzunehmen ist.

Eine Einschränkung der Ansprüche der Betriebsrentner wird regelmäßig an der erforderlichen Verhältnismäßigkeit des Eingriffs scheitern. Da die Betriebsrentner ihre Besitzstände bereits vollständig erdient haben, müsste für die am Tarifvertrag beteiligten Arbeitgeber insgesamt eine wirtschaftliche Situation bestehen, die einen zwingenden Grund für den Eingriff darstellt und damit einer wirtschaftlichen Notlage entspricht. Eine solche ist kaum denkbar.

---

[243] BAG vom 14.12.1982 – 3 AZR 251/80, DB 1983, 944 = AP Nr. 1 zu § 1 BetrAVG Besitzstand LS 1; BAG vom 16.05.1995 – 3 AZR 535/94, DB 1995, 2074 = AP Nr. 15 zu § 4 TVG unter II. 2. b) der Gründe; *Schoden* ArbR Einf Rn 129.

[244] *Schaub* § 203 Rn 11; statt vieler BAG vom 24.04.1990 – 3 AZR 259/88, DB 1990, 2171 = AP Nr. 43 zu § 1 BetrAVG Zusatzversorgungskassen unter III. 1. der Gründe und BAG vom 23.10.2001 – 3 AZR 74/01, DB 2002, 1383 = AP Nr. 33 zu § 1 BetrAVG Ablösung unter I. 1. a) der Gründe.

[245] *Däubler* Rn 1472.

[246] Dazu S. 138 ff.

[247] Siehe dazu die Ausführungen von *Steinmeyer*, Grenzen des Eingriffs von Tarifvertragsparteien in Anwartschaften, in GS für Blomeyer, 2003, 423, 428 f., der Besitzstände, die aufgrund von Tarifvertragszusagen entstanden sind, unter Hinweis auf BAG vom 24.04.1990 - 3 AZR 259/88, DB 1990, 2171 = AP Nr. 43 zu § 1 BetrAVG Zusatzversorgungskassen und BAG vom 23.11.1994 – 4 AZR 879/93, DB 1994, 2508 = AP Nr. 12 zu § 1 TVG Rückwirkung stets unter dem immanenten Vorbehalt ihrer rückwirkenden Abänderbarkeit sieht. Eine solche rückwirkende Abänderbarkeit sei jedoch durch den Vertrauensschutz begrenzt.

[248] Das BAG hat diese Frage bislang offen gelassen; siehe BAG vom 10.10.1989 – 3 AZR 200/88, DB 1990, 637 = AP Nr. 3 zu § 1 TVG Vorruhestand. Zur Regelungsbefugnis für Gewerkschaftsmitglieder siehe BAG vom 30.11.1973 – 3 AZR 96/73, DB 1974, 584 = AP Nr. 164 zu § 242 BGB Ruhegehalt unter 4. a) der Gründe; *Höfer* ART Rn 336.1; *Däubler* Rn 327.

[249] *Höfer* ART Rn 336.1.

[250] *Blomeyer/Otto* Anh § 1 Rn 550 sprechen von ein „Annexkompetenz" der Tarifpartner.

[251] *Schwerdtner*, Die Änderung kollektivrechtlich begründeter Ruhegeldberechtigungen, ZfA 1975, 171, 196.

[252] Diese Kritik üben für das Restarbeitsverhältnis und die Rückwirkung auch *Andresen/Förster/Norbert Rößler/Rühmann* Teil 7 A Rn 230.

[253] So *Höfer* ART Rn 336.1 mit seiner Theorie von der „stillschweigenden Jeweiligkeitsklausel", die sich aus der Langfristigkeit der Bindung durch eine Versorgungszusage und der Kenntnis der Arbeitnehmer vom Änderungsbedürfnis einer solchen Zusage ergeben soll.

V. Widerruf von Versorgungszusagen

Das Instrument des Widerrufs gibt dem Arbeitgeber die Möglichkeit, sich vollständig oder teilweise rückwirkend von bereits entstandenen Versorgungspflichten zu lösen[254]. Es ist somit das einschneidendste Gestaltungsmittel zur Umstrukturierung von Versorgungszusagen. Seine Anwendbarkeit unterliegt dem Grundsatz der Verhältnismäßigkeit. Stundungen und Kürzungen der Versorgungsansprüche sind vor einem Totalentzug der Versorgungsleistungen in Betracht zu ziehen. Der Anwendungsbereich des Widerrufs ist entsprechend eng.

1. Allgemeines

Die Möglichkeit, eine Versorgungszusage zu widerrufen, wurde erstmals in einer Entscheidung des RAG vom 24.05.1933 erwähnt. Die Kürzung einer Pension sollte ausnahmsweise zulässig sein, wenn die Höhe der vereinbarten Bezüge den Bestand des Unternehmens wirtschaftlich zu gefährden geeignet sei[255].

Im BetrAVG findet sich keine Regelung des Widerrufs, weil der Gesetzgeber eine enumerative Aufzählung der Widerrufsgründe zutreffend als unzweckmäßig einstufte. Die Entwicklung allgemeiner Rechtsgrundsätze zum Widerruf sollte nicht durch eine normative Festschreibung behindert werden[256]. Das BetrAVG lässt für somit bewusst Raum für die Anwendung von Grundsätzen des allgemeinen Schuld- und des Arbeitsrechts.

2. Anwendungsfälle des Widerrufs von Versorgungszusagen

Das BAG gestattet dem Arbeitgeber in drei Fällen, sich einseitig von einer Versorgungszusage mit Wirkung für die Vergangenheit zu lösen, also die Zusage zu widerrufen:

- Der Arbeitnehmer oder Pensionär hat eine schwerwiegende Treuepflichtverletzung begangen[257].

- Die rechtlichen Rahmenbedingungen der betrieblichen Altersversorgung haben sich wesentlich geändert[258]. Dies gilt vor allem, wenn durch die Verän-

---

[254] Die dargestellten Rechtsgrundsätze zum Widerruf beziehen sich ausschließlich auf Versorgungsansprüche, die vom Arbeitgeber finanziert sind. Wird die betriebliche Altersversorgung aufgrund einer Entgeltumwandlung oder im Rahmen einer Umfassungszusage (§ 1 Abs. 2 Nrn. 3 und 4 BetrAVG; vgl. S. 9 f.) durchgeführt, scheidet ein Widerruf der Zusage aus.

[255] RAG vom 24.05.1933 – RAG 4/33, ARS 18, 153, 156 = JW 1933, 1677 (*obiter dictum*).

[256] Stellungnahme des Ausschusses für Arbeit und Sozialordnung zum BetrAVG, BT-Drucks. 7/2843, S. 7. Kritisch *Loritz* Anm. zu BAG AP Nr. 4 zu § 1 BetrAVG Unterstützungskassen unter III. Siehe aber § 1 Abs. 5 RegE BetrAVG, BT-Drucks. 7/1281 S. 6: *„Eine Berechtigung des Arbeitgebers oder sonstigen Versorgungsträgers, die Versorgungsanwartschaften oder Versorgungsansprüche zu entziehen oder zu mindern, wird nicht dadurch berührt, dass das Arbeitsverhältnis vor Eintritt des Versorgungsfalls endet."*

[257] Zu den Voraussetzungen im einzelnen oben S. 111 ff. Hier sieht das BAG den Widerruf nicht als Gestaltungsrecht des Arbeitgebers, sondern räumt dem Arbeitgeber vielmehr die Einrede des Rechtsmissbrauchs ein; BAG vom 25.01.2000 – 3 AZR 871/99, nicht veröffentlicht.

[258] Dazu *Wiedemann*, Zum Widerruf von betrieblichen Versorgungszusagen, in FS für Stimpel, 1985, S. 955, 958.

derung der rechtlichen Rahmenbedingungen eine planwidrige Überversorgung eingetreten ist[259].

- Aus wirtschaftlichen Gründen.

Die Grundzüge der beiden erstgenannten Widerrufsmöglichkeiten wurden bereits oben dargestellt[260]. Für die vorliegende Untersuchung von Relevanz sind einzig die Reaktionsmöglichkeiten des Arbeitgebers auf verschlechterte wirtschaftliche Bedingungen. Die nachfolgende Darstellung konzentriert sich mithin auf den Widerruf aus wirtschaftlichen Gründen.

3. Widerruf aus wirtschaftlichen Gründen

Den Konflikt zwischen dem Vertrauen der Arbeitnehmer auf den Erhalt ihrer Altersversorgung und ökonomischer Vernunft löst das BAG bereits seit 1955 zugunsten der ökonomischen Vernunft und räumt dem Arbeitgeber das Recht zum Widerruf einer Versorgungszusage ein, wenn bei ungekürzter Weiterzahlung der Betriebsrenten der Bestand des Unternehmens gefährdet erscheint[261].

Das hiernach scheinbar scharfe Schwert des Widerrufs hat sich aufgrund der von der Rechtsprechung im Laufe der Jahre geschaffenen Voraussetzungen[262] als stumpfe Waffe gegen wirtschaftliche Krisen erwiesen. Die schwerwiegendste dieser Voraussetzungen ist die hohe Belastungsgrenze, die das BAG und der Gesetzgeber erst beim Erreichen einer wirtschaftlichen Notlage iSd § 7 Abs. 1 Satz 3 Nr. 5 BetrAVG a.F. ansiedeln. Wer erst umfassend reagieren darf, wenn er sich in einer wirtschaftlichen Notlage befindet, der sucht verständlicherweise nach Wegen, die ihm einen früheren Eingriff erlauben.

Die Bundesregierung sah den Sicherungsfall des Widerrufs wegen wirtschaftlicher Notlage deshalb so stark in die Nähe eines außergerichtlichen Vergleichs gerückt, dass sie ihn als entbehrlich ansah[263]. Im Zuge der Aufhebung dieses Sicherungsfalls erklärte sie auch den Widerruf wegen wirtschaftlicher Notlage für unzulässig[264]. Es wird im Laufe der weiteren Untersuchung zu klären sein, ob diese Aussage des Gesetzgebers in ihrer Pauschalität haltbar ist.

---

[259] Siehe oben S. 113 f.; auch *Steinmeyer* S. 135 ff.; sehr ausführlich zur Einschränkung von Gesamtversorgungssystemen *Hanau/Preis*, Der Übergang der Gesamtversorgung zu einer von der Sozialversicherung abgekoppelten Betriebsrente, RdA 1988, 65. *Schumann*, Rückführung ausgeweiteter Versorgungslasten wegen Wegfalls der Geschäftsgrundlage bei unmittelbaren Versorgungszusagen, in FS für Förster, 2001, S. 165 sieht Parallelen zur Situation einer Überversorgung in der momentanen demographischen Entwicklung.

[260] Siehe oben S. 111 ff.

[261] Statt vieler BAG vom 05.05.1955 – 2 AZR 55/53, JZ 1955, 512 = AP Nr. 4 zu § 242 BGB Ruhegehalt; BAG vom 10.12.1971 – 3 AZR 190/71, DB 1972, 491 = AP Nr. 154 zu § 242 BGB Ruhegehalt unter III. 2. der Gründe.

[262] Z.B. Nachweis der wirtschaftlichen Notlage durch ein betriebswirtschaftliches Gutachten, das zwingend ein Sanierungskonzept enthalten muss; dazu BAG vom 24.04.2001 – 3 AZR 402/00, DB 2001, 1787 = AP Nr. 23 zu § 7 BetrAVG Widerruf. Umfassend zu den Voraussetzungen des Widerrufs wegen wirtschaftlicher Notlage *Diller*, Insolvenzvermeidung durch außergerichtliche Übernahme von Betriebsrenten durch den PSV, ZIP 1997, 765, 766 ff., *Schumann*, Gestaltungsmöglichkeiten zur Rückführung ausufernder Lasten der betrieblichen Altersversorgung, ZIP 1987, 137, 140 f. und *Blomeyer/Otto* Vor § 7 Rn 70 ff.

[263] Der Sicherungsfall der wirtschaftlichen Notlage war geregelt in § 7 Abs. 1 S. 3 Nr. 5 BetrAVG a.F.

[264] RegBegr zu Art. 91 EGInsO, BT-Drucks. 12/3803, S. 110 f.

a. Dogmatische Begründung des BAG

Die dogmatischen Wurzeln der unterschiedlichen Widerrufskonstellationen müssen wegen der Heterogenität der Widerrufsgründe differenziert betrachtet werden[265]. Während sich ein Widerruf aufgrund von Treuepflichtverletzungen oder infolge von Überversorgungstatbeständen auf Grundsätze des Rechtsmissbrauchs[266] und der Zweckerreichung, als Unterfall der Störung der Geschäftsgrundlage[267] stützen lässt, ist der Widerruf aus wirtschaftlichen Gründen dogmatisch schwierig zu begründen.

Verändern sich die wirtschaftlichen Verhältnisse so sehr, dass dem Arbeitgeber aufgrund seiner wirtschaftlichen Situation die Erfüllung seiner vertraglichen Verpflichtung nicht mehr zugemutet werden kann, dann soll er sich nach dem BAG nach den Grundsätzen der Störung der Geschäftsgrundlage von der Zusage lösen können[268]. Das verlange die fortbestehende Verbundenheit der Betriebsrentner mit dem Unternehmen und ihre Solidarität mit den übrigen Arbeitnehmern und Betriebsrentnern des Unternehmens. Eine weitergehende Begründung liefert das BAG nicht.

Wirtschaftliche Schwierigkeiten, durch die die Geschäftsgrundlage der Zusage gestört ist, müssen von einigem Gewicht sein[269]. In der gesetzlichen Regelung der Störung der Geschäftsgrundlage findet dieser Gedanke seinen Ausdruck im Tatbestandsmerkmal der *schwerwiegenden* Veränderung der Umstände, die Vertragsgrundlage geworden sind[270]. Das BAG nimmt eine solche schwerwiegende Veränderung beim Eintritt einer wirtschaftlichen Notlage iSd § 7 Abs. 1 Satz 3 Nr. 5 BetrAVG a.F. an.

Eine solche wirtschaftliche Notlage setzt voraus, dass der Bestand des Unternehmens bei ungekürzter Weiterzahlung der Versorgungsleistungen ernsthaft gefährdet erscheint[271]. Es ist weder ausreichend, dass das Unternehmen Verluste macht[272], noch dass das Firmenvermögen einer Personengesellschaft überschuldet ist, solange die persönlich haftenden Gesellschafter die Versorgungsleistungen aus ihrem Privatvermögen erbringen können[273].

Die wirtschaftliche Notlage muss durch eine sachverständige Betriebsanalyse mitsamt ihrer Ursachen festgestellt werden. Aufgrund dieses Gutachtens muss ein

---

[265] *Wiedemann*, Zum Widerruf von betrieblichen Versorgungszusagen, in FS für Stimpel, 1985, S. 955, 960 ff. befürwortet ebenfalls eine solche differenzierte Betrachtung anhand heterogener Rechtsmaßstäbe. Seiner Unterteilung nach Widerrufsfällen, die Leistungsstörungen darstellen, solchen, die sich über Gedanken des Rechtsmissbrauchs lösen lassen und schließlich Fällen der wirtschaftlichen Notlage des Arbeitgebers, die er über Zumutbarkeitserwägungen lösen will, kann aber nur zum Teil gefolgt werden; wie hier auch *Andresen/Förster/Norbert Rößler/Rühmann* Teil 12 Rn 172.

[266] Vgl oben S. 111 ff.; dazu nur BAG vom 18.10.1979 – 3 AZR 550/78, DB 1980, 500 = AP Nr. 151 zu § 242 BGB Ruhegehalt unter II. 1. der Gründe.

[267] Näher dazu oben S. 113 f.; aus der Rechtsprechung siehe BAG vom 10.04.1962 – 3 AZR 346/61, DB 1962, 1082 = AP Nr. 83 zu § 242 BGB Ruhegehalt unter III. 1. der Gründe; *Wiedemann*, Zum Widerruf von betrieblichen Versorgungszusagen, in FS für Stimpel, 1985, S. 955, 963.

[268] BAG vom 26.04.1988 – 3 AZR 277/87, DB 1988, 2311 = AP Nr. 3 zu § 1 BetrAVG Geschäftsgrundlage; kritisch *Steinmeyer* S. 127 ff. und *Blomeyer*, Der Betriebsrentner zwischen Arbeitgeber, Unternehmen, Belegschaft und Insolvenzsicherung, RdA 1977, 1, 5 ff.

[269] BGH vom 29.04.1982 – III ZR 154/80, DB 1982, 2031.

[270] § 313 Abs. 1BGB a.E. Zur Unzumutbarkeit des Festhaltens am Vertrag bereits BAG vom 09.07.1986 – 5 AZR 44/85, DB 1986, 2676 = AP Nr. 7 zu § 242 BGB Geschäftsgrundlage.

[271] St. Rspr. des BAG statt vieler nur BAG vom 23.04.1985 – 3 AZR 194/83, DB 1985, 2615 = AP Nr. 6 zu § 1 BetrAVG Unterstützungskasse.

[272] LAG Düsseldorf vom 29.08.1978 – 18 Sa 1238/77, BB 1979, 215.

[273] BAG vom 08.07.1972 - 3 AZR 481/71, DB 1972, 2069 = AP Nr. 157 zu § 242 BGB Ruhegehalt.

Sanierungsplan ausgearbeitet werden, der die erforderlichen Einschränkungen gerecht zwischen Arbeitgeber, aktiven Arbeitnehmern und Betriebsrentnern verteilt[274].

b. Leistungsfähigkeit des Arbeitgebers als Geschäftsgrundlage der Versorgungszusage

Eine wirtschaftliche Notlage kann nur dann zur Störung der Geschäftsgrundlage der Versorgungszusage führen, wenn die wirtschaftliche Leistungsfähigkeit des Arbeitgebers Geschäftsgrundlage dieser Versorgungszusage geworden ist. Geschäftsgrundlage eines Vertrags[275] sind u.a. die bei seinem Abschluss zutage getretenen, dem einen Teil erkennbar gewordenen und von ihm nicht beanstandeten Vorstellungen der anderen Vertragspartei[276]. Geschäftsgrundlage werden aber auch die gemeinsamen Vorstellungen beider Parteien vom Vorhandensein oder künftigen Eintritt bestehender Umstände, sofern der Geschäftswille der Parteien auf diesen Vorstellungen aufbaut[277]. Nach der Lehre von der objektiven Geschäftsgrundlage bilden diejenigen Umstände und allgemeinen Verhältnisse die Geschäftsgrundlage, deren Vorhandensein oder Fortdauer objektiv erforderlich ist, damit der Vertrag im Sinne der Absichten beider Vertragsparteien noch als sinnvolle Regelung bestehen kann[278].

Die Eigenarten betrieblicher Ruhegeldverpflichtungen müssen für die Bestimmung der Geschäftsgrundlage einer Versorgungszusage berücksichtigt werden. Die Verpflichtungen des Arbeitgebers aus der Zusage sind von besonderer Dauer[279]. Den für die betriebliche Altersversorgung zu leistenden Aufwand muss er langfristig aus den Erträgen des Unternehmens finanzieren[280]. Bei solchen Dauerschuldverhältnissen ist das Gebot der Vertragstreue ausnahmsweise einschränkbar. Selbst eine Abrede, sich ohne sachlich gerechtfertigten Grund von einem Dauerschuldverhältnis zu lösen, kann zulässig sein[281]. Auch eine ordentliche Kündigung eines Dauerschuldverhältnisses bedarf grundsätzlich keiner Gründe. Änderungen bzw. Umgestaltungen mit Wirkung für die Zukunft sind für Dauerschuldverhältnisse also typisch.

---

[274] BAG vom 10.12.1971 – 3 AZR 190/71, DB 1972, 491 = AP Nr. 154 zu § 242 BGB Ruhegehalt; aus jüngerer Vergangenheit BAG vom 24.04.2001- 3 AZR 402/00, DB 2001, 1787 = AP Nr. 23 zu § 7 BetrAVG Widerruf.

[275] Der Einfachheit halber wird hier nur von „Verträgen" gesprochen. Auf alle schuldrechtlichen Verträge, damit auf alle individualrechtlichen Zusagen, findet die Vorschrift des § 313 BGB unmittelbar Anwendung. Nach hM sind auch Betriebsvereinbarungen privatrechtliche Verträge; siehe S. 17 f. und *Fitting/Kaiser/Heither/Engels/Schmidt* § 77 Rn 13.

[276] Sog. subjektive Geschäftsgrundlage. Diesen Bestandteil der Lehre von der subjektiven Geschäftsgrundlage scheinen *Andresen/Förster/Norbert Rößler/Rühmann* zu übersehen, wenn sie in Teil 12 Rn 170 eine gemeinsame Vorstellung der Parteien voraussetzen.

[277] *Heinrichs* in Palandt § 313 BGB Rn 4; insbesondere *Larenz*, Geschäftsgrundlage und Vertragserfüllung, S. 17 ff.

[278] *Heinrichs* in Palandt § 313 BGB Rn 7.

[279] Diesen Aspekt stellt auch *Rebel*, Der Widerruf des betrieblichen Ruhegeldes bei wirtschaftlicher Notlage des Arbeitgebers, Diss. Köln 1984, S. 73 in den Vordergrund, der das Widerrufsrecht indes direkt – d.h. ohne eine Berufung auf die Störung der Geschäftsgrundlage – aus den Besonderheiten der Versorgungszusage herleiten will.

[280] An diesem Gedanken knüpft *Wiedemann*, Zum Widerruf von betrieblichen Versorgungszusagen, in FS für Stimpel, 1985, S. 955, 965 seine dogmatische Begründung für den Widerruf wegen wirtschaftlicher Notlage an. Er stützt sich im Ergebnis allein auf den Unzumutbarkeitsgesichtspunkt, der mittlerweile seine gesetzliche Verankerung in § 313 BGB gefunden hat. Wie *Andresen/Förster/Norbert Rößler/Rühmann* Teil 12 Rn 173 zutreffend erkennen, vermag der Gedanke der Unzumutbarkeit allein keinen Wegfall der Geschäftsgrundlage zu begründen.

[281] § 308 Nr. 3 2. Hs. BGB.

Arbeitgeberfinanzierte betriebliche Altersversorgung stellt eine freiwillige Leistung des Arbeitgebers dar. Als Entgelt für die geleistete Betriebstreue steht sie außerhalb der reinen Austauschbeziehung des Arbeitsverhältnisses[282]. Schon deshalb muss der Arbeitnehmer erkennen, dass der Bindungswille des Arbeitgebers für diese Verpflichtung geringer ist als für seine Pflichten zur Leistung sonstigen Arbeitslohns. Der Wille des Arbeitgebers, in Fällen der ernsthaften Gefährdung des Unternehmensbestands die Zusage zu ändern, tritt damit erkennbar schon bei Zusageerteilung in Erscheinung.

Die Parteien der Versorgungszusage machen sich bei Vertragsschluss regelmäßig Gedanken über die Leistungsfähigkeit des Arbeitgebers[283]. Deshalb enthalten die meisten Versorgungszusagen in der Praxis sog. steuerunschädliche Widerrufsvorbehalte, die inhaltlich den Tatbestand der Störung der Geschäftsgrundlage wiedergeben und als Rechtsfolge ein Widerrufsrecht vorsehen[284]. Erwartet ein Arbeitgeber eine schlechte wirtschaftliche Entwicklung seines Unternehmens oder hält er diese zumindest für wahrscheinlich, wird er entweder keine Versorgungszusage erteilen oder zumindest bei der Erteilung auf die erwartete Entwicklung aufmerksam machen. Der Arbeitgeber wird insbesondere auf die Aufnahme von Widerrufsvorbehalten drängen. Die Vorstellung des Arbeitgebers von der Fortentwicklung der wirtschaftlichen Situation des Unternehmens ist damit für die Arbeitnehmer stets erkennbar.

Der Arbeitnehmer kennt die Langfristigkeit der Bindung des Arbeitgebers. Er muss deshalb mit Veränderungen der wirtschaftlichen Leistungsfähigkeit des Arbeitgebers rechnen. Ein Arbeitnehmer kann nicht ernsthaft davon ausgehen, der Arbeitgeber wolle bei einer freiwilligen Zusage sämtliche damit verbundenen Risiken einer wirtschaftlichen Verschlechterung bis hin zur Existenzgefährdung des Unternehmens auf sich nehmen[285].

Verzichten beide Parteien auf die Aufnahme von Widerrufsvorbehalten, so erwarten sie gemeinsam eine positive Entwicklung der Ertragslage[286]. Die wirtschaftliche Leistungsfähigkeit des Arbeitgebers wird dadurch zur Geschäftsgrundlage der Versorgungszusage[287]. Verschlechtert sich die wirtschaftliche Lage des Arbeitgebers, ist diese Erwartung enttäuscht. Die Geschäftsgrundlage der Versorgungszusage hat sich damit verändert. Tritt eine schwerwiegende Veränderung ein, ist sie gestört iSd § 313 BGB[288]. Hieran ändert auch die Entscheidung des BAG vom 17.06.2003, ein

---

[282] Dazu umfassend S. 33 ff.

[283] A.A. *Blomeyer*, Der Betriebsrentner im Spannungsfeld zwischen Arbeitgeber, Unternehmen, Belegschaft und Insolvenzsicherung, RdA 1977, 1, 8, der übersieht, dass eine *gemeinsame* Vorstellung der Parteien nicht zwingend ist, wenn die Vorstellung der einen Partei erkennbar zutage tritt und von der anderen Partei nicht beanstandet wird.

[284] Dazu unten S. 151 f.

[285] In die gleiche Richtung wie hier *Coester*, Zur Ablösung einheitsvertraglicher Leistungsordnungen, BB 1984, 797, 801; auch *Andresen/Förster/Norbert Rößler/Rühmann* Teil 12 Rn 174; a.A. *Uebelhack*, Betriebliche Altersversorgung und Wegfall der Geschäftsgrundlage, Diss. Mannheim 1995, S. 263, die aber auf S. 265 selbst einräumt, dass die Langfristigkeit von Ruhegeldzusagen eine teilweise Verschiebung des wirtschaftlichen Risikos zu Lasten des Arbeitnehmers rechtfertigen könnte.

[286] Ebenso *Hromadka*, Änderung von Arbeitsbedingungen, RdA 1992, 243, 259; a.A. *Blomeyer*, Der Betriebsrentner im Spannungsfeld zwischen Arbeitgeber, Unternehmen, Belegschaft und Insolvenzsicherung, RdA 1977, 1, 8. Nehmen die Vertragsparteien die bekannten Widerrufsvorbehalte auf, ergibt sich bereits daraus eine Widerrufsrecht bei Eintritt einer wirtschaftlichen Notlage.

[287] A.A. *Steinmeyer* in ErfK Vorbem. BetrAVG Rn 35 unter Verweis auf § 276 Abs. 1 Satz 1 BGB; sowie *Andresen/Förster/Norbert Rößler/Rühmann* Teil 12 Rn 181.

[288] A.A. *Uebelhack*, Betriebliche Altersversorgung und Wegfall der Geschäftsgrundlage, Diss. Mannheim 1995, S. 260 ff., die die Geschäftsgrundlagenqualität der wirtschaftlichen Leistungsfähigkeit ablehnt. Auch *Steinmeyer* S. 131, scheint die hier vertretene Auffassung als fiktiv abzulehnen.

Rückgriff auf die Störung der Geschäftsgrundlage zur Rechtfertigung eines Widerrufs sei nach gesetzgeberischer Wertung ausgeschlossen, nichts[289].

Hätten die Parteien bei Abschluss der Versorgungszusage eine solche Entwicklung vorhergesehen, hätten sie eine einseitige Risikotragung des Arbeitgebers ausgeschlossen. Diese Annahme erscheint interessengerecht, da alle Beteiligten ein Interesse am Fortbestand des Unternehmens haben. Der Fortbestand des Arbeitgeberunternehmens sichert die Existenzgrundlage der Arbeitnehmer in Form von Arbeitsplätzen. Die Betriebsrentner haben neben idealistischen Motiven wie fortbestehender Verbundenheit und Solidarität mit den noch aktiven Arbeitnehmern auch wirtschaftliche Interessen am Fortbestand ihres ehemaligen Arbeitgebers. Sollte die Schuldnerstellung für ihre Versorgungsansprüche infolge des Eintritts eines Sicherungsfalls von Gesetzes wegen auf den PSV übergehen, haben sie keinen Anspruch mehr auf Anpassungsprüfung[290].

Will ein Arbeitnehmer vermeiden, dass die wirtschaftliche Leistungsfähigkeit des Unternehmens zur Geschäftsgrundlage der Versorgungszusage wird, die den Arbeitgeber im Falle einer wirtschaftlichen Notlage zur Anpassung seiner Verpflichtungen aus der Zusage berechtigt, dann muss er bereits bei Zusageerteilung den zu Tage tretenden Vorstellung des Arbeitgebers über die wirtschaftliche Entwicklung des Arbeitgeberunternehmens widersprechen. Geschieht dies nicht, liegt beim Verzicht auf die Aufnahme von Widerrufsvorbehalten eine gemeinsame Erwartung einer günstigen – zumindest oberhalb der Grenze zur wirtschaftlichen Notlage verlaufenden - weiteren wirtschaftlichen Entwicklung des Unternehmens nahe. Jede andere Beurteilung der Erwartungen der Parteien ist lebensfremd.

Die wirtschaftliche Leistungsfähigkeit des Arbeitgebers wird demnach Geschäftsgrundlage der Versorgungszusage. Diese Geschäftsgrundlage hat sich – der Ansicht des BAG folgend - schwerwiegend verändert, wenn eine wirtschaftliche Notlage des Arbeitgebers iSd § 7 Abs. 1 Satz 3 Nr. 5 BetrAVG a.F. eingetreten ist.

Die vom BAG aufgestellten, hohen Voraussetzungen an die Störung der Geschäftsgrundlage der Zusage, werden der weiteren Untersuchung als Belastungsgrenze zugrundegelegt[291]. Eine wirtschaftliche Schlechtlage geringeren Ausmaßes erreicht nicht die Schwelle der schwerwiegenden Veränderung iSd § 313 BGB. Sie ist kann damit nicht zur Störung der Geschäftsgrundlage führen[292].

c. Rechtsfolgen der Störung der Geschäftsgrundlage einer Versorgungszusage wegen wirtschaftlicher Notlage

Bejaht man die Geschäftsgrundlagenqualität der wirtschaftlichen Leistungsfähigkeit des Arbeitgebers und mit dem BAG den Eintritt einer schwerwiegenden Veränderung der Geschäftsgrundlage bei Eintritt einer wirtschaftlichen Notlage des Arbeitgebers, stellt sich die Frage, welche Rechte der Arbeitgeber aus dieser gestörten Geschäftsgrundlage ableiten kann. Gesetzlich vorgesehene Rechtsfolge einer Störung der Geschäftsgrundlage ist der Anspruch auf Anpassung des Vertragsinhalts an die geänderte Geschäftsgrundlage[293].

---

289 BAG vom 17.06.2003 – 3 AZR 396/02, AP Nr. 24 zu § 7 BetrAVG Widerruf unter II. 3. b) bb) (4).
290 Dazu näher S. 61.
291 Umfassend zu den Anforderungen an die Bestandsgefährdung des Unternehmens *Andresen/Förster/Norbert Rößler/Rühmann* Teil 12 Rn 395 ff.
292 *Griebeling*, Abänderung von Versorgungszusagen, NZA 1989 Beilage Nr. 3, S. 26, 29.
293 Die Anpassung tritt – anders als nach alter Rechtslage – nicht mehr kraft Gesetzes ein; vgl. *Heinrichs* in Palandt § 313 Rn 29.

Da es sich bei der Versorgungszusage um ein Dauerschuldverhältnis handelt, steht dem Arbeitgeber ein Kündigungsrecht zu, falls ihm die Anpassung des Vertragsinhalts nicht zumutbar ist[294]. Der Arbeitgeber hat damit bei Eintritt einer wirtschaftlichen Notlage grundsätzlich einen weiten Spielraum an Maßnahmen zur Verfügung. Die Frage der Zumutbarkeit des Festhaltens am Zusageinhalt ist das entscheidende Merkmal für die Bestimmung der Rechtsfolgen, die sich aus dem Eintritt der wirtschaftlichen Notalge ergeben.

aa. Prinzip der unbeschränkten Vermögenshaftung

Um zu beurteilen, ob einem Schuldner das Festhalten am Vertrag zugemutet werden kann, ist insbesondere auch die vertragliche oder gesetzliche Risikoverteilung zu berücksichtigen[295]. Ein Institut, das einem Schuldner gestattet, sich wegen mangelnder Leistungsfähigkeit von seinen Verpflichtungen zu befreien, scheint auf den ersten Blick dem in der deutschen Rechts- und Wirtschaftsordnung geltenden Prinzip der unbeschränkten Vermögenshaftung zu widersprechen[296]. Ein Schuldner soll sich grundsätzlich nicht aufgrund mangelnder finanzieller Leistungsfähigkeit von seiner Schuld befreien können[297].

Bei strenger Beachtung des Prinzips der unbeschränkten Vermögenshaftung wäre dem Arbeitgeber jede Veränderung seiner Leistungsfähigkeit zumutbar iSd § 313 Abs. 1 BGB. Ein Widerruf der Zusage wegen Eintritts einer wirtschaftlichen Notlage wäre damit ausgeschlossen[298].

Die vertragliche oder gesetzliche Risikoverteilung ist im Rahmen der Zumutbarkeitsprüfung aber nur eines von vielen Kriterien. Sie ist zwar *insbesondere*, jedoch keinesfalls ausschließlich zu berücksichtigen. Liegt eine entsprechende Risikozuweisung vor, so ist dies zwar ein wichtiger, aber bei weitem nicht der einzige Anhaltspunkt für die Zumutbarkeit des Festhaltens am unveränderten Vertrag.

bb. Auswirkungen des Wegfalls des Sicherungsfalls der wirtschaftlichen Notlage

Die Rechtsfolgen der Störung der Geschäftsgrundlage einer Versorgungszusage infolge wirtschaftlicher Notlage sind im Lichte der Entscheidung des Gesetzgebers, die wirtschaftliche Notlage des Arbeitgebers als Sicherungsfall zu streichen, zu bestimmen. Der Gesetzgeber hat im Zuge der Aufhebung dieses Sicherungsfalls[299] einen Widerruf wegen wirtschaftlicher Notlage ausdrücklich für arbeitsrechtlich unzulässig erklärt. Er sieht einen untrennbaren Zusammenhang zwischen der Berechtigung zum Widerruf der Versorgungsanrechte und der gleichzeitigen Übernahme des widerrufenen Teils durch den PSV[300]. Die Regelungsabsicht und die vom Gesetzgeber in Ver-

---

[294] § 313 Abs. 3 Satz 2 BGB.

[295] § 313 Abs. 1 BGB.

[296] *Heinrichs* in Palandt § 276 Rn 28; so ausdrücklich *Schwerdtner*, Die Kürzung oder Einstellung betrieblicher Versorgungsleistungen wegen wirtschaftlicher Notlage des Arbeitgebers, in FS für Uhlenbruck, 2000, S. 799, 807 mwN. So nunmehr auch BAG vom 17.06.2003 – 3 AZR 396/02, AP Nr. 24 zu § 7 BetrAVG Widerruf unter II. 3. b) bb) (2) und (4).

[297] BGH vom 28.02.1989 – IX ZR 130/88, DB 1989, 1018; vgl. auch § 279 BGB a.F. Umfassend dazu und unter Nennung von denkbaren Ausnahmen *Medicus*, Geld muss man haben, AcP 188 (1988), 489, insb. 501 ff.

[298] Vgl. z.B. *Blomeyer*, Die wirtschaftliche Lage des Arbeitgebers – ein zentraler Begriff des Ruhegeldrechts, NZA 1985, 1, 2 ff.

[299] Art. 91 des Einführungsgesetzes zur Insolvenzordnung vom 09.10.1994, BGBl. I S. 2911.

[300] RegBegr zu Art. 91 EGInsO, BT-Drucks. 12/3803, S. 110. Vgl. BAG vom 17.06.2003 – 3 AZR 396/02, AP Nr. 24 zu § 7 BetrAVG Widerruf unter II. 3. b) bb) (2).

folgung dieser Absicht getroffenen Wertentscheidungen müssen bei der Bestimmung der Rechtsfolgen verbindliche Richtschnur sein[301].

Die eindeutig klingende Aussage des Gesetzgebers lässt zunächst darauf schließen, dass jeglicher Widerruf wegen wirtschaftlicher Notlage seit dem 01.01.1999 unzulässig sein soll. Die Rechtsprechung hat jüngst erstmals ausdrücklich bestätigt, dass ein Widerruf insolvenzgeschützter Versorgungsansprüchen und unverfallbarer Anwartschaften wegen wirtschaftlicher Notlage nicht mehr zulässig ist. Auch das BAG stützt sich in dieser Entscheidung einzig auf die untrennbare Verbindung zwischen Insolvenzschutz und Widerrufsrecht[302].

Sieht man bei Eintritt einer wirtschaftlichen Notlage die Grenze der schwerwiegenden Veränderungen der Geschäftsgrundlage iSd § 313 BGB als erreicht an, dann ist die Geschäftsgrundlage der Versorgungszusage unter diesen Voraussetzungen gestört und eine Anpassung des Vertragsinhalts kann nicht bereits tatbestandlich ausgeschlossen sein[303]. Der vom Gesetzgeber erkannte, untrennbare Zusammenhang zwischen Sicherungsfall und Widerrufsbefugnis kann hierauf keine Auswirkungen haben. Das Recht des Arbeitgebers, bei Störung der Geschäftsgrundlage Anpassung des Vertrages zu verlangen, muss dem Grunde nach unabhängig vom Bestehen eines entsprechenden Sicherungsfalls gesehen werden[304]. Die vom Gesetzgeber angestrebte Unzulässigkeit des Widerrufs kann dann nur über eine Reduzierung der Rechtsfolgen des § 313 BGB unter Berücksichtigung des Willens des Gesetzgebers erreicht werden.

Als Ansatzpunkt bietet sich hier der unbestimmte Rechtsbegriff der Zumutbarkeit des Festhaltens am Vertrag an, denn der Vertrag kann nach § 313 Abs. 1 BGB nur angepasst werden, *soweit* das Festhalten am Vertrag *unzumutbar* ist. Die Äußerung des Gesetzgebers, ein Widerruf bei wirtschaftlicher Notlage sei ausgeschlossen, kann dahingehend verstanden werden, dass trotz Eintritts einer wirtschaftlichen Notlage dem Arbeitgeber ein Festhalten am Vertrag generell zumutbar sein soll.

Die vom Gesetzgeber in der Regierungsbegründung betonte enge Verzahnung von Widerrufsmöglichkeit und Insolvenzschutz lässt auf die angestrebte Reduzierung der Rechtsfolgen des Widerrufs einer Versorgungszusage schließen. Auch eine Gesetzesbegründung ist einer Auslegung zugänglich[305]. Im Rahmen der Auslegung kann insbesondere auch die politische Zielsetzung der Streichung des Sicherungsfalls der wirtschaftlichen Notlage berücksichtigt werden. Die Maßnahme des Gesetzgebers ist so auszulegen, dass seine wirtschaftspolitische Zielsetzung bestmöglich erreicht wird[306].

---

[301] Vgl. *Larenz/Canaris* S. 149.

[302] BAG vom 17.06.2003 – 3 AZR 396/02, AP Nr. 24 zu § 7 BetrAVG Widerruf; im Ergebnis identisch *Andresen/Förster/Norbert Rößler/Rühmann* Teil 12 Rn 376; *Schwerdtner,* Die Kürzung oder Einstellung betrieblicher Versorgungsleistungen wegen wirtschaftlicher Notlage des Arbeitgebers, in FS für Uhlenbruck, 2000, S. 799. Zuvor hatte die Rechtsprechung sich stets mit dem Hinweis begnügt, es sei zweifelhaft, ob der Eintritt einer wirtschaftlichen Notlage auch nach 01.01.1999 weiterhin zum Widerruf berechtige. Siehe z.B. BAG vom 11.12.2001 – 3 AZR 512/00, DB 2003, 293 = AP Nr. 36 zu § 1 BetrAVG Ablösung unter II. 1. der Gründe. Dazu auch *Reinecke*, Neue Rechtsprechung des Bundesarbeitsgerichts zum Betriebsrentenrecht, DB 2002, 2717, 2722.

[303] Ebenso *Diller*, Insolvenzvermeidung durch außergerichtliche Übernahme von Betriebsrenten durch den PSV, ZIP 1997, 765, 773.

[304] Vgl. Gegenäußerung des Bundesrates zur RegBegr zu Art. 91 EGInsO, BT-Drucks. 12/3803, S. 128 f. So bereits *Blomeyer* Anm. zu BAG vom 17.04.1985 – 3 AZR 72/83 und vom 23.04.1985 – 3 AZR 194/83, SAE 1986, 98, 99.

[305] *Larenz/Canaris* S. 151.

[306] *Larenz/Canaris* S. 153.

Die Möglichkeit eines Widerrufs wegen wirtschaftlicher Notlage war von der Rechtsprechung lange vor der Existenz des Sicherungsfalls der wirtschaftlichen Notlage anerkannt[307]. Erst mit Inkrafttreten des BetrAVG wurde die Insolvenzsicherung der betrieblichen Altersversorgung auf eine gesetzliche Grundlage gestellt[308]. Der Sicherungsfall der wirtschaftlichen Notlage[309] knüpfte an die bestehende Rechtsprechung zum Widerruf an[310]. Er stellte somit lediglich eine Reaktion auf die damals bestehende Rechtslage dar und sollte den durch Widerruf drohenden Ausfall der Versorgungsleistungen kompensieren[311]. Der Wegfall des Sicherungsfalls kann damit – entgegen der Ansicht des Gesetzgebers in der Regierungsbegründung - nicht zwingend den Wegfall der Widerrufsmöglichkeit zur Folge haben.

Der Gesetzgeber hat der Insolvenzsicherung offensichtlich überragende Bedeutung beigemessen, als er das Institut des Widerrufs wegen wirtschaftlicher Notlage aufgrund des untrennbaren Zusammenhangs zwischen der Berechtigung zum Widerruf der Anwartschaft bei gleichzeitiger Übernahme des widerrufenen Teils der Anwartschaft durch den PSV für arbeitsrechtlich unzulässig erklärte[312]. Die Versorgungsberechtigten sollten vor den Nachteilen geschützt werden, die ihnen durch einen Widerruf aufgrund einer wirtschaftlichen Notlage nach dem Wegfall des hieran anknüpfenden Sicherungsfalls drohten.

Die Rechtsfolgen einer Störung der Geschäftsgrundlage durch den Eintritt einer wirtschaftlichen Notlage können damit durch den Wegfall des Sicherungsfalls nur insoweit eingeschränkt sein, wie der gesetzliche Insolvenzschutz greift. Der in der Regierungsbegründung in den Vordergrund gestellte Zusammenhang zwischen der Berechtigung zum Widerruf und der Übernahme der widerrufenen Teile durch den PSV besteht nicht bei Versorgungsanrechten, die noch nicht dem Insolvenzschutz unterliegen[313]. Insofern ist dem Arbeitgeber das Festhalten an der Zusage bei Eintritt einer wirtschaftlichen Notlage unzumutbar iSd § 313 Abs.1 BGB.

Auch nach der Streichung des Sicherungsfalls der wirtschaftlichen Notlage ist ein wirtschaftlich motivierter Widerruf damit nicht vollständig ausgeschlossen. Nach der wirtschaftspolitischen Zielsetzung des Gesetzgebers scheidet lediglich ein Widerruf bereits insolvenzgesicherter Versorgungsansprüche aus[314]. In nicht insolvenzgeschützte Versorgungsanrechte kann nach wie vor unter den anerkannten Voraussetzungen mittels eines Widerrufs wegen wirtschaftlicher Notlage eingegriffen werden.

Die Aussage des Gesetzgebers, der Widerruf wegen wirtschaftlicher Notlage sei nunmehr arbeitsrechtlich unzulässig, ist dahingehend zu verstehen, dass dem Arbeitgeber ein Festhalten an den bereits insolvenzgeschützten Versorgungsverpflichtungen auch bei Eintritt einer wirtschaftlichen Notlage zumutbar iSd § 313 BGB ist.

---

[307] Zur historischen Entwicklung der Insolvenzsicherung informativ *Bogs*, Probleme neuer Insolvenzsicherung für Arbeitnehmer, AuR 1975, 161.

[308] § 32 BetrAVG.

[309] § 7 Abs. 1 Satz 3 Nr. 5 BetrAVG a.F.

[310] *Andresen/Förster/Norbert Rößler/Rühmann* Teil 12 Rn 375 unter Verweis auf das dem Gesetz zugrundeliegende Forschungsgutachten der aba, Insolvenzsicherung, S. 53.

[311] Hierauf verweist auch der Bundesrat in seiner Stellungnahme zur RegBegr zu Art. 91 EGInsO, BT-Drucks. 12/3803, S. 128 f.

[312] RegBegr zu Art. 91 EGInsO, BT-Drucks. 12/3803, S. 110; siehe auch Stellungnahme des Ausschusses für Arbeit und Sozialordnung zum BetrAVG, BT-Drucks. 7/2843, S. 5

[313] *Andresen/Förster/Norbert Rößler/Rühmann* Teil 12 Rn 528.

[314] Siehe § 7 Abs. 1 und 2 BetrAVG.

4. Die Bedeutung von Widerrufsvorbehalten in der Zusage

a. Allgemeines

Moderne Versorgungszusagen enthalten meist formelmäßige, sog. steuerunschädliche Widerrufsvorbehalte, die den Inhalt der vom BAG entwickelten zulässigen Widerrufsfälle wiedergeben[315]. Weil nach § 6a Abs. 1 EStG nur dann Pensionsrückstellungen gebildet werden können, wenn der Versorgungsberechtigte einen Rechtsanspruch auf die Pensionsleistungen hat[316], schließt ein Widerrufsvorbehalt die Bildung von Pensionsrückstellungen nur dann nicht aus, wenn er lediglich einen Tatbestand wiedergibt, bei dessen Vorliegen ein Eingriff in die Zusage nach allgemeinen Rechtsgrundsätzen unter Beachtung billigen Ermessens ohnehin zulässig wäre[317]. Widerrufsvorbehalte, die an anderen Tatbeständen anknüpfen, findet man deshalb nicht.

b. Widerrufsvorbehalte nach dem Wegfall des Sicherungsfalls der wirtschaftlichen Notlage

Die Aussage des Gesetzgebers, ein Widerruf aufgrund einer wirtschaftlichen Notlage sei nicht mehr zulässig, könnte Auswirkungen auf die Wirksamkeit von Regelungen haben, in denen sich Arbeitgeber für den Eintritt einer wirtschaftlichen Notlage den Widerruf der Zusage vorbehalten. Solche Widerrufsvorbehalte unterfallen zunächst, wie jede andere vertragliche Vereinbarung, dem Grundsatz der Privatautonomie[318] und der daraus resultierenden Vertragsfreiheit. Diese Vertragsfreiheit findet ihre Grenzen erst am Freiheitsraum anderer. Die Grenzen der Freiheit inhaltlicher Vertragsgestaltung sind durch die §§ 134, 138, 242 BGB, sonstige Vorschriften zwingenden Rechts und öffentlich-rechtliche Genehmigungsvorbehalte konkretisiert. Eine bloße Stellungnahme des Gesetzgebers in einer Gesetzesbegründung kann die Vertragsfreiheit grundsätzlich nicht einschränken und damit nicht zur Unwirksamkeit einer privatautonom vereinbarten Regelung führen.

Das BAG hat in einer Entscheidung vom 17.06.2003 ausgeführt, Mustervorbehalte hätten auch nach dem Wegfall des Sicherungsfalls der wirtschaftlichen Notlage rein deklaratorische Wirkung. Allein durch die eingetretene Rechtsänderung erlangten sie keine rechtsbegründende Wirkung. Das gelte zumindest hinsichtlich der insolvenzgeschützten Versorgungsrechte und –anwartschaften[319].

Dieser Auffassung kann im Ergebnis gefolgt werden. Gegen ihre Begründung bestehen indes Bedenken. Die rein deklaratorische Wirkung der Mustervorbehalte wurde bis zum Wegfall des Sicherungsfalls der wirtschaftlichen Notlage angenommen, weil sich die Möglichkeit des Widerrufs beim Vorliegen einer entsprechenden Notlage bereits aus dem allgemeinen Schuldrecht ergab. Die privatautonom vereinbarten Widerrufsvorbehalte hatten deshalb keine eigenständige konstitutive Bedeu-

---

[315] Vgl. oben S. 142 ff. Die Finanzverwaltung hat den Inhalt steuerunschädlicher Richtlinien in R 41 der Einkommensteuerrichtlinien konkretisiert. Die Richtlinie differenziert zwischen einem allgemeinen und vier speziellen steuerunschädlichen Widerrufsvorbehalten. Die Aufzählung ist lediglich beispielhaft. Sie lässt also Raum für die Entwicklung weiterer Widerrufsvorbehalte, die sich im von § 6a EStG vorgegebenen Rahmen bewegen.

[316] § 6a Abs. 1 Nr. 1 EStG.

[317] § 6a Abs. 1 Nr. 2 EStG.

[318] Art. 2 Abs. 1 GG.

[319] BAG vom 17.06.2003 – 3 AZR 396/02, AP Nr. 24 zu § 7 BetrAVG Widerruf unter II. 3. c) der Gründe.

tung. Da der Gesetzgeber nunmehr den Widerruf insolvenzgeschützter Versorgungsbestandteile wegen einer wirtschaftlichen Notlage für unzulässig erklärt hat[320], müsste hiernach an sich die konstitutive Wirkung der privatautonom vereinbarten Widerrufsvorbehalte wieder aufleben.

Bedenkt man aber, dass der Gesetzgeber die Grenzen der Zumutbarkeit der wirtschaftlichen Belastung des Arbeitgebers insofern konkretisiert hat, als er einen Widerruf insolvenzgeschützter Versorgungsbestandteile für unzulässig erklärt hat, dann würde in der Ausübung eines Widerrufsvorbehalts, durch die in eben solche Versorgungsrechte eingegriffen wird, eine unzulässige Rechtsausübung iSd § 242 BGB liegen. Nach der Wertung des Gesetzgebers ist das Interesse der Begünstigten am Fortbestand ihrer insolvenzgeschützten Versorgungsanrechte gegenüber dem Interesse des Arbeitgebers am Widerruf auch im Falle des Eintritts einer wirtschaftlichen Notlage vorrangig[321].

Für den Widerruf nicht insolvenzgeschützter Versorgungsanwartschaften behalten Mustervorbehalte auch nach der Rechtsänderung ihre rein deklaratorische Wirkung. Das Widerrufsrecht des Arbeitgebers folgt noch immer aus dem Institut der Störung der Geschäftsgrundlage iSd § 313 BGB. Insoweit gibt ein entsprechender Widerrufsvorbehalt nach wie vor lediglich den Inhalt der ohnehin geltenden Rechtslage wieder.

Mustervorbehalte, in denen sich der Arbeitgeber für den Eintritt einer wirtschaftlichen Notlage das Recht zum Widerruf vorbehält, sind folglich nach der Rechtsänderung als Vorbehalt des Widerrufs nicht insolvenzgeschützter Versorgungsbestandteile zu verstehen. Sie sind insofern in ihrem Bedeutungsgehalt geltungserhaltend zu reduzieren.

C. Besonderheiten der einzelnen Durchführungswegen

Die vorstehenden Ausführungen gelten uneingeschränkt für unmittelbare Versorgungszusagen. Soweit sich für andere Durchführungswege Besonderheiten ergeben, werden diese nachfolgend kurz dargestellt.

I. Direktversicherung

Die Trennung der Rechtsverhältnisse zwischen Arbeitgeber und Arbeitnehmer (Valuta- bzw. Versorgungsverhältnis) sowie zwischen Arbeitgeber und Versicherung (Versicherungsverhältnis)[322] ist für die Frage der Abänderbarkeit von Zusagen von besonderer Bedeutung. Die Darstellung in diesem Kapitel bezieht sich ausschließlich auf Abänderungen des Versorgungsverhältnisses.

Hat sich der Arbeitgeber – wie in aller Regel – lediglich dazu verpflichtet, dem Arbeitnehmer im Versorgungsfall eine Versicherungsleistung zu verschaffen[323], gelten für die Abänderung des Versorgungsverhältnisses die gleichen Regeln wie für die Abänderung unmittelbarer Versorgungszusagen.

Verpflichtet sich der Arbeitgeber zusätzlich zu regelmäßigen Prämienleistungen und räumt dem Arbeitnehmer ein unwiderrufliches Bezugsrecht ein, ist ein rückwirkender Eingriff in den Besitzstand des Arbeitnehmers aus wirtschaftlichen Gründen

---

[320] Siehe oben S. 143.

[321] Zur Fallgruppe des überwiegenden Interesses der Gegenpartei als Unterfall der unzulässigen Rechtsausübung siehe *Roth* in MünchKomm BGB § 242 Rn 467 ff.

[322] Siehe oben S. 24.

[323] Ebenda.

ausgeschlossen. Die entsprechenden Leistungen sind dann endgültig aus dem Vermögen des Arbeitgebers abgeflossen. Sie können seine künftige und aktuelle wirtschaftliche Lage nicht mehr beeinflussen[324].

In allen Fällen ist eine Umsetzung der Einschränkung im Versicherungsverhältnis erforderlich.

II. Pensionskassen

Auch für die Änderung der Zusage einer Pensionskassenversorgung ist die Trennung zwischen Versorgungs- und Versicherungsverhältnis zu beachten. Für das Versorgungsverhältnis gelten mit geringen Modifikationen die gleichen Grundsätze wie für unmittelbare Versorgungszusagen.

Eine rückwirkende Aufhebung des Versorgungsverhältnisses aus wirtschaftlichen Gründen scheidet jedoch aus. Bei Eintritt einer schlechten wirtschaftlichen Lage ist der Arbeitgeber lediglich an der Leistung weiterer Zuwendungen gehindert. Es ist deshalb nur eine Reduktion der weiteren Zuwächse denkbar. Diese setzt eine schlechte wirtschaftliche Lage des Arbeitgebers, gemessen am Maßstab des Drei-Stufen-Modells, voraus. Eine Berechtigung zum Widerruf kann sich jedoch auch bei Pensionskassenversorgung aus einer schweren Treuepflichtverletzung des Berechtigten ergeben.

Auch hier ist in allen Fällen ist eine Umsetzung der Einschränkung im Versicherungsverhältnis erforderlich.

III. Pensionsfonds

Grundsätzlich unterliegen die Einwirkungsmöglichkeiten auf das Versorgungsverhältnis bei einer Versorgung, die über einen Pensionsfonds durchgeführt wird, den gleichen Grenzen wie die Möglichkeiten der Kürzung unmittelbarer Versorgungszusagen.

Aus wirtschaftlichen Gründen kommt jedoch nur eine Reduzierung künftiger Zuwächse oder Zuwendungen in Betracht, da die bereits geleisteten Zuwendungen aus dem Unternehmen abgeflossen sind. Die künftigen Zuwendungen können nach dem Maßstab des Drei-Stufen-Modells reduziert werden. Möglich bleibt aber auch hier ein Widerruf wegen schwerer Treuepflichtverletzung.

IV. Unterstützungskassen

Soll eine Unterstützungskassenzusage wegen wirtschaftlicher Notlage widerrufen werden, gelten Besonderheiten[325]. Unterstützungskassenzusagen stehen unter dem Vorbehalt eines an sachliche Gründe gebundenen Widerrufsrechts[326]. Der Grundsatz

---

[324] *Blomeyer/Otto* Anh § 1 Rn 689.

[325] Der Eintritt einer wirtschaftlichen Notlage bestimmt sich nicht nach der Vermögenslage der Unterstützungskassen, sondern nach derjenigen des Trägerunternehmens. Unterstützungskassen sind von ihren jeweiligen Trägerunternehmen in Bestand und Durchführung der Aufgaben wirtschaftlich abhängig; siehe statt vieler BAG vom 05.07.1979 – 3 AZR 197/78, DB 1979, 1942 = AP Nr. 9 zu § 242 BGB Ruhegehalt – Unterstützungskassen unter I. 3. a) der Gründe.

[326] So bereits BAG vom 17.05.1973 – 3 AZR 381/72, BB 1973, 1308 = AP Nr. 6 zu § 242 BGB Ruhegehalt – Unterstützungskassen sowie BAG in der vom BVerfG untersuchten Entscheidung vom 14.08.1980 – 3 AZR 437/79, DB 1981, 750 = AP Nr. 12 zu § 242 BGB Ruhegehalt – Unterstützungskassen unter I. 2. der Gründe. BVerfG vom 19.10.1983 - 2 BvR 298/81, BVerfGE 65, 196 = DB 1984, 190 = AP Nr. 2 zu § 1 BetrAVG Unterstützungskassen unter C. II. der Gründe.

der Verhältnismäßigkeit gebietet, solche sachlichen Gründe unterhalb der Schwelle einer wirtschaftlichen Notlage anzusiedeln. Aus einer zunächst unverbindlichen Zusage[327] kann durch richterliche Rechtsfortbildung kein Versorgungsanspruch hergeleitet werden, der einem solch strengen Schutz unterliegt[328]. Ein Arbeitnehmer, dem eine Unterstützungskassenversorgung zugesagt worden ist, muss stets mit einer Zusageänderung rechnen[329]. Ein Widerruf von Unterstützungskassenzusagenzuwächse ist deshalb bereits aus wirtschaftlichen Gründen zulässig, die weniger schwer wiegen als eine wirtschaftliche Notlage[330].

Für einen Widerruf erdienter Besitzstände gelten die allgemeinen Grundsätze. Erdiente, noch nicht insolvenzgeschützte Versorgungsanrechte können nur beim Vorliegen einer wirtschaftlichen Notlage gekürzt werden. Im Gegensatz zu den sonstigen Durchführungswegen kann ein Arbeitgeber bei Unterstützungskassenzusagen jedoch bereits beim Vorliegen triftiger bzw. sachlich-proportionale Gründe im Wege des Widerrufs einseitig in sonstige Besitzstandsstufen (zeiteinteilig erdiente Dynamik, noch zu erdienende Zuwachsraten) eingreifen[331].

---

[327] § 1b Abs. 4 Satz 1 BetrAVG; vgl. oben S. 31.

[328] BVerfG vom 19.10.1983 - 2 BvR 298/81, BVerfGE 65, 196 = DB 1984, 190 = AP Nr. 2 zu § 1 BetrAVG Unterstützungskassen unter III. der Gründe.

[329] Statt vieler BAG vom 11.12.2001 – 3 AZR 512/00, DB 2003, 293 = AP Nr. 36 zu § 1 BetrAVG Ablösung unter I. 2. der Gründe.

[330] Siehe dazu auch ausführlich S. 160 ff.

[331] Zu den allgemeinen Grundsätzen des Drei-Stufen-Modells zum Besitzstandsschutz siehe umfassend das 5. Kap., insb. S. 172 ff.

5. Kapitel: Das Drei-Stufen-Modell des BAG zum Besitzstandsschutz

Jede kürzende Neuregelung einer Versorgungszusage bedeutet einen Eingriff in den Versorgungsbesitzstand des Begünstigten[1]. Ein Arbeitgeber, der versprochene Altersversorgungsleistungen kürzen will, wird rasch feststellen, dass dem von ihm geltend gemachten Eingriffsgrund Erwerbsbiographien der Arbeitnehmer gegenüberstehen, durch die unterschiedlich starke Besitzstände begründet worden sind. Die im 4. Kapitel untersuchte grundsätzliche arbeitsrechtliche Zulässigkeit einer Änderungsmethode besagt für sich noch nichts über den Umfang, in dem der Versorgungsbesitzstand im Einzelfall gekürzt werden kann.

Das BAG hat zum Schutz der Versorgungsbesitzstände ein Drei-Stufen-Modell entwickelt, das dem Rechtsanwender einen Leitfaden zur Hand zu gibt, mit dessen Hilfe er bestimmen kann, ob eine beabsichtigte oder bereits vorgenommener Zusagekürzung den Besitzständen der Arbeitnehmer ausreichend Rechnung trägt. Das Drei-Stufen-Modell konkretisiert die allgemeinen Grundsätze des Vertrauensschutzes und der Verhältnismäßigkeit, die als Maßstäbe für jede Billigkeits- oder Rechtsprüfung von überragender Bedeutung sind. Der Umfang in dem die Zusage gekürzt wird, wird den für den Eingriff vorgebrachten Gründen gegenüber gestellt. Der Eingriff muss im Verhältnis zum geltend gemachten Grund verhältnismäßig, d.h. geeignet, erforderlich und angemessen sein.

Das Drei-Stufen-Modell will Selbstkontrolle ebenso gewährleisten wie Rechtssicherheit. Der Arbeitgeber soll schon zum Zusagezeitpunkt erkennen, in welchem Umfang und unter welchen Voraussetzungen er die von ihm erteilten Zusagen später einschränken kann. Hierdurch wird nicht zuletzt auch die Kalkulierbarkeit der mit der Zusageerteilung verbundenen Risiken verbessert.

A. Die Entwicklung zur heutigen Rechtslage

Die Geschichte des Versorgungsbesitzstands ist eng verbunden mit der Entwicklung der Unverfallbarkeit betrieblicher Versorgungsanwartschaften. Ein erdienter Besitzstand kann jedoch nicht mit einer unverfallbaren Anwartschaft gleichgesetzt werden. Beide Institute erfüllen unterschiedliche Aufgaben[2]. Der Versorgungsbesitzstand ist eine auf Dauer angelegte, rechtlich geschützte Position. Insofern entspricht er einer Anwartschaft, die ebenfalls auf Dauer angelegt ist. Im Gegensatz zur Anwartschaft besteht der Besitzstand jedoch ungeachtet der weiteren Entwicklung im Zeitablauf fort[3]. Während die Anwartschaft verfällt, wenn der Arbeitnehmer vor Ablauf der Unverfallbarkeitsfrist oder vor Erreichen des Grenzalters ausscheidet, darf ihm sein Besitzstand ohne rechtfertigenden Grund nicht wieder entzogen werden[4].

Die heute bekannte Besitzstandsschutzrechtsprechung hat sich aus der Rechtsprechung zur Abänderungen von Unterstützungskassenrichtlinien und zur Rechtmäßigkeit abändernder Betriebsvereinbarungen über unmittelbare Versorgungszu-

---

[1] Zum Versorgungsbesitzstand umfassend unten S. 172 ff. sowie auch bereits auf S. 35 f. im 2. Kap.

[2] Siehe z.B. BAG vom 29.10.1985 - 3 AZR 485/83, DB 1986, 1779 = AP Nr. 4 zu § 1 BetrAVG Betriebsveräußerung, wo klargestellt wird, dass die Rechtsposition des Versorgungsbesitzstandes schon vor Erreichen der Unverfallbarkeit einen eigenen berechenbaren wirtschaftlichen Wert hat. Siehe dazu auch *Griebeling/Bepler,* Der Versorgungsbesitzstand in der Rechtsprechung des Dritten Senats des Bundesarbeitsgerichts, ArbRGegw 25 (1987), 263, 263 f.

[3] BAG vom 22.09.1987 – 3 AZR 662/85, DB 1988, 291 = AP Nr. 5 zu § 1 BetrAVG Besitzstand.

[4] BAG vom 17.03.1987 – 3 AZR 64/84, DB 1987, 1639 = AP Nr. 9 zu § 1 BetrAVG Ablösung.

sagen entwickelt. Das BAG hat das Merkmal des Besitzstandes dabei allmählich, zunächst ohne ausdrückliche Erwähnung, als selbständiges Kriterium zur Gewichtung des Interesses des einzelnen Arbeitnehmers an der Kontinuität der Versorgungszusage entwickelt.

I. Vorgesetzliche Rechtslage

Bis zur ersten Unverfallbarkeitsentscheidung[5] waren die Rechtspositionen aktiver Arbeitnehmer aus Versorgungsversprechen weitgehend ungeschützt. Lediglich laufende Rentenzahlungen[6] und die Ansprüche von Personen, die alle Voraussetzungen für den Bezug eines Ruhegeldes erfüllt hatten, aber trotzdem noch im Unternehmen beschäftigt waren (sog. technische Rentner[7]), wurden als schützenswert angesehen. Gleiches galt für Ansprüche rentennaher Jahrgänge[8]. Stand der Eintritt der Ruhegeldberechtigung unmittelbar bevor, so war ein Widerruf nach freiem Belieben ausgeschlossen[9].

Schied ein Arbeitnehmer aus, ohne die Voraussetzungen für den Rentenbezug erfüllt zu haben oder kurz vor dem Eintritt des Versorgungsfalls zu stehen, verfielen seine Anwartschaften – mangels Unverfallbarkeitsregelung - ersatzlos[10]. Da die Arbeitnehmer bei Kürzungen ihrer Anwartschaften nicht besser gestellt werden sollten als sie bei ihrem Ausscheiden ständen, bestand kein Anlass, ihre Rechtspositionen aus der Versorgungszusage gegen Kürzungen zu schützen, solange sie nicht als rentennahe Jahrgänge angesehen wurden.

II. Differenzierung zwischen erdienten und nicht erdienten Anwartschaftsteilen

Nachdem das Rechtsinstitut der Unverfallbarkeit anerkannt und kodifiziert worden war[11], erkannte das BAG, dass nicht alle Rechtspositionen aus Versorgungszusagen gegenüber Kürzungen gleich schutzwürdig sind. Zunächst unterteilte es nach laufenden Versorgungen sowie unverfallbaren und verfallbaren Anwartschaften. Entscheidend sollte eine umfassende Abwägung zwischen dem Vertrauen der Arbeitnehmer einerseits und den wirtschaftlichen Zwängen des Arbeitgebers und der Funktionsfähigkeit der betrieblichen Altersversorgung als gewünschtem Element des Rentensystems andererseits sein. Diese Überlegung bildet auch heute noch die Grundlage sämtlicher Überlegungen zum Besitzstandsschutz.

---

[5] BAG vom 10.03.1972 – 3 AZR 278/71, DB 1972, 1486 = AP Nr. 156 zu § 242 BGB.

[6] Dazu BAG vom 16.03.1956 – GS 1/55, DB 1956, 573 = AP Nr. 1 zu § 57 BetrVG 1952 unter I. 6. der Gründe. Dort heißt es: *Sie [die Änderung der dem früheren Arbeitnehmer erwachsenen Ansprüche aus einer Ruhegeldvereinbarung] kann [.....]* ***ausnahmsweise*** *vom Arbeitgeber durchgeführt werden, [...........] wenn sich der Betrieb in einer Notlage befindet, die die Fortzahlung des Ruhegeldes in der bisherigen Höhe als nicht mehr tragbar erscheinen lässt.*

[7] Deren Schutzwürdigkeit ergab sich aus denselben Überlegungen wie die Schutzwürdigkeit laufender Rentenzahlungen. Auch der „technische Rentner“ hat die Voraussetzungen für den Rentenanspruch erfüllt. Aus seiner fortdauernden Erwerbstätigkeit kann ihm kein Nachteil erwachsen.

[8] BAG vom 26.10.1962 – 1 AZR 8/61, DB 1963, 310 = AP Nr. 87 zu § 242 BGB Ruhegehalt (Blatt 2).

[9] BAG vom 14.12.1956 – 1 AZR 531/55, DB 1957, 238 = AP Nr. 18 zu § 242 BGB Ruhegehalt unter I. der Gründe.

[10] So ausdrücklich BAG vom 16.03.1956 – GS 1/55, DB 1956, 573 = AP Nr. 1 zu § 57 BetrVG 1952 unter I. 3. der Gründe unter Berufung auf *Nikisch*, Rechtsgrundlagen des Ruhegeldanspruchs, NJW 1954, 529, 531.

[11] Siehe §§ 1b, 2 BetrAVG.

Wiederholt berief sich das BAG in seinen Entscheidungen auf die vom BVerfG entwickelte Verhältnismäßigkeitskontrolle[12]. Jeder Eingriff in Versorgungsanrechte muss demnach erforderlich und verhältnismäßig im engeren Sinne (angemessen) sein. Je stärker der Besitzstand des Arbeitnehmers ist, umso gewichtiger müssen die Gründe des Arbeitgebers sein, die einen Eingriff rechtfertigen sollen. Im wirtschaftlichen Kontext bedeutet dies, dass die wirtschaftliche Situation des Arbeitgebers umso schlechter sein muss, je intensiver er in den Besitzstand des Arbeitnehmers eingreifen will.

Neben diesem Verhältnismäßigkeitsgrundsatz stützte das BAG seine Einteilung der Besitzstandsstufen auf den Vertrauensschutzgedanken und den Entgeltcharakter betrieblicher Altersversorgung[13]. Entgelt für bereits geleistete Betriebstreue bedürfe eines besonders starken Schutzes und sei deshalb von einer besonderen Wertigkeit. Ein kürzender Eingriff in bereits erdientes Entgelt könne nur zulässig sein, wenn er zur Rettung des Arbeitgeberunternehmens unerlässlich erscheine[14].

Unverfallbare Anwartschaften haben eigentumsähnlichen Charakter iSd Art. 14 GG. Ihre Kürzung käme damit einer Enteignung gleich. Bereits deshalb bedarf sie einer besonderen Legitimation[15].

Eine im Verhältnis zur Entziehung unverfallbarer Anwartschaften mildere Form der endgültigen Zusagekürzung sah das BAG zutreffend in der Festschreibung der Versorgungsanwartschaft auf den erdienten Teilbetrag bei gleichzeitigem Ausschluss der Steigerungsbeträge, für die der Arbeitnehmer noch keine Gegenleistung erbracht hatte. Durch einen Eingriff in diese Rechtspositionen würden zwar die Versorgungspläne des Arbeitnehmers gestört. Dem Arbeitnehmer würden aber zumindest keine Leistungen entzogen, für die er bereits seine Gegenleistung erbracht habe[16].

1. Die Entscheidungen des BAG vom 08.12.1981

Der Senat hat seine Auffassung zum Besitzstandsschutz in zwei Entscheidungen vom 08.12.1981 konkretisiert[17]. Der Schutz erdienter Besitzstände wurde hier – nachdem zuvor nur Rechtspositionen auf Grundlage unmittelbarer Versorgungszusagen abgestuft betrachtet worden waren – erstmals auch auf Unterstützungskas-

---

[12] BVerfG vom 15.12.1965 – 1 BvR 513/65, BVerfGE 19, 342 = NJW 1966, 243 = AP Nr. 13 zu Art. 2 GG.

[13] Zum Entgeltcharakter des Ruhegeldes umfassend oben S. 33 ff.

[14] Z.B. BAG vom 18.05.1977 – 3 AZR 371/76, DB 1977, 1655 = AP Nr. 175 zu § 242 BGB Ruhegehalt unter III. 1. a) der Gründe unter Verweis auf BAG vom 08.07.1972 – 3 AZR 481/71, DB 1972, 2069 = AP Nr. 157 zu § 242 BGB Ruhegehalt unter III. 2. a) der Gründe, wo wiederum Bezug genommen wird auf BAG vom 10.12.1971 - 3 AZR 190/71, DB 1972, 491 = AP Nr. 154 zu § 242 BGB Ruhegehalt.

[15] So auch BAG vom 17.01.1980 – 3 AZR 456/78, DB 1980, 1399 = AP Nr. 185 zu § 242 BGB Ruhegehalt unter 2. der Gründe. Hierin sehen *Blomeyer/Otto* Anh § 1 Rn 513 den entscheidenden Aspekt für den Schutz der erdienten Besitzstände. Zur Problematik der Grundrechtwirkung im Arbeitsrecht siehe *Gamillscheg*, Die Grundrechte im Arbeitsrecht, AcP 164 (1964), 385 und ausführlich *ders.*, Die Grundrechte im Arbeitsrecht, Berlin 1989. Auf diese Frage kann im Rahmen dieser Arbeit nicht eingegangen werden. Unbestritten ist, dass Grundrechte im Arbeitsrecht – wie im gesamten Zivilrecht – zumindest mittelbare Drittwirkung entfalten.

[16] So ausdrücklich BAG vom 24.11.1977 – 3 AZR 732/76, DB 1978, 545 = AP Nr. 177 zu § 242 BGB Ruhegehalt unter II. 2. c) der Gründe.

[17] BAG vom 08.12.1981 – 3 ABR 53/80, DB 1982, 46 = AP Nr. 1 zu § 1 BetrAVG Ablösung; BAG vom 08.12.1981 – 3 AZR 518/80, DB 1982, 50 = AP Nr. 1 zu § 1 BetrAVG Unterstützungskassen.

senzusagen ausgedehnt[18]. In beiden Entscheidungen ging es um die Rechtmäßigkeit ablösender Betriebsvereinbarungen[19].

a. Das Urteilsverfahren - 3 AZR 518/80[20]

Durch eine Betriebsvereinbarung, in der neue Versorgungsrichtlinien einer Unterstützungskasse aufgestellt wurden, wurde ein Gesamtversorgungssystem abgelöst. Nach dem ursprünglichen Gesamtversorgungssystem sollte die Betriebsrente für Arbeitnehmer mit 15jähriger Betriebszugehörigkeit 15 v.H. des Bruttolohns oder Gehalts und für jedes weitere Dienstjahr weitere 1 v.H. betragen. Die Höhe der Gesamtversorgung aus Betriebsrente und Rentenleistungen aus der gesetzlichen Rentenversicherung und ZVK war bei 15jähriger Betriebszugehörigkeit auf 65 v.H. des Bruttolohns begrenzt. Für jedes weitere volle Dienstjahr erhöhte sich diese Grenze um 0,5 v.H.

Die neuen Versorgungsrichtlinien sahen vor, die Höhe der betrieblichen Versorgungsleistung von der Sozialversicherungsrente abzukoppeln und allein auf Grundlage der Dauer der Betriebszugehörigkeit zu berechnen. Vorstand und Beirat der Unterstützungskasse sollten alle 3 Jahre prüfen, inwieweit die Steigerungsbeträge der Versorgungsanwartschaften angehoben werden könnten. Maßstab für diese Entscheidung sollte das Ergebnis der gesetzlichen Anpassungsprüfung für die laufenden Leistungen der betrieblichen Altersversorgung gem. § 16 BetrAVG und die wirtschaftliche Lage des Arbeitgebers sein.

Die neuen Versorgungsrichtlinien der Unterstützungskasse sollten für alle Arbeitnehmer Anwendung finden, die die in der alten Versorgungsregelung vorgesehene Wartezeit im Zeitpunkt der Neuregelung noch nicht erfüllt hatten. Für Arbeitnehmer, die die Wartezeit erfüllt und ein bestimmtes Mindestalter erreicht hatten, galten die alten Leistungsrichtlinien fort. Mitarbeiter, die zwar die Wartezeit erfüllt, aber das vorgesehene Mindestalter noch nicht erreicht hatten, erhielten einen Zuschlagsfaktor.

Ziel der Neuregelung war es, die Versorgung für die Mehrheit der Mitarbeiter zu optimieren. Insbesondere sollte die Höhe der betrieblichen Versorgungsleistungen von der Entwicklung der Rentenhöhe der gesetzlichen Rentenversicherung und von der Entwicklung der Löhne und Gehälter ab- und stattdessen an die tatsächliche Kaufkraftentwicklung angekoppelt werden. Der Arbeitgeber hatte den Dotierungsrahmen aus wirtschaftlichen Gründen nicht im erforderlichen Umfang erweitern können. Zur Finanzierung der Neuordnung sei deshalb eine Kürzung bereits bestehender Versorgungsanwartschaften unumgänglich gewesen.

b. Das Beschlussverfahren - 3 ABR 53/80[21]

Durch eine Gesamtbetriebsvereinbarung wurden die in den Betrieben eines Unternehmens bestehenden unterschiedlichen Versorgungsordnungen vereinheitlicht. Die Höhe der betrieblichen Versorgungsleistungen sollte sich nach der Lohn- und Gehaltsentwicklung ermitteln. Die Renten aus der gesetzlichen Rentenversicherung

[18] Näher zur Unterstützungskassenversorgung oben S. 22 ff. sowie zur Bedeutung des Ausschlusses des Rechtsanspruchs S. 31. In BAG vom 08.12.1981 – 3 AZR 518/80, DB 1982, 50 = AP Nr. 1 zu § 1 BetrAVG Unterstützungskassen unter III. 1. wendet das BAG seine Grundsätze zum Besitzstandsschutz auf eine Unterstützungskassenzusage an, ohne dies als problematisch anzusehen.
[19] Umfassend dazu S. 130 ff.
[20] BAG vom 08.12.1981 – 3 AZR 518/80, DB 1982, 50 = AP Nr. 1 zu § 1 BetrAVG Unterstützungskassen.
[21] BAG vom 08.12.1981 – 3 ABR 53/80, DB 1982, 46 = AP Nr. 1 zu § 1 BetrAVG Ablösung.

wurden im Gegensatz zu Teilen der abgelösten Versorgungsordnungen nicht mehr in die Berechnung einbezogen.

Alle Versorgungsberechtigten, die aus der alten Versorgungsordnung höhere Ansprüche herleiten konnten, sollten weiterhin nach der alten Versorgungsordnung behandelt werden[22]. Rentennahe Jahrgänge sollten betriebliche Versorgungsleistungen auf Grundlage ihres aktuellen ruhegehaltsfähigen Einkommens erhalten, sofern die Versorgungsleistungen bei der erstmaligen Festsetzung zusammen mit den Renten aus der gesetzlichen Rentenversicherung 100 v.H. des letzten monatlichen Nettoeinkommens nicht überstiegen[23].

Um eine Vergleichbarkeit der Ansprüche nach neuer und nach alter Versorgungsordnung zu ermöglichen, wurde das ruhegehaltsfähige Einkommen für die Errechnung der Ansprüche nach der alten Versorgungsordnung auf den Stand vom 31.12.1977 festgeschrieben. Auch die für einen Teil der Belegschaft zu berücksichtigende Sozialversicherungsrente wurde für die Vergleichsberechnung nach dem Stand vom 31.12.1977 ermittelt[24].

Die Neuregelung sollte die Versorgungssysteme der verschiedenen Betriebe vereinheitlichen und eine bessere Ausrichtung der Versorgungsbestimmungen am Entgeltgedanken der betrieblichen Versorgungsleistungen gewährleisten. Auch die in bestimmten Teilbereichen des Unternehmens auftretenden Überversorgungen sollten abgebaut werden.

c. Die Grundaussagen der Entscheidungen

Das BAG stellt fest, dass sich jede Einschränkung einer vertraglichen Einheitsregelung durch eine Betriebsvereinbarung innerhalb der Grenzen von Recht und Billigkeit bewegen müsse[25]. Die Gründe für die Änderung seien gegenüber dem Gewicht der Einschränkungen für die betroffenen Arbeitnehmer abzuwägen[26]. Im Mittelpunkt der Entscheidungen steht also das Gebot der Verhältnismäßigkeit von Eingriffsintensität und Eingriffsgrund. Je stärker der Besitzstand ist, den der Arbeitnehmer erworben hat, umso gewichtiger muss der Grund sein, der einen Eingriff rechtfertigt.

Einen Eingriff in die zum Zeitpunkt der Neuordnung erdiente Anwartschaft hält das BAG für grundsätzlich ausgeschlossen. Betriebliche Altersversorgung habe als Gegenleistung aus dem Arbeitsvertrag auch Entgeltcharakter. Sie sei Gegenleistung für die gesamte Betriebstreue, die der Arbeitnehmer bis zum Versorgungsfall erbringen müsse. Eine Kürzung des bereits erdienten Teilbetrags würde dem Arbeitnehmer nachträglich die Gegenleistung entziehen, für die er bereits in Vorleistung getreten sei. Dieser Teilbetrag werde vom Gesetzgeber unter bestimmten zeitlichen Voraussetzungen als unverfallbar angesehen und gegen Insolvenzen des Arbeitgebers abgesichert. Dies verdeutliche die hohe Schutzbedürftigkeit des erdienten Teilbetrags.

Schutzwürdig sind nach Auffassung des BAG auch die zugesagten Steigerungsbeträge, selbst wenn deren Voraussetzungen zum Zeitpunkt des Inkrafttretens der Neuregelung noch nicht erfüllt sind. Eine ablösende Betriebsvereinbarung müsse auch dem Vertrauensschutzgedanken Rechnung tragen. Dieser verlange für einen

---

[22] Ziffer 1 der Besitzstandsregelung vom 18.12.1978.
[23] Ziffer 3 der Besitzstandsregelung vom 18.12.1978.
[24] Ziffer 2 der Besitzstandsregelung vom 18.12.1978.
[25] Siehe aber zur Entscheidung des Großen Senats vom 16.09.1986, die die Möglichkeiten, vertragliche Einheitsregelungen und Gesamtzusagen durch Betriebsvereinbarungen zu kürzen, stark eingeschränkt hat oben S. 131 ff.
[26] BAG vom 08.12.1981 – 3 AZR 518/80, DB 1982, 50 = AP Nr. 1 zu § 1 BetrAVG Unterstützungskassen unter III. 1. der Gründe.

Eingriff in zugesagte Steigerungsbeträge aber weniger strenge Maßstäbe als für einen Eingriff in den bereits erdienten Teilbetrag. Insbesondere bei Versorgungszusagen, die nicht rein individuell, sondern durch vertragliche Einheitsregelungen oder Betriebsvereinbarungen erteilt wurden, müsse der Arbeitnehmer von vornherein mit einer Veränderung rechnen. In einer sich ständig wandelnden Welt müssten auch Versorgungswerke an veränderte Versorgungsbedürfnisse und an rechtliche und wirtschaftliche Rahmenbedingungen angepasst werden können. Der einzelne Arbeitnehmer könne nicht erwarten, dass die allgemeine Veränderung gerade vor seiner Versorgungsplanung halt mache. Er müsse vielmehr damit rechnen, dass die Versorgungsordnung aus sachlichen Gründen geändert werde. Ein Eingriff in noch nicht erdiente Steigerungszuwächse sei deshalb bereits zulässig, wenn ein sachlicher Grund die Änderung gebiete.

Erhebliche Bedeutung misst das BAG dem Vertrauen rentennaher Jahrgänge auf eine ungestörte Versorgungsplanung zu. Der einzelne Versorgungsberechtigte könne seine Versorgungsplanung umso schwerer korrigieren, je näher der Versorgungsfall heranrücke und je größer die Versorgungslücke sei, die durch die Neuregelung geschaffen werde. Nicht schutzwürdig sei hingegen das Vertrauen der Versorgungsberechtigten auf eine Überversorgung[27].

2. Die Entscheidungen des BAG vom 08.02.1983[28]

In zwei Entscheidungen vom 08.02.1983 entwickelte der Ruhegeldsenat die Differenzierung des Schutzes erdienter und noch nicht erdienter Teilbeträge fort. Beide Entscheidungen behandelten Fragen des Widerrufs unverfallbarer Versorgungsanwartschaften wegen Treuepflichtverletzungen des Begünstigten[29]. Während der Arbeitnehmer in einem der Fälle bereits vor Eintritt der Unverfallbarkeit erstmals treuwidrig gehandelt hatte, waren in dem anderen Fall erstmals nach mehr als 20 Jahren Betriebszugehörigkeit arbeitsvertragliche Pflichten verletzt worden.

Obwohl der Begünstigte in beiden Fällen unverfallbare Versorgungsanwartschaften erworben hatte als die Pflichtverletzung erkannt wurde, erachtete das BAG die Rechtsposition des Arbeitnehmers, der bereits vor Eintritt der Unverfallbarkeit treuwidrig gehandelt hatte, als weniger schutzwürdig. Er habe eine unverfallbare Anwartschaft nur erlangen können, indem er seine Verfehlungen langfristig vertuschte. Die bis zur ersten Verfehlung erdiente Rechtsposition sei nicht stark genug gewesen, um seinen Besitzstand zu erhalten[30]. In dem anderen Fall schied ein Widerruf aus, da die Dauer des pflichtwidrigen Verhaltens gegenüber der Zeit unbeanstandeter Pflichterfüllung nicht ins Gewicht fiel[31].

III. Die Entwicklung des „triftigen Grundes"

Nahezu zeitgleich entwickelte das BAG seine Rechtsprechung zur Widerruflichkeit von Unterstützungskassenzusagen aus wirtschaftlichen Gründen. Nachdem Freiwilligkeitsklauseln bei Unterstützungskassenzusagen als ein an sachliche Gründe ge-

---

[27] BAG vom 08.12.1981 – 3 ABR 53/80, DB 1982, 46 = AP Nr. 1 zu § 1 BetrAVG Ablösung unter III. 2. b) (1) der Gründe.
[28] BAG vom 08.02.1983 – 3 AZR 10/81, DB 1983, 1497 = AP Nr. 5 zu § 1 BetrAVG Treuebruch; BAG vom 08.02.1983 - 3 AZR 463/80, DB 1983, 1770 = AP Nr. 7 zu § 1 BetrAVG Treuebruch.
[29] Siehe dazu S. 111 f. und S. 142 f.
[30] BAG vom 08.02.1983 – 3 AZR 10/81, DB 1983, 1497 = AP Nr. 5 zu § 1 BetrAVG Treuebruch.
[31] BAG vom 08.02.1983 - 3 AZR 463/80, DB 1983, 1770 = AP Nr. 7 zu § 1 BetrAVG Treuebruch unter 2. der Gründe.

bundenes Widerrufsrecht anerkannt worden waren[32], bejahte das BAG das Vorliegen eines solchen sachlichen Grundes, in Fällen, in dem das Arbeitsverhältnis bereits vor Inkrafttreten des BetrAVG beendet worden war (sog. Altfall), nur beim Vorliegen einer wirtschaftlichen Notlage des Trägerunternehmens[33].

1. Die Entscheidung des BVerfG vom 19.10.1983[34]

Das BVerfG sah in dieser Entscheidung einen unverhältnismäßig schweren Eingriff in die Vertragsfreiheit der Arbeitgeber und verwies die Sache zurück an das BAG.

Anwartschaften, die ein Arbeitnehmer, der bereits vor Inkrafttreten des BetrAVG ausgeschieden sei, aufgrund einer Unterstützungskassenzusage erworben habe, seien allein aufgrund richterlicher Rechtsfortbildung unverfallbar geworden. Der Gesetzgeber habe solche unverfallbaren Versorgungsanwartschaften bewusst unter einen geringeren Schutz gestellt als Anwartschaften, für die die gesetzlichen Unverfallbarkeitsvorschriften gälten[35]. Das Erfordernis einer wirtschaftlichen Notlage stelle zu hohe Anforderungen an einen Eingriff in solche Rechtspositionen. Deshalb müssten bereits weniger schwerwiegende - triftige - Gründe für den Widerruf einer Unterstützungskassen-Altzusage genügen[36].

Jeder staatliche Eingriff in die Freiheit rechtsgeschäftlichen Handelns – also auch die richterrechtliche Einschränkung der Vertragsfreiheit des Arbeitgebers durch die Interpretation der Freiwilligkeitsklausel bei Unterstützungskassenzusagen als konditioniertes Widerrufsrecht – müsse sich an den aus dem Rechtsstaatsprinzip hergeleiteten Grundsätzen messen lassen. Ein solcher, aus dem Rechtsstaatsprinzip hergeleiteter Grundsatz, sei auch der Verhältnismäßigkeitsgrundsatz. Werde eine scheinbar unverbindliche Versorgungszusage erst durch richterliche Rechtsfindung in einen nicht mehr frei widerrufbaren Versorgungsanspruch umgedeutet, dann sei es unverhältnismäßig, einen Widerruf von derart strengen Voraussetzungen, wie den Eintritt des Sicherungsfalls der wirtschaftlichen Notlage, abhängig zu machen[37].

Jeder Arbeitgeber habe sich aufgrund des satzungsmäßigen Ausschlusses des Rechtsanspruchs auf Leistungen der betrieblichen Altersversorgung darauf verlassen dürfen, auch aus weniger schwerwiegenden, zumindest aus triftigen Gründen widerrufen zu können. Es verstoße deshalb auch gegen den aus dem Rechtsstaatsprinzip hergeleiteten Vertrauensschutzgrundsatz, eine wirtschaftliche Notlage für einen Eingriff in Unterstützungskassenzusagen zu fordern[38].

---

[32] Z.B. BAG vom 10.11.1977 – 3 AZR 705/76, DB 1978, 939 = AP Nr. 8 zu § 242 BGB Ruhegehalt – Unterstützungskasse unter B. I. 2. b) der Gründe; BAG vom 21.07.1964 – 3 AZR 226/63, DB 1965, 148 = AP Nr. 96 zu § 242 BGB Ruhegehalt; bestätigt durch BVerfG vom 19.10.1983 - 2 BvR 298/81, BVerfGE 65, 196 = DB 1984, 190 = AP Nr. 2 zu § 1 BetrAVG Unterstützungskassen unter C. II. 1. der Gründe.

[33] BAG vom 14.08.1980 – 3 AZR 437/79, DB 1981, 750 = AP Nr. 12 zu § 242 BGB Ruhegehalt – Unterstützungskassen unter III. der Gründe mit Anm. *Blomeyer.*

[34] BVerfG vom 19.10.1983 - - 2 BvR 298/81, BVerfGE 65, 196 = DB 1984, 190 = AP Nr. 2 zu § 1 BetrAVG Unterstützungskassen.

[35] Siehe § 26 BetrAVG, der die Unverfallbarkeitsvorschriften für Arbeitsverhältnisse, die vor Inkrafttreten des Gesetzes beendet worden sind, für unanwendbar erklärt.

[36] BVerfG vom 19.10.1983 - 2 BvR 298/81, BVerfGE 65, 196 = DB 1984, 190 = AP Nr. 2 zu § 1 BetrAVG Unterstützungskassen.

[37] BVerfG vom 19.10.1983 - 2 BvR 298/81, BVerfGE 65, 196 = DB 1984, 190 = AP Nr. 2 zu § 1 BetrAVG Unterstützungskassen unter C. III. 2. der Gründe.

[38] BVerfG vom 19.10.1983 - 2 BvR 298/81, BVerfGE 65, 196 = DB 1984, 190 = AP Nr. 2 zu § 1 BetrAVG Unterstützungskassen unter C. III. 3. der Gründe.

2. BAG vom 05.06.1984 und vom 23.04.1985

Nachdem das BVerfG die Sache zurückverwiesen hatte, wendete der Ruhegeldsenat erstmals den triftigen Grund als eigenen Maßstab für die Gewichtung eines Eingriffsgrundes an[39]. Ein triftiger Grund für den Widerruf einer Unterstützungskassenzusage liege vor, wenn es geboten sei, die Interessen der Arbeitnehmer und Betriebsrentner hinter die Interessen des Unternehmers und des Unternehmens zurücktreten zu lassen. Dies sei anzunehmen, wenn eine ungekürzte Versorgungslast langfristig die Substanz des Trägerunternehmens gefährden könne und mildere Mittel zur Abwendung dieser Gefahr nicht ausreichten[40]. Wirtschaftlich veranlasst sei eine solche Dringlichkeit immer dann, wenn der Arbeitgeber eine Anpassung der laufenden Leistungen an die Kaufkraftentwicklung gem. § 16 BetrAVG verweigern könne. Bereits hier wurde also die Auslegung des unbestimmten Rechtsbegriffs „triftiger Grund" mit der wirtschaftlichen Lage des Arbeitgebers verknüpft.

Der Senat erleichterte die Voraussetzungen für einen Widerruf von Unterstützungskassenzusagen im Vergleich zu seiner vorherigen Rechtsprechung, in der er vom Erfordernis des Vorliegens einer wirtschaftlichen Notlage ausgegangen war. Stärker betont wurde wieder das Erfordernis der Verhältnismäßigkeit des Eingriffs. Zusagekürzungen aus triftigen Gründen kämen nur dann in Betracht, wenn mildere Mittel zur Rettung des Unternehmens ausschieden. Ausdrücklich offen ließ das BAG zunächst, ob die vom BVerfG aufgestellten Grundsätze auch auf andere als auf Altfälle anzuwenden seien[41].

Am 23.04.1985 schließlich schränkte das BAG den Anwendungsbereich des triftigen Grundes als Voraussetzung für den Widerruf von Unterstützungskassenzusagen auf Altfälle ein. Für alle Fälle, in denen der Arbeitnehmer erst nach Inkrafttreten des BetrAVG in den Ruhestand getreten sei (sog. Neufälle) bestätigte das BAG das Erfordernis einer wirtschaftlichen Notlage[42]. Die Grundsätze der Verhältnismäßigkeit und des Vertrauensschutzes, auf die das BVerfG seine Entscheidung stütze, seien auf Zusageänderung nach Inkrafttreten des BetrAVG nicht übertragbar.

3. BVerfG vom 14.01.1987[43]

Diese Auffassung des BAG fand erneut keine Zustimmung beim BVerfG, das entscheid, ein Widerruf des erdienten insolvenzgeschützten Besitzstandes setze bei Unterstützungskassenzusagen auch in sog. Übergangsfällen keine wirtschaftliche Notlage voraus[44]. Auch in diesen Fällen verletze eine solch hohe Eingriffshürde die

---

[39] BAG vom 05.06.1984 - 3 AZR 33/84, DB 1984, 2461 = AP Nr. 3 zu § 1 BetrAVG Unterstützungskassen.

[40] BAG vom 05.06.1984 - 3 AZR 33/84, DB 1984, 2461 = AP Nr. 3 zu § 1 BetrAVG Unterstützungskassen. Dazu Anm. von *Timm* EWiR 1985, 35 f.

[41] BAG vom 05.06.1984 - 3 AZR 33/84, DB 1984, 2461 = AP Nr. 3 zu § 1 BetrAVG Unterstützungskassen, LS 2.

[42] BAG vom 23.04.1985 – 3 AZR 194/83, DB 1985, 2615 = AP Nr. 6 zu § 1 BetrAVG Unterstützungskassen.

[43] BVerfG vom 14.01.1987 - 1 BvR 1052/79, BVerfGE 74, 129 = DB 1987, 638 = AP Nr. 11 zu § 1 BetrAVG Unterstützungskassen.

[44] BVerfG vom 14.01.1987 - 1 BvR 1052/79, BVerfGE 74, 129 = DB 1987, 638 = AP Nr. 11 zu § 1 BetrAVG Unterstützungskassen unter B. II. 3. b) cc) der Gründe. Um einen sog. Übergangsfall handelt es sich, wenn die Leistungen der Unterstützungskasse vor Inkrafttreten des BetrAVG zugesagt worden sind, der Versorgungsfall aber erst nach diesem Zeitpunkt eingetreten ist. *Loritz*, Die Änderung betrieblicher Versorgungszusagen und die verfassungsrechtlichen Fragen zum Schutz der sog. erdienten Dynamik, ZfA 1989, 1, 20 will – ähnlich wie das BVerfG - den Vertrauensschutzgedanken nicht am Zeitpunkt des Ausscheidens des Arbeitnehmers, sondern am Zusagezeitpunkt anknüpfen.

Vertragsfreiheit der Arbeitgeber[45]. Ausreichend für einen Widerruf müsse in diesen Fällen bereits das Vorliegen sachlicher Gründe sein.

Die Wertentscheidungen des Grundgesetzes, insbesondere der Grundsatz der Rechtsstaatlichkeit aus Art. 20 Abs. 3 GG, bänden auch denjenigen, der Rechtsfortbildung betreibe[46]. Beim Widerruf von Unterstützungskassenzusagen sei der aus dem Rechtsstaatsprinzip entspringende Vertrauensschutzgrundsatz von besonderer Bedeutung. Ferner müssten auch die Idee der materiellen Gerechtigkeit und der Grundsatz der Rechtssicherheit als Gedanken des Rechtsstaatsprinzips beachtet werden.

Das BetrAVG wolle Versorgungsrechte bei Unterstützungskassenzusagen zwar in der gleichen Weise schützen wie bei sonstigen Durchführungswegen. Das BAG habe jedoch dem Schutz des Vertrauens der Unterstützungskasse und ihres Trägerunternehmens auf den Fortbestand der Rechtslage nicht ausreichend Gewicht beigemessen, als es auch in Übergangsfällen eine wirtschaftliche Notlage für den Widerruf verlangte.

Die Rückwirkung der Insolvenzschutzvorschriften des BetrAVG sei durch den Vertrauensschutz des Trägerunternehmens eingeschränkt. Für das Trägerunternehmen sei auch in Übergangsfällen im Zeitpunkt der Zusageerteilung nicht vorhersehbar gewesen, dass die Beseitigung oder Änderung der Versorgungsanwartschaften bzw. –ansprüche den Beschränkungen unterliegen würde, die sich aus der Auslegung der Insolvenzregelungen des BetrAVG durch die Rechtsprechung ergeben.

Trägerunternehmen und Unterstützungskasse seien zwar insofern an die vorgesetzliche Rechtslage gebunden, als sie nicht darauf vertrauen könnten, sich jederzeit grundlos von den versprochenen Leistungen der Unterstützungskasse lösen zu können[47]. Die Widerrufsvoraussetzungen, die die Rechtsprechung in Auslegung und Anwendung des offenen Begriffs der wirtschaftlichen Notlage geschaffen habe[48], seien verfassungsrechtlich aber nur soweit unbedenklich, wie es um die Kürzung von Unterstützungskassenleistungen gehe, die nach Inkrafttreten des BetrAVG zugesagt wurden. Der Vertrauensschutz des Arbeitgebers gebiete es, das zum Schutze der Arbeitnehmer an sachliche Gründe gebundene Widerrufsrecht für Unterstützungskassenzusagen nicht noch zusätzlich dadurch einzuengen, dass als sachliche Gründe nur solche Sachverhalte anerkannt würden, die eine wirtschaftliche Notlage darstellten[49].

Entscheidend ist für ihn der Vertrauensschutz der Arbeitgeber. Zusagen, die vor 1973 erteilt worden seien, müssten einen größeren Schutz hinsichtlich ihrer freien Widerruflichkeit genießen, da der Arbeitgeber sich bis zur Entscheidung des BAG vom 17.05.1973 - 3 AZR 381/72, BB 1973, 1308 = AP Nr. 6 zu § 242 BGB Ruhegehalt – Unterstützungskassen auf die freie Widerruflichkeit einer Unterstützungskassenzusage habe verlassen können. Nach BAG vom 10.09.2002 – 3 AZR 635/01, DB 2003, 1525 = AP Nr. 37 zu § 1 BetrAVG Ablösung unter II. 2. der Gründe liegt kein Übergangsfall, wenn die Versorgungszusage im Einzelfall zwar vor Inkrafttreten des BetrAVG erteilt wurde, die wesentlichen rechtlichen und tatsächlichen Grundlagen des Versorgungsanspruchs aber erst nach Inkrafttreten des Gesetzes gelegt worden sind.

45 Art. 2 Abs. 1 GG iVm Art. 20 Abs. 3 GG.

46 BVerfG vom 14.01.1987 - 1 BvR 1052/79, BVerfGE 74, 129 = DB 1987, 638 = AP Nr. 11 zu § 1 BetrAVG Unterstützungskassen unter B. II. 1. der Gründe; so bereits BVerfG vom 16.01.1957 – 1 BvR 253/56, BVerfGE 6, 32, 41.

47 BVerfG vom 14.01.1987 - 1 BvR 1052/79, BVerfGE 74, 129 = DB 1987, 638 = AP Nr. 11 zu § 1 BetrAVG Unterstützungskassen unter B. II. 3. b) aa) der Gründe.

48 Vgl. oben S. 144 ff.

49 BVerfG vom 14.01.1987 - 1 BvR 1052/79, BVerfGE 74, 129 = DB 1987, 638 = AP Nr. 11 zu § 1 BetrAVG Unterstützungskassen unter B. II. 3. b) cc) der Gründe.

In Übergangsfällen müsse es dem Arbeitgeber deshalb gestattet sein, sich schon aus weniger schwer wiegenden sachlichen Gründen von seiner Unterstützungskassenzusage zu lösen.

Bei der näheren Bestimmung dessen, was unter einem sachlichen Grund zu verstehen ist, greift das BVerfG beispielhaft auf die Beschreibung des triftigen Grundes im Urteil des BAG vom 05.06.1984[50] zurück. Ein sachlicher Grund erfordere nicht das Vorliegen einer ernsthaften Gefährdung für den Unternehmensbestand. Um die Zusage wegen wirtschaftlicher Schwierigkeiten widerrufen zu können, sei vielmehr eine langfristige Gefährdung der Unternehmenssubstanz ausreichend, falls mildere Mittel zur Gefahrabwendung nicht genügten[51].

IV. Die Entscheidung des BAG vom 17.04.1985

Vor seiner richtungsweisenden Entscheidung vom 17.04.1985[52] hatte das BAG also zum einen entschieden, dass noch nicht erdiente Steigerungsbeträge weniger schutzwürdig sind als bereits erdiente Besitzstände. Zum anderen war parallel in der Rechtsprechung zum Widerruf von Unterstützungskassenzusagen der Maßstab des triftigen Grundes geschaffen worden, der - allgemein gesprochen – zu Eingriffen in Positionen berechtigen sollte, die vom Gesetzgeber als weniger schutzwürdig angesehen wurden als unverfallbare Anwartschaften.

Unbeantwortet geblieben war die Frage, wie die Höhe des stärker schutzwürdigen erdienten Besitzstands zu ermitteln sein sollte, wenn die Versorgungszusage dynamisch-variabel ausgestaltet, z.B. an das letzte ruhegehaltsfähige Einkommen gekoppelt, war. Die Entwicklung der Höhe der Anwartschaft verläuft bei einer solchen Zusagegestaltung nicht linear. Die Anwartschaft wächst nicht gleichförmig mit jedem Jahr der Betriebszugehörigkeit.

Blomeyer[53] und *Höfer/Küpper*[54] hatten in Besprechungsaufsätzen zu den Entscheidungen des BAG vom 08.12.1981 entgegengesetzte Ansichten zu dieser Frage vertreten. *Höfer/Küpper* wollten eine einmal zugesagte Lohndynamik insgesamt auf Dauer schützen[55]. Sie schlugen vor, die Versorgungsansprüche im Versorgungsfall vor und nach der Neuregelung zeitanteilig zu gewichten. *Blomeyer* wollte stattdessen den erdienten Besitzstand allein nach § 2 BetrAVG berechnen und gem. § 2 Abs. 5 BetrAVG endgültig festschreiben[56]. Die künftige Entwicklung sei noch nicht erdient. Auch bei dynamisierten Anwartschaften seien die künftig anfallenden Steigerungsraten demnach nicht mehr zu berücksichtigen. Der Ruhegeldsenat des BAG beschritt in seiner Entscheidung vom 17.04.1985 den im Folgenden dargestellten Mittelweg[57].

---

[50] BAG vom 23.04.1985 – 3 AZR 194/83, DB 1985, 2615 = AP Nr. 6 zu § 1 BetrAVG Unterstützungskassen.

[51] BVerfG vom 14.01.1987 - 1 BvR 1052/79, BVerfGE 74, 129 = DB 1987, 638 = AP Nr. 11 zu § 1 BetrAVG Unterstützungskassen unter B. II. 3. c) der Gründe.

[52] BAG vom 17.04.1985 – 3 AZR 72/83, DB 1986, 228 = AP Nr. 4 zu § 1 BetrAVG Unterstützungskassen.

[53] *Blomeyer*, Die „Billigkeitskontrolle" der abändernden Betriebsvereinbarung über betriebliche Ruhegelder, DB 1984, 926.

[54] *Höfer/Küpper*, Die Änderung genereller betrieblicher Versorgungszusagen durch Betriebsvereinbarungen, BB 1982, 565.

[55] *Höfer/Küpper*, Die Änderung genereller betrieblicher Versorgungszusagen durch Betriebsvereinbarungen, BB 1982, 565, 573 f.

[56] *Blomeyer*, Die „Billigkeitskontrolle" der abändernden Betriebsvereinbarung über betriebliche Ruhegelder, DB 1984, 926, 929 f.

[57] BAG vom 17.04.1985 – 3 AZR 72/83, DB 1986, 228 = AP Nr. 4 zu § 1 BetrAVG Unterstützungskassen.

1. Der zugrunde liegende Sachverhalt

Nach den Versorgungsrichtlinien einer Unterstützungskasse sollten die Versorgungsberechtigten für jedes Jahr ihrer Betriebszugehörigkeit bis zum Eintritt des Versorgungsfalls 1 v.H. der Bruttobezüge des dem Versorgungsfall vorausgegangenen Kalenderjahres erhalten.

Diese Versorgungsordnung sollte durch neue Leistungsrichtlinien ersetzt werden, nach denen vor dem 01.01.1968 und nach dem 31.12.1967 erdiente Anwartschaften getrennt berechnet und anschließend zu einer Gesamtrente zusammengezählt werden sollten. Für Dienstjahre bis zum 31.12.1967 sollte die monatliche Rente - entsprechend der alten Leistungsrichtlinien - 1 v.H. der ruhegehaltsfähigen Bezüge des Monats Dezember 1967 multipliziert mit der Anzahl der anrechungsfähigen Dienstjahre betragen. Für die ab dem 01.01.1968 zu erdienende Betriebsrente wurde Jahr für Jahr auf das jeweils im Monat Januar bezogene Einkommen als maßgebliche Berechnungsgrundlage abgestellt. Durch die Neuregelung hätte sich die Betriebsrente des Klägers um monatlich 854,62 DM verringert.

Als Grund für die Umstrukturierung gab der Arbeitgeber die Einführung eines modernen, versicherungsförmigen Systems, das über eine Altersversorgung hinaus eine weitreichende Sicherung der Belegschaft, u.a. durch eine neueingeführte Invaliditätsrente, gewährleisten sollte, an.

2. Die Entscheidungsgründe – Schaffung des dreistufigen Besitzstandsschutzes

Das BAG bestätigte zunächst seine Auffassung, dass der Freiwilligkeitsvorbehalt bei Unterstützungskassenzusagen ein an sachliche Gründe gebundener Widerrufsvorbehalt sei. Entscheidend für das Gewicht des sachlichen Grundes, den der Arbeitgeber geltend machen könne, sei der Umfang der Veränderungen der tatsächlichen und rechtlichen Verhältnisse seit dem Zeitpunkt der Zusageerteilung. Die Belange beider Seiten müssten für die Frage der Einschränkbarkeit von Versorgungszusagen berücksichtigt werden. Auf Arbeitnehmerseite sei die Stärke der Rechtsposition zu berücksichtigen, die die Versorgungsberechtigten im Zeitablauf erlangt hätten. Je stärker diese rechtliche Position – Besitzstand - sei, umso höher seien die Voraussetzungen, einen Eingriff in ihre Rechte zu rechtfertigen. Die Grundsätze der Verhältnismäßigkeit und des Vertrauensschutzes müssten beachtet werden.

Das BAG erweiterte die oben dargestellte Zweiteilung der Rechtspositionen der Arbeitnehmer in erdiente und noch nicht erdiente Teilbeträge um eine dritte Besitzstandsstufe. Zunächst bestätigte es die Unterscheidung zwischen Eingriffen in erdiente Teilbeträge und in lediglich zugesagte Steigerungen[58]. Der bereits erdiente, unverfallbare und insolvenzgeschützte Teilbetrag bilde den am stärksten geschützten Besitzstand. Eine Kürzung dieses erdienten Teilbetrags käme einer entschädigungslosen Enteignung gleich und würde das schützenswerte Vertrauen des Arbeitnehmers besonders schwer enttäuschen.

Der erdiente Teilbetrag sei zeitanteilig im ratierlichen Verfahren zu berechnen[59] und bleibe auch nach dem jeweiligen Berechnungsstichtag unverändert (statisch). Insoweit erhielt das BAG seine vorherige Rechtsprechung aufrecht.

---

[58] BAG vom 17.04.1985 – 3 AZR 72/83, DB 1986, 228 = AP Nr. 4 zu § 1 BetrAVG Unterstützungskassen unter B. II. 3. c) der Gründe.

[59] Zum ratierlichen Berechnungsverfahren siehe § 2 BetrAVG; eingehend dazu *Ahrend/Förster/Rühmann* § 2 Rn 3 ff.

Anders als zuvor unterteilte das BAG in dieser Entscheidung erstmals die noch nicht erdienten Zuwachsraten. Steigerungsraten, die sich aus der Dauer der Betriebszugehörigkeit ergäben (sog. dienstzeitabhängige Steigerungsraten)[60], seien noch nicht erdient. Der Arbeitnehmer habe im Ablösungszeitpunkt noch keine Gegenleistung für diese Zuwächse erbracht.

Bei einer gehaltsabhängigen (damit dienstzeitunabhängigen) Dynamik, bei der der Wertzuwachs der Anwartschaft unabhängig von der Dauer der Betriebszugehörigkeit der Entwicklung eines variablen Berechnungsfaktors folge, müsse die Situation indes anders beurteilt werden. Zwar sei dort die weitere Wertsteigerung der erdienten Anwartschaft von der künftigen Entwicklung der Lohn- oder Gehaltssteigerung abhängig. Die dienstzeitunabhängige Steigerung solle indes nicht die fortdauernde Betriebstreue vergüten und zum Maßstab der Rentenberechung machen. Sinn einer gehaltsabhängigen Dynamik sei es vielmehr, den Versorgungsbedarf flexibel zu erfassen, um den Fortbestand des Lebensstandards, der durch die Höhe des Arbeitsentgelts geprägt sei, bis zum Eintritt des Versorgungsfalls (Halbdynamik) oder sogar im Ruhestand (Volldynamik) zu gewährleisten.

Soweit ein Arbeitnehmer, dem dienstzeitunabhängige Steigerungen seiner Versorgung zugesagt worden seien, bereits Betriebstreue geleistet habe, sei diese Dynamik im Ablösungszeitpunkt bereits erdient. Ein höherer Schutz sei also für die Dynamik des Teils der Anwartschaft erforderlich, der sich für die Zeit bis zur Ablösung errechnet. Für diese Steigerungsrate habe der Arbeitnehmer seine Gegenleistung in Form von Betriebstreue bereits erbracht[61]. Unerheblich sei, ob die Versorgungsanwartschaft zum Zeitpunkt der Ablösung bereits unverfallbar gewesen sei oder nicht.

Durch die Entscheidung des BAG vom 17.04.1985 ist also zu den bereits vorher anerkannten Besitzstandsstufen – erdiente Anwartschaftsteile und zugesagte Steigerungsbeträge - eine dritte Stufe hinzugetreten. Die Unterteilung stellt sich nunmehr dar wie folgt[62]:

1. Besitzstandsstufe:

Der bis zum Änderungsstichtag nach dem m/n-tel Verfahren berechnete Teilbetrag, für den der Arbeitnehmer bereits seine Gegenleistung in Form von Betriebstreue erbracht hat. Unbeachtlich ist, ob diese Rechtsposition bereits unverfallbar ist oder nicht.

2. Besitzstandsstufe:

Die zeitanteilig erdienten, unabhängig von der Dauer der Betriebszugehörigkeit zugesagten Steigerungsbeträge (m/n-tel der Steigerungsbeträge)[63].

---

[60] BAG vom 17.04.1985 – 3 AZR 72/83, DB 1986, 228 = AP Nr. 4 zu § 1 BetrAVG Unterstützungskassen unter B. II. 3. c) (2) der Gründe.

[61] BAG vom 17.04.1985 – 3 AZR 72/83, DB 1986, 228 = AP Nr. 4 zu § 1 BetrAVG Unterstützungskassen unter B. II. 3. c) (2) der Gründe.

[62] Zur Verdeutlichung vgl. das Beispiel auf S. 180 ff.

[63] **Beispiel:** Ist eine Maximalversorgung von 30 v.H. des letzten ruhegeldfähigen Einkommens bei einer Steigerung von 1.v.H. und erwarteter Dienstzeit von 40 Jahren zugesagt, dann hat der Arbeitnehmer nach 10 Jahren der Betriebszugehörigkeit 7,5 v.H. des voraussichtlichen letzten ruhegehaltsfähigen Einkommens erdient.

3. Besitzstandsstufe:

Die zugesagten Steigerungsbeträge, die erst durch weitere Betriebstreue erdient werden müssen[64].

Die dreifache Abstufung des Besitzstandes erfordert die Zuordnung von Eingriffsgründen, die in ihrem Gewicht ebenso abgestuft sind[65]. Für Eingriffe in den bereits erdienten Teilbetrag knüpfte das BAG auch hier an seine frühere Rechtsprechung an. Aufgrund des Versorgungs- und Entgeltcharakters betrieblicher Altersversorgung bleiben Eingriffe in diesen Teilbetrag nur in seltenen Ausnahmefällen statthaft[66]. Hierdurch würde die zugesagte Leistung, für die der Arbeitnehmer bereits seine Gegenleistung erbracht habe, nachträglich geschmälert[67]. Ein Eingriff käme damit einer entschädigungslosen Enteignung gleich. Insofern sieht das BAG keinen Unterschied zwischen unmittelbaren Versorgungszusagen und widerruflichen Zusagen von Unterstützungskassenleistungen.

Die Dynamik einer Anwartschaft, die sich aus variablen Berechnungsgrundlagen ergibt, sieht das BAG zurecht als weniger schutzwürdig an als den bereits erdienten Teilbetrag. Hierfür bestehe weder Unverfallbarkeit noch Insolvenzschutz, falls ein Arbeitnehmer zur Zeit der Zusagekürzung ausscheide. Es müsse aber berücksichtigt werden, dass der Arbeitnehmer auch für diesen Teilbetrag bereits vorgeleistet habe. Im Hinblick auf die Entscheidung des BVerfG vom 19.10.1983[68] biete es sich an, wenigstens triftige Gründe für einen Eingriff in diese Rechtsposition zu fordern[69].

Die geringsten Anforderungen stellt das BAG an Eingriffe in noch nicht erdiente Steigerungsbeträge. Für einen Eingriff sollen hier bereits Gründe ausreichen, die nicht willkürlich sind und nachvollziehbar erkennen lassen, welche Umstände und Erwägungen zur Änderung der Versorgungszusage Anlass geben. Auch diese sachlichen Gründe seien jedoch im jeweiligen Einzelfall gegen die Interessen der Arbeitnehmer abzuwägen.

Das BAG hat den oben genannten Besitzstandsstufen deshalb die folgenden Eingriffsgründe zugeordnet:

- zwingende Gründe: Können einen Eingriff in die 1. Besitzstandsstufe rechtfertigen.

- triftige Gründe: Können einen Eingriff in die 2. Besitzstandsstufe rechtfertigen.

---

[64] *Steinmeyer* in ErfK Vorbem. BetrAVG Rn 28c spricht irreführend von „Dienstzeitunabhängigen Steigerungsraten". Hier dürfte ein Redaktionsversehen vorliegen.

[65] BAG vom 17.04.1985 – 3 AZR 72/83, DB 1986, 228 = AP Nr. 4 zu § 1 BetrAVG Unterstützungskassen unter B. II. 3. c) (3) der Gründe.

[66] Siehe BAG vom 08.12.1981 – 3 ABR 53/80, DB 1982, 46 = AP Nr. 1 zu § 1 BetrAVG Ablösung unter III. 1. a) der Gründe.

[67] BAG vom 17.04.1985 – 3 AZR 72/83, DB 1986, 228 = AP Nr. 4 zu § 1 BetrAVG Unterstützungskassen unter B. II. 3. c) (3) der Gründe unter Verweis auf BAG vom 17.01.1980 – 3 AZR 456/78, DB 1980, 1399 = AP Nr. 185 zu § 242 BGB Ruhegehalt unter 2. der Gründe.

[68] BVerfG vom 19.10.1983 - 2 BvR 298/81, BVerfGE 65, 196 = DB 1984, 190 = AP Nr. 2 zu § 1 BetrAVG Unterstützungskassen; ausführlich dazu oben S. 161.

[69] BAG vom 17.04.1985 – 3 AZR 72/83, DB 1986, 228 = AP Nr. 4 zu § 1 BetrAVG Unterstützungskassen unter B. II. 3. c) (3) der Gründe.

- sachliche Gründe: Können einen Eingriff in die 3. Besitzstandsstufe rechtfertigen.

B. Anwendungsbereich des Drei-Stufen-Modells

I. Persönlicher Anwendungsbereich

1. Betriebsrentner

Betriebsrentner haben die von ihnen für die betriebliche Altersversorgung geschuldete Gegenleistung in Form ihrer Betriebstreue in vollem Umfang erbracht. Ihre Besitzstände sind damit vollständig erdient[70]. Nachdem der Gesetzgeber im Zuge der Aufhebung des Sicherungsfalls der wirtschaftlichen Notlage einen Widerruf aus wirtschaftlichen Gründen für unzulässig erklärt hat, kann selbst eine wirtschaftliche Notlage einen Eingriff in insolvenzgeschützte Besitzstände nicht mehr rechtfertigen[71]. Betriebsrentner verfügen ausschließlich über solche erdienten insolvenzgeschützten Besitzstände. Verfallbare Anwartschaftsteile wären bei ihrem Ausscheiden aus dem Betrieb verfallen. Ihre Besitzstände sind damit absolut gegen Eingriffe des Arbeitgebers aus wirtschaftlichen Gründen geschützt.

Sonstige Widerrufsmöglichkeiten, insb. die nachträgliche Kürzung wegen Treuepflichtverletzung und planwidriger Überversorgungstatbestände, bestehen un auch für die Versorgungsansprüche von Betriebsrentnern[72].

Ist die Versorgungszusage volldynamisch ausgestaltet, kann die versprochene Dynamik der laufenden Leistungen aufgrund sachlich-proportionaler Gründe bis auf das Maß der in § 16 BetrAVG festgeschriebenen Steigerungen gekürzt werden[73].

2. Ausgeschiedene Arbeitnehmer

Ausgeschiedene Arbeitnehmer sind von einer Veränderung der Versorgungsregelung durch die Regelung des § 2 Abs. 5 BetrAVG ausgenommen. Auch sie haben bereits ihren Teil der Gegenleistung für die unverfallbare Versorgungsanwartschaft erbracht. Ihr Besitzstand ist damit erdient. Ein Eingriff in diese Besitzstände scheidet hier nach dem Wegfall des Sicherungsfalls der wirtschaftlichen Notlage aus wirtschaftlichen Gründen ebenso aus wie bei Betriebsrentnern.

---

[70] So auch *Griebeling*, Das Bundesarbeitsgericht und die Heilige Dreifaltigkeit, in FS für Wiese, 1998, S. 139, 146.

[71] Dazu ausführlich S. 147 ff.

[72] Beachte aber BAG vom 08.02.1983 - 3 AZR 463/80, DB 1983, 1770 = AP Nr. 7 zu § 1 BetrAVG Treuebruch. Hiernach kommt ein Widerruf wegen einer Treuepflichtverletzung nur in Betracht, wenn die Dauer der Pflichtverletzung gegenüber der sonstigen Betriebstreue ins Gewicht fällt; vgl. oben S. 160, 111 f.

[73] BAG vom 16.07.1996 – 3 AZR 398/95, DB 1997, 631 = AP Nr. 21 zu § 1 BetrAVG Ablösung unter II. 2. der Gründe und BAG vom 27.08.1996 – 3 AZR 466/95, DB 1997, 633 = AP Nr. 22 zu § 1 BetrAVG Ablösung; kritisch *Steinmeyer* in ErfK § 16 BetrAVG Rn 68, eine vertraglich zugesagte Dynamisierung sei erdient. Der vom BAG gesehene Unterschied zwischen der Dynamisierung von Betriebsrenten und der Dynamisierung laufender Leistungen sei so nicht nachvollziehbar. Beides sei von der jeweiligen Vereinbarung erfasst. Die Position des Arbeitnehmers könne nicht schwächer werden, wenn dieser zum Betriebsrentner werde. Zum vorliegend vertretenen Verständnis des Verhältnisses von vertraglichen Dynamisierungsklauseln zu § 16 BetrAVG siehe S. 65.

3. Aktive Arbeitnehmer

Aktive Arbeitnehmer können je nach Inhalt der ihnen erteilten Zusage und der geplanten Änderungen alle drei Besitzstandsstufen für sich geltend machen. Im Umfang der bereits von ihnen erbrachten Betriebstreue ist der Besitzstand erdient. Sieht die Zusage dienstzeitunabhängige Steigerungsfaktoren vor, so sind diese im gleichen Umfang ebenfalls bereits erdient und unterfallen dem Schutz der zweiten Besitzstandsstufe. Steigerungsraten für noch nicht geleistete Betriebstreue finden sich in nahezu jeder Zusage[74]. Ihr Umfang entspricht der Differenz zwischen der in Aussicht gestellten maximalen Versorgung und dem von den ersten beiden Besitzstandsstufen geschützten Teilbetrag.

II. Sachlicher Anwendungsbereich

Die Besitzstände der Arbeitgeber sind Schutzgüter von außerordentlich großer Bedeutung[75]. Der Besitzstandsschutz wurde zwar als Maßstab der Inhaltskontrolle abändernder Betriebsvereinbarungen über unmittelbare Versorgungszusagen und vertragliche Zusagen von Unterstützungskassenversorgung entwickelt[76]. Das BAG übertrug seine Grundsätze jedoch schon frühzeitig auch auf die Inhaltskontrolle ablösender Betriebsvereinbarungen[77].

Die seinerseits sehr tiefgreifende Rechtsfortbildung hat zu einer Vereinheitlichung des Bestandsschutzes für nahezu alle betrieblichen Versorgungssysteme geführt. Die für die Abwägung zwischen Änderungsgründen und Bestandsschutzinteressen anzulegenden Maßstäbe sind nunmehr als unabhängig von Zusageart und Eingriffsinstrument anzusehen[78].

Nach dem hier vertretenen Verständnis des Drei-Stufen-Modells als einheitlicher Maßstab für die Überprüfung der Einschränkungen von Versorgungszusagen, findet es als Kontrollmaßstab Anwendung auf die folgenden, im 4. Kapitel im einzelnen dargestellten, Einschränkungsmöglichkeiten:

- Individualvertragliche Verzichtsverträge[79]

- Änderungskündigung einer individualvertraglichen Zusage[80]

---

[74] Ausnahme: Zusage eines festen Versorgungsbetrags, unabhängig von der Dauer der Betriebszugehörigkeit.

[75] Exemplarisch BAG vom 20.10.1987 – 3 AZR 200/86, DB 1988, 656 = AP Nr. 6 zu § 1 BetrAVG Besitzstand zur Bedeutung der Besitzstände im Konkurs.

[76] BAG vom 17.01.1980 - 3 AZR 456/78, DB 1980, 1399 = AP Nr. 185 zu § 242 BGB Ruhegehalt unter 1. der Gründe.

[77] Zur Terminologie siehe S. 128 und 130.

[78] Vgl. *Schumann*, Unbegrenzter Schutz vor Eingriffen in die zeitanteilig erdiente Dynamik von Versorgungszusagen?, in FS für Ahrend, 1992, S. 221; a.A. wohl *Heither*, Bestandsschutz und Billigkeitskontrolle in der betrieblichen Altersversorgung, RdA 1993, 72, 74.

[79] Soweit solche Verzichtsverträge nicht bereits durch § 3 BetrAVG ausgeschlossen sind, unterliegen sie einer Inhaltskontrolle am Maßstab des Drei-Stufen-Modells. Auch der aktive Arbeitnehmer muss soweit vor sich selbst geschützt werden, dass seine Interessen an der Aufrechterhaltung seiner Altersversorgung gegenüber den Interessen des Arbeitgebers solang überwiegen, wie dieser keine Änderungsgründe iSd Drei-Stufen-Modells vorbringen kann. Dazu S.118 ff.; a.A. wohl *Griebeling*, Das Bundesarbeitsgericht und die Heilige Dreifaltigkeit, in FS für Wiese, 1998, S. 139, 144.

[80] Siehe hierzu S. 120 ff. Hier ist das Drei-Stufen-Modell iRd Überprüfung der Sozialverträglichkeit der Kündigung zu berücksichtigen.

- Kündigung einer Betriebsvereinbarung[81]
- Abändernden Betriebsvereinbarungen[82]
- Ablösende Betriebsvereinbarungen[83]
- Widerrufs von Unterstützungskassenzusagen in Neufällen[84].

Bei Zusagekürzungen durch ablösende oder abändernde Tarifverträge ist der Maßstab des Drei-Stufen-Modells ebenfalls, indes nur als Orientierungshilfe für die Ausgestaltung der in den Tarifvertrag aufzunehmenden Besitzstandsklauseln heranzuziehen. Aufgrund der bestehenden Parität der Tarifvertragsparteien ist das Element der Billigkeit bei der Überprüfung des Vertragsinhalts eingeschränkt. Auch tarifvertragliche Besitzstandsklauseln müssen sich jedoch an den Grundsätzen der Verhältnismäßigkeit und des Vertrauensschutzes orientieren[85].

III. Zeitlicher Anwendungsbereich und kritische Betrachtung der Rückwirkung der Grundsätze der Entscheidung vom 17.04.1985

Das BAG wendet die von ihm entwickelten Grundsätze zum dreistufigen Besitzstandsschutz auch rückwirkend auf Änderungen von Versorgungszusagen an, die bereits vor dem 17.04.1985, also vor der Schaffung des Drei-Stufen-Modells vorgenommen wurden[86]. Schon in der Ausgangsentscheidung zum Drei-Stufen-Modell hatte das BAG keine Bedenken, den dreistufigen Besitzstandsschutz auf eine Zusageänderung anzuwenden, die zu diesem Zeitpunkt bereits 17 Jahre zurücklag.

---

[81] Dazu S. 122 ff. Vgl. *Griebeling*, Bestandsschutz und Billigkeitskontrolle in der betrieblichen Altersversorgung aus der Sicht des Bundesarbeitsgerichts, in FS für Ahrend, 1992, S. 208, 213 f. Relativierend *Blomeyer* Anm. zu BAG vom 17.08.1999 – 3 ABR 55/98, SAE 2000, 230, 236 für den Besitzstand der noch zu erdienenden Zuwachsraten. Kein Arbeitnehmer könne heute noch davon ausgehen, dass er seinen Arbeitsplatz beim gleichen Arbeitgeber bis zum Eintritt des Versorgungsfalles behalte. Allein der Umstand, dass eine Betriebsvereinbarung geschlossen worden sei, könne nicht über deren zeitliche Begrenztheit hinwegtäuschen. Das Vertrauen auf den Erhalt zukünftiger Zuwachsraten ist damit nach seiner Ansicht nicht schutzwürdig.

[82] Dazu S. 128 f. Siehe ausdrücklich BAG vom 17.03.1987 – 3 AZR 64/84, DB 1987, 1639 = AP Nr. 9 zu § 1 BetrAVG Ablösung unter II. 3. a) der Gründe. Das Drei-Stufen-Modell ist auch in Fällen des Betriebsübergangs iSd § 613a BGB anzuwenden, falls beim neuen Arbeitgeber eine im Verhältnis zum alten Arbeitgeber schlechtere Betriebsvereinbarung über betriebliche Altersversorgung gilt.

[83] Umfassend dazu 4. Kap. auf S. 130 ff.

[84] Dazu oben S. 158 f. und 160 f.

[85] Siehe S. 138 ff. *Steinmeyer*, Grenzen des Eingriffs von Tarifvertragsparteien in Anwartschaften, in GS für Blomeyer, 2003, S. 423, 433 ff. unternimmt den Versuch, Maßstäbe für Eingriffe durch Tarifverträge zu entwickeln.

[86] Zuletzt BAG vom 10.09.2002 - AZR 635/01, DB 2003, 1525 = AP Nr. 37 zu § 1 BetrAVG Ablösung unter II. der Gründe.; vgl. die ähnliche Problematik bei der rückwirkenden Anwendung der Grundsätze der Entscheidung des Großen Senats vom 16.09.1986 zur ablösenden Betriebsvereinbarung, bei der das BAG selbst eine nur begrenzte Rückwirkung für angemessen erachtet; S. 135 ff. Zwar unterscheidet sich die hier diskutierte Frage, doch ist nicht von der Hand zu weisen, dass auch das Vertrauen der Arbeitgeber auf die Rechtslage, die bis zur Bekanntgabe des Urteils vom 17.04.1985 bestand, ähnlich schützenswert war, weil eine Änderung der Rechtslage nicht absehbar war. *Heither*, Bestandsschutz und Billigkeitskontrolle in der betrieblichen Altersversorgung, RdA 1993, 72, 76 betont in Fn 31 das Bestehen einer unterschiedlichen Vertrauenslage, das nach seiner Auffassung eine unterschiedlich stark rückwirkende Anwendung der in den Entscheidungen aufgestellten Grundsätze begründet.

Das BAG stützt seine Auffassung darauf, anhand des Drei-Stufen-Modells seien lediglich bereits vorher bestehende Prinzipien konkretisiert wurden. Es sei Ausfluss der Verfassungsgrundsätze des Vertrauensschutzes und der Verhältnismäßigkeit. Deshalb sei durch die Schaffung des dreistufigen Besitzstandsschutzes keine Rechtsänderung, sondern nur eine Fortentwicklung eingetreten. Ein Verzicht auf die rückwirkende Anwendung würde dazu führen, dass trotz vorhandener besserer Rechtserkenntnis Entscheidungen getroffen würden, die diesen neuen Rechtserkenntnissen zuwiderliefen. Ein verfassungsrechtlich begründeter Vertrauensschutz der Arbeitgeber auf den Fortbestand der vorherigen schlechteren Rechtsprechung bestehe nicht[87].

Zu Recht haben verschiedene Stimmen in der Literatur[88] und auch Unterinstanzen[89] Bedenken gegen diese Auffassung geäußert. Die rückwirkende Anwendung der Grundsätze der Rechtsprechung zum Besitzstandsschutz trägt dem Vertrauen der Arbeitgeber auf die Widerrufbarkeit der ausstehenden Zuwachsraten nicht ausreichend Rechnung[90]. Die vorherige Rechtsprechung wirkte bis zum 17.04.1985 unverändert auch *inter omnes*[91]. Das Vertrauen der Arbeitgeber auf diese allgemeinverbindliche Wirkung der höchstrichterlichen Rechtsprechung war begründet. Für Zweifel bestand angesichts einer gefestigten Rechtsprechung und nur vereinzelter Stimmen in der Literatur, die einen erhöhten Bestandsschutz dynamischer Zusagen angedacht hatten[92], für Arbeitgeber, die ihre Versorgungszusagen kürzen wollten, vor dem 17.04.1985 kein Anlass.

---

[87] BAG vom 11.09.1990 – 3 AZR 380/89, DB 1991, 503 = AP Nr. 8 zu § 1 BetrAVG Besitzstand unter II. 1. der Gründe; BAG vom 17.11.1992, DB 1993, 1241 = AP Nr. 13 zu § 1 BetrAVG Besitzstand unter II. 3. der Gründe; zuletzt bestätigt durch BAG vom 10.09.2002 – 3 AZR 635/01, DB 2003, 1525 = AP Nr. 37 zu § 1 BetrAVG Ablösung unter II. 3. der Gründe. Siehe auch *Blomeyer*, Zur rückwirkenden Geltung von Richterrecht für Betriebsvereinbarungen, in FS für K. Molitor, 1988, S. 41, 48 ff., der auf S. 47 auf das praktische Problem der Rückwirkung von Rechtsprechung hinweist, dass derjenige, der damit rechnen muss, in letzter Instanz zwar im Prinzip, nicht aber tatsächlich erfolgreich zu sein, einen Prozess, der zum Wandel der Rechtsprechung führen soll, erst gar nicht anstreben wird. Auf S. 51 bemerkt er bissig, dass jeder Arbeitnehmer in Anbetracht der raschen Entwicklung des Richterrechts zum Betriebsrentenrecht einen Rechtsstreit bis zum Eintritt des Versorgungsfalls aufschieben sollte; seine Erfolgsaussichten könnten nur steigen.

[88] Statt vieler *Andresen/Förster/Norbert Rößler/Rühmann* Teil 12 Rn 671 f.; umfassend und sehr deutlich gegen eine rückwirkende Anwendung des dreifach abgestuften Besitzstandes *Schumann*, Unbegrenzter Schutz vor Eingriffen in die zeitanteilig erdiente Dynamik von Versorgungszusagen?, in FS für Ahrend, 1992, 221, 226 ff.; einschränkend *Höfer* ART Rn 463.1, der dem Vertrauensschutz bei völlig neuen Rechtsgrundsätzen stets den Vorrang einräumen will. Zustimmend hingegen *Heither*, Bestandsschutz und Billigkeitskontrolle in der betrieblichen Altersversorgung, RdA 1993, 72, 76.

[89] Siehe z.B. LAG Hamm vom 10.09.1991 – 6 Sa 504/91, DB 1991, 2394.

[90] Wie hier *Schumann*, Unbegrenzter Schutz vor Eingriffen in die zeitanteilig erdiente Dynamik von Versorgungszusagen?, in FS für Ahrend, 1992, 221, 227 ff. mwN, der neben verfassungsrechtlichen Bedenken auf S. 227 f. deutlich macht, dass die rückwirkende Anwendung der Rechtsprechung durch die unvorhergesehen Mehrbelastung für den Arbeitgeber zu einer erheblichen Äquivalenzstörung führen kann. Weitere verfassungsrechtliche Bedenken gegen eine Rückwirkung der Rechtsprechung stellt *Loritz*, Die Änderung betrieblicher Versorgungszusagen und die verfassungsrechtlichen Fragen zum Schutz der sog. erdienten Dynamik, ZfA 1989, 1, 40 ff. dar.

[91] Zur sozialen Bindungswirkung höchstrichterlicher Rechtsprechung siehe S. 136 f. sowie *Schumann*, Zur Bindungswirkung des Beschlusses des Großen Senats vom 16.09.1986 zur ablösenden Betriebsvereinbarung, DB 1988, 2510. *Schumann*, Zur Bindungswirkung des Beschlusses des Großen Senats vom 16.09.1986 zur ablösenden Betriebsvereinbarung, DB 1988, 2510

[92] *Schoden*, Was tun, wenn der Arbeitgeber die betriebliche Altersversorgung kürzen will?, BetrR 1981, 530, 533; *Stumpf*, Die ablösende Betriebsvereinbarung, in: Gegenwart und Zukunft der betrieblichen Altersversorgung, 1982, S. 102, 107; *Höfer/Abt* ArbGr Rn 206 f.

C. Die Eingriffsstufen nach dem Drei-Stufen-Modell

Das BAG definiert den Besitzstand als Rechtsposition, die auf Dauer angelegt ist, folglich ungeachtet der weiteren Entwicklung im Zeitablauf fortbestehen soll und ohne rechtfertigenden Grund nicht mehr entzogen werden darf[93]. Diese Definition allein sagt jedoch noch nichts über das bei der Interessenabwägung zu berücksichtigende Gewicht eines Besitzstandes aus. Besitzstände müssen also quantifiziert werden. Sie können von ganz unterschiedlicher Größe und Beschaffenheit sein. Gegenüber einem Arbeitnehmer, der erst kurze Zeit beschäftigt ist, ist ein Eingriff leichter zu begründen als gegenüber einem Arbeitnehmer, der kurz vor dem Ruhestand steht oder gegenüber einem Pensionär. Die Rechtsposition aus der Versorgungszusage wird von Tag zu Tag stärker, je länger der Arbeitnehmer im Beschäftigungsverhältnis seine Gegenleistung in Form von Betriebstreue erbringt.

Was Besitzstand ist, kann aber – wie vom BAG dargelegt[94] - nicht nur vergangenheitsbezogen betrachtet werden. Nicht nur der durch Betriebstreue belegte und erdiente Besitzstand hat selbständige rechtliche Bedeutung. Auch die Erwartung, die erst in Zukunft zu erbringende Leistung werde im versprochenen Umfang entgolten werden, ist schutzwürdig und damit Besitzstand.

Es muss deshalb der Teil des Besitzstandes, der bereits durch erbrachte Betriebstreue erdient ist, ebenso berücksichtigt werden, wie der Teil, der durch die künftige Betriebstreue noch erdient werden muss. Innerhalb des erdienten Teilbetrags unterscheidet das BAG zusätzlich zwischen dem erdienten „Sockel" des Besitzstandes und der darauf entfallenden zeitanteilig erdienten Dynamik[95].

I. Der erdiente Teilbetrag

Sieht man in der betrieblichen Altersversorgung eine Gegenleistung für die Betriebstreue des Arbeitnehmers, dann hat der Arbeitnehmer die von ihm geschuldete Gegenleistung zum Änderungszeitpunkt bereits ganz oder zum Teil erbracht. Die erste Stufe des Besitzstandes umfasst diesen bereits erdienten Teil der Versorgung. Ist die Anwartschaft des Arbeitgebers unverfallbar iSd § 1b BetrAVG geworden, dann entspricht dieser Teil des Besitzstands seiner Höhe nach der Höhe der unverfallbaren Anwartschaft, die dem Arbeitnehmer beim Ausscheiden aus dem Arbeitsverhältnis erhalten bleibt.

Die Rechtsposition des Arbeitnehmers hat bereits vor Erreichen der Unverfallbarkeitsgrenze einen eigenen wirtschaftlichen Wert[96]. Es ist deshalb für das Bestehen eines erdienten Besitzstands unerheblich, ob die Anwartschaft des Arbeitnehmers bereits unverfallbar war. Auch verfallbare Anwartschaften können den erdienten Besitzstand bilden und sind in gleicher Weise vor Eingriffen durch Zusagekürzungen geschützt[97].

---

[93] BAG vom 22.09.1987 – 3 AZR 662/85, DB 1988, 291 = AP Nr. 5 zu § 1 BetrAVG Besitzstand unter B. I. 2. a) der Gründe; siehe zuletzt BAG vom 18.03.2003 – 3 AZR 221/02, DB 2003, 2625.

[94] Siehe oben S. 165 ff.

[95] Ebenda.

[96] Vgl. *Griebeling/Bepler,* Der Versorgungsbesitzstand in der Rechtsprechung des Dritten Senats des Bundesarbeitsgerichts, ArbRGegw 25 (1987), 263, 264 unter Verweis auf BAG vom 29.10.1985 - 3 AZR 485/83, DB 1986, 1779 = AP Nr. 4 zu § 1 BetrAVG Betriebsveräußerung und BAG vom 20.10.1987 – 3 AZR 200/86, DB 1986, 655 = AP Nr. 6 zu § 1 BetrAVG Besitzstand sowie BAG vom 15.12.1987 – 3 AZR 420/87, DB 1988, 654 = AP Nr. 18 zu § 1 BetrAVG.

[97] BAG vom 26.04.1988 - 3 AZR 277/87, DB 1988, 2311 = AP Nr. 3 zu § 1 BetrAVG Geschäftsgrundlage unter II. b) der Gründe; siehe auch *Griebeling,* Abänderung von Versorgungszusagen, NZA 1989

Der erdiente Teilbetrag ist ebenso stark geschützt, wie die bereits fälligen Ansprüche ausgeschiedener Arbeitnehmer nach Eintritt des Versorgungsfalls. Er verändert sich nach dem Berechnungsstichtag nicht mehr. Auch Veränderungen des Inhalts der Versorgungsregelung oder der Höhe der Bemessungsgrundlagen haben nach dem Berechnungsstichtag keine Auswirkungen auf diesen Teilbetrag[98].

Die Höhe des erdienten Teilbetrags berechnet sich zeitanteilig anhand einer analogen Anwendung der in § 2 BetrAVG vorgesehenen ratierlichen Berechnungsmethode[99]. Sein Umfang entspricht damit grundsätzlich dem Teil der für das 65. Lebensjahr versprochenen Versorgung, der nach dem Verhältnis der tatsächlichen Betriebszugehörigkeit zu der für den Erwerb der versprochenen Maximalversorgung erforderlichen Betriebszugehörigkeit erdient worden ist. Wie bei der Bemessung der Höhe der unverfallbaren Anwartschaft ist Basis für die Ermittlung des erdienten Besitzstands das Einkommen zum Zeitpunkt der Änderung[100], falls und soweit die Parteien der Versorgungszusage keine andere Bemessungsgrundlage vereinbart haben.

Es muss also zunächst festgestellt werden, wie hoch der Betriebsrentenanspruch des betreffenden Arbeitnehmers wäre, wenn dieser bis zum Eintritt des Versorgungsfalls, d.h. in der Regel bis zur Vollendung des 65. Lebensjahres, aktiv gewesen wäre[101]. Von diesem höchstmöglichen Betriebsrentenbetrag hat der Arbeitnehmer im Änderungszeitpunkt den Anteil erdient, der seiner tatsächlichen Dienstzeit bis zum Änderungszeitpunkt (m) im Verhältnis zu der bis zum 65. Lebensjahr möglichen Dienstzeit (n) entspricht[102]. Beide Größen sind also zueinander ins Verhältnis zu setzen (m/n).

In neueren Entscheidungen hat das BAG für die Bemessung des erdienten Teilbetrags nicht mehr strikt auf die Betriebstreue bis zum Änderungszeitpunkt abgestellt. Es hat stattdessen den Gedanken des Vertrauensschutzes stärker betont. Dürfe der Arbeitnehmer nicht mehr auf den Fortbestand der ursprünglichen Versorgungszusage vertrauen, so könne er auch keinen Besitzstand mehr erdienen. Mit Beseitigung des schutzwürdigen Vertrauens des Arbeitnehmers auf den Fortbestand der bisherigen Versorgungsregelung entfalle auch die Grundlage seines Vertrauens darauf, in der Folgezeit weitere Steigerungsbeträge zu erdienen. Wird die Versorgungszusage irgendwann nach dem Wegfall des schutzwürdigen Vertrauens neugeregelt, so ist der Umfang des erdienten Besitzstandes so zu ermitteln, als sei die Zusage zu dem Zeitpunkt geändert worden, in dem das Vertrauen auf den Fortbestand der Versorgungszusage weggefallen ist[103].

Beilage Nr. 3, S. 26, 32; kritisch *Andresen/Förster/Norbert Rößler* Teil 12 Rn 700; a.A. *Höfer* ART Rn 465 für die erste Besitzstandsstufe, der in ART Rn 472 einen Schutz verfallbarer Versorgungsanwartschaften auf der zweiten Besitzstandsstufe bejaht.

[98] § 2 Abs. 5 BetrAVG. BAG vom 17.04.1985 – 3 AZR 72/83, DB 1986, 228 = AP Nr. 4 zu § 1 BetrAVG Unterstützungskassen unter B. II. 3. c) (1) der Gründe

[99] St. Rspr. des BAG, siehe z.B. BAG vom 08.12.1981 – 3 ABR 53/80, DB 1982, 46 = AP Nr. 1 zu § 1 BetrAVG Ablösung unter B. III. 1. a) der Gründe; BAG vom 08.12.1981 – 3 AZR 518/80, DB 1982, 50 = AP Nr. 1 zu § 1 BetrAVG Unterstützungskassen. Zur Berechnungsmethode nach § 2 BetrAVG, dem sog. *pro-rata-temporis-Verfahren* siehe z.B. *Blomeyer/Otto* § 2 Rn 42 ff.

[100] § 2 Abs. 5 BetrAVG.

[101] An die Stelle des 65. Lebensjahres tritt ein früherer Zeitpunkt, wenn dieser in der Versorgungsordnung als feste Altersgrenze vorgesehen ist; § 2 Abs. 1 S. 1 2. Hs. BetrAVG.

[102] *Steinmeyer* S. 105 ff. liefert – allerdings ausgehend von seinem Verständnis des Ruhegeldes als Entgelt für die gesamte Arbeitsleitung - eine überzeugende dogmatische Erklärung für die analoge Anwendung des § 2 BetrAVG für die Ermittlung der Höhe des erdienten Teilbetrags.

[103] BAG vom 11.12.2001 – 3 AZR 512/00, DB 2003, 293 = AP Nr. 36 zu § 1 BetrAVG Ablösung unter II. 2. a) der Gründe.

II. Die zeitanteilig erdiente Dynamik

1. Sinn und Zweck der zweiten Besitzstandsstufe

Eine rein auf der Berechnungsvorschrift des § 2 BetrAVG basierende Einteilung der Teilbeträge des Besitzstands würde dazu führen, dass der Wert des erdienten Teils aufgrund der Bemessungsgrundlage, die zum Zeitpunkt der Neuregelung gilt, festgeschrieben würde[104]. Damit gäbe es - wie in der früheren Rechtsprechung des BAG[105] - nur eine Zweiteilung des Besitzstands in einen erdienten und deshalb stärker geschützten statischen Teilbetrag und einen noch in der Zukunft zu erdienenden, weniger schutzwürdigen Teilbetrag, auf den lediglich Aussicht besteht.

Häufig wird die Versorgungshöhe indes anhand eines dynamischen Berechnungsfaktors, dessen Entwicklung nicht gleichförmig und häufig nicht vorhersehbar verläuft, bemessen. Als variabler Berechnungsfaktor kommt insbesondere das ruhegehaltsfähige Endgehalt des Arbeitnehmers in Betracht[106]. Bei Gesamtversorgungszusagen ist die Entwicklung der Versorgungslücke zwischen gesetzlicher Rente und Vollversorgung infolge von Veränderungen der Sozialgesetzgebung oder der Entwicklung der Rentenbiographie des Arbeitnehmers ein variabler Berechnungsfaktor[107]. Die Dauer der Betriebszugehörigkeit stellt keinen solchen variablen Berechnungsfaktor dar, da sie gleichförmig anwächst (sie steigt pro Dienstjahr um 1 Jahr).

Ein betriebstreuer Arbeitnehmer, dessen Zusage dynamisch - variabel ausgestaltet ist (z.B. durch Anknüpfung an Gehaltssteigerungen), erhält regelmäßig eine, auf die längere Dauer seiner Dienstzeit bezogen, überproportional höhere Leistung als ein frühzeitig ausgeschiedener Arbeitnehmer. Der betriebstreue Arbeitnehmer soll gerade von der fortdauernden Dynamik der variablen Bemessungsgrößen, also auch von deren nicht linearem Anstieg, und nicht nur von seiner weiteren Betriebstreue profitieren[108]. Würde man also nur den bereits erdienten statischen Teilbetrag stärker schützen, dann würde ein ungewolltes Missverhältnis zwischen den Versorgungsleistungen eines Arbeitnehmers, der mit einer unverfallbaren Anwartschaft ausgeschieden ist, im Vergleich zu dem geschützten Teilbetrag des betriebstreuen Arbeitnehmer entstehen. Ein noch aktiver Arbeitnehmer der noch weitere Betriebstreue anbietet, würde dann ebenso behandelt wie ein Arbeitnehmer, der zum gleichen Zeitpunkt ausscheidet.

Ist dem Arbeitnehmer pro Beschäftigungsjahr ein bestimmter Prozentsatz seines Endgehalts zugesagt, so hat er zum Ablösungszeitpunkt nicht nur bereits den sich bis dahin ergebenden Anteil seiner Versorgung zum Ablösungsstichtag erdient, sondern ebenfalls den zeitanteilig zu berechnenden Anteil seines Endgehalts[109]. Auf

---

[104] § 2 Abs. 5 BetrAVG.
[105] Vgl. oben S. 156.
[106] Alternativ denkbar ist z.B. die Berechnung anhand von Vergleichseinkommen oder bestimmter Indices. Anschaulich ist das Beispiel bei *Griebeling*, Das Bundesarbeitsgericht und die Heilige Dreifaltigkeit, in FS für Wiese, 1998, S. 139, 142, der auf den Preis für einen Doppelzentner Weizen zu einem bestimmten Zeitpunkt als Berechnungsgrundlage abstellt. In der Praxis finden sich auch Zusagen, die auf ein Gehalt zum Zeitpunkt X abstellen, das in seiner Funktion als Bemessungsgrundlage anhand der Entwicklung einer bestimmten Größe, z.B. Tarifgehalt bei Geschäftsführer-Zusagen, anwachsen soll.
[107] BAG vom 17.03.1987 – 3 AZR 64/84, DB 1987, 1639 = AP Nr. 9 zu § 1 BetrAVG Ablösung unter II. 3. a) der Gründe.
[108] Vgl. *Höfer* ART Rn 469 mit Rechenbeispiel, der jedoch – anders als das BAG – die Dynamik insgesamt aufrechterhalten will, mit der Folge, dass der erdiente Besitzstand zwar auf den Änderungsstichtag festgeschrieben, dann aber der zugesagten Dynamik entsprechend ständig angehoben wird.
[109] A.A. *Höfer* ART Rn 469.

den Erhalt einer Versorgung, deren Höhe sich an diesem ursprünglich zugesagten Berechnungsfaktor bemisst, vertraut der Arbeitnehmer. Für den Teil dieses Berechnungsfaktors, der dem Anteil der bereits erbrachten Betriebstreue zur gesamten Betriebstreue entspricht, hat er bereits vorgeleistet.

Der Arbeitnehmer vertraut darauf, der von ihm erdiente Besitzstand werde nach Maßgabe seines erwarteten ruhegehaltsfähigen Endgehalts dynamisiert[110]. Damit vertraut er auch darauf, dass sich sein Versorgungsanspruch entsprechend seiner persönlichen beruflichen Entwicklung entwickelt. Der Anwartschaftswert soll sich bei endgehaltsbezogenen Zusagen dem Lebensstandard des begünstigten Arbeitnehmers bis zum Eintritt des Versorgungsfalls oder sogar im Ruhestand anpassen, den die Höhe des Arbeitsentgelts prägt. Sinn einer Gehaltssteigerung ist gerade nicht allein die Vergütung zurückliegender Betriebstreue, sondern auch die Honorierung besonderer persönlicher Leistungen.

Der Arbeitnehmer kann damit schutzwürdig darauf vertrauen, dass seine Altersversorgung in dem Maß nach dem ursprünglich zugesagten Bemessungsfaktor dynamisiert wird, in dem er seine Gegenleistung erbracht hat. Er hat einen entsprechenden Anteil an der versprochenen Entwicklung des Ruhegehalts bereits erworben. Dieses Vertrauen auf den Fortbestand des erdienten Teils der ursprünglich zugesagten dienstzeitunabhängigen Dynamik ist jedoch weniger stark geschützt als der nach § 2 Abs. 1 BetrAVG zu errechnende erdiente Teilbetrag.

Dies folgt bereits aus der gesetzlichen Wertung. Soweit der erdiente Teilbetrag der unverfallbaren Anwartschaft entspricht[111], unterfällt er dem Schutz der Unverfallbarkeits- und Insolvenzsicherungsvorschriften[112].

Der Anerkennung einer solche erdienten Dynamik als eigener Besitzstand steht auch nicht § 2 Abs. 5 BetrAVG entgegen. Der Anwendungsbereich dieser Vorschrift ist speziell auf die Institute der Unverfallbarkeit und des gesetzlichen Insolvenzschutzes zugeschnitten. Sie dient dem Interesse an Rechtsklarheit im Falle des Ausscheidens eines Arbeitnehmers[113]. Wird eine Versorgungszusage gekürzt, besteht keine Notwendigkeit für eine schnelle und problemlose Feststellung der Höhe des erdienten Teilbetrags. Spätere Veränderungen der Bemessungsgrundlage können für die Bestimmung der Besitzstandsstufen unschwer berücksichtigt werden[114]. Auf Fragen der Abänderbarkeit von Versorgungszusagen findet er keine analoge Anwendung.

Das Interesse eines Arbeitnehmers an der Aufrechterhaltung eines dynamischen Bemessungsfaktors ist also ebenfalls insoweit schutzwürdig, wie er seine Gegenleistung anteilig erbracht hat. Der nach dem m/n-tel Verfahren zu berechnende, erdiente Umfang der dienstzeitunabhängigen Dynamik ist geschützt[115]. Der Arbeitnehmer erbringt seine Betriebstreue auch als Gegenleistung dafür, dass seine Versorgung bis zum Versorgungsfall nach dem ursprünglich zugesagten Berechnungsfaktor anwächst. Mit steigender Betriebstreue erwirbt er damit anteilig schutzwürdiges Vertrauen auf die Aufrechterhaltung der Bemessungsfaktoren.

---

[110] So z.B. BAG vom 11.12.2001 – 3 AZR 128/01, DB 2003, 214 = AP Nr. 43 zu § 1 BetrAVG Unterstützungskassen unter I. 1. der Gründe.

[111] Siehe oben S. 172.

[112] BAG vom 17.04.1985 – 3 AZR 72/83, DB 1986, 228 = AP Nr. 4 zu § 1 BetrAVG Unterstützungskassen unter B. II. 3. c) (3) der Gründe.

[113] BegrRegE BetrAVG, BT-Drucks. 7/1281 S. 27.

[114] Wie hier *Steinmeyer* S. 107.

[115] BAG vom 17.04.1985 – 3 AZR 72/83, DB 1986, 228 = AP Nr. 4 zu § 1 BetrAVG Unterstützungskassen unter B. II. 3. c) (2) der Gründe; a.A. *Höfer* ART Rn 470, der die gesamte Dynamik aufrechterhalten will, mit der Folge, dass der auf der ersten Stufe geschützte Besitzstandswert, der auf den Änderungsstichtag festgeschrieben ist, der zugesagten Dynamik entsprechend ständig angehoben wird.

Spätere Anstiege der Versorgungshöhe durch Gehaltssteigerungen sind damit in dem Umfang bereits erdient, der dem Anteil an dem variablen Berechnungsfaktor entspricht, den der Arbeitnehmer durch seine Betriebstreue bis zum Zeitpunkt der Zusagekürzung erdient hat[116]. Wie das BAG in jüngeren Entscheidungen anschaulich ausdrückt, ist bei endgehaltsbezogenen Versorgungszusagen auch die Einhaltung des Versprechens, dass sich der aus dem erdienten Prozentsatz des Arbeitseinkommens ergebende anteilige Anspruch entsprechend der den eigenen Lebensstandard bestimmenden Gehaltsentwicklung bis zum Ausscheiden des Arbeitnehmers entwickeln wird, Teil der Vergütung für die bereits zurückgelegte Beschäftigungszeit[117].

Eine zweite Besitzstandsstufe gibt es also nur bei dienstzeitunabhängigen dynamischen Leistungsplänen[118], bei denen der Versorgungsbedarf des Arbeitnehmers zusätzlich zur Vergütung der Betriebstreue flexibel an den Lebensstandard angepasst werden soll[119]. Rein dienstzeitabhängige Bemessungsmethoden dienen hingegen der bloßen Vergütung der Betriebstreue des Arbeitnehmers.

2. Ergebnisorientierte Betrachtungsweise

a. Auffassung des BAG

In neuen Entscheidungen bestimmt das BAG die Eingriffsintensität einer Zusagekürzung an deren wirtschaftlichem Ergebnis[120]. Der Inhalt der Abänderung soll nicht mehr ausschlaggebend für die gekürzte Besitzstandsstufe sein. Die Abänderung eines variablen Berechnungsfaktors soll nur dann bereits im Änderungszeitpunkt einen Eingriff in die zeitanteilig erdiente Dynamik bedeuten, wenn die Versorgungszusage für die Zukunft gänzlich aufgehoben und nur der analog § 2 Abs.1, 5 BetrAVG erdiente Teilbetrag aufrechterhalten wird. Nur dann ist der Eingriff nach dieser Rechtsprechung schon zu diesem Zeitpunkt ausreichend klar erkennbar.

Werden dem Arbeitnehmer gleichzeitig mit der Kürzung des dienstzeitunabhängigen Berechnungsfaktors andere Möglichkeiten zur Steigerung seiner Versorgung eröffnet, dann soll erst bei Beendigung des Arbeitsverhältnisses feststellbar sein, ob durch die Neuregelung in die Besitzstandsstufe der zeitanteilig erdienten Dynamik eingegriffen wurde[121].

Besitzstandswahrung bedeute nicht, dass der Arbeitnehmer Anspruch auf den, anhand der im Ablösungszeitpunkt erdienten Dynamik, bis zu seinem Ausscheiden fortgeschriebenen Besitzstand und zusätzlich auf die Zuwächse nach der neuen Versorgungsordnung habe. Die Besitzstandsstufe der erdienten Dynamik sei erst dann berührt, wenn der Arbeitnehmer im Versorgungsfall nicht zumindest den Betrag oder

---

[116] Vgl. das Beispiel unten auf S. 180 ff.

[117] BAG vom 10.09.2002 – 3 AZR 635/01, DB 2003, 1525= AP Nr. 37 zu § 1 BetrAVG Ablösung; sowie zuletzt BAG vom 18.03.2003 – 3 AZR 221/02, DB 2003, 2794 unter B. II. 2. b) aa) der Gründe.

[118] Allgemein zu dynamischen Zusagen siehe oben S. 29 f.

[119] BAG vom 17.04.1985 – 3 AZR 72/83, DB 1986, 228 = AP Nr. 4 zu § 1 BetrAVG Unterstützungskassen unter B. II. 3. c) (2) der Gründe.

[120] BAG vom 11.12.2001 – 3 AZR 128/01, DB 2003, 214 = AP Nr. 43 zu § 1 BetrAVG Unterstützungskassen I. 2. a) der Gründe; jüngst bestätigt durch BAG vom 10.09.2002- 3 AZR 635/01, DB 2003, 1525 = AP Nr. 37 zu § 1 BetrAVG Ablösung.

[121] BAG vom 11.12.2001 – 3 AZR 128/01, DB 2003, 214 = AP Nr. 43 zu § 1 BetrAVG Unterstützungskassen I. 2. a) der Gründe; jüngst bestätigt durch BAG vom 10.09.2002- 3 AZR 635/01, DB 2003, 1525 = AP Nr. 37 zu § 1 BetrAVG Ablösung und BAG vom 18.03.2003 – 3 AZR 221/02, DB 2003, 2794 unter B. II. 2. b) aa) der Gründe.

Rentenwert erhalte, den er zum Ablösungsstichtag bei Aufrechterhaltung der nach dem ursprünglich zugesagten Berechnungsfaktor ausgerichteten erdienten Dynamik erdient hat[122]. Eine Neuordnung, die dem Arbeitnehmer wirtschaftlich das erhalte, worauf er zum Ablösungsstichtag vertrauen durfte, verletze sein schützenswertes Vertrauen nicht[123].

Folgt man dieser ergebnisbezogenen Betrachtungsweise, muss – falls im Zuge der Kürzung der dienstzeitunabhängigen Dynamik andere Zuwachsmöglichkeiten eröffnet wurden - bei Eintritt des Versorgungsfalls festgestellt werden, ob der zum Zeitpunkt der Ablösung zeitanteilig erdiente Teil der zugesagten Dynamik multipliziert mit dem ruhegehaltsfähigen Endgehalt oder der zum Ablösungsstichtag nach § 2 Abs. 1, 5 BetrAVG erdiente Teilbetrag (1. Besitzstandsstufe) in Addition mit den nach der neuen Versorgungsordnung erdienten Steigerungsbeträgen zu einer insgesamt höheren Versorgungsleistung führt[124]. Die jeweils höhere Versorgung bleibt dem Arbeitnehmer erhalten, falls der Arbeitgeber keine triftigen Gründe für die Ablösung geltend machen kann[125].

b. Bedenken gegen die ergebnisorientierte Betrachtungsweise

aa. Verstoß gegen den arbeitsrechtlichen Gleichbehandlungsgrundsatz

Schumann ist der Ansicht, die ergebnisorientierte Beurteilung der Eingriffsintensität verstoße gegen das arbeitsrechtliche Gleichbehandlungsgebot. Ein Arbeitnehmer, der zum Ablösungsstichtag bereits einen hohen Besitzstand erdient habe und dessen Versorgung deshalb bis zu seinem Ausscheiden kaum noch wachsen werden, erhalte seine Versorgung ausschließlich nach der alten Versorgungsordnung[126]. Im Verhältnis zu Arbeitnehmern, die zum Ablösungsstichtag erst kurzfristig beschäftigt seien oder gar erst nach dem Ablösungsstichtag einträten und damit Versorgungsleistungen für ihre gesamte oder zumindest für ihre überwiegende Betriebstreue nach der neuen Versorgungsregelung erhielten, liege deshalb eine ungerechtfertigte Ungleichbehandlung vor.

Diesen Bedenken tritt das BAG zutreffend mit einem Hinweis auf Sinn und Zweck der Besitzstandswahrung entgegen. Zwar wird bei einigen Arbeitnehmern die Betriebstreue nach dem Ablösungszeitpunkt nicht mehr honoriert. Das Vertrauen der Arbeitnehmer ist jedoch nur hinsichtlich des Fortbestands des Produktes des nach der ursprünglichen Zusage bis zum Ablösungszeitpunkt erdienten Steigerungssatzes und ihres tatsächliche Endgehalts verstärkt, d.h. auf der zweiten Besitzstandsstufe, geschützt. Für einen Eingriff in diesen Teilbetrag bedarf es eines triftigen Grundes.

---

[122] **Beispiel:** X tritt mit Alter 25 in das Unternehmen des Arbeitgebers ein. Feste Altersgrenze ist Alter 65. Die Neuordnung sieht vor, dass bei einer dynamischen Leistungsplanstruktur (0,5 v.H. des ruhegehaltsfähigen Einkommens pro Dienstjahr) die erste Besitzstandsstufe gewahrt bleibt. Für künftige Dienstjahr sollen nach der Neuordnung 10 € pro Dienstjahr als Steigerungsbeträge gewährt werden. Nach dem BAG ist **bei Eintritt des Versorgungsfalls** festzustellen, ob in die bis zum Änderungszeitpunkt erdiente Dynamik eingegriffen worden ist. Das wäre dann der Fall, wenn „erste Besitzstandsstufe + (10 € · Anzahl der verbleibenden Dienstjahre)" weniger wäre als „ruhegehaltsfähiges Einkommen · 0,2 · (Anzahl der zum Änderungszeitpunkt abgeleisteten Dienstjahr : 40)"; Bsp. nach *Kemper* in Kemper/Kisters-Kölkes/Berenz/Bode/Pühler § 1 Rn 252.

[123] BAG vom 10.09.2002 - AZR 635/01, DB 2003, 1525 = AP Nr. 37 zu § 1 BetrAVG Ablösung unter III. 3. b) aa) der Gründe.

[124] Vgl. das Beispiel in Fn 120.

[125] *Schumann* Anm. zu BAG vom 11.12.2001 – 3 AZR 128/01, EWiR 2003, 305, 306.

[126] *Schumann* Anm. zu BAG vom 11.12.2001 – 3 AZR 128/01, EWiR 2003, 305, 306; *ders.* Anm. zu BAG vom 10.09.2002 – 3 AZR 635/01, DB 2003, 1527, 1528.

Nach dem Ablösungszeitpunkt ist nur noch das Vertrauen der Arbeitnehmer darauf geschützt, den bis zum Ablösungsstichtag erdienten, statisch festgeschriebenen Besitzstand sowie die künftigen Steigerungsbeträge nach der neuen Zusage als Betriebsrente zu beziehen. Ein schutzwürdiges Vertrauen der Versorgungsberechtigten darauf, eine „doppelte Steigerung", d.h. die anteilige Dynamik und zusätzlich die Steigerungsbeträge aus der neuen Zusage zu erhalten, existiert nicht[127].

bb. Mangelnde Praktikabilität der ergebnisorientierten Betrachtungsweise

Gegen ein Abstellen auf den Zeitpunkt des Ausscheidens des Arbeitnehmers für die Ermittlung der Eingriffsintensität scheinen Praktikabilitätserwägungen zu sprechen. Kann die Besitzstandsstufe, in die durch die Neuregelung eingegriffen wurde, erst bei Beendigung des Arbeitsverhältnisses ermittelt werden, dann kann auch erst zu diesem Zeitpunkt beurteilt werden, welche Änderungsgründe im Änderungszeitpunkt vorgelegen haben müssten. Eine Neuordnung, die ohne ausreichende Rechtfertigung in den Versorgungsbesitzstand eingreift, ist insgesamt nichtig[128]. Ergibt sich bei Ausscheiden des Arbeitnehmers, dass keine ausreichenden Eingriffsgründe vorlagen, müsste die Neuregelung mithin rückwirkend für unwirksam erklärt werden. Die Versorgung des Arbeitnehmers würde sich dann nach dem Inhalt der alten Zusage bemessen. Jegliche Kalkulationssicherheit für die Arbeitgeber würde hierdurch zerstört.

Dem Arbeitnehmer oder dem Betriebsrat wird es jedoch in aller Regel bereits zum Ablösungsstichtag möglich sein, plausibel darzulegen, inwieweit ein Eingriff in die erdiente Dynamik durch die Neuregelung ernsthaft in Betracht kommt. Das BAG schlägt vor, für diese Fälle eine sofortige gerichtliche Feststellung herbeizuführen, dass dem Begünstigten zumindest das Produkt aus dem bis zum Ablösungsstichtag erdienten Prozentsatz und dem tatsächlichen Endgehalt beim Ausscheiden zustehe[129].

Die Bedenken gegen die Praktikabilität der ergebnisorientierten Betrachtungsweise können auch durch die Aufnahme von Besitzstandsklauseln in die neue Zusage ausgeräumt werden, die dem Arbeitnehmer mindestens den Fortbestand seines erdienten Besitzstandes und der von ihm zeitanteilig erdienten Dynamik garantieren. Auf diese Weise kann das Resultat der ergebnisorientierten Betrachtungsweise privatautonom geregelt und so von vornherein Konfliktpotential innerhalb des Betriebes minimiert werden[130].

cc. Fazit

Die Einführung der ergebnisorientierten Betrachtungsweise ist insgesamt zu begrüßen. Neuordnungen sollten nicht nur wegen ihres Änderungsinhalts strengeren Maßstäben unterzogen werden als möglicherweise im Ergebnis wirtschaftlich schwerer wiegende Eingriffe, die die Zusage auf andere Weise ändern. Besitzstandswahrung

---

[127] BAG vom 11.12.2001 – 3 AZR 128/01, DB 2003, 214 = AP Nr. 43 zu § 1 BetrAVG Unterstützungskassen I. 2. c) bb) der Gründe; zustimmend *Kemper* in Kemper/Kisters-Kölkes/Berenz/Bode/Pühler § 1 Rn 253.

[128] *Schumann*, Unbegrenzter Schutz vor Eingriffen in die zeitanteilig erdiente Dynamik von Versorgungszusagen?, in FS für Ahrend, 1992, S. 221, 222.

[129] BAG vom 11.12.2001 – 3 AZR 128/01, DB 2003, 214 = AP Nr. 43 zu § 1 BetrAVG Unterstützungskassen I. 2. c) cc) der Gründe.

[130] Diese Möglichkeit macht natürlich nur dann Sinn, wenn der Arbeitgeber durch die Neuregelung ein anderes Ziel verfolgt, als Kosten der betrieblichen Altersversorgung zu reduzieren.

bedeutet, dass der Arbeitnehmer, falls der Arbeitgeber keine triftigen Gründe für die Neuordnung geltend machen kann, mit seinem Versorgungsanspruch insgesamt nicht hinter den höchsten Anwartschaftswert zurückfallen darf, auf den er während seines Arbeitsverhältnisses schutzwürdig vertraut[131].

Die ergebnisorientierte Betrachtungsweise kann den Arbeitgebern und den Gerichten die aufwendige Prüfung des Vorliegens triftiger Gründe ersparen, falls bereits im Änderungszeitpunkt erkennbar ist, dass der Arbeitnehmer zum Zeitpunkt seines Ausscheidens trotz Veränderung des variablen Berechnungsfaktors nicht in seinem Besitzstand der zeitanteilig erdienten Dynamik verletzt wird. Sie kann so den mit der Umgestaltung betrieblicher Versorgungswerke zusammenhängenden Verwaltungsaufwand erheblich reduzieren.

Die Arbeitnehmer haben durch die ergebnisorientierte Betrachtung keine Nachteile zu befürchten. Ihre Besitzstände sind in dem Umfang, in dem sie schutzwürdig auf sie vertrauen können, ausreichend geschützt. Bei entsprechender Vertragsgestaltung mittels Besitzstandsklauseln kann die ergebnisorientierte Überprüfung für sie sogar vorteilhafter sein als eine Beurteilung der wirtschaftlichen Situation des Arbeitgebers zum Neuordnungszeitpunkt.

III. Dienstzeitabhängige Zuwächse

Für Zuwächse, die sich aus der weiteren Betriebszugehörigkeit des Arbeitnehmers ergeben (dienstzeitabhängige Steigerungsraten)[132], hat er noch keine Gegenleistung erbracht. Eine Versorgungszusage kann deshalb insoweit für die Zukunft gekürzt werden, ohne dass dem Arbeitnehmer genommen wird, wofür er bereits geleistet hat.

Ihre Grenze finden die Möglichkeiten der zulässigen Einschränkung dienstzeitabhängiger Steigerungsraten am schutzwürdigen Vertrauen der Arbeitnehmer auf den unveränderten Fortbestand der Versorgungszusage. Die Arbeitnehmer sind durch den Grundsatz der *pacta sunt servanda* davor geschützt, dass ihre Versorgungszusagen ohne hinreichenden Grund abgeändert werden[133]. Sie dürfen sich darauf verlassen, dass die Versorgungsregelung nur insoweit abgeändert wird, wie es im Interesse des Betriebes erforderlich und zweckmäßig (sachlich-proportional) ist. Nur in diesem Umfang sind sie dem allgemeinen Lebensrisiko ausgesetzt[134].

---

[131] BAG vom 10.09.2002 - AZR 635/01, DB 2003, 1525 = AP Nr. 37 zu § 1 BetrAVG Ablösung unter III. 3. b) bb) der Gründe.

[132] Z.B. ein jährlich erst zu erdienender Festbetrag oder ein jährlich anzurechnender Prozentsatz eines anderen Faktors, z.B. des Endgehalts. *Steinmeyer* in ErfK Vorbem. BetrAVG Rn 28c spricht irreführend von „Dienstzeitunabhängigen Steigerungsraten". Hier dürfte ein Redaktionsversehen vorliegen.

[133] *Höfer* ART Rn 476 mwN, weist anschaulich daraufhin, dass dieser Schutz des künftig Erdienbaren durchaus nicht selbstverständlich ist. Sonstige Sozialleistungen können durch die jederzeit zulässige Kündigung einer Betriebsvereinbarung (siehe S. 122 f.) ohne Billigkeitskontrolle entfallen.

[134] So auch *Langohr-Plato* Rn 921.

D. Beispiel zur Erläuterung der Besitzstandsstufen

Das folgende Rechenbeispiel verdeutlicht die vom BAG geschaffenen Besitzstandsstufen[135]:

Prämissen:

- Arbeitnehmer X soll pro Dienstjahr 1 v.H. seines ruhegehaltsfähigen Endgehalts erhalten. Seine Versorgung ist der Höhe nach begrenzt auf ein Maximum von 25 v.H. des ruhegehaltsfähigen Endgehalts.
- X ist im Jahr 1970 im Alter von 25 Jahren in das Unternehmen eingetreten.
- Die Versorgungszusage, die X von seinem Arbeitgeber erteilt bekommen hat, wurde im Jahr 1990 neugeordnet. Zu diesem Zeitpunkt hatte der X ein ruhgehaltsfähiges Einkommen iHv 2.000 €.
- Bei Eintritt des Versorgungsfalls im Jahr 2010 (Alter 65) wird X voraussichtlich ein ruhegehaltsfähiges Einkommen iHv 4.000 € haben.

Hieraus ergaben sich zum Zeitpunkt der Neuordnung im Jahr 1990 die folgenden Besitzstandsstufen:

<u>1.Besitzstandsstufe</u>

Während der Dauer seiner Betriebszugehörigkeit hat X 12,5 v.H. seines zum Neuordnungszeitpunkt bezogenen Gehalts als Besitzstand erdient.

Maximal erreichbare Altersrente, gemessen am ruhegehaltsfähigen Gehalt zum Neuordnungszeitpunkt:	2.000 € x 25 v.H. = **500 €**
Verhältnis von tatsächlicher Dienstzeit (m) zu maximal möglicher Dienstzeit (n):	<u>20 Jahre</u> 40 Jahre **= 0,5**
Erdienter Besitzstand zum Neuordnungszeitpunkt (Ratierlicher Anspruch):	500 € x 0,5 **= 250 €** (⇒ 12,5 v.H. des Einkommens zum Neuordnungsstichtag)

---

[135] Das Rechenbeispiel orientiert sich am Beispiel bei *Andresen/Förster/Norbert Rößler/Rühmann* Teil 12 Rn 730.

2. Besitzstandsstufe

Die maximale Zuwachsrate bis zum Eintritt des Versorgungsfalls von 25 v.H. seines Endgehalts hat X zum Neuordnungszeitpunkt ebenfalls bereits zu 50 v.H. erdient. Geschützt ist also der Berechnungsfaktor 12,5 v.H. bezogen auf das ruhegehaltsfähige Endgehalt.

Erdiente Dynamik:	25 v.H. x 0,5 (m/n) **= 12, 5 v.H.**
Damit auf der zweiten Besitzstandsstufe geschützter, zeitanteilig erdienter Teilbetrag der maximal erreichbaren Altersversorgung:	4.000 € x 12,5 v.H. **= 500 €**
Differenz der auf erster und zweiter Stufe geschützten Teilbeträge und damit Höhe des allein auf zweiter Stufe geschützten Teilbetrags:	500 € - 250 € **= 250 €**

3. Besitzstandsstufe

Die Höhe der noch nicht erdienten Zuwachsraten errechnet sich aus der Differenz zwischen der in Aussicht gestellten maximalen Versorgung und dem von den ersten beiden Besitzstandsstufen geschützten Teilbetrag.

Ursprünglich zugesagte maximale Versorgung:	4.000 € x 25 v.H. = **1.000 €**
Dem Schutz der ersten beiden Besitzstandsstufen unterliegt ein Teilbetrag von:	250 € (erdienter Teilbetrag) + 250 € (zeitanteilig erdiente Dynamik) **= 500 €**
Die Differenz und damit die 3. Besitzstandsstufe, der noch nicht erdiente Teilbetrag, beträgt mithin:	1.000 € - 500 € **= 500 €** (⇒ 50 v.H. der ursprünglich zugesagten Versorgung.)

(5-1)

Graphisch stellt sich die Verteilung des Gesamtbesitzstands von 1.000 € auf die einzelnen Besitzstandsstufen wie folgt dar:

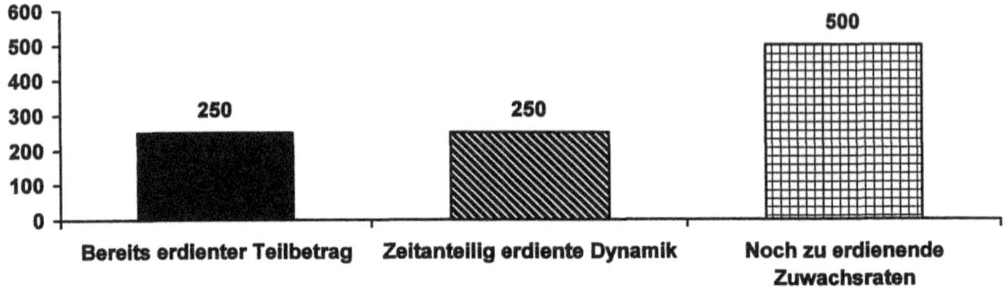

(5-2)

E. Die nach dem Drei-Stufen-Modell zum Eingriff in die Zusage berechtigenden Eingriffsgründe

Die Motive eines Arbeitgebers für die Kürzung einer Versorgungszusage können von ganz unterschiedlichem Gewicht sein. Die Zusagekürzung kann der Abwendung der Insolvenz dienen, sie kann jedoch ebenso lediglich Mittel zur Durchsetzung unternehmenspolitischer Ziele sein. Wie bereits mehrmals ausgeführt, muss der vom Arbeitgeber geltend gemachte Eingriffsgrund – nach den Grundsätzen des Vertrauensschutzes und der Verhältnismäßigkeit - umso gewichtiger sein, je stärker der Besitzstand ist, in den eingegriffen werden soll.

I. Zwingende Gründe

Zwingende Gründe können die umfassendsten Eingriffe in Versorgungsrechte rechtfertigen. Sie sind Voraussetzung für Eingriffe in die erdienten Teilbeträge[136], berechtigen aber selbstverständlich auch zum Eingriff in niedrigere Besitzstandsstufen. Grundsätzlich kann nur das Vorliegen zwingender Gründe einen einseitigen Eingriff des Arbeitgebers in den Besitzstand eines Arbeitnehmers rechtfertigen. Ausnahmen hiervon gelten für betriebliche Altersversorgung, die über eine Unterstützungskasse durchgeführt wird[137] und für die Kündigung einer Betriebsvereinbarung, die beim Vorliegen weniger schwerwiegender Gründe in ihrer Wirkung reduziert wird [138].

Zwingende Gründe sind stets das Ergebnis einer gestörten Geschäftsgrundlage der Versorgungszusage. Eine solche Störung kann insb. eintreten durch eine wirtschaftlichen Notlage des Arbeitgebers[139], grob treuwidriges Verhalten des Arbeitnehmers[140] sowie durch den Eintritt einer planwidrigen Überversorgung im dargestellten Umfang[141].

---

[136] Siehe oben S. 172 f.
[137] Dazu S. 153 f.
[138] Eine Ausnahme gilt auch in dem eher theoretischen Fall einer Änderungskündigung mit der in die Teilbeträge eingegriffen wird, die auf der 2. und/oder 3. Besitzstandsstufe geschützt sind; vgl. S. 120 ff. Zur Kündigung von Betriebsvereinbarungen S. 122 ff.
[139] Dazu umfassend S. 143 ff.
[140] Vgl. oben S. 111 f.
[141] Oben S. 113 f.

Nach dem Wegfall des Sicherungsfalls der wirtschaftlichen Notlage rechtfertigen zwingende Gründe wirtschaftlicher Art (wirtschaftliche Notlage) nur noch Eingriffe in noch nicht insolvenzgeschützte Bestandteile des erdienten Teilbetrages[142]. Ist der erdiente Teilbetrag insolvenzgeschützt, scheidet nach dem Wegfall des Sicherungsfalls der wirtschaftlichen Notlage jeder Eingriff in diese Besitzstandsstufe aus.

II. Triftige Gründe

1. Allgemeines

Triftige Gründe verlangt das BAG, um einen Eingriff in die zweite Besitzstandsstufe – die zeitanteilig erdiente Dynamik[143] – zu rechtfertigen. Der Arbeitgeber kann beim Vorliegen triftiger Gründe z.B. von einem am Endgehalt orientierten Versorgungsversprechen zu einem Festrentensystem übergehen.

Bei der Schaffung des mittleren Eingriffsgrundes „triftiger Grund" hat sich das BAG an der Wortwahl des BVerfG in dessen Entscheidung zur Ablösbarkeit von Unterstützungskassenzusagen in Altfällen[144] angelehnt. Es verwendet die Terminologie im Vergleich zum BVerfG, das in seiner Entscheidung vom 14.01.1987 den sachlichen Grund zu Rechtfertigung einer Zusagekürzung anführt[145], allerdings in umgekehrter Funktion. Nach dem BVerfG bedurfte es eines triftigen Grundes, um einen Eingriff in den erdienten Besitzstand zu rechtfertigen, falls der Arbeitnehmer bereits vor Inkrafttreten das BetrAVG und damit vor Inkrafttreten der Insolvenzvorschriften ausgeschieden war. Sachliche Gründe hingegen sollten erforderlich sein, wenn es um Eingriffe in den erdienten Besitzstand in sog. Übergangsfällen ging[146].

Nach dem Verständnis des BVerfG wiegen triftige Gründe weniger schwer als sachliche Gründe. Sachliche Gründe berechtigen zum Eingriff in eine stärker geschützte Versorgungsposition. Das Drei-Stufen-Modell verwendet die Begriffe in umgekehrter Funktion. Triftige Gründe sind hier im Verhältnis zu sachlich-proportionalen Gründen ein Mehr.

Als triftigen Grund nichtwirtschaftlicher Art hat der Ruhegeldsenat des BAG alle dringenden betrieblichen Bedürfnisse anerkannt, wenn ohne Schmälerung des Gesamtaufwands für die Versorgung Leistungskürzungen durch Leistungsverbesserungen aufgewogen werden, die dazu dienen sollen, eine Verzerrung des Leistungsgefüges zu beseitigen[147].

---

[142] Dazu umfassend S. 143 ff.

[143] Zu Inhalt und Grenzen der zweiten Besitzstandsstufe siehe oben S. 174 ff.

[144] BVerfG vom 19.10.1983 - 2 BvR 298/81, BVerfGE 65, 196 = DB 1984, 190 = AP Nr. 2 zu § 1 BetrAVG Unterstützungskassen; umfassend dazu oben S. 161.

[145] BVerfG vom 14.01.1987 - 1 BvR 1052/79, BVerfGE 74, 129 = DB 1987, 638 = AP Nr. 11 zu § 1 BetrAVG Unterstützungskassen; siehe dazu oben S. 162 ff.

[146] BVerfG vom 14.01.1987 - 1 BvR 1052/79, BVerfGE 74, 129 = DB 1987, 638 = AP Nr. 11 zu § 1 BetrAVG Unterstützungskassen.

[147] BAG vom 11.09.1990 – 3 AZR 380/89, DB 1991, 503 = AP Nr. 8 zu § 1 BetrAVG Besitzstand; bestätigt durch BAG vom 07.07.1992 – 3 AZR 522/91, DB 1992, 2451 = AP Nr. 11 zu § 1 BetrAVG Besitzstand. Kein triftiger Grund soll der Wunsch des Arbeitgebers nach einer Abkoppelung der Betriebsrente von der Sozialversicherung im Rahmen sog. Gesamtversorgungssysteme sein; BAG vom 17.03.1987 - 3 AZR 64/84, DB 1987, 1639 = AP Nr. 9 zu § 1 BetrAVG Ablösung; vgl. zur planwidrigen Überversorgung, die ein zwingender Grund iSd Drei-Stufen-Modells sein kann S. 113 ff.

2. Triftige Gründe wirtschaftlicher Art

Den Inhalt triftiger Gründe wirtschaftlicher Art, die zum Eingriff in die zweite Besitzstandsstufe berechtigen, hat die Rechtsprechung bislang nicht detailliert definiert. Das BVerfG hatte lediglich deutlich gemacht, dass ein triftiger Grund wirtschaftlicher Art weniger schwer wiegt als eine wirtschaftliche Notlage[148]. Seine Untergrenze findet das Gewicht eines triftigen Grundes durch die Anforderungen an kürzende Eingriffe in die dritte Besitzstandsstufe, für die sachlich-proportionale Gründe wirtschaftlicher Art ausreichen.

Die Auslegung des unbestimmten Rechtsbegriffs „triftiger Grund" muss sich an dem jeweiligen Rechtsverhältnis in dem der Begriff verwendet wird und an den sich anschließenden Rechtsfolgen orientieren. Der triftige Grund iSd Drei-Stufen-Modells bestimmt sich mithin aus einer Abwägung der unternehmerischen Entscheidungsfreiheit des Arbeitgebers mit den Schutzinteressen der Arbeitnehmer. Die Schutzinteressen der Arbeitnehmer überwiegen die Interessen des Arbeitgebers an der freien Führung seiner Unternehmung, solange der Arbeitgeber keine eigenen Interessen ins Feld führen kann, die einen triftigen Grund darstellen.

Auf Unternehmensseite hat sich das BAG zur Bestimmung des triftigen Grundes wirtschaftlicher Art an seiner Rechtsprechung zur wirtschaftlichen Lage des Arbeitgebers iSd § 16 BetrAVG angelehnt[149]. Ein triftiger Grund soll dann anzunehmen sein, wenn sich die wirtschaftliche Lage des Arbeitgebers so verschlechtert hat, dass ein unverändertes Fortbestehen der bisherigen Versorgungsregelung eine langfristige Substanzgefährdung des Unternehmens mit sich bringen würde. Hiervon soll auszugehen sein, wenn die Versorgungsverbindlichkeiten voraussichtlich nicht aus den Erträgen und den Wertzuwächsen des Unternehmens finanziert werden können, so dass eine die Entwicklung des Unternehmens beeinträchtigende Substanzaufzehrung droht[150]. Dabei sollen die zu § 16 BetrAVG vom Senat entwickelten Regeln, bei deren Erfüllung eine Anpassung der laufenden Betriebsrenten aufgrund der wirtschaftlichen Lage des Arbeitgebers verweigert werden kann, als Orientierungsmaßstab dienen[151].

Entscheidend ist also die Frage, ob dem Versorgungsschuldner im Interesse einer gesunden wirtschaftlichen Entwicklung seines Unternehmens eine Entlastung im Bereich der Versorgungsverbindlichkeiten verwehrt werden darf[152]. Richtigerweise erkennt das BAG, dass es zur Beantwortung dieser Frage – ebenso wie zur Beantwortung der Frage nach dem Vorliegen einer wirtschaftlichen Lage, die eine Anpassung nach § 16 BetrAVG verzichtbar macht[153] - einer sachkundig erstellten Prognose bedarf[154].

---

[148] BVerfG vom 19.10.1983 - 2 BvR 298/81, BVerfGE 65, 196 = DB 1984, 190 = AP Nr. 2 zu § 1 BetrAVG Unterstützungskassen; siehe dazu oben S. 161.

[149] BAG vom 05.06.1984 - 3 AZR 33/84, DB 1984, 2461 = AP Nr. 3 zu § 1 BetrAVG Unterstützungskassen.

[150] BAG vom 11.12.2001 – 3 AZR 512/00, DB 2003, 293 = AP Nr. 36 zu § 1 BetrAVG Ablösung unter II. 1. der Gründe.

[151] BAG vom 18.04.1989 – 3 AZR 299/87, DB 1989, 1876 = AP Nr. 23 zu § 1 BetrAVG Unterstützungskassen und BAG vom 17.11.1992 – 3 AZR 76/92, DB 1993, 1241 = AP Nr. 13 zu § 1 BetrAVG.

[152] BAG vom 18.04.1989 – 3 AZR 299/87, DB 1989, 1876 = AP Nr. 23 zu § 1 BetrAVG Unterstützungskassen.

[153] Dazu ausführlich S. 73 ff. und S. 87 ff.

[154] BAG vom 11.12.2001 – 3 AZR 512/00, DB 2003, 293 = AP Nr. 36 zu § 1 BetrAVG Ablösung unter II. 3. b) aa) der Gründe; BAG vom 11.12.2001 – 3 AZR 128/01, DB 2003, 214 = AP Nr. 43 zu § 1 BetrAVG Unterstützungskassen unter I. 3. b) aa) der Gründe.

III. Sachlich-Proportionale Gründe

Eine Kürzung der noch nicht erdienten Steigerungsbeträge, kann durch sachlich-proportionale Gründe gerechtfertigt werden. Bei volldynamischen Versorgungszusagen[155] rechtfertigen sachlich-proportionale Gründe auch einen Eingriff in die Dynamik laufender Versorgungsleistungen bis zu den in § 16 BetrAVG festgeschriebenen Steigerungsraten[156].

Das im „sachlich-proportionalen" Grund enthaltene Element der Proportionalität verdeutlicht, dass der Anlass für den Eingriff in einem vernünftigen Verhältnis zur Eingriffsintensität stehen muss. Die angeführten sachlichen Gründe müssen also umso schwerwiegender sein, je stärker in den noch nicht erdienten Teilbetrag eingegriffen wird.

Sachlich-proportional sind alle willkürfreien, nachvollziehbaren und anerkennenswerten Motive[157]. Eine wirtschaftlich ungünstige Entwicklung des Gesamtunternehmens kommt hierfür ebenso in Betracht wie eine Entwicklung der betrieblichen Altersversorgung als Bestandteil des sozialen Sicherungssystems in Deutschland allgemein oder des konkreten betrieblichen Versorgungswerks, die eine nachvollziehbare Entscheidung zur Umstrukturierung des Versorgungswerks erforderlich macht[158]. Sachlich-proportionale Gründe liegen beispielsweise bei einer wirtschaftlichen Schlechtlage des Arbeitgebers unterhalb der Schwelle zum zwingenden oder triftigen Grund vor, die eine Kostenreduzierung erforderlich macht[159].

Sind die vorgebrachten sachlich-proportionalen Gründe wirtschaftlicher Natur, dann muss der Arbeitgeber seine wirtschaftlichen Schwierigkeiten transparent darlegen und das Unterlassen anderweitiger, weniger belastender Sanierungsmöglichkeiten plausibel erläutern[160].

IV. Die Geltendmachung von Eingriffsgründen im Konzernverbund

Gerät ein Konzern in wirtschaftliche Schwierigkeiten, dann können grundsätzlich nur die Unternehmen kürzend in die von ihnen erteilten Versorgungszusagen eingreifen, die sich selbst in wirtschaftlichen Schwierigkeiten befinden. Wirtschaftliche gesunde Tochtergesellschaften können ihre Versorgungslasten nicht allein deshalb vermindern, weil ein Beherrschungs- und Gewinnabführungsvertrag mit einer notleidenden Mutter besteht. Etwas anderes gilt hier nur, wenn das Konzernverhältnis dergestalt ist, die Tochter bei Konkurs oder Liquidation der Mutter nicht lebensfähig wäre. Dies kann sich insb. aus einer sehr engen wirtschaftlichen Verflechtung mit der Mutter er-

---

155 BAG vom 16.07.1996 – 3 AZR 398/95, DB 1997, 631 = AP Nr. 21 zu § 1 BetrAVG Ablösung unter II. 2. der Gründe und BAG vom 27.08.1996 – 3 AZR 466/95, DB 1997, 633 = AP Nr. 22 zu § 1 BetrAVG Ablösung.

156 Siehe S. 65.

157 BAG vom 17.04.1985 – 3 AZR 72/83, DB 1986, 228 = AP Nr. 4 zu § 1 BetrAVG Unterstützungskassen unter B. II. 3. c) (3) der Gründe. Eine detaillierte Darstellung möglicher sachlich-proportionaler Gründe findet sich bei *Blomeyer/Otto* Anh § 1 Rn 528 ff.

158 BAG vom 11.05.1999 – 3 AZR 21/98, DB 2000, 525 = AP Nr. 6 zu § 1 BetrAVG Betriebsvereinbarung.

159 Siehe BAG vom 18.09.2001 – 3 AZR 728/00, DB 2002, 1114 = AP Nr. 34 zu § 1 BetrAVG Ablösung unter II. 2. b) bb) (2) (a) der Gründe.

160 BAG vom 18.09.2001 – 3 AZR 728/00, DB 2002, 1114 = AP Nr. 34 zu § 1 BetrAVG Ablösung unter II. 2. c) bb) (2) (c) der Gründe

geben[161]. Ohne Bedeutung ist das Gewicht der wirtschaftlichen Schlechtlage der Muttergesellschaft.

F. Kritische Betrachtung des Drei-Stufen-Modells

Der vom BAG geschaffene dreifach abgestufte Besitzstandsschutz ist vielfach kritisiert worden. Vor allem die Einführung der zweiten Besitzstandsstufe wird als fehlerhaft oder gar überflüssig angesehen. Vorgebracht wird u.a., der Arbeitnehmer könne mit seiner Betriebstreue über den bis zum Zeitpunkt der Zusageänderung zeitanteilig erdienten Teilbetrag hinaus nicht auch die auf den fraglichen Zeitraum entfallende Dynamik, bezogen auf sein Endgehalt, erdient haben. In der Vergangenheit könne nichts erdient werden, auf dessen Realisierung in der Zukunft kein Anspruch, sondern lediglich eine Hoffnung bestehe[162]. Das BAG hat die Bedenken der Literatur zur Kenntnis genommen, aber trotzdem seine Rechtsprechung wiederholt bestätigt[163].

In der Tat leuchtet es nicht direkt ein, einen Teilbetrag stärker als sonstige Zuwächse zu schützen und ihm einen Vermögenswert beizumessen, dessen Bemessungsgrundlage (z.B. Endgehalt) zu dem Zeitpunkt, zu dem der Teilbetrag zu bestimmen ist (Änderungszeitpunkt), meist noch nicht absehbar ist. Ob und wie sich das Gehalt des Arbeitnehmers nach dem Änderungsstichtag entwickelt, hängt von vielen unsicheren Einflüssen ab. Die voraussichtliche Höhe des Endgehalts kann deshalb im Änderungszeitpunkt nur geschätzt werden. Eine bestimmte Summe, die eines höheren Schutzes bedarf als die noch zu erdienenden Zuwachsraten, kann daher nur schwer, mittels unsicherer Prognoserechnungen, festgestellt werden.

I. Die Kritik Blomeyers am dreistufigen Besitzstandsschutz

Blomeyer kritisiert, durch den Schutz der erdienten Dynamik würden solche Steigerungsraten, die sich aus Faktoren ohne Bezug zur Betriebszugehörigkeit ergäben, ungerechtfertigt gegenüber solchen Steigerungen bevorteilt, die unmittelbar von der Betriebstreue des Arbeitnehmers abhängig seien. Eine solche Ungleichbehandlung widerspreche dem Entgeltcharakter der betrieblichen Altersversorgung[164].

Gehaltssteigerungen würden entgegen der Ansicht des BAG nicht stets der Anpassung an einen allgemeinen Lebensstandard dienen. Häufig ergäben sie sich, weil der Arbeitnehmer höher qualifizierte Tätigkeiten übernehme. Es handele sich insoweit um eine höchstpersönliche, individuelle Dynamik, die der Arbeitnehmer zum Ablösungsstichtag noch gar nicht erdient haben könne[165].

---

[161] Vgl. BAG vom 25.01.2000 – 3 AZR 853/98, DB 2000, 326 und BAG vom 25.01.2000 – 3 AZR 862/98, nicht amtlich veröffentlicht.

[162] Statt vieler *Schumann*, Unbegrenzter Schutz vor Eingriffen in die zeitanteilig erdiente Dynamik von Versorgungszusagen?, in FS für Ahrend, 1992, S. 221, 224 f.; ebenso *Steinmeyer* S. 107 f.

[163] Z.B. BAG vom 17.03.1987 – 3 AZR 64/84, DB 1987, 1639 = AP Nr. 9 zu § 1 BetrAVG Ablösung; BAG vom 18.04.1989 – 3 AZR 299/87, DB 1989, 1876 = AP Nr. 23 zu § 1 BetrAVG Unterstützungskassen, wo das BAG jedoch zumindest den Maßstab für den triftigen Grund ein wenig von der wirtschaftlichen Lage iSd § 16 BetrAVG gelöst hat.

[164] *Blomeyer* Anm. zu BAG vom 17.04.1985 – 3 AZR 72/83 und vom 23.04.1985 – 3 AZR 194/83, SAE 1986, 98, 100.

[165] *Blomeyer* Anm. zu BAG vom 17.04.1985 – 3 AZR 72/83 und vom 23.04.1985 – 3 AZR 194/83, SAE 1986, 98, 100 f. Im Ergebnis begrüßt *Blomeyer* die Entscheidung des BAG „trotz ihrer Unsauberkeiten". Dem tritt *Loritz*, Die Änderung betrieblicher Versorgungszusagen und die verfassungsrechtlichen Fragen zum Schutz der sog. erdienten Dynamik, ZfA 1989, 1, 23 entschieden entgegen.

Zusätzlich beständen rechtspolitische Bedenken. Dynamische Versorgungsregelungen würden für die Unternehmen noch gefährlicher[166]. *Blomeyer* befürchtet eine Flucht aus der Anwartschaftsdynamik aufgrund der erschwerten Einschränkungsmöglichkeiten[167].

II. Loritz Kritik am Drei-Stufen-Modell

Loritz ist der Ansicht, das dreistufige Besitzstandsmodell schenke dem Vertrauensschutz des Unternehmers nicht ausreichend Beachtung[168]. Zusätzlich sieht auch er kein schutzwürdiges Vertrauen des Arbeitnehmers auf eine Anpassung der Versorgungshöhe an den Lebensstandard[169].

Ferner habe das BAG die Ausführungen des BVerfG falsch verstanden. Das BVerfG habe das BAG nicht auffordern wollen, den eingeschlagenen Weg der Einschränkung von Zusagekürzungen weiterzuverfolgen. Diese Entwicklung sollte vielmehr eingedämmt werden[170]. Das BVerfG habe dem Arbeitgeber erweiterte Kürzungsmöglichkeiten zur Verfügung stellen wollen. Es verstoße deshalb gegen den Geist der verfassungsrechtlichen Rechtsprechung, wenn das BAG den einen Teil der Entscheidungen des BVerfG, die Umdeutung des Freiwilligkeitsvorbehalts bei Unterstützungskassenzusagen in ein an sachliche Gründe gebundenes Widerrufsrecht, unreflektiert als Bestätigung seiner Rechtsprechung nehme[171], den anderen Teil hingegen, die Erweiterung der Möglichkeiten des Arbeitgebers zur Einschränkung und zum Widerruf von Versorgungszusagen, möglichst auszuhöhlen suche, indem es immer neue Argumente ersinne, warum gerade in dieser oder jener konkreten Konstellation trotz der verfassungsgerichtlichen Rechtsprechung ein Widerruf bzw. eine Kürzung rechtswidrig sei[172].

Die Rechtsprechung des BAG sei auch darüber hinaus mit dem Grundsatz der Verhältnismäßigkeit unvereinbar[173]. Die Schaffung des Besitzstandes der zeitanteilig erdienten Dynamik habe einzig die Position der Arbeitnehmer mit erdienter Dynamik verbessert. Nur, wenn dies Zweck der Rechtsprechung des BAG gewesen sei, könne man auch von der Erforderlichkeit der Rechtsprechung als Voraussetzung für deren Verhältnismäßigkeit ausgehen. Ein solcher Zweck der einseitigen Bevorteilung bestimmter Arbeitnehmergruppen widerspreche aber dem Verständnis des Arbeits-

---

[166] *Blomeyer,* Rechtliche Kriterien für die Unternehmensbewertung im Rahmen der betrieblichen Altersversorgung, RdA 1986, 70, 81; ebenso *Loritz*, Die Änderung betrieblicher Versorgungszusagen und die verfassungsrechtlichen Fragen zum Schutz der sog. erdienten Dynamik, ZfA 1989, 1, 10.

[167] *Blomeyer,* Rechtliche Kriterien für die Unternehmensbewertung im Rahmen der betrieblichen Altersversorgung, RdA 1986, 70, 81.

[168] *Loritz*, Die Änderung betrieblicher Versorgungszusagen und die verfassungsrechtlichen Fragen zum Schutz der sog. erdienten Dynamik, ZfA 1989, 1, 30 ff.

[169] *Loritz*, Die Änderung betrieblicher Versorgungszusagen und die verfassungsrechtlichen Fragen zum Schutz der sog. erdienten Dynamik, ZfA 1989, 1, 13 und 14; *ders.* Anm. zu BAG AP Nr. 4 zu § 1 BetrAVG Unterstützungskassen unter III. mit Verweis auf *Sieg* Anm. zu BAG vom 05.06.1984 – 3 AZR 33/84, SAE 1985, 7, 8. *Herschel* Anm. zu BAG vom 19.07.1983 – 3 AZR 250/81, SAE 1984, 71, 72 spricht gar von einer „Euphorie der Vertrauenshaftung".

[170] *Loritz* Anm. zu BAG AP Nr. 4 zu § 1 BetrAVG Unterstützungskassen unter III. Ebenso *Blomeyer* Anm. zu BAG vom 17.04.1985 – 3 AZR 72/83 und vom 23.04.1985 – 3 AZR 194/83, SAE 1986, 98, 100.

[171] BAG vom 05.06.1984 - 3 AZR 33/84, DB 1984, 2461 = AP Nr. 3 zu § 1 BetrAVG Unterstützungskassen unter IV. 1. der Gründe.

[172] *Loritz*, Die Änderung betrieblicher Versorgungszusagen und die verfassungsrechtlichen Fragen zum Schutz der sog. erdienten Dynamik, ZfA 1989, 1, 22 f.

[173] So auch *Schumann*, Wie sicher ist die Betriebsrente?, DB 1990, 2165, 2166.

rechts als Recht des Interessenausgleichs, das nicht der einseitigen Verbesserung der Arbeitnehmerposition dienen soll[174].

Solange die Gehaltssteigerung und damit der Anstieg der Berechnungsfaktors nicht realisiert sei, stellten künftige Steigerungen bloße Erwerbsaussichten des Arbeitnehmers dar. Da der Lohn als Grundlage der Berechnung ungewiss sei und auf eine Lohnsteigerung keinerlei Anspruch, Anwartschaft oder in sonstiger Weise rechtlich gesicherte Position bestehe, sei es eine reine Fiktion, eine schützenswerte Position anzunehmen, die auf der künftigen Lohnhöhe aufbaue[175]. Gerade wegen der Unsicherheit der Lohnentwicklung dürfe man dem Verpflichteten nicht die Möglichkeit nehmen, sich durch Klauseln abzusichern, die der unbestimmten Verpflichtung das unkalkulierbare Risiko nähmen.

III. Die Ansicht von Hanau/Preis

Hanau/Preis wollen den dreistufigen Besitzstandsschutz lediglich einschränkend verstanden wissen. Dem Arbeitnehmer sei ursprünglich eine Rentenberechnung auf der Grundlage des ruhegehaltsfähigen Endgehalts zugesagt worden. Auch hinsichtlich einer solchen Zusage könne ein schutzwürdiger Vertrauenstatbestand zu bejahen sein. Der Arbeitnehmer habe in der Vergangenheit in der berechtigten Erwartung gearbeitet, sein Anwartschaftswert werde dynamisiert[176].

Die Rechtsprechung des BAG sei aber durchgreifenden Bedenken ausgesetzt, wenn sie jede dienstzeitunabhängige Dynamik pauschal und undifferenziert als zeitanteilig erdient bezeichne. Eine Zusage, die für die Berechnung der Rentenhöhe auf das letzte ruhegehaltsfähige Einkommen vor Eintritt des Versorgungsfalls abstelle, beziehe von Anfang an auch die berufliche Entwicklung des Arbeitnehmers mit ein. Es gehe dabei also nicht allein um die Anpassung der Betriebsrente an den allgemeinen Lebensstandard. Die spätere berufliche Entwicklung sei aber im Zeitpunkt der Neuordnung gerade noch nicht erdient. Im Zeitpunkt der Neuregelung einer Versorgungsordnung stehe nicht fest, ob der betroffene Arbeitnehmer einen weiteren beruflichen Aufstieg im Unternehmen erreichen werde.

Deshalb könnten die Ausführungen des BAG sich vernünftigerweise nur auf das Gehalt beziehen, das der Arbeitnehmer im Zeitpunkt der Änderung einer Ruhegeldordnung beziehe. Nur die Dynamisierung des im Neuordnungszeitpunkt erworbenen Gehaltsniveaus sei bereits erdient. Der Teil der Gehaltsentwicklung, der sich erst aufgrund des leistungsabhängigen beruflichen Anstiegs ergebe, könne erst in Zukunft erdient werden[177]. Eingriffe in diese leistungsabhängige Steigerung des ruhgeldfähigen Einkommens seien deshalb bereits aus sachlich-proportionalen Gründen möglich[178].

Das BAG hat diese Einwände mit dem Hinweis abgelehnt, bei einer dynamischen Versorgungszusage sei dem Arbeitnehmer gerade auch die Teilhabe an der

---

[174] *Loritz*, Die Änderung betrieblicher Versorgungszusagen und die verfassungsrechtlichen Fragen zum Schutz der sog. erdienten Dynamik, ZfA 1989, 1, 24 f.

[175] *Loritz* Anm. zu BAG AP Nr. 4 zu § 1 BetrAVG Unterstützungskassen unter IV; *ders.*, Die Änderung betrieblicher Versorgungszusagen und die verfassungsrechtlichen Fragen zum Schutz der sog. erdienten Dynamik, ZfA 1989, 1, 28.

[176] *Hanau/Preis*, Der Übergang von der Gesamtversorgung zu einer von der Sozialversicherung abgekoppelten Betriebsrente, RdA 1988, 65, 79.

[177] Ebenso *Höfer* ART Rn 473.

[178] *Hanau/Preis*, Der Übergang von der Gesamtversorgung zu einer von der Sozialversicherung abgekoppelten Betriebsrente, RdA 1988, 65, 79 ff. Im Beispiel auf S. 180 ff. würde die Umsetzung dieser Auffassung dazu führen, dass der zweiten Besitzstandsstufe keine eigenständige Bedeutung zukäme.

allgemeinen wirtschaftlichen Entwicklung und dem Ergebnis seiner persönlichen beruflichen Entwicklung zugesagt[179].

IV. Hilgers Ansicht zum dreistufigen Besitzstandsschutz

Hilger verteidigt die Schaffung des Besitzstandes der zeitanteilig erdienten Dynamik. Sie sieht in der zweiten Besitzstandsstufe lediglich eine Ausformung der früheren Grundsätze der Rechtsprechung. Es sei unbillig, das Vertrauen eines Arbeitnehmers, der während eines Teils seines verfügbaren Lebens im Vertrauen auf eine Versorgungszusage Arbeit geleistet und sich eine an seinem Lebensstandard orientierte Rente erdient habe, durch Einschränkung des am Lebensstandard orientierten Berechnungsfaktors zu enttäuschen[180].

V. Entbehrlichkeit einer eigenen Stellungnahme

Schon das Thema der vorliegenden Dissertation macht deutlich, dass der *Verfasser* – trotz teilweise durchaus nachvollziehbarer und vertretbarer Kritik der Literatur an der Schaffung einer Besitzstandsstufe der zeitanteilig erdienten Dynamik im Ergebnis mit dem BAG von der berechtigten Existenz einer solchen Besitzstandsstufe ausgeht. Hingewiesen sei hier nur darauf, dass insbesondere der von *Loritz* vorgebrachten Argumentation, die erdiente Dynamik sei eine reine Fiktion, da zukünftige Gehaltssteigerungen ungewiss seien, durch die vom BAG in jüngeren Entscheidungen vorgenommene ergebnisorientierte Betrachtung der Eingriffsintensität der Boden entzogen ist. Wird auf den Zeitpunkt des Ausscheidens des Arbeitnehmers abgestellt, um zu beurteilen, ob in seine erdiente Dynamik eingegriffen wurde, sind die nach dem Neuordnungszeitpunkt eintretenden Gehaltssteigerungen real geworden.

---

[179] BAG vom 18.04.1989 – 3 AZR 299/87, DB 1989, 1876 = AP Nr. 23 zu § 1 BetrAVG Unterstützungskassen.

[180] *Hilger* Anm. zu BAG vom 17.04.1985 – 3 AZR 72/83, AR-Blattei, BetrAV E 159 unter II. 2.

6. Kapitel: Bedenken gegen die Übertragbarkeit der Rechtsprechung zur wirtschaftlichen Lage des Arbeitgebers iSd § 16 BetrAVG auf den triftigen Grund

A. Allgemeines zu unbestimmten Rechtsbegriffen und ihrer Auslegung

Die Auffassung des BAG, das Vorliegen eines wirtschaftlich bedingten triftigen Grundes, der einen Eingriff in den Besitzstand der zeitanteilig erdienten Dynamik rechtfertigen soll, sei anhand der gleichen Wertungsgesichtpunkte zu bestimmen, die für die Bemessung der wirtschaftlichen Lage des Arbeitgebers iSd § 16 BetrAVG entwickelt wurden, ist im Schrifttum weitreichend kritisiert worden[1]. *Blomeyer/Otto* sehen den Rückgriff auf die wirtschaftliche Lage des Arbeitgebers iSd § 16 BetrAVG für die Bestimmung des triftigen Grundes gar als schlicht „gegriffen" an[2].

Sowohl die wirtschaftliche Lage des Arbeitgebers iSd § 16 BetrAVG als auch der triftige Grund iSd Drei-Stufen-Modells stellen unbestimmte Rechtsbegriffe dar[3]. Beide sollen eine Interessenlage konkretisieren, deren Eintritt dem Arbeitgeber gestattet, ein Anwachsen seiner Versorgungsverpflichtungen einzudämmen. Der exakte Gehalt beider unbestimmter Rechtsbegriffe und damit das Gewicht des Arbeitgeberinteresses, das eine negative Anpassungsentscheidung oder eine Zusagekürzung rechtfertigen kann, ist indes weitgehend ungewiss.

Beide Eingriffsgrenzen werden von sog. normative Rechtsbegriffen bestimmt[4]. Ihre genaue Bedeutung muss deshalb durch eine Wertung aller Gesichtspunkte, die ihren Sinngehalt prägen, bestimmt werden. Vorrangig ist bei dieser Bestimmung des Sinngehalts auf den jeweiligen systematischen Regelungszusammenhang in dem die beiden Begriffe stehen sowie auf die Funktion, die sie innerhalb dieses Zusammenhangs erfüllen, abzustellen.

Die wirtschaftliche Lage des Arbeitgebers begrenzt im Rahmen der gesetzlichen Anpassungsregelung die Pflicht des Arbeitgebers zum Inflationsausgleich. Sie soll - einem Korrektiv gleich[5] - einer Indexierung dieser Anpassungspflicht entgegenwirken. Sie steht im Rahmen der Billigkeitsentscheidung des Arbeitgebers dem Interesse der Versorgungsempfänger an vollem Inflationsausgleich gegenüber. Das billige Ermessen, das das Gesetz dem Arbeitgeber bei seiner Anpassungsentscheidung einräumt, ist vom BAG soweit konkretisiert worden, dass die laufenden Leistungen der Altersversorgung dann nicht an die Entwicklung der Lebenshaltungskosten angepasst werden müssen, wenn der aus der Anpassung resultierende erhöhte Versorgungsaufwand den Arbeitgeber übermäßig belasten würde. Die Anpassungslast muss für den Arbeitgeber also wirtschaftlich verkraftbar sein. Eine solche übermäßi-

---

[1] Siehe z.B. *Blomeyer*, Rechtliche Kriterien für die Unternehmensbewertung im Rahmen der betrieblichen Altersversorgung, RdA 1986, 69, 80 ff.; *ders.*, Anm. zu BAG AP Nr. 16 und 17 zu § 16 BetrAVG; *ders.* Anm. zu BAG vom 17.04.1985 – 3 AZR 72/83 und vom 23.04.1985 – 3 AZR 194/83, SAE 1986, 98, 99; *Schulin*, Anm. zu BAG AP Nr. 3 zu § 1 BetrAVG Unterstützungskassen; *Loritz*, Anm. zu BAG AP Nr. 4 zu § 1 BetrAVG Unterstützungskassen; *ders.*, Die Änderung betrieblicher Versorgungszusagen und die verfassungsrechtlichen Fragen zum Schutz der sog. erdienten Dynamik, ZfA 1989, 1; *Schumann*, Unbegrenzter Schutz vor Eingriffen in die zeitanteilig erdiente Dynamik von Versorgungszusagen?, in FS für Ahrend, 1992, S. 221; *Hilger*, Anm. zu BAG vom 17.04.1985 – 3 AZR 72/83, AR-Blattei, BetrAV E 159; *Andresen/Förster/Norbert Rößler/Rühmann* Teil 12 Rn 613.

[2] *Blomeyer/Otto* Anh § 1 Rn 520.

[3] So zur wirtschaftlichen Lage *Blomeyer/Otto* § 16 Rn 165.

[4] Unterschied: deskriptiver Begriff; vgl. *Engisch* S. 111.

[5] *Blomeyer/Otto* § 16 Rn 166 sprechen von einem „Dämpfungselement".

ge Belastung des Arbeitgebers liegt vor, wenn es ihm nach einer am Anpassungsstichtag zu erstellenden Prognose mit einiger Wahrscheinlichkeit unmöglich sein wird, den durch den Teuerungsausgleich erhöhten Aufwand in der Zeit nach dem Anpassungsstichtag aus den Erträgen des Unternehmens zu leisten[6]. Der Erhaltung der Substanz des Unternehmens als Erwerbsquelle und Ertragsfaktor, ist im Konfliktfall also der Vorzug gegenüber den Interessen der Betriebsrentner an der Anpassung ihrer laufenden Leistungen einzuräumen.

Auch der unbestimmte Rechtsbegriff des triftigen Grundes iSd Drei-Stufen-Modells beschreibt eine wirtschaftliche Situation des Arbeitgebers. Nach der Rechtsprechung liegt ein triftiger Grund vor, wenn die aufgrund einer vom Arbeitgeber zugesagten dienstzeitunabhängigen Dynamik zukünftig wachsenden Versorgungsverbindlichkeiten voraussichtlich nicht aus den Erträgen des Unternehmens finanzierbar sein werden[7]. Der Arbeitgeber darf voraussichtlich nicht in der Lage sein, die bei Aufrechterhaltung der dienstzeitunabhängig nach Maßgabe des im Änderungszeitpunkt erdienten Anteils an der Dynamik ansteigenden Versorgungsverpflichtungen zu finanzieren. Die Belastung, die hieraus folgt, muss demnach unverhältnismäßig hoch sein. Die Gründe des Arbeitgebers, die einen Eingriff rechtfertigen sollen, müssen umso gewichtiger sein, je stärker der Besitzstand des Arbeitnehmers ist, der gekürzt werden soll.

Die Rechtfertigung eines Eingriffs in eine zeitanteilig erdiente Dynamik ist damit das Ergebnis einer Abwägung zwischen Interessen des Arbeitgebers und Interessen der Arbeitnehmer. Der Arbeitgeber will im Rahmen seiner unternehmerischen Entscheidungsfreiheit eine für den wettbewerbsfähigen Fortbestand seines Unternehmens erforderliche Entscheidung treffen. Diese Überlegung gilt unabhängig davon, ob die Zusage mit individual- oder kollektivvertraglichen Mitteln abgeändert werden soll. Die Initiative zur Kürzung einer zeitanteilig erdienten dienstzeitunabhängigen Dynamik geht immer vom Arbeitgeber aus, der entscheidet, es müssten Einsparungen im Bereich der betrieblichen Altersversorgung vorgenommen werden.

Die Arbeitnehmer haben ein Interesse daran, dass ihnen erhalten bleibt, wofür sie bereits ihre Gegenleistung erbracht haben und worauf sie vertraut haben; nämlich auf den Erhalt einer Betriebsrente, deren Höhe sich entsprechend der ursprünglichen Zusage bemisst. Der Begriff des triftigen Grundes bezeichnet die Grenze ab der das grundsätzlich hinter dem Schutz der Besitzstände der Arbeitnehmer zurückstehende Interesse des Arbeitgebers am Eingriff in die zeitanteilig erdiente Dynamik die Arbeitnehmerinteressen ausnahmsweise überwiegt.

Beide unbestimmte Rechtsbegriffe erfüllen also ähnliche Zwecke. Sie beschreiben ähnliche Sachverhalte, nämlich wirtschaftlich schlechte Lagen des Arbeitgebers[8]. Dies ändert freilich nichts daran, dass die Bestimmung ihres Inhalts nach den klassischen Auslegungsmethoden erfolgen muss.

Ein Rechtsbegriff wird ausgelegt, um zu verstehen, was der Begriff in seinem richtig verstanden, im text enthaltenen, aber noch unklaren Sinne besagt. Das aktuelle Verständnis eines Rechtssatzes soll durch seine Auslegung ermittelt werden. Angestrebt wird das Verständnis des objektiven Gehalts einer Norm. Dieser muss im

---

[6] St. Rspr. des BAG vgl. u.a. BAG vom 17.04.1996 – 3 AZR 56/95, DB 1996, 2496 = AP Nr. 35 zu § 16 BetrAVG und BAG vom 23.01.2001 – 3 AZR 287/00, DB 2001, 2507 = AP Nr. 46 zu § 16 BetrAVG. Der vom BAG neben den Erträgen des Unternehmens erwähnte Aspekt des Wertzuwachses des Unternehmens hat keine eigenständige Bedeutung. Siehe S. 74 f.

[7] BAG vom 11.12.2001 - 3 AZR 128/01, DB 2003, 214 = AP Nr. 43 zu § 1 BetrAVG Unterstützungskasse unter I. 1. der Gründe.

[8] *Blomeyer*, Rechtliche Kriterien für die Unternehmensbewertung der betrieblichen Altersversorgung, RdA 1986, 69, 72 spricht hier zutreffend von der Ermittlung einer „Belastungsgrenze“.

Zeitpunkt der Auslegung nicht mehr identisch mit den Vorstellungen der Personen sein, die den Rechtssatz geschaffen haben. Er kann im Laufe der Zeit infolge vielfältiger rechtlicher gesellschaftlicher, technischer und wirtschaftlicher Veränderungen erhebliche Modifikationen erfahren haben[9].

In Literatur und Rechtsprechung finden sich keine dogmatisiert feststehenden Regeln, inwieweit zur Auslegung eines unbestimmten Rechtsbegriffs eine systematisch komparative Auslegung, wie sie das BAG zur Bestimmung des triftigen Grundes anwendet, vorzunehmen ist. Die Entscheidung für die richtige Auslegungsmethode kann niemals abstrakt erfolgen. Sie muss vielmehr konkret-individuell nach Sinn und Zweck des jeweiligen unbestimmten Rechtsbegriffs bestimmt werden.

Regeln unbestimmte Rechtsbegriffe inhaltlich vergleichbare Sachverhalte, dann kann sich dieser Systemzusammenhang zwar auch im Ergebnis der systematischen Auslegung niederschlagen. Die Übertragbarkeit der Auslegungsmaßstäbe zur Bestimmung des einen unbestimmten Rechtsbegriffs auf die inhaltliche Bestimmung des anderen Rechtsbegriffs folgt hieraus aber nicht zwangsläufig.

Für eine nähere Bestimmung des Inhalts des unbestimmten Rechtsbegriffs „triftiger Grund" ist deshalb folgender Reihenfolge zu folgen: Bevor die Übertragbarkeit der Grundsätze zur Bestimmung der wirtschaftlichen Lage des Arbeitgebers iSd § 16 BetrAVG beurteilt werden kann, ist die mögliche Bedeutungsweite beider unbestimmter Rechtsbegriffe zu bestimmen. Hierfür müssen die Begriffe in ihrem eigenen normativen Kontext, d.h. insbesondere im Lichte der Entscheidung auf die sie einwirken – Anpassung auf der einen, Zusagekürzung auf der anderen Seite – und ihrer Funktion, die sie innerhalb dieser Entscheidung ausüben, ausgelegt werden. Es muss der konkrete Zweck- und Sachzusammenhang betrachtet werden, in dem die Begriffe stehen[10]. Von Bedeutung ist hierbei nicht zuletzt die Folge, die aus der jeweiligen von dem unbestimmten Rechtsbegriff beeinflussten Entscheidung resultiert. Der Rechtsanwender muss sich zunächst über den exakten Gehalt eines normativen Rechtsbegriffs klar werden, bevor er zur Begriffsbestimmung zu Mitteln wie der Analogie oder der Übertragung von gleich- oder höherrangigen Wertungen auf den auslegungsbedürftigen Begriff greift. Ansonsten besteht die Gefahr, dass Wertungen auf tatsächlich wertungsmäßig nicht vergleichbare Sachverhalte übertragen werden.

Erst nach einer solchen exakten Begriffsbestimmung kann der eröffnete inhaltliche Rahmen des Begriffs über den konkreten Regelungszusammenhang hinaus auf den anderen Begriff bezogen werden. Dieses Zueinander-Inbeziehung-Setzen dient dazu, aus den Zwecken der unbestimmten Rechtsbegriffe Gemeinsamkeiten und Unterschiede herauszustellen. Erst dieser Vergleichsschritt erlaubt es, die systematische Zulässigkeit der Übertragung der Rechtsprechung zur wirtschaftlichen Lage des Arbeitgebers auf den triftigen Grund iSd Drei-Stufen-Modells zu bewerten.

---

[9] Vgl. zur Diskussion der Methodenlehre um das Ziel der Auslegung (*objektive Theorie* (nach *Radbruch*)): Gegenstand der Auslegung ist das Gesetz selbst, der im Gesetz objektivierte Wille des Gesetzgebers. *Subjektive Theorie:* Gegenstand der Auslegung ist die Ermittlung des Willens des Gesetzgebers, seiner Motive in ihrem geschichtlichen Zusammenhang) *Larenz/Canaris* S. 7 ff., 137 ff.

[10] Siehe dazu die Ausführungen von *Krawietz,* Zur Korrelation von Rechtsfrage und Tatfrage in der Rechtsanwendung, in: Rechtsprechungslehre, 1984, S. 517 ff. Hier insbesondere das Zitat auf S. 527 *„Die mit Hilfe sprachlicher Symbole schriftlich fixierten, in den Worten, Begriffen und Sätzen der Rechtssprache zum Ausdruck gelangenden Rechtsvorschriften enthalten die tatbestandsmäßigen Voraussetzungen und Rechtsfolgen der Rechtsnormen nicht als apriorische, rein normative, erfahrungsunabhängige Entscheidungsprämissen, sondern sie sind und bleiben in ihrem normativen Bedeutungsgehalt vom jeweiligen politischen, wirtschaftlichen und sozialen Kontext abhängig, in dem sie Verwendung finden."*

B. Anzulegende Entscheidungsmaßstäbe

Die Anpassungsprüfung erfordert *de lege lata* eine Entscheidung nach billigem Ermessen. Das gilt trotz des durch die Rechtsprechung stark eingeschränkten Ermessensspielraums für den Arbeitgeber unverändert. Ein Eingriff in die Dynamik muss hingegen einer Inhaltskontrolle anhand des Maßstabs der Verhältnismäßigkeit standhalten.

Aus diesen Entscheidungsmaßstäben lassen sich für das Gewicht der zur Rechtfertigung der jeweiligen Entscheidung erforderlichen Gründe keine Erkenntnisse ableiten. Sowohl das Gebot der Verhältnismäßigkeit als auch der Maßstab billigen Ermessens dienen der Gerechtigkeit im Einzelfall. Es muss deshalb sowohl bei einer Verhältnismäßigkeitsprüfung als auch bei einer Entscheidung nach billigem Ermessen[11] die zugrundeliegende Interessenlage im jeweiligen Einzelfall umfassend wertend betrachtet werden, um die Rechtmäßigkeit der Entscheidung zu überprüfen.

Wenn aber für beide Entscheidungen jeweils eine konkrete wertende Betrachtung der von der Entscheidung betroffenen Interessen erforderlich ist, können die abstrakten Prüfungsmaßstäbe keinen Anhaltspunkt für das Gewicht der für eine rechtmäßige Entscheidung erforderlichen Arbeitgeberinteressen geben. Sie geben damit auch keinen Aufschluss für die Frage der Übertragbarkeit der Grundsätze zur Bestimmung der wirtschaftlichen Lage iSd § 16 BetrAVG auf den triftigen Grund iSd Drei-Stufen-Modells.

C. Bilanzielle Auswirkungen einer positiven Anpassungsentscheidung und der Aufrechterhaltung einer dienstzeitunabhängigen (zeitanteilig erdienten) Dynamik

Sowohl die Anpassung der laufenden Leistungen der betrieblichen Altersversorgung an die Geldentwertung als auch die Aufrechthaltung einer auf variabler Berechnungsgrundlage fußenden Dynamik führen zu einem Anstieg der Rentenverbindlichkeiten des Arbeitgebers. Bildet der Arbeitgeber Pensionsrückstellungen zur Finanzierung der Versorgung – wie in Deutschland nach wie vor regelmäßig[12] -, so beeinflussen Gehaltsentwicklung und positive Anpassungsentscheidung die Höhe seiner Pensionsverpflichtungen und damit auch die Höhe des zurückzustellenden Teil- oder Barwerts. Die daraus resultierenden erhöhten Zuführungen zu den Pensionsrückstellungen wirken sich mindernd auf das Unternehmensergebnis aus.

I. Bilanzielle Auswirkungen der Aufrechterhaltung der zeitanteilig erdienten Dynamik

1. Keine Rückstellungsbildung für künftige Anstiege

Der Arbeitgeber kann weder in der Handels- noch in der Steuerbilanz Rückstellungen für zukünftig ansteigende Pensionsverpflichtungen bilden, solange er die konkrete

---

[11] Eröffnet die Rechtsfolge eines Rechtssatzes dem Rechtsanwender Ermessen, dann ist sein Verhalten nur dann frei von Ermessenfehlern, wenn sein Handeln verhältnismäßig ist. Die Verhältnismäßigkeit ist danach eine Voraussetzung rechtmäßiger Ermessensausübung. Das gilt auch für die Ausübung billigen Ermessens.

[12] Siehe S. 19.

Höhe künftiger Veränderungen der Anwartschaften oder der laufenden Renten noch nicht absehen kann. In der Handelsbilanz kann er einen späteren Anstieg seiner Versorgungsverpflichtungen aber zum Teil auch über eine Reduzierung des Rechnungszinsfusses erfassen[13].

Die zukünftige Inflation und der Produktivitätsfortschritt wirken sich im Normalfall über die Lohn- und Gehaltssteigerungen erst im Zeitablauf auf die Höhe der Verpflichtungen aus. Ohne spätere Gehaltssteigerungen bliebe der Versorgungsanspruch von Arbeitnehmern mit dienstzeitunabhängigen zeitanteilig erdienten Dynamiken unverändert. Wirtschaftlich maßgebendes Ereignis (wertbegründender Umstand) für den Anstieg der Versorgungsverpflichtung ist damit allein die spätere Gehaltssteigerung. Nur sie wirkt sich auf die Höhe des künftig zurückzustellenden Teil- oder Barwerts und der künftigen Zuführungen zur Pensionsrückstellung aus.

Die Entwicklung des Umfangs der Pensionsverpflichtungen für Arbeitnehmer mit dienstzeitunabhängiger Dynamik ist für den Arbeitgeber zum Bilanzstichtag nicht absehbar. Die Höhe der künftigen Pensionsverpflichtungen ist damit zu unbestimmt, um Rückstellungen für die zukünftig erhöhten Verbindlichkeiten bereits zu einem früheren Bilanzstichtag bilden zu können[14].

a. Steuerbilanz

Steuerbilanziell ergibt sich dies aus § 6a Abs. 3 Satz 2 Nr. 1 S. 4 EStG. Nach dieser Vorschrift dürfen Veränderungen der Leistungshöhe für die Kalkulation des Barwerts der künftigen Pensionsleistungen und der Jahresbeträge erst berücksichtigt werden, sobald sie wirksam geworden sind[15]. Deshalb kann der Arbeitgeber zusätzlich zu dem im laufenden Jahr erdienten Normalteil der Rückstellungen nur den Teil steuerlich wirksam zurückstellen, der aufgrund der Lohnsteigerungen im Jahr der Kürzungen anfällt.

Anders zu behandeln sind nur bereits fest vereinbarte Lohn- und Gehaltsseigerungen, die nach Höhe und Zeitpunkt ihres Eintritts am Bilanzstichtag feststehen[16]. Hierzu zählen z.B. rein dienstzeitabhängige Steigerungsbeträge. Diese können bei der Bildung der Pensionsrückstellungen von Anfang an berücksichtigt werden[17].

---

[13] Die Möglichkeit der Reduzierung des Rechnungszinsfusses ist nur für die Handelbilanz eröffnet. Für die Steuerbilanz schreibt § 6a Abs. 3 Satz 3 EStG einen fixen Rechnungszinsfuß iHv 6 v.H. vor. Vgl. zur Vorwegnahme ungewisser späterer Anstiege der Pensionsverpflichtungen: Stellungnahme des HfA des IdW 2/1998, Pensionsverpflichtungen im Jahresabschluss, WPg 1988, S. 403, 404 und *Andresen/Förster/Norbert Rößler/Rühmann* Teil 3 Rn 176; siehe hierzu auch S. 21. Für die steuerrechtliche Rückstellungsfähigkeit der bereits nach Höhe und Zeitpunkt feststehenden Erhöhungen der Pensionsverpflichtungen siehe R 41 Abs. 17 Satz 1 und 2 EStR.

[14] *Thoms–Meyer,* Grundsätze ordnungsmäßiger Bilanzierung für Pensionsrückstellungen, Diss. Münster 1995, S. 87 ff. mit ausführlicher Begründung; *Orthmann,* Betriebliche Altersversorgung im Jahresabschluss nach HGB, US-GAAP und IAS, Diss. Mainz 2003, S. 97; a.A. für die Handelsbilanz: Stellungnahme des HfA des IdW 2/1998, Pensionsverpflichtungen im Jahresabschluss, WPg 1988, S. 403, 404 und *Andresen/Förster/Norbert Rößler/Rühmann* Teil 3 Rn 176; siehe hierzu auch S. 21.

[15] Vgl. *Ahrend/Förster/Norbert Rößler* 2. Teil Rn 248 ff., insb. Rn 249 - 251.

[16] R 41 Abs. 17 Satz 1 und 2 EStR.

[17] So auch *Ahrend/Förster/Norbert Rößler* 2. Teil Rn 242.

b. Handelsbilanz

Gleiches wie für die steuerbilanzielle Rückstellungsbildung gilt wegen des im Handelsbilanzrecht geltenden Stichtagsprinzips[18] grundsätzlich auch handelsbilanziell. Der Arbeitgeber kann die zukünftig durch Gehaltssteigerungen anfallenden Belastungen in der Handelsbilanz jedoch näherungsweise durch eine Reduzierung des für die Bemessung des rückstellungsfähigen Betrags angelegten Rechnungszinsfusses vorwegnehmen, um so eine Verschiebung der Versorgungslasten in die Zukunft zu verhindern[19]. Anders als für die steuerliche Behandlung von Pensionsrückstellungen findet sich im Handelsrecht kein festgeschriebener Rechnungszinsfuß für die Bildung der Pensionsrückstellungen. Der *Hauptfachausschuss des Instituts der Wirtschaftsprüfer* schlägt einen Rechnungszinssatz von ca. 3 – 6 v.H. vor. Ein solcher entspreche den derzeitigen wirtschaftlichen Bedingungen[20].

Nach dem sog. handelsrechtlichen Stichtagsprinzip sind ausschließlich solche Geschäftsvorfälle im Jahresabschluss zu berücksichtigen, die bis zum Bilanzstichtag stattgefunden haben. Maßgeblich für die Bewertung sind die Verhältnisse zum Abschlussstichtag[21]. Nach dem Bilanzstichtag bekannt werdende, verlustbringende Ereignisse sind nur insoweit zu berücksichtigen, als sie vor dem Bilanzstichtag verursacht wurden. Dieses Stichtagsprinzip ist im Bezug auf Erhöhungen der Pensionsverpflichtungen durch spätere Lohn- und Gehaltssteigerungen eng auszulegen. Hierfür spricht insbesondere das Erfordernis einer objektiven Abbildung des wirtschaftlichen Geschehens im Jahresabschluss[22]. Künftige Entwicklungen der Lohnhöhe können zum Bilanzstichtag nur geschätzt werden.

Auch für die handelsbilanzielle Rückstellungsfähigkeit von aufgrund der Lohnentwicklung erhöhten Rentenverbindlichkeiten ist damit entscheidend, ob der Anstieg der Versorgungsverpflichtungen auf Ereignisse vor dem Bilanzstichtag zurückzuführen ist. Nur Gehaltssteigerungen, die bereits am Bilanzstichtag feststehen, können deshalb bei der Berechnung des rückstellungsfähigen Teilwerts und damit auch bei der Kalkulation des künftigen Versorgungsaufwands berücksichtigt werden[23]. Die Auswirkungen, die Gehaltssteigerungen nach dem Bilanzstichtag auf die Höhe der Versorgungsverbindlichkeiten haben, können damit nicht in der Handelsbilanz erfasst werden. Aus der in der Versorgungszusage verankerten Dynamik ergibt sich lediglich eine Wahrscheinlichkeit eines späteren Anstiegs der Versorgungsverbindlichkeit. Wertbegründendes Ereignis ist indes erst der zukünftige Gehaltsanstieg, der zum Bilanzstichtag hinsichtlich seines „Ob" und seines „Wie" ungewiss ist[24].

Auswirkungen auf das Unternehmensergebnis entfalten bis zum Bilanzstichtag ohnehin nur die im zurückliegenden Geschäftsjahr angefallenen Gehaltssteigerun-

---

[18] § 252 Abs. 1 Nr. 3 HGB.

[19] Siehe Stellungnahme des HfA des IdW 2/1998, Pensionsverpflichtungen im Jahresabschluss, WPg 1988, S. 403, 404 und *Andresen/Förster/Norbert Rößler/Rühmann* Teil 3 Rn 177.

[20] Stellungnahme des HfA des IdW 2/1998, Pensionsverpflichtungen im Jahresabschluss, WPg 1988, S. 403, 404.

[21] *Baetge/Kirsch/Thiele* S. 110.

[22] *Baetge/Kirsch/Thiele* S. 105.

[23] *Thoms–Meyer,* Grundsätze ordnungsmäßiger Bilanzierung für Pensionsrückstellungen, Diss. Münster 1995, S. 93; zum Anwartschaftsbarwert näher S. 228.

[24] Wie hier *Thoms–Meyer,* Grundsätze ordnungsmäßiger Bilanzierung für Pensionsrückstellungen, Diss. Münster 1995, S. 87 ff.; *Orthmann,* Betriebliche Altersversorgung im Jahresabschluss nach HGB, US-GAAP und IAS, Diss. Mainz 2003, S. 97; a.A. Stellungnahme des HfA des IdW 2/1998, Pensionsverpflichtungen im Jahresabschluss, WPg 1988, S. 403, 404 und *Andresen/Förster/Norbert Rößler/Rühmann* Teil 3 Rn 176 f. unter Verweis auf das handelsrechtliche Vorsichtsprinzip.

gen. Zukünftige noch unsichere Gehaltssteigerungen haben keinen Einfluss auf die wirtschaftliche Situation des Unternehmens. Schon deshalb können sie nicht in der Handelsbilanz abzubilden sein, die eine Zeitpunktrechnung darstellt. Sie ist reine Momentaufnahme der Wert- und Strukturverhältnisse des bilanzierenden Unternehmens am jeweiligen Abschlussstichtag[25].

2. Gesamtumfang der bilanziellen Auswirkungen

Eine gehaltsbezogene Dynamik belastet das Ergebnis des Arbeitgeberunternehmens also nur in dem Umfang, in dem Gehaltssteigerungen im zurückliegenden Bilanzierungszeitraum die Höhe der geschuldeten Versorgung verändert haben. Der allergrößte Teil der aus der Dynamik resultierenden Ergebnisbelastungen ergibt sich folglich erst im weiteren Zeitablauf. Der Anwartschaftsbarwert steigt in den Jahren bis zum Ausscheiden des Arbeitgebers mit jeder Gehaltssteigerung[26]. Die kurzfristigen Auswirkungen der Aufrechterhaltung einer zeitanteilig erdienten Dynamik auf die Höhe der zu bildenden Pensionsrückstellungen sind deshalb nur gering[27]. Entsprechend gering sind die kurzfristigen, aus ihr resultierenden Belastungen, für den Arbeitgeber.

Gleiches gilt selbstverständlich umgekehrt für die Höhe der Einsparungen, die der Arbeitgeber erzielen kann, falls er sich dafür entscheidet, in die zeitanteilig erdiente Dynamik der Arbeitnehmer einzugreifen. Die kurzfristigen positiven Auswirkungen auf die wirtschaftliche Situation des Unternehmens durch einen Eingriff in die zeitanteilig erdiente dienstzeitunabhängige Dynamik sind folglich im Verhältnis zur Gesamthöhe der durch eine solche Maßnahme langfristig zu erzielenden Einsparungen nur gering. Ein Eingriff in die zeitanteilig erdiente Dynamik eignet sich mithin eher als langfristige Sanierungsmaßnahme.

II. Bilanzielle Auswirkungen einer positiven Anpassungsentscheidung

1. Erhöhung der Pensionsrückstellungen

Passt ein Unternehmen die laufenden Leistungen der betriebliche Altersversorgung an die Geldwertentwicklung an, bilden die nunmehr erhöhte Pensionsverpflichtungen die Grundlage für die Bewertung des zurückzustellenden Rentenbarwerts[28]. Der Barwert der noch zu erbringenden Leistungen[29] erhöht sich entsprechend des Anpassungsumfangs. Wird der Wertverlust der Betriebsrente nur teilweise ausgeglichen, ergibt sich ein entsprechend geringerer Anstieg des zurückzustellenden Barwerts.

Im Gegensatz zu den relativ geringen Belastungen, die durch die Aufrechterhaltung der zeitanteilig erdienten Dynamik kurzfristig anfallen, müssen bei einer Anpas-

---

[25] *Bauch/Oestreicher* S. 78.

[26] Siehe *Blomeyer*, Rechtliche Kriterien für die Unternehmensbewertung der betrieblichen Altersversorgung, RdA 1986, 69, 82; *ders.* Anm. zu BAG vom 17.04.1985 – 3 AZR 72/83 und vom 23.04.1985 – 3 AZR 194/83, SAE 1986, 98, 100.

[27] So *Schumann,* Gestaltungsmöglichkeiten zur Rückführung ausufernder Lasten der betrieblichen Altersversorgung, ZIP 1987, 137, 146; *ders.*, Wie sicher ist die Betriebsrente?, DB 1990, 2165, 2166.

[28] Gem. § 253 Abs. 1 Satz 2 HGB sind Rentenverpflichtungen für die eine Gegenleistung nicht mehr zu erwarten ist, zu ihrem Barwert anzusetzen.

[29] Das ist der auf den Bilanzstichtag abgezinste Wert der nach der biologischen Wahrscheinlichkeit voraussichtlich noch anfallenden Leistungen.

sung bereits im Prüfjahr Rückstellungen für die Gesamtheit der, aus der Anpassungsentscheidung resultierenden, erhöhten Versorgungsverbindlichkeiten für die Zeit bis zum versicherungsmathematisch wahrscheinlichen Ende der Rentenlaufzeit gebildet werden. Der Arbeitgeber kann die Rückstellungssumme nicht auf die Jahre der Ausgabe verteilen. Die Anpassungsentscheidung des Arbeitgebers ist bindend, sie entfaltet streitbeendende Wirkung[30].

2. Keine Berücksichtigung künftiger Anpassungen

Künftige Rentenanpassungen können bei der Rückstellungsbildung jedoch nicht antizipiert werden. Auch hier gilt, dass Wertveränderungen, die auf Ereignisse nach dem Abschlussstichtag zurückzuführen sind, bei der Bewertung der Pensionsverpflichtungen außer Acht zu lassen sind[31]. Allein die Zusageerteilung i.V.m. der Anpassungsprüfungspflicht kann nicht als wertbegründendes Ereignis angesehen werden, selbst wenn die Pflicht zur Anpassungsprüfung bereits mit Zusageerteilung entsteht[32]. Die Höhe des Versorgungsanspruchs und damit der Versorgungsverpflichtung steigt nicht bereits aufgrund des Bestehens einer Verpflichtung des Arbeitgebers zur Anpassungsprüfung. Wertbegründend ist allein die spätere positive Anpassungsentscheidung des Arbeitgebers. Künftige Rentenanpassungen können deshalb bei der Rückstellungsbildung nicht vorweggenommen werden, solange der Arbeitgeber im Rahmen der herkömmlichen Anpassungsprüfungspflicht anpasst.

Entscheidet sich der Arbeitgeber jedoch alternativ dazu, jährlich einen einprozentige Anstieg der Pensionsleistungen zu garantieren[33], so ist in dieser Zusage der geometrischen Anpassung ein wertbegründendes Ereignis bereits zum Stichtag zu sehen. Die zukünftigen Erhöhungen der Pensionsverpflichtungen müssen dann in die Bilanz einfließen und sind der Berechnung des Rentenbarwerts zugrunde zu legen[34].

3. Gesamtumfang der bilanziellen Auswirkungen

Die Anpassung der laufenden Renten führt damit zu einer relativ hohen kurzfristigen Belastung für das Unternehmensergebnis. Der zurückzustellende Rentenbarwert erhöht sich um den vollen durch die Anpassung verursachten Anstieg der Pensionsverpflichtungen. Er wirkt sich bis zum versicherungsmathematisch wahrscheinlichen Ende der Rentenlaufzeit aus[35]. Nur wenn der Arbeitgeber eine geometrische Anpassung gem. § 16 Abs. 3 Nr. 1 BetrAVG zusagt, sind für die Bewertung der Pensionsverpflichtungen auch bereits zukünftige Anpassungen zu berücksichtigen, wodurch der Rentenbarwert zusätzlich erhöht wird.

---

30 Vgl. S. 87.

31 Siehe dazu oben S. 193 ff. und *Thoms-Meyer*, Grundsätze ordnungsmäßiger Bilanzierung für Pensionsrückstellungen, Diss. Münster 1995,S. 87 ff., 128 ff.

32 Vgl. dazu auch S. 32.

33 § 16 Abs. 3 Nr. 1 BetrAVG; vgl. S. 49 ff.

34 Näher dazu *Meier*, Flexibilität und wirtschaftliche Chancen aus der Novellierung des BetrAVG, in Neue Chancen für Betriebsrenten, 1998, S. 93, 107 ff.

35 Durch den Wegfall der Pflicht zur nachholenden Anpassung in § 16 Abs. 3 BetrAVG n.F. hat sich dieser Anpassungsbedarf zwar enorm verringert. Trotzdem übersteigt er die kurzfristige Barwerterhöhung infolge einer endgehaltsbezogenen Dynamik noch immer bei weitem.

III. Zwischenergebnis

Die kurzfristigen positiven Auswirkungen eines Eingriffs in eine dienstzeitunabhängige teilweise erdiente Dynamik auf das Unternehmensergebnis sind gering. Der Anstieg der Versorgungsverpflichtungen infolge des Lohn- und Gehaltsanstiegs wirkt sich auf das Unternehmensergebnis zum allergrößten Teil erst langfristig belastend aus. Dementsprechend langfristig sind die entlastenden Effekte, die ein Unternehmen durch Kürzung dieser Besitzstandsstufe erzielen kann.

Die Bestimmung eines triftigen Grundes, der zur Vornahme einer solchen langfristigen Entlastung berechtigt, muss dieser Langfristigkeit Rechnung tragen. Um zu bestimmen, inwieweit der Arbeitgeber die ansteigenden Versorgungsverpflichtungen wirtschaftlich verkraften kann, kann deshalb grundsätzlich nur eine Belastungsprognose für einen Zeitraum, der den relativ kurzen dreijährigen Prognosezeitraum für die Beurteilung der wirtschaftlichen Lage des Arbeitgebers iSd § 16 BetrAVG übersteigt, zu sinnvollen Ergebnissen führen.

Der Gesamtaufwand, der für den Arbeitgeber entsteht, wenn er eine dienstzeitunabhängige erdiente Dynamik aufrechterhält, kann nur kalkuliert werden, indem die aus der künftigen Gehaltsentwicklung resultierenden Zuführungen zu den Pensionsrückstellungen in den kommenden Jahre bis zum Ausscheiden des letzten Arbeitnehmers mit entsprechender Zusage[36] und der in der Auszahlungsphase durch die erhöhten Ausgaben resultierende Aufwand bis zum Ende des Auszahlungszeitraums für den letzten Arbeitnehmer[37] prognostiziert werden.

Für die Beurteilung der wirtschaftlichen Lage hingegen eignet sich ein Prognosezeitraum von drei Jahren, da bereits nach drei Jahren wieder eine erneute Entscheidung über die Anpassung der laufenden Leistungen ansteht, die auf neue Tatsachen gestützt wird.

D. Wirkungsdauer und -umfang der Entscheidungen

Die Frage, ob eine wirtschaftliche Situation besteht, die eine Kürzung der zeitanteilig erdienten Dynamik verhältnismäßig erscheinen lässt, kann also aufgrund der langfristigen Belastungen, die aus der Dynamik resultieren, nur zukunftsbezogen bestimmt werden.

Eine solche zukunftsorientierte Beurteilung fordert das BAG auch für die Bestimmung der wirtschaftlichen Lage des Arbeitgebers iSd § 16 BetrAVG. Wie oben dargestellt, bestehen indes Bedenken gegen eine Übertragung des Prognosezeitraums von lediglich drei Jahren[38] aufgrund der von einander abweichenden bilanziellen Auswirkungen der Anpassung bzw. der Aufrechterhaltung der erdienten Dynamik. Auch die Folgen beider Entscheidungen für die von der Kürzung betroffenen Personengruppen unterscheiden hinsichtlich der Dauer ihrer Wirkung.

---

[36] Siehe hierzu näher S. 227 f. und S. 250 ff.
[37] Dazu S. 230 f. und S. 253 ff.
[38] Zum Prognosezeitraum bei der wirtschaftlichen Lage iSd § 16 BetrAVG siehe S. 89 und BAG vom 23.04.1985 – 3 AZR 156/83, DB 1985, 1642 = AP Nr. 17 zu § 16 BetrAVG.

I. Auswirkungen einer unterbliebenen Anpassung für die Betriebsrentner

1. Folgen der Aufhebung der Pflicht zur nachholenden Anpassung

Durch den Wegfall der Verpflichtung des Arbeitgebers zur nachholenden Anpassung haben sich die Auswirkungen einer negativen Entscheidung über die Anpassung laufender Leistungen für die Versorgungsempfänger drastisch verlängert[39]. Ist eine Anpassung laufender Leistungen zu Recht unterblieben, so muss die Anpassung entgegen der früheren Rechtslage nicht mehr nachgeholt werden[40]. Die rechtmäßige Entscheidung des Arbeitgebers, keine Anpassung vorzunehmen, wirkt damit endgültig[41]. Der Arbeitgeber muss den unbefriedigt gebliebenen Anpassungsbedarf bei der nächsten Anpassungsentscheidung nicht mehr berücksichtigen. Für die Betriebsrentner besteht bis zum Ende der Versorgungszahlungen keine Aussicht mehr auf Ausgleich dieses Kaufkraftverlustes.

2. Erneute Anpassungsprüfung nach Ablauf des Anpassungszeitraums

Der Arbeitgeber muss aber bereits nach Ablauf des folgenden Anpassungszeitraums von drei Jahren die nächste Anpassungsprüfung durchführen[42]. Auf Grundlage dieser Prüfung muss er unter Berücksichtigung des bis dahin neu aufgelaufenen Anpassungsbedarfs und erneuter Bestimmung seiner wirtschaftlichen Lage, eine von den zurückliegenden Entscheidungen unabhängige Entscheidung über die Anpassung der laufenden Leistungen treffen. Hat sich die wirtschaftliche Lage des Arbeitgebers zwischenzeitlich stabilisiert, kann er nunmehr zur Anpassung verpflichtet sein[43]. Die Versorgungsansprüche der Betriebsrentner wachsen dann entsprechend des Anpassungsumfangs weiter an.

3. Ergebnis

Die Folgen einer ausgebliebenen Anpassung für den einzelnen Betriebsrentner sind damit trotz des Wegfalls der Pflicht zur nachholenden Anpassung relativ gering. Die Höhe der Versorgungsleistungen verringert sich für den Betriebsrentner maximal re-

---

[39] § 16 Abs. 4 BetrAVG stellt klar, dass eine zu Recht unterbliebene Anpassung entgegen der früheren BAG-Rechtsprechung nicht mehr nachgeholt werden muss; ausführlich dazu S. 50.

[40] Vgl. zur alten Rechtslage BAG vom 28.04.1992 – 3 AZR 142/91, DB 1992, 2401 = AP Nr. 24 zu § 16 BetrAVG; BAG vom 28.04.1992 – 3 AZR 256/91, DB 1993, 282 = AP Nr. 26 zu § 16 BetrAVG; BAG vom 28.04.1992 – 3 AZR 244/91, DB 1992, 2403 = AP Nr. 25 zu § 16 BetrAVG; bestätigt durch BAG vom 17.04.1996 – 3 AZR 56/95, DB 1996, 2496 = AP Nr. 35 zu § 16 BetrAVG. Zur Kritik an diesen Entscheidungen siehe u.a. *Matthießen/Norbert Rößler/Rühmann*, Die nachholende Anpassung von Betriebsrenten, DB 1993 Beilage Nr. 5; *Blomeyer*, Die nachholende Betriebsrentenanpassung – eine Entdeckung des BAG oder eine Erfindung?, ZIP 1993, 652; *Höfer* § 16 Rn 3665.5 übt Kritik an der Neufassung des § 16 BetrAVG. Er scheint hierin eine zu starke Bindung der Rechtsprechung zu sehen.

[41] Siehe dazu oben S. 50 f.

[42] § 16 Abs. 1 Satz 1 BetrAVG.

[43] Dieser Schluss ist nicht zwingend, denn auch ein Unternehmen, das nach einer Verlustphase wieder Gewinne erwirtschaftet, kann sich noch in einer wirtschaftlichen Situation befinden, die eine Anpassung nicht zulässt; BAG vom 23.05.2000 – 3 AZR 83/99, DB 2002, 155 = AP Nr. 43 zu § 16 BetrAVG unter II. 2. b) der Gründe. Zu den Voraussetzungen einer wirtschaftlichen Lage, die eine negative Anpassungsentscheidung billig erscheinen lässt, siehe ausführlich S. 71 ff.

lativ um den Verlust der Kaufkraft seiner Betriebsrente im zurückliegenden Prüfungszeitraum. Dieser liegt in der gegenwärtigen Niedriginflationsphase bei lediglich ca. 5 v.H. und dürfte in den seltensten Fällen die Grenze von 10 v.H. übersteigen[44]. Eine absolute Verringerung der Versorgungshöhe, d.h. eine Reduzierung des nominellen Versorgungsbetrags, brauchen die Betriebsrentner nicht zu befürchten. Selbst im Falle einer Deflation würde eine Negativanpassung am Gebot der Billigkeit scheitern[45].

II. Auswirkungen eines Eingriffs in die zeitanteilig erdiente dienstzeitunabhängige Dynamik für die aktiven Arbeitnehmer

Die Kürzung einer zeitanteilig erdienten Dynamik unterscheidet sich hinsichtlich ihrer Wirkungen erheblich von einer negativen Anpassungsentscheidung. Die aktiven Arbeitnehmer werden durch einen solchen Eingriff ungleich schwerer belastet.

1. Endgültige Wirkung der Zusagekürzung

Wird die Versorgungszusage eingeschränkt und kann der Arbeitgeber einen ausreichenden Grund für die Kürzung der Besitzstände geltend machen, dann entfällt die Rechtsgrundlage für die Versorgungsansprüche der Begünstigten. Eine solche Zusagekürzung wirkt endgültig. Die ursprüngliche Zusage entfaltet außerhalb des Geltungsbereichs von Übergangs- und Härteregelungen keine Wirkung mehr[46].

Liegt ein triftiger Grund vor, können die begünstigten Arbeitnehmer nicht mehr die in der ursprünglichen Zusage versprochene Versorgungshöhe erreichen. Ihre Altersversorgung kann bis zu dem Betrag gekürzt werden, den sie zeitanteilig nach dem m/n-tel-Prinzip erdient haben. Im schlimmsten Fall, können sie nach dem Änderungszeitpunkt keinerlei Steigerungen ihrer Versorgungshöhe mehr erzielen.

Anders als bei einer ausgebliebenen Anpassung, wächst die Versorgungshöhe nach einem Eingriff in die zeitanteilig erdiente dienstzeitunabhängige Dynamik regelmäßig nach wenigen Jahren nicht wieder unbeeinflusst von der Entscheidung des Arbeitgebers weiter an. Die Kürzung der Zusage ist in aller Regel endgültig. Ab dem Neuordnungszeitpunkt gelten die Regelungen der neuen Zusage. Dem Arbeitnehmer gehen damit nicht nur die ursprünglich zugesagten Steigerungen für einen begrenzten Zeitraum verloren. Die Versorgungshöhe bleibt auf dem bis zum Änderungszeitpunkt erdienten Niveau stehen. Bestenfalls werden weitere Steigerungen von neuen, für den Arbeitnehmer schlechteren Berechnungsfaktoren abhängig gemacht.

Der wirtschaftliche Verlust beträgt hier für den Arbeitnehmer in aller Regel wesentlich mehr als 10 v.H. seiner zu erwartenden Betriebsrente. Sollte die wirtschaftliche Belastung für den Arbeitnehmer im Einzelfall ausnahmsweise geringer wiegen, was schwer vorstellbar ist, kann dies nichts am grundsätzlichen Gewichtsverhältnis von wirtschaftlicher Lage und triftigem Grund ändern. Entscheidend ist, dass der trif-

---

[44] Im Prüfungszeitraum 1999-2002 lag der Anstieg der Lebenshaltungskosten bei 4,9 v.H. (Jahresindexwert) bzw. 4,8 v.H. (Monatsindexwert). Quelle: *Bode/Grabner/Mayr*, Teuerungsausgleich der Betriebsrenten in 2002, DB 2002, 270, 272.

[45] So bereits oben S. 67.

[46] Vgl. für Betriebsvereinbarungszusagen S. 123 f. sowie für tarifvertragliche Zusagen S. 127. Tarifvertragszusagen entfalten grundsätzlich Nachwirkung, werden aber regelmäßig durch abändernde Tarifverträge ersetzt, die Besitzstandsregelungen enthalten.

tige Grund einen regelmäßig entsprechend schwerer wiegenden Eingriff rechtfertigen soll.

2. Unterschiedliche Auswirkungen für neuere und ältere Arbeitnehmer

Ein Eingriff in die zeitanteilig erdiente endgehaltsbezogene Dynamik belastet speziell die Arbeitnehmer, die zum Änderungszeitpunkt noch am Anfang ihres Erwerbslebens stehen. Ihre erdienten Besitzstände sind gering. Ihnen wird bereits frühzeitig die Chance genommen, die Höhe ihrer Altersversorgung zu steigern. Ihre Chancen und Aussichten auf eine Versorgung in der ursprünglich versprochenen Höhe sind verloren. Sie müssen sich für den größten Teil ihrer Arbeitszeit mit der neuen, schlechteren Versorgungsordnung abfinden. Je nach Inhalt der Neuordnung können sie evtl. zu ihrem erdienten Teilbetrag überhaupt keine Zuwächse mehr hinzu erdienen. Eine erneute Aufstockung der Zusage im Falle des Wegfalls des triftigen Grundes ist ebenfalls unwahrscheinlich.

Auch Arbeitnehmer, die nach der alten Versorgungsordnung bereits hohe Besitzstände erworben haben, werden durch einen Eingriff in die erdiente Dynamik besonders schwer getroffen. Sie können sich in ihrer Versorgungsplanung nicht mehr in gleichem Maße auf die gekürzte Versorgung einstellen, wie Arbeitnehmer, die noch eine längere Dauer der Erwerbstätigkeit vor sich haben[47].

Vergleicht man Arbeitnehmer, die eine identische dienstzeitunabhängige Zusage erteilt bekommen haben und die ein vergleichbares ruhegehaltsfähiges Endgehalt als Bemessungsfaktor erwarten, dann sind die auf der zweiten Besitzstandsstufe geschützten Besitzstände der Arbeitnehmer mit längerer Dauer der Betriebszugehörigkeit höher als diejenigen der Arbeitnehmer, die weniger lang im Unternehmen des Arbeitgebers beschäftigt sind. Bei Vorliegen eines triftigen Grundes haben länger beschäftigte Arbeitnehmer also einen größeren Verlust zu befürchten.

3. Rechenbeispiel

Verändert man in dem Rechenbeispiel auf S. 180 ff. die Ausgangsprämissen dahingehend, dass die Neuordnung nicht erst im Jahre 1990, sondern bereits nach 10jähriger Betriebszugehörigkeit, nämlich 1980 stattfindet und legt man zugleich eine nicht lineare Gehaltsentwicklung zugrunde, die in den Anfangsjahren langsamer ansteigt als in den späten Jahren der Betriebszugehörigkeit (hier Gehalt 1980: 1.800 €), dann wird diese Behauptung bestätigt.

Der auf erster und zweiter Stufe geschützte Besitzstand des X beträgt unter diesen Annahmen 250 €. Davon entfällt ein Betrag von 137,50 € auf die zweite Besitzstandsstufe. Im Verhältnis zum Besitzstand der zeitanteilig erdienten Dynamik nach 20 Jahren der Betriebszugehörigkeit, der 250 € beträgt[48], wäre die wirtschaftliche Verlust für X durch einen Eingriff in die zweite Besitzstandsstufe im Jahr 1990 mithin schwerer als durch einen Eingriff bereits im Jahre 1980.

---

[47] Dieser Gedanke findet sich bereits bei BAG vom 08.12.1981 – 3 ABR 53/80, DB 1982, 46 = AP Nr. 1 zu § 1 BetrAVG Ablösung.

[48] Siehe S. 181.

III. Zwischenergebnis

Eine negative Anpassungsentscheidung wirkt sich in aller Regel weniger einschneidend auf die laufende Versorgung der Betriebsrentner aus als ein Eingriff in die zeitanteilig erdiente dienstzeitunabhängige Dynamik auf die zu erwartende Höhe der Versorgung der noch aktiven Arbeitnehmer. Dieses Verhältnis der Eingriffsintensität muss für die Bestimmung des triftigen Grundes berücksichtigt werden. Es steht einer Übertragung der Grundsätze zur Bestimmung der wirtschaftlichen Lage des Arbeitgebers iSd § 16 BetrAVG auf den triftigen Grund iSd Drei-Stufen-Modells entgegen.

Ein triftiger Grund, der die im Vergleich zu den Auswirkungen einer ausbleibenden Anpassungsentscheidung schwerer wiegenden wirtschaftlichen Auswirkungen der Zusagekürzung für die Berechtigten rechtfertigen soll, muss – dem Grundsatz der Verhältnismäßigkeit zwischen Eingriffsgrund und Eingriffsintensität folgend - von entsprechend schwererem Gewicht sein als eine wirtschaftliche Lage, die eine Anpassung entbehrlich macht. Die wirtschaftliche Lage des Arbeitgebers, die einen Eingriff in die zeitanteilig erdiente Dynamik rechtfertigen kann, muss mithin schlechter sein als die wirtschaftliche Lage, die dazu berechtigt, von der Anpassung abzusehen.

E. Unterschiedlicher Charakter der Entscheidungen über die Anpassung und über die Kürzung einer Versorgungszusage

I. Die Kürzung einer Dynamik als unternehmerische Entscheidung im Rahmen der Privatautonomie

Die Entscheidung eines Arbeitgebers, eine Versorgungszusage unter Eingriff in die zeitanteilig erdiente dienstzeitunabhängige Dynamik zu kürzen, ist eine unternehmerische Entscheidung[49]. Der Arbeitgeber wählt unter verschiedenen Handlungsalternativen bewusst diejenige des Eingriffs in die Versorgungszusage in der konkreten Form und trifft so eine Geschäftsführungsentscheidung.

1. *Freiheit der Entscheidung des Unternehmers*

Die unternehmerische Entscheidungsfreiheit des Arbeitgebers ist grundrechtlich geschützt. Sie ist sowohl Ausdruck der Privatautonomie des Arbeitgebers als auch seiner Berufsfreiheit und seines Eigentums am Unternehmen[50]. Der Arbeitgeber könnte seine Entscheidung, die zeitanteilig erdiente Dynamik zu kürzen, deshalb grundsätzlich frei treffen, solange er sich der hierfür vom allgemeinen Arbeitsrecht und der Rechtsprechung zur Verfügung gestellten Instrumente bedient[51]. Nach der gegenwärtigen Wirtschafts- und Sozialordnung trägt er das wirtschaftliche Risiko für die zweckmäßige Errichtung und Gestaltung seines Betriebes[52]. Die Gerichte können solche unternehmerischen Entscheidungen deshalb nur beschränkt überprüfen. Sie

---

[49] Das BAG definiert die Unternehmerentscheidung in BAG vom 20.02.1986 - 2 AZR 212/85, DB 1986, 2236 = AP Nr. 11 zu § 1 KSchG 1969, als „Bestimmung der der Geschäftsführung zugrundeliegenden Unternehmenspolitik".

[50] Art. 2 Abs. 1, 12 Abs. 1, 14 Abs. 1 GG.

[51] Dazu ausführlich 4. Kap.

[52] BAG vom 24.10.1979 - 2 AZR 940/77, DB 1980, 1400 = AP Nr. 8 zu § 1 KSchG 1969 Betriebsbedingte Kündigung.

unterliegen grundsätzlich nur einer Missbrauchskontrolle dahin, ob sie offensichtlich unsachlich, unvernünftig oder willkürlich sind.

2. Einschränkung der Entscheidungsfreiheit durch die Schutzwürdigkeit des Besitzstandes

Soll in die zeitanteilig erdiente Dynamik eingegriffen werden, muss der Arbeitgeber jedoch gegen sich gelten lassen, durch die Zusageerteilung beim Arbeitnehmer Vertrauen darauf hervorgerufen zu haben, dass dieser nach Eintritt des Versorgungsfalls tatsächlich eine Versorgung in der versprochenen Höhe erhält. Es gilt der Grundsatz der *pacta sunt servanda* an dem sich der Arbeitgeber festhalten lassen muss. Zusätzlich haben die Arbeitnehmer bereits zeitanteilig ihre Gegenleistung für die ihnen versprochene Dynamik erbracht.

Gerade hierdurch unterscheidet sich der Besitzstand der zeitanteilig erdienten dienstzeitunabhängigen Dynamik vom Besitzstand der noch zu erdienenden Zuwachsraten. Ein Eingriff in diese dritte Besitzstandsstufe unterliegt tatsächlich nur der Missbrauchskontrolle dahin, ob der Arbeitgeber sachlich-proportionale Gründe für die Einschränkung hatte. Eine solche Entscheidung des Arbeitgebers wäre damit eine freie unternehmerische Entscheidung.

Das Element der von den Arbeitnehmern für die ihnen versprochene Dynamik erbrachten Gegenleistung erhöht die Schutzwürdigkeit der der unternehmerischen Entscheidungsfreiheit entgegenstehenden Positionen der Arbeitnehmer[53]. Der Arbeitgeber muss die schutzwürdigen Besitzstände bei der Ausübung seiner unternehmerischen Entscheidungsfreiheit ihrem Gewicht entsprechend berücksichtigen.

3. Berufsfreiheit des Arbeitgebers

Im Konflikt zwischen unternehmerischer Entscheidungsfreiheit und Besitzstandsschutz muss ferner bedacht werden, dass es sich bei einem Verbot der Kürzung von Versorgungszusagen lediglich um eine Einschränkung der Freiheit der Berufsausübung des Arbeitgebers handelt. Der Arbeitgeber kann deshalb nur abgeschwächten Schutz durch Art. 12 Abs. 1 GG für sich geltend machen.

Die Frage der Vereinbarkeit der Rechtsprechung des BAG mit Art. 12 Abs. 1 GG dürfte sich hier mangels berufsregelnder Tendenz des Drei-Stufen-Modells indes nicht stellen. Ein Eingriff in Art. 12 Abs. 1 GG setzt nach der Rechtsprechung des BVerfG eine solche berufsregelnde Tendenz voraus[54].

4. Bindung der Entscheidung des Arbeitgebers an die Konkretisierung des Verhältnismäßigkeitsgrundsatzes durch das Drei-Stufen-Modell

Die Maßstäbe für die Einschränkung der unternehmerischen Entscheidungsfreiheit bei kürzenden Eingriffen in Versorgungszusagen hat das BAG mit seinem Drei-

---

[53] Siehe zu Sinn und Zweck der zweiten Besitzstandsstufe S. 174 ff.

[54] Siehe BVerfG vom 30.10.1961 – 1 BvR 833/59, BVerfGE 13, 181, 185 f. A.A. *Loritz*, Die Änderung betrieblicher Versorgungszusagen und die verfassungsrechtlichen Fragen zum Schutz der sog. erdienten Dynamik, ZfA 1989, 1, 29, der in der Schaffung der Besitzstandsstufe der erdienten Dynamik einen unverhältnismäßigen Eingriff in die allgemeine Handlungsfreiheit des Arbeitgebers sieht.

Stufen-Modell anhand des Verhältnismäßigkeits- und des Vertrauensschutzgrundsatzes konkretisiert[55]. Die unternehmerische Entscheidungsfreiheit des Arbeitgebers tritt danach hinter die Besitzstandsinteressen der Arbeitnehmer zurück, solange der Arbeitgeber nicht die vom BAG geforderten Gründe für seinen Eingriff geltend machen kann.

Die Entscheidung des Arbeitgebers, eine zeitanteilig erdiente Dynamik zu kürzen, ist deshalb keine freie unternehmerische Entscheidung, wie z.B. die Entscheidung zur Umstrukturierung des Unternehmens, sondern vielmehr eine an die Maßstäbe des Vertrauensschutzes und der Verhältnismäßigkeit gebundene Entscheidung. Die Motivationen für eine solche Entscheidung können trotzdem extern oder intern bedingt sein und sind damit nicht Folge einer Handlungspflicht des Arbeitgebers.

II. Die Ablehnung einer Anpassung laufender Leistungen als gesetzlich vorgegebene Entscheidung

Lehnt der Arbeitgeber die Anpassung der laufenden Leistungen ab, so trifft er eine vom Gesetzgeber angeordnete und an gesetzlich vorgegebenen Parametern orientierte Entscheidung.

1. Gesetzliche Pflicht zur Anpassungsprüfung

Das Betriebsrentengesetz verpflichtet den Arbeitgeber, alle drei Jahre die Anpassung der laufenden Leistungen zu prüfen und hierüber nach billigem Ermessen zu entscheiden. Diese Entschidung ist unabhängig von externen oder internen Einflüssen auf das Unternehmen des Arbeitgebers und dessen wirtschaftlicher Situation zu treffen. Der Arbeitgeber ist hierzu bereits mir der Zusageerteilung verpflichtet, selbst wenn er von sich aus niemals eine Anpassung vornehmen möchte[56]. Der Gesetzgeber hat durch den Erlass des § 16 BetrAVG auf den Rechtskreis der Arbeitgeber eingewirkt. Auch diese staatlich auferlegte wirtschaftliche Belastung steht damit unter dem Gebot der Verhältnismäßigkeit.

2. Faktische Gebundenheit der Anpassungsentscheidung

Die offene Formulierung des § 16 Abs.1 2. Hs. BetrAVG („insbesondere") deutet zwar darauf hin, dass der Arbeitgeber in der Wahl der von ihm im Rahmen der Anpassungsentscheidung berücksichtigten Abwägungskriterien frei ist. Die im Gesetz festgeschriebenen Parameter der Belange der Versorgungsempfänger und der wirtschaftlichen Lage des Arbeitgebers haben sich aber im Laufe der Zeit als vorrangig und nahezu ausschließlich zu berücksichtigende Wertungsgesichtspunkte für die Anpassungsentscheidung herausgestellt. Ihre fortschreitende Konkretisierung durch die Rechtsprechung bindet den Arbeitgeber immer mehr in seiner Entscheidung, so dass ihm, trotz des für die Anpassungsentscheidung gesetzlich vorgegebenen Entscheidungsrahmens des billigen Ermessens, nahezu kein Ermessenspielraum mehr verbleibt.

---

[55] Umfassend dazu oben 5. Kap.

[56] Umfassend zum Inhalt der Anpassungsprüfung S. 69 ff.

III. Folgen aus dem unterschiedlichen Charakter der Entscheidungen.

1. Schutzwürdigkeitserwägungen hinsichtlich der Anpassung

Wie festgestellt, beruht die infolge einer positiven Anpassungsentscheidung zu stemmende erhöhte Versorgungslast auf der gesetzgeberischen Grundentscheidung, den Betriebsrentnern einen Ausgleich für den Verlust ihrer Arbeitskampffähigkeit zu gewähren[57]. Bedenkt man, dass die aus der Anpassung resultierende Mehrbelastung damit das Ergebnis staatlicher Intervention ist, wird deutlich, dass dem Unternehmer unter erleichterten Bedingungen ein umfassender Schutz gegen diese Mehrbelastung zukommen muss.

Es widerspricht den Gedanken einer freien Marktwirtschaft und dem Verhältnismäßigkeitsgebot, dem Arbeitgeber durch legislative Maßnahmen aufzubürden, die Erhaltung der Substanz seines Unternehmens in gleichem Maße wie aufgrund einer vertraglichen Verpflichtung zu gefährden. Die Gefahr der höheren Belastungen ist hier nicht Folge der Äußerung eines entsprechenden Willens des Arbeitgebers. Die Grenze der verhältnismäßigen Belastung muss deshalb für die Anpassungsentscheidung niedriger angesetzt werden als für Belastungen, die aus einer zugesagten Dynamik resultieren.

Der Arbeitgeber weiß zwar bereits bei Zusageerteilung, dass er zur Prüfung der Anpassung verpflichtet sein wird[58]. Insoweit setzt er selbst durch die Zusageerteilung auch das Risiko durch Anpassungen ansteigender Belastungen. Er erkennt aber ebenfalls bereits im Zusagezeitpunkt, dass er bei schlechter wirtschaftlicher Lage von einem Ausgleich für den Kaufkraftverlust absehen kann. Das für den Arbeitgeber aus der Anpassungsprüfungspflicht resultierende Risiko wird also durch die Anknüpfung an seine wirtschaftliche Lage von Beginn an begrenzt. Ein über diese Begrenzung hinausgehendes Risiko will der Arbeitgeber nicht eingehen. Dessen sind sich auch die Arbeitnehmer bereits bei Zusageerteilung bewusst. Der Gesetzgeber hat bewusst die wirtschaftliche Lage des Arbeitgebers als Dämpfungselement in § 16 BetrAVG eingeführt, weil er befürchtete, eine indexierte Anpassungspflicht würde für viele Arbeitgeber ein zu hohes Risiko darstellen, das sie von der Einrichtung betrieblicher Altersversorgung abhalten könnte[59].

2. Schutzwürdigkeit des Vertrauens der Versorgungsempfänger auf die Anpassung

Arbeitgeber und Arbeitnehmer gehen also bereits bei Zusageerteilung von einem überschaubaren Anpassungsrisiko aus. Beide erkennen, dass der gesetzliche Zwang zur Anpassungsentscheidung den Arbeitgeber nicht in wirtschaftliche Schwierigkeiten stürzen soll und ihm deshalb bei Eintritt einer schlechten wirtschaftlichen Lage die Möglichkeit offen steht, von einer Anpassung abzusehen. Das Ausbleiben der Anpassung ist zwar nicht die gesetzlich vorgesehene Regel. Auf der anderen Seite verpflichtet § 16 Abs. 1 BetrAVG den Arbeitgeber gerade nicht zur Anpassung, sondern nur zur Entscheidung nach billigem Ermessen. Auf den Erhalt der Anpassungsraten können die Betriebsrentner deshalb nicht schutzwürdig vertrauen.

---

[57] Siehe S. 45 ff., sowie insb. S. 58 ff.

[58] Das gilt zumindest für alle Zusagen seit Inkrafttreten des BetrAVG am 19.12. 1974 (BGBl. I S. 3610).

[59] Bericht des Ausschusses für Arbeit und Sozialordnung zu § 6k EBetrAVG, BT-Drucks. 7/2843 S. 5.

Das schutzwürdige Vertrauen der Versorgungsempfänger ist darauf beschränkt, dass ihr ehemaliger Arbeitgeber eine ermessenfehlerfreie Anpassungsentscheidung trifft. Dies folgt nicht nur aus dem Wortlaut des § 16 Abs. 1 BetrAVG, sondern bereits aus Sinn und Zweck der Anpassungsregel. Soll § 16 BetrAVG einen Ausgleich für den Wegfall der Arbeitskampffähigkeit gewährleisten[60], dann kann ein Betriebsrentner bei schlechter wirtschaftlicher Lage des Arbeitgebers ebenso wenig mit einer (Voll-)Anpassung rechnen, wie ein aktiver Arbeitnehmer mit voller Anpassung der Lohnhöhe an den Kaufkraftverlust. Die Anpassungsregelung des BetrAVG sieht – anders als eine zugesagte Dynamik – keine automatische Steigerung der Versorgungshöhe vor. Eine schlechte wirtschaftliche Lage verhindert also nicht nachträglich ein garantiertes Anwachsen der Versorgungshöhe, sondern verhindert bereits das Entstehen einer entsprechenden Erwartung. Etwas anderes gilt nur, wenn der Arbeitgeber eine lineare Steigerung um 1 v.H. jährlich vornimmt[61] und sich nicht des traditionellen Anpassungsverfahrens gem. § 16 Abs. 1 BetrAVG bedient.

Etwas anderes folgt auch nicht daraus, dass die Betriebsrentner ihre gesamte Betriebstreue erbracht und damit ihre Besitzstände vollständig erdient haben. Zu diesen erdienten Besitzständen zählen nur die nach der ursprünglichen Zusage vorgesehenen Höchstbeträge, nicht die Zuwächse aufgrund der gesetzlichen Anpassungsregel[62]. Über das Entstehen dieser Zuwächse wird erst nach Eintritt des Versorgungsfalls entschieden. Sie können damit nicht durch die Betriebstreue erdient sein. Zwar erhalten die Betriebsrentner die Anpassungsbeträge, um ihr erdientes Entgelt in Form der betrieblichen Altersversorgung vor dem Wertverfall zu schützen. Die Zuwächse sind aber nicht Gegenleistung für ihre Betriebstreue, sondern nur Ergebnis einer den Arbeitgebern vom Gesetzgeber auferlegten Pflicht zur Anpassungsentscheidung, die auf einer gesetzgeberischen Entscheidung beruht, dass das Entgelt der Betriebsrentner für ihre Betriebstreue nach wirtschaftlicher Möglichkeit seinen Wert behalten soll.

3. Schutzwürdigkeitserwägungen hinsichtlich der zeitanteilig erdienten Dynamik

Ein Arbeitgeber, der eine dienstzeitunabhängige Dynamik zusagt, geht davon aus, die Lasten, die für sein Unternehmen aus der Dynamik entstehen, langfristig tragen zu können. Die Zusage der Dynamisierung der Betriebsrenten ist Ausdruck seiner in Art. 2 Abs. 1 GG verankerten Vertragsfreiheit. Die Entscheidung, eine Versorgungszusage zu erteilen, stellt ebenso wie die spätere Entscheidung, diese Zusage einzuschränken[63], eine unternehmerische Entscheidung dar. Unternehmerische Vernunft gebietet es jedem Arbeitgeber, den Dotierungsrahmen der Versorgungszusage so zu gestalten, dass sein Unternehmen nach der zu erwartenden Entwicklung durch die entstehenden Versorgungsverbindlichkeiten nicht unverhältnismäßig belastet wird.

Der Arbeitgeber sagt die Steigerungsraten freiwillig zu. Er kann deshalb das auf ihn zukommende Risiko bereits im Zeitpunkt der Zusageerteilung weitgehend kalkulieren[64]. Billigt er später Gehaltszuwächse zu, so kann er bei deren Bemessung be-

---

[60] Siehe S. 45 ff., sowie insb. S. 58 ff.
[61] Siehe § 16 Abs. 3 Nr. 1 BetrAVG.
[62] Vgl. S. 172 ff.
[63] Vgl. oben S. 202 ff.
[64] Das hat das BAG jüngst bestätigt, indem es erneut festgestellt hat, dass der Arbeitgeber mitbestimmungsfrei über Durchführungsweg und Art der versprochenen Versorgung entscheiden kann. Siehe BAG vom 29.07.2003 – 3 ABR 34/02,DB 2004, 883 = AP Nr. 18 zu § 87 BetrVG 1972 Sozialeinrichtungen.

reits die Auswirkungen auf die Versorgungshöhe berücksichtigen. Dies muss er sich entgegenhalten lassen, wenn er nachträglich in die zeitanteilig erdiente Dynamik eingreifen will. Nach dem Grundsatz der *pacta sunt servanda* ist er grundsätzlich an seine Zusage gebunden. Muss er nachträglich trotzdem kürzend in bereits erdiente Besitzstände eingreifen, um den wettbewerbsfähigen Erhalt seines Unternehmens zu gewährleisten, dann hat er fehlerhaft kalkuliert.

Die wirtschaftliche Leistungsfähigkeit des Arbeitgebers wird zur Geschäftsgrundlage der Zusage[65]. Sowohl der Arbeitgeber als auch der Arbeitnehmer gehen bei Zusageerteilung von einer positiven wirtschaftlichen Entwicklung des Unternehmens, zumindest oberhalb der möglicherweise in der Zusage verankerten Widerrufsvorbehalte, aus. Diese Geschäftsgrundlage der Zusage ist erst bei Eintritt einer schwerwiegenden Veränderung, mithin bei Eintritt einer wirtschaftlichen Notlage, gestört. Weniger schwerwiegende wirtschaftliche Schlechtlagen berechtigen den Arbeitgeber nach allgemeinem Schuldrecht nicht zur Anpassung seiner Verpflichtungen zu Lasten der Arbeitnehmer. *Pacta sunt servanda* gilt grundsätzlich bis zum äußersten Notfall fort. Auch deshalb können die Arbeitnehmer davon ausgehen, dass sich der Arbeitgeber erst bei einer wirtschaftlichen Schlechtlage, die die Grenze der wirtschaftlichen Notlage erreicht, von der Zusage lösen wird.

4. Ergebnis

Das Interesse der aktiven Arbeitnehmer am Erhalt ihrer erdienten Steigerungsbeträge muss damit stärker geschützt werden als das Interesse der Betriebsrentner am Erhalt der Anpassungsbeträge. Die aktiven Arbeitnehmer haben die ihnen zugesagte Dynamik bereits anteilig erdient. Ihr Vertrauen auf den Erhalt der Dynamik ist besonders schutzwürdig. Es beruht auf einer vertraglichen Bindung des Arbeitgebers, deren Umfang der Arbeitgeber in aller Regel voraussehen kann und mit deren Veränderung die Arbeitnehmer unterhalb der Schwelle der Störung der Geschäftsgrundlage grundsätzlich nicht rechnen müssen.

Die Betriebsrentner können im Gegensatz dazu nicht auf die Anpassung ihrer laufenden Leistungen vertrauen. Sie haben keine Gegenleistung für die Anpassungsbeträge erbracht. Die Anpassungsbeträge sind vom Arbeitgeber erst geschuldet, wenn er eine positive Anpassungsentscheidung getroffen hat.

An eine wirtschaftliche Schlechtlage, die zum Eingriff in die zeitanteilig erdiente Dynamik berechtigt, sind deshalb höhere Anforderungen zu stellen als an die wirtschaftliche Lage des Arbeitgebers, die im Rahmen der zyklischen Pflicht zur Anpassungsentscheidung gem. § 16 Abs. 1 Satz 1 BetrAVG, zum Absehen von der Anpassung der laufenden Leistungen der betrieblichen Altersversorgung berechtigt.

[65] Siehe oben S. 145 ff.

F. Auswirkungen der Veränderungen in der Rechtsprechung zur wirtschaftlichen Lage iSd § 16 BetrAVG auf die Übertragbarkeit dieser Rechtsprechung auf den triftigen Grund iSd Drei-Stufen-Modells

I. Zusammenfassung der jüngeren Entwicklungen in der Rechtsprechung zur „wirtschaftlichen Lage des Arbeitgebers"

Die Rechtsprechung des BAG zur wirtschaftlichen Lage des Arbeitgebers iSd § 16 BetrAVG unterliegt einer noch immer andauernden Entwicklung. In jüngerer Vergangenheit hat der Ruhegeldsenat vor allem die hohe Bedeutung der Erhaltung der Unternehmenssubstanz wiederholt betont. Nur ein gesundes Unternehmen, dessen Substanz erhalten bleibe, könne die Erträge erwirtschaften, die notwendig seien, um u.a. auch die Leistungen der betrieblichen Altersversorgung zu erbringen[66]. Weiterentwickelt wurde vor diesem Hintergrund insbesondere die Rechtsprechung zur angemessenen Eigenkapitalverzinsung, die das BAG zu Recht als überlebensnotwendig für die zur Anpassung verpflichteten Unternehmen ansieht[67].

Durch die fortschreitende Konkretisierung der Anforderungen, die an die wirtschaftliche Lage des Arbeitgebers iSd § 16 BetrAVG zu stellen sind, hat sich das Regel-Ausnahmeverhältnis innerhalb der Anpassungsentscheidung in der BAG-Rechtsprechung verschoben. Die Ergebnisse der handelsrechtlichen Jahresabschlüsse, anhand derer die wirtschaftliche Lage des Arbeitgebers zu beurteilen ist, werden durch die in den neueren Entscheidungen aufgestellten Prämissen stark nach unten korrigiert. Infolgedessen sinkt die Wahrscheinlichkeit, dass der Arbeitgeber die durch eine positive Anpassungsentscheidung entstehende Anpassungslast voraussichtlich aus den zukünftigen Erträgen und dem Wertzuwachs seines Unternehmens tragen kann. Ein nach unten korrigierter Jahresabschluss wird seltener die Mittel ausweisen, die für die Deckung des Anpassungsbedarfs erforderlich sind. Die wirtschaftliche Lage ist somit als Element der Korrektur und der Einschränkung der Anpassungspflicht in ihrer Bedeutung gestärkt worden.

Ungeachtet dieser arbeitgeberfreundlichen Konkretisierungen des Merkmals der wirtschaftlichen Lage durch die jüngere Rechtsprechung ist der unbestimmte Rechtsbegriff nach wie vor weit davon entfernt, vollständig ausjudiziert zu sein. Die Entwicklung befindet sich noch immer im Fluss. Obwohl sich die Berechnungsmodelle der Literatur unter dem Einfluss der fortlaufenden Entwicklung der BAG-Rechtsprechung angenähert haben, finden sich noch immer unterschiedliche Ansätze für die Prognose der wirtschaftlichen Entwicklung. Auch das BAG hat sich noch nicht abschließend zu einem der Modelle bekannt[68].

Die andauernde internationale Diskussion über die Ergänzungsbedürftigkeit der Jahresabschlüsse und die anzuwendenden Rechnungslegungsstandards sowie die andauernden Veränderungen dieser Standards tragen ebenfalls nicht zur Justiziabilität des Begriffs wirtschaftliche Lage des Arbeitgebers bei[69].

---

[66] So bereits BAG vom 10.12.1971 – 3 AZR 190/71, DB 1972, 491 = AP Nr. 154 zu § 242 BGB – Ruhegehalt für die Frage des Widerrufs einer vorbehaltlos erteilten Zusage.

[67] Oben S. 78 ff.

[68] A.A. *Blomeyer/Otto* § 16 Rn 210.

[69] Vgl. 2. Kap. 125 ff. oder auch den im März 2003 vom Deutschen Standardisierungsrat vorgelegten Entwurf E-DRS 19 eines Rechnungslegungsstandards für Ansatz und Bewertung von Pensionsverpflichtungen im HGB-Konzernabschluss.

II. Folgen aus der jüngeren Entwicklungen in der Rechtsprechung für die Auslegung des triftigen Grundes iSd Drei-Stufen-Modells

Die gestärkte Rolle der wirtschaftlichen Lage als Abwägungselement bei der Anpassungsentscheidung würde bei einer undifferenzierten Übertragung der Grundsätze zur Auslegung dieses unbestimmten Rechtsbegriffs auf die Auslegung des triftigen Grundes iSd Drei-Stufen-Modells dazu führen, dass auch die Anforderungen an eine wirtschaftliche Schlechtlage des Arbeitgeberunternehmens, die einen Eingriff in die zeitanteilig erdiente Dynamik rechtfertigen kann, gesunken wären.

Würde man das Unternehmensergebnis auch für die Bestimmung des triftigen Grundes anhand der vom BAG für die Ermittlung der wirtschaftlichen Lage iSd § 16 BetrAVG aufgestellten Prämissen korrigieren, dann wäre es für den Arbeitgeber leichter, eine wirtschaftliche Situation darzulegen, bei der die langfristigen Verbindlichkeiten aus den zeitanteilig erdienten Dynamiken zu einer unverhältnismäßigen Belastung werden. Der Umfang des aufgrund der zeitanteilig erdienten Dynamik anfallenden Versorgungsaufwands, der aus diesem nach unten korrigierten Jahresabschluss gedeckt werden müsste, bliebe indes unverändert hoch.

Dass eine solche Wechselwirkung zwischen wirtschaftlicher Lage des Arbeitgebers iSd § 16 Abs. 1 BetrAVG und triftigem Grund nicht gewünscht sein kann, ergibt sich bereits aus den unterschiedlichen Funktionen der Merkmale in den jeweiligen konkreten Regelungszusammenhängen in den sie wirken.

G. Folgen für die Auslegung aus dem Charakter der „wirtschaftlichen Lage" als gesetzliches Tatbestandsmerkmal und dem „triftigen Grund" als richterrechtlich geschaffener Eingriffsgrund

I. Unterschiede in der Auslegungsmethodik

Ein weiterer, deutlich auffallender Unterschied zwischen wirtschaftlicher Lage des Arbeitgebers und triftigem Grund iSd Drei-Stufen-Modells ist, dass es sich bei der wirtschaftlichen Lage des Arbeitgebers um ein gesetzliches Tatbestandsmerkmal handelt, während das Eingriffsmerkmal des triftigen Grundes vom BAG im Wege richterlicher Rechtsfortbildung geschaffen wurde. Beide Voraussetzungen unterscheiden sich mithin in ihrer Legitimation. Dies könnte Auswirkungen auf die jeweils anzuwendenden Auslegungsmaßstäbe bzw. die anzuwendende Auslegungsmethodik haben.

Eine Notwendigkeit zu einer solchen Differenzierung folgt jedoch noch nicht allein aus dem unterschiedlichen Charakter der unbestimmten Rechtsbegriffe. Gerichtlich geschaffene Rechtssätze können ausgelegt werden, wenn sie in einer Reihe gerichtlicher Entscheidungen aufgestellt wurden und jeweils notwendiger Bestandteil der Begründung dieser Urteile waren. Ziel einer solchen Auslegung ist, die tatsächliche Rechtsmeinung der Richter zu ermitteln. Richterrechtlich geschaffene unbestimmte Rechtsbegriffe sind damit erst recht einer Auslegung zugänglich.

Die Auslegungsmethodik für eine solche richterliche Rechtsregel unterscheidet sich in Einzelheiten von der Auslegung gesetzlicher Normen. Ausgangspunkt der Auslegung ist hier zunächst das zugrunde liegende Urteil, d.h. dessen Tatbestand und Entscheidungsgründe. Auch vorangegangene Urteile, die zur Entwicklung der Rechtsregel geführt haben, können zum Verständnis der Rechtsregel herangezogen werden.

Das BAG hat die Rechtfertigung eines Eingriffs in den Besitzstand der zeitanteilig erdienten Dynamik erstmals in seiner Entscheidung vom 17.04.1985[70] an das Vorliegen eines triftigen Grundes gebunden. Diese Auffassung hat es seitdem in einer fortlaufenden Kette von Entscheidungen wiederholt und bestätigt[71]. Die Rechtfertigung von Eingriffen in die zeitanteilige erdiente Dynamik kann deshalb mittlerweile als feststehende Rechtsregel angesehen werden.

Die Auslegung des triftigen Grundes muss sich damit vorrangig am Inhalt der zugrundeliegenden Entscheidungen und an seiner näheren Ausformung in diesen Entscheidungen orientieren. Der von den rechtschöpfenden Richtern in der konkreten Entscheidung beabsichtigte Zweck des unbestimmten Rechtsbegriffs muss zunächst bestimmt werden, bevor der unbestimmte Rechtsbegriff inhaltlich, z.B. auch durch Analogiebildung oder Übertragung von Wertungsgesichtspunkten aus systematisch verwandten Fragestellungen, bestimmt wird.

II. Folgerungen aus diesen Unterschieden

Die Unterschiede in der Methodik der Auslegung gesetzlicher Tatbestandsmerkmale sind im Vergleich zur Auslegung richterrechtlich geschaffener Merkmale nur gering. Bereits diese geringen Abweichungen lassen indes eine isolierte Betrachtung der unbestimmten Rechtsbegriffe der wirtschaftlichen Lage des Arbeitgebers und des triftigen Grundes als empfehlenswert erscheinen. Es kann nicht ausgeschlossen werden, dass sich aus der Auslegung des triftigen Grundes innerhalb des Regelungszusammenhangs der maßgebenden Entscheidungen Besonderheiten im Vergleich zu einer Auslegung der wirtschaftlichen Lage des Arbeitgebers im legislativen Regelungszusammenhang ergeben.

H. Folgen aus den dogmatischen Unterschieden zwischen wirtschaftlicher Lage iSd § 16 BetrAVG und triftigem Grund

I. Dogmatische Wurzeln beider Institute

1. Dogmatische Wurzeln der wirtschaftlichen Lage des Arbeitgebers iSd § 16 Abs. 1 BetrAVG

Die Anpassungsprüfungspflicht des Arbeitgebers in der Form, die sie in § 16 BetrAVG gefunden hat, ist Ausdruck des Entgeltcharakters betrieblicher Altersversorgung[72]. Den Betriebsrentnern soll die Kaufkraft ihrer betrieblichen Altersversorgung erhalten bleiben, die sie als Gegenleistung für die Gesamtheit der von ihnen erbrachten Betriebstreue als Teil ihrer Gesamtvergütung erdient haben. Die gesetzliche Anpassungsregelung schützt die Betriebsrentner vor den Nachteilen, die ihnen

[70] BAG vom 17.04.1985 – 3 AZR 72/83, DB 1986, 228 = AP Nr. 4 zu § 1 BetrAVG Unterstützungskassen; ausführlich hierzu S. 164 ff.

[71] Siehe z.B. BAG vom 17.03.1987 – 3 AZR 64/84, DB 1987, 1639 = AP Nr. 9 zu § 1 BetrAVG Ablösung; BAG vom 18.04.1989 - 3 AZR 688/87, DB 1989, 2232 = AP Nr. 2 zu § 1 BetrAVG Betriebsvereinbarung; BAG vom 11.09.1990 – 3 AZR 380/89, DB 1991, 503 = AP Nr. 8 zu § 1 BetrAVG Besitzstand; BAG vom 17.11.1992 – 3 AZR 76/92, DB 1993, 1241 = AP Nr. 13 zu § 1 BetrAVG Besitzstand.

[72] Siehe ausführlich zu den dogmatischen Grundlagen der Anpassungsprüfungspflicht S. 53 ff.

wegen des allgemeinwirtschaftlich bedingten Wertverfalls ihrer Versorgungsleistungen durch den Verlust ihrer Arbeitskampffähigkeit drohen.

Innerhalb dieser Schutzvorschrift für die Betriebsrentner, schützt die Berücksichtigung der wirtschaftlichen Lage den Arbeitgeber davor, dass er durch die Anpassung unbillig schwer belastet wird. Er kann seine eigenen Interessen bei der Entscheidung über die Anpassung berücksichtigen und untersteht keine indexierten Pflicht zur Erhöhung der Versorgungsleistungen. Die wirtschaftliche Leistungsfähigkeit seines Unternehmens und damit dessen in seiner Substanz unangetasteter Fortbestand steht den Interessen der Betriebsrentner an vollem Inflationsausgleich bei dieser Abwägungsentscheidung gegenüber.

Die wirtschaftliche Lage des Arbeitgebers ist damit letztlich als Abwägungselement einer wertenden Einzelfallentscheidung Ausfluss des aus dem Rechtsstaatsprinz abgeleiteten Verhältnismäßigkeitsgrundsatzes. Sie umschreibt die nach dem Willen des Gesetzgebers innerhalb der Anpassungsentscheidung insbesondere zu berücksichtigende Interessenlage des Arbeitgebers und setzt eine Belastungsgrenze für die Belastungen, aus der Anpassungsentscheidung[73].

2. Dogmatische Wurzeln des triftigen Grundes

Auch die Inhaltskontrolle von Zusagekürzungen hat ihre dogmatischen Wurzeln im Rechtsstaatsprinzip. Das dreistufige Modell des BAG zum Besitzstandsschutz basiert vorrangig auf dem Verhältnismäßigkeitsgrundsatz. Je stärker der Besitzstand des Arbeitnehmers geschützt ist, umso gewichtiger müssen die Interessen des Arbeitgebers sein, die einen Eingriff in diese Besitzstandsstufe rechtfertigen sollen. Im wirtschaftlichen Kontext bedeutet dies, dass die wirtschaftliche Situation des Arbeitgebers umso schlechter sein muss, je intensiver er in den Versorgungsbesitzstand des Arbeitnehmers eingreifen will. Die Entscheidungsmöglichkeiten des Arbeitgebers sind umso weiter eingeschränkt, je stärker der Eingriff die Rechtspositionen der Arbeitnehmer beeinträchtigen soll. Das Überwiegen der Interessen des Arbeitgebers im Einzelfall gibt ihm einen – je nach Maß des Überwiegens – sachlich-proportionalen, triftigen oder zwingenden Grund für die Kürzung der Zusage.

Die Teilbeträge des Versorgungsbesitzstands sind umso stärker geschützt, je mehr der Arbeitnehmer auf den Erhalt des jeweiligen Teilbetrags vertrauen durfte und je mehr er bereits für die jeweilige Besitzstandsstufe vorgeleistet hat. Die Einteilung in die einzelnen Besitzstandsstufen folgt aus der Anerkennung schutzwürdigen Vertrauens der Arbeitnehmer auf zugesagte Leistungen und des Entgeltcharakters betrieblicher Altersversorgung[74]. Erkennt man betriebliche Altersversorgung als Entgelt an, müssen die Teilbeträge, für die der Arbeitnehmer bereits vorgeleistet hat, verstärkt geschützt werden.

Die Inhaltskontrolle von Zusagekürzungen dient also ebenfalls dem Interessenausgleich zwischen wirtschaftlichen Interessen des Arbeitgebers und Bestands-

---

[73] Zum dogmatischen Standort der „wirtschaftlichen Lage des Arbeitgebers" siehe auch *Blomeyer* Anm. zu BAG AP Nr. 16 und 17 zu § 16 BetrAVG unter A., der auf eine andere Deutung der wirtschaftlichen Lage als „Ausdruck dessen, was dem Schuldner zugeflossen ist" verweist. Diese Deutung stellt *ders.* in, Zur Beurteilung der "wirtschaftlichen Lage" des Arbeitgebers bei der Rentenanpassung, RdA 1983, 152, 154 und, Die wirtschaftliche Lage des Arbeitgebers – ein zentraler Begriff des Ruhegeldrechts, NZA 1985, 1, 5 dar. Das BAG hat sich jedoch in BAG vom 23.04.1985 – 3 AZR 156/83, DB 1985, 1642 = AP Nr. 17 zu § 16 BetrAVG unter II. 3. a) (2) der Gründe für die hier vertretene Ansicht entschieden.

[74] Siehe oben S. 156 ff.

schutzinteressen der Arbeitnehmer. Anders als die wirtschaftliche Lage des Arbeitgebers iSd § 16 Abs. 1 BetrAVG ist der triftige Grund jedoch kein Abwägungselement innerhalb der Verhältnismäßigkeitsprüfung. Er ist vielmehr das Ergebnis der Prüfung der Verhältnismäßigkeit des Eingriffs in die Besitzstände der Arbeitnehmer. Ist die wirtschaftliche Lage des Arbeitgebers so schlecht, dass ein Eingriff in die Besitzstände verhältnismäßig erscheint, das also der Besitzstandsschutz ausnahmsweise nicht der unternehmerischen Entscheidungsfreiheit vorgeht, dann hat der Arbeitgeber einen triftigen Grund für eine Kürzung der zeitanteilig erdienten Dynamik.

Der triftige Grund umschreibt damit ein bestimmtes Verhältnis von Belastung durch die zeitanteilig erdiente Dynamik und Belastbarkeit des Unternehmens.

II. Besonderheiten und Unterschiede hinsichtlich der dogmatischen Wurzeln

1. Verhältnismäßigkeitsgrundsatz

Sowohl das Drei-Stufen-Modell zum Besitzstandsschutz als auch die wirtschaftliche Lage des Arbeitgebers iSd § 16 BetrAVG sind damit Ausdruck des Verhältnismäßigkeitsgrundsatzes. Das Drei-Stufen-Modell zum Besitzstandsschutz stützt sich jedoch darüber hinaus auf den Grundsatz des Vertrauensschutzes und den Entgeltcharakter betrieblicher Altersversorgung.

2. Entgeltcharakter betrieblicher Altersversorgung

Gerade der Besitzstand der zeitanteilig erdienten Dynamik ist wegen des Entgeltgedankens verstärkt schutzwürdig. Neben dem Vertrauen der Arbeitnehmer darauf, eine Versorgung zu erhalten, deren Höhe sich nach den ursprünglich zugesagten Bemessungsregeln bestimmt, schützt er die Arbeitnehmer davor, einen Teilbetrag ihrer Betriebsrente zu verlieren, für dessen Bemessung sie bereits teilweise ihre Gegenleistung erbracht haben. Nur wegen dieser bereits erbrachten Gegenleistung wird er als schutzwürdiger angesehen als zukünftig aufgrund zu erdienende Zuwächse[75].

Der Entgeltcharakter der betrieblichen Altersversorgung macht es für Betriebsrentner erforderlich, ihnen ein Instrument zur Hand zu geben mit dem sie die Kaufkraft ihrer Betriebsrente wahren können. Hierdurch wird jedoch, anders als durch eine dienstzeitunabhängige Dynamik, keine Anpassung an einen ansteigenden Lebensstandard gewährleistet. Der Betriebsrentner kann keine weitere Steigerung seines Lebensstandards durch Karrieresprünge oder Gehaltserhöhungen mehr erreichen. Er trägt nichts mehr zur Verbesserung der Produktivität des Unternehmens bei. Es geht ihm lediglich darum, den erreichten Lebensstandard zu sichern.

Dies ist Sinn und Zweck des § 16 BetrAVG. § 16 Abs. 1 BetrAVG dient damit nicht dem Schutz erdienter Besitzstände vor ihrer nominellen Kürzung, sondern nur dem Werterhalt des Erdienten aufgrund des gesamtwirtschaftlich bedingten Wertverfalls.

---

[75] Siehe insbesondere S. 174 ff.

3. Vertrauensschutz

Entscheidend für die Einstufung der zeitanteilig erdienten Dynamik als Besitzstandsstufe, in die nur unter erschwerten Bedingungen eingegriffen werden kann, ist über Verhältnismäßigkeitsgrundsatz und Entgeltcharakter hinaus, dass der Arbeitnehmer darauf vertrauen kann, dass seine Versorgungshöhe an der Höhe seines Endgehalts ausgerichtet und nach den von ihm anteilig erdienten Zuwachsraten dynamisiert wird. Geschützt wird mithin neben dem Vertrauen des Arbeitnehmers, dass ihm nicht mehr nachträglich entzogen wird, wofür er geleistet hat, sein Vertrauen darauf, dass der Wert seiner Versorgung in Zukunft parallel zur Entwicklung seines persönlichen Lebensstandards steigen wird.

III. Zwischenergebnis

Die dogmatischen Wurzeln beider Institute enthalten Elemente eines verhältnismäßigen Interessenausgleichs. Der Betriebsrentner kann jedoch nicht schutzwürdig auf den Erhalt der Anpassungsbeträge vertrauen. Diese sind auch nicht erdient iSd Drei-Stufen-Modells. Das Element des Vertrauensschutz, das ganz grundlegend für die dogmatische Begründung des Drei-Stufen-Modells ist, spielt für die dogmatische Begründung der Anpassungspflicht keine Rolle. Lediglich Verhältnismäßigkeitsgrundsatz und Entgeltcharakter liegen beiden Entscheidungen zugrunde. Die Gedanken, die am Entgeltcharakter anknüpfen unterscheiden sich überdies.

Die dogmatischen Grundlagen beider Institute sprechen mithin gegen eine Übertragbarkeit der Rechtsprechung zur wirtschaftlichen Lage des Arbeitgebers iSd § 16 BetrAVG auf den triftigen Grund iSd Drei-Stufen-Modells zum Besitzstandsschutz. Das Element des Vertrauensschutzes muss bei der Bestimmung des triftigen Grundes ebenso berücksichtigt werden, wie die unterschiedliche Bedeutung des Entgeltcharakters.

Selbst aus der gemeinsamen Herleitung aus dem Verhältnismäßigkeitsgrundsatz ergeben sich bereits Bedenken gegen eine Übertragung. Wenn das Vertrauen der Arbeitnehmer auf den Fortbestand der Dynamik – wie oben festgestellt - stärker schutzbedürftig ist als das Vertrauen der Betriebsrentner auf die Anpassung[76], dann müssen im Rahmen einer Verhältnismäßigkeitsprüfung unterschiedliche Maßstäbe gelten.

I. Ergebnis

Die Untersuchung hat ergeben, dass die Bedenken gegen eine Übertragung der Grundsätze zur Bestimmung der wirtschaftlichen Lage iSd § 16 BetrAVG auf den triftigen Grund berechtigt sind. Schon der Umstand, dass es sich bei beiden Merkmalen um unbestimmte Rechtsbegriffe handelt, erfordert eine Auslegung im jeweiligen Regelungszusammenhang. Unbestimmte Rechtsbegriffe sollen gerade die Flexibilität des Rechts gewährleisten, indem sie einer Auslegung ihres Sinns und Zwecks im Einzelfall zugänglich sind. Einer solchen Auslegung ist damit immer der Vorzug vor einer komparativ systematischen Auslegung durch Übertragung von Wertungsgesichtspunkten für die Beurteilung anderer Begriffe zu geben.

Die Entscheidung des Arbeitgebers, keine Anpassung vorzunehmen und seine Entscheidung, in die auf der Stufe der zeitanteilig erdienten Dynamik geschützten

---

[76] Siehe oben S. 206 f.

Besitzstände einzugreifen, unterscheiden sich erheblich in ihren Folgen für das Unternehmen und für die betroffenen Arbeitnehmer bzw. Betriebsrentner. De Arbeitnehmer können bei Zusageerteilung nicht erkennen, dass der Arbeitgeber unterhalb der Schwelle der wirtschaftlichen Notlage in die Zusage eingreifen wird. Dem Arbeitgeber darf es im Verhältnis zu gesetzlich begründeten Verpflichtungen nur unter erschwerten Bedingungen möglich sein, sich von freiwilligen Verpflichtungen zu befreien, deren Umfang er kalkulieren kann. Die Position der Arbeitnehmer, deren zeitanteilig erdiente Dynamik gekürzt werden soll, ist deshalb als schutzwürdiger einzustufen als diejenige der Betriebsrentner, deren laufende Versorgungsleistungen nicht angepasst werden.

Die genannten Unterschiede machen eine gesonderte Bestimmung des triftigen Grundes erforderlich. Wenn die auf der zweiten Besitzstandsstufe geschützten Teilbeträge schutzwürdiger sind als die künftigen Anpassungsbeträge, dann muss die wirtschaftliche Situation, bei der einem Arbeitgeber ein Eingriff in diese Teilbeträge gestattet ist, entsprechend schlechter sein als eine wirtschaftliche Lage iSd § 16 BetrAVG, die zur Nichtanpassung berechtigt.

Bei der Bestimmung der Belastungsgrenze, die für einen Eingriff in die zeitanteilig erdiente Dynamik erreicht sein muss, wird ein Rückgriff auf einige Gedanken, die sich auch in der BAG-Rechtsprechung zur Bestimmung der wirtschaftlichen Lage iSd § 16 BetrAVG finden, unvermeidbar sein. Triftiger Grund und wirtschaftliche Lage des Arbeitgebers beschreiben beide eine zukünftige wirtschaftliche Situation des Unternehmens, in der die Kürzung einer Versorgungszusage verhältnismäßig ist. Diese grundlegende Parallele zwischen der Funktion der beiden Rechtsbegriffen setzt für die Ermittlung der künftigen Unternehmenssituation, die im Verhältnis zur voraussichtlichen Belastung einen triftigen Grund begründen soll, Berechnungen voraus, die den Berechnungsmodellen zur wirtschaftlichen Lage iSd § 16 BetrAVG ähnlich sein können.

Hieraus auf die Zulässigkeit eines Rückgriffs auf die vom Senat entwickelten Grundsätze, bei deren Erfüllung eine Anpassung der laufenden Betriebsrenten aufgrund der wirtschaftlichen Lage des Arbeitgebers verweigert werden kann, zu schließen[77], geht angesichts der weitreichenden dargestellten Unterschiede beider Institute zu weit.

Berechnungen der zukünftigen wirtschaftlichen Situation eines Unternehmens weisen immer gewisse Parallelen auf. Das folgt schon daraus, dass für diese Berechnung keine beliebige Menge verlässlicher Kennzahlen zur Verfügung steht, sondern nur auf bestimmte, in ihrer Aussagekraft eindeutige, im Rechnungswesen anerkannte Kennzahlen zurückgegriffen werden kann.

---

[77] So das BAG vom 18.04.1989 – 3 AZR 299/87, DB 1989, 1876 = AP Nr. 23 zu § 1 BetrAVG Unterstützungskassen und vom 17.11.1992 – 3 AZR 76/92, DB 1993, 1241 = AP Nr. 13 zu § 1 BetrAVG Besitzstand.

7. Kapitel:
Der triftige Grunde iSd Drei-Stufen-Modells als eigenständiges Element innerhalb eines abgestuften Systems von Belastungsgrenzen

Eine Übertragung der Grundsätze, die die Rechtsprechung zur Beurteilung der wirtschaftlichen Lage des Arbeitgebers iSd § 16 Abs. 1 BetrAVG entwickelt hat, auf den triftigen Grund iSd Drei-Stufen-Modells scheitert also an der inhaltlichen und funktionellen Verschiedenartigkeit der beiden Rechtsbegriffe. Wann ein Eingriffsgrund „triftig" iSd hier relevanten Regelungszusammenhangs ist, muss demnach eigenständig und unabhängig von den Grundsätzen der Rechtsprechung zur wirtschaftlichen Lage des Arbeitgebers bestimmt werden.

A. Bedeutung des Wortes „triftig"

Zur Bestimmung des exakten Gehalts des normativen Rechtsbegriffs „triftiger Grund" bietet sich zunächst ein Blick auf den Wortsinn der vom BAG gewählten Begrifflichkeit an.

I. Wortstamm

Das BAG wählt zur Beschreibung des Gewichts eines Grundes, der einen Eingriff in die zeitanteilig erdiente Dynamik rechtfertigen kann, das Adjektiv „triftig". Dieses hat sich aus dem mittelhochdeutschen „triftic" entwickelt, das dem modernen „treffend" entspricht. „Treffend" ist ein Grund aber bereits dann, wenn er nicht vollkommen abwegig ist. Das gilt unabhängig von seinem Gewicht. Auch die Frage, wann ein Grund „treffend" ist, kann stets nur im konkreten Sachzusammenhang beantwortet werden.

Aus der Betrachtung des Wortstamms lässt sich also für den Untersuchungsgegenstand lediglich folgern, dass der spezielle Regelungszusammenhang, in dem der triftige Grund verwendet wird, für eine Konkretisierung des Begriffs umfassend beleuchtet werden muss.

II. Synonyme

Nach dem Bedeutungswörterbuch des Dudens ist die Bedeutung von „triftig" gleich mit der Bedeutung von *„sehr überzeugend, einleuchtend, schwerwiegend, zwingend und stichhaltig"*[1]. Das Wort „triftig" kann also jede dieser Bedeutungen haben. Entscheidend für die Feststellung der zutreffenden Bedeutung kann damit auch hier wieder nur der konkrete Sachzusammenhang sein, in dem der Begriff verwendet wird.

Misst man dem Adjektiv „triftig" die gleiche Bedeutung zu, wie dem Adjektiv „zwingend", dann kann der Wortsinn augenscheinlich nicht bei einer abstufend gewichtenden Differenzierung von zwingenden, triftigen und sachlich-proportionalen Eingriffsgründen iSd Drei-Stufen-Modells helfen.

Ein Anhaltspunkt für die Auslegung kann sich indes aus der angeblichen Bedeutungsgleichheit von „triftig" und „schwerwiegend" ergeben. Hieraus lässt sich folgern, dass ein triftiger Grund kein Grund von lediglich untergeordnetem Gewicht sein kann.

---

[1] *Duden*, Bedeutungswörterbuch, S. 646.

III. Zwischenergebnis

Die Betrachtung des Wortsinns hilft für die exakte Bestimmung eines triftigen Grundes iSd Drei-Stufen-Modells nur wenig weiter. Die genaue Bedeutung des Wortes „triftig" kann nur in dem konkreten normativen Umfeld der Zusagekürzung beurteilt werden. Aus dem Wortsinn lässt sich aber zumindest ableiten, dass ein triftiger Grund ein Grund von einigem, d.h. von nicht nur völlig bedeutungslosem Gewicht sein muss.

B. Weitere triftige Gründe im deutschen Recht

Der Begriff des triftigen Grundes wird im deutschen Recht neben seiner Funktion als Beschreibung einer Eingriffsrechtfertigung im Betriebsrentenrecht auch in anderen Regelungszusammenhängen verwendet[2]. Eine komparative Betrachtung der Funktion und Auslegung des unbestimmten Rechtsbegriffs in diesen anderen Regelungszusammenhängen kann Schlüsse auf die Bedeutung des triftigen Grundes in seiner hier untersuchten Bedeutung zulassen, falls die Bedeutung der triftigen Gründe in den anderen Regelungszusammenhängen genauer bestimmbar ist als im Rahmen des Besitzstandsschutzes und die dogmatische Funktion der triftigen Gründe in diesen Regelungszusammenhängen mit der Funktion des triftigen Grundes iSd des Drei-Stufen-Modells vergleichbar ist.

I. Triftige Gründe im allgemeinen Zivilrecht

Das allgemeine deutsche Zivilrecht kennt das Kriterium des triftigen Grundes insbesondere in zwei Regelungszusammenhängen:

- Wer Vertrauen auf das Zustandekommen eines Vertrages erweckt und anschließend ohne triftigen Grund den Vertragsschluss verweigert, ist zum Schadensersatz nach den Regeln der *culpa in contrahendo* gem. §§ 311 Abs. 2 Nr. 1, 241 Abs. 2, 280 ff. BGB verpflichtet[3].

- Gem. § 204 Abs. 2 Satz 2 BGB endet eine Verjährungshemmung, wenn die Parteien Handlungen, die zur Förderung des Verfahrens erforderlich sind, nicht vornehmen und das Verfahren dadurch in Stillstand gerät. Eine Ausnahme hiervon gilt, wenn für das Untätigbleiben der Partei ein triftiger und für den anderen Teil erkennbarer Grund besteht[4].

---

[2] Ein weiterer, im Text vernachlässigter Fall der Anwendung des unbestimmten Rechtsbegriffs ist aus dem Konkursrecht bekannt. Das Konkursgericht durfte nach § 80 Satz 2 KO die Ernennung eines von der Gläubigerversammlung zum Konkursverwalter Gewählten aus triftigen Gründen versagen; dazu OLG Hamm vom 24.02.1987 – 15 W 66/87, ZIP 1987, 1333. Zur neuen Rechtslage siehe § 57 Satz 2 iVm § 56 InsO.

[3] BGH vom 08.06.1978 – III ZR 48/76, BB 1978, 1385; aus der jüngeren Rechtsprechung BGH vom 07.12.2000 – VII ZR 360/98, NJW-RR 2001, 381; siehe auch *Heinrichs* in Palandt § 311 Rn 36.

[4] BGH vom 12.10.1999 - VI ZR 19/99, BB 2000, 120; BGH vom 18.10.2000 – XII ZR 85/98, NJW 2001, 218.

1. Triftige Gründe für den Abbruch von Vertragsverhandlungen

Ein triftiger Grund für den Abbruch der Vertragsverhandlungen fehlt, wenn die Verhandlungen willkürlich oder aufgrund sachfremder Erwägungen abgebrochen werden[5]. Darüber hinaus ist der Inhalt triftiger Gründe, die im Falle eines Abbruchs von Vertragsverhandlungen dem Entstehen eines Schadensersatzanspruchs entgegenstehen, von der Rechtsprechung bislang nicht konkretisiert worden. Der Regelungsgehalt des triftigen Grundes in diesem Regelungszusammenhang ist damit dem Maßstab ähnlich, der innerhalb des Drei-Stufen-Modells an sachlich-proportionale Gründe angelegt wird[6].

Das Kriterium des triftigen Grundes ist auch im Regelungszusammenhang der *culpa in contrahendo* vom Schrifttum als zu vage kritisiert worden[7]. Angesichts der bereits entstandenen Schutzpflichten *in contrahendo* und der insoweit geschaffenen Bindung müssten nachträglich auftretende Gesichtpunkte grundsätzlich unberücksichtigt bleiben. Sie könnten daher – unabhängige davon, ob diese neuen Gesichtspunkte triftig seien oder nicht - nicht zur Auflösung der Bindung *in contrahendo* führen.

Lutter ist der Auffassung, das Merkmal des triftigen Grundes sei hinreichend bestimmt. Es sei aus anderen Regelungszusammenhängen bekannt und bewährt[8]. Seine Ausführungen gehen jedoch fehl, wenn er als Beispiel für bewährte triftige Gründe auf die Regelung der fristlosen Kündigung von Dienstverhältnissen in § 626 BGB verweist.

Diese Vorschrift stützt das Recht zur Kündigung eines Dienstvertrags gerade nicht auf das Vorliegen eines triftigen, sondern eines wichtigen Grundes. Ein solcher kann schon wegen der terminologischen Abweichung nicht als Beispiel für das bewährte Institut des triftigen Grundes herangezogen werden[9].

2. Triftige Gründe aufgrund derer eine Verjährungshemmung trotz Nichtbetreibens des Verfahrens fortbesteht

Ein Grund, der das Betreiben des Verfahrens für den Fortbestand einer Verjährungshemmung ausnahmsweise entbehrlich macht, ist nach dem BGH dann triftig, wenn ein nachvollziehbarer prozesswirtschaftlicher Grund vorliegt[10]. So erkennt der BGH z.B. das Abwarten des Ausgangs eines Rechtsmittelverfahrens gegen ein Teilurteil

---

[5] Siehe BGH vom 08.06.1978 – III ZR 48/76, BB 1978, 1385 unter II. 3. a) der Gründe sowie die Ausführungen bei *Reinicke/Tiedtke*, Schadensersatzverpflichtung aus Verschulden bei Vertragsabschluß nach Abbruch von Vertragsverhandlungen ohne triftigen Grund, ZIP 1989, 1093; insb. 1094, 1097. *Grunewald*, Das Scheitern von Vertragsverhandlungen ohne triftigen Grund, JZ 1984, 708, 710 spricht vom Scheitern der Vertragsverhandlungen "ohne besondere Veranlassung".

[6] Vgl. S. 185.

[7] *Nirk*, culpa in contrahendo – Eine geglückte richterliche Rechtsfortbildung – quo vadis?, in FS für Möhring, 1975, S. 71, 83 f. Bestätigt durch *Grunewald*, Das Scheitern von Vertragsverhandlungen ohne triftigen Grund, JZ 1984, 708, 710, die zu Recht die Frage aufwirft, „der Vertragsabschluß darf nur aus triftigem Grund – was auch immer das heißt – abgelehnt werden."

[8] *Lutter* Anm. zu BGH vom 07.12.2000 – VI ZR 360/98, WuB IV A. § 276 BGB 2.02.

[9] So aber *Lutter* Anm. zu BGH vom 07.12.2000 – VI ZR 360/98, WuB IV A. § 276 BGB 2.02.

[10] BGH vom 12.10.1999 – VI ZR 19/99, BB 2000, 120; a.A. LAG Sachsen vom 11.07.2002 – 8 Sa 686/01, nicht veröffentlicht. Kritisch zur BGH-Rspr. *Wagner*, Alternative Streitbeilegung und Verjährung, NJW 2001, 182, 183 ff.

als triftigen Grund an, falls der Ausgang dieses Rechtsmittelverfahrens erhebliche Bedeutung für einen anderen, noch nicht entschiedenen Verfahrensteil hat[11].

Die Triftigkeit des geltend gemachten Grundes ist in diesem Regelungszusammenhang also das Ergebnis einer Interessenabwägung. Die Interessen des Gläubigers am Fortbestand der Verjährungshemmung und damit der längerfristigen Möglichkeit, seinen Anspruch zu verfolgen, stehen den Interessen des Schuldners und der Allgemeinheit am Rechtsfrieden gegenüber. Der Grund für die Untätigkeit des Gläubigers ist triftig, wenn seine Interessen die Interessen des Schuldners und der Allgemeinheit ausnahmsweise überwiegen.

Anders als im Regelungszusammenhang der *culpa in contrahendo*, wo der BGH den triftigen Grund am Willkürverbot misst[12], hat der dem Merkmal des triftigen Grundes im Regelungszusammenhang der Verjährungshemmung einen Bedeutungsgehalt zugewiesen, der verdeutlicht, dass es sich bei einem triftigen Grund nicht nur um irgendeinen nachvollziehbaren Grund muss. Triftig kann nur ein Grund von einigem Gewicht sein, der die Interessen am Rechtsfrieden ausnahmsweise überwiegt.

Die von der Rechtsprechung im Verjährungszusammenhang entwickelten sonstigen Anhaltspunkte zur Bestimmung des triftigen Grundes sind jedoch so vage, dass auch sie für die vorliegende Problematik nicht weiterhelfen.

II. Sonstige arbeitsrechtliche triftige Gründe

Das Merkmal des triftigen Grundes ist normiert in § 61 Abs. 2 BAT. Ein Angestellter des öffentlichen Dienstes ist demnach berechtigt, bereits während der Dauer seines Arbeitsverhältnisses ein Arbeitszeugnis zu verlangen, falls er dafür triftige Gründe geltend machen kann. Triftig in diesem Sinne ist nach dem BAG jeder Grund, der bei verständiger Betrachtung den Wunsch des Angestellten auf Erteilung eines Zwischenzeugnisses als berechtigt erscheinen lässt[13]. Das ist der Fall, wenn das Zwischenzeugnis geeignet erscheint, den mit ihm angestrebten Erfolg zu fördern.

Auch in diesem Regelungszusammenhang ist das Bestehen oder Nichtbestehen eines triftigen Grundes also das Ergebnis einer Interessenabwägung. Entscheidend ist das Gewicht des Interesses des Angestellten an der Ausstellung eines Arbeitszeugnisses schon vor dem Ausscheiden aus dem Anstellungsverhältnis.

Gleiches gilt für einen weiteren arbeitsrechtlichen Anwendungsfall des unbestimmten Rechtsbegriffs „triftiger Grund“. Nach einer Entscheidung des ArbG Berlin begrenzen triftige Gründe des Arbeitgebers den Anspruch des Arbeitnehmers auf die Aufnahme einer „Dankes- und Zukunftsformel“ in das Arbeitszeugnis. Ob triftige Gründe vorlägen, bestimme sich nach den widerstreitenden Grundrechtspositionen. Die hierbei gebotene Abwägung der betrieblichen Belange folge dem gedanklichen Schema der Verhältnismäßigkeit[14].

III. Zwischenergebnis

Der triftige Grund bildet auch in anderen Regelungszusammenhängen das Ergebnis der Abwägung widerstreitender Interessen. Eine Übertragung der z.T. vorgenomme-

---

[11] BGH vom 18.10.2000 – XII ZR 85/98, NJW 2001, 218.
[12] Siehe oben S. 217.
[13] BAG vom 01.10.1998 – 6 AZR 176/97, DB 1999, 1120 = AP Nr. 2 zu § 61 BAT unter 1. der Gründe.
[14] ArbG Berlin vom 07.03.2003 – 88 Ca 604/03, ArbuR 2003, 278 = ZTR 2004, 46.

nen abstrakten Inhaltsbestimmung auf den triftigen Grund iSd Drei-Stufen-Modells scheitert indes an der Verschiedenartigkeit der Regelungszusammenhänge und der widerstreitenden Interessen, die in Einklang zu bringen sind. An diesen widerstreitenden Interessen ist im Einzelfall das Gewicht des jeweils als triftig zu bezeichnenden Grundes auszurichten.

C. Der triftige Grund iSd Drei-Stufen-Modells als Ergebnis einer Interessenabwägung

I. Widerstreitende Interessen

Die Rechtsprechung des BAG zum dreistufigen Besitzstandsschutz dient der Konkretisierung des Verhältnismäßigkeitsgrundsatzes und des Vertrauensschutzgedankens[15]. Ein Eingriff in die Besitzstandsstufe der zeitanteilig erdienten dienstzeitunabhängigen Dynamik ist nur dann verhältnismäßig, wenn der Arbeitgeber triftige Gründe für die Zusagekürzung geltend machen kann. Die Freiheit des Arbeitgebers, eine von ihm freiwillig zugesagte dienstzeitunabhängige Dynamik nachträglich zu kürzen, findet also ihre Grenze am Schutz der Besitzstände der Arbeitnehmer, solange der Arbeitgeber keine triftigen Gründe für seine Entscheidung geltend machen kann.

Diese durch die Rechtsprechung des BAG eingeschränkte Rechtsposition des Arbeitgebers ist Ausdruck seiner unternehmerischen Entscheidungsfreiheit, die wiederum auf die Privatautonomie des Arbeitgebers, seine Berufsfreiheit und die grundgesetzliche Eigentumsgarantie zurückzuführen ist. Das Vorliegen eines triftigen Grundes iSd Drei-Stufen-Modells ist also das Ergebnis einer Abwägung zwischen dem Interesse des Arbeitgebers, sein Unternehmen so zu führen, wie er es für unternehmerisch sinnvoll hält und den Interessen der Arbeitnehmer am uneingeschränkten Fortbestand ihrer Besitzstände.

Hinter dem Interesse des Arbeitgebers an der Freiheit seiner unternehmerischen Entscheidungen, steht sein Interesse an einer gesunden wirtschaftlichen Entwicklung seines Unternehmens. Neben diesen Interessen des Arbeitgebers würden die Belange einer Vielzahl an Interessengruppen beeinträchtigt, wenn das Unternehmen unter der steigenden Versorgungslast kollabieren würde. Zu den Belangen, die durch eine Insolvenz des Arbeitgebers berührt würden, zählen u.a.:

- Die Betriebsrentner sind daran interessiert, dass eine Insolvenz ihres früheren Arbeitgebers vermieden wird. Ihr Interesse kann sich aus schlichter Solidarität mit dem Unternehmen ergeben. Rein wirtschaftlich besteht ihr Interesse am Fortbestand ihres ehemaligen Arbeitgebers bereits deshalb, weil sie nur gegen ihn einen Anspruch auf Anpassungsprüfung haben. Müssen sie ihre Ansprüche auf Versorgung wegen Eintritts eines Sicherungsfalls gegen den PSV geltend machen, so bleibt die Höhe ihrer Versorgung unangepasst, solange die ihnen erteilte Versorgungszusage nicht ausnahmsweise volldynamisch ausgestaltet war[16]. Für Betriebsrentner mit hohen Betriebsrenten besteht ferner ein Interesse am Fortbestand ihres ehemaligen Arbeitgebers, da der PSV nur bis zu der in § 7 BetrAVG vorgesehenen Höchstgrenze in die Verpflichtungen des insolventen Arbeitgebers eintritt.

---

[15] Umfassend dazu S. 156 ff.

[16] Zur Anpassungspflicht des PSV oben S. 61; zur Interessenlage der Betriebsrentner auch S. 146 f.

- Der PSV und alle Mitgliedsunternehmen[17] sind am Ausbleiben von Sicherungsfällen interessiert. Im Falle der Insolvenz des Arbeitgebers muss der PSV für alle laufenden Leistungen und gesetzlich unverfallbaren Anwartschaften bis zu der in § 7 BetrAVG vorgesehenen Höchstgrenze aufkommen. Steigt die Zahl der Insolvenzfälle, dann werden die durch die Beiträge der Mitgliedsunternehmen für die Durchführung der Insolvenzsicherung angesammelten Mittel entsprechend stärker belastet. Für die Mitgliedsunternehmen bedeutet das eine erhöhte Wahrscheinlichkeit der Erhöhung der Pflichtbeiträge zum PSV[18].

- Die aktiven Arbeitnehmer haben ein Interesse daran, dass das Unternehmen als Erwerbsquelle fortbesteht.

- Neben den Arbeitnehmern sind auch die sonstigen Gläubiger daran interessiert, eine Insolvenz des Arbeitgeberunternehmens zu vermeiden. Nach Eröffnung des Insolvenzverfahrens können sie nur noch gemeinschaftlich befriedigt werden[19]. Aus der Insolvenzmasse werden ihre Forderungen im Grundsatz nur quotal nach dem Verhältnis ihrer Beträge befriedigt.

- Schließlich gibt es auch Interessen der Allgemeinheit, die wirtschaftliche Wettbewerbsfähigkeit und den Fortbestand von Unternehmen zu gewährleisten. Jede Insolvenz eines Arbeitgebers führt zu einer potentiell erhöhten Anzahl von Arbeitslosen, was wiederum erhöhte Ausgaben für die Staatskasse und verringerte Einnahmen für die Sozialversicherungsträger nach sich zieht.

Aus Gründen der Vereinfachung wird im Folgenden von den „Arbeitgeberinteressen an der Kürzung der Zusage" in Abgrenzung zu den „Arbeitnehmerinteressen an deren Aufrechterhaltung" gesprochen. Mit dem Begriff der „Arbeitgeberinteressen an der Kürzung der Zusage" ist sowohl die grundgesetzlich geschützte unternehmerische Entscheidungsfreiheit des Arbeitgebers als auch sein Interesse am leistungsfähigen Fortbestand seines Unternehmens gemeint. Die Interessen Dritter bleiben für den hier untersuchten Interessenkonflikt außer Betracht.

II. Erforderliches Interessenverhältnis

Die Arbeitgeberinteressen an der Kürzung der Zusage müssen so schwer wiegen, dass sie die Interessen der Arbeitnehmer am tatsächlichen Erhalt der auf der Besitz-

[17] Jeder Arbeitgeber, der für seine betriebliche Altersversorgung einen sicherungspflichtigen Durchführungsweg (alle Durchführungswege mit Ausnahme einer Pensionskassenversorgung sind sicherungspflichtig) wählt, ist gem. § 10 Abs. 1 BetrAVG zur Mitgliedschaft im PSV verpflichtet. Der Arbeitgeber muss sich unaufgefordert beim PSV melden, bevor die ersten sicherungspflichtigen Anwartschaften unverfallbare geworden sind; vgl. § 11 BetrAVG.
[18] Auf Grund der hohen Zahl der Insolvenzen (Allein in den ersten 6 Monaten des Jahres 2002 meldeten 18.500 Unternehmen Insolvenz an; FAZ vom 12.09.2002, S. 15 „Insolvenzrekord in Deutschland"), hat der PSV für das Jahr 2002 eine Beitragserhöhung auf 4,5 Promille der Rückstellungen für alle Mitgliedsunternehmen durchgeführt, die auch für das Jahr 2003 aufrecht erhalten wurde. PSV-Mitgliederrundschreiben 07/2003 im Internet einsehbar unter www.psvag.de/pdf/mitglieder_info.pdf (Stand: 12/2003).
[19] § 1 Satz 1 InsO.

standsstufe der zeitanteilig erdienten Dynamik erdienten Teilbeträge, auf deren Erhalt sie schutzwürdig vertraut haben, überwiegen. Nur dann hält ein Eingriff in die zweite Besitzstandsstufe der Inhaltskontrolle anhand des Maßstabs des Drei-Stufen-Modells stand.

1. Keine Unzumutbarkeit des Festhaltens an der Zusage

Die Gründe, die einen Eingriff in Versorgungsanrechte rechtfertigen sollen, müssen umso gewichtiger sein, je stärker der zu kürzende Besitzstand des Arbeitnehmers geschützt ist. Umgekehrt ausgedrückt, reichen also weniger schwer wiegende Gründe für einen Eingriff in weniger stark geschützte Besitzstände aus.

Bedenkt man, dass die Unzumutbarkeit der wirtschaftlichen Belastungen nach den im 4. Kapitel getroffenen Feststellungen die Grenze markiert, ab der der Tatbestand der Störung der Geschäftsgrundlage erfüllt ist, und dass eine solche Störung der Geschäftsgrundlage der Zusage iSd § 313 BGB erst bei Eintritt einer wirtschaftlichen Notlage iSd § 7 Abs. 1 Satz 3 Nr. 5 BetrAVG a.F. anzunehmen ist[20], dann muss ein ausreichendes Übergewicht der Arbeitgeberinteressen an einem Eingriff in die zeitanteilig erdiente dienstzeitunabhängige Dynamik bereits bestehen, bevor das Unternehmen durch die Aufrechterhaltung der zeitanteilig erdienten Dynamik unzumutbar stark belastet wird.

Die wirtschaftliche Notlage ist der Regelfall eines zwingenden Grundes iSd Drei-Stufen-Modells[21]. Die Unzumutbarkeit des Festhaltens an der Zusage ist damit nach dem anerkannten Rangverhältnis von zwingendem zu triftigem Grund[22], ein Mehr im Verhältnis zu dem für den triftigen Grund erforderlichen Überwiegen der Arbeitgeberinteressen an der Kürzung der zeitanteilig erdienten Dynamik. Eine wirtschaftliche schlechte Situation des Arbeitgebers führt damit bereits zum Vorliegen eines triftigen Grundes, bevor es dem Arbeitgeber unzumutbar wird, an der Zusage festzuhalten.

2. Der Maßstab der unangemessenen Belastung

Das Drei-Stufen-Modell ist Ausdruck des Verhältnismäßigkeitsgrundsatzes. Es setzt Arbeitgeberinteressen an der Kürzung der Besitzstände in Relation zu den Arbeitnehmerinteressen an deren Aufrechterhaltung und konkretisiert so die für die Umsetzung bestimmter Maßnahmen erforderlichen Interessenverhältnisse.

Deshalb setzt auch das Drei-Stufen-Modell, so wie jede Verhältnismäßigkeitsprüfung, das Bestehen eines angemessenen Verhältnisses (sog. Verhältnismäßigkeit ieS) zwischen den widerstreitenden Interessen voraus[23]. An dieser Terminologie anknüpfend, bietet sich für die Bestimmung des für den triftigen Grund erforderlichen Verhältnisses von Belastung des Arbeitgebers und Besitzstandsschutzinteressen der Arbeitnehmer der Gebrauch des Begriffs der (Un-)Angemessenheit der Belastung an. Ein Eingriff in die Besitzstandsstufe der zeitanteilig erdienten Dynamik ist dann zulässig, wenn der Arbeitgeber durch die auf ihn zukommenden Versorgungslasten unangemessen, d.h. unverhältnismäßig schwer, belastet würde.

---

[20] Siehe dazu S. 144.
[21] Siehe oben S. 182 f.
[22] Vgl. oben S. 166 f.
[23] Der Angemessenheitsgrundsatz ist auch als Grundsatz der Interessenabwägung bekannt; vgl. zur Begrifflichkeit *Stubbe*, Der Grundsatz der Verhältnismäßigkeit im Privatrecht, Diss. Würzburg 2001, S. 17 ff.

Die Verwendung des Merkmals der Angemessenheit betont das Erfordernis der Verhältnismäßigkeit zwischen Belastung des Arbeitgebers und Eingriffsintensität und damit die Berücksichtigung der subjektiven Interessenlage des Arbeitgebers. Es gewährleistet eine eindeutige Abgrenzung des triftigen Grundes zum zwingenden Grund, für dessen Vorliegen eine unzumutbare Belastung gefordert wird. Eine unangemessen hohe Belastung trifft den Arbeitgeber weniger schwer, als eine Belastung, die unzumutbar ist. Unangemessen ist die Belastung bereits, wenn sie nicht mehr das richtige Maß hat, wenn sie also in keinem vertretbaren Verhältnis mehr zur Bedeutung der Versorgung für die Arbeitnehmer steht. Liegt eine unangemessene Belastung für den Arbeitgeber vor, geht die Privatautonomie des Arbeitgebers den Bestandsschutzinteressen der Arbeitnehmer vor[24].

III. Zwischenergebnis

Das Vorliegen eines triftigen Grundes ist das Ergebnis eines Interessenausgleichs zwischen den Interessen des Arbeitgebers und der Arbeitnehmer. Die Interessen beider Parteien müssen anhand des Grundsatzes der Verhältnismäßigkeit in Einklang gebracht werden

Als Maßstab für die Belastungsgrenze ab der das Bestehen eines triftigen Grundes zu bejahen ist, bietet sich die Grenze der Unangemessenheit der Belastung an. Diese erlaubt eine verstärkte Betonung der widerstreitenden subjektiven Interessen von Arbeitgeber und Arbeitnehmer.

Eine unangemessene Belastung tritt unterhalb der Schwelle einer unzumutbaren Belastung ein, die bei Eintritt einer wirtschaftlichen Notlage angenommen wird. Ein Eingriff in die auf der Stufe der zeitanteilig erdienten dienstzeitunabhängigen Dynamik geschützten Besitzstände ist also zulässig, wenn der Arbeitgeber durch das Festhalten an der Dynamik in Zukunft voraussichtlich unangemessen belastet wird.

D. Prognoseerfordernis

I. Erfordernis einer zukunftsgerichteten Beurteilung der Rechtsmäßigkeit eines Eingriffs in die zeitanteilig erdiente Dynamik

Die Gehaltsentwicklung der Arbeitnehmer mit gehaltsbezogen-dynamischen Versorgungszusagen wirkt sich zum allergrößten Teil erst in der ferneren Zukunft steigernd auf die vom Arbeitgeber geschuldete Versorgungshöhe und damit belastend auf die wirtschaftliche Situation des Unternehmens aus. Der Arbeitgeber kann seiner Kalkulation der zu bildenden Pensionsrückstellungen wegen des handelsrechtlichen Stichtagsprinzips[25] aber nur solche Gehaltssteigerungen zugrunde legen, die bereits eingetreten sind. Künftige Trends kann er allenfalls über eine Reduzierung des Rechnungszinsfusses berücksichtigen[26]. Die Bildung genereller Rückstellungen für zukünftig durch anfallende Gehaltssteigerungen erhöhte Versorgungsverpflichtungen ist unzulässig[27]. Steuerbilanziell kann der Arbeitgeber Veränderungen der Leistungs-

---

[24] Zum Verhältnis von Verhältnismäßigkeit und Privatautonomie siehe umfassend *Stubbe*, Der Grundsatz der Verhältnismäßigkeit im Privatrecht, Diss. Würzburg 2001, S. 73 ff.

[25] § 252 Abs. 1 Nr. 3 HGB.

[26] Vgl. zu dieser Möglichkeit S. 21 und S. 193 ff.

[27] So *Thoms-Meyer*, Grundsätze ordnungsmäßiger Bilanzierung für Pensionsrückstellungen, Diss. Münster 1995, S. 87 ff. mit ausführlicher Begründung; *Orthmann*, Betriebliche Altersversorgung im

höhe für die Berechnung des Anwartschaftsbarwerts erst berücksichtigen, sobald diese wirksam geworden sind[28].

Veränderungen der Höhe der geschuldeten Versorgung infolge von Gehalts- und Lohnanstiegen können sich bis zum Ende des Auszahlungszeitraums für den letzten Arbeitnehmer mit zeitanteilig erdienter Dynamik auswirken. Das Unternehmen wird damit aufgrund der zum Änderungszeitpunkt bestehenden zeitanteilig erdienten Dynamik für einen langen Zeitraum jedes Jahr neu und in nur schwer zu kalkulierender Höhe belastet.

Ein verhältnismäßiger Ausgleich zwischen den Arbeitgeberinteressen an der Kürzung der zeitanteilig erdienten Dynamik und den Arbeitnehmerinteressen an deren Aufrechterhaltung – d.h. die Bestimmung der Grenze ab der die Belastung für den Arbeitgeber bei Festhalten an der teilweise erdienten Dynamik unangemessen hoch wird – erfordert deshalb die Berechnung des Gesamtumfangs der Mehrbelastung, die den Arbeitgeber bis zum Ende des Auszahlungszeitraums für den letzten Arbeitnehmer mit endgehaltsbezogen dynamischer Zusage aufgrund der Aufrechterhaltung der zeitanteilig erdienten Dynamik treffen würde.

Der Arbeitgeber muss also eine Prognose erstellen, anhand derer er die zukünftige wirtschaftliche Situation des Unternehmens bewertet. Die Länge des zu betrachtenden Zeitraums kann nicht einheitlich bestimmt werden, weil der Zeitraum bis zum Ende der Auszahlungen an den letzten Arbeitnehmer mit zeitanteilig erdienter Dynamik bei jedem Unternehmen unterschiedlich ist.

II. Probleme prognostischer Beurteilungen

Jede Prognose kämpft mit demselben logischen Grundproblem. Eine Prognose soll eine möglichst verlässliche Aussage über zukünftiges, d.h. noch „unwirkliches" Geschehen treffen. Eine solche Aussagen setzt voraus, dass sich nicht jedes Ereignis rein zufällig zuträgt.

Gängige Prognosemethoden schließen anhand konstanter Strukturen vergangener und gegenwärtiger Ereignisse auf zukünftiges Geschehen. Sie versuchen, Strukturen der Vergangenheit in Regeln zu fassen. Diese besagen im Idealfall, dass wenn x, y und z vorliegen, zu erwarten ist, dass a, b und c eintreten, weil mindestens einmal (oder mehrmals oder jedes Mal) in der Vergangenheit oder Gegenwart a, b und c eintraten als x, y und z vorlagen.

Um die Auswirkungen der Aufrechterhaltung der zeitanteilig erdienten Dynamiken auf die wirtschaftliche Situation des Arbeitgebers prognostizieren zu können, müssen also zunächst Erfahrungen der Vergangenheit analysiert werden. Diese Erfahrungen sind danach zu untersuchen, ob sich konstante Strukturen feststellen lassen, die eine Fortentwicklung zu einem tragfähigen Prognoseergebnis ermöglichen.

Die Entwicklung der wirtschaftlichen Situation des Unternehmens auf der einen Seite und der Lasten, die aus der zeitanteilig erdienten Dynamik resultieren, auf der anderen Seite wird vor allem von den folgenden Faktoren beeinflusst:

Jahresabschluss nach HGB, US-GAAP und IAS, Diss. Mainz 2003, S. 97; a.A. Stellungnahme des HfA des IdW 2/1998, Pensionsverpflichtungen im Jahresabschluss, WPg 1988, S. 403, 404 und *Andresen/Förster/Norbert Rößler/Rühmann* Teil 3 Rn 176 f. unter Verweis auf das handelsrechtliche Vorsichtsprinzip; näher hierzu S. 195.

[28] Siehe § 6a Abs. 3 Satz 2 Nr. 1 S. 4 EStG; vgl. *Ahrend/Förster/Norbert Rößler* 2. Teil Rn 248 ff. und S. 194.

- allgemeine wirtschaftliche Entwicklung
- Gehaltsentwicklung bestimmter Mitarbeitergruppen
- inflations- und branchenbedingte Gehaltsentwicklung der Gesamtbelegschaft
- künftige Zusammensetzung der Belegschaft nach Alters- und Gehaltsgruppen[29].

Wie schwierig bereits die wirtschaftliche Entwicklung eines Unternehmens für die nächsten drei Jahre zu prognostizieren ist, haben die Ausführungen zur wirtschaftlichen Lage des Arbeitgebers iSd § 16 BetrAVG anschaulich verdeutlicht[30]. Augenscheinlich schwer kalkulierbar sind Faktoren wie Karrieresprünge, die Zusammensetzung der Belegschaft sowie die der allgemeinen Gehaltsentwicklung zugrunde liegende Entwicklung des allgemeinen Preisniveaus, die sich auf die Entwicklung der Höhe der gehaltsabhängigen Versorgungsansprüche beziehen.

Eine Prognose der Entwicklung dieser Größen kann nur aufgrund einer erfahrungswissenschaftlichen Methode erstellt werden. Normative oder dogmatische Wissenschaften wie die Jurisprudenz helfen hier nicht weiter. Ein Prognoseergebnis kann nur dann Allgemeingeltung beanspruchen, wenn der Einwand oder Verdacht, das erzielte Ergebnis könne auf etwas anderem als Erfahrungswerten beruhen weitestgehend ausgeräumt wird. Annahmen, Spekulationen oder andere unzuverlässige Quellen müssen daher weitestgehend ausgeblendet werden, um dem gefundenen Ergebnis Akzeptanz zu vermitteln.

Als taugliche Erfahrungswissenschaft zur Lösung des vorliegenden Problems kommt insbesondere die Betriebswirtschaftslehre in Betracht. Aus dem weiten Feld ihrer Teildisziplinen bieten sich Anleihen bei anerkannten Methoden der Unternehmensbewertung an. Bei jeder Unternehmensbewertung ist nämlich als eines der Kernprobleme der finanziellen Überschüsse aus dem betriebsnotwendigen Vermögen zu prognostizieren[31]. Prognosefragen bilden deshalb einen zentralen Gegenstand in der Literatur zur Unternehmensbewertung. Meist wird dort versucht, das Problem der mit voranschreitender Zukunft sinkenden Prognosegenauigkeit mit Hilfe sog. Phasenmodelle zu lösen. Die Zukunft wird hier in verschiedene Phasen mit unterschiedlich detailliertem Prognoseanspruch eingeteilt[32].

Auch die voraussichtliche Entwicklung der wirtschaftlichen Situation des Unternehmens lässt sich auf Grundlage einer umfassenden Vergangenheitsanalyse[33] zumindest für einen gewissen Zeitraum plausibler beurteilen und sicherer prognostizieren als für die Ewigkeit bzw. den ungewissen Zeitraum bis zum Ende der Ruhegeldzahlungen an den letzten Arbeitnehmer mit zeitanteilig erdienter Dynamik.

Als Zeitraum, in dem Detailplanungsrechnungen möglich sind, denen eine hohe Verlässlichkeit beigemessen werden kann, wird ein überschaubarer Zeitraum von

---

[29] Zur Berücksichtigung dieser Faktoren innerhalb des hier vorgeschlagenen Bewertungsmodells siehe S. 250 f.
[30] Siehe dazu umfassend S. 71 ff.
[31] *IdW* (Hrsg.) WP-Hdb. 2002 Bd. II Abschn. A Rn 159.
[32] Sog. Phasenmethode vgl. *IdW* (Hrsg.) WP-Hdb. 2002 Bd. II Abschn. A Rn 180 ff.
[33] Vgl. *Copeland/Koller/Murrin* S. 180 ff.

drei bis fünf Jahren vorgeschlagen[34]. An diesen Zeitraum schließt sich eine Zukunftsbetrachtung an, in der die wirtschaftliche Entwicklung nur noch auf globale Annahmen gestützt werden kann[35]. Die Bewertungsliteratur unterteilt die Zukunft deshalb meist in einen nahen Detailprognosezeitraum und den zeitlich weiter entfernt liegenden Rest des Bewertungszeitraums[36].

III. Erfordernis der Prognose bei ergebnisorientierter Betrachtung

Durch die begrüßenswerte neue Auffassung des BAG, nach der die Intensität einer Zusagekürzung erst auf den Zeitpunkt des Ausscheidens des Arbeitnehmers beim Arbeitgeber bestimmt werden kann[37], hat sich die Problematik der zukunftsgerichteten Beurteilung der Voraussetzungen eines triftigen Grundes scheinbar entschärft.

Werden dem Arbeitnehmer gleichzeitig mit einem Eingriff in seine zeitanteilig erdiente Dynamik andere Möglichkeiten eröffnet, seine Ruhegeldansprüche zu steigern, dann muss der Arbeitgeber grundsätzlich nicht bereits im Kürzungszeitpunkt die voraussichtlichen Auswirkungen der Aufrechterhaltung der zeitanteilig erdienten Dynamik auf die künftige wirtschaftliche Situation seines Unternehmens prognostizieren.

Ausreichend ist bereits, dass der Arbeitgeber im Zeitpunkt des Ausscheidens des Arbeitnehmers aus dem Arbeitsverhältnis nachweisen kann, das im Änderungszeitpunkt ein triftiger Grund für den Eingriff in die Besitzstände des Arbeitnehmers vorlag. Diesen Nachweis muss der Arbeitgeber jedoch nur dann führen, falls der begünstigte Arbeitnehmer bei Eintritt des Versorgungsfalls nicht zumindest den Betrag erhält, den er zum Ablösungsstichtag bei Aufrechterhaltung der ursprünglich zugesagten Dynamik erdient hatte.

Im Zeitpunkt des Ausscheidens des Arbeitnehmers sind dem Arbeitgeber die entscheidenden Zahlen zur Beurteilung der wirtschaftlichen Lage seines Unternehmens für die Jahre seit der Zusageänderung und die Auswirkungen, die die Aufrechterhaltung der erdienten dienstzeitunabhängigen Dynamik hierauf gehabt hätte, bekannt. Das Bestehen eines triftigen Grundes zum Änderungszeitpunkt ist deshalb zu diesem Zeitpunkt leichter zu überprüfen.

Auch bei ergebnisorientierter Betrachtung bleibt es indes dabei, dass nur die gesamten aus der zeitanteilig erdienten Dynamik bis zum Ende des Rentenbezugs für den letzten Arbeitnehmer resultierenden Mehraufwendungen den triftigen Grundes begründen können. Jeder Arbeitgeber, der von ihm erteilte Betriebsrentenzusagen kürzt, indem er dienstzeitunabhängige Berechnungsfaktoren ändert, sollte deshalb bereits im Änderungszeitpunkt die Lasten, die aus der zu diesem Zeitpunkt erdienten dienstzeitunabhängigen Dynamik für die kommenden Jahre resultieren, und die zur Deckung dieser Lasten zur Verfügung stehenden Mittel prognostizieren.

Auch Arbeitgeber, die zwar den variablen Berechnungsfaktor kürzen, aber gleichzeitig andere Steigerungsbeträge zusagen, haben ein Interesse daran, bereits zum Änderungszeitpunkt zu wissen, ob die vorgenommene Umstrukturierung auch

---

[34] *IdW* (Hrsg.) WP-Hdb. 2002 Bd. II Abschn. A Rn 183; zur Umsetzung in dem hier vorgeschlagenen Modell siehe S. 245 ff.

[35] *IdW* (Hrsg.) WP-Hdb. 2002 Bd. II Abschn. A Rn 180.

[36] Vgl. dazu z.B. *Bruckner/Leithner/McLean/Taylor/Welch*, What is the market telling you about your strategy?, The McKinsey Quarterly 1999 No. 3, 98, 102 Abbildung 1, in der der *cash flow* verschiedener Branchen unterteilt nach *present value of cash flows* (*cash flow* in den nächsten vier Jahren ⇒ nähere Phase) und *continuing value* (⇒ fernere Phase) abgebildet wird.

[37] Vgl. oben S. 176 ff.

dann rechtmäßig ist, wenn die Versorgung eines Arbeitnehmers auf Grundlage der Regeln der neuen Versorgungsordnung in ihrer Höhe hinter der im Änderungszeitpunkt zeitanteilig erdienten Dynamik zurückbleibt. Ein Arbeitgeber, der dieses Risiko nicht erkennt, läuft Gefahr, beim späteren Ausscheiden der Arbeitnehmer einige böse Überraschungen zu erleben und deren Versorgung unvorhergesehen bis zum zeitanteilig erdienten Betrag aufbessern zu müssen.

Wird durch den Eingriff lediglich der dienstzeitunabhängige Berechnungsfaktor verschlechtert, ohne dass dem Arbeitnehmer im Gegenzug andere Möglichkeiten zur Steigerung seiner Versorgung eröffnet werden, muss der Arbeitgeber ohnehin nach wie vor zum Änderungszeitpunkt nachvollziehbar darlegen, dass ein triftiger Grund für den Eingriff besteht. Die Notwendigkeit der prognostischen Beurteilung besteht hier mithin in unveränderter Schärfe fort[38].

IV. Zwischenergebnis

Das Vorliegen eines triftigen Grundes im Sinne des Drei-Stufen-Modells kann nur zukunftsbezogen bestimmt werden. Es muss deshalb eine Prognose der wirtschaftlichen Situation des Arbeitgebers bis zum Ende des Rentenbezugs des letzten Arbeitnehmers mit zeitanteilig erdienter dienstzeitunabhängiger Dynamik erstellt werden. Diese Prognose muss sich der Hilfe von Erfahrungswissenschaften bedienen. Sie darf sich ausschließlich auf Erfahrungswerte stützen. Es bietet sich ein Rückgriff auf anerkannte Grundsätze der Unternehmensbewertung an.

Auch bei ergebnisorientierter Beurteilung der Eingriffsintensität muss in aller Regel im Änderungszeitpunkt eine Prognose erstellt werden. Das gilt nicht nur, wenn der Arbeitgeber in den auf der Stufe der zeitanteilig erdienten Dynamik geschützten Besitzstand eingreift, ohne sonstige Zuwächse zu ermöglichen. Auch bei sonstigen Eingriffen sollte der Arbeitgeber sich bereits im Änderungszeitpunkt absichern, ob die Kürzung der dienstzeitunabhängigen Dynamik auch in den Fällen gerechtfertigt ist, in denen die Höhe der Versorgung des Arbeitnehmers hinter der Höhe diese Teilbetrags zurückbleibt.

E. Wirtschaftliche Auswirkungen der zeitanteilig erdienten Dynamik (Belastungswert)

I. Definition des Belastungswerts

Die wirtschaftliche Mehrbelastung, die das Unternehmen trifft, wenn es die zeitanteilig erdienten Dynamik aufrechterhält und von der geplanten Zusageänderung Abstand nimmt, wird für die Zwecke dieser Untersuchung im Folgenden als „Belastungswert" bezeichnet. Dieser Belastungswert bestimmt sich wie folgt:

---

[38] Die aufwendigen Prognoseberechnungen kann sich der Arbeitgeber durch die Aufnahme von Besitzstandsklauseln in die Neuregelung sparen, falls er durch die Neuregelung der Zusage ein anderes Ziel verfolgt, als Versorgungskosten einzusparen. In einer solchen Besitzstandsklausel sollte der Arbeitgeber festschreiben, dass der Arbeitnehmer bei seinem Ausscheiden zumindest den Betrag erhalten soll, den er zum Ablösungsstichtag bei Aufrechterhaltung der ursprünglich zugesagten Dynamik erdient hatte. Garantiert der Arbeitgeber diesen Betrag, reichen ihm bereits sachlich-proportionale Gründe, um die Zusage zu ändern.

II. Berücksichtigung der Differenz der Zuführungsbeträge

Ein Eingriff in die zeitanteilig erdiente Dynamik ist nur dann gerechtfertigt, wenn gerade die zusätzlichen Belastungen, die aus der aufrechterhaltenen zeitanteiligen Dynamik resultieren, den Arbeitgeber in wirtschaftliche Schwierigkeiten stürzen. Für die Bemessung des Belastungswert ist deshalb von dem künftig vom Arbeitgeber für Zuführungen zu den Pensionsrückstellungen zu leistenden Aufwand nur der Betrag zu berücksichtigen, um den die Zuführungen zur Pensionsrückstellung bei Aufrechterhaltung der zeitanteilig erdienten Dynamik den Umfang der Zuführungen zu den Pensionsrückstellungen nach der Neuordnung der Zusage überschreiten[39].

1. Auswirkungen von Gehaltsanstiegen auf den Belastungswert

Der aus der Aufrechterhaltung der auf der Stufe der zeitanteilig erdienten Dynamik geschützten Besitzstände resultierende Belastungswert ist eine träge Größe. Durch Veränderungen seiner Bemessungsfaktoren lässt er sich nur langfristig beeinflussen. Kurzfristig sind die aus einer dienstzeitunabhängig-endgehaltsbezogenen Dynamik resultierenden Mehrbelastungen gering. Wegen des Stichtagprinzips[40] können nur solche Gehaltssteigerungen zur Ermittlung des zurückzustellenden Teilwerts berücksichtigt werden, die am Bilanzstichtag bereits eingetreten sind. Künftige Gehaltssteigerungen, die zum Bilanzstichtag noch nicht feststehen, wirken sich erst in späteren Bilanzierungszeiträumen steigernd auf die Zuführungen zur Pensionsrückstellung und damit auf den Belastungswert aus. Der Belastungswert steigt deshalb bei aufrechterhaltener Dynamik nur langsam an. Änderungen der Bemessungsfaktoren wirken sich deshalb zu wesentlichen Teilen erst in fernerer Zukunft auf den Belastungswert aus.

2. Zum Teilwert

Der überwiegende Teil der in Deutschland erteilten Versorgungszusagen wird durch die Bildung von Pensionsrückstellungen in den Handels- und Steuerbilanzen finanziert[41]. Rückstellungen für Rentenverpflichtungen sind in der Bilanz mit ihrem Barwert anzusetzen, wenn für sie keine Gegenleistung mehr zu erwarten ist. Dies trifft auf alle unverfallbaren Pensionsanwartschaften von ausgeschiedenen Arbeitnehmern zu[42].

Solange der Arbeitgeber noch eine Gegenleistung für die Pensionsverpflichtung erwarten kann, kann er Rückstellungen in Höhe des Betrags bilden, den er nach vernünftiger kaufmännischer Beurteilung für notwendig erachtet[43]. Die Praxis behilft sich für die Berechnung der zurückstellenden Werte mit Mitteln der Versicherungsmathematik und greift auch für die Bewertung von Pensionsverpflichtungen, für die noch eine Gegenleistung zu erwarten ist, auf das Barwertkonzept zurück[44]. Bei der Bemessung des während der Betriebszugehörigkeit des Pensionsberechtigten rückzu-

---

[39] Vgl. dazu S. 249 ff. und S. 255 ff.
[40] § 252 Abs. 1 Nr. 3 HGB.
[41] Vgl. S. 19; Die Bildung von Rückstellungen richtet sich nach § 249 HGB für die Handels- und § 6a EStG für die Steuerbilanz.
[42] Vgl. *Thoms–Meyer,* Grundsätze ordnungsmäßiger Bilanzierung für Pensionsrückstellungen, Diss. Münster 1995, S. 124.
[43] § 253 Abs. 1 Satz 2, 3. Alt. HGB.
[44] Sog. Anwartschaftsbarwert; *Feld,* Die Bilanzierung nach HGB und IAS, WPg 2003, 573, 576.

stellenden Barwerts muss berücksichtigt werden, dass der Arbeitnehmer Teile der ihm zugesagten Altersversorgungsleistungen in der bis zum Eintritt des Versorgungsfalls verbleibenden Dienstzeit noch erdienen muss[45].

a. Der Rentenbarwert als Grundlage für die Berechnung des Anwartschaftsbarwerts

Unter den zurückzustellenden Barwerten der Pensionsverpflichtungen muss also zwischen sog. Rentenbarwerten, d.h. dem jeweiligen Barwert laufender Renten und dem sog. Anwartschaftsbarwert, also dem Barwert der unverfallbaren Anwartschaften vor Eintritt des Versorgungsfalls, unterschieden werden.

Die Höhe des Rentenbarwerts errechnet sich aus der Summe aller künftigen Rentenzahlungen unter Berücksichtigung von Zinsen und Zinseszinsen und der Wahrscheinlichkeit, dass die künftigen Leistungen tatsächlich fällig werden. Bei periodisch auszuzahlenden Renten kann er selbstverständlich nur näherungsweise ermittelt werden, da das Ende der Rentenzahlungen nicht bekannt ist.

b. Anwartschaftsbarwert als Grundlage für die Berechnung des Teilwerts

Die Höhe des Anwartschaftsbarwerts entspricht der Höhe des Rentenbarwerts zu Beginn der Rentenzahlung, diskontiert auf den jeweiligen Bilanzstichtag unter Berücksichtigung der Wahrscheinlichkeit, dass der Pensionsberechtigte den Beginn der Rentenzahlung erlebt.

Zu unterscheiden ist zwischen dem Barwert einer Pensionsanwartschaft eines noch aktiven Arbeitnehmers und eines ausgeschiedenen Arbeitnehmers. Für aktive Arbeitnehmer gelten die Ausführungen unter c. unten zum Teilwertverfahren.

Scheidet der Arbeitnehmer mit einer unverfallbaren Anwartschaft aus dem Unternehmen aus, so muss dieser Anwartschaftsbarwert in vollem Umfang als Betrag der künftigen Pensionsverpflichtung zurückgestellt werden[46].

c. Teilwertverfahren

Bei der Bewertung der Pensionsverpflichtungen gegenüber einem am Bilanzstichtag aktiven Arbeitnehmern muss die von diesem bis zum Eintritt des planmäßigen Versorgungsfalls noch zu erwartende Gegenleistung in Form ausstehender Betriebstreue berücksichtigt werden. Vom vollen Barwert ist daher ein Betrag für jenen Teil der vollen Verpflichtung abzuziehen, der erst durch künftige Arbeitsleistungen in der noch ausstehenden Dienstzeit entsteht.

Das Handelsrecht schreibt kein bestimmtes Verfahren zur Ansammlung der Deckungsmittel für den Anwartschafts- bzw. Rentenbarwert vor. In aller Regel wird in der deutschen Unternehmenspraxis das sog. Teilwertverfahren angewendet, das

---

[45] Vgl. *Heubeck,* Betriebliche Versorgungsverpflichtungen nach dem neuen Bilanzrecht, WPg 1986, 317, 325. Die abstrakte Forderung des § 253 Abs. 1 Satz 2 HGB nach einem Wertansatz, der vernünftiger kaufmännischer Beurteilung entspricht, wurde insbesondere durch die Stellungnahme des HfA des IdW 2/1998, Pensionsverpflichtungen im Jahresabschluss, WPg 1988, S. 403, 404 konkretisiert.

[46] *Orthmann,* Betriebliche Altersversorgung im Jahresabschluss nach HGB, US-GAAP und IAS, Diss. Mainz 2003, S. 101.

§ 6a EStG für die Steuerbilanz ausdrücklich vorschreibt[47]. Hier wird der in einer Periode zu leistende Versorgungsaufwand unter Beachtung der bereits erbrachten und der ausstehenden Arbeitsleistung berechnet. Der bereits erdiente Teil wird als Teilwert der Bewertung der Pensionsrückstellung zugrunde gelegt[48].

Der zurückzustellende Teilwert der Pensionsverpflichtungen ergibt sich aus der Differenz zwischen dem Anwartschaftsbarwert am Bilanzstichtag und dem Barwert der noch zu erbringenden betragsmäßig gleichbleibenden Jahresbeträge[49]. Er muss in seiner Höhe mindestens der Höhe der unverfallbaren Anwartschaft entsprechen[50].

Der Gesamtbetrag der Pensionsrückstellungen steigt jedes Jahr um den zugeführten Teil an. Die Rückstellung wird ratierlich angesammelt, so dass sie bei planmäßigem Rentenbeginn den für den Beginn der Rentenzahlungen vorgesehenen Rentenbarwert erreicht. Die Steigerungen der Pensionsverpflichtungen aus einer endgehaltsbezogenen dynamischen Zusage bewirken einen nicht linearen Anstieg des Anwartschaftsbarwerts und damit auch des Teilwerts.

Die gleichbleibenden Jahresbeträge sind vom Beginn des Wirtschaftsjahrs, in dem das Dienstverhältnis begonnen hat, bis zu dem in der Zusage vorgesehenen Zeitpunkt des Eintritts des Versorgungsfalls aufzubringen[51]. Ziel des Teilwertprinzips ist damit eine gleichmäßige Ansammlung der Deckungsmittel. Die Rückstellung soll stets so errechnet werden, als wäre die Pensionszusage in heutiger Höhe mit dem Beginn des Dienstverhältnisses des Pensionsberechtigten erteilt worden. Das Teilwertverfahren bewirkt damit eine frühzeitige Mittelansammlung.

d. Die jährliche Zuführung zu den Pensionsrückstellungen

Die jährliche Zuführung zu den Pensionsrückstellungen errechnet sich als Differenz zwischen den diskontierten Rückstellungen, die zum betrachteten Bilanzstichtag angesammelt wurden und den bis zum Bilanzstichtag des vorhergehenden Geschäftsjahrs angesammelten Rückstellungen[52]. Für die Steuerbilanz ist dieser Aufwand als regelmäßig steuerlich höchstzulässige Zuführung normiert[53]. Die Zuführung setzt sich aus einem Zinsanteil und einem fiktiven Prämienanteil zusammen, der um die Risikotragung gemindert wird[54].

---

[47] Diese Verfahren empfiehlt auch der HfA des IdW 2/1998, Pensionsverpflichtungen im Jahresabschluss, WPg 1988, S. 403, 404.

[48] Als weiteres Anwartschaftsdeckungsverfahren ist das sog. Gegenwartswertverfahren bekannt. Bei diesem wird der erforderliche Kapitalstock unter Berücksichtigung von Zins und Zinseszins gleichmäßig in der Zeit *von Erteilung der Zusage* bis zum Eintritt des Versorgungsfalls angesammelt. Erhöhungen der Zusage führen hier erst ab dem Erhöhungszeitpunkt zu einem Anwachsen der Anspar-Annuitäten; vgl. *Sigloch,* Pensionsrückstellungen, in Handwörterbuch des Bank- und Finanzwesens Sp. 1503, 1506. Beide Verfahren führen also zu gleichen Ergebnissen, falls die Pensionszusage bereits bei Diensteintritt erteilt wird und während der gesamten Anwartschaftszeit unverändert bleibt. Dem Gegenwartswertverfahren kommt indes keine praktische Bedeutung mehr zu; *Ellrott/Rhiel* in Beck Bil-Komm § 249 Rn 205. Für Interessierte wird auf die Ausführungen bei *Thoms-Meyer,* Grundsätze ordnungsmäßiger Bilanzierung für Pensionsrückstellungen, Diss. Münster 1995, S. 147 ff. verwiesen.

[49] Teilwert = Anwartschaftsbarwert – Barwert künftiger Jahresbeträge.

[50] § 6a Abs. 3 Nr. 1 EStG; vgl. *Andresen/Förster/Norbert Rößler/Rühmann* Teil 5 B Rn 102.

[51] § 6a Abs. 3 Nr. 1 Satz 3 EStG.

[52] *Orthmann,* Betriebliche Altersversorgung im Jahresabschluss nach HGB, US-GAAP und IAS, Diss. Mainz 2003, S. 125.

[53] § 6a Abs. 4 Satz 1 EStG.

[54] Nach hM ist jedoch nur der Prämienanteil als Personalaufwand für soziale Abgaben und Aufwendungen für Altersversorgung und für Unterstützung, davon für Altersversorgung iSd § 275 Abs. 2 Nr. 6b HGB zu verbuchen. Der enthaltene Zinsanteil ist hiernach unter Posten § 275 Abs. 2 Nr. 13 HGB

Wegen der Fiktion, dass der erhöhte Altersversorgungsbetrag gleichmäßig während des gesamten Zeitraums zwischen Diensteintritt und Eintritt des Versorgungsfalls aufgebracht wird, führt jede Erhöhung der Zusage notwendigerweise zu einer Nachholung (sog. Einmalrückstellung)[55]. Rechnungsmäßig wird unterstellt, die Zusage wäre bereits mit Diensteintritt - bzw. steuerlich mit Alter 28[56] - erteilt worden[57].

Wird die zeitanteilig erdiente Dynamik aufrechterhalten, erhöhen sich die jährlichen Zuführungen zur Pensionsrückstellung mit jeder Gehaltssteigerung eines Arbeitnehmers mit endgehaltsbezogener Zusage. Damit erhöht sich der jährliche Versorgungsaufwand für den Arbeitgeber in dem Maß in dem die Löhne seiner Arbeitnehmer steigen. Eine Kürzung der zeitanteilig erdienten Dynamik wirkt sich daher mit jeder weiteren Gehaltssteigerung stärker entlastend für den Arbeitgeber aus.

III. Belastungen des Arbeitgebers durch erhöhte Pensionszahlungen

Neben die Belastungen durch die ständig anwachsende Höhe der Zuführungen zu den Pensionsrückstellungen treten weitere Belastungen des Arbeitgebers durch die von ihm zu leistenden Pensionszahlungen.

Bei Eintritt des Versorgungsfalls werden die Pensionsrückstellungen auf ihren vollen versicherungsmathematischen Barwert angehoben. Der ab diesem Zeitpunkt für die Rückstellungsbildung maßgebliche Rentenbarwert entspricht der Gesamtsumme der später versicherungsmathematisch zusammen mit der Verzinsung wahrscheinlich anfallenden Versorgungsleistungen. Er sinkt anschließend mit jeder Rentenzahlung und mit zunehmendem Alter des Arbeitnehmers. Dadurch werden die Rückstellungen nach und nach aufgelöst.

Nach § 249 Abs. 3 Satz 2 HGB dürfen Rückstellungen nur aufgelöst werden, soweit der Grund hierfür entfallen ist. Der Grund für die Pensionsrückstellung entfällt nach Eintritt des Versorgungsfalls in dem Umfang, in dem sich der Rentenbarwert am Abschlussstichtag der Vorjahresperiode vom Rentenbarwert am aktuellen Abschlussstichtag unterscheidet. In Höhe dieser Barwertabnahme kann also die Pensionsrückstellung aufgelöst werden. Geht man von einer gleichbleibenden Versorgungshöhe aus, ergibt sich mit zunehmendem Alter aufgrund der sinkenden Lebenserwartung und der Zinswirkung eine immer geringer werdende Barwertabnahme[58].

Die geleisteten Rentenzahlungen übersteigen in der Regel die Höhe der Barwertabnahme[59]. Grund hierfür ist die Abzinsung der künftig fällig werdenden Beträge für die Berechnung der Zuführungsbeträge. Die nominelle Höhe der Zuführungen zu den Pensionsrückstellungen entspricht deshalb meist nicht dem Umfang der späte-

---

„Zinsen und ähnliche Aufwendungen" auszuweisen. Begründet wird dies damit, dass er idR hohe Beträge umfasse und es deshalb bei einem Ausweis als Personalaufwand zu einer Verfälschung der Aufwandsstruktur und des Verhältnisses von Betriebs- zu Finanzergebnis käme. So *Baetge/Kirsch/Thiele* S. 587; *Förschle* in Beck Bil-Komm § 275 Rn 138. Das *IdW* lässt in seinen Erläuterungen zur GuV in WP-Hdb. 2000 Bd. 1 F S. 451 Rn 420 diese Frage grundsätzlich unentschieden, empfiehlt aber ebenfalls einen Ausweis der Zinsen unter Nr. 13. Für die weitere Darstellung wird diese Differenzierung außer Acht gelassen und schlicht auf den „Aufwand aufgrund der Zuführungen zu den Pensionsrückstellungen" abgestellt.

[55] Gleiches gilt, falls die Zusage erst nach Diensteintritt erteilt wird; siehe *Thoms-Meyer,* Grundsätze ordnungsmäßiger Bilanzierung für Pensionsrückstellungen, Diss. Münster 1995, S. 148 f.

[56] Vgl. § 6a Abs. 2 Nr. 1 EStG.

[57] *Ellrott/Rhiel* in Beck Bil-Komm § 249 Rn 213.

[58] Zur versicherungsmathematischen Auflösungsmethode vgl. *Ahrend/Förster/Norbert Rößler* 2. Teil Rn 306.

[59] *Thoms–Meyer,* Grundsätze ordnungsmäßiger Bilanzierung für Pensionsrückstellungen, Diss. Münster 1995, S. 135.

ren Rentenzahlungen[60]. Die Rentenzahlungen stellen für den Arbeitgeber handelsrechtlichen Aufwand dar, soweit sie nicht erfolgsneutral zu Lasten der Pensionsrückstellungen gebucht werden[61].

Im Ergebnis entsteht durch die Auflösung der Rückstellungen nach dem Eintritt des Versorgungsfalls deshalb ein zusätzlicher gewinnmindernder Aufwand. Dieser Aufwand kann bei Aufrechterhaltung der zeitanteilig erdienten Dynamik höher sein als er bei Vornahme einer beabsichtigten Kürzung diese Besitzstandes wäre. Auch diese Differenz muss für die Bestimmung des Belastungswerts berücksichtigt werden.

IV. Zwischenergebnis

Als „Belastungswert" wird für die Zwecke dieser Untersuchung die Mehrbelastung bezeichnet, die den Arbeitgeber bei Aufrechterhaltung der zeitanteilig erdienten Dynamik im Verhältnis zu den Belastungen trifft, die eintreten würden, wenn er die Zusage im beabsichtigten Umfang abändern würde.

Der für die Bestimmung des triftigen Grundes einzig zu berücksichtigende Mehraufwand ergibt sich aus dem Unterschiedsbetrag zwischen den bei Aufrechterhaltung der zeitanteilig erdienten Dynamik zu verrechnenden Zuführungen zur Pensionsrückstellung zu den Zuführungen, die nach der beabsichtigten Kürzung der zeitanteilig erdienten Dynamik zu verrechnen wären. Dieser Posten ist um den Differenzbetrag zwischen dem handelsrechtlichen Aufwand, der sich aus dem Unterschied zwischen der Höhe der Pensionszahlungen bei Aufrechterhaltung der zeitanteilig erdienten Dynamik zur Rückstellungsauflösung ergibt und dem handelsrechtlichen Aufwand, der sich aus dem Unterschied zwischen der Höhe der Pensionszahlungen und der Rückstellungsauflösung bei Kürzung der zeitanteilig erdienten Dynamik ergibt, zu erhöhen.

F. Zukünftige wirtschaftliche Lage des Arbeitgebers (Belastungsgegenwert)

I. Definition des Belastungsgegenwerts

Um das Vorliegen eines triftigen Grundes beurteilen zu können, müssen dem ermittelten Belastungswert die Mittel gegenüber gestellt werden, die zur Verfügung stehen, um den Belastungswert zu decken. Diese werden im weiteren Verlauf der Untersuchung als „Belastungsgegenwert" bezeichnet.

II. Anforderungen an die Bestimmungen eines Belastungsgegenwerts

Um den Umfang dieser Mittel, d.h. des Belastungsgegenwerts, bemessen zu können, muss die wirtschaftliche Entwicklung des Arbeitgebers in dem Zeitraum betrachtet werden, in dem für ihn aus der ungekürzten zeitanteilig erdienten Dynamik Mehrbe-

---

[60] **Beispiel:** Für eine Auszahlung von 1000 GR beträgt der zurückzustellende Barwert 30 Jahre zuvor lediglich ca. 150 GE (1000. (1,06) $^{-30}$).

[61] Vgl. *Orthmann,* Betriebliche Altersversorgung im Jahresabschluss nach HGB, US-GAAP und IAS, Diss. Mainz 2003, S. 126; *Thoms-Meyer,* Grundsätze ordnungsmäßiger Bilanzierung für Pensionsrückstellungen, Diss. Münster 1995, S. 135.

lastungen resultieren können. Es muss deshalb grundsätzlich der gesamte Zeitraum bis zum Ende der Rentenzahlungen an den letzten Arbeitnehmer mit zeitanteilig erdienter Dynamik betrachtet werden.

1. Künftige Erträge des Arbeitgebers

Die oben als „Belastungswert" dargestellten Mehrbelastungen des Arbeitgebers durch die Aufrechterhaltung der zeitanteilig erdienten Dynamik stellen handelsrechtlichen Aufwand dar. Als solcher mindern sie damit den handelsbilanziellen Jahresüberschuss bzw. - fehlbetrag, der das Ergebnis von Aufwand und Erträgen nach Steuern abbildet.

Der Arbeitgeber muss den Mehraufwand, der ihn bei Aufrechterhaltung der zeitanteilig erdienten Dynamik trifft, also aus seinen künftigen Jahresüberschüssen aufbringen. Ein Jahresüberschuss liegt vor, wenn der Unterschied aller Erträge und Aufwendungen positiv ist. Deshalb muss zur Bestimmung des Belastungsgegenwerts die künftige Ertragslage des Unternehmens prognostiziert werden. Als Methode hierfür bietet sich die Anfertigung von Planjahresabschlüssen ab.

2. Vorrangig gebundene Mittel

Zur Deckung des Belastungswerts stehen dem Arbeitgeber nicht alle seine künftigen Erträge zur Verfügung. Parallel zur Bestimmung der wirtschaftlichen Lage iSd § 16 Abs. 1 BetrAVG muss der Erhaltung der Unternehmenssubstanz der Vorrang vor den Interessen der aktiven Arbeitnehmer an dem Erhalt ihrer zeitanteilig erdienten Dynamik eingeräumt werden. Der Fortbestand des Betriebs und der durch ihn vermittelten Arbeitplätze hat Vorrang gegenüber dem Schutz der zeitanteilig erdienten Dynamik. Auch hier gilt, dass nur ein gesundes Unternehmen, dessen Substanz erhalten bleibt, die Erträge erwirtschaften kann, die notwendig sind, um u.a. auch die Leistungen der betrieblichen Altersversorgung zu erbringen[62].

Vorrangig vor den Verpflichtungen aus der zeitanteilig erdienten Dynamik muss der Arbeitgeber auch seinen rechtlich gebundenen Verpflichtungen nachkommen. Hierzu gehören auch die Versorgungsverpflichtungen, soweit sie auf der ersten Besitzstandsstufe geschützt sind[63].

Für die Ermittlung des Belastungsgegenwerts muss außerdem der Versorgungsaufwand, der den Arbeitgeber voraussichtlich nach der Zusagekürzung treffen wird, von der Gesamtheit der künftigen Erträge des Arbeitgebers abgezogen werden. Nur so kann der Belastungsgegenwert seiner Funktion als Vergleichswert für den aus der Aufrechterhaltung der zeitanteilig erdienten Dynamik resultierenden Mehraufwand gerecht werden.

III. Zwischenergebnis

Der Belastungsgegenwert setzt sich aus den Erträgen zusammen, aus denen der Arbeitgeber den voraussichtlich auf ihn bei Aufrechterhaltung der zeitanteilig erdienten Dynamik zukommenden Mehraufwand, decken müsste. Die durch Planabschlüs-

---

[62] So bereits BAG vom 10.12.1971 – 3 AZR 190/71, DB 1972, 491 = AP Nr. 154 zu § 242 BGB – Ruhegehalt für die Frage des Widerrufs einer vorbehaltlos erteilten Zusage.
[63] Vgl. S. 266.

se zu prognostizierenden Erträge müssen dahingehend modifiziert werden, dass die Grundsätze der Substanzerhaltung und der Erfüllung vorrangiger Verpflichtungen berücksichtigt werden.

Bei der Beurteilung, welche Mittel vorrangig gebunden sind, ist das hohe Maß an Schutzwürdigkeit, das der zeitanteilig erdienten Dynamik zukommt, zu berücksichtigen. Modifikationen im Vergleich zu den Substanzerhaltungsanforderungen iRd Anpassungsentscheidung gem. § 16 BetrAVG können hieraus insbesondere für die Bemessung der zur Substanzerhaltung zu verwendenden Erträge resultieren[64].

G. Gewicht des triftigen Grundes

Das Bestehens eines triftigen Grundes wirtschaftlicher Art, der einen Eingriff in eine zeitanteilig erdiente dienstzeitunabhängige Dynamik rechtfertigen kann, wird vom BAG – anknüpfend an seine Rechtsprechung zur wirtschaftlichen Lage iSd § 16 BetrAVG – angenommen,

- wenn der Bestand der Unternehmenssubstanz durch die Aufrechterhaltung der zeitanteilig erdienten Dynamik gefährdet wäre.

Diese Gefahr besteht nach Ansicht des BAG insbesondere dann, wenn der künftig vom Arbeitgeber zu erbringende Versorgungsaufwand voraussichtlich nicht aus den künftigen Erträgen finanziert werden kann und zum Ausgleich auch keine hinreichenden Wertzuwächse des Unternehmens zur Verfügung stehen[65]. Das BAG geht offensichtlich davon aus, dass ein Arbeitgeber, der die von ihm zu leistenden laufenden Leistungen der betrieblichen Altersversorgung nicht ohne Gefährdung der Unternehmenssubstanz anpassen kann, auch seine Verbindlichkeiten aus der dienstzeitunabhängig erdienten Dynamik nicht ohne Gefährdung der Unternehmenssubstanz erfüllen können wird[66].

Wie die bisherigen Ergebnisse dieser Untersuchung gezeigt haben, ist dieser Schluss nicht zwingend. Das Gewicht der Belastungsgrenze „triftiger Grund" muss nach den Erkenntnissen des 6. Kapitels schwerer wiegen als eine schlechte wirtschaftliche Lage des Arbeitgebers, die eine Nichtanpassung gem. § 16 BetrAVG billig erscheinen lässt[67]. Das Vorliegen eines triftigen Grundes indiziert damit das Bestehen einer wirtschaftlichen Lage bei deren Vorliegen der Arbeitgeber nicht anpassen muss. Ein umgekehrtes Verhältnis der beiden Belastungsgrenzen – wie vom BAG angenommen - besteht aber gerade nicht.

Dem BAG ist unzweifelhaft zuzustimmen, dass der Bestand der Unternehmenssubstanz schützenswert ist. Dem Arbeitgeber muss deshalb die Möglichkeit eingeräumt werden, eine Unternehmerentscheidung zu treffen und seine Leistungsverpflichtungen aus der Zusage zu reduzieren, falls eine solche Entscheidung zur Erhaltung der Unternehmenssubstanz erforderlich ist.

Die Umsetzung einer solchen Entscheidung, die einen Eingriff in Rechtspositionen der Arbeitnehmer darstellt, kann dem Arbeitgeber indes nicht grundlos gestattet sein. Es gilt *pacta sunt servanda*. Der triftige Grund markiert die Grenze, ab der das

---

[64] Siehe zu den Anforderungen an die Erhaltung der Unternehmenssubstanz iRd § 16 BetrAVG oben S. 74 f., 76, 78 ff. sowie das vorgeschlagene Berechnungsmodell auf S. 262 ff.

[65] St. Rspr. des BAG; siehe z.B. BAG vom 11.12.2001 – 3 AZR 128/01, DB 2003, 214 = AP Nr. 43 zu § 1 BetrAVG Unterstützungskassen unter I. 1. der Gründe.

[66] Vgl. S. 184 ff.

[67] Siehe das Ergebnis des 6. Kapitels auf S. 213 f.

Festhalten an der zeitanteilig erdienten Dynamik den Arbeitgeber unangemessen belastet. Ab dieser Belastungsgrenze ist *pacta sunt servanda* für die auf der zweiten Besitzstandsstufe geschützten Teilbeträge ausnahmsweise aufgehoben. Im Folgenden soll abstrakt untersucht werden, wann diese Belastungsgrenze erreicht ist.

I. Folgen für das Gewicht des triftigen Grundes aus der Schutzwürdigkeit der zeitanteilig erdienten dienstzeitunabhängigen Dynamik

1. Folgen aus dem Verhältnis zwischen triftigem Grund und zwingendem Grund

Der Besitzstand der zeitanteilig erdienten dienstzeitunabhängigen Dynamik ist weniger schutzwürdig als der auf der ersten Besitzstandsstufe geschützte, vom Arbeitnehmer bereits vollständig erdiente Teilbetrag. Der auf der zweiten Besitzstandsstufe geschützte Teilbetrag unterliegt weder der Unverfallbarkeit noch dem gesetzlichen Insolvenzschutz. Würde ein von der Kürzungsentscheidung betroffener Arbeitnehmer im Zeitpunkt der Zusagekürzung ausscheiden, dann stände ihm lediglich der dem m/n-tel Verfahren errechnete Teilbetrag zu[68].

Ein Eingriff in den weniger schutzwürdigen Teilbetrag der zweiten Besitzstandsstufe muss mithin unter erleichterten Voraussetzungen zulässig sein als ein Eingriff in die Besitzstandsbestandteile, die dem Insolvenzschutz und der Unverfallbarkeit unterliegen. An einen triftigen Grund sind deshalb weniger hohe Anforderungen zu stellen als an einen zwingenden Grund, der einen Eingriff in den erdienten Besitzstand rechtfertigen kann.

Ein solcher zwingender Grund wirtschaftlicher Art wird angenommen, wenn der Bestand des Unternehmens wegen infolge der wirtschaftlichen Situation *ernsthaft gefährdet* ist. Dies entspricht der vom BAG entwickelten Definition der wirtschaftlichen Notlage iSd § 7 Abs. 1 Satz 3 Nr. 5 BetrAVG a.F[69].

Das Vorliegen eines triftigen Grundes wirtschaftlicher Art iSd Drei-Stufen-Modells setzt also eine Situation voraus, bei der der Bestand des Unternehmens noch nicht ernsthaft gefährdet ist. Ein triftiger Grund stellt also eine Vorstufe ernsthafter wirtschaftlicher Gefährdung des Arbeitgebers dar.

2. Folgen aus dem Verhältnis zur wirtschaftlichen Lage des Arbeitgebers iSd § 16 Abs. 1 BetrAVG

Weitere Anhaltspunkte für das Gewicht eines Grundes, der den Arbeitgeber zum Eingriff in die zeitanteilig erdiente Dynamik berechtigt, lassen sich aus den im 6. Kapitel gefundenen Ergebnissen ableiten[70]. Wie dort festgestellt wurde, hat eine Kürzung der zeitanteilig erdienten Dynamik für die aktiven Arbeitnehmer schwerwiegendere wirtschaftliche Auswirkungen als die Versagung einer Anpassung der laufenden Leistungen für die Betriebsrentner[71]. Darüber hinaus ist das Vertrauen der aktiven Arbeitnehmer darauf, eine Versorgung zu erhalten, deren Höhe sich nach dem ursprünglich zugesagten Bemessungsfaktor bemisst, schutzwürdig. Die Arbeit-

---

[68] Zu den Besitzstandsstufen im Einzelnen S. 172 ff.
[69] St. Rspr. des BAG statt vieler nur BAG vom 23.04.1985 – 3 AZR 194/83, DB 1985, 2615 = AP Nr. 6 zu § 1 BetrAVG Unterstützungskasse.
[70] Siehe das Ergebnis des 6. Kapitels auf S. 213 f.
[71] S. 198 ff.

nehmer müssen nicht mit einer Kürzung der Zusage rechnen, solange nicht die Geschäftsgrundlage der Zusage erschüttert ist.

Betriebsrentner hingegen können nicht schutzwürdig auf den Erhalt von Anpassungsbeträgen vertrauen. Darüber hinaus ist die Anpassung der Betriebsrente im Gegensatz zur dienstzeitunabhängigen Dynamik nicht durch die Erbringung einer Vorleistung in Form von Betriebstreue erdient[72].

Die Anforderungen an einen triftigen Grund iSd Drei-Stufen-Modells müssen deshalb höher sein als die Anforderungen, die an eine wirtschaftliche Lage iSd § 16 Abs. 1 BetrAVG gestellt werden.

II. Der triftige Grund zwischen wirtschaftlicher Notlage und wirtschaftlicher Lage des Arbeitgebers iSd § 16 BetrAVG

Der triftige Grund wirtschaftlicher Art bewegt sich damit zwischen einer Situation bei der bei ungekürzter Aufrechterhaltung der Zusage der Bestand des Unternehmens *ernsthaft gefährdet* (Definition der wirtschaftlichen Notlage)[73] ist und einer wirtschaftlichen Lage bei der es dem Arbeitgeber *mit einiger Wahrscheinlichkeit nicht möglich* sein wird, die für die Leistung der geschuldeten Versorgung erforderlichen Mittel aus dem Wertzuwachs des Unternehmens und dessen Erträgen in Zukunft aufzubringen (Wirtschaftliche Lage des Arbeitgebers iSd § 16 Abs. 1 BetrAVG)[74].

1. Einige Wahrscheinlichkeit der Unmöglichkeit der Mittelaufbringung

Das BAG spricht davon, dass der Arbeitgeber von einer Anpassung absehen kann, wenn mit „einiger Wahrscheinlichkeit" der Anpassungsaufwand nicht gedeckt werden kann ohne die Unternehmenssubstanz zu beeinträchtigen. Die hier vom BAG gewählte Wortwahl ist unglücklich.

Der Begriff der „einigen Wahrscheinlichkeit" ist doppelt unbestimmt. Fraglich wäre bereits, was genau das BAG unter der Wahrscheinlichkeit der Unmöglichkeit der Mittelaufbringung versteht. Die zusätzliche Einschränkung durch den Maßstab der „einigen Wahrscheinlichkeit" verstärkt diese Unbestimmtheit. Man kann unter einiger Wahrscheinlichkeit sowohl eine „mindere Wahrscheinlichkeit" der Unmöglichkeit der Deckung der Anpassungslast aus den Erträgen des Unternehmens verstehen, als auch eine „erhöhte Wahrscheinlichkeit".

Der vom BAG tatsächlich beabsichtigte Maßstab muss anhand der Gesamtheit der Anpassungsrechtsprechung des BAG konkretisiert werden. Diese ist so zu verstehen, dass die wirtschaftliche Lage des Arbeitgebers einer Anpassung dann entgegenstehen soll, wenn aufgrund einer Prognose der wirtschaftlichen Lage mehr gegen das Vermögen des Arbeitgebers spricht, die geschuldeten Leistungen aus den Erträgen und dem Wertzuwachs zu erbringen, als dafür.

Jedes andere Verständnis würde die wirtschaftliche Lage des Arbeitgebers ihrer anerkannten Rolle als Dämpfungselement in der Anpassungsentscheidung berau-

---

[72] S. 206.
[73] St. Rspr. des BAG statt vieler nur BAG vom 23.04.1985 – 3 AZR 194/83, DB 1985, 2615 = AP Nr. 6 zu § 1 BetrAVG Unterstützungskasse.
[74] St. Rspr. des BAG zur wirtschaftlichen Lage des Arbeitgebers iSd § 16 BetrAVG; vgl. u.a. BAG vom 17.04.1996 – 3 AZR 56/95, DB 1996, 2496 = AP Nr. 35 zu § 16 BetrAVG und BAG vom 23.01.2001 – 3 AZR 287/00, DB 2001, 2507 = AP Nr. 46 zu § 16 BetrAVG. Zur Kritik an der zukunftsgerichteten Beurteilung der wirtschaftlichen Lage siehe ausführlich oben S. 87 f.

ben. Würde § 16 Abs. 1 BetrAVG eine wirtschaftliche Lage des Arbeitgebers in Bezug nehmen, bei der es dem Arbeitgeber mit geringer Wahrscheinlichkeit unmöglich ist, die Versorgungslasten in Zukunft ohne Substanzverlust für sein Unternehmen aufzubringen, dann würde die wirtschaftliche Lage die Rolle einer anspruchsbegründenden Voraussetzungen zukommen. Nur eine gute wirtschaftliche Lage könnte dann eine positive Anpassung rechtfertigen.

Die vom BAG iRd Anpassungsentscheidung geforderte *einige Wahrscheinlichkeit der Unmöglichkeit, die für die Leistung der geschuldeten Versorgung erforderlichen Mittel aus dem Wertzuwachs des Unternehmens und dessen Erträgen in Zukunft aufzubringen* ist also als *erhöhte Wahrscheinlichkeit* der Unmöglichkeit der künftigen Mittelaufbringung durch das Arbeitgeberunternehmen zu verstehen.

2. Ernsthafte Gefährdung des Unternehmensbestands

Eine wirtschaftliche Notlage, die einen zwingenden Grund im Sinne des Drei-Stufen-Modells zum Besitzstandsschutz darstellt[75], setzt nach dem BAG eine *ernsthafte Gefährdung des Unternehmensbestands* voraus. Voraussetzung einer wirtschaftlichen Notlage, die schwerer wiegt, als eine wirtschaftliche Schlechtlage, die einen triftigen Grund darstellt, ist damit ebenfalls ein höheres Maß an Wahrscheinlichkeit der Unternehmensgefährdung durch den unveränderten Fortbestand der Versorgungszusage. Die Gefährdung des Unternehmensbestands ist dann „ernsthaft", wenn bei Aufrechterhaltung der Versorgung bei normalem Verlauf mit der Insolvenz des Unternehmens zu rechnen ist.

3. Zwischenergebnis

Das Erreichen der Belastungsgrenze, die dem Arbeitgeber einen triftigen Grund zum Eingriff in die zweite Besitzstandsstufe gibt, setzt mithin voraus, dass das prognostizierte Verhältnis von Belastungswert und Belastungsgegenwert den Arbeitgeber voraussichtlich unangemessen schwer belastet. Die Belastungen, die aus der zeitanteilig erdienten Dynamik resultieren, dürfen hierfür nicht bloß eine erhöhte Wahrscheinlichkeit einer Gefährdung der Unternehmenssubstanz nach sich ziehen. Auf der anderen Seite müssen die Belastungen für das Unternehmen nicht so schwer wiegen, dass der Bestand des Unternehmens ernsthaft gefährdet ist.

III. Der triftige Grund als eigenständiges Element im System der vom BAG geschaffenen Belastungsgrenzen

1. Voraussetzungen eines abgestuften Systems der Belastungsgrenzen

Ein abgestuftes System der vom BAG geschaffenen Belastungsgrenze für Kürzungsmaßnahmen des Arbeitgebers muss sich an dem Grundsatz messen lassen, dass der Beweggrund des Arbeitgebers, der einen Eingriff in den Besitzstand des Arbeitnehmers rechtfertigen soll, umso gewichtiger sein muss, je intensiver in den

---

[75] Siehe S. 182 f.

Besitzstand eingegriffen wird[76]. Es muss also insbesondere dem Grundsatz der Verhältnismäßigkeit genüge tun.

Im wirtschaftlichen Kontext bedeutet dies, dass die wirtschaftliche Lage des Arbeitgebers umso schlechter sein muss, je höher die Anforderungen an den Eingriffsgrund sind, den der Arbeitgeber zur Rechtfertigung seines Eingriffs geltend machen müsste. Um die vom BAG geschaffenen Belastungsgrenzen in ein abstraktes System einzuordnen, müssen insgesamt vier wirtschaftliche Schlechtlagen differenziert und gesondert gewichtet werden:

- Die Eingriffsstufen nach dem Drei-Stufen-Modell, also
    - zwingender Grund (wirtschaftliche Notlage)
    - triftiger Grund
    - und sachlich-proportionaler Grund
- sowie die wirtschaftliche Lage des Arbeitgebers iSd § 16 Abs. 1 BetrAVG.

Die Rechtsprechung des BAG hilft, über die anerkannte Abstufung innerhalb des Drei-Stufen-Modells hinaus, wenig bei der Bestimmung des konkreten Gehalts der wirtschaftlichen Belastungsgrenzen, die einen Arbeitgeber zur Vornahme bestimmter Kürzungsmaßnahmen berechtigen. Will man das anerkannte Drei-Stufen-Modell um eine vierte Belastungsgrenze, die wirtschaftliche Lage des Arbeitgebers iSd § 16 BetrAVG, erweitern, um auf diese Weise dem triftigen Grund einen eigenständigen Inhalt beizumessen, sucht man in der Rechtsprechung des BAG vergebens nach erhellenden Hinweisen.

Die abstrakten Definitionen der wirtschaftlichen Notlage und der wirtschaftlichen Lage iSd § 16 BetrAVG lassen für die wirtschaftliche Situation, die einen triftigen Grund darstellt – die wie hier festgestellt zwischen diesen beiden Belastungsgrenzen anzusiedeln ist - nur noch einen geringen eigenständigen Spielraum. Der Bereich zwischen einer „erhöhten Wahrscheinlichkeit der Gefährdung der Unternehmenssubstanz“ und der „ernsthaften Gefährdung des Unternehmensbestands“ ist schmal.

Zusätzlich ist nach der gegenwärtigen Rechtslage eine gewichtende Unterscheidung zwischen triftigem Grund und wirtschaftlicher Lage des Arbeitgebers iSd § 16 Abs. 1 BetrAVG nicht möglich. Zur Inhaltsbestimmung des triftigen Grundes iSd Drei-Stufen-Modells bemüht die Rechtsprechung die Grundsätze zur Bestimmung eben dieser wirtschaftlichen Lage des Arbeitgebers iSd § 16 BetrAVG[77]. Eine Abstufung, die dem triftigen Grund eigenes Gewicht verleihen könnte, wird hierdurch unmöglich.

Nach den hier gewonnenen Erkenntnissen wiegt eine wirtschaftliche Schlechtlage, die den Arbeitgeber zum Eingriff in die zeitanteilig erdiente dienstzeitunabhängige Dynamik berechtigt, jedoch schwerer als eine wirtschaftliche Lage des Arbeitgebers iSd § 16 Abs. 1 BetrAVG. Um dieses höhere Gewicht des triftigen Grundes zu verdeutlichen und den triftigen Grund als eigenständiges Element innerhalb eines

---

[76] St. Rspr. des BAG; siehe statt vieler nur BAG vom 18.04.1989 – 3 AZR 299/87, DB 1989, 1876 = AP Nr. 23 zu § 1 BetrAVG Unterstützungskassen.

[77] St. Rspr. des BAG seit BAG vom 05.06.1984 - 3 AZR 33/84, DB 1984, 2461 = AP Nr. 3 zu § 1 BetrAVG Unterstützungskassen.

abgestuften Systems der Belastungsgrenzen einordnen zu können, muss also eine Belastungsgrenze abstrakt bestimmt werden, die zwischen der wirtschaftlichen Lage iSd § 16 Abs. 1 BetrAVG und einer wirtschaftlichen Notlage liegt.

2. *Der triftige Grund als konkrete Gefahr der Verletzung der Unternehmenssubstanz*

Bei der genaueren Bestimmung des Gehalts eines triftigen Grundes hilft eine Anlehnung an das öffentlich-rechtliche Gefahrenabwehrrecht. Dort gilt die Faustregel, dass an die Wahrscheinlichkeit eines Schadenseintritts umso höhere Voraussetzungen zu stellen sind, je ranghöher das durch eine Maßnahme der Gefahrenabwehr beeinträchtigte Schutzgut ist.

Wenn also der Besitzstand der zeitanteilig erdienten Dynamik schutzwürdiger ist als die Anpassungsbeträge, dann muss nach diesem Grundgedanken – der, wie das Drei-Stufen-Modell zum Besitzstandsschutz, Ausdruck des Verhältnismäßigkeitsgrundsatzes ist - die Gefahr eines Schadens für die Unternehmenssubstanz für das Vorliegen eines triftigen Grundes größer sein als für das Vorliegen einer wirtschaftlichen Lage des Arbeitgebers iSd § 16 Abs. 1 BetrAVG, die die Pflicht zur Anpassung wegfallen lässt. Die Gefahr für die Unternehmenssubstanz steigt mit der Wahrscheinlichkeit ihrer Verletzung.

Eine höhere Wahrscheinlichkeit der Substanzverletzung als eine bloß „erhöhte Wahrscheinlichkeit", wie sie für eine wirtschaftliche Lage iSd § 16 Abs. 1 BetrAVG gefordert wird, kann, wenn man eine weitere Anleihe beim Gefahrenabwehrrecht bemüht, als „konkrete Gefahr" für die Unternehmenssubstanz bezeichnet werden. Um eine Abgrenzung des triftigen Grundes zur „ernsthaften Gefährdung" des Unternehmensbestands in den Fällen der wirtschaftlichen Notlage zu ermöglichen, muss vorliegend der der verwaltungsrechtlichen Begriffswelt entliehene Begriff der „konkreten Gefahr" betriebsrentenimmanent ausgelegt werden. Unter einer „konkreten Gefahr" für die Unternehmenssubstanz ist dann im betriebsrentenimmanenten Regelungszusammenhang eine Situation zu verstehen, die höhere Anforderungen an die Gefahr für die Unternehmenssubstanz stellt, als eine bloß „erhöhte Wahrscheinlichkeit", andererseits jedoch hinter einer „ernsthaften Gefährdung" des Unternehmensbestands zurückbleibt. Alternativ könnte auch von einer „hohen Wahrscheinlichkeit" der Verletzung der Unternehmenssubstanz gesprochen werden.

Der triftige Grund wirtschaftlicher Natur iSd Drei-Stufen-Modells lässt sich demnach definieren, als eine wirtschaftliche Situation des Arbeitgebers bei der bei Aufrechterhaltung der zeitanteilig erdienten Dynamik eine konkrete Gefahr der Verletzung der Unternehmenssubstanz besteht.

Auf Grundlage dieser Definition lässt sich der triftige Grund in ein abgestuftes System der Belastungsgrenzen einordnen, das sich graphisch darstellt wie folgt:

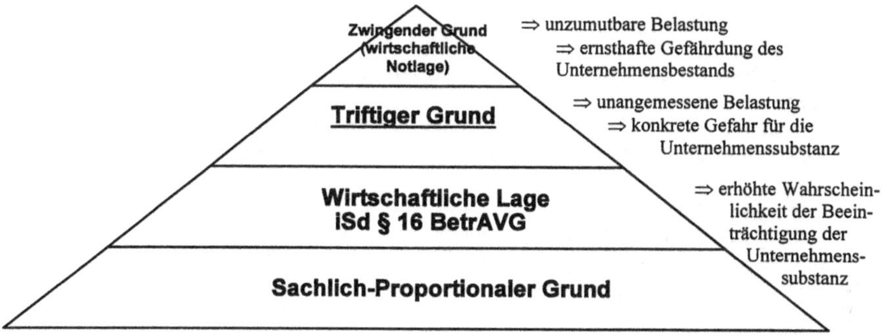

(7-1)

IV. Zwischenergebnis

Ein triftiger Grund wirtschaftlicher Art, der den Arbeitgeber zur Kürzung der zeitanteilig erdienten dienstzeitunabhängigen Dynamik berechtigt, muss weniger schwer wiegen als eine wirtschaftliche Notlage, aber schwerer als eine wirtschaftliche Lage iSd § 16 BetrAVG, die eine Anpassung der laufenden Leistungen entbehrlich macht.

Er kann als

- **konkrete Gefahr für die Unternehmenssubstanz bei Aufrechterhaltung der zeitanteilig erdienten dienstzeitunabhängigen Dynamik**

definiert werden.

II. Ergebnisse

1. Das Vorliegen eines triftigen Grundes iSd Drei-Stufen-Modells ist das Ergebnis einer Interessenabwägung zwischen den Arbeitgeberinteressen an der Kürzung der zeitanteilig erdienten dienstzeitunabhängigen Dynamik (unternehmerische Entscheidungsfreiheit, Fortbestand eines wettbewerbesfähigen Unternehmens) und den Interessen der Arbeitnehmer an der Aufrechterhaltung ihrer Besitzstände.

2. Der Arbeitgeber ist solange an die zeitanteilig erdiente Dynamik gebunden, wie sein Unternehmen durch wirtschaftlichen Mehrbelastungen, die ihn bei Aufrechterhaltung der zeitanteilig erdienten dienstzeitunabhängigen Dynamiken in Zukunft treffen (sog. Belastungswert), nicht unangemessen belastet wird.

3. Der Belastungswert bildet den Mehraufwand ab, den der Arbeitgeber bei Aufrechterhaltung der zeitanteilig erdienten Dynamik verkraften müsste. Er setzt sich aus dem Mehraufwand durch höhere Zuführungen zu den Pensionsrück-

stellungen und dem Mehraufwand durch höhere Pensionszahlungen zusammen.

4. Als Belastungsgegenwert muss der Umfang der künftigen Erträge des Unternehmens bestimmt werden, die dem Unternehmen nach Abzug vorrangig zu befriedigender Verpflichtungen zur Deckung des Belastungswerts verbleiben. Der Erhaltung der Unternehmenssubstanz gebührt der Vorrang vor dem Interesse der aktiven Arbeitnehmer an der Erhaltung ihrer zeitanteilig erdienten Dynamik. Die zur Erhaltung der Unternehmenssubstanz vorrangig zu verwendenden Erträge sind im konkreten Regelungszusammenhang zu bestimmen.

5. Der Arbeitgeber wird durch die Aufrechterhaltung der zeitanteilig erdienten Dynamik unangemessen belastet, wenn aufgrund des Verhältnisses von Belastungswert und Belastungsgegenwert eine konkrete Gefahr besteht, dass bei Aufrechterhaltung der zeitanteilig erdienten Dynamik die Unternehmenssubstanz verletzt wird. Der der verwaltungsrechtlichen Begriffswelt entliehene Begriff der „konkreten Gefahr" ist betriebsrentenimmanent auszulegen. Er kann auch als „hohe Wahrscheinlichkeit" der Beschädigung der Unternehmenssubstanz verstanden werden.

6. Ein triftiger Grund wirtschaftlicher Art liegt also vor, wenn eine prognostische Beurteilung im Kürzungszeitpunkt ergibt, dass bei Aufrechterhaltung der zeitanteilig erdienten Dynamik die Unternehmenssubstanz mit hoher Wahrscheinlichkeit verletzt wird.

8. Kapitel:
Überlegungen zur Entwicklung eines Berechnungsmodells für den triftigen Grund aufgrund der gefundenen Ergebnisse

Nach den bisherigen Ergebnissen dieser Untersuchung beschreibt der triftige Grund iSd Drei-Stufen-Modells die Grenze der wirtschaftlichen Belastung, ab der der Arbeitgeber aufgrund seiner zukünftigen wirtschaftlichen Situation mit hoher Wahrscheinlichkeit nicht in der Lage sein wird, die für den Erhalt der zeitanteilig erdienten Dynamik notwendigen Mittel aufzubringen, ohne in die Substanz seines Unternehmens einzugreifen.

In diesem Kapitel werden Überlegungen angestellt, wie ein Modell aussehen könnte, anhand dessen das Erreichen einer solchen Belastungsgrenze berechnet werden und damit das Ergebnis der vorliegenden Untersuchung für die betriebliche Praxis operabel gemacht werden kann.

Grundsätzliche Anforderungen an ein solches Modell sind, dass

- seine Ergebnisse objektiv nachprüfbar sind und

- dass das Modell in angemessener Zeit für jeden sachinteressierten Dritten verständlich ist.

Ein Modell zur Berechnung der Belastungsgrenze „triftiger Grund" muss schon allein aufgrund des zu beurteilenden Sachverhalts ein gewisses Maß an Komplexität besitzen. Ein zutreffendes Bild der zukünftigen wirtschaftlichen Lage des Arbeitgebers und der auf den Arbeitgeber zukommenden Altersversorgungslasten kann nicht anhand übersimplifizierter Überlegungen gezeichnet werden. Das Ergebnis beeinflussen wird von vielfältigen Faktoren beeinflusst. Die künftige Geldentwertung, allgemeine und besondere Gehaltstrends sowie Veränderungen der Produktivität und der Personalstruktur des Unternehmens müssen ebenso beachtet werden, wie allgemeinwirtschaftliche Entwicklungen oder die Biometrik der Zusageempfänger und der aktiven Arbeitnehmer.

Auf der anderen Seite darf der rechtswissenschaftliche Kontext, in dem sich ein solches Berechnungsmodell bewegt, nicht aus den Augen verloren werden. Das Modell soll helfen, einen von der Rechtsprechung geschaffenen unbestimmten Rechtsbegriff zu konkretisieren. Es muss sich deshalb an den Anforderungen der Rechtsklarheit und Rechtssicherheit messen lassen und darf sich nicht dem Vorwurf aussetzen, für die juristische Praxis zu kompliziert und zu aufwendig zu sein[1].

Das hier zu entwickelnde Modell muss deshalb den Spagat zwischen juristischer Anwendbarkeit und betriebswirtschaftlicher Genauigkeit vollführen. Die folgenden wirtschaftswissenschaftlichen Ausführungen sind deshalb bewusst simplifiziert. Sie sind keinesfalls als abschließendes Modell zu verstehen, das mechanisch-sklavisch übernommen werden sollte. Das gilt insbesondere für die Ausführungen zur ferneren Prognosephase und der Ermittlung des hierfür anzulegenden Wachstumsfaktor.

---

[1] So BAG vom 23.04.1985 – 3 AZR 156/83, DB 1985, 1642 = AP Nr. 17 zu § 16 BetrAVG unter II. 3. b) (1) der Gründe zum ersten aba – Modell zur Bestimmung der wirtschaftlichen Lage des Arbeitgebers iSd § 16 BetrAVG von 1980; siehe S. 96 f. Auf S. 98 ff. wird ausführlich das zweite aba – Modell von 1987 dargestellt.

A. Grundsätzliche Überlegungen aufgrund der Untersuchungsergebnisse

I. Langfristige Auswirkungen der zeitanteilig erdienten Dynamik

Der erhöhte Aufwand, den der Arbeitgeber bei Aufrechterhaltung der zeitanteilig erdienten Dynamik im verkraften muss, wirkt sich zum allergrößten Teil erst im ferneren Zeitablauf auf das Ergebnis des Arbeitgebers aus[2]. Die Belastungen aus der zeitanteilig erdienten Dynamik sind besonders langfristig. Sie reichen bis zum Ende der Rentenzahlungen an den letzten Arbeitnehmer mit einer dienstzeitunabhängig-dynamischen Zusage. Die Fähigkeit des Arbeitgebers, die zusätzlichen Belastungen aus der zeitanteilig erdienten Dynamik zu tragen, kann deshalb nur mittels einer entsprechend langfristigen Prognose bewertet werden.

Hierfür muss der Mehraufwand des Arbeitgebers, der sich aus der Differenz zwischen den zukünftigen Versorgungsaufwendungen bei Aufrechterhaltung der zeitanteilig erdienten Dynamik und den zukünftigen Versorgungsaufwendungen bei Umsetzung der beabsichtigten Zusagekürzung, über den gesamten Prognosezeitraum hinweg prognostiziert werden (Belastungswert). Die Berechnung der Mittel, die zur Deckung des Belastungswerts zur Verfügung stehen (Belastungsgegenwert), bedarf einer ebenso langfristigen Prognose der künftigen Erträge des Unternehmens und der vorrangig zu verwendenden Mittel.

Um Belastungswert und Belastungsgegenwert bestimmen zu können, müsste der Arbeitgeber also Planergebnisrechnungen bis zum Ende der Rentenzahlungen an den letzten Arbeitnehmer mit zeitanteilig erdienter Dynamik aufstellen[3]. Die Zukunftsentwicklung eines Unternehmens kann über einen solch langen Zeitraum aber nicht detailliert geplant werden. Planabschlüsse für einen entfernt liegenden Zeitraum können nur auf eine große Anzahl von Annahmen und Schätzungen gestützt werden. Sie beruhen damit nicht mehr auf der Fortschreibung konstanter Strukturen, die sich aus Erfahrungen der Vergangenheit ableiten. Eine solche Planung, die sich auf Annahmen und Spekulationen stützt, kann jedoch keine allgemeine Akzeptanz beanspruchen[4].

Ein praktikabler Ansatz zur Bestimmung des triftigen Grundes iSe konkreten Gefahr für die Unternehmenssubstanz bei Aufrechterhaltung der zeitanteilig erdienten Dynamik, bedarf daher einer anderen Methode. Wie für jede tragfähige Prognose müssen zunächst relevante Informationen über das Unternehmen beschafft werden, die anschließend mit Hilfe eines zweckmäßigen Prognoseverfahrens verdichtet werden. Der Prognosehorizont muss in einer Weise modifiziert werden, die realistisch noch eine gewisse Fortwirkung zurückliegender konstanter Entwicklungen annehmen lässt und so Ergebnisse von hinreichender Verlässlichkeit liefert.

Das Problem lässt sich aber nicht durch eine schlichte Verkürzung des Prognosehorizonts auf einen Zeitraum, in dem reliable Prognoseergebnisse möglich scheinen, erreichen. Da der Zeitraum, über den der Arbeitgeber durch die Aufrechterhaltung der zeitanteilig erdienten Dynamik belastet werden wird, im Änderungszeitpunkt nicht abzusehen ist, muss - analog zu dem aus der Betriebswirtschaftslehre und dem Bilanzrecht bekannten Grundsatzes des *going concern*[5] - bei der Prognoseerstellung

---

[2] Siehe S. 193 ff.
[3] Zur Unternehmensplanung anhand von Planbilanzen siehe z.B. *Metz*, Gesamtplanung mit Planbilanzen, DB 1977, 2.
[4] Siehe dazu S. 223 ff.
[5] Vgl. § 252 Abs. 1 Nr. 2 HGB: „Bei der Bewertung ist von der Fortführung der Unternehmenstätigkeit auszugehen, sofern dem nicht tatsächliche oder rechtliche Gegebenheiten entgegenstehen."

die Entwicklung bis zu einem in der Unendlichkeit liegenden Ende der Veränderungen der relevanten Größen betrachtet werden.

Wie im 7. Kapitel bereits angedeutet[6], bietet sich zur Problemlösung ein Rückgriff auf anerkannte Grundsätze der Unternehmensbewertung an. Dort sind zukunftsbezogene Wertbeurteilung die Regel, weil der Unternehmenswert generell als zukunftsbezogene Größe angesehen wird[7]. Das Problem des vermeintlich unendlichen Prognosehorizonts beim *going concern* lösen viele Bewertungsmethoden, indem sie im Rahmen sog. Phasenmodelle die zukünftige Entwicklung eines Unternehmens in unterschiedliche Phasen unterteilen[8].

II. Konkrete Gefahr für die Unternehmenssubstanz

Der Schutz der zeitanteilig erdienten Dynamik darf die gesunde wirtschaftliche Entwicklung des Unternehmens und damit den Fortbestand der Arbeitsplätze der aktiven Arbeitnehmer nicht gefährden. Die Erhaltung des Betriebs und seiner Arbeitplätze hat Vorrang gegenüber dem Begehren der Arbeitnehmer nach Anpassung ihrer Versorgungshöhe an ihren Lebensstandard[9]. Der Verlust des Arbeitsplatzes trifft einen aktiven Arbeitnehmer härter als die Kürzung der Steigerungsraten seiner betrieblichen Altersversorgung.

Dies gilt in dieser Pauschalität unabhängig davon, ob der Arbeitnehmer für diese Steigerungsraten bereits seine Gegenleistung voll, anteilig oder gar nicht erbracht hat. Nur ein Unternehmen mit intakter Unternehmenssubstanz kann die Erträge erwirtschaften, die notwendig sind, um langfristig leistungsfähig zu bleiben und damit u.a. auch die Leistungen der betrieblichen Altersversorgung zu erbringen[10]. Der Erhalt der Unternehmenssubstanz genießt damit Priorität vor dem Schutz der zeitanteilig erdienten Dynamik[11].

Das gleiche Rangverhältnis gilt anerkanntermaßen zwischen dem Interesse des Arbeitgebers an der Erhaltung der Unternehmenssubstanz und dem Anpassungsbegehren der Betriebsrentner[12]. Auch durch die Folgen einer Anpassung darf die Unternehmenssubstanz nicht verletzt werden. Hieraus und aus dem Verhältnis von triftigem Grund und wirtschaftlicher Lage iSd § 16 BetrAVG[13] lassen sich Anhaltspunkte für die Anforderungen ableiten, die an die Erhaltung der Unternehmenssubstanz im Rahmen der Bestimmung der Belastungsgrenze „triftiger Grund" zu stellen sind.

Die wirtschaftliche Lage, die bestehen muss, damit das Bestehen eines triftigen Grundes iSd Drei-Stufen-Modells bejaht werden kann, muss schlechter sein als eine wirtschaftliche Lage iSd § 16 BetrAVG. Während „einige Wahrscheinlichkeit der Verletzung der Unternehmenssubstanz[14]" genügt, damit eine negative Anpassungsentscheidung billigem Ermessen entspricht, erfordert ein triftiger Grund iSd Drei-Stufen-

---

[6] Siehe S. 223 ff., insb. S. 224.
[7] So z.B. *Helbling* S. 75 f.
[8] Siehe z.B. *Copeland/Koller/Murrin* S. 235 f. Zur Konkretisierung eines solchen Ansatzes für die vorliegende Fragestellung siehe unten S. 245.
[9] Vgl. zu Sinn und Zweck der zweiten Besitzstandsstufe S. 174 ff.
[10] So bereits BAG vom 10.12.1971 – 3 AZR 190/71, DB 1972, 491 = AP Nr. 154 zu § 242 BGB – Ruhegehalt für die Frage des Widerrufs einer vorbehaltlos erteilten Zusage.
[11] So bereits S. 232.
[12] Dazu ausführlich S. 74 f.
[13] Dazu die Grafik auf S. 239.
[14] BAG vom 23.04.1985 – 3 AZR 156/83, DB 1985, 1642 = AP Nr. 17 zu § 16 BetrAVG unter II. 3. c) (1) der Gründe.

Modells nach den Erkenntnissen der Untersuchung[15] das Vorliegen einer konkreten Gefahr für die Unternehmenssubstanz.

Für die Auszahlung der auf der zweiten Besitzstandsstufe geschützten Teilbeträge muss deshalb von den voraussichtlichen zukünftigen Erträgen des Unternehmens ein größerer Anteil zur Verfügung stehen als für die Auszahlung der Anpassungsbeträge, die ebenfalls aus den künftigen Unternehmenserträgen zu decken sind[16].

Insbesondere muss der Arbeitgeber eine stärkere Gefährdung der Substanz seines Unternehmens hinnehmen bevor er eine bestehende Versorgungszusage zu Lasten der zeitanteilig erdienten Dynamik kürzen darf als er dies für eine der Billigkeit entsprechende negative Anpassungsentscheidung tun muss. Die Korrektur der prognostizierten Jahresergebnisse muss für die Beurteilung des Vorliegens eines triftigen Grundes entsprechend geringer ausfallen, um die im Verhältnis zur wirtschaftlichen Lage iSd § 16 BetrAVG erforderliche höhere Gefahr für die Unternehmenssubstanz zum Ausdruck zu bringen.

B. Prognosegrundlagen (Vergangenheitsbetrachtung)

Die wirtschaftliche Entwicklung des Arbeitgebers in der Vergangenheit ist für die zukunftsbezogene Beurteilung des Bestehens eines triftigen Grundes von wesentlicher Bedeutung. Sie kann Entwicklungen aufzeigen, die in Zukunft mit einer gewissen Wahrscheinlichkeit wiederkehren werden. Die Fortschreibung solcher Entwicklungen kann ein tragfähiges Fundament für die Zukunftsprognose bilden. Den Ausgangspunkt für die Prognose muss deshalb eine gründliche Analyse der Vergangenheit. bilden, die sich auf eine möglichst vollständige Informationsbeschaffung stützt[17].

Diese Vergangenheitsanalyse soll einen Überblick über die internen und externen Einflussfaktoren gewährleisten, anhand derer das Gewicht und die Wahrscheinlichkeit zukünftiger Ereignisse abgeschätzt werden kann. Sie kann zwar keine mit Sicherheit zu erwartenden zukünftigen Erfolgsgrößen produzieren. Sie dient aber der Gewinnung von Erfahrungswissen, um die spätere Prognose abzusichern. Zumindest ein Teil der in der Vergangenheit wirksam gewordenen Faktoren dürfte auch zukünftig regelmäßig Einfluss auf das Unternehmensergebnis haben.

Als Basis der Vergangenheitsanalyse bieten sich die Jahresabschlüsse des Arbeitgebers der zurückliegenden Jahre an. Die in der Vergangenheit erzielten Jahresüberschüsse/-fehlbeträge sind aber Resultat der bisherigen Unternehmenspolitik des Arbeitgebers. Sie sollten deshalb nicht unmittelbar fortgeschrieben und in eine Prognosegröße umgeformt werden. Auch müssen periodenspezifische außerordentliche Aufwendungen und Erträge in den Jahreabschlüssen der Vergangenheit erkannt und bei der Fortschreibung in der Zukunft unberücksichtigt bleiben, um Entwicklungen zu eliminieren, deren Wiederkehr in der Zukunft unwahrscheinlich ist[18].

Ausgehend von der Vergangenheitsanalyse aufgrund der zurückliegenden Jahresabschlüsse des Arbeitgebers kann die Prognose der Rechnungsgrößen Belastungswert bzw. Belastungsgegenwert in Angriff genommen werden. Bei den anzustellenden Planungsberechnungen gebietet kaufmännische Vorsicht, denselben Maßstab anzulegen, der für den nach § 289 Abs. 1 2. Hs. HGB dem Lagebericht bei-

---

[15] Vgl. S. 238.
[16] Siehe das hier vorgeschlagene Berechnungsmodell auf S. 102 ff.
[17] Vgl. *Copeland/Koller/Murrin* S. 180 ff.
[18] Zur Berücksichtigung zukünftiger außerordentlicher Erträge für die Prognose unten S. 263 ff.

zufügenden Risikobericht anzulegen ist (*worst-case-Abschluss*). Wie dort geht es bei der Beurteilung der Verkraftbarkeit der Belastungen, die auf das Unternehmen aufgrund der zeitanteilig erdienten Dynamik zukommen, um die Beurteilung künftiger, der derzeitigen Lage bereits immanenter Risken[19]. Der Arbeitgeber hat seiner Bewertung der voraussichtlichen Erträge mithin die im schlechtesten Fall zu erzielende Ertragshöhe und der Prognose der voraussichtlichen Aufwendungen den im schlechtesten Fall anfallenden Aufwand zugrunde zu legen.

Die Planungsrechnungen sollen keine subjektiven, wirtschaftlich nicht fundierten Einschätzungen des Planenden beinhalten. Die Planergebnisrechnungen dürfen keine Wunschvorstellungen des Arbeitgebers zum Ausdruck bringen. Sie müssen realistische Zukunftserwartungen ausdrücken. Positive Wendungen, die sich aufgrund eingeleiteter unternehmerischer Maßnahmen ergeben sollen, dürfen nur dann in die Planung einbezogen werden, wenn auch neue unvorhergesehene Negativeinflüsse ausreichende Berücksichtigung finden.

C. Prognosehorizont

Jede zukunftsbezogene Betrachtung ist durch den ihr zugrundegelegten zeitlichen Prognosehorizont begrenzt. Wie bereits angedeutet, kann keine detaillierte Prognose bis zum unvorhersehbaren Ende der Belastungen aufgrund der zeitanteilig erdienten Dynamik erstellt werden. Es bietet sich deshalb eine Unterteilung des Prognosehorizonts in unterschiedliche Perioden mit unterschiedlicher Prognosegenauigkeit an[20].

Vorgeschlagen wird für die vorliegende Problematik eine Unterteilung des Prognosezeitraums in

- eine relativ kurze Detailprognoseperiode von sechs Jahren und

aufgrund der im Änderungszeitpunkt nicht erkennbaren verbleibende Dauer bis zum Ende der Rentenzahlung an den letzten Arbeitnehmer mit zeitanteilig erdienter Dynamik

- eine zweite Phase mit unendlichem Prognosehorizont.

Im Einzelfall können weitere Phasen in ein Beurteilungsmodell integriert werden. So ist z.B. eine Orientierung der Phaseneinteilung am Lebenszyklus des Unternehmens mit phasenspezifisch zu erwartenden Ergebnisabweichungen denkbar.

I. Detailplanungshorizont

1. Allgemeines

Je weiter eine Planung in die Zukunft hineinreicht, desto mehr muss sie sich auf Annahmen und Vermutungen stützen. Die Prognosegewissheit nimmt mit zunehmender Entfernung vom Zeitpunkt Null ab. Die zeitlich näher liegende wirtschaftliche Entwick-

---

[19] Vgl. zum Risikobericht *Ellrott* in Beck Bil-Komm. § 289 Rn 25 ff.

[20] Siehe z.B. zu einem solchen Vorgehen im Rahmen von Unternehmensbewertungen *Mandl/Rabel* S. 153; *Copeland/Koller/Murrin* S. 235.

lung des Unternehmens kann jedoch mit hinreichender Sicherheit geplant werden. Betriebswirtschaftliche Planungsmethoden lassen Zukunftsberechnungen mit den heute im allgemeinen zur Verfügung stehenden Informationen jedoch höchstens auf eine Dauer von drei bis sieben Jahren zu[21].

Die Zukunftsentwicklung des Unternehmens lässt sich auf Grundlage einer umfassenden Vergangenheitsanalyse[22] also zumindest für einen gewissen Zeitraum plausibler beurteilen und sicherer prognostizieren als für die fernere Zukunft. Für diese ergibt sich aus der Vielzahl von Faktoren, die auf Belastungswert und Belastungsgegenwert einwirken, zwangsläufig ein Horizont jenseits dessen die weitere Entwicklung von Belastungswert und den Belastungsgegenwert nur noch auf globale Annahmen gestützt werden kann.

Die Länge des Detailprognosezeitraums ist anhand des folgenden Kompromisses zu bestimmen. Eine detaillierte Prognose der Unternehmensentwicklung kann nur für den Zeitraum angestellt werden, in dem die mit fortschreitendem Zeitablauf anwachsende Unsicherheit der Ergebnisse eine entsprechend detaillierte Vorgehensweise noch möglich und sinnvoll erscheinen lässt. Auf der anderen Seite sollte der Detailprognosezeitraum so weit ausgedehnt werden, dass eine konstante Entwicklung der Einflussgrößen auf Belastungswert und Belastungsgegenwert erkennbar ist.

2. Konkretisierung des Detailprognosehorizonts

Als Detailplanungszeitraum für die vorliegend untersuchte Problematik bietet sich auf Grundlage der vorstehenden Überlegungen eine Periode von sechs Jahren an. Diese ist nicht zu lang, um nach anerkannten betriebswirtschaftlichen Methoden noch verlässliche und detaillierte Schätzungen von Belastungswert und Belastungsgegenwert zu erhalten. Gleichzeitig ist sie lang genug, um eine eindeutige Entwicklung im Verhältnis von Belastungswert und Belastungsgegenwert erkennbar zu machen, die die Behauptung des Vorliegens eines triftigen Grundes stützen oder entkräften kann.

Eine Detailplanungsphase von sechs Jahren umfasst zwei Anpassungszeiträume. Sie kann deshalb auch Erkenntnisse über die Auswirkungen künftiger Anpassungsentscheidungen auf den Umfang der künftigen Rentenzahllast des Unternehmens liefern.

II. Fernere Phase

1. Allgemeine Überlegungen

Die Aufrechterhaltung der zeitanteilig erdienten dienstzeitunabhängigen Dynamik wirkt sich belastend auf das Arbeitgeberunternehmen aus, bis die Rentenzahlungen an den letzten Arbeitnehmer mit zeitanteilig erdienter dienstzeitunabhängiger Dynamik enden. Der infolge dessen unüberschaubar lange Zeithorizont kann nicht dadurch eingeschränkt werden, dass ab einem gewissen Zeitpunkt – z.B. nach Ablauf der hier angeregten Detailplanungsphase – die Verkraftbarkeit des aus der zeitanteilig erdienten Dynamik resultierenden Mehraufwands unberücksichtigt bleibt. Eine solche Methode wäre nur dann sachgerecht, wenn nach dem Ablauf des Detailpla-

---

[21] *Helbling* S. 81.
[22] Vgl. oben S. 244 f.

nungshorizonts keine weiteren wesentlichen Mehrbelastungen für den Arbeitgeber entstehen würden. Wie festgestellt, trifft der überwiegende Anteil der Belastungen aus der zeitanteilig erdienten Dynamik den Arbeitgeber jedoch erst langfristig, also nach Ablauf des Detailprognosezeitraums.

Die Vergangenheitsanalyse wird in aller Regel ergeben, dass die wirtschaftliche Situation des Unternehmens ständigen Veränderungen ausgesetzt ist. Jedes Unternehmensergebnis weicht vom vorherigen und/oder vom folgenden mehr oder weniger stark ab. Dem hieraus nachvollziehbar resultierenden Einwand, jede Prognose werde mehr und mehr zur Spekulation, je weiter sie in die Zukunft reiche[23], tritt die betriebswirtschaftliche Teildisziplin der Unternehmensbewertung durch die Annahme einer gleichbleibenden kontinuierlichen Zahlenreihe entgegen, die auf der Fortschreibung der in den Detailplanungen der ersten Phase erkennbaren Entwicklungen beruht. Diese Entwicklungen werden unter besonderer Berücksichtigung zu erwartender markt- und unternehmensbezogener Veränderungen weiterentwickelt[24].

Ausgangspunkt der Planungen ist hier stets die Annahme einer unendlichen Unternehmensdauer (*going concern*) und der Umstand, dass mit zunehmender zeitlicher Entfernung vom Bewertungszeitpunkt die Möglichkeiten einer dezidierten Prognose abnehmen[25].

2. Going Pension Promise

Dieses Gedankengut lässt sich auf die vorliegende Problematik insofern übertragen, als auch die Bestimmung des triftigen Grundes einer Prognose über einen langen, nicht präzise abgrenzbaren Zeitraum bedarf. Der Gedanke des *going concern* trifft insofern auch auf die Bestimmung des gesamten Mehraufwands, der sich aus der Aufrechterhaltung der zeitanteilig erdienten Dynamik ergibt und auf die Bestimmung der zur Deckung dieses Aufwands zur Verfügung stehenden Erträge zu.

Zwar ist hier nicht die Fortführung des Unternehmens entscheidend, es kommt jedoch für die Ermittlung der entscheidenden Werte auf die Fortführung der Versorgungszusage an. Deren Länge ist im Zeitpunkt der Kürzung ebenso unabsehbar wie die Dauer des Fortbestands eines Unternehmens im Zeitpunkt seiner Bewertung. Insofern kann man von einem Prinzip eines *going pension promise* sprechen, das die Betrachtung eines nur eingeschränkten Zeitraums ver- und stattdessen die Zugrundelegung eines unendlichen Zeitraums gebietet.

Das Problem der Prognostizierung fernliegender Entwicklungen lässt sich demnach überwinden, indem Belastungswert und Belastungsgegenwert für den jenseits des Detailplanungshorizonts liegenden Zeitraum pauschaliert anhand bereits im Detailplanungszeitraum erkennbarer konstanter Entwicklungen fortgeschrieben werden.

Für die Zeit nach dem Detailplanungshorizont ist dann unter Annahme eines *going pension promise* der Belastungswert bzw. Belastungsgegenwert in Höhe des Barwerts der entsprechenden Werte in der ferneren Phase, also bis unendlich, diskontiert auf den beabsichtigten Änderungszeitpunkt zu kalkulieren.

Eine konstante Entwicklung wird sich für den Belastungswert bereits nach sechs Jahren abzeichnen, obwohl der überwiegende Teil des bei Aufrechterhaltung der zeitanteilig erdienten Dynamik anfallenden Mehraufwands den Arbeitgeber erst im weiteren Zeitablauf trifft. Zwar verläuft die Entwicklung der Höhe der gegenüber dem

[23] Überlegungen in diese Richtungen finden sich auch auf S. 223 ff.
[24] *Helbling* S. 81.
[25] *Krag/Kasperczek* S. 50.

einzelnen Arbeitnehmer bestehenden Versorgungsverpflichtung nicht linear, sondern entsprechend seiner persönlichen Gehaltsentwicklung und ist damit außerordentlich schwer vorhersehbar. Der vom Arbeitgeber zu leistende Gesamtversorgungsaufwand wächst im Gegensatz hierzu jedoch auch bei dienstzeitunabhängig dynamischer Zusage wesentlich gleichförmiger. Durch das Ausscheiden von Arbeitnehmern mit hohen Besitzständen und den gleichzeitigen Eintritt neuer Arbeitnehmer mit geringen Besitzständen gleicht sich der jährlich vom Arbeitnehmer zu erbringende Rückstellungsaufwand aus. Auswirkungen auf den Anstieg des Versorgungsaufwands haben vor allem der allgemeine Gehaltstrend und die künftige Belegschaftsstruktur, die leichter als individuelle Gehaltsanstiege vorhersehbar und planbar sind[26]. Gleiches gilt für den Anstieg des Aufwands, der den Arbeitgeber aufgrund der zu leistenden Pensionszahlungen trifft[27].

Die Problematik der mit wachsender Entfernung vom Bewertungsstichtag zunehmenden Unsicherheit und der damit schwieriger werdenden Quantifizierbarkeit der künftigen Erträge und Aufwendungen wird abgeschwächt, weil sich in der Zukunft einzelne positive und negative Einflussfaktoren kompensieren und dadurch ein gewisser Ausgleich geschaffen wird. Die Diskontierung bei der Berechnung der in fernerer Zukunft liegenden Werte bewirkt bei der Fortschreibung der Trends obendrein, dass der Barwert der jeweiligen Belastungswerte bzw. Belastungsgegenwerte mit zunehmender zeitlicher Entfernung vom beabsichtigten Kürzungszeitpunkt immer weiter sinkt und so für die Betrachtung im Neuordnungszeitpunkt mehr und mehr an Bedeutung verliert[28].

D. Prognoseverfahren

Die Beurteilung des Vorliegens eines triftigen Grundes erfordert eine Prognose des Mehraufwands, der auf den Arbeitgeber bei Aufrechterhaltung der zeitanteilig erdienten Dynamik im Vergleich zur geplanten Kürzung der Zusage voraussichtlich zukommen wird (Belastungswert) und eine Prognose der Mittel, die voraussichtlich zur Deckung dieser Belastungen zur Verfügung stehen werden (Belastungsgegenwert). Im einzelnen wird das folgende Vorgehen zur Bemessung dieser Werte vorgeschlagen:

I. Berechnung des Belastungswerts

<u>1. Allgemeines</u>

Um die Gesamtheit des bei Aufrechterhaltung der zeitanteilig erdienten Dynamik im Vergleich zur beabsichtigten Neuregelung anfallenden Mehraufwands bestimmen zu können, müssen der voraussichtliche Mehraufwand, der durch die im Vergleich zur Neuregelung höheren Zuführungen zur Pensionsrückstellung (Finanzierungsphase) und der Mehraufwand, der durch die bei unverändertem Fortbestand der Zusage höhere Differenz zwischen Pensionszahlungen und aufgelösten Pensionsrückstellungen (Auszahlungsphase) entsteht, zunächst prognostiziert und anschließend addiert werden.

[26] Vgl. dazu im Rahmen der Kalkulation des Belastungswerts unten S. 250 f.
[27] Dazu näher S. 230 f.
[28] Siehe dazu unten S. 258, Abbildung (8-11).

a. Diskontierung auf Barwerte

Sämtliche, sowohl im Rahmen der Bemessung des Belastungswerts als auch bei der Berechnung des Belastungsgegenwerts ermittelten Beträge sind auf den Zeitpunkt der beabsichtigten Zusagekürzung zu diskontieren, um brauchbare Vergleichswerte in Form von Barwerten (*present value*) der zukünftigen Aufwendungen und Erträge zu erhalten.

Um eine Vergleichbarkeit im Betrachtungszeitraum zu ermöglichen, muss der Betrag ermittelt werden, der im Zeitpunkt t=0, dem beabsichtigten Änderungszeitpunkt, der späteren Aufwendung bzw. dem späteren Ertrag äquivalent ist. So können Unterschiede im zeitlichen Anfall der Aufwendungen ausgeglichen werden[29].

b. Berücksichtigung fiktiver Ertragsteuerbelastung

Bei der Berechnung des Belastungswerts sind sämtliche ermittelten Beträge zusätzlich um ihre fiktive Ertragssteuerbelastung zu kürzen[30]. Dies ist erforderlich, um eine Vergleichbarkeit mit dem Belastungsgegenwert zu gewährleisten. Für dessen Berechnung muss die Ertragssteuerbelastung des Unternehmens als vorrangig zu berücksichtigende rechtlich gebundene Verpflichtung aus der Summe der voraussichtlichen Erträge des Unternehmens herausgerechnet werden[31]. Ein Vergleich von Nachsteuerbeträgen mit Vorsteuerbeträgen ist nicht möglich.

2. Detailprognosezeitraum

Wie erläutert, empfiehlt sich für die Erstellung der Prognose eine Unterteilung der Zukunft in zwei Phasen. Die näher liegende Zukunft kann detailliert prognostiziert werden. Für die fernere Zukunft ist eine nur pauschalierte Prognose durch Fortschreibung der bei der Prognose der näheren Zukunft erkannten Entwicklungen möglich[32].

Zunächst muss der Mehraufwand bestimmt werden, der in den Jahren des Detailprognosezeitraums durch Finanzierung (Zuführungen zur Pensionsrückstellung) und Auszahlung der betrieblichen Altersversorgung anfiele, wenn der Arbeitgeber die Versorgungszusage nicht wie geplant kürzen würde. Dieser bildet den in der Detailplanungsphase anfallenden Belastungswert.

Ferner sind den Erkenntnissen, die im Detailplanungszeitraum gewonnen werden, die Entwicklungen zu entnehmen, die der Prognose für die ferner liegende Zukunft zugrunde zu legen sind.

---

[29] *Zimmermann* S. 44; *Kruschwitz* S. 92.

[30] **Beispiel:** Es wird ein Aufwand von 20 Geldeinheiten für die Zuführungen bei Aufrechterhaltung der zeitanteilig erdienten Dynamik prognostiziert. Bei einer angenommenen Ertragssteuerlast von 50 v.H. bedeutet dies, dass dieser Mehraufwand nur mit 20 – (20 x 0,5) = 10 Geldeinheiten zu berücksichtigen und vom Belastungsgegenwert zu decken ist.

[31] Siehe unten S. 266; zur Berücksichtigung der Ertragssteuern in der GuV siehe § 275 Abs. 2 Nr. 18 HGB (Gesamtkostenverfahren) bzw. § 275 Abs. 3 Nr. 17 HGB (Umsatzkostenverfahren). Dazu ausführlich *Förschle* in Beck Bil-Komm § 275 Rn 238 ff.

[32] Siehe oben S. 246 ff.

a. Barwert der voraussichtlich bei Aufrechterhaltung der zeitanteilig erdienten Dynamik erforderlichen Zuführungen zu den Pensionsrückstellungen

Der Aufwand, der in der Detailplanungsphase auf den Arbeitgeber für die Finanzierung der Zusagen zukäme, wenn er die Zusage unverändert aufrecht erhielte, ergibt sich aus der Summe der unter diesen Voraussetzungen insgesamt zu verrechnenden Zuführungen zu den Pensionsrückstellungen[33].

Der Gesamtumfang dieser Zuführungen ist bei dienstzeitunabhängigen Zusagen von der Entwicklung des Bemessungsfaktors, bei endgehaltsbezogenen Zusagen also insbesondere von der Gehaltsentwicklung der Arbeitnehmer mit entsprechender Zusage abhängig[34]. Entsprechendes gilt für den Gesamtumfang der Zuführungen, der sich aus der Aufrechterhaltung der zeitanteilig erdienten Dynamik ergeben würde. Die Gehaltsentwicklung ist ihrerseits von einer Vielzahl von Einflussfaktoren abhängig, von denen die wichtigsten nachfolgend dargestellt werden.

aa. Inflations- und branchenbedingte Gehaltsentwicklung

Die Höhe der Zuführungen zu den Pensionsrückstellungen wird insbesondere von den Gehaltstrends beeinflusst, die die gesamte Belegschaft erfassen und externe Ursachen haben. Hierzu zählen z.B. die Anpassung der Gehaltshöhe zum Ausgleich des Kaufkraftverlustes oder branchenbedingte Besonderheiten, die zu einer über- oder unterdurchschnittlichen Gehaltsentwicklung in der Branche des Arbeitgebers führen können. Nicht zuletzt sind auch regionale Besonderheiten zu beachten. So sind z.B. höhere Löhne in wohlhabenden Gegenden die Regel, wohingegen Unternehmen in strukturschwächeren Gegenden häufig geringere Löhne zahlen.

Ein tarifgebundener Arbeitgeber könnte bereits im Prognosezeitpunkt die künftige Gehaltsentwicklung im Detailprognosezeitraum weitgehend vorhersehen, falls der ihn bindende Tarifvertrag bis zum Ende des Detailprognosezeitraums Gültigkeit entfalten würde. Dies ist indes regelmäßig nicht der Fall. Tarifverträge werden nicht für eine unbestimmte Zukunft geschlossen. Die meisten Tarifverträge sind in ihrer Wirksamkeit befristet und enthalten zusätzlich eine bestimmte Kündigungsfrist[35]. Meist werden sie deshalb innerhalb des Detailprognosezeitraums ein Ende finden und durch neue tarifliche Regelungen ersetzt werden[36].

Auch ein tarifgebundener Arbeitgeber wird deshalb nicht umhin können, anhand der voraussichtlichen allgemeinen Geldwertentwicklung und der voraussichtlichen Entwicklung seiner Branche abzuschätzen, wie stark die Gehälter seiner Belegschaft im Prognosezeitraum ansteigen werden.

bb. Gehaltsentwicklung bestimmter Mitarbeitergruppen

Um die Gehaltsentwicklung aller Mitarbeiter mit zeitanteilig erdienter Dynamik prognostizieren zu können, muss der Arbeitgeber auch atypische Gehaltsentwicklungen bestimmter Mitarbeitergruppen berücksichtigen. So kann es bei bestimmten Mitarbei-

---

33 Zur Berechnung der Zuführungshöhe vgl. S. 229 f.

34 Bei dienstzeitunabhängigen Zusagen, also auch bei zeitanteilig erdienten Dynamiken, die auf einen anderen variablen Berechnungsfaktor abstellen, ist die Summe der Teilwerte entsprechend von der Entwicklung des anderen Berechnungsfaktors abhängig.

35 Siehe auch oben S. 127.

36 Zum Ende von Tarifverträgen umfassend *Schaub* § 199 Rn 36 ff.

tergruppen zu einem stärkeren Anstieg der Gehälter kommen als bei der restlichen Belegschaft, z.B. falls das von diesen Mitarbeitern ausgefüllte Berufsbild auf dem Arbeitsmarkt besonders stark gefragt ist.

cc. Künftige Zusammensetzung der Belegschaft

Bevor der Arbeitgeber den Versorgungsaufwand, der aus der allgemeinen und aus der speziellen Gehaltsentwicklung resultiert, bestimmen kann, muss er sich die voraussichtliche Entwicklung der Zusammensetzung der mit endgehaltsabhängigen Zusagen bedachten Belegschaft, insbesondere deren Biometrik, vor Augen führen. Nur die Kenntnis der künftigen Belegschaftsstruktur ermöglicht ein hinreichend verlässliches Ergebnis der Prognose der Gehaltsentwicklung der begünstigten Arbeitnehmer und darauf basierend des künftigen Versorgungsaufwands.

Aufgrund des für Personalmaßnahmen relativ kurzen Detailprognosezeitraums von sechs Jahren sind hier indes nur wesentliche Veränderungen in der Belegschaftsstruktur zu berücksichtigen. Die gewöhnlichen Veränderungen der Belegschaftsstruktur in einem solchen Zeitraum sind gering und können deshalb vernachlässigt werden. Wesentliche Veränderungen der Belegschaftsstruktur können sich aber z.B. aus geplanten erheblichen betrieblichen Umstrukturierungsmaßnahmen ergeben, die in aller Regel mit entsprechenden Personalplanungsmaßnahmen einhergehen.

Stehen im Detailprognosezeitraum keine größeren Umstrukturierungsmaßnahmen an und ist auch die Umsetzung einer isolierten erheblichen Personalplanungsmaßnahme im Detailprognosezeitraum nicht vorgesehen, kann der Arbeitgeber die zum angedachten Änderungszeitpunkt bestehende Belegschaftsstruktur der Detailprognose des zukünftig anfallenden Gehaltsaufwands und davon abhängend des künftigen Versorgungsaufwands zugrunde legen.

dd. Formel zur Berechnung des Barwerts des aus den erforderlichen Zuführungen zu den Pensionsrückstellungen resultierenden Aufwands bei Aufrechterhaltung der zeitanteilig erdienten Dynamik

Der für die Berechnung des Bedeutungswerts zu berücksichtigende Barwert des Aufwands, der den Arbeitgeber bei Aufrechterhaltung der Zusage aufgrund der Zuführungen im Detailprognosezeitraum trifft ($Aufwand_{ZnP\_alt}$), kann nach der nachfolgend dargestellten Formel berechnet werden. Der Diskontierungszinssatz wird hierbei als (i) bezeichnet, der zu berücksichtigende Ertragssteuersatz als (tax). Als Diskontierungsrate bietet sich die erwartete allgemeine Inflationsrate[37] zuzüglich eines Risikozuschlags (Realzins), mithin der sog. Nominalzins an. Die Zuführungsbeträge in den Jahren des Detailprognosezeitraums werden durch $Z_1, Z_2, Z_3 .... Z_6$ bezeichnet.

[37] Diese lässt sich aus der sog. Zinsstrukturkurve ableiten. Die Zinsstruktur basiert auf Renditen während der Restlaufzeit von Staatsanleihen. Hierin spiegelt sich die Inflationserwartung von Fremdkapitalgebern wieder, die grundsätzlich zusätzlich zum inflationsbedingten Wertverlust einen angemessenen Ausgleich für das Ausfall- und Marktrisiko erwarten; vgl. zur Ableitung der erwarteten allgemeinen Inflationsrate aus der Zinsstrukturkurve *Copeland/Koller/Murrin* S. 233 f.

$$\textbf{Aufwand}_{ZnP\_alt} = (1\text{-tax}) \cdot ((Z_1\,(1+i)^{-1}) + (Z_2 \cdot (1+i)^{-2}) + (Z_3 \cdot (1+i)^{-3}) + (Z_4\,(1+i)^{-4}) + (Z_5 \cdot (1+i)^{-5}) + (Z_6 \cdot (1+i)^{-6}))$$

(8-1)

Vereinfacht lässt sich dies darstellen als:

$$\textbf{Aufwand}_{ZnP\_alt} = (1 - tax) \cdot \sum_{t=1}^{6} Z_t \cdot (1+i)^{-t}$$

(8-2)

b. Barwert der voraussichtlich erforderlichen Zuführungen zu den Pensionsrückstellungen bei Eingriff in die zeitanteilig erdiente Dynamik

Die Höhe des Mehraufwands, der auf den Arbeitgeber in der Detailprognosephase bei Aufrechterhaltung der zeitanteilig erdienten Dynamik zukäme, kann errechnet werden, indem der Aufwand für die Zuführungen zur Pensionsrückstellung, der in demselben Zeitraum anfiele, wenn der Arbeitgeber die von ihm beabsichtigten Kürzungen vornähme, prognostiziert und anschließend vom Gesamtaufwand für die Zuführungen bei Aufrechterhaltung der zeitanteilig erdienten Dynamik (Aufwand_{ZnP_alt}) subtrahiert wird.

Auch für die Kalkulation des nach der neuen Zusage anfallenden Aufwands aufgrund der Zuführungen zu den Pensionsrückstellungen (Aufwand_{ZnP_neu}) ist eine Prognose der Belegschaftsstruktur erforderlich. Enthält auch die neue Zusage ausnahmsweise eine – reduzierte – endgehaltsbezogene Dynamik[38], dann ist auch hier die Gehaltsentwicklung der begünstigten Arbeitnehmer zu prognostizieren.

Hierfür und für die Berechung dieser Größe gelten die gleichen Maßgaben, wie für die Prognose des Rückstellungsaufwands bei Aufrechterhaltung der zeitanteilig erdienten Dynamik[39].

Für die Berechnung des Zuführungsaufwands im Detailplanungszeitraum bei Kürzung der Zusage gilt mithin die folgende Formel:

$$\textbf{Aufwand}_{ZnP\_neu} = (1 - tax) \cdot \sum_{t=1}^{6} Z_t \cdot (1+i)^{-t}$$

(8-3)

[38] **Beispiel:** Eine Zusage, die 1 v.H. des Endgehalts pro Dienstjahr vorsah, soll durch eine Zusage, die 10 v.H. des Endgehalts als Bemessungsgröße vorsieht, abgelöst werden. Den Arbeitnehmern, die mehr als 10 Dienstjahre gearbeitet haben, wird ihr entsprechend größerer Besitzstand genommen. Auch dieser Besitzstand ist zeitanteilig erdient.

[39] Dazu oben S. 245 ff.

c. Barwert des voraussichtlichen Aufwands aufgrund von Pensionszahlungen bei Aufrechterhaltung der zeitanteilig erdienten Dynamik

Wie oben erläutert[40], entsteht für den Arbeitgeber nach Eintritt des Versorgungsfalls weiterer Versorgungsaufwand durch die Rentenzahlungen[41]. Nach Eintritt des Versorgungsfalls entfällt der Grund für die Bildung von Pensionsrückstellungen in dem Umfang in dem sich der Rentenbarwert von Abschlussstichtag zu Abschlussstichtag verringert. Dies ergibt sich steuerrechtlich daraus, dass eine Pensionsrückstellung höchstens mit dem Teilwert der Pensionsverpflichtung angesetzt werden darf[42]. Handelsbilanziell gilt gleiches, soweit die Rückstellungen – wie in aller Regel – nach dem Teilwertverfahren gebildet werden. Nur in Höhe dieser Barwertabnahme kann also die Pensionsrückstellung gem. § 249 Abs. 3 Satz 2 HGB aufgelöst werden.

Die Pensionszahlungen für die laufenden Versorgungsleistungen sind jedoch aufgrund der seit Rückstellungsbildung eingetretenen Verzinsung wesentlich höher als die Rückstellungsauflösungen[43]. Diese Differenz stellt für den Arbeitgeber einen zusätzlichen, durch die betriebliche Altersversorgung verursachten Aufwand iSd § 275 Abs. 2 Nr. 6 b) HGB dar[44]. Sie muss deshalb für die Bestimmung des Belastungswerts zu dem festgestellten Mehraufwand in der Finanzierungsphase addiert werden.

Es muss also zunächst die Summe der Pensionszahlungen an Betriebsrentner prognostiziert werden, die mit zeitanteilig erdienter Dynamik ausgeschieden sind. Hierbei sind evtl. im Detailprognosezeitraum anfallende Steigerungen der laufenden Pensionszahlungen infolge von Anpassungen iSd § 16 BetrAVG ebenso zu berücksichtigen, wie mögliche künftige Gehaltssteigerungen von Arbeitnehmern mit zeitanteilig erdienter Dynamik, für die vor dem Ende des Detailprognosezeitraums der Sicherungsfall eintreten wird und für die deshalb noch im Detailprognosezeitraum Rentenzahlungen geleistet werden müssen.

Der handelsrechtliche Aufwand, der durch die Pensionszahlungen entsteht[45], wird durch die Auflösung der Pensionsrückstellungen im Zuge der Rentenbarwertabnahme gemindert[46].

Von der Summe der Auszahlungsbeträge in den einzelnen Jahren des Detailprognosezeitraums muss der Arbeitgeber also jeweils den Betrag abziehen, um den sich der Rentenbarwert voraussichtlich durch die Rückstellungsauflösungen im betreffenden Jahr mindern wird. Die Differenz zwischen diesen Beträgen stellt den Aufwand dar, der sich im betrachteten Jahr aufgrund der anstehenden Rentenzah-

---

[40] Siehe S. 230 f.

[41] Siehe auch *Baetge/Kirsch/Thiele* S. 587 und IdW (Hrsg.) WP-Hdb. 2000 Bd. 1 F S. 451 Rn 420.

[42] § 6a Abs. 3 Satz 1 EStG.

[43] Rückstellungen sind gem. § 6a Abs. 3 Satz 3 EStG mit 6 v.H. zu diskontieren. **Beispiel:** Für einen Auszahlungsbetrag von 500 € darf der Arbeitgeber 10 Jahre zuvor lediglich einen Teilwert von ca. 280 € zurückstellen (500 € · $(1{,}06)^{-10}$). Ein konkreter Zinssatz für die Berechnung des Barwertes ist handelsrechtlich nicht vorgegeben. Dem Arbeitgeber steht damit ein Ermessensspielraum für die Bewertung der Pensionsrückstellungen zu, der nur durch die Anforderung vernünftiger kaufmännischer Beurteilung begrenzt ist. Als Rechnungszinsfuß kommt im Allgemeinen „unter den derzeitigen wirtschaftlichen Gegebenheiten" ein Zinssatz von 3 - 6 v.H. in Betracht; Stellungnahme des HfA des IdW 2/1998, Pensionsverpflichtungen im Jahresabschluss, WPg 1988, S. 403, 404; kritisch *Feld*, Die Bilanzierung nach HGB und IAS, WPg 2003, 573, 576 f.

[44] *Ahrend/Förster/Norbert Rößler* 2. Teil Rn 306.

[45] Steuerrechtlich stellt dieser Betriebsausgaben dar; *Ahrend/Förster/Norbert Rößler* 2. Teil Rn 306.

[46] *Orthmann*, Betriebliche Altersversorgung im Jahresabschluss nach HGB, US-GAAP und IAS, Diss. Mainz 2003, S. 126; *Thoms-Meyer*, Grundsätze ordnungsmäßiger Bilanzierung für Pensionsrückstellungen, Diss. Münster 1995, S. 135.

lungen für den Arbeitgeber bei Aufrechterhaltung der zeitanteilig erdienten Dynamik ergeben würde ($Aufwand_{PZ}$).

$$\textbf{Aufwand}_{PZ} = \textbf{Höhe der Pensionszahlungen - Rückstellungsauflösungen} \tag{8-4}$$

Diese für jedes Jahr des Detailprognosezeitraums zu errechnenden Positionen ($Aufwand_{PZ\_alt\_1}$, $Aufwand_{PZ\_alt\_2}$, $Aufwand_{PZ\_alt\_3}$......$Aufwand_{PZ\_alt\_6}$) sind auf den beabsichtigten Kürzungszeitpunkt zu diskontieren, um ihre fiktive Ertragsteuerbelastung zu kürzen und anschließend zu addieren. So erhält man den Barwert des aufgrund der Pensionszahlungen in der Detailprognosephase bei Fortbestand der zeitanteilig erdienten Dynamik anfallenden handelsrechtlichen Aufwands ($Aufwand_{PZnP\_alt}$).

Dargestellt in einer Formel errechnet sich der Aufwand aufgrund der Pensionszahlungen im Detailprognosezeitraum wie folgt. Auch hier steht (i) wieder für den gewünschten Mindestzinssatz und (tax) für den Ertragsteuersatz.

$$\textbf{Aufwand}_{PZnP\_alt} = (1-tax)\cdot\sum_{t=1}^{6} Aufwand_{PZ\_alt\_t}\cdot(1+i)^{-t} \tag{8-5}$$

d. Barwert des voraussichtlichen Aufwands aufgrund von Pensionszahlungen bei Kürzung der Zusage

Da der Belastungswert nur den zusätzlichen Aufwand abbildet, der für den Arbeitgeber bei Aufrechterhaltung der zeitanteilig erdienten Dynamik im Vergleich zur angestrebten Neuordnung der Zusage anfallen würde, ist von dem $Aufwand_{PZnP\_alt}$ der Aufwand abzuziehen, der sich im Detailprognosezeitraum aufgrund der nicht erfolgsneutral zu Lasten der Pensionsrückstellungen gebuchten Pensionszahlungen ergäbe, falls der Arbeitgeber die Zusage in dem von ihm beabsichtigten Umfang kürzen würde ($Aufwand_{PZnP\_neu}$).

Für die Berechung dieser Größe gelten die gleichen Maßgaben, wie für die Prognose des Auszahlungsaufwands bei Aufrechterhaltung der zeitanteilig erdienten Dynamik[47]. Die jährlichen Aufwendungen durch Pensionszahlungen nach Zusagekürzung werden durch $Aufwand_{PZ\_neu\_1}$, $Aufwand_{PZ\_neu\_2}$, $Aufwand_{PZ\_neu\_3}$,..............$Aufwand_{PZ\_neu\_6}$ abgebildet. Auch diese Aufwandsgröße muss auf den beabsichtigten Kürzungszeitpunkt (t=0) diskontiert (mit Diskontierungszinssatz (i)) und um ihre fiktive Ertragsteuerbelastungen (tax) reduziert werden.

Der Aufwand, der für Pensionszahlungen nach Kürzung der Zusage im Detailplanungszeitraum anfallen würde, errechnet sich mithin wie umseitig dargestellt:

---

[47] Siehe oben S. 253 f.

$$\textbf{Aufwand}_{\textbf{PZnP\_neu}} = (1-tax)\cdot\sum_{t=1}^{6} Aufwand_{PZ\_neu\_t}\cdot(1+i)^{-t}$$

(8-6)

e. Berechnung des Belastungswerts des Detailprognosezeitraums aufgrund der prognostizierten Werte

Der Belastungswert des Detailprognosezeitraums ($\text{Belastungswert}_{nP}$) ergibt sich aus der Summe der Barwerte des Mehraufwands aufgrund der bei Aufrechterhaltung der zeitanteilig erdienten Dynamik höheren Zuführungen zu den Pensionsrückstellungen (Mehraufwand_{ZnP}) und des Mehraufwands aufgrund der nicht durch Rückstellungsauflösungen erfolgsneutral wirkenden Pensionszahlungen ($\text{Mehraufwand}_{PZnP}$). Es ist deshalb die folgende Rechenoperationen durchzuführen:

Belastungswert der Detailplanungsphase ($\text{Belastungswert}_{nP}$)

I. $\text{Aufwand}_{ZnP\_alt} - \text{Aufwand}_{ZnP\_neu} = \mathbf{Mehraufwand_{ZnP}}$

II. $\text{Aufwand}_{PZnP\_alt} - \text{Aufwand}_{PZnP\_neu} = \mathbf{Mehraufwand_{PZnP}}$

III. $\text{Mehraufwand}_{ZnP} + \text{Mehraufwand}_{PZnP} = \mathbf{Belastungswert_{nP}}$

(8-7)

3. Fernere Phase

a. Barwert der Zuführungen zu den Pensionsrückstellungen bei Aufrechterhaltung der zeitanteilig erdienten Dynamik

An den Zeitraum, in dem eine detaillierte Prognose noch zu reliablen Ergebnissen führen kann – sog. nähere oder Detailplanungsphase – schließt sich, eine Betrachtung der weiter entfernt liegenden Zukunft - sog. fernere oder Pauschalplanungsphase - an. Im Rahmen dieser Betrachtung sind die Entwicklungen, die sich im Detailprognosehorizont abgezeichnet haben, weiter zu entwickeln.

aa. Berücksichtigung bereits erkennbarer Veränderungen

Bei der Fortschreibung der Entwicklungen des Detailprognosezeitraums müssen die langfristigen strategischen Planungen des Unternehmens beachtet werden, die bereits im Detailprognosezeitraum angedacht sind, aber in diesem relativ kurzen Zeitraum noch keine oder nur geringe Auswirkungen zeichnen. Der relativ kurze Detailplanungszeitraum lässt typischerweise nur die Umsetzung kurzfristiger Planungsentscheidungen zu[48]. Strategische Planungsentscheidungen, die während des Detailplanungszeitraums getroffen werden, wirken sich in aller Regel erst langfristig, mithin in der ferneren Phase, auf die Höhe des Altersversorgungsaufwands des Arbeitgebers aus.

Vorliegend kommt insbesondere eine erst in der ferneren Phase eintretende Umsetzung umfangreicher Personalmaßnahmen zur strategischen Sicherung entfernterer Unternehmenszielen in Betracht. Solche Personalmaßnahmen können sich wesentlich auf den zu kalkulierenden Umfang des Aufwands für die Altersversorgung iSd § 275 Abs. 2 Nr. 6 b) HGB auswirken. Sie müssen in der ferneren Phase vor allem auch deshalb berücksichtigt werden, weil nach der hier vorgeschlagenen Vorgehensweise Veränderungen der Belegschaftsstruktur im Detailprognosezeitraum weitgehend unbeachtet bleiben sollen[49].

Sonstige externe oder interne Einflüsse, deren maßgebliche Veränderung im Laufe der ferneren Phase bereits im Prognosezeitpunkt abzusehen ist, dürfen bei der Betrachtung der pauschalierten Entwicklung von Belastungswert und Belastungsgegenwert ebenfalls nicht außer Acht gelassen werden.

bb. Idealtypischer Fall einer dynamischen Fortwirkung der Entwicklungen der näheren Phase

Sind im Prognosezeitpunkt keine in der ferneren Zukunft eintretenden wesentlichen Veränderungen der im Detailplanungszeitraum festgestellten Trends erkennbar, dann können diese Trends iSe *going pension promise* für die ferner liegende Zukunft ohne Modifikationen idealtypisch weiterentwickelt werden.

Hat sich der Zuführungsaufwand im Detailplanungszeitraum stetig erhöht, so kann die Entwicklung der näheren Zukunft fortgeschrieben werden, indem ein in diesem Wachstumsumfang gleichförmiger Anstieg der Zuführungshöhe bis zum Zeitpunkt $t = \infty$ prognostiziert wird. Als langfristiger Wachstumsfaktor der Zuführungshöhe (g) muss dann zunächst der Mittelwert des jährlichen prozentualen Anstiegs der Zuführungsbeträge in der sechsjährigen Detailprognosephase anhand der unter (8-8) dargestellte Rechenoperation bestimmt werden.

GA steht für den aus der Differenz der Zuführungen im letzten Jahr des Detailprognosezeitraum (Z_6) und den Zuführungen im Jahr der beabsichtigten Zusagekürzung (Z_0) abzulesenden Gesamtanstieg der Zuführungshöhe ($GA = Z_6 - Z_0$).

$$g = \frac{GA}{Z_0 \cdot 6} \tag{8-8}$$

Beispiel: *Der Versorgungsaufwand aufgrund der Zuführungen zu den Pensionsrückstellungen beträgt im Jahr der beabsichtigten Zusagekürzung 50 GE (Z_0). Bis zum letzten Jahr des Detailprognosezeitraums wächst er auf 60 GE (Z_6). Der Gesamtanstieg im Detailprognosezeitraum (GA) beträgt mithin nominell 10 GE. Der Wachstumsfaktor der Zuführungen, der der Prognose für die ferner Phase zugrunde zu legen ist (g), beträgt damit:*

[48] Vgl. *Wöhe* S. 105 ff.
[49] Siehe oben S. 251.

$$g = \frac{10}{50 \cdot 6} \approx 0{,}03 \; (= 3 \text{ v.H.})$$

(8-9)

Der Mittelwert des jährlichen Anstiegs der Zuführungshöhe im Detailprognosehorizont (g) spiegelt bei rein endgehaltsbezogenen Zusagen die Gehaltsentwicklung der Arbeitnehmer mit endgehaltsbezogen dynamischer Zusage wieder. Er kann deshalb als konstantes Wachstum des Zuführungsaufwands unter Annahme eines *going pension promise* für die Prognose der Aufwandsentwicklung in der ferneren Phase fortgeschrieben werden. Als Ausgangswert für die Prognose des Aufwands in der ferneren Zukunft ist der im letzten Jahr des Detailprognosezeitraums zu den Pensionsrückstellungen zugeführte Betrag (Z_6) zugrundezulegen. Der Wachstumsfaktor (g) wird in aller Regel knapp über der Inflationsrate liegen.

Die jeweiligen jährlichen Zuführungsbeträge sind auf den Zeitpunkt der beabsichtigten Zusagekürzung (t=0) mit einer konstanten gewünschten Mindestverzinsung (i) zu diskontieren, um einen vergleichbaren einheitlichen Barwert zu erhalten[50].

Der Zuführungsaufwand zum Ende der nähren Phase (hier Z_6) hat für die pauschalierte Fortführung der Aufwandsprognose besondere Bedeutung. Er repräsentiert das Ausgangsniveau für sämtliche prognostizierte Aufwendungen in der ferneren Phase und beeinflusst damit entscheidend die Höhe des nach Abschluss der Detailplanungsphase anfallenden Belastungswerts. Der Wert, der der Prognose der ferneren Zukunft zugrundegelegt wird, sollte deshalb keine wesentlichen Abweichungen von einer „normalen" Entwicklung des Aufwands im Detailplanungshorizont – messbar anhand des durchschnittlichen Aufwandsanstiegs – aufweisen. Der Anstieg zwischen Z_5 und Z_6 sollte weder außergewöhnlich gering noch außergewöhnlich hoch ausfallen, um die Gefahr signifikanter Abweichungen vom tatsächlichen Belastungswert zu minimieren.

Unter diesen Prämissen wäre die folgende Formel zur Berechnung des Aufwands für die Zuführungen zur Pensionsrückstellung in der ferneren Phase bei Aufrechterhaltung der zeitanteilig erdienten Dynamik ($\text{Aufwand}_{\text{ZfP\_alt}}$) anzuwenden. Die fiktive Ertragssteuerbelastung[51] ist als Faktor (tax) berücksichtigt.

$$\textbf{Aufwand}_{\textbf{ZfP\_alt}} = (1 - tax) \cdot \sum_{t=1}^{\infty} \frac{Z_6 \cdot (1 + g)^t}{(1 + i)^{t+6}}$$

(8-10)

Beispiel: *Setzt man in diese Formel die den bisherigen Beispielsrechnungen zugrunde gelegten Werte ein ($Z_6 = 60$, $g = 0{,}03$) und nimmt für i einen Nominalzins iHv 7,5 v.H. ($i = 0{,}075$) und für tax eine Ertragssteuerbelastung von 50 v.H. ($tax = 0{,}5$) an, so lässt sich der Barwert der Zuführungen, der auf den Zeitpunkt t=0 berechnet wird, bei Annahme eines going pension promise bis zum Zeitpunkt t=∞ berechnen. Unter den hier genannten Annahmen nähert sich der Barwert des jährlich zuzuführende Betrag im Zeitablauf einem Wert iHv 0 GE an.*

---

[50] Siehe hierzu oben S. 249.
[51] Ebenda.

Entwicklung des Barwerts des Zuführungsaufwands in der ferneren Phase

t	Barwert des Zuführungsaufwands
1	18,625 GE
10	12,675 GE
20	8,265 GE
30	5,389 GE
40	3,514 GE
50	2,291 GE
60	1,494 GE
70	0,974 GE
80	0,635 GE
90	0,414 GE
100	0,270 GE
150	0,031 GE
200	0,004 GE

(8-11)

cc. Ausnahmefall des Anwachsens der Zuführungshöhe in einer dem Diskontierungszinssatz vergleichbaren Höhe

Der Barwert des Zuführungsaufwands in der ferneren Phase würde bei Annahme eines *going pension promise* unendlich ansteigen, sollte die Höhe der Verzinsung (i) den Wachstumsfaktor (g) nicht wesentlich übersteigen[52]. Eine Berechnung unter Fortführung des im Detailprognosehorizonts erkannten Wachstumstrends bis $t=\infty$ ist demnach nur dann sinnvoll, wenn der Diskontierungsfaktor (i) weit über dem Anstieg der Wachstumsrate (g) liegt.

Dies ist indes in aller Regel der Fall, da sich die Wachstumsrate (g) bei gehaltsabhängigen Zusagen nach dem Gehaltstrend richtet, der sich seinerseits regelmäßig an der allgemeinen Inflationsrate ausrichtet[53]. Der der Diskontierung auf den Zeitpunkt t=0 zugrunde liegende Nominalzins (i) enthält zusätzlich zum bloßen Inflationsausgleich einen Risikozuschlag, den sog. Realzins.

Steht der Wachstumsfaktor (g) ausnahmsweise in einem Verhältnis zum Diskontierungsfaktor (i), das im Rahmen der pauschalen Prognose ein unendliches Ansteigen des Barwerts der Zuführungen ergibt (siehe Beispiel in Fn 52), so folgt bereits hieraus, dass der Belastungsgegenwert nicht zur Deckung des Belastungswerts

---

[52] **Beispiel:** Erreicht g im Beispiel auf S. 257 f. im Detailplanungshorizont eine Höhe von 7,5 v.H. und bleibt i bei 7,5 v.H., dann stellt sich bereits nach wenigen Jahren ein gleichbleibender Barwert des Zuführungsbetrags iHv ca. 19,44 GE ein, der bis $t=\infty$ weitgehend unverändert anfällt. Eine Berechnung des Barwerts am Zeitpunkt t=0 ist demnach nicht möglich.

[53] Die Gehaltsentwicklung wird zusätzlich zum Inflationsausgleich idR eine Entlohnung für ansteigende Produktivität enthalten. Dieser Zuschlag liegt in aller Regel unter der Höhe des Realzinses.

ausreichen wird (Belastungswert > Belastungsgegenwert). Unter diesen Voraussetzungen besteht bei Aufrechterhaltung der zeitanteilig erdienten Dynamik eine konkrete Gefahr für die Unternehmenssubstanz. Folglich führt ein solches Verhältnis von Wachstumsfaktor (g) zum Diskontierungszinssatz (i) stets zum Vorliegen eines triftigen Grundes[54].

b. Barwert der Zuführungen in der ferneren Phase bei Eingriff die zeitanteilig erdiente Dynamik

Wie für den Detailprognosezeitraum, muss auch für die fernere Zukunft der Barwert des Aufwands, der für die Zuführungen zur Pensionsrückstellung anfiele, wenn der Arbeitgeber die von ihm beabsichtigten Kürzungen vornehmen würde ($Aufwand_{ZfP\_neu}$), prognostiziert und vom Gesamtaufwand für die Zuführungen bei Aufrechterhaltung der zeitanteilig erdienten Dynamik subtrahiert werden[55].

Für die Berechung dieser Größe gelten die gleichen Maßgaben, wie für die Prognose des in der ferneren Phase anfallenden Rückstellungsaufwands bei Aufrechterhaltung der zeitanteilig erdienten Dynamik. Als Ausgangswert ist der Zuführungsbetrag im sechsten Jahr der Detailprognosephase zugrundezulegen, der anfiele, wenn der Arbeitgeber die beabsichtigte Zusagekürzung vornehmen würde. Als Wachstumsrate (g) ist – parallel zur Berechnung des Aufwands bei Beibehaltung der zeitanteilig erdienten Dynamik – vom prozentualen Mittelwert der Anstiege der Zuführungen $Z_0 - Z_6$ auszugehen[56]. Der Diskontierungsfaktor (i) entspricht demjenigen für die Berechnung des Barwerts des bei Aufrechterhaltung der zeitanteilig erdienten Dynamik prognostizierten Aufwands.

Es gilt mithin die folgende Formel zur Berechnung des Zuführungsaufwands in der ferneren Zukunft bei Kürzung der Zusage:

$$\mathbf{Aufwand_{ZfP\_neu}} = (1 - tax) \cdot \sum_{t=1}^{\infty} \frac{\mathbf{Z_6 \cdot (1 + g)^t}}{\mathbf{(1 + i)^{t+6}}} \qquad (8\text{-}12)$$

c. Barwert des in der ferneren Phase bei Aufrechterhaltung der zeitanteilig erdienten Dynamik aufgrund der Pensionszahlungen anfallenden Aufwands

Auch nach Ende des Detailplanungshorizonts ist die jährliche Abnahme des Rentenbarwerts der Pensionsrückstellungen aufgrund der mit zunehmendem Alter sinkenden restlichen Lebenserwartung der Versorgungsempfänger und der Zinswirkung in der Regel deutlich niedriger als die in der jeweiligen Periode geleisteten Rentenzahlungen. Die Rentenzahlungen werden als Aufwand und die Bartwertabnahme als Aufwandsminderung gebucht[57]. Der Teil der geleisteten Rentenzahlungen, der Pen-

---

[54] **Merke:** $g \geq i$ = triftiger Grund.
[55] Siehe für die Berechnung im Detailprognosezeitraum S. 252.
[56] $g = GA : (Z_0 \cdot 6)$
[57] Dazu oben S. 253 f.

sionszahlungen, der die Höhe der Rückstellungsauflösungen übersteigt, bleibt mithin aufwandswirksam[58].

Wie für den Aufwand, der sich aus den Zuführungen zu den Pensionsrückstellungen ergibt, lässt sich auch für den Aufwand, der durch die Pensionszahlungen verursacht wird, in aller Regel bereits im Detailprognosezeitraum eine Entwicklungstendenz von einiger Nachhaltigkeit erkennen. Anknüpfend am Gedanken des *going pension promise* lässt sich diese Entwicklung in der ferneren Phase zur Prognostizierung des voraussichtlich entstehenden Zahlungsaufwands fortschreiben.

Sind im Prognosezeitpunkt keine in der fernern Phase einsetzenden wesentlichen Veränderungen der in der Detailplanungsphase hervortretenden Entwicklungen erkennbar, dann kann für die Fortschreibung des Auszahlungsaufwands auf den Mittelwert seines Anstiegs in den Jahren des Detailplanungszeitraums (g_2) abgestellt werden. Als Ausgangswert der langfristigen Prognose sollte auch hier – parallel zur Prognose des langfristigen Aufwands aufgrund der Zuführungen zur Pensionsrückstellung – der Wert des letzten Jahres des Detailplanungshorizonts herangezogen werden ($Aufwand_{PZ\_alt\_6}$).

Bei der Fortschreibung der Entwicklungen des Detailplanungszeitraums bzgl. des Pensionszahlungsaufwands, müssen insbesondere die Ergebnisse künftiger Anpassungsentscheidungen berücksichtigt werden. Diese fließen in den Wachstumsfaktor insofern mit ein, als der Detailprognosezeitraum zwei Anpassungsperioden und damit das Ergebnis zweier Anpassungsprüfungen umfasst.

Auch die Entwicklung der Lebenserwartung der Pensionäre muss für die langfristige Prognose des Pensionszahlungsaufwands berücksichtigt werden, weil durch eine längere durchschnittliche Dauer der Rentenzahlungen auch die Gesamtbelastung für das Unternehmen in der Auszahlungsphase steigt. Entsprechende Tendenzen sind im Zuge der Berechnung des Wachstumsfaktors als Mittelwert der jährlichen Aufwendungen eines Zeitraums von sechs Jahren hinreichend berücksichtigt.

Aufbauend auf den bisherigen Erkenntnissen ergibt sich damit die folgende Formel für die Berechnung des Barwerts des Auszahlungsaufwands in der ferneren Phase bei Aufrechterhaltung der zeitanteilig erdienten Dynamik und idealtypischem Verlauf der Zusage:

$$\mathbf{Aufwand_{PZfP\_alt}} = (1-tax)\cdot\sum_{t=1}^{\infty}\frac{Aufwand_{PZ\_alt\_6}\cdot(1+g_2)^t}{(1+i)^{t+6}} \quad (8\text{-}13)$$

d. Barwert des in der ferneren Phase bei Kürzung der Zusage aufgrund der Pensionszahlungen anfallenden Aufwands

Auch für die Prognose des Mehraufwands, der den Arbeitgeber aufgrund der Rentenzahlungen in der ferneren Phase treffen würde, muss die Höhe des Aufwands, der das Ergebnis des Arbeitgeber bei Kürzung der belasten würde, prognostiziert und von $Aufwand_{PZfP\_alt}$ subtrahiert werden[59].

---

[58] Vgl. *Ahrend/Förster/Norbert Rößler* 2. Teil Rn 306.

[59] Siehe für die Berechnung des Mehraufwands, der durch die bei Aufrechthaltung der zeitanteilig erdienten Dynamik höheren Zuführungen verursacht wird ($Mehraufwand_{ZfP}$) oben S. 259.

Als Ausgangswert der langfristigen Prognose ist der Wert des letzten Jahres des Detailplanungshorizonts heranzuziehen ($Aufwand_{PZ\_neu\_6}$). Die voraussichtliche Wachstumsrate (g_2) ist nach den bekannten Grundsätzen als Mittelwert des Anstiegs des Auszahlungsaufwands in den Jahren der Detailplanungsphase zu ermitteln[60].

Es ergibt sich damit die folgende Rechnung zur Ermittlung der voraussichtlich in der ferneren Phase bei Kürzung der Zusage anfallenden Auszahlungsaufwands ($Aufwand_{PZfP\_neu}$):

$$\mathbf{Aufwand_{PZfP\_neu}} = (1-tax)\cdot\sum_{t=1}^{\infty}\frac{Aufwand_{PZ\_neu\_6}\cdot(1+g_2)^t}{(1+i)^{t+6}}$$

(8-14)

e. Berechnung des Belastungswerts der ferneren Phase aufgrund der prognostizierten Werte

Der Belastungswert der ferneren Phase ($Belastungswert_{fP}$) ergibt sich aus der Summe der Barwerte des Mehraufwands aufgrund der bei Aufrechterhaltung der zeitanteilig erdienten Dynamik höheren Zuführungen zu den Pensionsrückstellungen ($Mehraufwand_{ZfP}$) und des Mehraufwands bei Aufrechterhaltung der zeitanteilig erdienten Dynamik aufgrund der Differenz zwischen Rückstellungsauflösung und Pensionszahlungen ($Mehraufwand_{PZfP}$):

Belastungswert der ferneren Phase ($Belastungswert_{fP}$)

I. $Aufwand_{ZfP\_alt} - Aufwand_{ZfP\_neu} = \mathbf{Mehraufwand_{ZfP}}$

II. $Aufwand_{PZfP\_alt} - Aufwand_{PZfP\_neu} = \mathbf{Mehraufwand_{PZfP}}$

III. $Mehraufwand_{ZfP} + Mehraufwand_{PZfP} = \mathbf{Belastungswert_{fP}}$

(8-15)

II. Berechnung des Belastungsgegenwerts

Da sich der Belastungswert aus dem voraussichtlichen Versorgungsaufwand des Arbeitgebers errechnet, verringern die ihm zugrundeliegenden prognostizierten Positionen den voraussichtlichen handelsbilanziellen Jahresüberschuss des Arbeitgebers, d.h. das im Prognosezeitraum voraussichtlich erzielte Ergebnis von Aufwand und Erträgen nach Steuern als Ergebnis der Gewinn- und Verlustrechnung[61]. Die Größe, aus der der Belastungswert gedeckt werden muss, muss sich also aus den künftigen Erträgen des Unternehmens ableiten, die zur Deckung dieses Mehraufwands zur Verfügung stehen (Belastungsgegenwert).

---

[60] $g_2 = GA : (PZ_0 \cdot 6)$; wobei $GA = PZ_6 - PZ_0$ ist.

[61] § 275 Abs. 2 Nr. 20 bzw. § 275 Abs. 3 Nr. 19 HGB; siehe *Förschle* in Beck Bil-Komm. § 275 Rn 261.

Dieser Belastungsgegenwert stellt ein Residuum dar. Er setzt sich zusammen aus den disponiblen Erträgen, die von der voraussichtlichen Gesamtsumme der Erträge des Arbeitgebers verbleiben, nachdem hiervon alle Positionen abgezogen sind, die der Arbeitgeber vorrangig vor den auf der zweiten Besitzstandsstufe geschützten Teilbeträgen erfüllen muss. Für die Berechnung des Belastungswerts schlagen deshalb nur solche Erträge zu Buche, die in ihrer Verwendung nicht vorrangig gebunden sind.

Zu den abzuziehenden gebundenen Aufwendungen zählt zunächst der Anteil, der dem Unternehmen zur Erhaltung seiner Substanz belassen werden muss. Soll durch den Eingriff in die auf der Stufe der zeitanteilig erdienten Dynamik geschützten Besitzstände eine konkrete Gefahr für die Unternehmenssubstanz abgewendet werden[62], können die prognostizierten Erträge zur Deckung des prognostizierten erhöhten Versorgungsaufwands nur soweit verwendet werden, wie die erfolgbringende Substanz des Unternehmens erhalten bleibt.

Da die zeitanteilig erdiente Dynamik einen höheren Schutz genießt als die Anpassungsansprüche der Betriebsrentner, müssen die Anforderungen, die für das Vorliegen eines triftigen Grundes an die Erhaltung der Unternehmenssubstanz gestellt werden, niedriger liegen als die Anforderungen, die das BAG im Rahmen seiner Rechtsprechung zur wirtschaftlichen Lage aufgestellt hat[63]. Für das Vorliegen eines triftigen Grundes muss also die Gefahr für die Unternehmenssubstanz größer sein als im Falle einer rechtmäßigen negativen Anpassungsentscheidung. Andererseits darf die Gefährdung der Unternehmenssubstanz noch nicht die Schwelle der wirtschaftlichen Notlage, die im Drei-Stufen-Modell des BAG einem zwingenden Grund entspricht[64], erreichen.

In jedem Fall muss das Unternehmen vorrangig vor den auf der zweiten Besitzstandsstufe geschützten Versorgungsanrechten der Arbeitnehmer seine rechtlich bindenden Verpflichtungen aus der Gesamtheit seiner künftigen Erträge erfüllen. Die hierfür erforderlichen Aufwendungen sind deshalb für die Ermittlung des Belastungsgegenwerts von den prognostizierten Erträgen abzuziehen und stehen nicht zur Deckung des Belastungswerts zur Verfügung.

1. Berechnungen im Detailprognosezeitraum

Die nachfolgenden Berechnungen sind für jedes Jahr des Detailprognosezeitraums, mithin für die ersten sechs Jahre nach dem Jahr der beabsichtigten Änderung, anzustellen. Die jeweils voraussichtlich verbleibenden Erträge sind dann zu addieren und anschließend auf ihren Barwert zum Zeitpunkt t=0 zu diskontieren.

a. Gesamtsumme der voraussichtlichen Erträge

Der Ertrag eines Unternehmens ergibt sich aus den von einem Unternehmen in einer Periode durch die Herstellung von Gütern, die Erbringung von Dienstleistungen, die Veräußerung von Werten oder sonstige das Reinvermögen mehrenden Handlungen erzielten Einnahmen[65].

---

[62] Vgl. die hier geschaffene Definition des triftigen Grunde auf S. 239.
[63] Hierzu umfassend S. 74 f., 76, 78 ff.
[64] Dazu S. 182 f.
[65] *Baetge/Kirsch/Thiele* S. 3; *Gabler* Wirtschaftslexikon Band E – J S. 965.

In der Gewinn- und Verlustrechnung werden Erträge und Aufwendungen gegliedert nach Ertrags- bzw. Aufwandsarten ausgewiesen. In der folgenden Darstellung soll diese vom Gesetzgeber in § 275 HGB vorgegebene Gliederung weitgehend beibehalten werden, um die einzelnen Posten klar zuzuordnen und die Ausführungen nachvollziehbar zu gestalten.

aa. Ertrag des Ergebnisses der gewöhnlichen Geschäftstätigkeit und außerordentlicher Ertrag

In der Gewinn- und Verlustrechnung wird zwischen dem Ertrag des Ergebnisses der gewöhnlichen Geschäftstätigkeit[66] und außerordentlichem Ertrag[67] differenziert. Erträge sind außerordentlich, wenn sie außerhalb der gewöhnlichen Geschäftstätigkeit anfallen[68]. Das ist immer dann der Fall, wenn die Erträge im Zusammenhang mit einer bedeutenden Änderung der Geschäftstätigkeit oder einer wesentlichen Änderung der Geschäftsgrundlagen stehen. Ob ein Ertrag außerordentlich iSd § 275 Abs. 2 Nr. 15 HGB[69] ist, muss stets im Einzelfall entschieden werden.

bb. Berücksichtigung der einzelnen Ertragspositionen für die Detailprognose

Für die Prognose können nur solche Erträge berücksichtigt werden, die das Ergebnis der gewöhnlichen Geschäftstätigkeit sind. Außerordentliche Erträge sind damit zu vernachlässigen, selbst wenn sie im Prognosezeitpunkt bereits mit hinreichender Wahrscheinlichkeit erkennbar sind[70].

Zwar wird die Prognose unter diesen Voraussetzungen sehenden Auges auf eine unzutreffende Grundlage gestellt. Andererseits muss eine anerkannte Prognosemethode das Risiko der Manipulation ihres Ergebnisses durch die Unternehmenspolitik minimieren.

Die in den Jahren des Detailplanungszeitraums für die Ermittlung des Belastungsgegenwerts zu berücksichtigenden Erträge des Unternehmens umfassen mithin die folgenden Positionen der Gewinn- und Verlustrechnung:

- Umsatzerlöse[71]

  Erhöhungen des Bestands an fertigen und unfertigen Erzeugnissen[72]

---

[66] § 275 Abs. 2 Nr. 1-4, 9, 10, 11 HGB.

[67] § 275 Abs. 2 Nr. 15 bzw. § 275 Abs. 3 Nr. 14 HGB.

[68] § 277 Abs. 4 Satz 1 HGB.

[69] Bzw. § 275 Abs. 3 Nr. 14 HGB im Umsatzkostenverfahren.

[70] Vgl. auch S. 244 f.

[71] § 275 Abs. 2 Nr. 1 bzw. § 275 Abs. 3 Nr. 1 HGB. Als Umsatzerlöse sind die Erlöse aus dem Verkauf und der Vermietung oder Verpachtung von für gewöhnliche Geschäftstätigkeit typischen Erzeugnissen und Waren sowie aus von für gewöhnliche Geschäftstätigkeit typischen Dienstleistungen nach Abzug von Erlösschmälerungen und der Umsatzsteuer auszuweisen. § 277 Abs. 1 HGB definiert den Begriff für Kapitalgesellschaften. Diese Definition gilt jedoch auch für Personengesellschaften; siehe *Förschle* in Beck Bil-Komm. § 275 Rn 47.

[72] § 275 Abs. 2 Nr. 2 HGB. Der Posten Bestandsveränderung wird beim Gesamtkostenverfahren erforderlich, weil dort nicht nur die den Umsatzerlösen entsprechenden Aufwendungen der Leistungserstellung erfasst werden, sondern alle Aufwendungen einer Periode, unabhängig von den erzielten Umsatzerlösen. Dieser Posten stellt eine Ergänzung zu den Umsatzerlösen dar; *Förschle* in Beck Bil-Komm. § 275 Rn 75. Als Bestandsveränderungen sind sowohl Änderungen der Menge als auch solche des Wertes zu berücksichtigen. Abschreibungen auf Vermögensgegenstände des Umlaufvermö-

- andere aktivierte Eigenleistungen[73]

- sonstige betriebliche Erträge[74]

- Erträge aus Beteiligungen, davon aus verbundenen Unternehmen[75]

- Erträge aus Gewinnabführungs- oder Teilgewinnabführungsverträgen oder einer Gewinngemeinschaft[76]

- Erträge aus anderen Wertpapieren und Ausleihungen des Finanzanlagevermögens, davon aus verbundenen Unternehmen[77]

- sonstige Zinsen und ähnliche Erträge, davon aus verbundenen Unternehmen[78].

All diese Ertragsposten sind für jedes Jahr des Detailprognosezeitraums zu prognostizieren und anschließend zu addieren.

Eine Abzinsung auf den Zeitpunkt t=0 ist für die Berechnung der Gesamtsumme der voraussichtlichen Erträge nicht erforderlich. Ausreichend ist, dass der Barwert der zur Deckung des Belastungswerts zur Verfügung stehenden Erträge, also der Barwert des Ertrags nach Abzug der vorrangig gebundenen Mittel, zum Zeitpunkt t=0 errechnet wird.

---

gens sind jedoch nur soweit zu berücksichtigen, soweit diese die in der Gesellschaft sonst üblichen Abschreibung nicht überschreiten; siehe § 277 Abs. 2 HGB für Kapitalgesellschaften.

[73] § 275 Abs. 2 Nr. 3 HGB. Dieser Posten umfasst aktivierte Leistungen, die nicht unter Nr. 2 auszuweisen sind. Dies kommt durch die Postenbezeichnung „Andere...." zum Ausdruck. Er ist erforderlich, weil die Aufwendungen für die Herstellung der selbst erstellten Ausstattungen, Maschinen, usw. unter den jeweiligen Primär-Aufwandsposten der GuV (z.B. Nr. 5 Materialaufwand und Nr. 6 Personalaufwand) ausgewiesen sind. Es handelt sich mithin um einen Gegenposten für die im Geschäftsjahr aufgewendeten Personal- und Materialkosten; *Förschle* in Beck Bil-Komm. § 275 Rn 80.

[74] § 275 Abs. 2 Nr. 4 bzw. § 275 Abs. 3 Nr. 6 HGB. Hierzu gehören alle Erträge aus der gewöhnlichen Geschäftstätigkeit, soweit sie nicht in einem anderen Posten auszuweisen sind. Das Wort „betriebliche" deutet darauf hin, dass die Erträge im Rahmen der gewöhnlichen Geschäftstätigkeit angefallen sind und somit nicht zu den außerordentlichen Erträgen gehören; *Förschle* in Beck Bil-Komm. § 275 Rn 90 mit ausführlicher Aufzählung der unter diesem Posten zusammenzufassenden Einzelposten in Rn 91. Im Umsatzkostenverfahren wird es nach hM als zulässig angesehen unter Posten § 275 Abs. 3 Nr. 6 HGB, für Aufwendungen, die als Eigenleistungen oder Bestandserhöhungen aktiviert wurden (vgl. § 275 Abs. 2 Nr. 2 & 3 HGB), in der GuV einen entsprechenden Ertrag auszuweisen; IdW (Hrsg.) WP-Hdb. 2000 Bd. 1 F S. 475 Rn 525; a.A. *Förschle* in Beck Bil-Komm. § 275 Rn 300 unter Hinweis auf die Konzeption des Umsatzkostenverfahrens.

[75] § 275 Abs. 2 Nr. 9 bzw. § 275 Abs. 3 Nr. 8 HGB. Hierunter sind alle Erträge aus Beteiligungen und Anleihen an verbundenen Unternehmen auszuweisen, sofern es sich nicht um Erträge eines Gewinnabführungsvertrags, eines Teilgewinnabführungsvertrags oder einer Gewinngemeinschaft handelt, wofür gem. § 277 Abs. 3 Satz 2 HGB ein gesonderter Ausweis erforderlich ist; *Förschle* in Beck Bil-Komm. § 275 Rn 175.

[76] § 277 Abs. 3 Satz 2 HGB. In der GuV sind gem. § 277 Abs. 3 Satz 2 HGB Erträge aufgrund einer Gewinngemeinschaft (§ 292 Abs. 1 Nr. 1 AktG), eines Gewinnabführungs- (§ 291 Abs. 1 AktG) oder eine Teilgewinnabführungsvertrags (§ 292 Abs. 1 Nr. 2 AktG) jeweils gesondert unter entsprechender Bezeichnung auszuweisen.

[77] § 275 Abs. 2 Nr. 10 bzw. § 275 Abs. 3 Nr. 9 HGB. In diesem Posten sind alle übrigen Erträge aus Finanzanlagen zu erfassen, sofern nicht die Ausweise unter § 275 Abs. 2 Nr. 9 bzw. § 275 Abs. 3 Nr. 8 HGB oder für Ergebnisausgleichverträge gem. § 277 Abs. 3 Satz 2 HGB vorgehen; *Förschle* in Beck Bil-Komm. § 275 Rn 185.

[78] § 275 Abs. 2 Nr. 11 bzw. § 275 Abs. 3 Nr. 12 HGB. Unter diesem Posten werden diejenigen Zinserträge erfasst, die nicht unter § 275 Abs. 2 Nr. 9, 10 bzw. § 275 Abs. 3 Nr. 8, 9 HGB erfasst werden; *Förschle* in Beck Bil-Komm. § 275 Rn 190.

Der als Ausgangsgröße für die Ermittlung des Belastungsgegenwerts des Detailprognosezeitraums zu ermittelnde Gesamtertrag in diesem Zeitraum berechnet sich mithin nach der umseitig dargestellten Formel, wobei E_1, E_2, E_3,........, E_6 für den Ertrag des jeweiligen Jahres des Detailprognosezeitraums stehen.

$$\mathbf{Ertrag_{nP}} = \sum_{t=1}^{6} E_t \tag{8-16}$$

b. Vorrangig gebundene Mittel

Da der Belastungsgegenwert nur den Teil des voraussichtlichen Ertrags des Arbeitgebers im Detailprognosezeitraum erfasst, der ihm für die Erfüllung des aus der zeitanteilig erdienten Dynamik resultierenden Mehraufwands zur Verfügung stehen wird, muss die Verfügbarkeit der voraussichtlichen Erträge für diesen Zweck konkretisiert werden. Mittel, die der Arbeitgeber für andere Zwecke verwenden muss, müssen für die Berechnung des Residuums Belastungsgegenwert von der Summe aller im Detailprognose voraussichtlich erzielten Erträge ($Ertrag_{nP}$) subtrahiert werden.

Im Rahmen dieser Konkretisierung muss zwischen zwei Arten der Mittelverwendung differenziert werden:

- Der Arbeitgeber muss die Aufwendungen, zu deren Leistung er rechtlich verpflichtet ist, vorrangig vor den Aufwendungen für die Aufrechterhaltung der zeitanteilig erdienten Dynamik erbringen.

- Darüber hinaus muss der Fortbestand der Unternehmenssubstanz gewährleistet sein. Der Eingriff in die zeitanteilig erdiente Dynamik soll eine konkrete Gefahr für die Unternehmenssubstanz abwenden. Von den voraussichtlichen Erträgen des Unternehmens stehen also die Mittel nicht zur Deckung des Belastungswerts zur Verfügung, die die Erhaltung der Unternehmenssubstanz erfordert.

Für die Berücksichtigung außerordentlicher Aufwendungen gilt hier das Gleiche, wie oben für außerordentliche Erträge gesagt[79]. Sie sind zu vernachlässigen. Für die Prognose des Belastungsgegenwerts können nur solche Aufwendungen herangezogen werden, die regelmäßig während der gewöhnlichen Geschäftstätigkeit des Arbeitgebers anfallen.

aa. Rechtlich gebundene Aufwendungen

Rechtlich gebundene Aufwendungen sind solche, die aus einer Zahlungsverpflichtung auf privat- oder öffentlich-rechtlicher Grundlage resultieren. Die rechtlich gebundenen Aufwendungen variieren im Einzelfall. Die folgende Darstellung kann deshalb lediglich beispielhaft sein.

Rechtlich gebundene Aufwendungen aus privatrechtlicher Verpflichtung resultieren in aller Regel aus Dauerschuldverhältnissen (z.B. Energielieferungsvertrag, Ar-

[79] Vgl. auch oben S. 244 f. und S. 263.

beitsverträge). Privatrechtliche Verpflichtungen, die auf einmaliger vertraglicher Verbindung oder auf nicht vertraglichen Grundlagen beruhen (z.B. Produkthaftungsansprüche), können nur insoweit berücksichtigt werden, wie ihr Entstehen im Prognosezeitpunkt auf Grundlage der Vergangenheitsbetrachtung hinreichend wahrscheinlich ist. Ansprüche von Produktionsmittellieferanten gegen den Arbeitgeber werden in aller Regel den für die Substanzerhaltung erforderlichen „betriebswirtschaftlich notwendigen Aufwendungen[80]" zuzurechnen sein.

Zu den privatrechtlich gebundenen Aufwendungen zählen insbesondere auch die Aufwendungen für Altersversorgung iSd § 275 Abs. 2 Nr. 6 b) HGB[81], die der Arbeitgeber bei Kürzung der Zusage tragen müsste. Die Summe der hierfür voraussichtlich anfallenden Aufwendungen muss von der Gesamtsumme der Erträge abgezogen werden. Dies erfordert das Gebot der Vergleichbarkeit von Belastungsgegenwert und Belastungswert.

Die Aufwendungen, die den Arbeitgeber aufgrund der beabsichtigten neuen Versorgungsregelung treffen würden stehen zur Deckung des Mehraufwands gerade nicht zur Verfügung, sondern dienen der Deckung des in jedem Fall anfallenden Versorgungsaufwands. Die oben als $Aufwand_{ZnP\_neu}$ und $Aufwand_{PZnP\_neu}$ bezeichneten Positionen[82] müssen also als rechtliche gebundene Aufwendungen von der Größe $Ertrag_{nP}$ abgezogen werden.

Zu den Aufwendungen aufgrund privatrechtlicher Verpflichtung gehören ferner u.a.

- Zinsen für aufgenommenes Fremdkapital[83]
- Beträge zur Erfüllung der Ansprüche der Arbeitnehmer auf laufenden Arbeitslohn[84]
- Miet- oder Pachtzahlungen[85]
- Kosten für den Bezug von Energie[86].

Die auf öffentlichem Recht beruhenden Aufwendungen betreffen vornehmlich

- Steuern[87]
- Gebühren[88]

---

80 Siehe unten S. 267.
81 Im Umsatzkostenverfahren sind diese dem Posten § 275 Abs. 3 Nr. 5 HGB zuzurechnen.
82 Siehe dazu oben S. 252, 254.
83 § 275 Abs. 2 Nr. 13 bzw. § 275 Abs. 3 Nr. 12 HGB.
84 § 275 Abs. 2 Nr. 6 a) bzw. § 275 Abs. 3 Nr. 5 HGB.
85 § 275 Abs. 2 Nr. 8 HGB, so IdW (Hrsg.) WP-Hdb. 2000 Bd. 1 F S. 448 Rn 411; a.A. *Förschle* in Beck Bil-Komm. § 275 Rn 124, der die Aufwendungen für Mieten den Aufwendungen für bezogene Leistungen gem. § 275 Abs. 2 Nr. 5 b) HGB zurechnen will. Im Umsatzkostenverfahren sind Miet- oder Pachtzahlungen dem Posten „sonstige betriebliche Aufwendungen" gem. § 275 Abs. 3 Nr. 7 HGB zuzuordnen.
86 § 275 Abs. 2 Nr. 5b) bzw. § 275 Abs. 3 Nr. 5 HGB. Die Zuordnung der Energiekosten zu den allgemeinen Verwaltungskosten ergibt sich aus den Ausführungen in IdW (Hrsg.) WP-Hdb. 2000 Bd. 1 F S. 474 Rn 522, wo es heißt, zu den Vertriebskosten iSd § 275 Abs. 3 Nr. 4 HGB sei ein „angemessener Anteil der Verwaltungskosten (u.a. Energiekosten,.......)" zuzurechnen.
87 § 275 Abs. 2 Nr. 18, 19 bzw. § 275 Abs. 3 Nr. 17, 18 HGB.
88 § 275 Abs. 2 Nr. 8 bzw. § 275 Abs. 3 Nr. 7 HGB.

- Sozialabgaben[89].

bb. Zur Erhaltung der Unternehmenssubstanz erforderliche Mittel

(1) Betriebswirtschaftlich notwendige Aufwendungen

Wegen des Vorrangs der Erhaltung der Unternehmenssubstanz sind Aufwendungen, die für den Fortbestand des Unternehmens betriebswirtschaftlich notwendig sind, für die Berechnung des Belastungsgegenwerts von der Gesamtsumme der voraussichtlichen Erträge abziehen[90]. Hierzu zählen u.a.

- Materialaufwand[91]

- Aufwendungen für Forschung und Entwicklung, die unabdingbar sind, um das Unternehmen langfristig wettbewerbsfähig zu halten[92].

Diese Aufzählung ist ebenso wenig abschließend, wie die Aufzählung der rechtlich gebundenen Aufwendungen. Entscheidend ist, dass im Rahmen der „betriebswirtschaftlich notwendigen“ Aufwendungen nur ein Mindestaufwand kalkuliert wird, der erforderlich ist, um das Unternehmen langfristig am Leben zu erhalten. Es gilt folgende Formel:

$$\mathbf{bnA_{nP}} = \sum_{t=0}^{6} \mathbf{bnA}_t \qquad (8\text{-}17)$$

(2) Betriebswirtschaftlich zweckmäßige Aufwendungen

Aufwendungen, die nicht unmittelbar zur Erhaltung der Unternehmenssubstanz erforderlich sind, sondern nur der Sicherung langfristiger Unternehmensziele dienen – sog. betriebswirtschaftlich zweckmäßige Aufwendungen –, sind nicht von der Summe der Erträge in der Detailprognosephase abzuziehen[93]. Das Interesse der Arbeitnehmer an der Aufrechterhaltung ihrer zeitanteilig erdienten Dynamik geht dem Interesse des Arbeitgebers insoweit vor.

Kann ein Unternehmen die Aufwendungen, die zwar zur Erreichung langfristiger Unternehmensziele, aber nicht zur zum Fortbestand des Unternehmens notwendig sind, nicht leisten, so ergeben sich hieraus keine Anhaltspunkte für eine konkrete Gefahr für die Unternehmenssubstanz.

---

[89] § 275 Abs. 2 Nr. 6 b) bzw. § 275 Abs. 3 Nr. 5 HGB.
[90] Zur Parallelproblematik iRd Bestimmung der wirtschaftlichen Lage des Arbeitgebers iSd § 16 BetrAVG siehe S. 100 sowie das Berechnungsmodell auf S. 103 f.
[91] § 275 Abs. 2 Nr. 5 a) bzw. § 275 Abs. 3 Nr. 7 HGB; vgl. IdW (Hrsg.) WP-Hdb. 2000 Bd. 1 F S. 476 Rn 527.
[92] § 275 Abs. 2 Nr. 8 bzw. § 275 Abs. 3 Nr. 2 HGB.
[93] Vgl. S. 100.

(3) *Korrektur der erwarteten Jahresüberschüsse*

Die für die Zukunft nach Abzug der vorrangig zu leistenden Aufwendungen voraussichtlich verbleibenden Erträge (Jahresüberschüsse) können nicht in vollem Umfang für die Deckung des Belastungswerts verwendet werden. Die Erhaltung der Unternehmenssubstanz geht den Interessen der Arbeitnehmer an der Aufrechterhaltung ihrer auf der Stufe der zeitanteilig erdienten Dynamik geschützten Besitzstände vor[94]. Der Eingriff in die zeitanteilig erdiente Dynamik muss gerade der Abwendung einer konkreten Gefahr für diese Unternehmenssubstanz dienen. Die prognostizierten Jahresüberschüsse sind deshalb in dem Umfang zu korrigieren, der zur Sicherung des Fortbestands des Unternehmens erforderlich ist.

Hierbei muss jedoch dem hohen Maß an Schutzwürdigkeit, das die zeitanteilig erdienten Dynamik genießt, Rechnung getragen werden. Ein triftiger Grund liegt nach den Erkenntnissen des 7. Kapitels erst dann vor, wenn die Aufrechterhaltung der zeitanteilig erdienten Dynamik eine hohe Wahrscheinlichkeit der Verletzung der Unternehmenssubstanz nach sich zieht. Solange sich die Gefahr für die Unternehmenssubstanz nicht einem solchen Maße konkretisiert hat, darf der Arbeitgeber nur in weniger stark geschützte Zuwächse der Altersversorgung (Anpassungsbeträge der laufenden Leistungen, dienstzeitabhängige Zuwächse) eingreifen.

(a) *Substanzerhaltung und Kapitalerhaltung*

Um den Fortbestand des Unternehmens nicht zu gefährden, darf der Arbeitgeber dem Unternehmen Mittel nur in dem Umfang entziehen, in dem sie über das für seine Erhaltung erforderliche Maß hinaus erwirtschaftet wurden. Die Substanz eine Unternehmens besteht aus realen Güter, die ihrerseits wiederum einen Wert verkörpern. Man kann also die Erhaltung eines Unternehmens sowohl als Erhaltung der vom Unternehmen gehaltenen Gütermenge (Substanzerhaltung) als auch als Erhaltung der darin verkörperten Geldmenge (Kapitalerhaltung) verstehen[95].

Beurteilt man den Grade der Unternehmenserhaltung anhand auf Grundlage der Kapitalerhaltung, dann stehen an Anfang und Ende der betrachteten Abrechnungsperiode jeweils Geldsummen. Nach dem Konzept nomineller Kapitalerhaltung, bleibt der Unternehmensbestand erhalten, wenn das nominelle Geldkapital zum Ende der Abrechnungsperiode dem nominellen Geldkapital zu ihrem Beginn entspricht. Nach diesem Konzept, dem die Gewinndefinition des deutschen Handels- und Steuerrecht folgt[96], wird also eine nominell gleichbleibende Geldsumme zur Unternehmenserhaltung benötigt.

Umgekehrt ist der Ansatz, wenn man zur Erhaltung des Unternehmens den Gedanken der Substanzerhaltung in den Vordergrund stellt. Die Substanzerhaltung setzt das Vorhandensein einer bestimmten Gütermenge voraus. Die Substanz des Unternehmens bleibt demnach dann erhalten, wenn die am Ende der Abrechnungsperiode vorhandene Gütermenge der Gütermenge zu Beginn der Abrechnungsperiode entspricht.

Substanz- und Kapitalerhaltung gehen damit von verschiedenen Grundeinstellungen aus. Dennoch ist eine Vergleichsmöglichkeit zwischen ihnen gegeben. Beide messen dasselbe Objekt. Das Unternehmensvermögen, die Substanz, ist auch An-

---

[94] Dazu auch S. 232.
[95] Siehe *Wöhe* S. 1078 f.
[96] *Wöhe* S. 872; *Bieg/Kußmaul* S. 24; siehe auch S. 73.

satzpunkt für das Kapital des Unternehmens[97]. Unterschiedlich ist nur das Maß in dem die Größe dieses Objekts gemessen wird.

Geld- und Güterseite sind also untrennbar mit einander verbunden. Der Gleichlauf zwischen den beiden Seiten kann jedoch gestört werden. In diesen Fällen führt die Erhaltung des nominellen Kapitals nicht zwangsläufig auch zur Erhaltung der Unternehmenssubstanz.

Beispiel: *Ein Warenposten von 100 Stück wird für 100 GE gekauft und anschließend wieder verkauft. Bei gleichbleibender Steuerlast, aber inflationsbedingt um 25 v.H. steigenden Preisen, können für 100 GE nur noch 80 Stück dieser Ware wiederbeschafft werden. Die Substanz wäre dann auf 80 v.H. der Ausgangsmenge zusammengeschrumpft, während das Kapital unverändert (100 GE) geblieben ist. Wird die Ware stattdessen für 125 GE verkauft, so ist damit die Wiederbeschaffung der 100 Stück gesichert. Das Kapital ist dann aber nicht nur erhalten, sondern sogar um 25 v.H. vermehrt worden.*

An diesem Beispiel lässt sich erkennen, dass sich Substanzerhaltung und Kapitalerhaltung nur dann decken, wenn die Preise der Ersatzgüter genau den Preisen der ursprünglichen Güter entsprechen. Ist für die Ersatzgüter ein höherer oder niedrigerer Preis zu zahlen, dann ändert sich das Verhältnis zwischen dem Maß der Substanz (Stück) und dem Maß des Kapitals (GE).

Steigen die Wiederbeschaffungspreises infolge allgemeiner Geldentwertung, dann ist die Substanzerhaltung die weitergehende Erhaltungsart. In Zeiten der Inflation beinhaltet eine Substanzerhaltung daher immer auch eine Kapitalerhaltung. Andererseits ist mit einer rein nominellen Kapitalerhaltung in diesem Fall keine Substanzerhaltung verbunden.

Erreicht das Unternehmen im Detailprognosezeitraum also voraussichtlich lediglich eine nominelle Kapitalerhaltung, so kann die Leistungsfähigkeit des Unternehmens durch Investition der gleichen Geldsumme – wenn man von einer Teuerung im Detailprognosezeitraum ausgeht – nicht mehr aufrechterhalten werden. Eine rein nominelle Kapitalerhaltung kann deshalb nicht das Maß sein, das dem Arbeitgeber zugebilligt wird, um die Unternehmenssubstanz vor einer Verletzung aufgrund unangemessen hoher Versorgungslasten zu schützen. Eine lediglich nominelle Kapitalerhaltung über einen Zeitraum von sechs Jahren führt zu einer unzumutbaren Belastung für den Unternehmensbestand und damit zum Vorliegen eines zwingenden Grundes für einen Eingriff in die Zusage in Form einer wirtschaftlichen Notlage[98].

(b) Reale Kapitalerhaltung

Wie der Grundsatz nomineller Kapitalerhaltung, so will auch die Theorie der realen Kapitalerhaltung das Ursprungskapital des Unternehmens erhalten. Nach diesem Ansatz soll das zur Verfügung stehende Kapital jedoch nicht nominell, sondern real, d.h. in Einheiten gleicher Kaufkraft, gemessen werden. Dadurch wird der Geldwert-

---

[97] So kann das dem Unternehmen zugeführte Geld ebenso vorübergehend seinen Charakter ändern und zu Waren werden bevor es wieder zu Geld wird, wie auch – wenn man einem Substanzerhaltungsansatz folgt – die Ware zu Geld werden kann, bevor sie wieder zu Ware wird.

[98] Das deutsche Handels- und Steuerrecht beharren trotzdem aus Gründen der Willkürfreiheit und Nachprüfbarkeit auf dem Grundsatz der nominellen Kapitalerhaltung für die Gewinnermittlung; vgl. *Wöhe* S. 1079 und *Baetge/Kirsch/Thiele* S. 88 f. Dies ist deshalb als Jahresabschlusszweck weniger problematisch, als in der hier untersuchten Konstellation, weil die Gewinnermittlungsperioden, die das deutsche Handels- und das deutsche Steuerrecht kennen, idR nur einen Zeitraum von 1 Jahr umfassen.

veränderung Rechnung getragen und ihre Auswirkungen auf den Unternehmenserfolg werden neutralisiert.

Durch die Berücksichtigung der Kaufkraftveränderung des Geldes stellt das Konzept realer Kapitalerhaltung eine Vergleichbarkeit her. Um zu einer realen Kapitalerhaltung zu gelangen, muss die Kaufkraft des Endkapitals mindestens ebenso hoch sein, wie die Kaufkraft des Anfangskapitals. Der allgemeinen Geldentwertung wird durch Einführung eines Kaufkraftindexes Rechnung getragen[99]. Eine Erhaltung der Unternehmenssubstanz wird nur dann erreicht, wenn der Arbeitgeber am Ende der Abrechnungsperiode mit seinem Kapital ebenso viele Güter erwerben könnte, wie zu Beginn der Abrechnungsperiode.

Beispiel: *Ein Unternehmen hat zu Beginn einer Abrechnungsperiode ein Eigenkapital iHv 100 GE. Die Kaufkraft des Geldes verringert sich im Laufe der Abrechnungsperiode um 25 v.H. Um das Eigenkapital real zu erhalten, muss das Unternehmen zum Ende der Abrechnungsperiode mithin Eigenkapital iHv 125 v.H. GE bilanzieren.*

Erreicht ein Unternehmen langfristig eine reale Eigenkapitalerhaltung, dann ist seine Substanz demnach nicht gefährdet. Andererseits bedeutet das langfristige Verfehlen einer realen Kapitalerhaltung für das Unternehmen, dass seine Substanz in dem Maße gefährdet ist, in dem die reale Eigenkapitalerhaltung nicht erreicht wird. Unzureichendes Eigenkapital beeinflusst nicht nur das Unternehmensergebnis und die Liquidität, sondern auch die Fähigkeit, Krisen zu bewältigen und Verluste zu verkraften[100].

(c) Reale Kapitalerhaltung als Maßstab für den erforderlichen Erhalt des Unternehmens

Für die Berechnung der zur Anpassung der laufenden Versorgungsleistungen zur Verfügung stehenden Mittel verlangt das u.a. eine angemessene Verzinsung des Eigenkapitals, die über die zur realen Kapitalerhaltung erforderlichen Verzinsung hinaus einen Risikozuschlag enthalten muss[101].

Nach diesen Grundsätzen kann der Arbeitgeber von den prognostizierten Erträgen seines Unternehmens mithin einen höheren Anteil zur Sicherung der Unternehmenssubstanz abziehen als zur realen Kapitalerhaltung erforderlich ist. Kann das Unternehmen sein Kapital nicht real erhalten ist also die Gefahr für den Fortbestand des Unternehmens höher als in den Fällen, in denen die wirtschaftliche Situation des Arbeitgebers die vom BAG geschaffenen Voraussetzungen für eine wirtschaftliche Lage iSd § 16 BetrAVG erfüllt. Das Vorliegen eines triftigen Grundes wird deshalb vorliegend an die Prämisse der realen Kapitalerhaltung angeknüpft. Kann der Arbeitgeber im Detailprognosezeitraum voraussichtlich keine reale Kapitalerhaltung erzielen, spricht einiges für das Vorliegen eines triftigen Grundes iSd Drei-Stufen-Modells.

---

[99] *Bieg/Kußmaul* S. 25.

[100] So das BAG vom 23.01.2001 – 3 AZR 287/00, DB 2001, 2507 = AP Nr. 46 zu § 16 BetrAVG zur wirtschaftlichen Lage des Arbeitgebers iSd § 16 BetrAVG.

[101] Vgl. S. 76.

(aa) Eigenkapitalbegriff

Das Eigenkapital eines Unternehmens umfasst die Mittel, die die Anteilseigner dem Unternehmen in dem jeweiligen Geschäftsjahr zu dessen Finanzierung oder als erwirtschafteten Gewinn zur Verfügung stellen[102]. In der Handelsbilanz bezeichnet das Eigenkapital die Differenz zwischen der Summe der Aktiva und der Summe der Schulden abzüglich der passivierten Rechnungsposten. Die Höhe des Eigenkapitals ergibt sich also erst nach Ansatz und Bewertung der übrigen Bilanzposten[103].

Zur Vereinheitlichung der Terminologie wird hier – parallel zur Rechtsprechung des BAG zur wirtschaftlichen Lage des Arbeitgebers gem. § 16 BetrAVG[104] - der Eigenkapitalbegriff mit dem handelsrechtlichen Eigenkapitalbegriff aus § 266 Abs. 3 A HGB gleichgesetzt. Diese Vorschrift gilt zwar grundsätzlich nur für Kapitalgesellschaften[105] und für Personengesellschaften, bei denen keine natürliche Person persönlich haftender Gesellschafter ist[106]. Das BAG will die Eigenkapitaldefinition für die Berechnung der wirtschaftlichen Lage indes pauschal für alle Rechtsträgerformen anwenden[107].

Das Eigenkapital, dessen Kaufkraft erhalten bleiben muss, damit die Unternehmenssubstanz nicht iSe triftigen Grundes gefährdet ist, besteht damit aus dem gezeichneten (Stamm-) Kapital[108] und den Kapitalrücklagen[109]. Zu berücksichtigen sind auch Gewinnrücklagen[110], Gewinn- und Verlustvorträge[111] sowie der Jahresüberschuss und –fehlbetrag.

(bb) Berechnung der zur realen Kapitalerhaltung erforderlichen Mittel

Die Mittel, die für eine reale Kapitalerhaltung des Unternehmens im Detailprognosezeitraum erforderlich sind (rKE_{nP}) , lassen sich nach der folgenden Formel berechnen, wobei (m) für die Gesamtinflationsrate in den sechs Jahren des Detailprognosezeitraums steht:

$$\mathbf{rKE_{nP} = Eigenkapital_{t0} \cdot m} \tag{8-18}$$

c. Formel für die Berechnung des Belastungsgegenwerts im Detailprognosehorizont

Der Belastungsgegenwert für den Detailprognosezeitraum ($Belastungsgegenwert_{nP}$) berechnet sich aus einer Subtraktion der vorrangig gebundenen Mittel von den vor-

---

102 Siehe *Gabler* Wirtschaftslexikon Band E – J S. 829.
103 *Baetge/Kirsch/Thiele* S. 417.
104 Siehe BAG vom 23.05.2000 – 3 AZR 83/99, DB 2002, 155 = AP Nr. 43 zu § 16 BetrAVG unter II. 2. b) aa) der Gründe.
105 § 266 Abs. 1 HGB; vgl. *Ellrott/Krämer* in Beck Bil-Komm. § 266 Rn 1.
106 §§ 264c Abs. 2 HGB iVm § 264 Abs. 1 Nr. 1 HGB.
107 Siehe auch S. 79.
108 Vgl. § 272 Abs. 1 HGB.
109 Siehe § 272 Abs.2 HGB. Gezeichnetes Kapital ist das Haftungskapital, also das Stammkapital einer GmbH gem. §§ 5, 42 Abs. 1 GmbHG, bei AG und KGaA das Grundkapital gem. §§ 1 Abs. 2, 152 AktG.
110 § 272 Abs. 3 HGB.
111 § 268 Abs. 1 HGB.

aussichtlichen Erträgen im Detailprognosezeitraum. Die „sonstigen rechtlich gebundenen Aufwendungen" (srgA), also die über die aus der neuen Zusage entstehenden Versorgungsaufwendungen hinaus rechtlich gebundenen Aufwendungen, und die „betriebswirtschaftliche notwendigen Aufwendungen" (bnA) sind jeweils für die einzelnen Jahre des Detailprognosezeitraums zu prognostizieren und zu addieren. Das Ergebnis ist auf den Zeitpunkt t=0 mit dem Zinssatz (i), der dem für die Berechnung des Belastungswerts verwendeten Zinssatz entsprechen muss, abzuzinsen, um den Barwert des Belastungsgegenwerts$_{nP}$ zu erhalten.

Es ergibt sich mithin die folgende Formel:

$$\textbf{Belastungsgegenwert}_{\textbf{nP}} =$$

$$\frac{Ertrag_{nP} - (Aufwand_{ZnP\_neu} + Aufwand_{PZnP\_neu} + \sum_{t=0}^{6} srgA_t + \sum_{t=0}^{6} bnA_t + rKE_{nP})}{(1+i)^6} \tag{8-19}$$

2. Belastungsgegenwert der ferneren Phase

Auch für die Bestimmung des Belastungsgegenwerts schließt sich an die Beurteilung des Detailprognosezeitraums eine Prognose für die Entwicklung der ferneren Zukunft an. Unter Annahme eines *going pension promise* sind bei dieser Betrachtung die Trends, die sich im Detailprognosehorizont abgezeichnet haben, bis t = ∞ fortzuschreiben.

Wie im Rahmen der Bestimmung des Belastungswerts müssen langfristige Planungen des Unternehmens, die bereits im Detailprognosezeitraum angedacht sind, für die Prognose der ferneren Phase beachtet werden. Die Fortschreibung der Entwicklungen des Detailprognosezeitraums muss insofern modifiziert werden[112].

Die jeweiligen zum Ende der nähren Phase erreichten Werte der einzelnen Positionen ($Ertrag_6$, $srgA_6$, bnA_6, rEK_6) sind für die pauschalierte Fortführung der Prognose von besonderer Bedeutung. Sie repräsentieren das Ausgangsniveau für sämtliche prognostizierte Werte in dieser ferneren Phase und beeinflussen damit entscheidend den nach Abschluss des Detailplanungsphase zur Verfügung stehenden Belastungsgegenwert.

Die Ausgangswerte sollten deshalb keine wesentlichen Abweichungen von einer „normalen" Entwicklung im Detailplanungshorizont – messbar anhand der durchschnittlichen Entwicklungen – aufweisen. Der Anstieg zwischen $Wert_5$ und $Wert_6$ sollte weder außergewöhnlich gering noch außergewöhnlich hoch ausfallen, um die Gefahr signifikanter Abweichungen vom tatsächlichen Belastungsgegenwert zu minimieren[113].

[112] Siehe oben S. 255 f.
[113] Vgl. oben S. 257.

a. Idealtypischer Fall der Fortwirkung der Entwicklungen der näheren Phase

Sind im Prognosezeitpunkt keine wesentlichen, in der ferneren Zukunft eintretenden, Veränderungen erkennbar, dann können die im Detailprognosezeitraum erkannten Entwicklungen für die ferner liegende Zukunft ohne Modifikationen idealtypisch weiterentwickelt werden, um die Höhe der Erträge und der vorrangig zu berücksichtigenden Mittel zu bestimmen, die der Arbeitgeber in der ferneren Zukunft erwirtschaften bzw. leisten müssen wird.

aa. Barwert des Ertrags der ferneren Phase

Für die Prognose des voraussichtlichen Ertrags in der ferneren Zukunft bietet es sich an, einen gleichförmigen Anstieg der Ertragshöhe bis zum Zeitpunkt $t = \infty$ zu prognostizieren, der den Anstieg in der Detailplanungsphase fortschreibt. Dazu muss zunächst der Mittelwert des jährlichen prozentualen Anstiegs der ordentlichen Erträge in der sechsjährigen Detailprognosephase als langfristiger Wachstumsfaktor der Zuführungshöhe (g) bestimmt werden.

Außerordentliche Erträge im Detailprognosezeitraum wirken sich also nicht auf den Wachstumsfaktor aus. Relevant für einen repräsentativen Steigerungsfaktor können nur die Erträge sein, die Ergebnis der gewöhnlichen Geschäftstätigkeit sind.

Dieser prozentuale Mittelwert lässt sich mittels der unter (8–19) dargestellten Rechenoperation bestimmen. GAE repräsentiert hier den aus der Differenz der Zuführungen im letzten Jahr des Detailprognosezeitraum ($Ertrag_6$) und den Zuführungen im Jahr der beabsichtigten Zusagekürzung ($Ertrag_0$) abzulesenden Gesamtanstieg der Ertragshöhe im Detailprognosezeitraum ($GAE = Ertrag_6 - Ertrag_0$).

Wachstumsfaktor der Erträge (g)

$$g = \frac{GAE}{Ertrag_0 \cdot 6}$$

(8-20)

Der Barwert des voraussichtlich in der ferneren Zukunft erwirtschafteten Ertrags errechnet sich damit wie folgt. Der Rechnungszinssatz (i) entspricht dem für die Berechnung des Belastungswerts angesetzten Zinssatz:

$$\mathbf{Ertrag_{fP}} = \sum_{t=1}^{\infty} \frac{\mathbf{Ertrag_6 \cdot (1+g)^t}}{\mathbf{(1+i)^{t+6}}}$$

(8-21)

bb. Barwert der rechtlich gebundenen Aufwendungen in der ferneren Phase

Der Barwert der in der ferneren Phase vom Arbeitgeber zu leistenden rechtlich gebundenen Aufwendungen errechnet sich nach identischen Grundsätzen. Für die abzuziehenden Versorgungsaufwendungen, die im Falle der Zusagekürzung anfallen würden, kann auf die Ergebnisse der Berechnungen des Belastungswerts für Aufwand$_{ZfP_neu}$ (8-12) und Aufwand$_{PZfP_neu}$ (8-14) zurückgegriffen werden.

Zu prognostizieren sind darüber hinaus die sonstigen rechtlich gebundenen Aufwendungen (srgA) der ferneren Zukunft. Auch hierfür ist der durchschnittliche Anstieg der Aufwandshöhe in den Jahren des Detailprognosezeitraums unter Eliminierung außerordentlicher Aufwendungen als Wachstumsfaktor (g) zugrundezulegen.

Es ergibt sich damit folgende Rechnung für die Bestimmung der voraussichtlich in der ferneren Phase zu leistenden rechtlich gebundenen Aufwendungen (rgA_{fP}):

$$\mathbf{rgA_{fP}} = \mathbf{Aufwand_{ZfP\_neu}} + \mathbf{Aufwand_{PZfP\_neu}} + \sum_{t=1}^{\infty} \frac{\mathbf{srgA_6 \cdot (1+g)^t}}{\mathbf{(1+i)^{t+6}}} \tag{8-22}$$

cc. Barwert der in der ferneren Phase anfallenden betriebswirtschaftlich notwendigen Aufwendungen

Der Barwert der in der ferneren Phase voraussichtlich anfallenden betriebswirtschaftlich notwendigen Aufwendungen (bnA_{fP}) berechnet sich nach denselben Grundsätzen, wie der Barwert der rechtlich gebundenen Aufwendungen in der ferneren Phase[114].

Es gilt damit die folgende Formel:

$$\mathbf{bnA_{fP}} = \sum_{t=1}^{\infty} \frac{\mathbf{bnA_6 \cdot (1+g)^t}}{\mathbf{(1+i)^{t+6}}} \tag{8-23}$$

dd. Barwert der zur realen Kapitalerhaltung in der ferneren Phase erforderlichen Mittel

Die Mittel, die das Unternehmen in der ferneren Zukunft aus seinen Erträgen erwirtschaften muss, um sein Eigenkapital real zu erhalten (rKE_{fP}), lassen sich auf gleiche Art und Weise bestimmen. Solange die Zinsstrukturkurve[115] keine erheblichen Abweichungen von einem gleichförmigen Anstieg der Inflationsrate vorauserkennen lässt, kann hier als Wachstumsfaktor (g) der durchschnittliche Anstieg der Inflation in den Jahren des Detailprognosezeitraum (m:6) zugrunde gelegt werden. Als Zinsfuß muss auch hier (i) angelegt werden.

Es gilt damit die folgende Formel für die Berechnung der Mittel, die das Unternehmen in der ferneren Zukunft aus seinen Erträgen erwirtschaften muss, um sein Eigenkapital real zu erhalten:

---

[114] Siehe Abbildung (8-22).
[115] Vgl. oben Fn 37.

$$rKE_{fP} = \sum_{t=1}^{\infty} \frac{rKE_{6} \cdot (1+g)^{t}}{(1+i)^{t+6}}$$

(8-24)

b. Formel zur Berechnung des Belastungsgegenwerts der ferneren Phase

Der Belastungsgegenwert der ferneren Phase ($Belastungsgegenwert_{fP}$) berechnet sich damit wie folgt:

$$\mathbf{Belastungsgegenwert_{fP} = Ertrag_{fP} - (rgA_{fP} + bnA_{fP} + rKE_{fp})}$$

(8-25)

E. Prognoseanalyse

I. Verhältnis Belastungswert - Belastungsgegenwert

Das Verhältnis von Belastungswert und Belastungsgegenwert gibt Aufschluss darüber, ob im Zeitpunkt der beabsichtigten Kürzung (Prognosezeitpunkt; t=0) eine konkrete Gefahr für die Unternehmenssubstanz bei Aufrechterhaltung der zeitanteilig erdienten Dynamik besteht. Eine solche konkret Gefahr für die Unternehmenssubstanz ist zu bejahen, wenn die Prognose erkennen lässt, dass der Arbeitgeber die Mehrbelastungen aufgrund der zeitanteilig erdienten Dynamik in Zukunft nicht ohne Substanzverletzung verkraften kann.

Offensichtlich ist das Prognoseergebnis, wenn Detailprognose und Prognose der ferneren Phase zu identischen Ergebnissen gelangen. Ist der Belastungswert sowohl nach dem Ergebnis der Detailprognose als auch nach dem Ergebnis der Prognose der ferneren Phase geringer als der Belastungsgegenwert, liegt kein triftiger Grund vor und ein Eingriff in die auf der Stufe der zeitanteilig erdienten Dynamik geschützten Besitzstände wäre rechtswidrig.

Andererseits liegt unstreitig ein triftiger Grund vor, wenn sowohl die Prognose der Entwicklung der näheren Zukunft als auch die Prognose der ferneren Zukunft ergeben, dass der Arbeitgeber den Belastungswert nicht mit dem Belastungsgegenwert decken kann.

1. Belastungswert in der Detailprognosephase höher, in der ferneren Phase niedriger als Belastungsgegenwert

Ergibt die Detailprognose, dass der Arbeitgeber in der näheren Zukunft die Mehrbelastungen, die auf ihn bei Aufrechterhaltung der zeitanteilig erdienten Dynamik zukämen, nicht tragen kann, dann ist das Ergebnis der Prognose für die fernere Zukunft für das Vorliegen eines triftigen Grundes ohne Belang.

Dem Arbeitgeber kann nicht zugemutet werden, abzuwarten, wie sich die wirtschaftliche Entwicklung seines Unternehmens gestaltet. Die fehlende Verkraftbarkeit des Belastungswerts für die nähere Phase kann schon in den Jahren des Detailprognosezeitraums die Substanz des Arbeitgebers so stark gefährden, dass die Insolvenz des Unternehmens und damit der Verlust der Arbeitsplätze der Arbeitnehmer eintritt.

In einer solchen Konstellation ist jedoch an die Aufnahme von Besserungsvereinbarungen in die neue Zusage zu denken. Diesen Gedanken hat der Gesetzgeber bereits in § 7 Abs. 4 Satz 5 BetrAVG für die Insolvenzsicherung der betrieblichen Altersversorgung aufgegriffen. In einer solchen Besserungsvereinbarung sollten die Parteien vereinbaren, dass die vorgenommene Kürzung nach billigem Ermessen rückgängig zu machen ist, falls sich die Situation des Unternehmens langfristig verbessert. Wichtig ist, dass eine solche Besserungsvereinbarung detailliert geregelt wird, um Auslegungsschwierigkeiten zu vermeiden.

2. Belastungswert in der Detailprognosephase niedriger, in der ferneren Phase höher als Belastungsgegenwert

Ausreichend für das Vorliegen eines triftigen Grundes ist, dass die Unternehmenssubstanz durch die Aufrechterhaltung der zeitanteilig erdienten Dynamik mit hoher Wahrscheinlichkeit verletzt wird[116]. Diese Verletzung muss mithin nicht bereits in den ersten Jahren nach der Zusagekürzung eintreten. Das Ergebnis der Detailprognose kann deshalb nicht isoliert betrachtet werden, falls der Belastungsgegenwert im Detailprognosezeitraum noch den Belastungswert überschreitet.

Liegt der Belastungswert im Detailprognosehorizont unterhalb der Belastungsgegenwerts, d.h. ergibt die Prognose, dass der Arbeitgeber in den ersten sechs Jahren nach Zusagekürzung die Mehrbelastung aufgrund der zeitanteilig erdienten Dynamik voraussichtlich verkraften kann, während die Prognose für die fernere Phase ergibt, dass der Belastungsgegenwert den Belastungswert übersteigt, ist bereits im Prognosezeitpunkt vom Vorliegen eines triftigen Grundes auszugehen.

Hier gilt ebenfalls, dass dem Arbeitgeber ein Abwarten nicht zugemutet werden kann[117]. Je frühzeitiger der Arbeitgeber Maßnahmen zur Bekämpfung erkannter langfristiger Gefahren für den Unternehmensbestand ergreift, desto größer sind die Aussichten auf nachhaltigen Erfolg der Maßnahme.

Auch in einer solchen Konstellation ist allerdings an die Aufnahme von Besserungsklauseln zu denken, falls sich herausstellt, dass die Kürzung der Zusage eine so umfassende Wirkung entfaltet, dass auch bei späterer Nachbesserung der Zusage die Unternehmenssubstanz gewahrt bleibt.

---

[116] Siehe S. 238. Die konkrete Gefahr für die Verletzung der Unternehmenssubstanz kann auch als hohe Wahrscheinlichkeit der Verletzung angesehen werden.

[117] So auch für die umgekehrte Konstellation (Belastungswert in der Detailprognosephase höher, in der ferneren Phase niedriger als Belastungsgegenwert) oben S. 275.

II. Tabellarische Übersicht

Tabellarisch lassen sich die Ergebnisse der Prognose und ihre Folgen für den triftigen Grund wie folgt darstellen:

Verhältnis $\text{Belastungswert}_{nP} - \text{Belastungsgegenwert}_{nP}$	Verhältnis $\text{Belastungswert}_{fP} - \text{Belastungsgegenwert}_{fP}$	triftiger Grund
$<$	$<$	-
$<$	$\geq$	+
$\geq$	$<$	+
$\geq$	$\geq$	+

(8-26)

F. Beurteilung des triftigen Grundes bei ergebnisorientierter Betrachtungsweise

Nach der neuen Rechtsprechung des BAG zur Bestimmung der Intensität eines Eingriffs in eine Versorgungszusage[118], muss ein Arbeitgeber erst bei Ausscheiden eines Arbeitnehmers nachweisen, dass im Änderungszeitpunkt ein triftiger Grund für die vorgenommene Kürzung bestand. Dies gilt jedoch nur, wenn der Arbeitnehmer nach seinem Ausscheiden nicht zumindest den zum Änderungszeitpunkt erdienten, auf zweiter Besitzstandsstufe geschützten, Betrag erhalten soll[119].

Nach Ausscheiden des Arbeitnehmers kann der Arbeitgeber das Bestehen eines triftigen Grundes im Änderungszeitpunkt leichter nachweisen. Für den seit der Zusageänderung vergangenen Zeitraum kann er auf bekannte Zahlen zurückgreifen und muss den Nachweis der hohen Wahrscheinlichkeit der Substanzbeschädigung nicht mittels einer Prognose führen[120].

Für die Jahre, die nach dem Ausscheiden des Arbeitnehmers, in dessen Besitzstand eingegriffen wurde, bis zum Ende des Auszahlungszeitraums für den letzten Arbeitnehmer mit zeitanteilig erdienter Dynamik verbleiben – bei Annahme eines *going pension promise* damit bis $t = \infty$ - muss der Arbeitgeber jedoch Belastungswert und Belastungsgegenwert ebenso prognostizieren, wie ein Arbeitgeber, der das Vorliegen eines triftigen Grundes bereits vor der Zusagekürzung beurteilt. Das gilt nur dann nicht, falls sich aus der Analyse des zurückliegenden Zeitraums bereits das Fehlen eines triftigen Grundes ergibt.

Unter diesen Voraussetzungen ist eine Verlängerung des Detailbetrachtungszeitraums bis hin zum Zeitpunkt des Ausscheidens des Arbeitnehmers naheliegend, da für diesen Zeitraum bereits gesicherte Erkenntnisse vorliegen. Die pauschale Prognose ist dann auf die in der Zeit zwischen Zusagekürzung und Ausscheiden des Arbeitnehmers eingetretenen Entwicklungen zu stützen.

---

[118] Dazu umfassend S. 176 f.

[119] BAG vom 11.12.2001 – 3 AZR 128/01, DB 2003, 214 = AP Nr. 43 zu § 1 BetrAVG Unterstützungskassen I. 2. a) der Gründe; jüngst bestätigt durch BAG vom 10.09.2002- 3 AZR 635/01, DB 2003, 1525 = AP Nr. 37 zu § 1 BetrAVG Ablösung und BAG vom 18.03.2003 – 3 AZR 221/02, DB 2003, 2794 unter B. II. 2. b) aa) der Gründe. Hierzu umfassend S. 176 f.

[120] Vgl. auch S. 225 f.

G. Zusammenfassende Übersicht über die Berechnungsschritte

Aus diesen Ausführungen lässt sich für die Beurteilung des Vorliegens eines triftigen Grundes im Kürzungszeitpunkt das nachstehende Modell herleiten:

I. Berechung des Belastungswerts in der Detailplanungsphase:

1.) $\mathbf{Aufwand_{ZnP\_alt}} =$ $$(1 - tax) \cdot \sum_{t=1}^{6} Z_t \cdot (1+i)^{-t}$$

2.) $\mathbf{Aufwand_{ZnP\_neu}} =$ $$(1 - tax) \cdot \sum_{t=1}^{6} Z_t \cdot (1+i)^{-t}$$

3.) $\mathbf{Aufwand_{PZnP\_alt}} =$ $$(1 - tax) \cdot \sum_{t=1}^{6} Aufwand_{PZ\_alt\_t} \cdot (1+i)^{-t}$$

4.) $\mathbf{Aufwand_{PZnP\_neu}} =$ $$(1 - tax) \cdot \sum_{t=1}^{6} Aufwand_{PZ\_neu\_t} \cdot (1+i)^{-t}$$

5.) $\mathbf{Mehraufwand_{ZnP}} = \mathbf{Aufwand_{ZnP\_alt} - Aufwand_{ZnP\_neu}}$

6.) $\mathbf{Mehraufwand_{PZnP}} = \mathbf{Aufwand_{PZnP\_alt} - Aufwand_{PZnP\_neu}}$

7.) $\mathbf{Belastungswert_{nP}} = \mathbf{Mehraufwand_{ZnP} + Mehraufwand_{PZnP}}$

II. Berechnung des Belastungswerts der ferneren Phase

1.) $\mathbf{Aufwand_{ZfP\_alt}} =$ $$(1 - tax) \cdot \sum_{t=1}^{\infty} \frac{\mathbf{Z_6 \cdot (1+g)^t}}{\mathbf{(1+i)^{t+6}}}$$

2.) $\mathbf{Aufwand_{ZfP\_neu}} =$ $$(1 - tax) \cdot \sum_{t=1}^{\infty} \frac{\mathbf{Z_6 \cdot (1+g)^t}}{\mathbf{(1+i)^{t+6}}}$$

3.) $\mathbf{Aufwand_{PZfP\_alt}} =$ $$(1 - tax) \cdot \sum_{t=1}^{\infty} \frac{Aufwand_{PZ\_alt\_6} \cdot (1+g_2)^t}{(1+i)^{t+6}}$$

4.) $\mathbf{Aufwand_{PZfP\_neu}} =$ $$(1 - tax) \cdot \sum_{t=1}^{\infty} \frac{Aufwand_{PZ\_neu\_6} \cdot (1+g_2)^t}{(1+i)^{t+6}}$$

5.) $\mathbf{Mehraufwand_{ZfP}} = \mathbf{Aufwand_{ZfP\_alt} - Aufwand_{ZfP\_neu}}$

6.) $Mehraufwand_{PZfP}$ = $Aufwand_{PZfP\_alt}$ - $Aufwand_{PZfP\_neu}$

7.) $Belastungswert_{fP}$ = $Mehraufwand_{ZfP}$ + $Mehraufwand_{PZfP}$

III. Berechnung des Belastungsgegenwerts des Detailprognosezeitraums

1.) $$Ertrag_{nP} = \sum_{t=1}^{6} E_t$$

2.) $$rgA_{nP} = Aufwand_{ZnP\_neu} + Aufwand_{PZnP\_neu} + \sum_{t=0}^{6} srgA_t$$

3.) $$bnA_{nP} = \sum_{t=0}^{6} bnA_t$$

4.) $$rKE_{nP} = Eigenkapital_{t0} \cdot m$$

5.) $$Belastungsgegenwert_{nP} = \frac{Ertrag_{nP} - (rgA_{nP} + bnA_{nP} + rKE_{nP})}{(1+i)^6}$$

IV. Berechnung des Belastungsgegenwerts der ferneren Phase

1.) $$Ertrag_{fP} = \sum_{t=1}^{\infty} \frac{Ertrag_6 \cdot (1+g)^t}{(1+i)^{t+6}}$$

2.) $$rgA_{fP} = Aufwand_{ZfP\_neu} + Aufwand_{PZfP\_neu} + \sum_{t=1}^{\infty} \frac{srgA_6 \cdot (1+g)^t}{(1+i)^{t+6}}$$

3.) $$bnA_{fP} = \sum_{t=1}^{\infty} \frac{bnA_6 \cdot (1+g)^t}{(1+i)^{t+6}}$$

4.) $$rKE_{fP} = \sum_{t=1}^{\infty} \frac{rKE_6 \cdot (1+g)^t}{(1+i)^{t+6}}$$

5.) $$Belastungsgegenwert_{fP} = Ertrag_{fP} - (rgA_{fP} + bnA_{fP} + rKE_{fp})$$

V. Prognoseanalyse

Verhältnis Belastungswert$_{nP}$ – Belastungsgegenwert$_{nP}$	Verhältnis Belastungswert$_{fP}$ – Belastungsgegenwert$_{fP}$	triftiger Grund
$<$	$<$	-
$<$	$\geq$	+
$\geq$	$<$	+
$\geq$	$\geq$	+

(8-27)

9. Kapitel: Zusammenfassung

A. Bedeutung des Untersuchungsgegenstands

Fragen der Abänderbarkeit von Versorgungszusagen sind, wie z.B. vergangenes Jahr der medienträchtige Fall der Kündigung der Betriebsvereinbarung über betriebliche Altersversorgung bei der Commerzbank eindrucksvoll bewiesen hat, hoch aktuell[1].

Die Veränderungen in der Rechnungslegung der Unternehmen[2], die vom Gesetzgeber eröffneten neuen Möglichkeiten zur Durchführung betrieblicher Versorgungswerke[3] sowie die anhaltende Schwäche der deutschen Wirtschaft werden auch in Zukunft viele Unternehmen dazu bewegen, ihre Versorgungswerke umzustrukturieren und den veränderten Gegebenheiten anzupassen.

Für jeden Unternehmer ist es von entscheidender Bedeutung, frühzeitig seine Reaktionsmöglichkeiten auf wirtschaftliche Krisen oder unternehmens- bzw. konzernintern auftretende Fragestellungen zu kennen. Jede Veränderung einer Versorgungszusage unterliegt dem Gebot der Verhältnismäßigkeit. Als einheitlicher Prüfungsmaßstab sind die Grundsätze des vom BAG entwickelten Drei-Stufen-Modells anzuwenden.[4] Das gilt für einseitige Abänderungsmaßnahmen, wie die Kündigung einer Betriebsvereinbarung oder die Änderungskündigung einer Versorgungszusage ebenso, wie für einvernehmliche Neuregelungen der Altersversorgung durch Individual- oder Kollektivverträge.

B. Grundsätze des Drei-Stufen-Modells und neuere Entwicklung

Das BAG hat sein Drei-Stufen-Modell zum Besitzstandsschutz aus einer Billigkeitskontrolle verschlechternder Unterstützungskassenzusagen und einer Billigkeitskontrolle abändernder Betriebsvereinbarungen über unmittelbare Versorgungszusagen entwickelt. Dieses Modell basiert auf den Gedanken der Verhältnismäßigkeit, des Vertrauensschutzes und des Entgeltcharakters betrieblicher Altersversorgung[5].

Je nach Umfang der Vorleistung des Arbeitnehmers und seines Vertrauens auf den Erhalt einer Versorgung in zugesagter Höhe, wird der Besitzstand des Arbeitnehmers in drei unterschiedlich schutzwürdige Stufen unterteilt. Es gilt der Grundsatz, dass eine Eingriffsgrund umso schwerer wiegen muss, je schutzwürdiger der Teilbetrag ist, um den der Besitzstand gekürzt werden soll[6].

Anhand dieser Verhältnismäßigkeitserwägungen hat das BAG die folgenden Grundaussagen getroffen[7]:

- In die Teilbeträge, für die die Arbeitnehmer bereits ihre Gegenleistung erbracht haben (sog. erdiente Teilbeträge), darf der Arbeitgeber nur aufgrund eines zwingende Grundes eingreifen.

[1] Vgl. Siehe dazu FAZ vom 07.01.2004, S. 9 „Unruhe bei der Commerzbank – Belegschaft".
[2] Dazu S. 41 ff.
[3] S. 37 ff.
[4] Dazu insgesamt 4. Kap. sowie S. 172 ff.
[5] Zur historischen Entwicklung des Drei-Stufen-Modells und seinen dogmatischen Wurzeln S. 155 ff.
[6] Zu den Besitzstandsstufen im Einzelnen S. 172 ff.
[7] Ein Beispiel zur Verdeutlichung der Besitzstandsstufen findet sich auf S. 180 ff.

- Innerhalb der Teilbeträge, die dem Arbeitnehmer erst zukünftig zuwachsen sollen, ist zu differenzieren:

  - Sind die Zuwächse von der Entwicklung eines variablen Bemessungsfaktors (z.B. ruhegehaltsfähiges Endgehalt) abhängig, dann hat der Arbeitnehmer durch seine bisherige Betriebstreue bereits einen Anteil an der zukünftigen Entwicklung dieses Bemessungsfaktors erdient. Dieser ist als Besitzstand der zeitanteilig erdienten Dynamik geschützt und kann nur aufgrund triftiger Gründe gekürzt werden.

  - Hängen die weiteren Zuwächse allein von der künftigen Betriebstreue des Arbeitnehmers ab, sind sie also rein dienstzeitabhängig, reicht für einen Eingriff ein sachlich-proportionaler Grund aus.

Die Eingriffsmöglichkeiten, die dem Arbeitgeber bei einem zwingenden Grund offen stehen, sind im Zuge der Aufhebung des Sicherungsfalls der wirtschaftlichen Notlage stark eingeschränkt worden. Der zwingende Grund setzt in aller Regel eine Störung der Geschäftsgrundlage der Versorgungszusage voraus. Die Geschäftsgrundlage der Zusage ist aufgrund wirtschaftlicher Schwierigkeiten erst bei Eintritt einer wirtschaftlichen Notlage iSd § 7 Abs. 1 Satz 3 Nr. 5 BetrAVG a.F. gestört[8].

Der Gesetzgeber hat in der Gesetzesbegründung zum EGInsO einen Widerruf der Zusage aufgrund einer wirtschaftlichen Notlage wegen des Wegfalls des entsprechenden Sicherungsfalls für unzulässig erklärt. Hierdurch hat er den Zusammenhang zwischen Insolvenzschutz und Eingriffsmöglichkeit stark betont. Die Aussage des Gesetzgebers ist so zu verstehen, dass nunmehr die insolvenzgeschützten Teile der Versorgungsbesitzstände absolut gegen Eingriffe des Arbeitgebers geschützt sind. Auch ein zwingender Grund iSd Drei-Stufen-Modells kann demnach einen Eingriff in den insolvenzgeschützten Teil des erdienten Besitzstands nicht mehr rechtfertigen[9].

Ein Eingriff in noch nicht insolvenzgeschützte, erdiente Besitzstände bleibt hingegen möglich. Widerrufsvorbehalte in Zusagen, die einen Widerruf der Zusage bei Eintritt einer wirtschaftlichen Notlage vorsehen, sind entsprechend geltungserhaltend zu reduzieren[10].

C. Der triftige Grund iSd Drei-Stufen-Modells in der Rechtsprechung des BAG

Das BAG definiert den triftigen Grund iSd Drei-Stufen-Modells nicht selbständig. Ein triftiger Grund soll anzunehmen sein, wenn sich die wirtschaftliche Lage des Arbeitgebers so verschlechtert hat, dass ein unverändertes Fortbestehen der bisherigen Versorgungsregelung eine langfristige Substanzgefährdung des Unternehmens mit sich bringen würde. Um dies zu beurteilen, knüpft das BAG an die Grundsätzen seiner Rechtsprechung zur Bestimmung der wirtschaftlichen Lage des Arbeitgebers iSd § 16 BetrAVG an. Diese Grundsätze sollen iSe Orientierungsmaßstabs angewendet werden[11].

---

[8] Dazu umfassend S. 145 ff.
[9] Vgl. S. 147 f.
[10] Dazu S. 151 f.
[11] Siehe S. 184.

Diese Auffassung des BAG trägt den Besonderheiten des konkreten Regelungszusammenhangs nicht ausreichend Rechnung. Die Verknüpfung zweier nicht ausjudizierter unbestimmter Rechtsbegriffe gewährleistet nicht die für Arbeitgeber unentbehrliche umfassende Vorhersehbarkeit Ihrer Reaktionsmöglichkeiten auf wirtschaftliche Veränderungen.

In jüngerer Vergangenheit hat das BAG seine Rechtsprechung zum triftigen Grund dahingehend modifiziert, dass es nunmehr die Intensität eines Eingriffs und damit auch das Erfordernis des Vorliegens eines entsprechenden Eingriffsgrundes erst beim Ausscheiden des Arbeitnehmers bestimmen will. Ein triftiger Grund für die Neuregelung einer Versorgungszusage ist danach nur erforderlich, wenn der Arbeitnehmer nach seinem Ausscheiden nicht mindestens den zum Änderungszeitpunkt auf zweiter Besitzstandsebene erdienten Betrag erhalten wird. Diese Rechtsprechungsänderung ist insgesamt zu begrüßen, weil sie der Gerechtigkeit genüge tut. Es ist nicht einzusehen, dass an eine Änderungsmaßnahmen nur wegen der Art des Eingriffs höhere Anforderungen gestellt werden als an eine im Ergebnis wirtschaftlich schwerer wiegende Zusagekürzung.

Trotzdem sollte sich jeder Arbeitgeber, der Versorgungszusagen neuregeln will ohne die erdienten Besitzstände ausdrücklich zu schützen, bereits im Zeitpunkt der Neuordnung vergewissern, ob der beabsichtigte Eingriff den Anforderungen der Rechtsprechung entspricht. Nur so kann er sich vor möglichen unliebsamen Überraschungen beim Ausscheiden der Arbeitnehmer schützen[12].

D. Die wirtschaftliche Lage des Arbeitgebers iSd § 16 BetrAVG

Der Arbeitgeber hat gem. § 16 Abs. 1 BetrAVG alle drei Jahre die Anpassung der laufenden Leistungen der betrieblichen Altersversorgung zu prüfen und über die Anpassung zu entscheiden. Die gesetzliche Anpassungsregel soll den Betriebsrentnern als Kompensation für den Verlust ihrer Arbeitskampffähigkeit dienen. Sie ist Ausdruck des Entgeltcharakters betrieblicher Altersversorgung[13]. Innerhalb der Anpassungsentscheidung hat der Arbeitgeber insbesondere die Belange der Versorgungsempfänger, die auf vollen Ausgleich für den zwischenzeitlich eingetretenen Kaufkraftverlust gerichtet sind, und seine wirtschaftliche Lage zu berücksichtigen[14].

Die wirtschaftliche Lage des Arbeitgebers ist also ein Abwägungskriterien innerhalb einer Verhältnismäßigkeitsentscheidung. Sie ist das Maß für die innerhalb dieser Abwägung zu berücksichtigende Interessenlage des Arbeitgebers. Die Grundsätze, die das BAG zur Bestimmung der wirtschaftlichen Lage des Arbeitgebers entwickelt hat, konkretisieren die Grenze der Belastung, ab der der Arbeitgeber berechtigt ist, weitere Belastungen aufgrund betrieblicher Altersversorgung zu vermeiden. Die Kosten der Anpassung müssen aus den Erträgen des Unternehmens und dessen Wertzuwachs in der Zeit nach dem Anpassungsstichtag finanzierbar sein.

Innerhalb der Rechtsprechung des BAG sind zwei Aspekte von besonderer Bedeutung. Die wirtschaftliche Lage des Arbeitgebers muss zukunftsorientiert, also anhand einer Prognose für die nächsten drei Wirtschaftsjahre beurteilt werden und die wirtschaftliche Lage des Arbeitgebers muss so gut sein, dass die Substanz seines

---

[12] Insgesamt zu dieser ergebnisorientierten Betrachtungsweise S. 176. Zu Ihren Auswirkungen auf den Untersuchungsgegenstand S. 225 ff. und S. 276 ff.
[13] Zur dogmatischen Grundlegung des § 16 BetrAVG siehe umfassend S. 53 ff.
[14] Zu den bei der Abwägung zu berücksichtigenden Kriterien S. 69 ff.

Unternehmens trotz der Anpassung in Zukunft nicht mit einiger Wahrscheinlichkeit gefährdet ist[15].

Die Prognose der Entwicklung der wirtschaftlichen Lage des Arbeitgebers ist auf die Jahresabschlüsse der vergangenen Jahre zu stützen[16]. Um die Erhaltung der Unternehmenssubstanz zu gewährleisten, billigt das BAG dem Arbeitgeber eine Verzinsung seines Eigenkapitals in Höhe der Umlaufrendite öffentlicher Anleihen, erhöht um einen einheitlichen Risikozuschlag iHv 2 v.H. zu[17]. Zur Substanzerhaltung sind außerdem weitere Korrekturen der Unternehmensergebnisse erforderlich; so sind z.B. die Werte abgeschriebener Güter von dem im deutschen Bilanzrecht üblichen Ansatz ihrer Anschaffungswerte auf die höheren Wiederbeschaffungswerte zu korrigieren[18].

Die jüngere Entwicklung der Rechtsprechung des BAG zur wirtschaftlichen Lage des Arbeitgebers kann als insgesamt arbeitgeberfreundlich angesehen werden. Durch immer neue Korrekturen der Jahresabschlüsse wird der Umfang der für die Anpassung zur Verfügung stehenden Mittel (Anpassungspotential) stark reduziert. Das Verhältnis der Belange der Versorgungsempfänger zu den Interessen des Arbeitgebers hat sich dadurch zu Gunsten der Arbeitgeber verschoben[19].

E. Bedenken gegen die Übertragbarkeit der Grundsätze der Rechtsprechung zur wirtschaftlichen Lage auf den triftigen Grund

Sowohl bei der „wirtschaftlichen Lage des Arbeitgebers“ iSd § 16 BetrAVG als auch bei dem „triftigen Grund“ iSd Drei-Stufen-Modells zum Besitzstandsschutz handelt es sich um unbestimmte Rechtsbegriffe. Als solche müssen sie, ihrer Funktion im jeweiligen Regelungszusammenhang entsprechend, ausgelegt werden. Vor einer Analogiebildung durch Heranziehung der Auslegungsgrundsätze für einen anderen unbestimmten Rechtsbegriff, muss sich der Rechtsanwender zunächst über den exakten Sinngehalt des ausgelegten unbestimmten Rechtsbegriffs in seiner konkreten Funktion klar werden. Eine Übertragung der Grundsätze zur Bestimmung eines unbestimmten Rechtsbegriffs auf einen anderen, macht nur dann Sinn, wenn beide Begriffe in ihren Funktionen und in ihren Wirkungen weitgehend übereinstimmen[20].

Gemeinsam ist der wirtschaftlichen Lage des Arbeitgebers iSd § 16 BetrAVG und dem triftigen Grund iSd Drei-Stufen-Modells, dass sie beide Ausdruck einer Belastungsgrenze sind, ab deren Erreichen der Arbeitgeber einen Anstieg seiner Versorgungslasten vermeiden kann.

---

[15] Zur Rechtsprechung des BAG zur wirtschaftlichen Lage des Arbeitgebers iSd § 16 BetrAVG umfassend S. 72 ff.

[16] S. 73 f.

[17] Siehe S. 83.

[18] Dazu S. 77.

[19] Vgl. S. 92 ff.

[20] Zur Auslegung unbestimmter Rechtsbegriffe S. 190 ff.

I. Auswirkungen der aus dem Erreichen der Belastungsgrenzen resultierenden Maßnahmen des Arbeitgebers

1. Auswirkungen für den Arbeitgeber

Unterschiede zwischen den Belastungsgrenzen bestehen jedoch hinsichtlich der bilanziellen Folgen, die die auf sie gestützten Maßnahmen – Eingriff in den Besitzstand der zeitanteilig erdienten Dynamik bzw. Nichtanpassung der laufenden Leistungen der betrieblichen Altersversorgung – für den Arbeitgeber haben. Eine positive Anpassungsentscheidung zieht für den Arbeitgeber kurzfristig relativ hohe Belastungen nach sich. Der Arbeitgeber muss bereits im Prüfjahr Rückstellungen für die gesamten aufgrund der Anpassungsentscheidung erhöhten Versorgungsverbindlichkeiten bilden. Deren Höhe ist bis zum versicherungsmathematisch wahrscheinlichen Ende des Auszahlungszeitraums zu kalkulieren. Entsprechend groß sind die kurzfristigen Einsparungsmöglichkeiten durch eine ablehnende Anpassungsentscheidung[21].

Die Höhe der Versorgungsverpflichtungen wächst bei Aufrechterhaltung einer zeitanteilig erdienten gehaltsabhängigen Dynamik mit jeder Gehaltserhöhung eines Arbeitnehmers mit entsprechendem Besitzstand. Die kurzfristigen Auswirkungen der Aufrechterhaltung dieser Besitzstandsstufe sind also gering. Erst der stetige Anstieg der Gehaltshöhe der Begünstigten führt zu einem Anstieg der hiervon abhängigen Höhe der geschuldeten Versorgung. Die Einsparungen, die ein Arbeitgeber durch eine Kürzung der zeitanteilig erdienten Dynamik erzielen kann, wirken sich im Wesentlichen damit erst langfristig aus[22].

Hieraus ergeben sich Bedenken gegen eine Übertragung des relativ kurzen Prognosezeitraums von drei Jahren, der zur Bestimmung der wirtschaftlichen Lage des Arbeitgebers angelegt wird.

2. Auswirkungen für den Arbeitnehmer bzw. Betriebsrentner

Für den Begünstigten wirken sich die aus dem Erreichen der Belastungsgrenzen resultierenden Maßnahmen ebenfalls unterschiedlich aus. Zwar ist die Wirkung einer negativen Anpassungsentscheidung durch den Wegfall der Pflicht zur nachholenden Anpassung nunmehr ebenso endgültig wie die Kürzung einer zeitanteilig erdienten Zusage, wenn keine Nachbesserungsklausel vorgesehen ist[23]. Die wirtschaftlichen Auswirkungen der Kürzung einer zeitanteilig erdienten Dynamik wiegen jedoch in aller Regel wesentlich schwerer.

Während der Betriebsrentner aufgrund einer ausbleibenden Anpassung im schlimmsten Falle ca. 10 v.H. seiner Versorgungshöhe einbüsst, kann dem aktiven Arbeitnehmer durch die Kürzung seiner Versorgungszusage unter Eingriff in die zeitanteilig erdiente Dynamik leicht der größte Teil seiner erwarteten Versorgung verloren gehen[24]. Das gilt insbesondere für Mitarbeiter, die noch keine hohen Teilbeträge erdient haben. Diesen wird frühzeitig die Möglichkeit genommen, ihre Versorgungshöhe entsprechend der zugesagten Zuwächse zu steigern. Auch für Mitarbeiter, die bereits längere Zeit im Unternehmen des Arbeitgebers beschäftigt sind, stellt eine

---

[21] Hierzu S. 197 ff.
[22] Siehe näher S. 194 ff.
[23] S. 200 f.
[24] Siehe S. 201 f.

Kürzung ihrer zeitanteilig erdienten Dynamik einen Eingriff von besonderer Schwere dar. Diese Mitarbeiter haben einen großen Teil der zugesagten Dynamik bereits erdient[25].

Aufgrund der im Verhältnis zu den Folgen für die Betriebsrentner schwereren wirtschaftlichen Folgen für die Arbeitnehmer sollte die Belastungsgrenze für einen Eingriff in die zeitanteilig erdiente Dynamik höher angesiedelt werden, als die Belastungsgrenze für eine negative Anpassungsentscheidung.

II. Schutzwürdigkeitserwägungen

1. Schutzwürdigkeit des Arbeitgebers

Während die Anpassungsprüfung- und -entscheidung eine gesetzlich vorgegebene Pflicht darstellt, trifft der Arbeitgeber die Entscheidung, ob er eine dienstzeitunabhängige Dynamik erteilen will, freiwillig als unternehmerische Entscheidung. Auch die spätere Entscheidung, die Zusage zu kürzen, ist eine unternehmerische Entscheidung, die jedoch durch die Rechtsprechung des BAG zum Besitzstandsschutz gebunden ist. Ein solcher Eingriff in die unternehmerische Entscheidungsfreiheit des Arbeitgebers unterliegt dem Verhältnismäßigkeitsgebot[26].

Gleiches gilt für die Anpassungsprüfungspflicht des Arbeitgebers iSd § 16 BetrAVG. Durch diese hat der Gesetzgeber dem Arbeitgeber eine wirtschaftliche Last auferlegt. Aufgrund der Fortentwicklung der Rechtsprechung ist die Anpassungsentscheidung mittlerweile zu einer gebundenen Entscheidung des Arbeitgebers geworden. Auch für diesen legislativen Eingriff in die Sphäre des Arbeitgebers gilt der Verhältnismäßigkeitsgrundsatz[27].

Ist die wirtschaftliche Belastung des Arbeitgebers das Ergebnis gesetzgeberischer Aktivität, dann kann es dem Arbeitgeber nicht auferlegt werden, die Gefährdung seines Unternehmens in gleichem Maße hinzunehmen, wie in einem Fall, in dem er selbst, durch Erteilung einer entsprechenden Zusage, die Verantwortung für die Gefährdung des Unternehmensbestands trägt. Dies widerspräche den Grundgedanken einer freien Marktwirtschaft, in der sich eine staatliche Intervention weitgehend verbietet[28].

Die unternehmerische Betätigungsfreiheit des Arbeitgebers kann also durch eine rein staatlich geschaffene Bindung an eine wirtschaftliche Belastung (Anpassungsregelung des § 16 BetrAVG) nicht so stark beeinträchtigt sein, wie durch eine Selbstbindung des Arbeitgebers infolge einer freiwilligen Willensäußerung (Zusage einer dienstzeitunabhängigen Dynamik). Demnach muss der Arbeitgeber sich bereits bei einer weniger schwer wiegenden wirtschaftlichen Schlechtlage von seinen Verpflichtungen aus § 16 BetrAVG befreien können.

2. Schutzwürdigkeit der Begünstigten

Die Betriebsrentner können schutzwürdig lediglich darauf vertrauen, dass der Arbeitgeber die Anpassung ihrer laufenden Leistungen prüft und ermessensfehlerfrei hier-

[25] Dazu S. 202.
[26] Siehe S. 203.
[27] Siehe S. 205.
[28] So oben S. 206.

über entscheidet. Auch wenn das billige Ermessen des Arbeitgebers infolge der Fortentwicklung der Rechtsprechung mittlerweile weitgehend gebunden ist, haben die Betriebsrentner keinen Anspruch auf die Anpassungsbeträge. Diese sind auch nicht erdient. Eine schlechte wirtschaftliche Lage des Arbeitgebers verhindert damit das Entstehen entsprechender Ansprüche, sie lässt diese nicht entfallen[29].

Anders ist die Situation der Arbeitnehmer, deren zeitanteilig erdiente Dynamik gekürzt wird. Diese haben bereits anteilig ihre Gegenleistung für eine Altersversorgung erbracht, deren Höhe an dem zugesagten Bemessungsfaktor ausgerichtet wird. Sie vertrauen auf den Erhalt einer Versorgung in entsprechender Höhe.

Der Arbeitgeber ist grundsätzlich nach dem Grundsatz der *pacta sunt servanda* an seine Zusage gebunden. Die Arbeitnehmer müssen deshalb vor Eintritt einer Störung der Geschäftsgrundlage, d.h. einer wirtschaftlichen Notlage, nicht damit rechnen, dass ihre Zusage gekürzt wird. Das gilt umso mehr, weil sie wissen, dass der Arbeitgeber die Zusage freiwillig erteilt hat und daher seine künftigen Versorgungsverpflichtungen bei Zusageerteilung kalkulieren konnte[30].

Das Interesse der Arbeitnehmer am Fortbestand der zeitanteilig erdienten Dynamik ist daher schutzwürdiger als das Interesse der Betriebsrentner an der Anpassung ihrer laufenden Leistungen. Auch hieraus folgt, dass eine wirtschaftliche Situation, die den Arbeitnehmer zu einem Eingriff in die zeitanteilig erdiente Dynamik ermächtigt schlechter sein muss als eine wirtschaftliche Lage iSd § 16 BetrAVG, die den Arbeitgeber berechtigt, von der Anpassung der laufenden Leistungen abzusehen.

III. Unterschiede der dogmatischen Grundlagen

Sowohl die wirtschaftliche Lage des Arbeitgebers als auch der triftige Grund sind Ausdruck des Verhältnismäßigkeitsgedankens. Der vom Arbeitgeber geltend gemachte Grund für einen Einschnitt in die Versorgungshöhe muss umso schwerer wiegen, je intensiver dieser Einschnitt ist.

Beiden Belastungsgrenzen gleich ist auch, dass sie als Ausdruck der Interessenlage des Arbeitgebers den aus dem Entgeltcharakter der betrieblichen Altersversorgung resultierenden Schutz der Positionen der Arbeitnehmer überwinden müssen.

Das Gewicht des triftigen Grundes wird überdies vom Vertrauensschutzgedanken geprägt, auf den sich die Arbeitgeber berufen können, die eine dienstzeitunabhängige Dynamik zeitanteilig erdient haben. Das Element des Vertrauensschutzes spielt keine Rolle für Abwägung im Rahmen der Anpassungsentscheidung[31].

Der triftige Grund muss mithin zusätzlich zu dem aus Verhältnismäßigkeit und Entgeltcharakter resultierenden Schutz der Rechtspositionen den Vertrauenstatbestand überwinden, den der Arbeitgeber durch die Zusage der dienstzeitunabhängigen Dynamik gesetzt hat.

IV. Ergebnis

Die Anforderungen, die an eine wirtschaftliche Schlechtlage des Arbeitgebers zu stellen sind, die einen Eingriff in die auf der Besitzstandsstufe der zeitanteilig erdienten

---

[29] Dazu S. 207.
[30] Ebenda.
[31] Zum Vergleich der dogmatischen Grundlagen siehe S. 212 ff.

Dynamik geschützten Teilbeträge rechtfertigen kann, sind höher als die Anforderungen an eine wirtschaftliche Lage des Arbeitgebers iSd § 16 BetrAVG, die eine Nichtanpassung rechtfertigt.

Der triftige Grund ist damit eigenständig zu bestimmen. Die Grundsätze der BAG Rechtsprechung zur wirtschaftlichen Lage des Arbeitgebers iSd § 16 BetrAVG können nicht übertragen werden.

F. Prämissen zur Bestimmung des triftigen Grundes als eigenständige Belastungsgrenze

Das Vorliegen eines triftigen Grundes ist das Ergebnis einer Abwägung der Arbeitgeberinteressen an der Kürzung der zeitanteilig erdienten Dynamik mit den Arbeitnehmerinteressen am Fortbestand dieses Besitzstands. Ein triftiger Grund wiegt weniger schwer als eine wirtschaftliche Notlage, tritt also nicht erst ein, wenn dem Arbeitgeber das Festhalten an der Dynamik unzumutbar geworden ist[32]. Als Ausdruck des Verhältnismäßigkeitserfordernisses bietet es sich an, vom triftigem Grund als unangemessene Belastung des Arbeitgebers zu sprechen[33].

Der triftige Grund ist zukunftsorientiert zu bestimmen. Als Grundlage einer solchen Prognosebeurteilung müssen die letzten Jahresabschlüsse des Arbeitgebers umfassend analysiert werden. Da der Zeitraum in dem der Arbeitgeber durch die zeitanteilig erdiente Dynamik belastet wird, unbestimmt ist und Prognosen nur über einen relativ kurzen Zeitraum zu verlässlichen Ergebnissen führen können, bietet sich eine Anlehnung bei der betriebswirtschaftlichen Teildisziplin der Unternehmensbewertung an. Dort wird das Problem eines unendlichen Prognosezeitraums mittels sog. Phasenmodelle gelöst, die die Zukunft in verschiedene Phasen einteilen[34].

Der triftige Grund ergibt sich aus einer Gegenüberstellung der Mehrbelastung, die auf den Arbeitgeber zukäme, wenn er nicht in die zeitanteilig erdiente Dynamik eingreifen würde (sog. Belastungswert) und den Mitteln, die ihm zur Deckung dieser Mehrbelastung zur Verfügung stehen (sog. Belastungsgegenwert). Nicht zur Verfügung stehen die Mittel, die der Arbeitgeber zur Erhaltung der Unternehmenssubstanz benötigt. Der Erhaltung der Unternehmenssubstanz muss Vorrang vor den Interessen der aktiven Arbeitnehmer an dem Erhalt ihrer zeitanteilig erdienten Dynamik eingeräumt werden[35].

Das Gewicht des triftigen Grundes, also einer unangemessenen Belastung der Interessen des Arbeitgebers bei Aufrechterhaltung der zeitanteilig erdienten Dynamik, bewegt sich zwischen einer ernsthaften Gefährdung des Unternehmensbestands (wirtschaftliche Notlage $\Rightarrow$ zwingender Grund) und einer erhöhten Wahrscheinlichkeit der Verletzung der Unternehmenssubstanz (wirtschaftliche Lage iSd § 16 BetrAVG). Das folgt zum einen aus den anerkannten Grundsätzen der BAG-Rechtsprechung zum Besitzstandsschutz, nach denen eine wirtschaftliche Notlage schwerer wiegt als ein triftiger Grund, zum anderen aus den oben dargestellten Erkenntnissen[36].

Zur abstrakten Definition des schmalen Spielraums zwischen ernsthafter Gefährdung des Unternehmensbestands und erhöhter Wahrscheinlichkeit der Verlet-

[32] S. 222.
[33] Ebenda.
[34] Zum Prognoseproblem siehe S. 223 f.
[35] Zu Belastungswert und Belastungsgegenwert S. 228 ff. und S. 233 ff.
[36] Zum Gewicht des triftigen Grundes S. 234 ff.

zung der Unternehmenssubstanz, hilft eine Anleihe bei der Begriffswelt des Gefahrenabwehrrechts[37]. Ein triftiger Grund kann danach als konkrete Gefahr für die Unternehmenssubstanz bei Aufrechterhaltung der zeitanteilig erdienten Dynamik bezeichnet werden. Alternativ kann auch von einer hohen Wahrscheinlichkeit der Verletzung der Unternehmenssubstanz gesprochen werden[38].

G. Überlegungen zur Umsetzung der gefundenen Ergebnisse

Die abstrakte Definition des triftigen Grundes und die Erkenntnis, dass der triftige Grund schwerer wiegen muss, als die wirtschaftliche Lage des Arbeitgebers iSd § 16 BetrAVG helfen der betrieblichen Praxis wenig weiter. Die gefundenen Ergebnisse müssen deshalb in einem betriebswirtschaftlichen Berechnungsmodell umgesetzt werden. Das vorgeschlagene Modell ist stark simplifiziert und soll lediglich einige Denkanstöße für die Umsetzung der gefundenen Ergebnisse geben. Mehr kann in einer juristischen Dissertation nicht geleistet werden.

Die zu prognostizierende Entwicklung des Unternehmens und der auf das Unternehmen zukommenden Belastungen ist in zwei Phasen einzuteilen. Einer Detailplanungsphase, die zwei Anpassungszeiträume, also die ersten sechs Jahre nach Zusagekürzung, umfasst und in der eine detaillierte Prognosebetrachtung möglich und sinnvoll ist, folgt eine Prognose der sog. ferneren Phase, in der die in der Detailplanungsphase erkennbaren Entwicklungen fortgeschrieben werden[39].

Da der Prognosezeitraum, d.h. der Zeitraum bis zum Ende der Auszahlung an den letzten Arbeitnehmer mit zeitanteilig erdienter Dynamik, ungewiss ist, ist die Entwicklung der entscheidenden Größen in der ferneren Phase, unter Annahme eines *going pension promise* bis zum Zeitpunkt $t=\infty$ zu prognostizieren[40].

Der Belastungswert, der sich aus der auf den Arbeitgeber bei Aufrechterhaltung der zeitanteilig erdienten Dynamik zukommenden Mehrbelastung ergibt, setzt sich zusammen aus dem Mehraufwand aufgrund der höheren Zuführungen zu den Pensionsrückstellungen und dem Mehraufwand aufgrund der höheren Pensionszahlungen[41]. Diesem ist der sog. Belastungsgegenwert gegenüber zu stellen, der die zur Deckung dieses Mehraufwands zur Verfügung stehenden Erträge des Unternehmens abbildet. Von der Gesamtheit dieser Erträge müssen die Mittel abgezogen werden, die vorrangig gebunden sind. Außerordentliche Aufwendungen oder Erträge bleiben für die Bestimmung des Belastungsgegenwerts sowohl in der Detailplanungsphase als auch in der ferneren Phase außer Betracht[42].

Um dem höheren Gewicht des triftigen Grundes im Vergleich zur wirtschaftlichen Lage ausreichend Rechnung zu tragen, wird dem Arbeitgeber lediglich eine reale Kapitalerhaltung zugestanden. Der nach Abzug der vorrangig gebundenen Aufwendungen von der Gesamtheit der künftigen Erträge verbleibende Betrag ist entsprechend zu korrigieren[43].

Die so errechneten Werte sind mit einander zu vergleichen. Ist der Belastungswert in der Detailplanungsphase oder in der ferneren Phase größer oder gleich dem Belastungsgegenwert ist von einer konkreten Gefahr für die Unternehmenssubstanz

[37] Siehe S. 239.
[38] Ebenda.
[39] Siehe S. 246 ff.
[40] Dazu S. 248 f.
[41] Zur Berechnung des Belastungswerts siehe S. 250 ff.
[42] Zur Berechnung des Belastungsgegenwerts S. 262 ff.
[43] So S. 268 ff.

bei Aufrechterhaltung der zeitanteilig erdienten Dynamik und damit vom Vorliegen eines triftige Grundes auszugehen. Unterscheiden sich die Ergebnisse von Detailplanungsprognose und Prognose der ferneren Phase, empfiehlt sich die Aufnahme von Nachbesserungsklauseln in die neue Zusage[44].

[44] Umfassend zur Prognoseanalyse S. 276 ff.

Rechtsprechungsverzeichnis

	Verkündungsdatum	Aktenzeichen	Fundstelle
EuGH			
	13.05.1986	RS C - 170/84	DB 1986, 1525 = AP Nr. 10 zu Art. 119 EWG-Vertrag.
	17.05.1990	RS C - 262/88 (Barber ./. Guardianroyal Exchange)	DB 1990, 1824 = AP Nr. 20 zu Art. 119 EWG-Vertrag.
BVerfG			
	16.01.1957	1 BvR 253/56	BVerfGE 6, 32.
	30.10.1961	1 BvR 833/59	BVerfGE 13, 181.
	15.12.1965	1 BvR 513/65	BVerfGE 19, 342 = NJW 1966, 243 = AP Nr. 13 zu Art. 2 GG.
	19.10.1983	2 BvR 298/81	BVerfGE 65, 196 = DB 1984, 190 = AP Nr. 2 zu § 1 BetrAVG Unterstützungskassen.
	14.01.1987	1 BvR 1052/79	BVerfGE 74, 129 = DB 1987, 638 = AP Nr. 11 zu § 1 BetrAVG Unterstützungskassen.
	19.10.1993	1 BvR 567/89 und 1 BvR 1044/89	BVerfGE 89, 214 = DB 1993, 2580 = AP Nr. 35 zu Art. 3 GG.
BAG			
	05.05.1955	2 AZR 55/53	JZ 1955, 512 = AP Nr. 4 zu § 242 BGB Ruhegehalt.
	10.05.1955	2 AZR 7/54	AP Nr. 2 zu § 242 BGB Ruhegehalt.

BAG

23.06.1955	2 AZR 225/54	MDR 1956, 736 = AP Nr. 3 zu § 242 BGB Ruhegehalt – Unterstützungskassen.
30.11.1955	1 AZR 230/54	DB 1956, 186 = AP Nr. 9 zu § 242 BGB Ruhegehalt – Unterstützungskassen.
30.11.1955	1 AZR 217/54	DB 1956, 23 = AP Nr. 8 zu § 242 BGB Ruhegehalt.
16.03.1956	GS 1/55	DB 1956, 573 = AP Nr. 1 zu § 57 BetrAVG 1952.
14.12.1956	1 AZR 531/55	DB 1957, 238 = AP Nr. 18 zu § 242 BGB Ruhegehalt.
01.02.1957	1 AZR 195/55	BB 1957, 294 = AP Nr. 1 zu § 32 SchwBeschG.
12.06.1957	4 AZR 5/55	AP Nr. 24 zu § 242 BGB Ruhegehalt.
06.06.1958	1 AZR 515/57	DB 1959, 84 = AP Nr. 1 zu § 4 TVG Nachwirkung.
13.05.1959	1 AZR 258/57	DB 1959, 919 = AP Nr. 4 zu Internationales Privatrecht.
12.01.1961	2 AZR 171/59.	DB 1961, 473 = AP Nr. 10 zu § 620 BGB Änderungskündigung.
15.02.1962	2 AZR 322/60	DB 1962, 707 = AP Nr. 35 zu § 1 Arbeiterkrankheitsgesetz.
10.04.1962	3 AZR 346/61	DB 1962, 1082 = AP Nr. 83 zu § 242 BGB Ruhegehalt.

BAG

26.10.1962	1 AZR 8/61	DB 1963, 310 = AP Nr. 87 zu § 242 BGB Ruhegehalt.
12.03.1963	3 AZR 266/62	DB 1963, 1191 = AP Nr. 90 zu § 242 BGB Ruhegehalt.
21.07.1964	3 AZR 226/63	DB 1965, 148 = AP Nr. 96 zu § 242 BGB Ruhegehalt.
12.03.1965	3 AZR 516/63	DB 1965, 822 = AP Nr. 1 zu § 242 BGB Ruhegehalt – Geldentwertung.
05.11.1965	3 AZR 116/65	DB 1966, 115 = AP Nr. 104 zu § 242 BGB Ruhegehalt.
25.07.1969	3 AZR 73/69	DB 1970, 640 = AP Nr. 2 zu § 242 BGB Ruhegehalt – Unterstützungskassen.
30.01.1970	3 AZR 44/68	DB 1970, 1393 = AP Nr. 142 zu § 242 BGB Ruhegehalt.
21.10.1970	3 AZR 510/69	DB 1971, 727 = AP Nr. 1 zu § 305 BGB Billigkeitskontrolle.
22.12.1970	3 AZR 52/70.	DB 1971, 729 = AP Nr. 2 zu § 305 BGB Billigkeitskontrolle.
12.02.1971	3 AZR 83/70	DB 1971, 920 = AP Nr. 3 zu § 242 BGB Ruhegehalt – Unterstützungskassen.
25.03.1971	2 AZR 185/70	DB 1971, 1113 = AP Nr. 5 zu § 57 BetrVG 1952.
10.12.1971	3 AZR 190/71	DB 1972, 491 = AP Nr. 154 zu § 242 BGB Ruhegehalt.

BAG

10.03.1972	3 AZR 278/71	DB 1972, 1486 = AP Nr.156 zu § 242 BGB Ruhegehalt.
08.07.1972	3 AZR 481/71	DB 1972, 2069 = AP Nr. 157 zu § 242 BGB Ruhegehalt.
30.03.1973	3 AZR 26/72	DB 1973, 773 = AP Nr. 4 zu § 242 BGB Ruhegehalt – Geldentwertung.
30.03.1973	3 AZR 34/72	BB 1973, 705 = AP Nr. 5 zu § 242 BGB Ruhegehalt – Geldentwertung.
17.05.1973	3 AZR 381/72	BB 1973, 1308 = AP Nr. 6 zu § 242 BGB Ruhegehalt – Unterstützungskassen.
11.03.1976	3 AZR 334/75	DB 1976, 1236 = AP Nr. 11 zu § 242 BGB Ruhegehalt Unverfallbarkeit.
01.07.1976	3 AZR 37/76	BB 1976, 1129 = AP Nr. 2 zu § 16 BetrAVG.
16.12.1976	3 AZR 795/75	DB 1977, 115 = AP Nr. 4 zu § 16 BetrAVG.
28.04.1977	3 AZR 300/76	AP Nr. 7 zu § 242 BGB Ruhegehalt – Unterstützungskassen.
18.05.1977	3 AZR 371/76	DB 1977, 1655 = AP Nr. 175 zu § 242 BGB Ruhegehalt.
15.09.1977	3 AZR 654/76	DB 1977, 1903 = AP Nr. 5 zu § 16 BetrAVG.
10.11.1977	3 AZR 705/76	DB 1978, 939 = AP Nr. 8 zu § 242 BGB Ruhegehalt – Unterstützungskasse.
24.11.1977	3 AZR 732/76	DB 1978, 545 = AP Nr. 177 zu § 242 BGB Ruhegehalt.

BAG

13.07.1978	3 ABR 108/77	DB 1978, 2129 = AP Nr. 5 zu § 87 BetrVG 1972 Altersversorgung.
09.11.1978	3 AZR 784/77	DB 1979, 410 = AP Nr. 179 zu § 242 BGB Ruhegehalt.
05.07.1979	3 AZR 197/78	DB 1979, 1942 = AP Nr. 9 zu § 242 BGB Ruhegehalt – Unterstützungskassen.
30.08.1979	3 AZR 381/78	DB 1979, 2330 = AP Nr. 3 zu § 7 BetrAVG.
18.10.1979	3 AZR 550/78	DB 1980, 500 = AP Nr. 1 zu § 1 BetrAVG Treuebruch.
24.10.1979	2 AZR 940/77	DB 1980, 1400 = AP Nr. 8 zu § 1 KSchG 1969 Betriebsbedingte Kündigung.
17.01.1980	3 AZR 1107/78	DB 1980, 499 = AP Nr. 8 zu § 16 BetrAVG.
17.01.1980	3 AZR 456/78	DB 1980, 1399 = AP Nr. 185 zu § 242 BGB Ruhegehalt.
14.08.1980	3 AZR 437/79	DB 1981, 750 = AP Nr. 12 zu § 242 BGB Ruhegehalt – Unterstützungskassen.
21.08.1980	3 AZR 143/80	DB 1981, 430 = AP Nr. 7 zu § 1 BetrAVG Wartezeit.
11.09.1980	3 AZR 606/79	DB 1981, 943 = AP Nr. 187 zu § 242 BGB Ruhegehalt.
19.05.1981	3 AZR 308/80	DB 1981, 2333 = AP Nr. 13 zu § 16 BetrAVG.
11.08.1981	3 AZR 395/80	DB 1981, 2331 = AP Nr. 11 zu § 16 BetrAVG.

BAG

08.12.1981	3 AZR 518/80	DB 1982, 50 = AP Nr. 1 zu § 1 BetrAVG Unterstützungskassen.
08.12.1981	3 ABR 53/80	DB 1982, 46 = AP Nr. 1 zu § 1 BetrAVG Ablösung.
12.08.1982	6 AZR 1117/79	DB 1982, 2298 = AP Nr. 4 zu § 77 BetrVG 1972.
07.09.1982	3 AZR 5/80	BB 1983, 1032 = AP Nr. 1 zu § 3 TVG Arbeiter Bundespost.
07.10.1982	2 AZR 455/80	DB 1983, 1368 = AP Nr. 5 zu § 620 BGB Teilkündigung.
08.12.1982	5 AZR 316/81	DB 1983, 346 = AP Nr. 6 zu § 77 BetrVG 1972.
14.12.1982	3 AZR 251/80	DB 1983, 944 = AP Nr. 1 zu § 1 BetrAVG.
08.02.1983	3 AZR 463/80	DB 1983, 1770 = AP Nr. 7 zu § 1 BetrAVG Treuebruch.
08.02.1983	3 AZR 10/81	DB 1983, 1497 = AP Nr. 5 zu § 1 BetrAVG Treuebruch.
22.03.1983	3 AZR 574/81	DB 1983, 1982 = AP Nr. 14 zu § 16 BetrAVG.
02.11.1983	GS 1/82	DB 1984, 881 = AP Nr. 1 zu § 45 ArbGG 1979.
05.06.1984	3 AZR 33/84	DB 1984, 2461 = AP Nr. 3 zu § 1 BetrAVG Unterstützungskassen.
17.04.1985	3 AZR 72/83	DB 1986, 228 = AP Nr. 4 zu § 1 BetrAVG Unterstützungskassen.

BAG

23.04.1985	3 AZR 548/82	DB 1985, 1645 = AP Nr. 16 zu § 16 BetrAVG.
23.04.1985	3 AZR 156/83	DB 1985, 1642 = AP Nr. 17 zu § 16 BetrAVG.
23.04.1985	3 AZR 194/83	DB 1985, 2615 = AP Nr. 6 zu § 1 BetrAVG Unterstützungskassen.
30.04.1985	3 AZR 611/83	DB 1985, 2514 = AP Nr. 4 zu § 1 BetrAVG Ablösung.
09.07.1985	3 AZR 546/82	DB 1986, 1231 = AP Nr. 6 zu § 1 BetrAVG Ablösung.
29.10.1985	3 AZR 485/83	DB 1986, 1779 = AP Nr. 4 zu § 1 BetrAVG Betriebsveräußerung.
29.10.1985	3 AZR 462/83	DB 1986, 2189 = AP Nr. 2 zu § 1 BetrAVG Betriebliche Übung.
20.02.1986	2 AZR 212/85	DB 1986, 2236 = AP Nr. 11 zu § 1 KSchG 1969.
22.04.1986	3 AZR 496/83	DB 1986, 1526 = AP Nr. 8 zu § 1 BetrAVG Unterstützungskassen.
09.07.1986	5 AZR 44/85	DB 1986, 2676 = AP Nr. 7 zu § 242 BGB Geschäftsgrundlage.
16.09.1986	GS 1/82	DB 1987, 383 = AP Nr. 17 zu § 77 BetrVG 1972.
30.09.1986	3 AZR 22/85	DB 1987, 1304 = AP Nr. 16 zu § 1 BetrAVG.
03.02.1987	3 AZR 330/85	DB 1987, 1673 = AP Nr. 20 zu § 16 BetrAVG.

BAG

17.03.1987	3 AZR 64/84	DB 1987, 1639 = AP Nr. 9 zu § 1 BetrAVG Ablösung.
22.09.1987	3 AZR 662/85	DB 1988, 291 = AP Nr. 5 zu § 1 BetrAVG Besitzstand.
22.09.1987	3 AZR 194/86	DB 1988, 656 = AP Nr. 13 zu § 17 BetrAVG.
20.10.1987	3 AZR 200/86	DB 1986, 655 = AP Nr. 6 zu § 1 BetrAVG Besitzstand.
15.12.1987	3 AZR 420/87	DB 1988, 654 = AP Nr. 18 zu § 1 BetrAVG.
26.04.1988	3 AZR 277/87	DB 1988, 2311 = AP Nr. 3 zu § 1 BetrAVG Geschäftsgrundlage.
14.02.1989	3 AZR 191/87	DB 1989, 1471 = AP Nr. 22 zu § 16 BetrAVG.
18.04.1989	3 AZR 299/87	DB 1989, 1876 = AP Nr. 23 zu § 1 BetrAVG Unterstützungskassen.
18.04.1989	3 AZR 688/87	DB 1989, 2232 = AP Nr. 2 zu § 1 BetrAVG Betriebsvereinbarung.
05.09.1989	3 AZR 575/88	DB 1989, 2615 = AP Nr. 8 zu § 1 BetrAVG Hinterbliebenenversorgung.
10.10.1989	3 AZR 200/88	DB 1990, 637 = AP Nr. 3 zu § 1 TVG Vorruhestand.
24.04.1990	3 AZR 259/88	DB 1990, 2171 = AP Nr. 43 zu § 1 BetrAVG Zusatzversorgungskassen.
08.05.1990	3 AZR 121/89	DB 1990, 2375 = AP Nr. 58 zu § 7 BetrAVG.

BAG

22.05.1990	3 AZR 128/89	DB 1990, 2174 = AP Nr. 3 zu § 1 BetrAVG Betriebsvereinbarung.
26.06.1990	3 AZR 641/88	DB 1990, 2475 = AP Nr. 11 zu § 1 BetrAVG Lebensversicherung.
14.08.1990	3 AZR 301/89	DB 1991, 501 = AP Nr. 4 zu § 3 BetrAVG.
11.09.1990	3 AZR 380/89	DB 1991, 503 = AP Nr. 8 zu § 1 BetrAVG Besitzstand.
20.11.1990	3 AZR 573/89	DB 1991, 915 = AP Nr. 14 zu § 1 BetrAVG Ablösung.
22.10.1991	3 AZR 480/90	nicht veröffentlicht.
10.03.1992	3 ABR 54/91	DB 1992, 1735 = AP Nr. 5 zu § 1 BetrAVG Betriebsvereinbarung.
28.04.1992	3 AZR 142/91	DB 1992, 2401 = AP Nr. 24 zu § 16 BetrAVG.
28.04.1992	3 AZR 244/91	DB 1992, 2403 = AP Nr. 25 zu § 16 BetrAVG.
28.04.1992	3 AZR 256/91	DB 1993, 282 = AP Nr. 26 zu § 16 BetrAVG.
07.07.1992	3 AZR 522/91	DB 1992, 2451 = AP Nr. 11 zu § 1 BetrAVG Besitzstand.
17.11.1992	3 AZR 76/92	DB 1993, 1241 = AP Nr. 13 zu § 1 BetrAVG Besitzstand.
16.02.1993	3 ABR 29/92	DB 1993, 1240 = AP Nr. 19 zu § 87 BetrVG 1972 Altersversorgung.

BAG

08.06.1993	3 AZR 670/92	DB 1993, 2538 = AP Nr. 3 zu § 1 BetrAVG Unverfallbarkeit.
05.10.1993	3 AZR 698/92	DB 1994, 687 = AP Nr. 28 zu § 16 BetrAVG.
14.12.1993	3 AZR 519/93	DB 1994, 1147 = AP Nr. 29 zu § 16 BetrAVG.
04.10.1994	3 AZR 910/93	DB 1995, 528 = AP Nr. 32 zu § 16 BetrAVG.
23.11.1994	4 AZR 879/93	DB 1994, 2508 = AP Nr. 12 zu § 1 TVG Rückwirkung.
07.03.1995	3 AZR 282/94	DB 1995, 2020 = AP Nr. 26 zu § 1 BetrAVG Gleichbehandlung.
16.05.1995	3 AZR 535/94	DB 1995, 2074 = AP Nr. 15 zu § 4 TVG.
17.10.1995	3 AZR 881/94	DB 1996, 1425 = AP Nr. 34 zu § 16 BetrAVG.
16.01.1996	3 AZR 767/94	DB 1996, 939 = AP Nr. 222 zu Art. 3 GG.
17.04.1996	3 AZR 56/95	DB 1996, 2496 = AP Nr. 35 zu § 16 BetrAVG.
16.07.1996	3 AZR 398/95	DB 1997, 631 = AP Nr. 21 zu § 1 BetrAVG Ablösung.
14.08.1996	10 AZR 69/96	DB 1996, 2547 = AP Nr. 47 zu § 242 BGB Betriebliche Übung.
27.08.1996	3 AZR 466/95	DB 1997, 633 = AP Nr. 22 zu § 1 BetrAVG Ablösung.
23.10.1996	3 AZR 514/95	DB 1997, 1287 = AP Nr. 36 zu § 16 BetrAVG.

BAG

22.01.1997	5 AZR 658/95	DB 1997, 1038 = AP Nr. 6 zu § 620 BGB Teilkündigung.
23.09.1997	3 ABR 85/96	DB 1998, 779 = AP Nr. 26 zu § 1 BetrAVG Ablösung.
23.11.1997	3 AZR 529/96	DB 1998, 318 = AP Nr. 23 zu § 1 BetrAVG Ablösung.
23.04.1998	3 AZR 778/96	DB 1998, 1621 = AP Nr. 39 zu § 16 BetrAVG.
01.10.1998	6 AZR 176/97	DB 1999, 1120 = AP Nr. 2 zu § 61 BAT.
14.10.1998	3 AZR 385/97	DB 1999, 1123 = AP Nr. 46 zu § 1 BetrAVG Zusatzversorgungskassen.
11.05.1999	3 AZR 21/98	DB 2000, 525 = AP Nr. 6 zu § 1 BetrAVG Betriebsvereinbarung.
17.08.1999	3 ABR 55/98	DB 2000, 774 = AP Nr. 79 zu § 77 BetrVG 1972.
09.11.1999	3 AZR 420/98	DB 2000, 1867 = AP Nr. 40 zu § 16 BetrAVG.
25.01.2000	3 AZR 853/98	DB 2000, 326.
25.01.2000	3 AZR 871/99	nicht veröffentlicht.
21.3.2000	3 AZR 93/99	DB 2001, 206 = AP Nr. 25 zu § 6 BetrAVG.
04.04.2000	3 AZR 729/98	NZA 2002, 917 = AP Nr. 2 zu § 1 TVG Gleichbehandlung.
23.05.2000	3 AZR 83/99	DB 2002, 155 = AP Nr. 43 zu § 16 BetrAVG.
23.05.2000	3 AZR 103/99	BB 2001, 1854 = AP Nr. 44 zu § 16 BetrAVG.

BAG

23.05.2000	3 AZR 146/99	DB 2001, 2255 = AP Nr. 45 zu § 16 BetrAVG.
25.07.2000	3 AZR 292/99	BetrAV 2003, 466.
23.01.2001	3 AZR 287/00	DB 2001, 2507 = AP Nr. 46 zu § 16 BetrAVG.
24.04.2001	3 AZR 402/00	DB 2001, 1787 = AP Nr. 23 zu § 7 BetrAVG Widerruf.
14.08.2001.	1 AZR 619/00	DB 2002, 380 = AP Nr. 85 zu § 77 BetrAVG 1972.
21.08.2001	3 ABR 44/00	DB 2002, 952 = AP Nr. 8 zu § 1 BetrAVG Betriebsvereinbarung.
18.09.2001	3 AZR 728/00	DB 2002, 1114 = AP Nr. 34 zu § 1 BetrAVG Ablösung.
23.10.2001	3 AZR 74/01	DB 2002, 1383 = AP Nr. 33 zu § 1 BetrAVG Ablösung.
11.12.2001	3 AZR 128/01	DB 2003, 214 = AP Nr. 43 zu § 1 BetrAVG Unterstützungskasse.
11.12.2001	3 AZR 512/00	DB 2003, 293 = AP Nr. 36 zu § 1 BetrAVG Ablösung.
11.12.2001	3 AZR 621/00	nicht veröffentlicht.
28.05.2002	3 AZR 422/01	DB 2003, 343 = AP Nr. 1 zu § 2a RuhegeldG Hamburg.
25.06.2002	3 AZR 226/01	DB 2003, 1584 (nur LS) = BetrAV 2003, 171 = AP Nr. 51 zu § 16 BetrAVG.

BAG

10.09.2002	3 AZR 635/01	DB 2003, 1525 = AP Nr. 37 zu § 1 BetrAVG Ablösung.
10.12.2002	3 AZR 92/02	BB 2003, 1903 = AP Nr. 249 zu § 611 BGB Gratifikation.
18.02.2003	3 AZR 81/02	DB 2003, 2395 = AP Nr. 38 zu § 1 BetrAVG Ablösung.
18.02.2003	3 AZR 172/02	DB 2003, 2606 = AP Nr. 53 zu § 16 BetrAVG.
18.03.2003	3 AZR 101/02	BB 2004, 945 = AP Nr. 41 zu § 1 BetrAVG Ablösung.
18.03.2003	3 AZR 221/02	DB 2003, 2794.
18.03.2003	3 AZR 313/02	BB 2004, 269 = AP Nr. 108 zu § 7 BetrAVG.
18.03.2002	3 AZR 315/02	DB 2004, 1624.
17.06.2003	3 ABR 43/02	DB 2004, 714 = AP Nr. 44 zu § 1 BetrAVG Ablösung.
17.06.2003	3 AZR 396/02	DB 2004, 324 = AP Nr. 24 zu § 7 BetrAVG Widerruf.
29.07.2003	3 ABR 34/02	DB 2004, 883 = AP Nr. 18 zu § 87 BetrVG 1972 Sozialeinrichtungen.

BGH

27.02.1961	II ZR 292/59	DB 1961, 498 = AP Nr. 69 zu § 242 BGB - Ruhegehalt.
07.01.1971	II ZR 23/70	DB 1971, 823 = AP Nr. 151 zu § 242 BGB Ruhegehalt.

BGH

28.05.1973	II ZR 58/71	DB 1973, 1497 = AP Nr. 6 zu § 242 BGB Ruhegehalt – Geldentwertung.
08.06.1978	III ZR 48/76	BB 1978, 1385.
08.01.1981	V ZR 128/79	DB 1981, 786.
06.04.1981	II ZR 252/79	DB 1981, 1154 = AP Nr. 12 zu § 16 BetrAVG.
29.04.1982	III ZR 154/80	DB 1982, 2031.
28.02.1989	IX ZR 130/88	DB 1989, 1018
23.09.1991	II ZR 135/90	DB 1991, 2176 = AP Nr. 1 zu § 303 AktG.
29.03.1993	II ZR 265/91	DB 1993, 825 = AP Nr. 2 zu § 303 AktG.
12.10.1999	VI ZR 19/99	BB 2000, 120.
18.10.2000	XII ZR 85/98	NJW 2001, 218.
07.12.2000	VII ZR 260/98	NJW-RR 2001, 381.
17.09.2001	II ZR 178/99	DB 2001, 2338.
17.12.2001	II ZR 222/99	NZA 2002, 511.

BFH

03.02.1969	GrS 2/68	BStBl. II 1969, S. 291 ff. = DB 1969, 730 ff.

LAG Düssel-dorf

07.04.1964	8 Sa 80/64	DB 1964, 1123.
29.08.1978	18 Sa 1238/77	BB 1979, 215.

LAG Hamburg			
	30.11.2000	1 Sa 20/00	nicht veröffentlicht.
LAG Hamm			
	10.09.1991	6 Sa 504/91	DB 1991, 2394.
	03.12.1998	6 Sa 727/96	DB 1998, 931 = LAGE Nr. 8 zu § 16 BetrAVG.
LAG Nieder-sachsen			
	30.06.2000	3 Sa 1277/99 B.	LAGE § 1 BetrAVG Ablösung Nr. 5.
LAG Nürnberg			
	18.12.1953	Ber.Reg. Nr. N 31/51 V	BB 1954, 718.
LAG Sachsen			
	11.07.2002	8 Sa 686/01	nicht veröffentlicht.
OLG Celle			
	07.04.1971	6 U 176/70	BB 1971, 914 = AP Nr. 3 zu § 242 BGB Ruhegehalt – Geldentwertung.
OLG Hamm			
	24.02.1987	15 W 66/87	ZIP 1987, 1333.
ArbG Berlin			
	07.03.2003	88 Ca 604/03	ArbuR 2003, 278 = ZTR 2004, 46.

ArbG Nürnberg

	21.06.1952	I 797/51	BB 1952, 90.

RG

	28.11.1923	V 31/23	RGZ 107, 78.
	24.03.1926	III 199/25	JW 1926, 1800.

RAG

	09.10.1929	RAG 183/29	ARS 7, 151.
	24.05.1933	RAG 4/33	ARS 18, 153, 156 = JW 1933, 1677.
	28.11.1934	RAG 168/34	ARS 23, 4.

FSC
www.fsc.org
MIX
Papier | Fördert gute Waldnutzung
FSC® C083111

Kolibri 360 GmbH
Ferdinand-Jühlke-Straße 7
99095 Erfurt, Deutschland
produktsicherheit@kolibri360.de

Druck:
CPI Druckdienstleistungen GmbH
im Auftrag der
Kolibri 360 GmbH
Ferdinand-Jühlke-Str. 7
99095 Erfurt